HEITOR VILLA-LOBOS
vida e obra (1887-1959)

CONTRACORRENTE

EERO TARASTI

HEITOR VILLA-LOBOS

vida e obra (1887-1959)

TRADUÇÃO

Paulo de Tarso Salles
Rodrigo Felicíssimo
Claudia Sarmiento

CONTRACORRENTE

Copyright © **EDITORA CONTRACORRENTE**
Alameda Itu, 852 | 1º andar |
CEP 01421 002
www.loja-editoracontracorrente.com.br
contato@editoracontracorrente.com.br

Com este livro a Editora Contracorrente inaugura o
selo Dissonante, dirigido por João Camarero.

Dados Internacionais de Catalogação na Publicação (CIP)
(Câmara Brasileira do Livro, SP, Brasil)

Tarasti, Eero
  Heitor Villa-Lobos : vida e obra (1887-1959) / Eero Tarasti ; [tradução Paulo de Tarso Salles, Rodrigo Felicíssimo, Claudia Sarmiento]. -- São Paulo, SP : Editora Contracorrente, 2021.

  Título original: Heitor Villa-Lobos : the life and works, 1887-1959.
  ISBN 978-85-69220-77-0

  1. Compositores - Brasil - Biografia 2. Villa-Lobos, Heitor, 1887-1959 - Crítica e interpretação
  I. Título.

  21-87164   CDD-780.092

Índices para catálogo sistemático:
1. Brasil : Compositores : Biografia e obra 780.092
Eliete Marques da Silva - Bibliotecária - CRB-8/9380

@editoracontracorrente
f Editora Contracorrente
@ContraEditora

Dedicado à memória de Lily Leino

SUMÁRIO

APRESENTAÇÃO À EDIÇÃO BRASILEIRA ... 9
    Intertextualidade ... 10
    Quatro paradigmas ... 12
    A influência da *influenza* ... 14
    Sobre a tradução ... 15

PREFÁCIO À EDIÇÃO ORIGINAL ... 19
    Uma nota sobre a terminologia musical ... 23
    Agradecimentos ... 23

CAPÍTULO I – O LEVANTAMENTO DA HISTÓRIA DA MÚSICA NA AMÉRICA LATINA ... 27

CAPÍTULO II – A VIDA E A PERSONALIDADE DE VILLA-LOBOS RETRATADAS POR SEUS CONTEMPORÂNEOS ... 79

CAPÍTULO III – A CHEGADA DO MODERNISMO AO BRASIL ... 125

CAPÍTULO IV – OS *CHOROS*: UMA NOVA FORMA DE COMPOSIÇÃO? ... 157

CAPÍTULO V – VILLA-LOBOS E A DÉCADA DE 1930 ... 249
    O educador musical ... 249
    O retorno a Bach ... 275

CAPÍTULO VI – *BACHIANAS BRASILEIRAS* 291
CAPÍTULO VII – OBRAS VOCAIS 341
    Canções solo 341
    Obras corais, *A cappella* 367

CAPÍTULO VIII – OBRAS SOLO INSTRUMENTAIS 373
    Obras para violão 373
    Obras para piano 387
    Rudepoema 401
    A Prole do Bebê n° 1 412
    A Prole do Bebê n° 2 419

CAPÍTULO IX – MÚSICA DE CÂMARA 427
    Sonatas para violino e para violoncelo 427
    Sonatas para violino e piano 427
    Sonata n° 2 para violoncelo e piano 432
    Trios para piano, violino, viola e violoncelo 433
    Fantasia concertante 447
    Quartetos de cordas 452
    Sexteto místico 495
    O *Noneto*, de Villa-Lobos, e *L'Homme et son désir*, de Milhaud 497

CAPÍTULO X – OS CONCERTOS 513
    Suíte para piano e orquestra 513
    Momoprecoce 515
    Concertos para piano 518
    Concerto para violão e pequena orquestra 538
    Concerto para harpa e orquestra 540
    Concerto n° 2 para violoncelo e orquestra 544

CAPÍTULO XI – OBRAS ORQUESTRAIS 549
    Poemas sinfônicos, balés e cantatas 549
    As sinfonias 571
    O *Descobrimento do Brasil* 582

CAPÍTULO XII – OBRAS DE CENA 597
    Óperas 597
    Magdalena 614

NOTAS 625
REFERÊNCIAS BIBLIOGRÁFICAS 661

APRESENTAÇÃO

A tradução do livro de Eero Tarasti é um grande acontecimento para os estudos dedicados à vida e obra de Heitor Villa-Lobos (1887-1959) no Brasil. Este trabalho completa um arco temporal de cinquenta anos, desde o início do estudo do musicólogo finlandês em 1972, juntamente com outra comemoração significativa no próximo ano, o centenário da Semana de Arte Moderna realizada em São Paulo.

O trabalho de Tarasti é monumental, percorrendo quase toda a imensa produção musical de Villa-Lobos. Trata-se de um divisor de águas, estabelecendo critérios musicológicos mais atualizados para a literatura sobre o compositor, especialmente quando foi lançado em inglês em 1995. A versão original, *Heitor Villa-Lobos ja Brasilian sielu*, em idioma finlandês, é de 1987 e coincide com a comemoração do centenário do compositor.

Apesar do longo intervalo entre sua elaboração e a tradução, o livro ainda mantém sua atualidade, embora possa ter um ou outro reparo em relação às pesquisas mais recentes. Tarasti investiga a fundo toda a vastidão da obra villalobiana, apresentando obras que ainda hoje são pouco conhecidas entre nós, brasileiros, como as óperas *Izaht*, *Menina das Nuvens* e *Yerma*, ou obras sinfônicas como *O Papagaio do Moleque* e a cantata *Mandú-Çárárá*. Se o livro era lido e constantemente citado no Brasil por um círculo restrito de conhecedores, muitas vezes a partir de cópias xerográficas ou digitalizações pouco legíveis do original em inglês, o qual está esgotado, esta tradução certamente irá permitir que um número muito maior de músicos, pesquisadores e apreciadores da música brasileira possam conhecer mais os tesouros deixados por Villa-Lobos, que precisam ser ouvidos nos palcos e em gravações.

Outro aspecto digno de nota é a enorme erudição de Eero Tarasti, que além de musicólogo, é autor de dezenas de livros traduzidos para diversos idiomas, incluindo o notável romance *Retour à la Villa Nevski* (lançado pela *Les Impliqués Éditeur* em 2014), em que os personagens "Tullio" e "Sandra" são estudiosos finlandeses que vêm ao Brasil estudar a cultura indígena, em evidente alusão autobiográfica ao próprio Tarasti e sua esposa, Eila. A contribuição dele é notável no campo da Semiótica Musical, coordenando um grupo de pesquisadores, oriundos de vários países, em torno da questão do significado da linguagem musical.

Intertextualidade

Tarasti empreende uma leitura intertextual da obra villalobiana, associando-a com os principais representantes da música europeia (Bach, Debussy, Milhaud, Stravinsky, Schoenberg, Sibelius, Shostakovich, Prokofiev, De Falla etc.), bem como com a música feita nas Américas (Gershwin, Ginastera, Chávez, Roldán, Nepomuceno, Lorenzo Fernandez, Guarnieri, Nazareth, Revueltas, Alberto Williams, Uribe-Holguín, Fabini etc.). No campo musicológico e cultural, ele investiga a literatura sobre Villa-Lobos em autores como Lisa Peppercorn, Orrego-Salas, Gerard Béhague, Alejo Carpentier, Curt Lange e outros brasilianistas que se dedicaram ao estudo da

APRESENTAÇÃO

música brasileira e especialmente de Villa-Lobos. Surpreendentemente, a pesquisa de Tarasti foi mais além, com estudos literários e musicais dos mais significativos no Brasil, consultando autores como Roquette-Pinto, Renato Almeida, Mário de Andrade, Luiz Heitor Corrêa de Azevedo, Gilberto Freyre, Helza Camêu, Jorge Amado, Oswald de Andrade, Haroldo de Campos, Graça Aranha, Afrânio Coutinho, José de Alencar, Gonçalves Dias, Vasco Mariz, Arnaldo Estrella, João Souza Lima, Ademar Nóbrega, dentre muitos outros. Esse é um aspecto diferencial deste livro, que traz um olhar de fôlego e transcende a mera "curiosidade" intelectual sobre nossa cultura, porque realiza um mergulho nas questões levantadas pelo modernismo brasileiro e de certas especificidades da chamada "sensibilidade nacional", construída desde os anos 1920 e em constante processo revisional.

Considero absolutamente digna de nota sua crítica ao procedimento realizado por Lisa Peppercorn, que sistematicamente procura reduzir o alcance e importância da obra do compositor, aplicando uma metodologia que visa enquadrá-lo em uma estreita classificação como um folclorista, o que infelizmente se disseminou em muitos juízos que desconsideram o contexto da música villalobiana e sua real dimensão.

Dada a envergadura do projeto deste livro, pode-se supor que as "obras apresentadas e analisadas" sejam tratadas superficialmente, o que seria totalmente compreensível dada a quantidade absurda de obras dignas de um comentário. Para nossa surpresa, há algumas análises bastante minuciosas e reveladoras, como em *Rudepoema*, ou nos *Choros nº 6* e *nº 11*, cuja complexa e interminável trama motívica é esmiuçada. O olhar atento do autor ainda encontra conexões temáticas entre obras de diversos períodos, localizando um trecho de *Ibericarabe* no *Concerto nº 4 para piano* ou ainda em *Magdalena*, instigando o leitor a querer ser ouvinte (felizmente as gravações hoje estão disponíveis com grande facilidade!). Se, por um lado, obras relevantes como as *Cirandas* para piano e o *Concerto nº 1 para violoncelo* estão ausentes, por outro, é saboroso conhecer alguns detalhes dos enredos das óperas *Izaht* e *Menina das Nuvens*, ou aprender como Villa-Lobos era atento a autores como Jean de Léry e Roquette-Pinto ao construir o imaginário edênico-amazônico de *Uirapuru*, *Amazonas* e *Descobrimento do Brasil*.

Quatro paradigmas

O livro de Tarasti se situa em um ponto-chave dos estudos villalobianos. Ele realiza uma pesquisa de proporções inéditas, tanto no aspecto quantitativo como no qualitativo, indo além de alguns estudos pioneiros importantes, como os trabalhos de Nóbrega e Peppercorn. Justamente aí se encontra sua principal contribuição para os estudos mais recentes. As análises neste livro escancaram alguns problemas centrais na abordagem da música de Villa-Lobos ao mostrar quatro aspectos que se mostraram paradigmáticos ao longo do tempo: 1) a questão harmônica, 2) a questão formal, 3) a recorrência de estruturas simétricas e 4) a questão simbólica.

Situado na fronteira entre o conceito de "harmonia expandida" herdada da música romântica, Tarasti realiza análises muito competentes e instigantes sob esse paradigma, apontando tonalidades, modos e, ocasionalmente, pontos conflitantes como passagens "bitonais", "politonais", "cromáticas" e até "atonais". Essa tensão entre a harmonia "clássica" e a música "moderna" do século XX é exemplar na produção villalobiana, na qual acordes triádicos convivem, nem sempre harmoniosamente, com materiais de outra natureza. Assim, as análises neste livro levam ao limite essa possibilidade de entender as relações harmônicas dentro desse estilo "cubista". Em paralelo, ao longo dos anos 1970 e 1980, cristalizava-se na musicologia estadunidense o conceito de "pós-tonalidade" (Babbitt, Lewin, Antokoletz, Perle, Forte, Strauss etc.),

APRESENTAÇÃO

dando outro sentido a essas relações harmônicas, como explorei em meus livros.[1]

O segundo paradigma diz respeito à posição de Villa-Lobos com relação à forma musical. Tornou-se quase um consenso negar seu interesse pela organização formal mais rigorosa, ou até mesmo no emprego de formas arquetípicas como a sonata e o rondó. Novamente, as análises de Tarasti, várias vezes, demonstram que isso, na verdade, é um mito e que o compositor não só praticava algumas técnicas de desenvolvimento muito semelhantes à *developing variation* delineada por Schoenberg a partir de Beethoven, como atingiu um estilo peculiar de elaboração em forma-sonata.[2]

Em seguida, Tarasti, em vários momentos, identifica algumas estruturas simétricas, chegando a afirmar que elas "representam a falta de formação musical" em Villa-Lobos, em uma interpretação que é consequência dos dois aspectos mencionados anteriormente, ou seja, se o compositor não elaborava conscientemente sua harmonia nem a forma, então, essas simetrias são um aspecto meramente fortuito. É necessário compreender o caráter pós-tonal da música villalobiana para entender como suas simetrias transcendem o mero ornamento ou capricho e se integram ao pensamento estrutural em linha direta com os "modos de transposição limitada" de Messiaen e outras teorias de caráter especulativo surgidas no século XX.

Por fim, o aspecto simbólico, que é diretamente associado à questão da identidade nacional em Villa-Lobos. Tarasti faz diversas análises do conteúdo expressivo por meio das "entonações" em que os elementos indígenas e africanos têm grande importância. Sua proposta do "tipo Xangô" revela a estilização possível desses materiais musicais em relação a sua significação cultural, seja na diluição do caráter sagrado de sua origem, seja na fruição estética que revela, tanto em uma canção (*Xangô*) quanto em sua recorrência inusitada no segundo movimento do *Quarteto nº 4*. Mais ainda, esses materiais convertem-se em um modelo estilístico, em

13

que sua textura, material harmônico e organização rítmica se cristalizam para virar um modelo representacional.

A recorrência do "tipo Xangô" na música brasileira, seja em sua vertente camerístico-sinfônica como em Guarnieri, Mignone, Guerra-Peixe, Almeida Prado, ou na tendência da chamada "MPB", na esteira da bossa-nova e do tropicalismo dos anos 1960, em Dorival Caymmi, Baden Powell, João Bosco, Edu Lobo, Gilberto Gil, Clementina de Jesus etc., irá convertê-lo em um "tópico" ou "tópica" musical. Essa percepção traz para o âmbito dos estudos brasileiros essa questão tão significativa indicada por Ratner e, no Brasil, desenvolvida por Acácio Piedade e outros pesquisadores, de modo a apontar para outras peculiaridades e representações musicais da cultura brasileira que já estavam presentes (com outra metodologia) nos trabalhos de Renato Almeida e Mário de Andrade. Outros elementos caros a Villa-Lobos irão se revelar formadores de figurações estilizadas que sintetizam outros estilos e tópicos importantes, como o caipira, a cantiga de roda, o aboio, o sabiá etc.

Podemos dizer, resumidamente, que o livro de Tarasti representou um grande fator de estímulo para que esses estudos fossem realizados nas últimas décadas.

A influência da *influenza*

É curioso que, de certa forma, a realização deste projeto tenha sido acidental. A motivação inicial de Tarasti era estudar a música dos índios Suyá, na região do Xingu. A viagem ao Brasil, entre os meses de janeiro e agosto de 1976, foi viabilizada por uma bolsa de estudos concedida pelo Rotary. Tarasti instalou-se em Petrópolis no final dos anos 1970, aguardando autorização para ir à região do rio Xingu. Passados oito meses, recebe carta da FUNAI, assinada pelo general Ismarth de Araújo, informando

APRESENTAÇÃO

que a viagem não poderia ser realizada, supostamente por causa de um surto de *influenza* naquela região. Eram então tempos da ditadura militar de Ernesto Geisel (1974-1979), e subliminarmente podemos perceber a mão invisível da censura a inviabilizar o projeto original do pesquisador. Oriundo de uma região fronteiriça à então União Soviética, Tarasti pode ter sido considerado como uma "ameaça ideológica" pelos serviços de "inteligência". Essa impressão é reforçada pela matéria da *Folha de São Paulo* (assinada por Rubens Valente em 24 de fevereiro de 2009) que revela um dossiê com documentos produzidos àquela época pela FUNAI com atividade de monitoração de missionários na Amazônia, prevenindo a "disseminação do comunismo" entre os índios.

O fato é que, graças a isso, Tarasti voltou-se para os estudos da obra de Villa-Lobos, os quais, aliás, já haviam sido iniciados pouco antes de vir ao Brasil, por meio do contato com a pianista Anna-Stella Schic e do grande musicólogo Luiz Heitor Corrêa de Azevedo, ambos notavelmente associados ao compositor.

Sobre a tradução

Em relação à tradução, gostaria brevemente de expor algumas questões importantes. Inicialmente, é claro, a dificuldade de se traduzir um texto originalmente escrito em finlandês e vertido para o inglês, sobre um assunto que se passa, na maior parte do tempo, no Brasil; muitas citações foram feitas a partir do português, tornando necessária a localização da versão original em livros que circulavam na década de 1970. Algumas edições mais recentes foram acrescentadas à extensa bibliografia. Assim, foi possível encontrar soluções que pareceram acomodar melhor as observações feitas por Tarasti e seu entendimento de aspectos peculiares da cultura brasileira. Outro dado significativo é a distância entre a elaboração inicial do trabalho e a constante evolução do campo de estudos e das representações sociais, alterando terminologias e paradigmas, o que algumas vezes demandou um cuidado especial para manter o sentido original, porém de acordo com o estado atual das questões musicais, culturais e étnicas envolvidas na discussão da obra villalobiana.

Em inglês, os termos *popular music* e *folk music*, por um lado, e *art music* e *serious music*, por outro, dificilmente podem ser traduzidos literalmente para o idioma português do Brasil, principalmente em um livro como este. Diversos fatores contextuais, como a problemática distinção entre "popular" e "folclórico" nos textos teóricos escritos antes de 1960 (especialmente em Mário de Andrade), fazem com que *folk* possa ser sinônimo aplicável aos dois casos, em uma acepção mais atual. Já os termos *art music* e *serious music* remontam à dificuldade em encontrar uma palavra que indique com clareza a música diretamente ligada à tradição clássica europeia – como bem observa Tarasti, o "universal", na verdade, é "europeu"(!); ao longo deste livro, serão alternativamente traduzidos como "música artística", "música clássica", "música de concerto", ou ainda "música erudita", dependendo da situação. Do mesmo modo, a noção de "exotismo" teve de ser repensada, pois o que às vezes é considerado exótico no texto (e assim o é, para um europeu), para nós, leitores brasileiros, muitas vezes não passa de uma cantiga infantil bastante familiar. Outra noção complicada é a de "música ocidental", que não consegui evitar em algumas ocasiões, para não descaracterizar o texto. Espero que as soluções adotadas reflitam positivamente essa minha preocupação.

Pesquisas mais recentes trouxeram dados que complementam as questões levantadas por Tarasti, como o trabalho de Manoel Correa do Lago,[3] o qual mostra que a companhia de balé russo, em visita ao Rio de Janeiro em 1917, na verdade, não apresentou obras de Stravinsky, como Peppercorn supunha ter acontecido. Informações dessa natureza foram acrescentados em notas editoriais ao fim do texto principal.

APRESENTAÇÃO

Os inúmeros exemplos musicais foram revisados, de modo a refinar a remissão com o apontamento de instrumentação, dinâmicas e transcrição dos instrumentos transpositores para a altura de concerto (em Dó), eventualmente com a numeração de compassos e indicação dos movimentos internos de uma obra. Esses exemplos – recortados, fotografados ou copiados à mão na versão original – ficaram bem mais legíveis, em versão digitalizada, com a contribuição preciosa de Luis Stelzer.

Algumas obras orquestrais, especialmente as sinfonias, beneficiaram-se das edições publicadas mais recentemente pela Academia Brasileira de Música, algumas em conjunto com a Orquestra Sinfônica do Estado de São Paulo (OSESP). Outro fator que auxiliou o processo de revisão técnica é o acesso a muitas das obras comentadas por meio de gravações recentes, como as integrais dos quartetos de cordas e sinfonias, poemas sinfônicos e música de câmara, não disponíveis à época em que Tarasti escreveu o livro. Se ainda não dispomos da gravação integral das obras de Villa-Lobos, pelo menos o cenário atual é bem melhor do que há quatro décadas. Cabe destacar também a atuação de vários pesquisadores em universidades brasileiras nas últimas décadas, produzindo livros, artigos e congressos e orientando dissertações e teses, o que possibilitou a formação de uma literatura crítica do compositor. Outro aspecto notável é a ação ininterrupta do Museu Villa-Lobos em todos esses anos, ao preservar o acervo, dar suporte e organizar festivais e mostras sobre o compositor.

Espero que essa tradução possa contribuir para o conhecimento da obra de Tarasti e para a disseminação da produção musical de nosso maior compositor.

PAULO DE TARSO SALLES

PREFÁCIO À EDIÇÃO ORIGINAL

Quando um musicólogo finlandês empreende um estudo sobre a vida e obra de um compositor que nasceu e viveu do outro lado do planeta, é preciso falar um pouco a respeito dessa escolha. Em 1972, conheci a obra de Claude Lévi-Strauss, que deu impulso ao movimento espiritual e científico conhecido como "estruturalismo". As ideias de Lévi-Strauss sobre a relação entre os mitos e a música dos índios sul-americanos me deixaram intrigado, despertando em mim o desejo de seguir os passos do eminente antropólogo francês até os índios na Amazônia.

A oportunidade para realizar esse plano surgiu inesperadamente, quando Bob Howlett, prefeito de Oxnard, Califórnia, esteve na Finlândia. Quando nos conhecemos, ele me contou a respeito das bolsas do *Rotary International*, do qual ele era membro, que poderiam ser solicitadas de qualquer parte do mundo onde os clubes da Fundação fossem operantes. Meu pedido de bolsa foi aceito, e eu comecei os preparativos para minha viagem de um ano nos trópicos.

Antes de ir para o Brasil, minha esposa e eu moramos em Paris durante algum tempo. Lá, a pianista Anna-Stella Schic nos apresentou ao mais renomado musicólogo brasileiro, Luiz Heitor Corrêa de Azevedo, que havia acabado de se aposentar do cargo de diretor do Departamento de Música da UNESCO. Ele me aconselhou a estudar a música de Villa-Lobos e me encorajou a adquirir as partituras de *Uirapuru*, *Amazonas* e *Erosão*, publicadas pela casa editorial Max Eschig. Por acaso, a Orquestra Sinfônica Brasileira estava se apresentando em Paris e ouvi em um dos concertos o "Prelúdio" da *Bachianas Brasileiras nº 4*. Aquela doçura peculiar, associada à sonoridade etérea do grupo de violoncelos, marcou a primeira impressão que tive de um aspecto da sensibilidade brasileira. Envolvido por essa reação positiva, as canções e peças para piano de Villa-Lobos que ouvi em um evento diplomático me pareceram muito divertidas.

C'est drôle d'aller au Brésil! ("É um absurdo ir para o Brasil!"), esbravejou meu professor de piano, Jacques Frévier, quando lhe contei minhas intenções. No entanto, após considerar o assunto, ele reconheceu que havia excelentes pianistas no Rio de Janeiro, como Arnaldo Estrella, sob cuja orientação eu planejava me familiarizar com o pianismo brasileiro.

A primeira visita de um europeu ao Brasil é naturalmente uma experiência memorável. Logo ficou evidente que toda minha cuidadosa preparação havia sido inútil. A realidade cultural era absurdamente diferente, as proporções eram todas incrivelmente gigantescas. Instalamo-nos na pacata cidadezinha onde viveu o Imperador Dom Pedro II, Petrópolis, situada cinquenta quilômetros ao norte do Rio e a milhares de metros acima do nível do mar. Somente no período final da minha bolsa consegui me mudar do sítio de minha conterrânea Ester Werner e "descer" para o Rio, para o bairro do Flamengo, perto do mar.

Trabalhei no Departamento de Antropologia da Universidade Federal, enquanto me preparava para viajar ao rio Xingu, na região do Amazonas. Meu objetivo era estudar a música para flautas dos índios Suyá, que conheci por meio das interessantes gravações realizadas e colecionadas pelo Prof. Anthony Seeger. Tendo suas longas viagens como referência, pude me informar sobre as condições que eu iria enfrentar. Contudo, a viagem para o rio Xingu jamais aconteceu. A lista de presentes que eu havia escolhido para dar aos índios já estava completa quando os planos naufragaram com a chegada de uma carta da FUNAI: o general Ismarth de Araújo anunciava educadamente que aquela região estava interditada por causa de um surto violento de *influenza*. Quem sabe mais tarde...

Naquela época eu estudei na tradicional Escola Nacional de Música do Rio e pude examinar o acervo do Museu Villa-Lobos, sob orientação da viúva do compositor, Dona Arminda.

Meu primeiro ensaio sobre Villa-Lobos e a música dos índios brasileiros foi escrito para o volume *Festschrift* para o Prof. Erik Tawaststjerna, com quem tive aulas na Universidade de Helsinque.

Ao chegar no oitavo mês de minha viagem, já possuía uma considerável coleção de músicas, livros, discos, fitas e outros materiais, e o mais importante: experiências em primeira mão com a cultura brasileira, sem o que não se pode nem começar a escrever um livro como este. Também aprendi a ler e falar em português.

Mesmo assim, ainda levei pouco mais de dez anos para completar este trabalho. O processo de escrita foi interrompido, mas também estimulado, por minhas aspirações acadêmicas, por uma dissertação sobre um tema completamente diferente, pelo ensino e outras atividades.

Este livro foi escrito parcialmente com a esperança de despertar o interesse nos músicos e encorajá-los a tocar a obra desse compositor, que eu começava a apreciar cada vez mais, à medida que meus estudos avançavam. O propósito das análises talvez seja dar algumas sugestões sobre *como* interpretar a música de Villa-Lobos. Por outro lado, há capítulos em que tento contextualizá-lo na cultura latino-americana, particularmente da música dentro dessa tradição. Como as peculiaridades dessa parte do mundo são pouco conhecidas em muitas regiões do Ocidente, decidi começar com uma espécie de introdução, um capítulo com uma breve revisão da história da música na América do Sul. Quanto à biografia de Villa-Lobos, decidi contar sua vida a partir dos documentos que tinha à minha disposição, com base no retrato que seus amigos fazem dele. Infelizmente não pude consultar a correspondência original do compositor. A biografia em alemão de Lisa M. Peppercorn foi de grande valia nesse aspecto.

Neste volume são apresentadas e analisadas as obras mais importantes de Villa-Lobos. A seleção foi feita de modo a representar todos os aspectos mais essenciais em sua produção. Considero este estudo uma introdução para um entendimento mais aprofundado da música villalobiana. Ainda faz falta uma biografia crítica, que provavelmente só um compatriota do compositor seria capaz de escrever; falta também uma descrição sintética dos diferentes estilos que ele praticou, bem como um catálogo completo com edição crítica de suas obras. Esse é o estado da questão, apesar dos brilhantes trabalhos recentes de Lisa M. Peppercorn, David Appleby e Simon Wright.

Seria impossível acrescentar essa última parte neste volume. A obra de Villa-Lobos é tão extensa que uma simples listagem já resultaria em um livro de bom tamanho. O critério adotado aqui foi simples: só foram mencionados as obras, livros, gravações, artigos e outros materiais que efetivamente pude manusear e consultar durante todas as fases da elaboração deste livro. Esse talvez seja o único princípio cientificamente confiável para abordar um compositor em cujo entorno há tantas fontes não confiáveis.

Originalmente este livro deveria ter o dobro de sua extensão, mas as análises foram reduzidas em prol da legibilidade. Espero que o resultado possa ser útil não só para músicos profissionais e musicólogos, mas também para os apreciadores de música em geral.

Uma nota sobre a terminologia musical

A maioria das referências às partituras são feitas em relação às marcas de ensaio, em que o número inicial é a marca, e a numeração após os dois pontos indica os compassos após a marca (por exemplo, nº 2:1-3, remete ao primeiro e ao terceiro compassos a partir do nº 2; em caso de marcação com letras (A:3-5), significa: terceiro ao quinto compassos após a marca de ensaio A).[4]

Agradecimentos

Quero estender meus agradecimentos a todas as pessoas, fundações e instituições que contribuíram de uma maneira ou outra para a realização deste livro. Primeiramente, quero registrar minha gratidão à falecida viúva do compositor, Arminda Villa-Lobos (conhecida como "Mindinha"), por sua ajuda ao longo de muitos anos. Do mesmo modo, recordo com gratidão os vários encontros com Luiz Heitor Corrêa de Azevedo, em Paris, que me encorajaram a completar este trabalho. Pierre Vidal, coordenador do *Groupe des Sept* em Paris, colaborou com minha pesquisa de muitas formas e transmitiu numerosos aspectos da personalidade do compositor, com base em sua própria experiência. O professor Orrego-Salas contribuiu decisivamente com meu trabalho, disponibilizando várias gravações e monografias realizadas nos seminários de pesquisa do Latin American Music Center (Centro Latino-Americano de Música), na Universidade de Indiana. A correspondência com Lisa M. Peppercorn ampliou minha visão sobre aspectos essenciais; considero a biografia dela sobre o compositor, escrita em alemão, uma obra importante e pioneira.

Durante minha viagem ao Brasil, fui gentilmente auxiliado por Anthony e Judy Seeger, que me deixaram consultar suas preciosas gravações da música dos índios Suyá. A ajuda de Ester e Paulo Werner, bem como a de Ritva Gonçalves, foi decisiva para o sucesso de toda minha permanência no Brasil, assim como a gentileza do cônsul da Finlândia, Aarno K. Arola, e Liisa Arola.

Especialmente, quero que este livro reflita meu caloroso agradecimento ao empenho devotado pela falecida Lily Reino, que revisou a versão em inglês. Sua ajuda e observações relativas ao conteúdo do livro representaram um apoio contínuo que me encorajou a completar o trabalho.

Agradeço a todos que contribuíram antes, durante e depois da viagem ao Brasil: Heitor Alimonda, Eila Ampula, Pierre Bartholomée, Folke Bohlin, Helza Camêu, Daniel Charles, Eino Filppula, Paul Forsell, Martti Haapakoski, Pekka Hako, Heikki e Marianne Leppo, José Luiz Martinez, Alfonso Padilla, Mercedes Reis Pequeno, Aloysio de Alencar Pinto, Mario Pompeu, Miguel Proença, Erkki Salmenhaara, Juhani Similä, Sirkka Stolt, Erik Tawaststjerna, Isabel Iretz Thiele, Hannu Tolvanen, Juhani Virkkilä, Bo Wallner e Wladimir Wistuba.

É claro que, sem a bolsa concedida pela Fundação Rotary e pelo *Rotary International*, este trabalho não seria possível. A Max Eschig de Paris, principal editora da obra de Villa-Lobos, também contribuiu decisivamente, ao facilitar o acesso ao material básico necessário para este estudo. Sou grato ao eficiente Inter-Urban

PREFÁCIO À EDIÇÃO ORIGINAL

Loan Department (Departamento de Empréstimos entre cidades), da Universidade de Helsinque, bem como às bibliotecas da Academia Sibelius e da Academia Real de Música de Estocolmo. Meu muito obrigado também ao Embaixador do Brasil em Helsinque, à Associação Finlândia-Brasil e aos funcionários do Consulado Finlandês no Rio de Janeiro.

Em todas as etapas deste trabalho, o apoio de minha esposa Eila me deu todo o encorajamento espiritual.

EERO TARASTI

Março de 1995

CAPÍTULO I
O LEVANTAMENTO DA HISTÓRIA DA MÚSICA NA AMÉRICA LATINA

A descoberta da América inspirou a criação de obras significativas em vários artistas do Velho e do Novo Mundo. Refletidos nas representações desse evento estão aspectos peculiares da cultura latino-americana – três identidades compostas presentes na música deste continente: a ibérica, a tropical e a mediterrânea. A realidade musical heterogênea da América do Sul é vista à luz desses três aspectos, com o primeiro deles inegavelmente exemplificado pelo grande compositor nacional da Espanha, Manuel de Falla.

No final da década de 1920, de Falla planejava encenar um grande oratório intitulado *Atlântida*. Esse trabalho, entretanto, permaneceu inacabado. Os últimos anos da vida desse compositor foram passados na Argentina, na remota cidade de Córdoba. Lá, trabalhando num humilde chalé, ele esboçou cenários musicais de um poema escrito em dialeto catalão por Verdaguer, um escritor espanhol do século XVIII.[5] O tema tratava do lendário reino da Atlântida, que dizem ter interligado a Europa e a América, há muito tempo, antes de afundar no oceano. O poema foi concluído com a reunificação desses continentes por Cristóvão Colombo por meio da submissão à compartilhada fé católica. A visão mística, em que a mitologia antiga e o Cristianismo se fundem e todos os povos ibéricos recuperam a unidade perdida, fascinou de Falla a tal ponto que, ao final da sua vida, se dedicou a compor uma obra monumental, a qual não seria, no entanto, apresentada até 1970, após sua conclusão por seu aluno Ernesto Halffter.[6] O plano original de Manuel de Falla incluía a incorporação de elementos visuais em seu oratório. Ele trocou correspondência sobre o assunto com José Maria Sert, pintor espanhol também originário da Catalunha. O que De Falla evidentemente tinha em mente era algo como a reconstrução de uma peça de mistério medieval, com cenas absolutamente imóveis que lembravam vitrais em catedrais medievais.

A certa altura, Sert sugeriu que *Atlántida*, de Manuel de Falla, fosse apresentada na inauguração de seus afrescos em 1933, no Rockefeller Center de Nova Iorque, mas o músico não foi capaz de concluir a obra, que permanece inacabada desde sua morte em 1946. Musicalmente, o trabalho foi baseado nas escalas modais de melodias seculares e nos cânticos religiosos das igrejas medievais espanholas – as mesmas escalas que, no passado, foram levadas para a igreja e para a música folclórica da América Latina em seu nível mais fundamental. Exemplos da maneira como o compositor utilizou as fontes da música medieval podem ser encontrados em muitas seções da obra, entre elas a ária perto do final do oratório, onde a Rainha Isabel vê em sonho a descoberta por Cristóvão Colombo das "Índias", na América. Embora a melodia combine características das canções folclóricas granadinas e catalãs, o resultado é uma estilização típica de Manuel de Falla. Da mesma forma, a cena coral *Salve en el Mar* é baseada nos estilos de música sacra espanhola dos séculos XI e XII.

Essa obra de Manuel de Falla serve como uma introdução adequada à história da música artística sul-americana, embora caiba observar que ela lança luz sobre apenas um aspecto do

CAPÍTULO I – O LEVANTAMENTO DA HISTÓRIA...

espírito latino-americano, conhecido como "Iberianismo".[7] O mesmo assunto da "descoberta" do continente, que tanto fascinou os artistas sul-americanos, também pode ser interpretado de uma forma totalmente diferente, a partir do ponto de vista dos "descobertos", os próprios sul-americanos. Alguns consideram ridícula toda a conversa sobre a "descoberta da América". O compositor mexicano Carlos Chávez relatou que, quando criança, ouvia pessoas idosas falando sobre o Cristóvão Colombo, quem descobriu a América. Ele diz:

> Eu era uma criança pequena e ouvia os adultos falarem de Cristóvão Colombo e da descoberta da América. Eu ficava confuso, não conseguia entendê-los bem. E me lembro de uma vez ter dito a eles: "tudo bem, mas o que você quer dizer com isso? O que ele descobriu? A América é algo a ser descoberto? Já não estávamos aqui?".[8]

Essas palavras de um compositor mexicano, ele próprio meio indígena, trazem à tona a outra face da América Latina: a América dos seus povos originários, os indígenas. Ao mesmo tempo que de Falla chegava à Argentina às voltas com uma grande obra sobre a conquista da América, o compositor brasileiro Heitor Villa-Lobos refletia sobre um assunto semelhante. Contudo, enquanto de Falla desenvolveu esse projeto por doze anos, Villa-Lobos, pelo contrário e de maneira impressionante, compôs em tempo recorde uma série de quatro oratórios, intitulada *Descobrimento do Brasil*.

A obra de Villa-Lobos também incluía um elemento visual, mas enquanto de Falla preserva a solenidade de um drama ritual e requer pinturas imóveis e transparentes, ao estilo de El Greco, Villa-Lobos escreveu músicas para o filme também intitulado *Descobrimento do Brasil*, do diretor brasileiro Humberto Mauro, que o Instituto de Cacau da Bahia encomendara para as comemorações do quadricentenário da cidade de Salvador, Bahia.[9] Se a obra de

Manuel de Falla representa as virtudes da disciplina e religiosidade característicos da cultura espanhola, subordinando as entonações musicais e características folclóricas de acordo com suas próprias exigências formais aristocráticas, a obra de Villa-Lobos, com seu elemento nativo selvagem, tropicalidade exuberante, espontaneidade e vitalidade, quebra todas as regras da música europeia e as transforma, adequando-as aos seus novos conteúdos. As formas musicais assim criadas são inerentemente rapsódicas.

O que Vladimir Jankélévitch disse sobre Albéniz vale também para Villa-Lobos e sua obra *Descobrimento do Brasil*: "a diversidade, a prodigalidade tola, a regeneração contínua, aí está a única lei desta criação efervescente inspirada pelo espírito pluralista da rapsódia".[10] Nessa obra, que, à maneira de um afresco, se esparrama sobre o ouvinte como uma representação da natureza e da cultura sul-americanas, Villa-Lobos não economiza nos temas como pressupõe a forma sinfônica europeia. Nem leva em consideração os esforços adicionais solicitados aos instrumentos e aos músicos, do mesmo modo que em qualquer outra de suas obras.

Uma manifestação desse tropicalismo é o uso de temas indígenas, pois assim como Albéniz e outros compositores espanhóis costumam retornar à Espanha dos mouros ou ao encanto da África (assim como a música russa revela o quanto a Rússia, libertada dos tártaros, ainda anseia por sua Ásia),[11] também o Brasil, tendo banido seus índios para a selva, precisa de seus nativos. Por outro lado, o oratório de Villa-Lobos contém uma referência ao elemento afro-árabe no movimento "Impressão moura" e aos ritmos andaluzes na terceira série da "Impressão ibérica". Entretanto, a maneira como Villa-Lobos expressa esses elementos em sua música revela seu sentido tropical da forma, que obedece apenas às leis da rapsódia e da improvisação.

No entanto, um terceiro compositor significativo do século XX também estava interessado na América do Sul e na descoberta do continente como tema para uma obra musical. Trata-se de Darius Milhaud, que, por muito tempo, após sua viagem ao Brasil, em 1917-1918, e influenciado por elementos da música folclórica latino-americana, compôs uma série de óperas sobre temas sul-americanos: *Christophe Colombe*, em 1928, *Maximilien*, em 1930, e *Bolivar*, em 1943. Para Milhaud, a América do Sul era basicamente uma continuação do Mediterrâneo e de seu espírito. Embora se possa dizer que ele estava menos interessado no tema A ou B do que em outra coisa qualquer,[12] em suas obras "sul-americanas", ele realiza experimentos construtivos, baseados principalmente na politonalidade. Portanto, a incorporação direta de música folclórica (que raramente ocorre em De Falla ou Villa-Lobos) não exclui as estruturações mais evidentes que atendam às demandas do sentido latino da forma. Se Milhaud, em seu *Maximilien*, toma emprestada a famosa melodia da dança *Galhofeira*, do brasileiro Alberto Nepomuceno, ele também faz com que os deuses astecas, em *Christophe Colombe*, saúdem a chegada dos navios com ventos hostis cuja textura musical é composta por uma complexa rede politonal.

No entanto, a visão mediterrânea da América do Sul, por Milhaud, talvez encontre sua expressão mais completa e típica em suas suítes de dança *Saudades do Brasil* e *Le Boeuf sur le toit*. A América Latina descoberta por Milhaud era inteiramente mediterrânea no aspecto musical, em sua ingenuidade sem afetações e pelo espírito carnavalesco. Foi principalmente por causa de Milhaud que esses aspectos foram introduzidos nos círculos musicais europeus e considerados autenticamente sul-americanos, simplesmente porque a música originária desse continente raramente era ouvida.

Muitos séculos se passaram até que Villa-Lobos ou qualquer outro compositor sul-americano pudesse expressar musicalmente ideias originais com elementos de sua própria cultura, ou mesmo adotar temas da história de seu próprio país. Por muito tempo prevaleceu, tanto na música quanto na literatura, um princípio que poderia ser chamado de *imaginação colonializada*.[13] O fato de poucos fenômenos artísticos terem aparecido na música e na literatura latino-americanas do século XVI ao XVIII (e mesmo depois) não foi por falta de talentos, mas porque em uma sociedade colonizada o talento enfrenta dificuldades para poder se expressar. A imaginação artística não é alimentada pela experiência direta e pelo ambiente natural do artista, permanecendo dependente de valores importados, basicamente alheios.

Os missionários logo descobriram que os povos indígenas eram muito musicais e deram grande atenção à expressão musical dedicada à conversão religiosa. Mas os índios empregados como músicos não tinham permissão para acrescentar nada na substância musical. Mesmo assim, sua participação na música sacra provou ser uma das ferramentas mais eficazes em sua conversão. No México, já em 1561, o número de músicos indígenas havia aumentado tanto que Felipe II achou necessário limitar o número de autorizações para a formação de músicos.[14] Muitos músicos indígenas eram altamente qualificados na execução de música europeia e o Papa Benedictus XIV pôde observar em meados dos anos 1700 que não havia diferença virtualmente alguma entre as missas e as vésperas cantadas na Europa ou no Paraguai.[15] Os conjuntos instrumentais integrados por indígenas eram capazes de tocar a música europeia da mais alta qualidade daquela época, nos instrumentos trazidos pelos colonizadores, como se deduz dos documentos encontrados em arquivos musicais nas catedrais do México, Guatemala, Colômbia, Peru e Bolívia.

Ainda assim, nenhuma influência estilística nacional pode ser observada na música sacra composta na América do Sul durante o período colonial, uma vez que as formas europeias puras eram consideradas as únicas apropriadas para cerimônias cristãs. De qualquer forma, os jesuítas, particularmente ativos no Brasil até a expulsão da Companhia de Jesus em 1766, foram muito tolerantes com a música indígena e os primeiros defensores dos índios contra a opressão implacável dos conquistadores.

CAPÍTULO I – O LEVANTAMENTO DA HISTÓRIA...

Não existe um único documento confiável sobre a música das culturas indígenas pré-colombianas. As descrições e anotações dos primeiros exploradores são extremamente vagas a esse respeito. As notações de melodias indígenas incluídas por Jean de Léry em sua descrição de viagem de 1557, *L'Histoire d'un voyage faite au Brésil*, permaneceram por muito tempo na Europa como as únicas obras que representam a música indígena original. Uma delas – a melodia que começa com as palavras *Canide ioune* e fora utilizada posteriormente por Villa-Lobos em seu poema sinfônico *Amazonas* – aparece no dicionário musical publicado em 1763 por Jean-Jacques Rousseau como uma melodia canadense, não brasileira, indígena.

Na verdade, não se pode falar da música indígena em termos gerais, porque assim como existem inúmeras culturas indígenas na América do Sul e mais de cento e vinte famílias linguísticas, uma grande variedade prevalece também no âmbito da música. Muitas comunidades indígenas encontraram refúgio das culturas coloniais naturalmente, nas profundezas da selva – especialmente na brasileira – e assim foram capazes de preservar sua cultura em um estado intocado até 1900. Por outro lado, até o momento nenhum método foi desenvolvido para determinar a idade ou autenticidade de uma melodia indígena. Com esse recurso seria possível separar gradualmente todas as influências absorvidas e revelar sua essência original. De qualquer modo, as generalizações de Nicolas Slonimsky, afirmando que uma melodia indígena pura é sempre baseada na escala pentatônica e sua expansão para a escala de sete tons significa a miscigenação devido ao impacto europeu ou africano, são de natureza absolutamente especulativa.[16] A afirmação de que o cromatismo é sempre afetado pela influência africana também não se aplica, visto que o cromatismo e os chamados microintervalos também ocorrem na música indígena original.[17]

O que foi dito sobre os indígenas nas colônias europeias como músicos habilidosos também se aplica aos negros mais tarde importados da África: sua musicalidade e arte, demonstradas em condições de escravidão, até provaram ser um meio de melhorar sua posição social vergonhosa. Em Cuba, no início do século XIX, havia mais pessoas negras do que brancas atuando na profissão musical,[18] enquanto no Brasil o compositor da corte do Imperador Pedro I no Rio de Janeiro, na virada do século XIX, era um homem extremamente talentoso, o mulato José Mauricio Nunes Garcia, cujas obras corais e orquestrais em nada eram inferiores à música europeia contemporânea.[19]

Um bom exemplo do papel dos negros na música do período colonial é fornecido pelo caso do estado brasileiro de Minas Gerais, no século XVIII. Assim que as ricas jazidas de ouro e diamantes da área foram descobertas no século XVII, forasteiros começaram a fluir para lá. Mulatos e negros formavam a maioria da população mineira já em meados do século XVIII. A vida cultural da região estava, de fato, nas mãos de mulatos livres – a região é famosa por sua arquitetura barroca, enquanto o escultor mais conhecido do Brasil, Aleijadinho, que também não era branco, teve seu apogeu criativo precisamente naquele período.

A vida musical mineira atingiu proporções espantosas, como foi revelado na década de 1940 por Francisco Curt Lange, musicólogo alemão residente em Montevidéu, quando empreendeu pesquisas em arquivos antigos.[20] Entre 1760 e 1800, havia cerca de mil músicos trabalhando na região de Minas.[21] Como a maioria era mulato, o fenômeno foi denominado "mulatismo musical". Talvez o compositor mais conhecido dessa escola tenha sido José Joaquim Emerico Lobo de Mesquita, que atuou como organista na igreja de Ouro Preto. Missas, *credos* e *magnificats* permaneceram de sua produção, a qual, estilisticamente, não representa realmente a música barroca, embora seja, geralmente e um pouco enganosamente, referida como o barroco mineiro.[22] Em vez disso, ele reflete estilos musicais europeus do período correspondente, principalmente o estilo homofônico pré-clássico, mas contendo também soluções surpreendentemente modernas para sua época.[23]

CAPÍTULO I – O LEVANTAMENTO DA HISTÓRIA...

A importação de africanos como escravos começou no século XVI e concentrou-se nas Antilhas e no Brasil, onde seus descendentes representam hoje um terço da população. Em menor medida, essa população também se concentrou na Venezuela, Colômbia e Equador, onde constituem um quinto da população. Os africanos trouxeram consigo seus próprios cultos e rituais musicais, chamados macumba ou candomblé[24] no Brasil e *ñañiguismo* em Cuba.[25]

É natural que seja praticamente impossível generalizar tanto sobre a música africana quanto sobre a música ameríndia sul-americana. No entanto, características comuns foram encontradas e incluem melodias com movimento melódico predominantemente descendente, a terça oscilante da escala diatônica e a sétima rebaixada – em outras palavras, exatamente aqueles fatores que enfraquecem a impressão de tonalidade. O cromatismo e os glissandos também são características comuns, assim como a forma antifonal das canções. No ritmo, os metros que ocorrem com mais frequência são binários (enquanto a música dos indígenas se baseia principalmente, pelo menos nas suas formas mais primitivas, em ritmos não periódicos, "sem métrica musical", e na música folclórica luso-hispânica, principalmente em ritmos ternários), mas fortemente sincopados.[26] Grosso modo, existem dois tipos de sincopação, o brasileiro e o cubano (ex. 1). A distinção entre eles reside na ênfase na batida acentuada de cada compasso na síncope brasileira, enquanto, nos ritmos cubanos, as batidas são atenuadas por uma pausa ou ligam a batida forte do compasso com a batida não acentuada do compasso anterior:[27]

Exemplo 1. *Comparação entre a síncopa brasileira e a cubana.*

O movimento da dança é parte integrante dos ritmos dessa música. O ponto de partida é a percussão, principalmente a ação de bater, em que praticamente qualquer material serve como ressonador. O importante não é apenas o som da batida, mas também o alçar da mão para produzi-lo. A rítmica é, portanto, dicotômica: para um ocidental, a impressão auditiva é importante, enquanto, para um africano, é o próprio movimento.[28]

Muito cedo os elementos musicais dos negros fundiram-se com as diferentes formas de música folclórica ibérica. Isso era natural, uma vez que toda a população sul-americana participava ativamente de cerimônias religiosas, bem como de várias festividades militares e cívicas durante o período colonial. Diferentes tipos de carnavais e espetáculos se desenvolveram nos quais o enredo podia ser alguma lenda cristã, ou talvez lidar com o culto ibérico ao boi ("bumba meu boi"), ou ter origem na antiga história da Espanha e de Portugal e retratar, por exemplo, as batalhas entre cristãos e mouros.[29]

O único caso em que a música europeia pode ter sido influenciada pela música sul-americana do período colonial é o desenvolvimento da *chacona*. Beneficiada pelos compositores barrocos, essa forma, baseada em um baixo *ostinato* ou alguma série invariante de acordes e em uso muito próximo à *sarabande* e à *passacaglia*, entre outras, originou-se de uma dança que, evidentemente, fez o movimento da América Central e das colônias do Sul para a Europa no século XVI. Quando se ouvem essas *chaconnes* compostas na Europa, dificilmente ocorre a alguém que eram originalmente danças indígenas, mais conhecidas no México como *chacona mulata* ou *Indiana amulatada*.[30] Dificilmente se poderia encontrar melhor prova da tese dos antropólogos de que, no reino cultural, tudo é, em última análise, emprestado de culturas temporal ou geograficamente mais distantes.

Para completar o quadro da música do período colonial, não se deve ignorar os inúmeros tipos de dança e música que também

CAPÍTULO I – O LEVANTAMENTO DA HISTÓRIA...

foram transferidos de sua terra natal para a América do Sul. A Argentina viu nascer a tradição da balada dos gaúchos; nas cidades brasileiras, particularmente no Rio de Janeiro, surgiram modinhas, serenatas sentimentais, e quase todos os países latino-americanos encontraram sua própria tradição de dança característica. O instrumento mais importante, naturalmente, no início, era o violão com suas múltiplas variantes. Cedeu lugar, porém, ao piano no início do século XX.

Muitos historiadores da música da América Latina consideram precisamente a veia ibérica da música folclórica como a esfera da cultura musical que manifesta o verdadeiro espírito latino-americano durante o período colonial. Segundo o musicólogo argentino Carlos Vega, uma característica típica da música sul-americana é que, enquanto, na Europa, diferentes estilos como barroco, pré--clássico, classicismo, romantismo e assim por diante se sucedem, na América do Sul, todos são usados simultaneamente em suas tradições musicais. Portanto, a história da arte europeia de progressão linear lógica não corresponde à realidade latino-americana[31] (assim como não se pode dizer que compositores individuais seguem o desenvolvimento "psicoestético" lógico; Villa-Lobos, por exemplo).

O fato de as antigas tradições musicais resistirem por tanto tempo nesse continente deveu-se a muitos fatores: a heterogeneidade dos elementos raciais, as distâncias geográficas, os diferentes estilos de vida moldados pelo ambiente natural e as estruturas sociais divergentes. Em meados do século XIX, já se via o resultado de tudo isso: a formação de culturas nitidamente contrastantes. As elites culturais concentravam-se nas cidades e eram voltadas para a Europa, um elemento importante do que era naturalmente o aumento contínuo da imigração vinda da Europa no início do século XX. Ao mesmo tempo, velhos modos de vida perduraram nas áreas rurais: *haciendas* ou fazendas feudais, pastores nômades, ordens jesuítas e grupos indígenas com raízes em culturas pré-colombianas.[32]

Na realidade, foi então que surgiu o conceito da chamada "identidade *criolla*". O termo *criollo*, traduzível como "crioulo", é usado aqui para significar uma pessoa de ascendência europeia que nasceu na América do Sul. A identidade crioula tem dois lados: por um lado, o desejo de ser original, de representar uma cultura única e, por outro, a vontade de provar que ser "crioulo" não denota ignorância das conquistas dos principais centros intelectuais e artísticos – isto é, as metrópoles europeias – e a incapacidade de utilização de técnicas e materiais por eles disponibilizados. Consequentemente, o crioulo tem sempre que estar "atualizado", importar o romantismo para seu próprio continente quando essa é a moda na Europa, ou se interessar pelos últimos movimentos de vanguarda europeus do século XX.[33] Além disso, a identidade crioula – ou latina, ou sul-americana (na medida em que estamos justificados em usar tal generalização) –, desde o século XVIII, preservou persistentemente dois mitos de origem europeia. O primeiro foi o mito de que a América era terra habitada pelos chamados nobres selvagens. Isso levou à idealização dos índios ou ao chamado indianismo e, mais tarde, nas primeiras décadas do século XX, ao africanismo, ou seja, à idealização dos negros (ao mesmo tempo que estava na moda na Europa). O segundo foi o mito reverso de pessoas inferiores que tiveram de ser civilizadas.[34]

Uma síntese interessante desses dois aspectos é fornecida pelo início da ópera na América Latina. Na realidade, as óperas eram ouvidas no século XVIII nas grandes cidades do continente, principalmente executadas por companhias italianas em turnê, e foi precisamente a ópera italiana que permaneceu como tendência dominante ao longo do século XIX. Em meados do século, as óperas de Verdi, Rossini, Donizetti e Bellini eram executadas em todos os grandes centros musicais, com desenvolvimento facilitado pelo fato de, durante o mesmo período, terem sido fundados conservatórios e numerosas orquestras sinfônicas em várias cidades.[35]

CAPÍTULO I – O LEVANTAMENTO DA HISTÓRIA...

Figura 1. *Heitor Villa-Lobos em 1908, aos 21 anos.*
Cortesia do Museu Villa-Lobos.

No Brasil, a vida musical já começava a florescer no início do século XIX, quando toda a corte portuguesa se mudou para o Rio de Janeiro para escapar das guerras napoleônicas e aqui permaneceu.

Imediatamente após a fundação de um conservatório em 1847, foi lançada uma sequência de apresentações de óperas. Embora logo tenham surgido demandas de que as óperas fossem cantadas em português, o italiano manteve sua posição dominante tanto musical quanto linguisticamente até o final do século. A ópera *Izaht*, de Villa-Lobos, composta em seu período inicial em 1917, tem estilo totalmente semelhante ao de Puccini. Ainda em 1942, quando o compositor brasileiro Oscar Lorenzo Fernandez escreveu sua ópera *Malazarte* com um libreto português do autor brasileiro Graça Aranha, o compositor teve que admitir a derrota quando ficou evidente que a companhia de ópera italiana em turnê não era capaz de cantar a obra em seu idioma original.[36]

Cuba experimentou um fenômeno semelhante: quando Manuel Saumell compôs a primeira ópera cubana em 1839, intitulada *Antonelli*, baseada na história de Cuba e apresentando índios e negros, o próprio tema causou constrangimento, e ninguém percebeu que foi, de fato, a primeira tentativa, em toda a América Latina, de criar uma ópera nacional.[37] Isso mostra mais uma vez um considerável sincronismo com a música europeia contemporânea: a ópera *A Life for the Czar*, de Mikhail Glinka, havia sido concluída apenas três anos antes e criou a base para o estilo de ópera nacional russa. No entanto, casas de ópera e teatros foram inaugurados em toda a América do Sul, mesmo no meio de uma floresta tropical, como no Brasil, onde se realizavam apresentações de ópera em cidades como Manaus e Belém.[38]

Em seu romance de fundo musical, *Les pas perdus* (*Os passos perdidos*), o autor cubano Alejo Carpentier retratou uma típica

CAPÍTULO I – O LEVANTAMENTO DA HISTÓRIA...

ópera sul-americana e sua plateia. O protagonista do romance, representando o espírito moderno dos anos 1950, chega diretamente de uma metrópole da Europa Central para uma pequena casa de ópera venezuelana, onde ainda prevalece a atmosfera do século passado. Ele descreve uma cena luxuosa representada por patronos elegantes e relata ter ficado impressionado com sua elegância anacrônica.[39]

Talvez o exemplo típico entre as inúmeras óperas compostas ao estilo italiano na América do Sul e a única a fazer sucesso na Europa tenha sido *Il Guarani*, composta pelo brasileiro Antônio Carlos Gomes (1836-1896) em 1870. Gomes passou grande parte de sua vida na Itália, onde foi enviado para completar seus estudos, após vários de seus esforços operísticos terem chamado a atenção no Brasil. Quando Gomes partiu para Milão em 1864, teve como tema de leitura na viagem o romance *O Guarani*, do escritor brasileiro José de Alencar, que obteve grande sucesso em sua terra natal e, para todos os efeitos práticos, introduziu o romantismo na história da literatura brasileira. As pessoas se identificavam com os heróis do romance a tal ponto que até batizavam seus filhos com seus nomes.

Ao mesmo tempo, o romance de José de Alencar representa o indianismo ao retratar seu herói como um índio da tribo Guarani, romantizado e idealizado, um "nobre selvagem", chamado Peri. O tema principal do enredo é o amor de Peri por Cecília, filha de um fazendeiro branco, e os eventos contêm cenas fantásticas como aquela em que Peri e sua amada sobem ao topo de uma palmeira para escapar de uma enchente. Como as águas continuam subindo, o índio finalmente corta a árvore e faz dela uma canoa, com a qual o herói e a heroína são salvos. *Il Guarani* alcançou grande sucesso na Europa e logo fez parte do repertório de todas as grandes companhias de ópera de Lisboa a Moscou, de Roma a

Copenhague. O próprio Giuseppe Verdi fez comentários favoráveis à obra após ter ouvido sua estreia em Milão em 1870.[40]

A ópera de Gomes representa precisamente aquele período inicial da música sul-americana em que os elementos nacionais servem apenas como um suplemento exótico, enquanto a própria linguagem tonal é ainda inteiramente dominada pelos modelos europeus. Os assuntos indígenas eram especialmente populares nos libretos de óperas, e o mesmo tipo de síntese do indianismo e da ópera italiana surgiu na Argentina[41] e, um pouco mais tarde, no Brasil.

Enquanto óperas de estilo e de temática nacionais, como *Huemac*, de Pascual de Rogatis, e *Atahualpa*, de Ferruccio Cattelani, começavam a ser executadas em Buenos Aires apenas na virada do século, no Brasil já havia interesse por Wagner. Leopoldo Miguéz, o fundador da Escola Nacional de Música do Rio de Janeiro e organizador de toda a vida musical do Brasil, escreveu, em 1901, uma ópera completa, em português, intitulada *Os Saldunes*, em estilo fiel ao seu ideal, Wagner.[42]

Outro gênero musical em que a influência europeia ficou muito evidente foi a música para piano. Como instrumento, o piano rapidamente substituiu o violão, no século XIX, nos salões aristocráticos e, em muitos países da América do Sul, ainda mantém seu lugar importante entre a classe média baixa. A música de piano latino-americana do século XIX seguia duas linhas: as composições eram danças curtas ou miniaturas, folhas de álbum e semelhantes (em outras palavras, música típica de salão), ou compostas submetidas ao virtuosismo romântico, como paráfrases de óperas conhecidas, hinos nacionais ou outros temas populares.

Os produtos desse gênero musical talvez pudessem, por seus títulos e temas, ser classificados como uma espécie de estágio

CAPÍTULO I – O LEVANTAMENTO DA HISTÓRIA...

primeiro do estilo nacional, mas, em suma, revelam pouca originalidade no adequado desenvolvimento musical. Portanto, eles podem servir para demonstrar que o mero empréstimo de um tema da música folclórica não torna um compositor muito "nacional". Só no século XX se pode falar de compositores (como Albéniz e Villa-Lobos) que "fabricavam o folclore como a abelha secreta o seu mel, e esse folclore artificial era não só mais belo, mas também mais autenticamente espanhol, mais profundamente tradicional".[43]

O ideal de todos os pianistas sul-americanos na segunda metade do século XIX era o norte-americano Louis Moreau Gottschalk, um virtuoso do piano, tão renomado na Europa quanto Liszt ou Thalberg e que também viajou pela América do Sul. Gottschalk compôs um conjunto de peças para piano nas quais utilizou elementos do folclore musical das ilhas do Caribe, canções e danças negras de Havana ou Porto Rico: *Souvenir de la Havane, Le Bananier, El Cocoyé*. Ele sabia ter sido o primeiro a incorporar os ritmos e melodias das Antilhas na música séria – assim como sua sinfonia *Nuit dans le tropique* (1858) é a primeira obra orquestral a incluir instrumentos de percussão cubanos.[44]

O exemplo de Gottschalk inspirou outros compositores sul-americanos a escrever paráfrases de concertos com elementos do folclore local. Na história da música brasileira, Brasílio Itiberê da Cunha é conhecido como o primeiro compositor a introduzir melodias folclóricas brasileiras na música artística. Sua fantasia para piano *A Sertaneja* (1869) foi talvez inspirada na visita de Gottschalk, além de estilizações de formas de música popular brasileira como o maxixe ("Balaio, meu bem, balaio"), o tango brasileiro e a modinha.[45]

A obra citada de Brasílio Itiberê antecipou o desenvolvimento da música para piano na direção de uma expressão cada vez mais nacionalista à medida que o século se aproximava do fim. De certa forma, são paralelos os exemplos do cubano Ignacio Cervantes (1847-1905), do brasileiro Ernesto Nazareth (1863-1934) e do boliviano Simeon Roncal (1870-1953). Eles desenvolveram um gênero de peças curtas para piano parecidas com dança e que não foram modeladas estilisticamente no virtuosismo romântico de Liszt, mas nas *mazurcas* de Chopin. A qualidade cubana em Cervantes, a brasileira em Nazaré e a boliviana em Roncal são inerentes; elas emergem da sensibilidade dos músicos e não de empréstimos extrínsecos.

A suíte *Danzas* para piano, de Cervantes, escrita durante vinte anos (1875-1895), já representava o melhor do nacionalismo cubano, de acordo com Carpentier. As danças seguem a estrutura de *contradanza*, comum em Cuba naquela época (*prima-segunda*, ambas com 16 compassos de extensão), e sua contrapartida estilística pode ser considerada, por exemplo, as danças norueguesas de Grieg ou as danças eslavas de Dvořák. São, ao mesmo tempo, comoventes, irônicas, melancólicas, jubilosas e charmosas, revelando certos estados de espírito através da dança,[46] assim como os tangos brasileiros de Ernesto Nazareth. Não obstante, Nazareth é difícil de categorizar como um compositor clássico ou popular, pois ele se move habilmente entre as duas formas. Seu professor no Rio de Janeiro foi um pianista francês, Lucien Lambert, que ajudou Gottschalk durante sua turnê brasileira. Nazareth também era familiarizado com os compositores eruditos brasileiros e com a música de Beethoven e Chopin, que ele pessoalmente admirava. Apesar de Nazareth se apresentar em cinemas cariocas, não pode ser considerado um verdadeiro "pianeiro", como eram chamados os pianistas itinerantes que se apresentavam nas festas.[47] Ernesto Nazareth pertence àquela zona intermediária difícil de definir que o musicólogo argentino Carlos Vega chamou de, em termo apropriado, "mesomúsica".[48] O gênero musical que desenvolveu, o tango brasileiro, não deve ser confundido nem com o tango argentino, nem com a *habanera* cubana, pois representa a música psicologicamente expressiva tanto quanto a própria música de dança. Os próprios títulos dessas breves peças aludem a isso: "Carioca", "Confidencias", "Duvidoso", "Está chumbando", "Porque sofres?", "Saudades e Saudades", "Segredo", "Sutil", "Magnífico", "Coração que sente". Ritmicamente, esses títulos são altamente sincopados, mas ao mesmo tempo Nazareth indica que as composições devem ser tocadas gingando, o que significa ter a graça e a flexibilidade do estilo africano. Em algumas de suas obras o piano imita outros instrumentos, como em "Apanhei-te cavaquinho" ou "Travesso" (ex. 2), em que a melodia escrita no registro agudo do piano imita as figurações de um flautista das rodas de choro cariocas.

Exemplo 2. Nazareth: *Travesso*, arquivos do Latin American Music Center, Indiana University em Bloomington.

As peças para piano de Nazareth, Cervantes e Roncal tiveram significado e posição semelhantes na história da música artística da América do Sul: eram peças de caráter especificamente latino-americano, cujas exigências técnicas não impediam a ampla distribuição e utilização das melodias.

Exemplo 3. Nazareth: *Carioca*, dos arquivos do Latin American Music Center, Indiana University em Bloomington.

Exemplo 4. Nazareth: *Brejeiro*, dos arquivos do Latin American Music Center, Indiana University em Bloomington.

Exemplo 5. Cervantes: *Danzas cubanas*, extraído de Alejo Carpentier, *La música en Cuba*, 1946.

Exemplo 6. Roncal: *Noche tempestuosa*, dos arquivos do Latin American Music Center, Bloomington, Indiana.

Na Europa, essa forma musical era praticamente desconhecida, antes da viagem de Darius Milhaud ao Brasil em 1918. Ele havia sido convidado para ir ao Rio de Janeiro pelo então embaixador da França, o escritor Paul Claudel, com quem Milhaud havia colaborado anteriormente e cujos textos usou mais tarde, ao compor obras como o balé *L'Homme et son désir* e a já mencionada ópera *Christophe Colombe*. O Brasil, e particularmente o Rio de Janeiro, causou um impacto inesquecível em Milhaud, como geralmente acontecia com todos os europeus quando vinham ao país e conheciam a cidade do Rio pela primeira vez. Em suas memórias, *Note sans musique*, Milhaud descreve suas impressões, admitindo, porém, que é muito difícil captar verbalmente a atmosfera da baía do Rio, cercada por montanhas estonteantes, ruas movimentadas, igrejas barrocas e praias.[49] Em vez disso, após seu retorno ao Brasil, Milhaud compôs uma suíte de doze peças para piano intitulada *Saudades do Brasil*, cada uma com o nome de alguma parte do Rio de Janeiro, e assim criou uma das composições geográficas mais conhecidas do século XX. Como gênero, essas peças para piano não podem ser comparadas tanto a vinhetas sentimentais, como a *Lieder ohne Worte*, de Mendelssohn, quanto às paisagens musicais da suíte *Iberia*, de Albéniz, ou aos tipos músico-psicológicos já brotando nos tangos de Nazareth. Milhaud retrata não apenas a natureza, mas as várias nuances na inter-relação homem e natureza, a expressividade de Paissandu, a tristeza da Tijuca, o lazer de Copacabana, a agitação de Ipanema e a alegria de Laranjeiras.

O interesse de Milhaud pela música brasileira teve como pano de fundo a estética do grupo francês *Les Six*, formado por volta de 1916. Seu princípio era rejeitar tudo o que fosse metafísico e profundo, "toda aquela música que precisava ser ouvida com a mão no queixo", como dizia Cocteau,[50] dando preferência à linha melódica simples, aos ritmos da dança e da música de marcha, às melodias populares de um café concerto parisiense – em uma

CAPÍTULO I - O LEVANTAMENTO DA HISTÓRIA...

palavra, a música que, na Europa, era chamada simplesmente de "ligeira". Em colaboração com Cocteau, Milhaud compôs uma suíte de balé, *Le Boeuf sur le toit* (*O Boi no telhado*), que, na verdade, é um *pot-pourri* de melodias brasileiras emprestadas especialmente de Ernesto Nazareth. Darius Milhaud admirou a invenção melódica e rítmica inesgotável na música de Nazareth e escreveu em suas memórias:

> Os ritmos dessa música folclórica me fascinaram muito. Em sua sincopação há um atraso imperceptível, uma respiração indiferente, uma pausa leve que para mim foi muito difícil de captar. Assim, trouxe uma quantidade de maxixes e tangos; comecei a tocá-los com toda a sua sincopação que muda de uma mão para a outra. Meus esforços foram recompensados e finalmente pude expressar e analisar essa nuance típica brasileira. Um dos melhores compositores do gênero musical, Nazareth, tocava piano em um cinema da avenida Rio Branco. Seu toque fluido, inimitável e triste também me ajudou a conhecer melhor a alma brasileira.[51]

Sabe-se de Darius Milhaud que, já na década de 1910, começou a desenvolver sua composição de sistema politonal, que aplicou em suas obras para teatro compostas no Brasil, como *Les Choéphores*. O que não foi pesquisado foi a influência da música folclórica brasileira no desenvolvimento do sistema de Milhaud – uma vez que, pelo menos em Cuba, o ponto de partida da politonalidade e da polirritmia, de Amadeo Roldán e Alejandro García Caturla (salvo talvez as experiências de Milhaud), foi especificamente a música folclórica de origem africana, que oferecia exemplos vivos de tonalidades e ritmos sobrepostos.

De qualquer forma, o próprio Milhaud foi um grande estímulo para os compositores brasileiros que conheceu no Rio – entre os quais estava ninguém menos que o jovem Villa-Lobos, aquele de "temperamento abrutalhado, mas inegavelmente talentoso".[52]

No entanto, o estado da música artística no Brasil de 1918 despertou reflexões adicionais em Milhaud, quem, numa entrevista à *La Revue Musicale* alguns anos depois, observou que, enquanto o compositor brasileiro busca se expressar bem no estilo de Brahms, Wagner ou mesmo Debussy, ele não se esforça para desenvolver um idioma sonoro nacional e original.[53]

Inegavelmente, o problema da linguagem musical nacionalista foi central na história da música latino-americana; nesse sentido, o momento da virada do século foi crucial. Foi então que a vida musical em todos os países da América do Sul se tornou mais organizada, conservatórios foram abertos, sociedades de compositores foram fundadas, assim como os clubes de Beethoven, de Haydn e de Wagner, os quais, por sua vez, organizaram séries de concertos, e as orquestras foram constituídas (em Havana na década de 1920, duas orquestras sinfônicas competiam entre si).[54] Buenos Aires chegou a ser chamada por Camille Saint-Saëns de "conservatoriópolis".[55] O fator social catalisador de todo esse desenvolvimento foi a ascensão da classe média no final do século XIX e suas demandas para que a educação musical e a música fossem promovidas com recursos públicos.[56]

No entanto, o surgimento de um estilo nacional encontrou numerosos obstáculos, e não somente daqueles círculos que queriam que a música de um estado recém-independente fosse "progressiva", ou seja, se concentrasse na transferência e preservação da tradição europeia clássica; todos os elementos nacionais e as influências africanas e indígenas eram considerados de mau gosto e bárbaros, podendo ser, na melhor das hipóteses, tolerados, mas não permitidos nas salas de concerto.[57] Luiz Heitor Corrêa de Azevedo considera o contraste entre "nacionalismo musical" e "universalismo" o dilema essencial da música latino-americana. Com toda a razão, diz: "quando nós americanos falamos em universalismo, queremos dizer europeísmo".[58] O Novo Mundo teve grande dificuldade em fazer a Europa reconhecer seus valores musicais, uma

CAPÍTULO I - O LEVANTAMENTO DA HISTÓRIA...

vez que a interação entre os continentes sempre ocorreu apenas em uma direção: de leste a oeste. Desde o início do século XX, não era difícil ouvir, em Nova Iorque ou em Buenos Aires, as obras executadas antes em Viena ou Paris, mas os próprios compositores sul-americanos tinham que cruzar o Atlântico para que suas vozes fossem ouvidas na Europa. Isso levou a uma situação em que um intelectual latino-americano sabia tudo sobre a Europa, porém pouco ou nada sobre a cultura de seu próprio país.

A primeira geração de compositores comprometida em romper essa barreira e com as noções distorcidas atuou na virada do século. Foi a primeira geração enviada por autoridades de vários países da América do Sul para estudar na Europa e assimilar suas influências na esperança de que, depois de retornar a seus países, esses compositores elevassem a vida musical ao mesmo nível da Europa Central. Retrospectivamente, observa-se que essa geração, que lançou as bases e precedeu os verdadeiros grandes compositores internacionais da história da música da América Latina, Heitor Villa-Lobos do Brasil, Carlos Chávez do México e Alberto Ginastera da Argentina, foi em grande parte ofuscada por esses nomes famosos. Essa primeira geração criou o ambiente necessário para o surgimento de um grande compositor nacional – um processo semelhante foi realizado em muitos países da Europa meio século antes. No campo da música, a gênese de um personagem nacional é um fenômeno mais complicado do que, por exemplo, na literatura. Consideremos talvez o poeta mais conhecido da América do Sul, Rubén Dario, que nasceu (1867) em um vilarejo remoto da Nicarágua, pequeno país da América Central, em um ambiente onde a tradição literária não existia, e que, apesar de tudo isso, conseguiu alcançar a fama internacional.

No domínio musical, o surgimento de um grande nome é geralmente precedido por uma fase em que o ambiente musical precisa ser preparado para se tornar receptivo. Raramente os compositores dessa geração pioneira recebem o reconhecimento merecido. Particularmente na América do Sul, suas biografias seguem um padrão muito semelhante, quer vivam no Brasil, Colômbia, Uruguai ou Chile. Citarei alguns casos típicos para homenagear tardiamente esses compositores que, em outras circunstâncias, poderiam ter se tornado os Sibelius, Griegs, Bartóks ou Mussorgskys de seus próprios países.

Não há muitas referências à história da música da Colômbia, mesmo na literatura que trata da América do Sul. O único compositor bastante conhecido é Guillermo Uribe-Holguín, nascido em 1880 em Bogotá, capital de seu país.[59] Os anos de estudante de Uribe-Holguín foram típicos de um compositor sul-americano: originalmente ele iria se tornar um engenheiro, mas estudou violino com o folclorista compositor panamenho Narciso Garay. Sua primeira viagem ao exterior foi em 1903, para os Estados Unidos, isso significou um ponto de inflexão: em Nova Iorque, Uribe-Holguín ouviu obras como *Parsifal*, de Wagner, e os poemas sinfônicos de Richard Strauss. Ao voltar para casa, sugeriu que a Academia de Música, que deixara de funcionar temporariamente, fosse reaberta. Isso foi feito, e Uribe-Holguín começou a ensinar lá.

A próxima viagem de Uribe-Holguín para o exterior foi a Paris, mais especificamente à Schola Cantorum, fundada por Vicent d'Indy e onde tantos compositores sul-americanos estudavam na época. Nesse sentido, Uribe-Holguín também fez a viagem obrigatória a Bayreuth, mas – o que é importante – começou a se corresponder com o compositor e musicólogo espanhol Felipe Pedrell. Uribe-Holguín havia escrito um artigo para um jornal de Bogotá sobre uma das composições de Pedrell, o qual, por acaso, caíra nas mãos do último. Felipe Pedrell foi uma figura eminente da escola espanhola que incentivou os jovens compositores espanhóis Albéniz, Granados, Turina e, em particular, De Falla, o qual utilizou a pesquisa de Pedrell sobre a música folclórica de diferentes regiões da Espanha e sua música sacra como base para sua composição. Então, Pedrell aconselhou Uribe-Holguín a regressar

CAPÍTULO I - O LEVANTAMENTO DA HISTÓRIA...

imediatamente à sua terra natal e a concentrar-se na promoção da vida musical da sua própria terra e, sobretudo, no desenvolvimento de um estilo composicional baseado na música folclórica.

Uribe-Holguín assim o fez e, após seu retorno, tornou-se a figura central na vida musical de Bogotá. Mais uma vez ele encontrou a Academia de Música em um estado caótico e literalmente teve que recomeçar do início, enfrentando grandes dificuldades financeiras. Durante esses anos, Uribe-Holguín compôs com intensidade, mas infelizmente não foi capaz de publicar suas obras. Consequentemente, nenhuma de suas principais séries de obras para piano, *250 Trozos en el sentimento popular*, na qual ele usou elementos da música folclórica colombiana como os ritmos de *bambuco* e *paisillo*, estava disponível na década de 1990. Ele também não obteve sucesso com suas obras orquestrais, cujo estilo reflete a influência do impressionismo francês, mas nas quais, especialmente os ritmos, aludem à música folclórica. Uribe-Holguín viajou mais uma vez para a Europa após a Primeira Guerra Mundial na esperança de publicar seus trabalhos, mas em vão. Ele se aposentou do cargo de diretor do conservatório em 1935 e morreu em 1971.

A vida de Uribe-Holguín pode ser considerada, em muitos aspectos, o destino típico de um compositor na América do Sul: ele assimilou as últimas conquistas da música europeia contemporânea – em seu caso, principalmente as do impressionismo francês – e tentou expressar sua cultura nacional com essa técnica. Também é típico que o compositor tenha que assumir o papel de um organizador eclético da vida musical, o que naturalmente fragiliza sua disponibilidade para se dedicar exclusivamente à composição.

Da mesma forma, a influência do impressionismo francês se reflete na obra do uruguaio Eduardo Fabini (1882-1950). A organização da vida musical no Uruguai também coincidiu com o surgimento da vida literária. O Uruguai era conhecido no início do século como um país de escritores. Ao contrário da Colômbia, cuja cultura é caracterizada por várias misturas das três etnias principais da América Latina (indígena, negra e europeia), a cultura uruguaia é de origem predominantemente europeia, e seu folclore é próximo aos elementos gaúchos da Argentina. Os fundadores da música artística uruguaia, Carlos Pedrell e Afonso Broqua, passaram a maior parte de suas vidas em Paris, sem perder, no entanto, o espírito uruguaio em suas obras musicais. Além disso, nas décadas de 1930 e 1940, Montevidéu tornou-se o centro da musicologia sul-americana com a chegada do musicólogo alemão Francisco Curt Lange, que fundou o chamado movimento interamericano da música, cujo propósito era buscar fatores de unidade nos compositores latino-americanos e publicar novas composições. Curt Lange começou a editar um jornal especial, o *Boletín Latinoamericano de Música*, uma espécie de anuário; ao todo, foram publicados seis volumes, bem generosos. Suas extensas monografias e suplementos musicais ainda estão entre as fontes mais importantes para o estudo de muitas culturas musicais sul-americanas.

O compositor mais conhecido do Uruguai, no entanto, foi Eduardo Fabini, apenas dois anos mais jovem que o colombiano Uribe-Holguín. Sua carreira como compositor desenvolveu-se precisamente com os mesmos professores de Uribe-Holguín, na *Schola Cantorum* de Paris (o quão indispensável foi Vincent d'Indy na formação de compositores sul-americanos é indicado pelo simples fato de que o autodidata Villa-Lobos também leu, até onde se sabe, o livro *Cours de composition musicale*, de d'Indy). As obras mais importantes de Fabini foram composições orquestrais. Nelas, são expressas – segundo Francisco Curt Lange – a essência do povo uruguaio, sem que sejam de um compositor folclorista no verdadeiro sentido.[60] As obras mais conhecidas de Fabini são o poema sinfônico *Campo* (1909) e *La isla de los ceibos* (1931). O último título se refere a uma espécie de árvore com flores vermelhas, típica do interior do Uruguai. Fabini foi considerado principalmente um

CAPÍTULO I – O LEVANTAMENTO DA HISTÓRIA...

compositor paisagista e, nesse sentido, suas obras foram comparadas às representações igualmente suaves e impressionistas da vida rural, pelo pintor mais famoso do Uruguai, Pedro Figari.

Fabini, na virada do século, preferia utilizar as escalas de tons inteiros, do timbre da harpa, da técnica de *sul ponticello* nas cordas, e outros dispositivos pastorais da música europeia que ele às vezes usava em conjunto com as escalas pentatônicas, ao retratar temas indígenas (como no poema sinfônico *Mburacayá*, que faz alusão ao indianismo musical de Villa-Lobos e Ginastera).

De certa forma, os últimos compositores mencionados também são precedidos pela suíte *Tristes*, de Fabini, por diversos meios (alternativamente para orquestra, piano – ou violão – assim como para voz solo e piano). Ali os elementos crioulos do Rio da Prata e as estilizações dos *yaravis* dos Andes se fundem no mesmo tipo de nacionalismo musical buscado por Ginastera em sua série *Pampeanas* ou por Villa-Lobos em seus *Choros* – também estes escritos para formações variadas. Digno de nota, nesse contexto, é o desejo dos compositores sul-americanos de buscar novos tipos de formas musicais, principalmente as rapsódicas, para dar a elas títulos sugestivos de sua nacionalidade.

Assim como no Uruguai, a vida artística no Chile na virada do século estava fortemente orientada para a Europa e concentrada na cultura urbana internacional.[61] Ainda assim, o movimento indianista teve seus defensores no Chile, entre eles, Carlos Lavin (1883-1962) e Carlos Isamitt (1885-1974), ambos, simultaneamente, compositores e etnomusicólogos que realizaram trabalhos de campo com os índios Mapuches da região de Arauco. O primeiro compositor "nacional" do Chile, porém, foi Pedro Humberto Allende (1885-1959), que, após a habitual estada na Europa, começou a trabalhar como professor e compositor de música em sua terra natal. Em certa medida, ele usou como material temático de suas composições a música popular das cidades, como no poema de 1919, *La voz de la calles*, que se baseia em gritos típicos dos camelôs de Santiago. Na orquestração, por outro lado, Allende seguiu o exemplo do impressionismo francês. O ponto de partida em outros países andinos durante o mesmo período foi naturalmente as tradições musicais indígenas. Na Bolívia, a música nacionalista, nasceu no início deste século com fortes sotaques indígenas, como fica evidente na seguinte peça para piano de Eduardo Caba (1890-1953), intitulada "*Leyenda Keshua*" (da suíte *Potosí*):

Exemplo 7. Caba: *Leyenda Keshua*, Boletín Latinoamericano de Música, 1946.

Além da escala pentatônica, essa obra também sugere a concepção genérica da natureza dolorosa e melancólica da música indígena, que foi descrita eloquentemente pelo musicólogo

CAPÍTULO I - O LEVANTAMENTO DA HISTÓRIA...

e compositor mais famoso do Equador, Luis Segundo Moreno (1882-1972):[62]

> Enquanto o morador da serra contempla a vastidão da paisagem, um sentimento de solidão infinita o invade e o enche de profunda melancolia. É por isso que os ameríndios dos Andes adotaram, sem dúvida por instinto, o modo menor, o canto melancólico, monótono, lamentoso... Esta nota menor é o produto natural das condições geográficas.

A coleção *Aires nacionales de Bolivia*, do compositor boliviano Teófilo Vargas,[63] é talvez a antologia mais significativa das melodias folclóricas dessa região; o balé *Ameríndia*, de Velasco Maidana (nascido em 1900), foi apresentado em Berlim em 1938. Todas essas figuras solitárias ainda aguardam seu resgate e reconhecimento na história da música do hemisfério ocidental. Particularmente nos países andinos, a organização da vida musical começou muito lenta e dolorosamente. Em contraste, a ascensão da cultura musical nacional no Brasil constitui uma fase dinâmica e interessante na história da música de todo o continente.[64] Ela forma o pano de fundo para compositores importantes posteriores, como Heitor Villa-Lobos. Elementos folclóricos ganharam espaço na música de concerto no Brasil aos poucos, o que é compreensível, tendo em vista que grandes cidades como Rio de Janeiro e São Paulo desenvolveram seu próprio folclore urbano, o qual se alienou da vida musical rural, bem como o fato de que a música indígena foi considerada muito distante e exótica para ser assimilada pela cultura musical nacional. O caráter "brasileiro" das composições baseava-se principalmente na adoção de melodias individuais e figuras rítmicas, bem como na cultura literária.

Isso é ilustrado pelos fundadores da música brasileira de concerto, Alexandre Levy (1864-1892) e Alberto Nepomuceno (1864-1920). Ambos nasceram no mesmo ano e são conhecidos na história da música do Brasil como autores das primeiras obras sinfônicas com temas folclóricos. As atividades musicais de Levy se concentraram em sua cidade natal, São Paulo, onde fundou a sociedade Haydn em 1883 e onde tentou organizar uma orquestra sinfônica atuando regularmente para a execução da música orquestral mais importante do período. Sob sua direção, *Der Freischütz*, de Weber, foi apresentada pela primeira vez no Brasil. Apesar de toda essa intensa atividade, Levy lamentou, pouco antes de sua morte, que o estado da música no Brasil era vergonhoso.

Foi também o primeiro a preparar uma programação de música brasileira que previa o estudo de todos os gêneros musicais do Brasil, uma área geográfica igual a toda a Europa. Em suas obras, porém, ele próprio se contentou principalmente com as modinhas cantadas nas cidades e os lundus, variantes brasileiras da polca. Foi Villa-Lobos quem se tornou o primeiro "compositor viajante" do Brasil, absorvendo impressões diretas da música folclórica de suas diferentes regiões. A *Suite Brésilienne*, de Levy, tem cinco partes: *Prelúdio, Dança rústica, A Beira do regato e Samba*. A sua orquestração ainda representa o estilo romântico inicial – por exemplo, o tema sentimental de *A Beira do regato* é enquadrado pela figuração *mendelssohniana* das cordas. A parte verdadeiramente nacional da suíte é, no entanto, a última. Nela Levy usa uma canção de dança conhecida, *Balaio, meu bem balaio*, mas o verdadeiro estímulo a toda a obra é literário: em 1889, o escritor Júlio Ribeiro publicou o romance intitulado *A Carne*, que causou sensação por suas descrições audaciosas. Ribeiro queria ser um Émile Zola brasileiro e conseguiu atrair tanta atenção que logo seu romance começou a ser lido por todo o Brasil. Em um capítulo havia uma evocação do samba afro-brasileiro, que Levy usou como um programa para sua composição, apresentando o tema do samba primeiro por oboés e clarinetes e gradualmente crescendo até o *tutti fortíssimo* final. Posteriormente, muitos outros compositores brasileiros usaram a mesma ideia quando

CAPÍTULO I - O LEVANTAMENTO DA HISTÓRIA...

queriam retratar o êxtase da dança. *Noneto* ou *Choros n° 10*, de Villa-Lobos, ou *Batuque*, de Lorenzo Fernandez, são exemplos típicos de equivalentes brasileiros do *Bolero* de Ravel.

No entanto, Alexandre Levy nunca ouviria sua obra executada. Alberto Nepomuceno, por sua vez, viveu mais e, consequentemente, sua produção também é maior: compôs sinfonias, peças para piano e quartetos de cordas, um terço dos quais são conhecidos pelo apelido de "brasileiro". Nepomuceno recebeu uma educação completa em vários países europeus e, em 1893, chegou a visitar Bergen, na Noruega, após se corresponder com Edvard Grieg.

A obra mais famosa de Nepomuceno é a *Série brasileira*, tornando-se a segunda suíte sinfônica representativa da música brasileira, depois da obra de Levy. A suíte de Nepomuceno da mesma forma é de cunho programático, contendo alusões literárias. O primeiro movimento, *Alvorada na serra*, provavelmente se refere às montanhas do Sul do Brasil, embora seu tema principal seja a canção infantil o *Sapo Cururu*, originária do Nordeste do país, mas conhecida por todos os brasileiros. A canção culmina em um forte orquestral, após o qual Nepomuceno faz com que a flauta imite o gorjeio do pássaro sabiá. Esse pássaro se tornou uma espécie de símbolo do Brasil, depois que o escritor Gonçalves Dias, ainda considerado um dos maiores poetas do Brasil, durante uma viagem a Portugal, escreveu um poema intitulado *Canção do exílio*, publicado no Brasil em 1846. Esse poema alcança posição semelhante na cultura brasileira ao poema de Goethe *Kennst du das Land*, na Alemanha. O poema começa com o verso: "Minha terra tem palmeiras, onde canta o sabiá".

Nepomuceno mistura o motivo do canto dos pássaros com o murmúrio das cordas como uma espécie de variante brasileira dos murmúrios da floresta de *Siegfried*. Quando Villa-Lobos, em 1917, compôs um balé com um pássaro como tema, intitulado *Uirapuru*, provavelmente, não tanto imitou o *Pássaro de Fogo*, de Stravinsky, como seguiu a tradição de seu próprio país ao emprestar o motivo do canto do pássaro uirapuru da região amazônica e usá-lo como o tema principal de sua composição. As outras partes da suíte de Nepomuceno são *Intermédio*, *A sesta na rede* e *Batuque* (que se refere a uma dança motriz semelhante a uma tocata de origem africana); são músicas descritivas que (junto com a suíte de Levy) tiveram certamente sua influência sobre Villa-Lobos, quem também compôs nasceres do sol nos trópicos e idílios em uma rede.

De certa forma, é típico que os compositores latino-americanos, nessa fase, não se comprometessem a compor sinfonias em escala mais ampla, tendo em vista sua fidelidade aos modelos europeus. Em vez disso, formas mais ou menos rapsódicas, suítes e poemas sinfônicos eram populares. Há uma explicação lógica para isso: conforme os compositores latino-americanos começaram a usar o folclore, perceberam que o cultivo desses elementos significava limitar consideravelmente a elaboração musical. Os padrões melódicos da música folclórica não permitiam um desenvolvimento motívico tão amplo quanto seria possível com temas compostos especialmente para esse fim. Só mais tarde Villa-Lobos escreveu sinfonias, que certamente não são consideradas parte substantiva de sua produção. O mexicano Carlos Chávez é provavelmente o único compositor da geração subsequente que conseguiu fundir os elementos da música indígena com o folclore mexicano, com a elaboração de um desenvolvimento rigorosamente sinfônico. É certo que Alberto Ginastera também dificilmente pode ser criticado pela falta de um sentido europeu da forma, mas ele nunca compôs uma única sinfonia.

Em vez disso, os compositores latino-americanos usaram outros tipos de estruturas como enredo de suas composições, sendo uma ideia estrutural muito típica o que pode ser chamado de "lógica de uma procissão de carnaval". Uma obra começa, por assim dizer, ao longe – ouvem-se as primeiras melodias e ruídos de uma procissão que se aproxima à distância –, vai-se gradualmente distinguindo um tema, que culmina em forte com a chegada da procissão. Esse tipo de enredo composicional não foi invenção apenas de compositores sul-americanos; um desses modelos encontra-se nas obras do espanhol Isaac Albéniz, em particular na sua monumental suíte para piano *Iberia*, na qual as várias províncias da Espanha são lembradas com nostalgia. É precisamente esse movimento no espaço que é tipificado pelo movimento *Corpus Christi en Sevilla*; na exuberância tropical de seu timbre, é uma mistura interessante de folia e religiosidade – uma combinação nada rara, mesmo em compositores sul-americanos.

Albéniz era tão popular na América do Sul que muitos elementos da música desse continente, na virada do século, têm suas raízes em Albéniz ou encontram paralelos nele. Também não há sonata nas obras de Albéniz, e ele não segue nenhuma ordem discursiva de desenvolvimento. Em vez disso, cada página de Albéniz é como uma aula de geografia; sua poesia musical precisa sempre como ponto de partida alguma paisagem concreta, lugar, suas fragrâncias típicas, sopros de vento e sons.

Ainda assim, é preciso dizer que o período do romantismo, que prevaleceu na América Latina um pouco depois da Europa, não trouxe uma resolução definitiva para a busca de uma língua tonal nacional completamente original. Uma das razões era que as fontes da música folclórica ainda não haviam sido disponibilizadas em toda a sua riqueza – por várias razões estéticas e ideológicas –, e seu uso não havia progredido além do empréstimo de elementos discretos para escrever programas poéticos. Segundo o famoso modelo formulado por Béla Bartók, a interação entre o folclore e a música de concerto estava apenas na sua primeira fase[65] – longe da fase final em que um compositor já internalizou o espírito da música folclórica, a tal ponto que é capaz de produzir música que seja exatamente igual a ela.

Essa interação de duas áreas musicais – da qual depende em grande medida o progresso de uma música artística nacional na sua primeira fase – pode ser retratada também por outro tipo de modelo utilizado por Bartók. Pode-se supor que o compositor não lide com apenas um tema musical folclórico, mas que combine em uma obra elementos de *vários* gêneros da música popular – por exemplo, a estrutura intervalar de uma música, a cadência de outra, o ritmo de uma terceira etc. A partir dessa fase, pode-se prosseguir para as obras musicais que fundem não apenas gêneros dentro de um país ou região, mas também gêneros de outros países. Naturalmente, isso só é possível em grandes áreas, como na América do Sul. Então, a mesma obra poderia conter, lado a lado, por exemplo, formas musicais africanas, indígenas ou urbanas com todos os seus traços característicos. As obras que se cristalizariam a partir dessa combinação não seriam mais "nacionalistas", mas "americanas".[66] Foi justamente essa abordagem que a geração posterior à dos pioneiros começou a usar, pois só ela estava pronta para dar esse passo – Villa-Lobos sendo o melhor representante dentre os que buscaram esse tipo de síntese. Em sua brasilidade, ele se projeta como um intérprete de toda a identidade sul-americana.

Porém, antes dessa fase, todos os elementos do folclore tiveram que ser liberados, por assim dizer, para seu uso artístico, e isso novamente só foi possível após a chegada dos movimentos modernistas na América Latina, dando início à vida artística que havia se estagnado no romantismo acadêmico. Isso aconteceu simultaneamente em muitos países, no Brasil e na Argentina, bem como no México e em Cuba. Surpreendentemente, na América Latina, o modernismo significava resistência ao internacionalismo e uma espécie de reavaliação do provincianismo e do regionalismo. Isso era paradoxal, pois os movimentos modernistas – futurismo, cubismo, fauvismo etc. – eram tão internacionais e cosmopolitas por natureza, quanto, digamos, o Romantismo, o Simbolismo e o Impressionismo, os quais eles queriam repudiar.

Em todo caso, na década de 1920, fenômenos paralelos ocorreram em muitos países sul-americanos: no Brasil, na Semana

CAPÍTULO I – O LEVANTAMENTO DA HISTÓRIA...

de Arte Moderna realizada em São Paulo em 1922, foi declarada a libertação total da tutela artística da Europa em nome da vanguarda, que se voltou às fontes da arte nativa. Em 1928, Mário de Andrade e Oswald de Andrade editaram a *Revista de Antropofagia*, que tinha como um de seus *slogans* o seguinte: *tupi or not tupi* (em trocadilho com o mote shakespeariano *to be or not to be*).[67] Os manifestos de artistas modernistas e os eventos organizados por eles despertaram tanta objeção e desaprovação nos círculos conservadores quanto os fenômenos correspondentes no México e em Cuba, precisamente ao mesmo tempo. De acordo com os círculos conservadores, a única cultura verdadeira era a importada de Paris ou Viena.

Essas atitudes foram claramente exibidas no desenvolvimento da vida musical de Havana.[68] Todos os concertos realizados em Havana nas décadas de 1850 e 1860 consistiam exclusivamente de cenas e de árias de óperas italianas; uma associação de música clássica foi fundada na cidade em 1866, uma sociedade de Beethoven dez anos mais tarde, e no início do século XX, a orquestra da cidade tocou trechos da tetralogia de Wagner. O compositor mais conhecido de Cuba na época, Eduardo Sánchez Fuentes, compôs *habaneras*, é verdade, mas não permitiu que os ritmos africanos fossem introduzidos na música cubana séria. Isso, por sua vez, estava simplesmente em harmonia com o espírito comunitário da república recém-fundada. Em um novo país que buscava adotar as conquistas da cultura ocidental, o autêntico elemento africano significava pura reação. Romper com a tradição europeia em favor do culto vodu haitiano, da cerimônia do *ñañigo* cubano ou do batuque brasileiro significaria negar as raízes supostamente mais nobres, trocando o clavicórdio por tambores. Era engraçado que esses círculos ostensivamente progressistas, mas, na verdade, culturalmente conservadores, não notassem que a tão admirada música europeia estava repleta de estilos nacionais. O que era exótico ou desconcertante para um compositor francês como Milhaud, era autêntico, inato e natural para um brasileiro, cubano ou mexicano.

Em todo caso, um contramovimento surgiu em Cuba, enfatizando o afro-cubanismo em um sentido totalmente diferente daquele da arte negra então em moda na Europa. Em 1927, o escritor Nicolas Guillén fundou em Havana uma publicação intitulada *Revista de avance*, que introduziu a voz dos mitos e poemas africanos na vida artística cubana. O próprio Guillén era mulato e só agora podia falar com a voz da sua consciência, que antes tivera de reprimir. Ao contrário dos autores do movimento da negritude francesa, isso não o levou, entretanto, a renegar a parcela branca de sua ancestralidade; ele até escreveu em seu poema *Son número 6*:

> *Estamos juntos desde muy lejos*
> *Jóvenes, viejos*
> *Negros y blancos, todo mezclado*[69]

> Desde tempos remotos que estamos juntos
> jovens e velhos
> Preto e branco, tudo misturado

Na música, Alejandro García Caturla e Amadeo Roldán ascenderam à liderança. Esses compositores, que nasceram nos primeiros anos do século XX e morreram prematuramente, lutaram pelos mesmos ideais; eles queriam trazer para a música cubana todo o mundo rítmico, cheio de nuances dos *sons*, ao lado do qual os experimentos polirrítmicos de compositores europeus contemporâneos pareciam ser bastante mecânicos e mortos.[70] O termo *son* significava qualquer música folclórica dançante que, em contraste com as *contradanzas* – danças de salão acompanhadas por uma orquestra –, era cantada com o acompanhamento de instrumentos de percussão. Os *sons* libertaram a música cubana dos padrões rítmicos dos séculos anteriores. A disseminação do ritmo *habanera* em outras partes do mundo não pode ser considerada um evento tão significativo quanto o desenvolvimento dos *sons* em Havana no início do século XIX. No entanto, Roldán foi o primeiro a pensar em usar a respiração viva e o organismo rítmico trêmulo dos *sons* na área da música de concerto em sua obra *Rítmica* e na suíte de canções *Motivos de Son*, baseada em poemas de Guillén. A música *cult* africana também inspirou Roldán a compor o balé *La Rebambaramba* a partir de um conto de Alejo Carpentier.

A natureza e a produção de Caturla, considerado talvez o compositor mais notável da história cubana, foi de um tipo diferente da obra de Roldán, embora ele também estivesse envolvido nos movimentos intelectuais da época. Caturla foi considerado uma espécie de força natural dinâmica, um gênio cuja produção foi como uma avalanche e que, portanto, pode ser considerado o Villa-Lobos da música cubana. A comparação é ainda mais adequada, pois o objetivo básico de toda a sua obra é evidente: criar uma síntese de todas as formas musicais da ilha. Nunca compôs de acordo com algum gênero folclórico particular, como Villa-Lobos imitou a música indígena em seu *Choros nº 3* ou a música africana em suas *Danças africanas*, mas tentou expressar a essência da *rumba*, em sua concepção total. Durante o breve período em que Caturla esteve sob a influência de Milhaud, ele escreveu algumas danças para piano que tentavam transmitir a sonoridade cubana por meio de uma escrita harmônica igual às experiências mais ousadas da época.

Quando Roldán e Caturla são comparados entre si, o primeiro pode ser considerado um compositor mais deliberado que usa efeitos calculados e que, como maestro de orquestra, ele próprio conhecia seus recursos, enquanto a orquestra de Caturla era, segundo Carpentier, "como um terremoto, primitivo e bárbaro em sua força".[71]

O que aconteceu em Cuba nas décadas de 1920 e 1930 foi equivalente e até mesmo um reflexo da revolução que mudou toda a vida cultural mexicana naqueles anos. A convulsão entre 1910 e 1921 foi social por natureza e resultou na aprovação de uma lei fundamental, segundo a qual recursos foram concedidos generosamente para a educação geral pela primeira vez na história do México. Foi nomeado para sua liderança um notável intelectual e filósofo, José Vasconcelos, cujas obras publicadas incluíam um extenso tratado estético sobre "o monismo e a música como um meio de conceber a realidade".[72] Um grupo dos pintores mais talentosos do México recebeu a tarefa de pintar as paredes de edifícios públicos e, assim, nasceram os famosos afrescos monumentais de *Orozco*, *Siqueiros* e *Rivera*, os quais retratam a vida folclórica mexicana. Acontecimentos semelhantes aconteceram na música, desde que a revolução confiou sua liderança a um compositor chamado Carlos Chávez, que com o tempo se tornou uma das figuras mais renomadas da música latino-americana. Chávez, entretanto, não foi o primeiro compositor nacional no México, assim como Villa-Lobos não o foi no Brasil. O professor de Chávez no conservatório, Manuel Ponce, se interessou, antes dele, pela música folclórica mexicana de origem espanhola ou italiana, mas rejeitou a influência indígena na área da música de concerto. Em sua obra orquestral *Ferial*, Ponce descreveu, entretanto, um festival folclórico mexicano original, uma procissão que chega diante de uma igreja e irrompe em folia carnavalesca.

Para Carlos Chávez, por outro lado, a música indígena fazia parte da realidade musical mexicana, que, para ele, era a mais próxima e viva. Ele mesmo disse mais tarde em suas palestras em uma universidade nos Estados Unidos:

> Para nós da América Latina, que vivemos a vida de nossos países, não é necessário estudar o passado. O passado está presente. Nós, por exemplo, conhecíamos o abstracionismo

CAPÍTULO I - O LEVANTAMENTO DA HISTÓRIA...

> e o chamado "primitivismo" muito antes de tais tendências estarem em moda na Europa. Eles estão em nossos olhos e ouvidos, e o legado veio direto para nossos corações (...). O homem europeu não podia ver nada além de monstruosidade na escultura e na antiga pintura mexicana. Foi somente com a rápida e múltipla evolução da arte europeia durante os primeiros vinte e cinco anos deste século, que assimilou todos os idiomas e estilos passados e presentes, que o mundo ocidental chegou a uma posição em que a compreensão foi possível. Portanto, é perfeitamente compreensível que os índios fossem acusados de selvageria e falta de sensibilidade (...).
>
> Ficamos maravilhados com a incrível quantidade de pensamento e concentração dados durante séculos por esses povos para a criação de obras de arte e com o espírito inquisitivo como isso foi feito.[73]

Entre seus cinco e seis anos de idade, Chávez passou longos períodos na área indígena de *Tlaxcalan*, e isso explica em parte seu sucesso posterior em unir ao seu espírito clássico e esforços mexicanos o poder interior da música indígena, seu caráter primitivo, sombrio, rítmico e lacônico. As figuras dos compositores Chávez e Villa-Lobos são semelhantes, no sentido de que ambos eram principalmente autodidatas que rejeitavam todo o dogmatismo. Mas aqui termina a semelhança. Em contraste com a riqueza espontânea e falta de autocrítica de Villa-Lobos, Chávez tinha um senso inato de arquitetura, forma rigorosa e predileção pela textura áspera, ascética e inexpressiva. Ainda assim, como Villa-Lobos, ele era o *l'enfant terrible* de sua terra natal, incomodado com a calma provinciana da vida musical mexicana dominada pela ópera italiana.

Em 1921, o ministro da Educação do novo governo mexicano encomendou a Chávez um balé com o tema asteca *El fuego nuevo*. Era baseado em uma cerimônia de mesmo nome, que de certa forma sintetizou o espírito da religião asteca. Muito semelhante a isso foi o balé de quatro partes *Los cuatro soles*, que Chávez compôs cinco anos depois, e à mesma categoria também pertenciam a *Sinfonia India* e *Xochipilli-Macuilxochitl* – ambas reconstruções de antigas culturas indígenas mexicanas com vários instrumentos indígenas originais. As características estilísticas básicas de Chávez se manifestam em todas essas obras: escrita linear em que cada parte é graficamente clara, acordes alterados dissonantes, variedade rítmica e evitação das formas convencionais. Ele mesmo disse que encontrou no ritmo e na simetria os elementos centrais da construção musical.[74] Para Chávez, compor significava lógica e ordem consciente, o que não o impediu de utilizar o princípio da repetição acelerada e extática de uma dança mágica no último movimento de *Sinfonia Índia*.

Durante sua vida, Chávez visitou a Europa apenas duas vezes, e essas breves temporadas o convenceram de que, por lá, tudo já havia sido feito; o Velho Continente não poderia lhe oferecer a vitalidade do presente, com um processo desenvolvimentista em andamento à toda velocidade e, ao mesmo tempo, a tradição de um passado milenar, como é o México. No entanto, suas visitas aos Estados Unidos, especialmente a Nova Iorque, inspiraram-no muito por causa da alta qualidade das orquestras e do dinamismo do *jazz* (nesse sentido, as viagens de Villa-Lobos aos Estados Unidos também tiveram um efeito estimulante em sua produção sinfônica). Embora a figura de Chávez apareça na história da música latino-americana como um individualista solitário e esnobe, muitas de suas obras têm pontos em comum com a música europeia contemporânea: a sinfonia de dança *HP* ou *Horse Power* retrata o contraste entre a sensual América do Sul e a industrialização e o culto à tecnologia da América do Norte sem, entretanto, recorrer à descrição musical dos ruídos das máquinas à maneira do balé *Le Pas d'Acier*, de Prokofiev, ou de *Pacific 231*, de Honegger.

Por outro lado, Chávez também queria compor música para as massas, com alta qualidade, mas ao mesmo tempo mexicana e acessível a todos, música que substituísse a vulgar música comercial, baseada no suposto mau gosto. Esse tipo de *Gebrauchsmusik* simplificado poderia ser descrito como o estilo proletário de Chávez (uma "simplificação" semelhante ocorreu na produção de Villa-Lobos, durante o período das *Bachianas* na década de 1930 por razões pedagógicas e patrióticas semelhantes); esse estilo inclui obras como *Obertura republicana* e arranjos quase caricaturais de marchas, valsas e canções revolucionárias de uma forma um tanto semelhante ao *pot-pourri* de Milhaud de tangos brasileiros, *Le Boeuf sur le toit*. No entanto, há uma grande diferença entre Chávez, com seu folclore ligeiramente vulgar, e Milhaud, pois o compositor francês só se diverte com o "mau gosto", e a vulgaridade, para ele, significa apenas requinte sofisticado; para o compositor latino-americano, por sua vez, a grosseria é simplesmente uma indicação de vitalidade exuberante.

No entanto, Chávez é talvez mais genuíno ao retratar as infinitas paisagens áridas dos desertos mexicanos e dos índios de um passado remoto (embora sua obra posterior também revele uma tendência um tanto tardia sinfônica universalmente romântica). Assim, ele expressa apenas uma faceta do México, enquanto seu espírito revolucionário da década de 1920 também poderia se manifestar de outras maneiras.

Silvestre Revueltas (1899-1940) foi um compositor do mesmo período; sua breve e agitada vida foi passada na animada atmosfera das metrópoles. Ele não estava interessado em descobertas arqueológicas nem na construção de escalas antigas, como Chávez, mas no México contemporâneo, na vida barulhenta e colorida das ruas e mercados.[75] Revueltas também participava de atividades políticas. Suas obras podem ser descritas como rapsódicas por natureza, instantâneos da vida mexicana em que o grotesco e o trágico se alternam principalmente dentro dos limites de um humor basicamente irônico. As declarações de Revueltas sobre sua própria arte são *cocteauesque* em sua felicidade e sagacidade.

Entre suas obras, está uma misteriosamente intitulada *8 x radio*, que significa apenas oito músicos tocando no rádio. Em sua descrição, entretanto, Revueltas declara que o que está envolvido é uma equação algébrica cuja solução requer matemática superior. Em outro lugar, ele diz: "música que me faz pensar é insuportável. No entanto, há pessoas que gostam – quanto a mim, gosto de música que me faz cochilar".

Uma atitude igualmente lúdica em relação às suas próprias composições também é evidente nos discursos de Villa-Lobos – talvez na forma mais extrema, já que suas declarações muitas vezes têm uma equivalência inequívoca com a realidade. No entanto, as obras orquestrais de Revueltas são tudo, menos prolixas – tomemos como exemplo a suíte *Redes,* que pretendia ser música de cinema, o poema sinfônico *Janitzio*, ou talvez sua obra mais conhecida, *Sensemaya*, um poema orquestral inspirado no já mencionado poeta cubano Nicolas Guillén.

Ainda um terceiro tipo de espírito revolucionário apareceu na música mexicana em um sentido puramente musical. É preciso lembrar que em todos os países latino-americanos corria, paralelamente ao nacionalismo, uma veia fortemente contrária a ele – representada não apenas pelos círculos musicais conservadores, mas também por aqueles que desejavam reformas ainda mais radicais. O sistema dodecafônico havia chegado, por exemplo, à Argentina, com Juan Carlos Paz, já no final da década de 1920, enquanto, no Brasil, o agrupamento de círculos de vanguarda na década de 1940 sob a bandeira do serialismo já ocorrera durante a vida de Villa-Lobos. O grupo de Koellreutter, denominado Música Viva, aceitou um certo nacionalismo como uma fase do desenvolvimento artístico de um povo, mas, por outro lado, lutou contra o nacionalismo equivocado na música, isto é, aquele que, ao enfatizar o sentido de superioridade nacional, mantém aspirações egoístas e individualistas.[76] O pioneiro desse tipo de vanguarda musical "universal" na América Latina foi, entretanto, o mexicano Julián

CAPÍTULO I - O LEVANTAMENTO DA HISTÓRIA...

Carrillo, que começou sua carreira em 1899, após uma educação clássica alemã, depois mudou para o atonalismo e concluiu com um sistema tonal especial desenvolvido por ele mesmo.[77] Era chamado de *Sonido 13* ou "décimo-terceiro tom", uma alusão ao fato de que o sistema era baseado em unidades menores do que os doze semitons da escala temperada. Carrillo também desenvolveu uma notação especial para descrever a divisão da oitava em noventa e cinco partes e ilustrou seu experimento arranjando as obras de Bach e Beethoven de tal forma que a oitava foi diminuída para um trítono e todos os outros intervalos igualmente reduzidos à metade.

No entanto, talvez o solo mais favorável para o desenvolvimento do modernismo musical tenha sido encontrado na Argentina e particularmente em Buenos Aires, cuja vida musical era muito ativa na virada do século. O Teatro Colón, fundado em 1908, logo ganhou a reputação de um dos principais centros de ópera do mundo. Na década de 1920, Buenos Aires sentiu a influência de toda uma geração de compositores que haviam recebido sua formação musical nos centros europeus e tinham retornado para casa a fim de promover o ensino da música e da cultura musical nacional. A esse grupo pertenceram o romântico nacional Alberto Williams, os irmãos José María e Juan José Castro, Juan Carlos Paz e muitos compositores emigrantes europeus. Alguns deles representavam o neoclassicismo, alguns o atonalismo ou o serialismo, alguns novamente a estilização da música folclórica.[78]

Como tal, toda a história cultural da Argentina difere claramente da de outros países sul-americanos. Ainda era um país muito pobre no século XIX e não podia se gabar nem mesmo de uma cultura colonial eclesiástica, muito menos de uma corte imperial como o Brasil. A primeira pessoa notável na história cultural da Argentina foi Domingo Faustino Sarmiento, escritor e intelectual que teve de fugir do país por causa do ditador Rosas em 1832. Em Valparaíso publicou um livro intitulado *Civilización y barbarie: vida de Juan Facundo Quiroga...*, que foi o primeiro romance a analisar a identidade nacional da Argentina.[79] Após a queda de Rosas, Sarmiento voltou à Argentina e tornou-se presidente.

Em seu romance, Sarmiento defendeu a emancipação da Espanha e o direito dos países latino-americanos de criarem sua própria linguagem literária e de adotarem ditos e expressões folclóricas de línguas nativas. No romance citado, conhecido como *Facundo*, ele descreve um caudilho argentino, um vaqueiro com todas as suas fraquezas e pontos positivos, o campo argentino, os enormes pampas com horizonte sem fim e a falta de cultura, que ele vê como um contraste com a civilizada vida social do mundo moderno. Ele descreve um gaúcho típico, que muitas vezes é racialmente mestiço e, portanto, herda algo dos índios, mas cuja cultura espiritual é espanhola: os romances e as *coplas* medievais praticadas pelos *payadores*. A intensa imigração da virada do século – quase dois milhões de pessoas – criou no país uma cultura urbana desenvolvida, que contrastava fortemente com a vida arcaica do campo.

Foi nesse ambiente que nasceu, em 1916, Alberto Ginastera, um dos compositores mais conhecidos da América do Sul.[80] Aos sete anos, inscreveu-se no Conservatório Williams e lá formou-se em 1938. Ginastera recebeu uma formação musical muito competente naquele instituto; pode-se dizer que sua carreira como compositor começou quando Juan José Castro regeu sua suíte de balé, *Panambi*, no Teatro Colón em 1937. Após a Segunda Guerra Mundial, Ginastera fez uma viagem aos Estados Unidos onde Erich Kleiber regeu *Panambi* em Nova Iorque. Esse sucesso foi seguido por uma série de encomendas que estabeleceram a reputação do compositor e levaram à sua participação em diversos festivais internacionais de música. As atividades de ensino de Ginastera na Argentina também foram muito significativas. Em 1962, organizou a primeira Faculdade de Música da Argentina na Universidade Católica de Buenos Aires. Nesse instituto, denominado *Centro Latinoamericano de Altos Estudos Musicales*, eram ministradas técnicas de música nova como sistema serial, música eletrônica e musicologia. Muitos dos compositores mais famosos da América do Sul na segunda metade do século XX estudaram nesse instituto em alguma fase de sua carreira.

O caso de Ginastera mostra, no contexto da vida de um compositor, como o estilo nacional evoluiu para uma linguagem tonal universal e, ao mesmo tempo, para a música sul-americana de hoje. Ele chama a primeira fase de "nacionalismo objetivo", ao qual pertencem o já citado balé *Panambi*, bem como uma série de canções e peças para piano. Os traços característicos desse período são encontrados na suíte *Danzas argentinas* – o lirismo sensual de *Danza de la moza donosa* e a *Danza del viejo boyero*, em que a métrica ternária ibérica é temperada com uma pitada da bitonalidade de Milhaud.

Exemplo 8. Ginastera: *Danza de la moza donoza*, das Danzas argentinas, c. 1-15, ed. Max Eschig.

Exemplo 9. Ginastera: *Danza del viejo boyero*, das *Danzas argentinas*, c. 1-4, Max Eschig.

Nessa fase, Ginastera sentiu que era indispensável, para ele, expressar-se como um argentino, e se inspirou principalmente olhando os pampas (planície argentina) ou as pinturas de Figari, e lendo a literatura de seu país. A esse período pertence também uma abertura intitulada *Fausto criollo*, que retrata de forma paródica como um gaúcho argentino vem ao Teatro Colón para assistir a uma apresentação do *Fausto*, de Gounod.

A fase seguinte é denominada pelo compositor de "nacionalismo subjetivo", em que o sabor argentino atinge um novo patamar e começa a se desenvolver em direção ao sistema dodecafônico. Nesse período, Ginastera compôs obras como *Pampeanas*, a qual ele próprio admite ter sido influenciada pelos *Choros*, de Villa-Lobos. Agora suas composições não têm mais um tema que possa ser reconhecido como "tipicamente argentino". As muito executadas *Sonata para piano* e *Variaciones concertantes* também são desses anos (1947-1954). A terceira fase "neoexpressionista" não contém mais nenhum ritmo ou motivo com origem no folclore. No entanto, alguns elementos essencialmente argentinos permanecem no estilo – como as figuras rítmicas fortes e insistentes que predominam em certas danças masculinas, o caráter contemplativo de certos adágios e o sabor esotérico e mágico de algumas seções. O ponto culminante desse período é, sem dúvida, a *Cantata para América magica*, para soprano e instrumentos de percussão, o *Concerto para piano* e a ópera *Don Rodrigo*, encomendadas pela cidade de Buenos Aires.

Por outro lado, todo compositor também possui alguns recursos recorrentes. Segundo o próprio Ginastera, existem três desses *topos* em sua obra: lirismo (exemplo da forma, o movimento lento do *Concerto para piano*), ritmos masculinos (como a dança dos guerreiros em *Panambi*) e catarses expressivas que podem atingir dimensões alucinatórias e mágicas. Esses clímaces são encontrados em abundância nas obras vocais de Ginastera, mas já haviam florescido em suas primeiras obras. O compositor argentino também aprendeu algo com Villa-Lobos e, de fato, a década de 1930 é um período totalmente interessante na história da música latino-americana em que os três "grandes", Villa-Lobos, Chávez e Ginastera, estavam no auge de seu período mais nacionalista de criação, do qual o último distanciou-se, posteriormente, talvez ainda mais do que os dois primeiros. O desenvolvimento estilístico do compositor argentino, no entanto, seguiu linhas totalmente diferentes do de Villa-Lobos, por ser mais consciente e controlado. As obras de Ginastera, assim como suas declarações sobre elas, refletem um desenvolvimento interno consistente, uma certa necessidade criativa, como ele mesmo diz. Ao lado dele, as manifestações deliberadamente mistificadoras de Villa-Lobos sobre a natureza de suas obras revelam aquilo que também se manifesta em sua produção: a psicologia de um compositor que não pode ser reduzido à imagem arquetípica de um compositor europeu "comum".

Embora Ginastera renovasse continuamente sua linguagem sonora em termos puramente técnicos, ele não pode ser considerado um experimentador. É verdade que ele não nega a existência da arte improvisatória e experimental, mas se compromete ao apoiar a antítese da arte revolucionária, o construtivismo. Já que a revolução é o caos e ninguém pode viver em um caos contínuo, ele diz acreditar que a arte também não pode viver num caos permanente.[81]

Em contraste, Villa-Lobos pode realmente ser considerado um artista do caos em suas obras mais ousadas da década de 1920

– casos de *Choros nº 8* e de *Choros nº 13 e 14*, perdidos –, traço notado por Wilfrid Mellers, entre outros:

> Em sua fecundidade silvestre, seu apetite pela experiência, pela vida bruta, Villa-Lobos tem pontos em comum com Ives. Mas enquanto Ives estava consciente de criar um Novo Mundo, tanto material quanto espiritualmente, Villa-Lobos combina uma exuberância latina com uma passividade latina. Ele aceita o caos da cena contemporânea; sua energia, embora intermitentemente propositada, não tem direção. É por isso que ele aparentemente era completamente não autocrítico: e por que sua música tende a ser mais impressionante, quando mais fortuita.[82]

Uma das obras mais significativas de Ginastera é *Cantata para América magica*, que se baseia em textos pré-colombianos. Ao mesmo tempo, a obra prova como os temas indígenas sempre exerceram atração irresistível nos compositores latino-americanos de todos os períodos. Sob outros aspectos, essa obra, escrita em 1960, pode ser ligada à afirmação feita pelo compositor dois anos depois, segundo a qual o período do folclorismo na história da música latino-americana estava definitivamente encerrado. Consequentemente, embora os temas da obra tratem de antigas culturas indígenas, não é uma composição arqueológica no estilo chaveziano, mas visa, por uma técnica inteiramente serial, expressar o conteúdo dos textos poéticos, ou seja, temas de morte e do amor. A voz é tratada na obra como um instrumento, e os tons, bem como as intensidades, os timbres e até as densidades, foram arranjados de acordo com o princípio serial. A seleção de instrumentos de percussão abrange dez grupos diferentes de bateria e chocalho e, além disso, um grande xilofone, marimba, glockenspiel, celesta e dois pianos. A composição consiste na alternância de orquestração pontilhística e seções semelhantes à fala da voz nas passagens líricas, e orquestração densa e saltos dramáticos

CAPÍTULO I – O LEVANTAMENTO DA HISTÓRIA...

quando as forças primitivas são expressas. O que distingue essa obra da *Rítmica*, de Roldán, da seção de percussão de Milhaud em *L'Homme et son désir* ou dos movimentos de Villa-Lobos dominados por instrumentos nativos brasileiros, é, acima de tudo, o conteúdo expressivo que Ginastera transmite com suas formações musicais. Enquanto todos os compositores citados utilizam os instrumentos de percussão de forma objetiva e descritiva, Ginastera os utiliza para penetrar nas profundezas da alma humana e, assim, atingir os limites extremos de sua subjetividade.

A *Cantata para América mágica* demonstra a veracidade da afirmação de Alejo Carpentier: "quando um compositor latino-americano encontra o sotaque nacional, deve se libertar do folclore por meio de purificação e introspecção, buscando instintivamente os elementos de um idioma sonoro original".[83] Em todo caso, o universalismo assim alcançado é enriquecido pela experiência nacional e, portanto, difere completamente do universalismo da subordinação impessoal a um modelo estranho e alheio. Universalismo "antes" e universalismo "depois" do nacionalismo são duas coisas completamente diferentes. Mesmo agora dificilmente se pode explicar uma criação musical a não ser visualizando-a no contexto do país, cultura, clima e espírito de seu compositor. O que o musicólogo francês Jean-Aubry disse uma vez sobre os compositores nacionais do romantismo, que *la musique est le fleur de la terre même*[84] (a música é a flor de seu próprio país), vale em grande parte também para a música latino-americana.

CAPÍTULO II
A VIDA E A PERSONALIDADE DE VILLA-LOBOS RETRATADAS POR SEUS CONTEMPORÂNEOS

Este estudo não tem intenção de ser uma biografia com requinte de detalhes. Para tanto, o autor não teria possibilidades práticas, devido à sua curta permanência no Brasil e à falta de fontes originais. A intenção é de retratar o compositor apenas através da sua música, e tal abordagem pode se justificar pela própria declaração de nosso "objeto de estudo", quando afirmou que considerava a música como a única razão para sua existência.[85] Por outro lado, Villa-Lobos também é, em vários aspectos, uma das figuras mais extraordinárias da música artística ocidental, não apenas por sua produção, mas também pela sua vida. Poucos compositores estão envoltos em uma nuvem de mitos e histórias fantásticas da mesma forma que Villa-Lobos.

A tarefa ingrata ao tentar escrever sua biografia é o esclarecimento das histórias duvidosas e complexas que ele mesmo disseminou durante sua vida e, de alguma maneira, fazer com que sua atividade artística permaneça crível. A biografia definitiva de Villa-Lobos talvez ainda não tenha sido escrita, apesar da vasta literatura que dispomos sobre ele. Sem escolher um lado na questão, sobre usar ou não dados biográficos para compreender sua obra, é interessante conferir, em nome da curiosidade inerente aos seres humanos, as fases da sua vida pelo que se pode apurar com base nas fontes disponíveis. Precisamos avaliar de que forma sua personalidade é refletida nas incontáveis memórias e comentários escritos a seu respeito. Enquanto Shostakovich declara, no seu *Testimonio*, que prefere escrever sobre seus amigos a escrever sobre si mesmo,[86] nós ousamos estudar a vida do compositor a partir das opiniões dos seus amigos e inimigos.

Dado que as declarações do compositor sobre si mesmo são frequentemente contraditórias, e ele deliberadamente confundia seus entrevistadores, é natural que o pesquisador tome cuidado com as informações dadas pelo próprio compositor. Portanto, não há motivo para acreditar em tudo que Villa-Lobos disse a Suzanne Demarquez,[87] Vasco Mariz,[88] Lisa Peppercorn[89] e outros entrevistadores.

Nem sempre as inúmeras anedotas e "causos" sobre a vida do compositor, reunidas nas publicações do Museu Villa-Lobos (a série *Presença de Villa-Lobos*), resistem ao estudo crítico, mas, apesar disso, retratam Villa-Lobos como o inegável herói brasileiro que de fato é. Somente alguém com acesso à correspondência completa de Villa-Lobos e aos documentos que abarcam a totalidade da sua vida será capaz de fazer um esboço mais objetivo da sua pessoa (a biografia de Peppercorn é dedicada à primeira metade da vida de Villa-Lobos, bem como o relato tendencioso escrito pelos irmãos de Lucília Guimarães, sua primeira esposa).[90]

Por outro lado, ao trabalhar com material sobre Villa-Lobos, é necessário lembrar que se trata de uma pessoa que não considerava necessariamente válidas as mesmas formas de raciocínio que um compositor europeu do mesmo período. Em Villa-Lobos, uma característica cultural tipicamente brasileira se manifesta pela relação das palavras e discurso com a realidade. O Brasil sempre foi a terra prometida da retórica, de todos os tipos de expressões mirabolantes e do engrandecimento dos fatos, em que nada é dito de forma direta.[91] Todo aquele que já morou no Brasil por um tempo conhece essa característica que, grosso modo, se aplica a todos os relatos verbais sobre Villa-Lobos: nada pode ser considerado de forma literal.

No entanto, quando se deseja examinar a personalidade de Villa-Lobos e descrever o lado humano do compositor, é necessário confiar em dois tipos de registros ou provas que ele deixou a nós: podemos considerar os relatos verbais sobre o compositor como um registro vago e as composições em si como um registro mais confiável. O mesmo Villa-Lobos se referia a elas como uma espécie de prova, "as cartas que ele enviou à posteridade sem esperar uma resposta".[92] Sendo assim, o critério definitivo para o presente estudo é a música em si, e ao falar em música, não se trata de uma história de formas e estruturas, mas de um princípio básico: "como ela soava" ou "como ela soa hoje". De maneira acertada, todas as tentativas e esforços para colocar a música de Villa-Lobos em diferentes paradigmas, nos repertórios de entoações da música brasileira, sul-americana e ocidental, estão baseadas na competência intuitiva que o autor pôde adquirir após ouvir o máximo possível da música e composições de Villa-Lobos usadas como material para comparação. Qualquer objetividade de outra natureza dificilmente poderia ter sido alcançada no que diz respeito a esse compositor.

Um fato bastante representativo sobre Villa-Lobos é que, por muito tempo, nem mesmo se sabia o ano exato do seu nascimento, com várias fontes apontando datas diferentes.[93] Contudo, Vasco Mariz conseguiu determinar que ele nasceu em 5 de março de 1887, no Rio de Janeiro. O pai do compositor, Raul Villa-Lobos, era bibliotecário, bem conhecido entre a elite intelectual carioca e autor de diversos livros de História e Geografia, dentre eles, *Lições de História Universal* (1889), *Noções de astronomia* (1890) e o *Compêndio elementar de Chorografia do Brasil* (1890). Além disso, deixou dois estudos sem publicar, *Guia do viajante do Rio de Janeiro* e *Dicionário geographico postal do Brasil*. Particularmente, os estudos geográficos feitos por Raul Villa-Lobos podem ser considerados quase proféticos, tendo em vista a geografia musical dos trabalhos posteriores de Heitor (por exemplo, o subtítulo do seu *Noneto* é *Impressão rápida do todo o Brasil*). A paixão por viajar de Heitor poderia muito bem ter sido motivada por esses estudos. Heitor também usou o pseudônimo do seu pai, Epaminondas Villalba, em alguns de seus primeiros escritos e composições, acrescentando a palavra "filho".

À noite, um grupo de músicos amadores se reunia para tocar na casa de Raul Villa-Lobos. Ele tocava o cello, o qual depois se tornaria o instrumento que Heitor também dominaria, junto com o violão. Provavelmente as músicas tocadas durante esses saraus eram arranjos de grandes óperas da época. É preciso lembrar que já nesse período as atividades operísticas no Rio de Janeiro eram bastante vigorosas: o ano todo era temporada de ópera. Por exemplo, Luiz Heitor Azevedo menciona que a *Falstaff*, de Verdi, foi apresentada simultaneamente no Rio de Janeiro em dois teatros em 29 de julho de 1893, apenas alguns meses depois da sua estreia em Milão. Muitas das novas composições dos teatros europeus eram em pouco tempo ouvidas no Rio: óperas de Mascagni, Leoncavallo, Giordano, Puccini ou Massenet, e até mesmo Wagner. Assim, *Lohengrin* foi apresentada em 1883, *Tannhäuser*, em 1892, *Die Meistersinger*, em 1905, *Tristan und Isolde*, em 1910, *Parsifal* and *Die Walküre*, em 1913.[94] Ademais, enquanto a maioria das óperas era apresentada por companhias italianas, também havia associações musicais com atividades amadoras independentes: o Clube Mozart foi fundado em 1867, e, em 1875, já tinha organizado quinhentos concertos. Em 1882, foi criado o Clube Beethoven, apoiado principalmente por músicos amadores. Esse "clube" era direcionado principalmente à aristocracia, e a admissão de

CAPÍTULO II - A VIDA E A PERSONALIDADE...

mulheres foi vetada por muito tempo. Também contava com um quarteto de cordas e uma academia de música, que competia para valer com o Conservatório. Em 1883, por sua vez, ganhou um rival, uma associação chamada Sociedade de Concertos Clássicos (São Paulo também tinha seus grupos correspondentes: Clube Haydn, Clube Mendelssohn etc.).[95]

Por consequência, não podemos dizer que Heitor Villa-Lobos nasceu num ambiente onde a cultura musical não estivesse em um alto nível de qualidade e organização. Contudo, ao começar a elencar os pontos iniciais da vida do compositor, precisamos considerar o cenário contemporâneo brasileiro. Diferentemente de outros compositores que permaneceram num nível puramente nacional, como Henrique Oswald, Alberto Nepomuceno, Leopold Miguéz ou Alexandre Levy, a carreira de Villa-Lobos não seguiu o caminho tradicional dos limitados (porém já bastante sofisticados) círculos envolvidos na arte musical no Brasil. Afinal, na virada do século no Rio de Janeiro, o número de pessoas interessadas na arte e cultura europeia no geral era bastante reduzido: na época em que Villa-Lobos nasceu, apenas quatrocentas mil pessoas da população brasileira (dez milhões) pertenciam à classe escravocrata e latifundiária, e apenas cento e quarenta e dois mil tinham direito ao voto.[96] Entre 1840 e 1880, o Brasil foi governado por D. Pedro II, uma espécie de autocrata esclarecido cujo regime é referenciado como o "período de ouro" do país. Pedro II era interessado em cultura e educação e, ao longo da sua vida, foi considerado "o homem mais erudito do Brasil". Não obstante, em 1871, nasce um partido republicano, cujas atividades finalmente levaram à queda do Império. A escravatura foi abolida em 1888, quando setecentos e cinquenta mil negros foram emancipados. Se no Brasil o preconceito supostamente não era igual ao dos Estados Unidos, os negros libertos então poderiam ter estabelecido seus próprios negócios e ganhar renda com eles (ver página 197). Pedro II também trouxe uma solução aos problemas de mão de obra ao introduzir trabalhadores estrangeiros no país. Na construção de uma ferrovia para a cidade de Petrópolis, localizada nas montanhas trinta milhas ao norte do Rio, foram empregados imigrantes alemães, que depois receberam terras. Enquanto já havia quinze mil imigrantes europeus no Brasil em 1840, outros seiscentos mil chegaram entre 1874 e 1888. Os italianos particularmente se estabeleceram em São Paulo e tornaram a cidade um famoso centro de produção de café.

Igualmente, as escolas eram objeto do interesse de Pedro II, e, em 1886 já havia seis mil seiscentas e cinco escolas públicas primárias no Brasil, junto com outras escolas particulares e paroquiais. Também foi criada uma rede de transporte público durante o governo de Pedro II: os imigrantes europeus construíram ferrovias financiadas pelo Estado (a simples ideia de usar trabalho escravo era repugnante para Pedro II);[97] até o fim do Império, o Brasil tinha em torno de seis mil milhas de ferrovias e aproximadamente doze mil milhas de linhas de telégrafo.

Pedro II também beneficiou a ópera (foi ele que encomendou o *Tristan*, de Wagner, e participou da inauguração do Bayreuth), apesar do teatro da ópera do Rio, o Teatro Municipal, uma versão menor da Ópera Garnier, não ter sido terminado até 1909.

Raul Villa-Lobos também participou do movimento republicano e até se viu obrigado a sair do Rio por um tempo, devido a alguns textos polêmicos que escreveu. Na ocasião foi acusado de roubar livros da biblioteca.[98] Sua reputação foi resgatada ao ser posteriormente declarado inocente, mas quando isso aconteceu ele já havia morrido de febre amarela, em 1899. Depois disso, Dona Noêmia Villa-Lobos, a mãe da família, precisou sustentar as crianças trabalhando na Confeitaria Colombo, inaugurada em 1894 na Rua do Ouvidor.[99] Ao falar em talentos musicais herdados, é preciso lembrar que seu avô materno, Santos Monteiro, foi compositor de músicas de dança popular[100] e que sua tia, Zizinha, foi pianista, e com suas interpretações de Bach provavelmente deu os primeiros impulsos para as futuras *Bachianas Brasileiras*, de Heitor.

No final do século, durante a infância de Villa-Lobos, o Brasil ainda não era o que é hoje, um Estado gigante que vive as consequências da industrialização. O Rio de Janeiro ainda era uma cidade idílica, com seus seiscentos mil habitantes; precisamente, aquela cativante cidade ajardinada que encantou europeus como Milhaud e Rubinstein, mas que também era um lugar úmido e insalubre, uma cópia ruim de Lisboa, como certo turista se atreveu a dizer.[101] Por outro lado, Darius Milhaud depois escreveu em suas memórias:

> o Rio tem um encanto poderoso. É difícil descrever a beleza da baía, rodeada de montanhas com formatos inusitados, cobertas por vegetação rasteira ou por solitárias montanhas avermelhadas com filas de palmeiras.[102]

Com a suíte para piano *Saudades do Brasil*, Milhaud conseguiu captar o encanto das diversas regiões do Rio com mais eficácia do que com sua descrição verbal minuciosa. Ao cair da noite, as ruas do Rio se enchiam de grupos que tocavam serenatas, os chorões, cujas melodias sentimentais podiam ser "modinhas" (que originalmente eram baladas portuguesas com toques de ópera italiana), ou ritmos mais animados de dança: lundus, polcas, tangos, maxixes. Por isso, a princípio, o "choro" não era o nome de um gênero musical, mas englobava todas as músicas tocadas pelo grupo de choro, os chorões. Luiz Heitor, em *150 Anos de música brasileira*, está correto ao afirmar que o termo "chorado" ou "choro" está mais relacionado a uma certa forma de sentir e tocar uma melodia.[103] No geral, o conjunto de choro inclui uma flauta, um clarinete, uma corneta, um trombone ou algum oficleide e, certamente, um violão, um bandolim e um cavaquinho. Os chorões perambulavam pelas ruas do Rio durante a noite improvisando suas serenatas sem fim, caso não fossem convidados para tocar em algum evento social.

Desde cedo, Heitor ficou interessado pela musicalidade das rodas de choro, bem como por seu modo de vida. Quando os últimos livros da biblioteca de Raul Villa-Lobos tiveram que ser vendidos, Heitor usou o dinheiro para se aproximar dos chorões. Participar das rodas de choro foi o primeiro passo em direção a uma maior familiaridade com a música popular, o que por muito tempo levou Villa-Lobos a seguir um caminho completamente diferente daquele que tinha sido ensinado a ele. Através do choro, ele aprendeu a tocar violão e se familiarizou com os gêneros musicais populares na cidade do Rio, como as valsas lentas, os tangos sincopados de Ernesto Nazareth, schottisches, entre outras formas. A roda de choro frequentada por Villa-Lobos se reunia no Cavaquinho de Ouro, na Rua da Carioca. O líder do grupo era o violonista Quincas Laranjeiras, e os membros eram Luiz de Souza no trompete, Luiz Gonzaga da Hora no bombardão, Anacleto de Medeiros no saxofone, Macário e Irineu de Almeida na flauta, e Zé do Cavaquinho no cavaquinho.[104] A interação de Villa-Lobos com esses grupos de origem social completamente distinta da sua significou não apenas uma espécie de libertação da rigorosa supervisão de seu pai (as biografias de Peppercorn e da Brito contêm relatos sobre seu ensino autoritário, que, de qualquer forma, lhe deu certa proficiência no cello e no clarinete),[105] mas também a descoberta de um mundo musical completamente novo.

Considerando seu entusiasmo ao participar desses grupos e o tempo que tocou em conjuntos (1899-1919) dedicados a esse gênero de música "ligeira" (como é difícil estabelecer dicotomias estilísticas mais rígidas para a música latino-americana), é surpreendente que tenha voltado ao circuito musical "oficial" e não permanecido como um chorão ou seresteiro errante. Por volta de 1918, Rubinstein e Milhaud o conheceram, como mero integrante de um desses grupos, tocando em restaurantes (durante o dia na Confeitaria Colombo, à noite no restaurante Assyrio ou no cinema Odeon). Não obstante, uma breve nota encontrada por Peppercorn

CAPÍTULO II - A VIDA E A PERSONALIDADE...

na contracapa de uma das primeiras composições de piano de Villa-Lobos, *Nuvens* (1904), revela informações interessantes:

> Composições feitas por mim nos anos 1904-1908: sete quartetos de cordas, dois solos de piano, três peças para orquestra, cinco peças para solo de violino, três para cello, quatro missas, três *tantum ergo*, três ladainhas, sete peças para violão, um trio de piano, uma opereta com 33 números e dez cenas de dança.[106]

No final da lista, escreveu "54 composições ao todo" e colocou sua assinatura. De fato, apenas uma parte dessas peças foi concluída em 1908, do que podemos deduzir, como Peppercorn, que Villa-Lobos apenas tinha a intenção de fazer essas composições.

A lista é reveladora em dois aspectos: primeiramente, demonstra uma atitude que veio a ser típica de Villa-Lobos, ou seja, ele claramente considerava que uma composição estava pronta tão logo era concebida e ia ganhando forma em sua mente, mesmo sem ter escrito uma linha sequer. Isso explica por que é difícil saber se muitas de suas composições se perderam ou se chegaram a existir concretamente, fora de sua imaginação. Em contrapartida, a lista de composições citada acima mostra que, durante os incansáveis anos de viagens e pesquisas, Villa-Lobos estava de alguma forma interessado em se tornar um compositor com pretensões "mais sérias".

Durante esses anos (até 1913, quando casou com a pianista Lucília Guimarães), ele fez diversas tentativas de estudar teoria musical e composição no Instituto Nacional da Música, cujo programa, no entanto, lhe pareceu demasiado convencional (apesar de o compositor Francisco Braga, entre outros, demonstrar evidente compreensão e interesse por ele); além disso, ele fez pelo menos três grandes viagens por diversas partes do Brasil. Posteriormente, essas viagens justificariam a resposta dada a um entrevistador que perguntou sobre seus estudos: "este é meu conservatório", disse,

87

apontando para um mapa do Brasil. As viagens e a habilidade de trabalhar durante elas conectam Villa-Lobos a outro compositor viajante do século XX, Darius Milhaud.

Não há informações confiáveis a respeito das viagens que Villa-Lobos fez entre 1906 e 1910. Não podemos confiar totalmente nas rotas mencionadas pelo próprio compositor, já que, depois em Paris, ele contou aos jornalistas histórias aventurosas de encontros com índios, sobre os quais ele certamente leu em livros de antropologia. Por outro lado, as viagens não eram fáceis naquela época, já que a rede ferroviária abrangia apenas alguns destinos nos estados de Rio de Janeiro e São Paulo; para chegar ao Nordeste, era preciso ir de navio. De todo modo, Villa-Lobos pode ter se juntado às turnês de grupos de opereta, ou até mesmo a amigos que conheceu durante suas viagens. Segundo Peppercorn (a quem Villa-Lobos contou sua história de modo ligeiramente diferente do relatado a Andrade Muricy e Suzanne Demarquez),[107] Villa-Lobos conheceu Bahia, Sergipe, Recife, Fortaleza, Belém e Manaus. Em todo caso, o que importa especificamente para este estudo não são os lugares exatos visitados por Villa-Lobos, dado que, em suas produções, raramente são usadas referências diretas da música popular. Por isso, o musicólogo não precisa necessariamente saber onde foi que o compositor ouviu pela primeira vez tal ou qual tema. Os que pesquisam sobre a obra de Villa-Lobos tampouco precisam se importar se suas histórias sobre encontros com os índios continuem sem verificação (portanto, não é necessário interpretá-las como fantasias ambiciosas do compositor, como as entende Peppercorn).[108] Na verdade, os motivos indígenas presentes em suas composições são, em sua maioria, fruto de estudos realizados por antropólogos e outros pesquisadores.

Se Villa-Lobos tivesse recolhido seus próprios motivos indígenas, seria de esperar que ele os tivesse usado. Claro que isso não impede que Villa-Lobos não pudesse apreciar a música indígena original nos seus escritos, ou que criasse motivos com essa inspiração. De qualquer forma, dificilmente chegou a ouvir músicas indígenas originais durante suas viagens, o que, sem dúvidas, ocorreu em cenários pitorescos do Norte e Nordeste brasileiro. Aliás, é preciso lembrar que, durante sua infância, ele conheceu a música do nordeste quando seu pai o levava para a casa de Alberto Brandão no Rio de Janeiro, onde os convidados eram artistas da música popular.[109] De todo modo, as viagens para fora da atmosfera eurocêntrica do Rio de Janeiro foram uma etapa significativa no desenvolvimento de Villa-Lobos.

O ano de 1913 foi o divisor de águas na vida de Villa-Lobos, depois de se casar com Lucília. Para ganhar a vida, viu-se obrigado a tocar novamente em restaurantes e até escrever artigos para jornais. O livro de Guimarães cita algumas memórias pessoais de Lucília anotadas em um diário e jamais publicadas (contudo, fica a critério do leitor o quanto elas podem ser confiáveis, dado que o livro contém diversos erros):[110]

> A 12 de novembro de 1913 nos casamos. Continuei lecionando, e o Villa tocando, de dia na Confeitaria Colombo, e, à noite, no "Assírio", restaurante localizado no Teatro Municipal. Ficamos morando com minha família, já então em uma casa da Rua Fonseca Teles, n° 7, em S. Cristóvão. Apesar das dificuldades que atravessávamos, o Villa (assim o chamava) começou a compor suas primeiras obras, com afinco e, como não tocasse piano ainda, era eu quem fazia as primeiras execuções, parciais.[111]

É interessante se perguntar em que medida Lucília Guimarães influenciou o desenvolvimento do compositor, mas o fato é que posteriormente Villa-Lobos escreveu consideravelmente mais peças para piano do que para violão ou cello – obras que seriam marcadas por grande fluidez justamente no que diz respeito à técnica pianística. Por outro lado, nesse ano, ocorreu um aumento considerável na produção de Villa-Lobos. Sem dúvida, dentre os motivos estão a permanência num lugar fixo, o trabalho frequente e, como aponta Peppercorn, a influência da música russa, a qual ouviu pela primeira vez quando a companhia de Nijinsky se apresentou no Rio de Janeiro em setembro de 1913. Naquela época foram apreciados fragmentos de *O Príncipe Igor*, de Borodin, *Sheherazade*, de Rimsky-Korsakov, *Tamara*, de Balakirev, e *L'Après-midi d'un Faune*, de Debussy.[112]

Apesar de Villa-Lobos afirmar que conheceu Debussy só em 1918 (graças a Milhaud e Rubinstein), é provável que, em 1913, já tivesse ouvido algo do músico francês. A música impressionista e as composições russas no geral podem ter inspirado Villa-Lobos a buscar algo semelhante, mas somente a partir de sua base brasileira. No entanto, a influência de Debussy é bastante aparente na música de câmara composta antes mesmo de 1918. Outra influência importante foi a dos balés de Diaghilev, que teriam apresentado, em 1917, obras como *Petrushka*, *O Pássaro de fogo* e *Feu d'Artifice*, de Stravinsky (bem como *Daphnis et Chloë*, de Ravel).[113] Os poemas sinfônicos e os balés que Villa-Lobos concebeu logo em seguida, *Amazonas*, *Naufrágio do Kleônicos* (com seu "Canto do cisne negro") e *Uirapuru*, são um reflexo direto dessas obras: a partitura de *Amazonas* dificilmente poderia ter sido concebida sem conhecer Stravinsky, embora o estilo seja inconfundível e característico de Villa-Lobos, com sua própria voz.[114]

Parece evidente que o método de composição de Villa-Lobos tenha se tornado imutável durante esses anos, tornando possível sua produção excepcionalmente vasta. Claro, de modo a simplesmente escrever tamanha quantidade de notas deve-se trabalhar rápida e incessantemente. Guimarães descreve o processo composicional de Villa-Lobos:

> Villa-Lobos confiava firmemente em seu poder criador. Dentro de seu cérebro estavam prontas para serem escritas as obras de que falava e anunciava, antes de realmente compostas. Expliquemos melhor: vimos Villa-Lobos anunciar e mandar imprimir programas de concerto em que figuravam

obras das quais existia apenas um tema, um esboço num pedacinho de papel de música. Poucos dias antes do concerto, Villa-Lobos entregava aos intérpretes, copiadas por ele mesmo, as partes para os respectivos ensaios.[115]

Outra característica, posteriormente confirmada por diversos comentaristas, era a seguinte:

> Depois do almoço ou do jantar, Villa-Lobos ia para o piano, invariavelmente com o charuto aceso, e tocava às vezes por horas a fio. Sentíamos que algo era para "ficar", ser fixado no pentagrama, pois então, dias seguidos, se repetiam as mesmas melodias, os mesmos efeitos, e, depois, ou pela manhã, ou noite adentro, vinha a fase de fixação. Para os vizinhos, como para nós próprios, era enervante, mesmo, ouvir o momento de "escrever", pois era uma repetição interminável de notas, de acordes e membros de frases (...). A capacidade de abstração de Villa-Lobos, entretanto, era extraordinária; tanto assim que trabalhava e prestava a atenção a tudo que se falava, sem a menor interferência. Tal fato já foi enfatizado por outros testemunhos. Contava ele próprio que compôs muitas vezes quando tocava em teatro de revistas (S. Pedro e República), durante o espetáculo; tanto nas pausas da orquestra, quanto nos diálogos e nos entreatos. Referiu-se, especificamente, por mais de uma vez, de o ter feito quando escreveu o Prelúdio e o 4º ato de *Izaht*.[116]

O livro de Guimarães contém memórias cotidianas do compositor, como suas refeições, hábitos e passatempos, narrados informalmente: já que ele trabalhava com frequência até muito tarde, é natural que também acordasse mais tarde; no café-da-manhã costumava tomar dois ou três cafezinhos. Ele almoçava bem mais tarde. Não gostava de bebidas alcoólicas, com exceção de seus anos boêmios. Nunca foi visto se queixando de alguma doença, sua saúde era incrivelmente boa. Mesmo em 1918, quando a famosa gripe espanhola corria solta (mencionado também nas memórias de

Darius Milhaud),[117] a saúde de Villa-Lobos permaneceu ótima. Para ganhar a vida, ele dava algumas aulas de violoncelo; Guimarães descreve com vivacidade o modo como essas aulas aconteciam.[118] As atividades eram marcadas durante a manhã, o pior horário possível, psicologicamente falando. Villa-Lobos não gostava de acordar cedo. Quando o aluno chegava, ele tomava uma xícara de café para permanecer acordado, mas caía novamente no sono depois de cinco ou dez minutos. Se o aluno insistisse em prosseguir a aula, Villa-Lobos lhe dizia, do quarto ao lado, que começasse, pois ele o escutaria. Os gritos não tardavam: "comece de novo!"; "errado!"; "não, pelo amor de Deus!"; e, finalmente, "menino, por favor, vá embora, volte amanhã, depois, sei lá!...".

Dentre os passatempos preferidos mencionados em suas biografias, estão as idas de Villa-Lobos ao cinema (às vezes, até saía no meio da sessão para entrar em outra), a habilidade no bilhar e o gosto por empinar pipas, as quais ele mesmo fazia. Já que se entregava à música e a seus passatempos com a mesma intensidade, é compreensível que dedicasse sua terceira suíte *A Prole do Bebê* a diferentes jogos e esportes; sua paixão pelo cinema o levou a compor a *Suíte Sugestiva,* e o poema sinfônico *O Papagaio do Moleque* descreve a pipa de um menino negro no Rio.

Os anos 1918 e 1919 foram decisivos em vários aspectos para o desenvolvimento de Villa-Lobos; nessa época, Darius Milhaud e Arthur Rubinstein visitaram o Rio e conheceram o compositor. Pouco tempo depois, os dois estrangeiros escreveram relatos sobre suas experiências durante a viagem, que nos dão as primeiras pinceladas da personalidade de Villa-Lobos pelos olhos de músicos europeus. Milhaud escreveu uma descrição da vida musical brasileira para *La Revue Musicale* logo após a viagem: nela, mencionou ter conhecido um jovem compositor, Heitor Villa-Lobos, com *un temperament rude et plein d'hardiesses*[119] e outros compositores da época.

CAPÍTULO II – A VIDA E A PERSONALIDADE...

Foi fácil para Milhaud transitar entre as esferas da vida musical do Rio, dada sua forte inspiração na cultura francesa. A música dos cariocas demonstrava uma clara consciência dos estilos europeus, e Milhaud estava coberto de razão ao reclamar que os compositores brasileiros se expressavam em um estilo emprestado de Brahms, Wagner, Debussy ou Franck, mas negligenciavam o desenvolvimento de uma linguagem sonora própria. Por outro lado, o tempero brasileiro era bastante evidente na música popular, nas canções e ritmos de carnaval, bem como nas obras de Ernesto Nazareth, um compositor cujo *jeu flid, insaisissable et triste m'aida également à mieux connaître l'âme brésilienne* ("toque fluido, indefinível e triste me ajudou a entender melhor a alma brasileira").[120]

Milhaud e Villa-Lobos nunca chegaram a ser próximos; em suas memórias, Milhaud menciona o brasileiro apenas de passagem (e apenas uma vez, embora em *Notes sans Musique* ele retrate o universo da música francesa da primeira metade do século, justamente o universo em que Villa-Lobos se tornou conhecido); até mesmo essa menção é feita em conexão com Rubinstein:

> Rubinstein foi um dos primeiros a divulgar a música de Villa-Lobos na Europa e nos Estados Unidos; um compositor tão famoso nos dias de hoje, mas que na época tinha que tocar violoncelo no cinema para ganhar um tempo.[121]

Por outro lado, a música de espírito afrancesado de Glauco Velásquez recebeu um comentário empolgado por parte de Milhaud ao ouvir seu trio: *il était complet*.

Nessa época a música de Villa-Lobos teve influência francesa, em parte por razões que Peppercorn revela no artigo "Foreign influences in Villa-Lobos": "(...) nesses primeiros anos (1916-1921) Villa-Lobos procurou e conseguiu apoio da sociedade abastada de Rio de Janeiro e São Paulo. Esses círculos sociais eram bem afrancesados".[122] É por esse motivo que ele musicou alguns poemas franceses, usou indicações de expressão e até alguns títulos de obras no idioma francês (como *Quatuor symbolique*, entre outros).

Todavia, Milhaud não se tornou um encorajador ou benfeitor de Villa-Lobos na mesma proporção que Arthur Rubinstein, que realizava uma triunfante turnê de concertos no Rio em 1918. Em suas memórias, *My Many Years*, há uma vívida descrição da primeira vez que se encontraram. Dois jovens músicos foram assistir a Rubinstein e falaram maravilhas sobre um certo compositor:

> É um gênio, disseram. Foi expulso do conservatório duas vezes por rejeitar qualquer intervenção ou crítica por parte dos mestres. Ele não gostava do currículo musical comum. Na nossa opinião, ele é um homem que confia completamente no seu gênio criativo, e é completamente independente.[123]

Rubinstein ficou naturalmente interessado em conhecer esse personagem e soube que ele, infelizmente, ganhava a vida tocando cello com alguns colegas em um cinema da Avenida Rio Branco.

> Entramos numa sala de cinema escura, que estava vazia naquela hora do dia. A tela exibia um melodrama americano. Cada cena tinha a música correta. Então teve um intervalo, acenderam as luzes e os cinco, ou seis músicos, acenaram aos seus amigos e pareceram me reconhecer. Pouco tempo depois voltaram a tocar, mas dessa vez era música de verdade! Tinha ritmos brasileiros que identifiquei com facilidade, mas que foram interpretados de forma inusitada. Parecia um tanto confuso, sem forma definida, porém, muito atraente. Meus companheiros sussurraram: "Ele a chamou de 'O Amazonas'. É um choro para orquestra". Eu nem me importei com aquilo, mas quando a música parou, pedi para que me apresentassem esse Heitor Villa-Lobos. Era um homem baixo de pele escura, barbeado, com um cabelo

CAPÍTULO II – A VIDA E A PERSONALIDADE...

escuro e desarrumado e grandes olhos tristes; porém, suas mãos eram o atributo mais interessante, com seu formato gracioso, cheias de vida e sensibilidade.[124]

O encontro teve um final decepcionante porque Villa-Lobos achou que Rubinstein viera apenas para falar de si mesmo: na presença de um pianista virtuoso de carreira internacional, ele se sentiu inferiorizado, explodindo com autoestima exagerada. Em outra ocasião, conta Rubinstein, Villa-Lobos foi menosprezado durante um jantar organizado por compositores brasileiros. Alberto Nepomuceno ironizou Villa-Lobos, que teria dito ser o maior compositor do Brasil. Apesar disso, Rubinstein reconheceu que *Amazonas* lhe causara uma forte impressão.

De fato, o nome de Villa-Lobos já era conhecido entre os músicos brasileiros. Os primeiros concertos com suas composições tiveram lugar no Rio de Janeiro em 1915; a crítica reagiu com certo assombro, elogiando mesmo assim a *Suíte Característica,* obra para orquestra de cordas, regida por Francisco Braga. O crítico de *O Paiz* escreveu que Villa-Lobos "tem até agora, com oito anos de trabalho, uma bagagem de cento e tantos trabalhos, dos quais alguns muito elogiados por autoridades em música".[125] Em novembro de 1915, houve um concerto com um repertório exclusivo de Villa-Lobos, incluindo canções, peças para violino e cello e o *Trio para violino, violoncelo e piano*, Op. 25, após o qual a crítica declarou que as composições de Villa-Lobos mostram uma tendência a efeitos externos, originais complexos e "modernos". Em 1917, o Rio de Janeiro ouviu o *Segundo quarteto de cordas*, canções (*L'Oiseau, Les Mères, Fleur fanée)*, a *Sonata-Fantasia* "Désespérance", para piano e violino, e "Farrapos", primeiro movimento das *Danças Africanas* – uma suíte para piano. Tais composições receberam comentários como: "há nessa produção uma certa prolixidade de sons e visível rebuscamento de efeitos"; e numa crítica ao terceiro concerto com suas composições, o que ocorreu no mesmo ano (com obras em menor escala), Villa-Lobos foi referido como "um dos mais jovens e dos mais engenhosos compositores nacionais contemporâneos".[126]

Além disso, foi organizado um concerto no Rio em 1919 para celebrar o fim da Primeira Guerra Mundial, com a presença de Epitácio Pessoa, então presidente do Brasil. Para a ocasião, foram estreados três poemas sinfônicos encomendados a três compositores brasileiros, sobre três programas escritos por Luís Gastão d'Escragnolle Dória (1869-1948): *A Guerra*, de Villa-Lobos, *A Vitória*, de João Octaviano Gonçalves, e *A Paz*, de Francisco Braga. Como se vê, Villa-Lobos já era conhecido em sua cidade por ocasião da visita de Rubinstein, mas ainda aguardava sua consagração.

Rubinstein conta que, alguns dias depois, logo pela manhã, bateram à sua porta: ali, junto com Villa-Lobos, estavam em torno de dez a doze músicos com seus instrumentos – evidentemente um autêntico grupo de choro. Os músicos lotaram o quarto de Rubinstein e começaram a tocar. Primeiro, houve um quarteto de cordas "no qual notei o tratamento dado aos instrumentos que dava à música um som original e refrescante".[127] Logo em seguida, Rubinstein ficou encantado por uma peça curta para flauta e clarinete, intitulada de "Choros". Na visão de Rubinstein, aquilo não se tratava de uma improvisação, já que tinha uma forma completa. Ainda, ouviu composições com diferentes formações: "a forma delas não era fácil de compreender". É interessante notar que o choro que Rubinstein afirma ter ouvido certamente seria o *Choros No. 2*, cuja composição data de 1924, sendo que o encontro de Villa-Lobos e Rubinstein comentado acima ocorreu em 1920. Isso mostra quão difícil é datar os trabalhos de Villa-Lobos e como é difícil estabelecer uma cronologia precisa.[128]

Rubinstein também conheceu a primeira suíte *A Prole do Bebê*, que, como se sabe, incluiu no seu repertório permanente. A autenticidade da admiração de Rubinstein é revelada por uma entrevista dada ao jornal carioca *A Notícia* (24 de junho de 1920), na qual o pianista, depois de elogiar Henrique Oswald como o Gabriel Fauré do Brasil, disse que tinha certeza de que Villa-Lobos era o artista mais talentoso do país e que nada devia aos compositores europeus da época. "Tem todas as características de um gênio musical".[129] Além disso, Rubinstein se comprometeu a tocar seu *Trio nº 3 para violino, violoncelo e piano* nos Estados Unidos, junto com Thibaud e Casals.

Não há informações sobre o cumprimento dessa promessa, nem de que Rubinstein realmente solicitou a empresários americanos o convite a Villa-Lobos para reger suas orquestras (fato que só aconteceu depois da Segunda Guerra Mundial), mas é certo que Rubinstein contribuiu para que Villa-Lobos recebesse uma bolsa dos milionários Armand e Carlos Guinle para uma viagem a Paris. Em 1922, Rubinstein visitou o Rio novamente, e, numa noite de piano no Teatro Municipal, tocou "Branquinha", "Negrinha", "Pobrezinha" e "Polichinelo" de *A Prole do Bebê*, juntamente com *Cathédral engloutie*, de Debussy, *Poissons d'or*, uma *Polonaise*, uma valsa e uma *berceuse* de Chopin. Isso aconteceu em julho, mas em fevereiro do mesmo ano Villa-Lobos se destacou em São Paulo durante a Semana de Arte Moderna, evento que marcou a história intelectual e cultural do Brasil (ver Capítulo III).

Inicialmente amparado por uma bolsa do governo, em 1923, Villa-Lobos cruzou o Atlântico pela primeira vez e ficou em Paris até 1930, onde permaneceu por bastante tempo antes de retornar ao Brasil. Naquela época, os Villa-Lobos moravam principalmente num apartamento na frente do Boulevard St. Michel, junto ao Sena, e se associaram aos artistas da vanguarda daquela época. No entanto, o sucesso em Paris não foi imediato, embora Rubinstein estivesse certo ao prever que Villa-Lobos seria aceito naquela cidade.

A chegada de um compositor sul-americano a Paris é quase tão "mítica" quanto a chegada dos europeus pela primeira vez ao Novo Mundo. Quanto a Villa-Lobos, Vasco Mariz acerta ao dizer que "dificilmente qualquer compositor estrangeiro, que chegasse de um país tão atrasado musicalmente como o Brasil, teria a mesma sorte que Villa-Lobos teve".[130] É certo que o sucesso e a aprovação não chegaram de imediato, mas de forma gradual, com a ajuda de alguns amigos do compositor, como Vera Janacopoulos e Arthur Rubinstein, e, posteriormente, outras figuras como Florent Schmitt. Romain Rolland, no seu breve ensaio *Paris as a Music City*, comenta as constantes mudanças no gosto musical dessa cidade, com base à:

> (...) inteligência parisiense sempre oscilante, que gosta de experimentar o novo, mas que logo se cansa, que hoje pode estar ansioso para reconhecer a grandeza de uma composição, mas que amanhã já pode procurar falhas na sua estrutura, que tem uma visão minuciosa das fortalezas do artista, mas igualmente cruel para suas debilidades, que cria uma reputação com a mesma velocidade que a destrói, que apesar de parecer superficial, é lógica e honesta. Essa inteligência parisiense tem suas fases momentâneas, mas não tem preconceitos, e é por causa da sua curiosidade contínua, pelo hábito genuinamente francês de analisar absolutamente tudo, em especial a si mesmo, que esse espetáculo de mudanças e desenvolvimento pode ser muito interessante.[131]

Paris já tinha sido muito receptiva a todas as influências estrangeiras, primeiro à música italiana e alemã (na temporada de concertos entre 1922 e 1923, por exemplo, Wagner tinha o número mais expressivo de apresentações em concertos sinfônicos, com 334; seguido por Beethoven, com 139; Saint-Saëns, com 111; César Franck, com 98; Rimsky-Korsakov, com 81; Mozart, com 76; Berlioz, com 62; Mendelssohn, com 55; e Debussy, também com 55; outros compositores franceses e até mesmo Stravinsky ficaram para trás).[132] Posteriormente, receberam com entusiasmo a invasão da música espanhola e russa. No caso dessas tradições musicais, consideradas "exóticas", é possível dizer que prepararam o terreno para a apreciação de Villa-Lobos.

Outro fator importante – apontado por René Dumesnil e Heinrich Stuckenschmidt ao estudar a vida musical parisiense no pós-guerra – foi a música negra e o *jazz*. Depois da guerra, em 1925, foi apresentada a *Revue Nègre* no Théâtre Champs Élysée, que despertou o interesse pela música sincopada, pelos cantos de trabalho, pelo *negro spiritual*, pelas danças binárias, em oposição à lentidão das valsas de antes da guerra, e pela melodia sensual da canção cigana. Contudo, na visão de Dumesnil, o *jazz* no território da música clássica simplesmente enfatizava o desenvolvimento que teria ocorrido mesmo sem ele: a libertação do ritmo, a expansão da orquestra e a inclusão de instrumentos antes pouco utilizados – bem como as técnicas de transmissão e gravação levaram os compositores a escrever com mais precisão e rigor do que antes.[133]

Por outro lado, crescia o interesse pela música de terras estrangeiras; os convencionais efeitos chineses e turcos já não bastavam. Expedições reais penetravam em outras culturas musicais, como d'Harcourts entre os Incas nos Andes. Em 1946, Dumesnil disse: "o brasileiro Villa-Lobos trouxe à França os choros do Amazonas, como Milhaud fez com as Saudades do Rio de Janeiro e Albert Roussel com a Índia em seu *Padmavati*".[134] Era nesse contexto que um parisiense provavelmente situaria Villa-Lobos ao ouvir sua música pela primeira vez nos anos 1920.

Stuckenschmidt posiciona a música brasileira na mesma categoria do *jazz* e do tango, o que fica evidente por seus comentários sobre a suíte do balé de Milhaud, *Le Boeuf sur le toit*, e sua suposição de que seria inspirada pelo carnaval carioca, com tangos em ritmo acelerado e uma pitada de *ragtime*.[135] É claro que tal comparação é parcialmente errônea, mas sem dúvida a música

e a maneira de tocar do *jazz* fascinaram a elite intelectual no pós-
-guerra porque significavam uma negação completa da tradição,
uma crítica à academia e à burguesia: "há no *jazz* uma alegria
selvagem e desmedida, uma intensidade desmedida da vida".[136]

Mais tarde, em uma entrevista, Villa-Lobos afirmou que o
jazz era um fenômeno passageiro e não podia ser comparado ao
choro. Mesmo assim, o fato é que foi justamente o *jazz* e a moda
negra na Europa, por ocasião da primeira viagem de Villa-Lobos
a Paris, que prepararam o público para compreender a polirritmia
e a sincopação selvagem de suas obras. Um terceiro fator a ser
considerado é a estética do chamado *Les Six*, caracterizada por
uma atitude perante a vida que também se manifestava no *jazz*. As
ideias presentes na coleção de aforismos de Jean Cocteau, *Le Coq
et l'arlequin*, revelam claramente o estilo típico do humor francês,
compartilhado em parte por Villa-Lobos.[137] *La poésie de l'enfance
rejointe par un technicien* (a poesia da infância, reconstruída por
um técnico)[138] poderia muito bem ter sido o lema de Villa-Lobos,
que durante toda a sua vida cultivou certa ingenuidade, um espírito infantil – também presente nos compositores do *Les Six*. Stuckenschmidt considera esse fenômeno como uma forma de negação
(evidentemente como na regressão infantil adorniana): "houve um
período da música moderna, entre 1917 e 1930, em que qualquer
compositor progressista sentia vergonha das suas próprias emoções".[139] Cabe ressaltar que a ingenuidade de Villa-Lobos não tinha nada a ver com falta de coragem. De fato, ele tinha um perfil
psicológico completamente diferente dos compositores europeus
contemporâneos. Tal aspecto foi publicamente mencionado pelo
crítico, compositor e pesquisador parisiense Florent Schmitt, ao
escrever sobre *Momoprecoce*: "ele [Villa-Lobos] não deve negar
suas origens. Seria desastroso se a sua forte personalidade fosse
estragada pela influência da nossa triste civilização europeia".[140]

A primeira temporada de Villa-Lobos em Paris foi de julho
de 1923 a meados de 1924. Durante esse tempo, ele não chegou

CAPÍTULO II - A VIDA E A PERSONALIDADE...

a obter reconhecimento, apesar de ter despontado como regente de suas próprias composições e de outros latino-americanos e ter apresentado em Paris as *Danças Africanas*, o *Trio nº 3 para violino, violoncelo e piano*, o *Noneto*, entre outras. Ele também foi a Portugal e, em Lisboa, apresentou os poemas sinfônicos *Naufrágio de Kleônicos* e *A Guerra*. Mesmo antes de sua chegada a Paris, Rubinstein e Tomás Terán já haviam tocado em público a suíte *A Prole do Bebê*.

Em 1925, Villa-Lobos estava de volta ao Brasil e em visita a São Paulo, onde foi recebido por grupo de artistas da *avant-garde*. Da mesma maneira, teve extraordinária acolhida em Buenos Aires e, mesmo estando longe da Europa, o Festival de Música Moderna de Veneza apresentou seus *Epigramas Irônicos e Sentimentais,* ao lado de peças de Fauré, Hans Eisler e Paul Hindemith. Um ano depois, o nome do nosso compositor aparecia ainda com mais frequência nos programas dos concertos parisienses. Ricardo Viñes, por exemplo, deu um recital, no 19 de abril de 1926, dedicado a obras para piano sul-americanas, no qual *Lenda do caboclo* e "O Polichinelo" foram apresentadas junto a composições de argentinos (Alberto Williams, Juan José Castro, Carlos Buchardo, Floro M. Ugarte), uruguaios (Carlos Pedrell, Alfonso Broqua), chilenos (Humberto Allende) e brasileiros (Henrique Oswald) (a composição deste último, *Il neige!*, foi incluída no programa por ter ganhado o concurso musical organizado por *Le Figaro*). Villa-Lobos foi enviado à Europa supostamente para estudar composição e difundir a música brasileira. Peppercorn mostrou claramente como era irreal o plano do governo brasileiro de organizar vários concertos por toda Europa com a participação de Villa-Lobos, sendo que o primeiro concerto dele em Paris só ocorreu oito meses depois da sua chegada.[141] A atitude dele era totalmente oposta: de fato, viajou com o propósito de mostrar o que já havia realizado.

Villa-Lobos fazia declarações deliberadamente exageradas à imprensa com intuito de atiçar a imaginação do público, como na entrevista publicada em *L'Intransigeant* (em 5 de dezembro de 1927), na qual relatou ter sido capturado por índios, a quem tocou em primeira mão um pouco de música europeia, por meio de um fonógrafo, bem como outras histórias que parecem retiradas dos relatos de viagem de Hans Staden.[142] Tais histórias não despertaram suspeitas entre os leitores à época – com exceção dos brasileiros que moravam em Paris e, mais tarde, em sua terra natal, onde a indignação era completamente justificada. Embora Villa-Lobos tenha se retratado publicamente mais tarde, essas "lorotas" sobreviveram como parte da sua aura mítica de homem selvagem. Até René Dumesnil, em *La Musique contemporaine en France*, cita esses supostos acontecimentos:

> Ao ser preso pelos nativos, teve de testemunhar durante três dias cerimônias fúnebres em sua homenagem, pois os canibais iam comê-lo. Se há algo de "selvagem" na sua música, ninguém mais que Villa-Lobos teria o direito de usar essa marca, e não devemos ficar surpresos por isso. Sendo ele mesmo, Villa-Lobos expressa a alma de seu país.[143]

De todo modo, as façanhas divulgadas à imprensa parisiense, como a que acabamos de mencionar, só aumentavam a fama do compositor, o que era de seu interesse.

Foram de extrema importância para sua carreira os concertos de 1927 (24 de outubro e 12 de dezembro) na Salle Gaveau: o primeiro incluiu os *Choros nº 2, 4, 7* e *8*, bem como o *Rudepoema* e as *Serestas* em versão para orquestra, os corais "Cantiga de Roda" e "Na Bahia tem", *Choros nº 3*, *A Prole do Bebê nº 2*, *Noneto*, *Três poemas indígenas*, *Iara* e o *Choros nº 10*. Essas estão entre as obras mais representativas de toda a produção villalobiana e motivaram Florent Schmitt a escrever artigos (em *La Revue Musicale*) nos quais Villa-Lobos pela primeira vez é publicamente avaliado como compositor por uma autoridade musical na Europa.

CAPÍTULO II - A VIDA E A PERSONALIDADE...

A princípio, Schmitt associa Villa-Lobos especificamente ao folclore brasileiro. Tal questão era colocada como um "jovem com três quartos de deus", com dentes de crocodilo, através de quem os ouvintes podiam sentir a riqueza do folclore de seu país.[144] Sobre a *Primeira Sinfonia*, tocada em Paris nos concertos de Gaston Poulet, em 1929, Schmitt escreveu: "como um personagem exuberante, violenta e paradoxalmente cinética, ele faz as composições à sua imagem e semelhança".[145] Dois meses depois, escreveu novamente sobre Villa-Lobos, dessa vez a respeito da apresentação de *Momoprecoce*: "a floresta selvagem virou um bosque de cervos".[146] Nessa época, Schmitt percebeu como os estilos de Villa-Lobos variavam continuamente. Talvez seja interessante mencionar que Schmitt nunca compara Villa-Lobos a Stravinsky, nem mesmo ao falar do *Choros nº 8*, posteriormente chamado de "Sacre du Printemps of Amazonas" por Olin Downes.[147]

No entanto, foi a compositora e crítica musical parisiense Suzanne Demarquez, autora dos artigos mais extensos sobre Villa-Lobos, quem fez a comparação com o compositor russo, ao escrever um texto de apresentação aos *Choros*, em 1929,[148] e, posteriormente, num longo artigo sobre a vida e os trabalhos de Villa-Lobos, publicado em *La Revue Musicale*.[149] A respeito dos *Choros*, ela comenta: "a orquestra é bastante atual, o que nos faz lembrar de Stravinsky (dentre outros), que certamente foi ouvido e admirado pelo compositor".[150] A comparação de Demarquez pode não ter sido a única a equiparar Villa-Lobos e Stravinsky, mas a negação delas visava à preservação da sua originalidade. Villa-Lobos tinha prometido enviar ao jornal *O Paiz*, desde sua estada em Paris, uma série de artigos de sua pesquisa sobre o folclore, mas a série foi reduzida a dois ensaios. Num deles, escreveu o seguinte:

> Um exemplo frisante da ignorância europeia está em que uma afinidade flagrante entre a nossa música, indígena e popular, e algumas composições de Stravinsky, este a pretende

classificar de *motu proprio* como influência universal. Alguns críticos e cronistas europeus, ao ouvirem em Paris certa obra musical escrita por um brasileiro sobre temas dos nossos índios e do tradicionalíssimo carnaval carioca, dos quais os últimos eram inteiramente criados pelos nossos compositores populares, Sinhô, Donga e outros, que são felizmente desconhecidos por completo à alta cultura musical europeia, disseram, pela imprensa, ao lado de alguns elogios à forma original reconhecida, que essa obra sofria influência de Stravinsky, porque continha frases, processos e exagerados acentos rítmicos, peculiares ao compositor russo (...). Porque justamente as frases parecidas que os críticos vagamente notaram eram, na maior parte, ou as melodias religiosas muito vagas dos nossos índios, ou as melodias graves dos sambas de Sinhô, ou as bárbaras (gênero macumba) do Donga, ou "Os olhos d'ela", choro-schottisch de Anacleto, com letra de Catulo, às quais o compositor brasileiro deu uma feição elevada, universalizando-as. Quanto aos processos e aos exagerados acentos rítmicos, também eram dos nossos mais conhecidos possíveis.[151]

É evidente que nesse artigo o "compositor brasileiro" mencionado por Villa-Lobos era ele mesmo, e é interessante que os estudos posteriores sobre o compositor, especificamente os de Luiz Heitor Corrêa de Azevedo, têm a mesma concepção:

> Mas era sobretudo do Stravinsky daquele tempo que as suas obras se aproximavam; se aproximavam inconscientemente, pela fatalidade de injunções históricas, quiçá raciais (certas identidades de temperamento e sensibilidade entre russos e brasileiros já tem sido muitas vezes constatadas), porque na realidade ambos marchavam paralelamente, e só muito mais tarde viriam a encontrar-se; Villa-Lobos, antes de partir para a Europa, ignorava totalmente as partituras do autor de *Petrushka*.[152]

O segundo ensaio de Demarquez sobre Villa-Lobos foi, provavelmente, a primeira biografia do compositor. Dentre as informações biográficas, também havia observações detalhadas sobre seus procedimentos técnicos, harmônicos, timbrísticos e rítmicos ao momento de compor. Tendo em vista que o ensaio foi feito em sua totalidade a partir das informações dadas pelo próprio Villa-Lobos, claramente mostra a "idealização" dele sobre sua vida e suas atividades. As óperas *Jesus, Zöe* e *Malazarte*, mencionadas nesse ensaio, possivelmente nunca tenham existido, salvo na imaginação do compositor. Demarquez conclui que é equivocado e impossível generalizar qualquer uma de suas práticas, já que suas técnicas variam conforme as demandas de cada composição. Na opinião da pesquisadora, Villa-Lobos vai contra todas as leis convencionais; ela cita uma declaração dele mesmo: "a forma é o resultado da pausa essencial da imaginação e não da simetria das deduções clássicas".[153] Tal declaração reflete bem sua técnica improvisada de composição e o impacto sobre a forma em sua música: as "pausas" que a segmentam, na verdade, parecem ser consequência de uma "pulsão" interna e não resultado de premeditação.

Contudo, a admiração pela originalidade do compositor no estudo de Demarquez (sobretudo ao descrever as primeiras impressões causadas pela música de Villa-Lobos) talvez reflita a recepção dos parisienses de maneira geral. Um ano depois, em 1930, *Le Guide du concert et de théâtre lyrique* publicou uma entrevista de Jules Casadesus que destacava a personalidade exótica de Villa-Lobos. O entrevistador considerava Villa-Lobos às vezes uma espécie de Rousseau, às vezes uma górgona moderna, e, na opinião dele, *avec son accent tropical et inimitable*: "temos diante de nós um músico que voltou ao estado selvagem".[154]

Casadesus também reproduziu, com evidente credulidade, as histórias das viagens às terras indígenas, nas quais Villa-Lobos teria tocado, em um fonógrafo, música europeia e de outras comunidades indígenas, observando a reação dos nativos, uma experiência que teria lhe custado vários fonógrafos e violões para aplacar a indignação dos ouvintes.

Esses artigos reforçam a impressão de "fenômeno exótico" que Villa-Lobos queria causar, considerando que, na sua primeira viagem a Paris, ele pode avaliar o ambiente e deduziu que o seu reconhecimento viria exclusivamente da imagem de compositor nacional. De certa forma, essa "ordem social" deu o pontapé para compor os *Choros*, mas a habilidade de transformar influências externas em motivação para fazer composições únicas é uma característica de um compositor excepcionalmente talentoso, um "gênio"; portanto, tudo que Villa-Lobos criou nesses anos prolíficos vai muito além do folclorismo tradicional. Já em 1920, isso foi compreendido por críticos parisienses como J. Baudry, do *Le Monde musical*, que, ao comentar um recital de um barítono brasileiro em 1928, observou:

> O argentino Carlos Pedrell e o brasileiro Villa-Lobos são nomes bem conhecidos e comentados em Paris. Acreditamos que nenhum deles utiliza diretamente o folclore de seus respectivos países (ou seja, as formas ou harmonizações de melodias populares), mas o recriam com uma segurança que demonstra muito domínio da profissão e a influência do entorno.[155]

Há outros registros dos anos que Villa-Lobos passou em Paris. Andrés Segovia o conheceu nessa cidade, numa festa dada pela condessa Olga de Moraes Sarmento em 1924, ocasião à qual ele tinha sido levado por seus amigos Joaquin Nin e Tomás Terán; este último era um pianista do círculo de amigos mais próximos de Villa-Lobos que depois se mudou para o Brasil.

O primeiro encontro entre Segovia e Villa-Lobos tem duas versões conhecidas, uma do próprio Villa-Lobos e outra de Segovia.

CAPÍTULO II - A VIDA E A PERSONALIDADE...

> De acordo com Villa-Lobos, Segovia não o reconheceu no começo, mas respondeu a um português que perguntou se conhecia o compositor, dizendo que considerava suas composições antiviolonísticas, pois demandavam técnicas impossíveis para o instrumento. Então Villa-Lobos deu um passo à frente, revelando sua identidade e perguntando a Segovia o motivo dessa opinião. Constrangido, Segovia explicou que, por exemplo, o dedinho da mão direita não era usado ao tocar violão clássico, e Villa-Lobos respondeu: "Bem, se não usa, então corte ele fora!". Villa-Lobos pediu um violão a Segovia para demonstrar como deveria ser tocada a passagem em questão, e depois de certa resistência de Segovia, ele pegou o violão e começou tocar. Segovia perguntou a Villa-Lobos onde tinha aprendido a tocar, e ele respondeu que não era um verdadeiro violonista, mas que tinha aprendido as técnicas de Carulli, Sor, Aguado e Carcassi. Segovia ficou surpreso, pegou seu violão e foi embora. No dia seguinte ele foi visitar o compositor junto com Tomás Terán, mas Villa-Lobos se negou a recebê-lo. Contudo, na mesma noite se encontraram novamente e tocaram juntos até o amanhecer. Segovia encomendou um estudo de violão para Villa-Lobos, mas, em nome da amizade, o compositor prometeu escrever doze estudos – promessa que ele cumpriu.[156]

A versão de Segovia é um tanto diferente. Ele descreveu a aparência de Villa-Lobos da seguinte forma:

> Dentre todos os convidados, aquele que causou a maior impressão ao entrar na sala foi Heitor Villa-Lobos. Apesar da sua baixa estatura, ele era bem apessoado e tinha uma postura ereta. Sua cabeça poderosa, coroada por uma floresta selvagem de cabelo indomável, se mantinha em alto e sua testa, onde a Providência tinha semeado uma profusão de sementes da música que depois dariam uma bela colheita, era ampla e nobre. Seus olhos brilhavam com uma faísca

tropical que virou uma chama ao entrar numa conversa sobre ele. Seu nariz forte com narinas dilatadas parecia inalar e saborear o delicioso aroma de carnes assando nas fogueiras da sua terra brasileira. Ao decorrer da conversa, afirmações ou objeções veementes saíam da sua boca obstinada; mas, então, sua brusquidão evidente desaparecia e dava espaço para risadas de boa índole e expressões de gentileza.[157]

Quando Segovia terminou de tocar, Villa-Lobos foi até ele e disse em tom amigável: "eu também sei tocar violão". Com isso, Segovia pensou que talvez ele fosse capaz de compor diretamente para esse instrumento. Villa-Lobos pediu o violão e começou a tocar. Segovia descreveu a execução da seguinte forma: "ele fez vários esforços para começar a tocar, mas depois desistiu. Devido à falta de prática diária (que o violão admite menos que outros instrumentos) seus dedos tinham ficado destreinados". Ainda que Villa-Lobos não pudesse continuar, Segovia notou desde os primeiros compassos que o trôpego violonista era um grande músico, porque seus acordes eram cheios de dissonâncias emocionantes, os fragmentos melódicos originais, os ritmos eram novos e poderosos, e seu dedilhado era engenhoso. Além do mais, era um verdadeiro amante do violão.[158]

Há também outros relatos da vida de Villa-Lobos em Paris. Mais tarde, Tomás Terán relembrava sua estada em Paris entre 1925 e 1926 e como ele e Villa-Lobos, naquele tempo, foram a Lussac-les-Châteaux principalmente para empinar pipas feitas por eles mesmos com varetas de bambu, jornais e cordões. O acontecimento sempre era um espetáculo na região, as rajadas violentas de vento faziam com que as pipas enormes arrastassem seus donos por vários metros. Depois da diversão, Terán e Villa-Lobos voltaram a Paris, onde se encontravam diariamente no apartamento da praça St. Michel. Terán também conta das reuniões noturnas na casa de Prokofiev, perto do Bois de Boulogne, onde Diaghilev, Massine e outros ouviam a música do nosso compositor.[159]

CAPÍTULO II - A VIDA E A PERSONALIDADE...

João Souza Lima, um pianista amigo de Villa-Lobos, também escreveu sobre o compositor em suas memórias da vida parisiense. Ele conta a respeito de um almoço em que Jean Cocteau, Erik Satie e Blaise Cendrars, entre outros, reagiram ao improviso de Villa-Lobos, e sobre a vez que Paul Dukas, Albert Roussel, Samazeuilh, Florent Schmitt, Louis Aubert e Roger Ducasse ouviram o *Trio nº 3*, de Villa-Lobos, na casa de Henry Prunière, o editor-chefe de *La Revue Musicale*, e como eles ficaram impactados com as harmonias pitorescas e imprevisíveis, com textura tão apropriada ao instrumento, e se perguntavam como um compositor, vindo de tão longe, podia fazer uma composição tão moderna, equilibrada e apreciável.[160]

Em 1930, Villa-Lobos, acompanhado por sua esposa, a pianista Lucília Guimarães, viajou para o Brasil com intenção de retornar logo à Europa, mas acabou permanecendo por dez anos em sua terra natal. No ano anterior, Suzanne Demarquez escreveu, em *La Revue Musicale*, que, na terra do compositor, "a personalidade dele era admirada em todo lugar e, ao contrário do que era dito, ele era um profeta em sua terra".[161] Na verdade, a situação de Villa-Lobos não era tão confortável. Seu crítico mais severo, Oscar Guanabarino, do *Jornal do Commercio* do Rio de Janeiro, não estava nem um pouco impressionado; os concertos que ele dirigiu em São Paulo e a turnê feita por várias cidadezinhas paulistas não foram bem-sucedidos. Mário de Andrade escreveu diversas críticas sobre Villa-Lobos como regente de orquestra após suas apresentações em São Paulo; esses escritos foram publicados em *Música, doce música*, sob o título "Vila-Lobos *versus* Vila-Lobos" ("Vila-Lobos" foi grafado dessa forma).[162] Pediram ao compositor que organizasse em São Paulo uma série de concertos sinfônicos. Villa-Lobos assumia agora como o papel de introdutor de música nova, como o foram Richard Strauss e Darius Milhaud no Rio de Janeiro dos anos 1910. A programação feita por Villa-Lobos continha principalmente música francesa contemporânea, incluindo

Saudades do Brasil, de Milhaud, *Pacific 231*, de Honegger, e diversas obras de Florent Schmitt. A crítica de Mário de Andrade foi bastante severa.

No primeiro ensaio, Andrade comenta com ironia a biografia de Villa-Lobos feita por Suzanne Demarquez. Todas aquelas histórias sobre música indígena que teriam ficado em sua mente durante uma cerimônia, a chegada de última hora dos membros de uma expedição alemã etc. eram assuntos "deveras interessantes", mas o escritor achava que, no futuro, a biografia deveria ser reescrita completamente.

Seu segundo ensaio inicia com um comentário sobre os concertos. Andrade considerava que as interpretações de Villa-Lobos eram interessantes pois revelavam o mesmo "temperamento impetuoso, audaz e viril" da música. Contudo, no terceiro ensaio Andrade coloca a seguinte questão: Villa-Lobos é um grande regente? Os admiradores concordam e os inimigos negam. Na opinião de Andrade, Villa-Lobos com certeza não podia ser comparado a grandes maestros como Furtwängler, Toscanini ou Nikisch, mas, até como maestro, ele mostrava as mesmas caraterísticas que tinha como compositor: era violento, irregular, avassalador, quase vergonhoso de tanta variedade de sotaques, ora selvagem, ora sentimental, infantil ou sensível. Se a direção de Villa-Lobos era aceitável na Europa, onde as orquestras são mais disciplinadas, no Brasil, a questão era outra. Eram necessários mais ensaios e mais precisão.

No entanto, no quarto ensaio, Andrade solta uma grande queixa. Era a respeito do festival de Florent Schmitt, ao qual Andrade não tinha nenhuma objeção como tal, mas o evento foi, na opinião dele, uma catástrofe total, um caos terrível, "até muito característico desta terra de todas as confusões".[163] O evento abriu com *Salammbô*, aplaudido pela plateia, mas à medida que a música se estendia, aquilo foi demasiado estranho. No intervalo, metade da audiência saiu do local. Quando Andrade analisou os motivos, ele pressupôs que por Villa-Lobos ser considerado um músico "futurista", logo, todas as composições dirigidas por ele também seriam inevitavelmente futuristas e, portanto, incompreensíveis.

No sexto ensaio, Andrade discorreu sobre o encerramento da série de concertos de Villa-Lobos, com a apresentação de *Amazonas* em São Paulo. Andrade afirmou que, no geral, as obras mais longas de Villa-Lobos não eram satisfatórias. Havia trechos inexplicáveis, faltava lógica no sentimento musical, o que ele não conseguia digerir. A partir disso, Andrade concluiu:

> Há realmente, dentro da personalidade musical de Villa-Lobos, uma perigosa complacência para consigo mesmo, que lhe permite aceitar com fácil liberalidade tudo o que lhe dita a imaginação criadora (...). Em geral, nas peças grandes de Villa-Lobos, são raras as que não apresentam assim *longueurs* desnecessárias, desenvolvimentos que não adiantam nada à arquitetura ou valor expressivo (...). E por isso me é gratíssimo saudar obras como os *Choros nº 8* e *nº 10*, e este *Amazonas*, que chego a compreender e a admirar integralmente.[164]

Certamente, Andrade não foi o primeiro a notar essa questão, mas, ao se considerar que ele era um dos musicólogos e intelectuais de referência no Brasil naquela época, suas palavras tinham autoridade. Sua perícia é evidenciada pela análise de *Amazonas*, seguida pelo comentário supracitado, no qual nem mesmo a duplicação da orquestração do contrabaixo com sarrussofone passa despercebida, lembrando os dois contrafagotes em *Gurrelieder*, de Schoenberg.

No último ensaio, Andrade atribui a Villa-Lobos uma personalidade complexa, com suas falhas, defeitos e grandezas coexistentes, traços que aparecem sem controle, nem ordem social: "Villa-Lobos é um animal selvagem"[165] (tal comparação sem dúvida remete a

Sibelius, um compositor igualmente periférico, de acordo com a lógica da Europa central, que chamava a si mesmo de "aparição da floresta").[166] Contudo, o veredito final de Andrade é de que as apresentações eram insatisfatórias. Villa-Lobos não era um bom regente. Ele gesticulava demais, não tinha ouvido absoluto e sua interpretação era incerta. Talvez com um pouco de ironia, Andrade conclui que, apesar de tudo, Villa-Lobos não estava completamente perdido como regente. Mas se, na Europa, ele era respeitado, "aqui, nesta terra desabusada, ninguém respeita ninguém".[167]

Andrade admitiu que a falta de disciplina da orquestra não era culpa apenas de Villa-Lobos. No entanto, se essas observações forem reunidas com algumas descrições posteriores de sua atuação como regente de orquestra, a credibilidade aumenta. Uma orquestra não familiarizada com a gama de ritmos das composições de Villa-Lobos, certamente, ficaria confusa, ainda que fosse dirigida pelo próprio compositor. Mas, então, como a Orquestra da Rádio Sueca, por exemplo, dirigida por Villa-Lobos na sua turnê escandinava em 1953, em duas ocasiões, se perdeu completamente no ritmo de uma composição tão simples como as *Bachianas Brasileiras n. 8*, como mostra a gravação?[168] Uma anedota que George Antheil conta sobre Villa-Lobos, em sua autobiografia, *A Bad Boy of Music*, é bastante sugestiva. Em 1945, o compositor teve a oportunidade de assistir a vários ensaios de Villa-Lobos com a Orquestra de Los Angeles em preparação para um festival:

> Antes que Villa-Lobos chegasse, a orquestra tinha ensaiado corretamente o que deveria tocar; portanto, quando Villa-Lobos chegou, eles estavam quase perfeitos. Mesmo assim, ele insistiu em dar continuidade aos ensaios programados; sem dúvida, ele até insistiu para que fizessem mais dois. "Mas para quê?", perguntou o gerente da orquestra. "A orquestra já toca suas peças perfeitamente". "É", gritou Villa-Lobos, "*eles* não precisam mesmo, mas *eu* tenho que ensaiar para aprender a dirigir minhas peças!"[169]

CAPÍTULO II – A VIDA E A PERSONALIDADE...

Apesar de desfrutar de certo sucesso, Villa-Lobos ainda se sentia como um gênio incompreendido no Brasil; mais do que isso, como afirma Peppercorn, faltava-lhe um rendimento regular com que se manter.[170] Além de tudo, a situação política no Brasil mudou radicalmente com a revolução de 1930, e, logicamente, as pessoas tinham mais com que se preocupar do que com concertos sinfônicos. Em novembro, a marcha triunfal de Getúlio Vargas, saindo do Rio Grande do Sul, parou no Rio de Janeiro, onde assumiu provisoriamente a presidência. O ano de 1930 foi tão dramático para a história brasileira quanto a transição do Império para a República. O federalismo da República Velha deu lugar a um governo centralizado; a industrialização acabou quase completamente com a hegemonia do café na economia, substituída pela mineração e pela manufatura.

As classes sociais mais desfavorecidas viram em Vargas um líder, "o pai dos pobres", que governou durante quinze anos. A partir de 1934, seu poder se tornou constitucional e, aos poucos, o país se recuperou da recessão econômica. Apesar da tentativa de golpe pelos fascistas do partido "integralista", o poder estava concentrado em Getúlio, e o avanço econômico e as melhorias na qualidade de vida durante o Estado Novo (1937-1945) foram evidentes, apesar do avanço autoritário.[171] Tal cenário precisa ser compreendido como um fator determinante para as atividades de Villa-Lobos, já que ele teve a habilidade de se adaptar às novas situações. Em tais circunstâncias, revelou uma face completamente nova da sua personalidade: a de educador musical.

Villa-Lobos começou pela educação musical do público adulto, com uma turnê por cinquenta e quatro pequenas cidades do interior de São Paulo, muitas das quais jamais tinham organizado um concerto musical como aquele. O programa variava entre peças curtas e populares de Chopin, Tchaikovsky, Debussy e do próprio Villa-Lobos. João Souza Lima reconta os acontecimentos dessa turnê de forma aparentemente confiável nas suas breves memórias.[172]

O pano de fundo da turnê era a decepção e o fracasso dos recentes concertos em São Paulo. Os solistas da orquestra não estavam satisfeitos com o mestre e se recusaram a tocar *Momoprecoce*. Segundo Souza Lima, isso motivou a decisão de Villa-Lobos para fazer seu trabalho com a ajuda da banda militar do estadual; então, a partitura de *Momoprecoce* logo foi adaptada para uma banda sinfônica. Essa versão revisada (para piano e instrumentos de sopro) teve grande sucesso em São Paulo e no Rio de Janeiro, nas palavras de Souza Lima. Foi depois disso que começou a famosa turnê pelo interior.

Na primeira etapa da turnê, a pianista foi Antonieta Rudge Müller, substituída por Souza Lima na segunda etapa. Além deles, foram a pianista Lucília Guimarães, esposa do compositor, a cantora Nair Duarte Nunes e um técnico afinador de piano. O grupo transportava um piano Gaveau de meia-cauda, e a viagem toda foi garantida por uma carta do governador estadual, pedindo que as prefeituras das cidades programadas na turnê auxiliassem o grupo de Villa-Lobos. Muitas aventuras e acidentes aconteceram ao longo da viagem, como era de se esperar. Segundo os jornais, o grupo foi recebido com solenidade, houve discursos, medalhas de honra e tudo mais (contudo, houve alguns mal-entendidos, provocados pelos discursos de Villa-Lobos, fazendo com que o grupo fosse obrigado a sair rapidamente do hotel em Batatais, rumo à próxima cidade).[173]

Souza Lima conta a seguinte anedota: numa das cidades, um grupo de jovens músicos amadores convidou Villa-Lobos a um café para conhecê-lo melhor. A conversa animada abordou vários assuntos, até que Villa-Lobos perguntou se eles tinham interesse pelo canto orfeônico (para o qual o compositor tinha desenvolvido um sistema inédito e que ficou conhecido em todo o Brasil nos anos 1930). Os jovens responderam que tinham interesse, mas não tinham possibilidades de realizá-lo. Villa-Lobos sugeriu que cantassem em quatro partes, ao que responderam que não tinham

CAPÍTULO II - A VIDA E A PERSONALIDADE...

música. Sem problemas! Villa-Lobos arrastou quatro mesas do café e, na superfície de mármore de uma delas, escreveu uma frase de 16 compassos. Essa era a primeira parte. Então, ele escreveu a segunda parte em outra mesa e assim por diante. Formou-se um coral, que o compositor ensaiou em seguida com quatro grupos diferentes de cantores, cada grupo em uma mesa.

Em outra viagem, num trem da Sorocabana, no sufocante calor tropical, Souza Lima pediu que Villa-Lobos escrevesse uma composição para ele algum dia. O compositor imediatamente pegou uma folha e, entre duas estações, escreveu a peça para piano *Caixinha de música quebrada*, dedicada ao pianista.

Em 1932, Villa-Lobos tornou-se diretor da Superintendência de Educação Musical e Artística (SEMA) (naquela década fez poucas viagens, com exceção de uma curta visita a Praga, em 1936, para um congresso de educação musical, período durante o qual comunicou sua decisão a Lucília Guimarães sobre o término do casamento por carta). Durante aquela época, a reputação de Villa-Lobos como educador musical estendeu-se por toda a América Latina. De certa forma, a motivação dele era a mesma que a de Carlos Chávez: ambos perceberam que o gosto musical das pessoas precisava ser desenvolvido para que, enfim, pudessem compreender a música de verdade, ou pelo menos a mais moderna e as mesmas composições deles. Em 1930, Villa-Lobos se tornou um símbolo nacional, e as pessoas começaram a vê-lo como o representante musical da América Latina. Alberto Ginastera falou sobre o impacto que algumas obras de Villa-Lobos exerceram sobre ele em sua juventude.[174] Na perspectiva dele, a autoridade de Villa-Lobos não era apenas pela sua mensagem, mas também porque ele representava "na íntegra os países em que moramos"; com isso, Ginastera se referia a toda a América. Apesar da intensa atividade como educador, Villa-Lobos não teve muitos estudantes de composição, nem naquele momento, nem em outros. Dentre os poucos, estava Isabel Aretz, que veio da Argentina para o Rio de Janeiro. Posteriormente, ela mudou-se para a Venezuela, onde tornou-se uma musicóloga e compositora de renome. Aretz tinha recebido uma bolsa para estudar orquestração com Villa-Lobos e ela afirma ter recebido regularmente orientações dele. Durante aquele período, Villa-Lobos estava interessado em construir melodias a partir dos perfis montanhosos, por exemplo, mas ele não ensinou composição em si.[175]

Também começaram a chegar visitantes estrangeiros para Villa-Lobos que queriam seguir seu método de ensino, baseado na música coral. Em 1944, recebeu a visita de Everett Helm, um jornalista americano, que só depois da morte do compositor falou sobre essa experiência, num artigo de 1962 para o jornal *Hi-fi*. Villa-Lobos tinha acabado de mudar a sede do Conservatório Nacional de Canto Orfeônico para um novo prédio, mas quando o convidado americano chegou, ele ouviu poucos sons típicos de um conservatório. Em vez disso, ouviu do final do corredor uma discussão ruidosa, quando observou que

> (...) o mestre estava sentado em uma extremidade, facilmente identificável pelo grande charuto, rodeado por um grupo de seis ou sete pessoas que gritavam e gesticulavam.
>
> Ao me ver, Villa-Lobos deu um tapa de mão aberta na mesa e um profundo silêncio se fez imediatamente. Ele me recebeu com um olhar caloroso, o olhar dele sempre era extraordinário, pediu que me sentasse ao lado dele, deu-me as boas-vindas ao Brasil e disse algumas coisas boas sobre os Estados Unidos, onde ele faria a primeira visita em breve. No meio dessa conversa bastante comum, de repente, ele deu um grito fortíssimo, que parecia ser o nome do assistente que tinha me acompanhado. O homem voltou correndo como um coelho assustado e recebeu a ordem de trazer cafezinhos para os que estavam ali presentes. Então, Villa voltou ao seu discurso de boas-vindas exatamente onde tinha parado, terminou-o elegantemente, deu-me um sorriso da forma

CAPÍTULO II – A VIDA E A PERSONALIDADE...

> mais encantadora e empurrou uma partitura nas minhas mãos. O que eu achava da orquestração numa passagem específica do seu novo concerto de piano? Daria conta do instrumento solo?
> Antes de ter a oportunidade de sequer olhar a partitura, a "discussão" voltou com tudo, todo mundo falava, gesticulava e gritava ao mesmo tempo. Parecia que ninguém tinha a intenção de me permitir ter uma conversa tranquila com Villa, como eu esperava. Fiquei um pouco surpreso com isso, mas depois aprendi que essa era a forma de funcionamento normal de Villa. Ele adorava ter pessoas ao seu redor, várias pessoas, a qualquer momento. Ele conseguia se concentrar em toda e qualquer circunstância. Nessa ocasião em particular, Villa continuou com sua partitura, a que tinha em mãos, mantendo várias conversas ao mesmo tempo, oscilando entre seriedade e divertimento, e sempre pedindo mais cafezinhos. Até o dia da sua morte ele foi um filho da natureza, totalmente livre de inibições, possuído por uma vitalidade imensa, quase selvagem.[176]

Depois da Segunda Guerra, a vida acomodada de Villa-Lobos no Rio de Janeiro mudou de rumo, devido a condições externas: o movimento pan-americano nasceu como parte do interesse dos Estados Unidos na América Latina, e aos poucos a música de Villa-Lobos era tocada cada vez mais na América do Norte. Ele foi convidado a visitar várias cidades para reger as melhores orquestras dos Estados Unidos.

Para ponderar o interesse que ele despertou, podemos considerar os artigos publicados pelo *New York Times* sobre sua pessoa: seu nome foi citado em vinte e um artigos entre 1939 e 1959, ou seja, até o ano da morte do compositor. Sobre a recepção norte-americana, foi decisivo o fato de Villa-Lobos ter encontrado um verdadeiro simpatizante no principal crítico de música do *New York Times*, Olin Downes, que publicou um extenso artigo intitulado "The art of Villa-Lobos: works of Brazilian Composer show bled of genius and naivete", no dia 14 de setembro de 1939. Esse importante artigo se inicia com uma longa reflexão sobre os poderes "raciais" que amparam a cultura, aspecto que ainda pode ser encontrado em países menos sofisticados e modernos, como o Brasil. Na opinião de Downes, Villa-Lobos representava uma mistura de ancestralidade, ambiente e gênio individual poderoso. "Ele não apenas é enormemente criativo, ele ainda é natural, algo que é de extrema importância na área criativa". Segundo Downes, a música de Villa-Lobos era primitiva como o próprio Caliban,[177] mas, ao mesmo tempo, ele não rejeitava, nem tinha intenção de rejeitar, as maravilhas da arte europeia, tanto que, para ele, Bach era excepcional, um deus quase inexplicável. As quatro composições dirigidas pelo brasileiro Burle Marx que Downes ouviu foram os *Choros n° 8* e *n° 10* e as *Bachianas n° 5* e *n° 2*. Ele considerou que o *Choros n° 8* foi a composição mais complexa ouvida há tempos em Nova Iorque:

> Não podemos opinar sobre a partitura na primeira vez que é ouvida, nem dizer se é música parcialmente articulada em si mesma, ou se ao ouvi-la várias vezes o rumo dela ficaria mais claro para um ouvinte compreensivo... A primeira impressão é de algo extraordinário e explícito apenas em partes; de harmonias bastante chocantes em alguns trechos, abaixadas com uma franqueza e convicção que remetem a uma certa natureza agitada, opressiva e misteriosa.[178]

As *Bachianas* são igualmente elogiadas por Downes, mas ele considera o *Choros n° 10* de "uma beleza perfeita e fascinante pela sua cor, eloquência nativa e poder de evocação (...). Vividamente, comunica a sensação de algo tropical, natural, apaixonado, a dez mil milhas de qualquer civilização moderna ou urbana".[179] O comentário final de Downes foi: "o que quer que ele faça, é um

CAPÍTULO II - A VIDA E A PERSONALIDADE...

compositor de gênio, integrado no seu espírito, destemido, que lhe é próprio e que, portanto, são significantes de arte natural".[180]

Villa-Lobos não poderia ter tido um começo mais promissor em sua turnê pelos Estados Unidos. No entanto, a sua primeira viagem para lá só ocorreu em 1944. No último dia de outubro naquele ano, houve um pequeno parágrafo no New York Times anunciando que:

> Heitor Villa-Lobos, o compositor brasileiro que é uma das figuras de destaque na música contemporânea, fará sua estreia na América do Norte como maestro convidado da Janssen Symphony Orchestra, no Auditório da Filarmônica de Los Angeles, na tarde do domingo do dia 10 de novembro.[181]

Alguns dias antes, Villa-Lobos tinha sido aceito como membro honorário do Occidental College de Los Angeles. O comportamento de Villa-Lobos no momento da sua admissão foi retratado por Érico Veríssimo no seu relato de viagem *A volta do gato preto*.[182] Durante os longos discursos, Villa-Lobos comentava o evento com ironia ao seu escritor-intérprete, e quando o coro cantou suas composições, ele disse: "como eles estão cantando miseravelmente", o que Veríssimo traduziu com as alterações necessárias: "o maestro disse que o coro é excelente". No dia seguinte, quando disseram a Villa-Lobos que o mesmo clube tinha sido frequentado por Toscanini, Stokowski, Rachmaninoff, entre outros, o compositor respondeu: "não me interessa", comentário que Veríssimo traduziu fazendo novamente uma adaptação. Quando os admiradores disseram que não se importavam que ele não falasse inglês, pois estavam satisfeitos somente em vê-lo, Villa-Lobos disse: "eu não sou um mero papagaio de circo".

Veríssimo também relata outra ocasião em que ele esteve presente, no caso, quando Villa-Lobos foi professor convidado da University of California em 1955. O intérprete foi, então, o compositor Lukas Foss. Segundo Veríssimo, compareceram em torno de trinta pessoas, e Villa-Lobos praticamente só contou algumas anedotas sobre músicos que conhecia, como se estivesse sentado à mesa de um café em Montparnasse. No final, o compositor bradou: "quero um piano, tragam um piano ao salão". Quando o instrumento chegou finalmente, Villa-Lobos sentou-se ao piano, com um charuto nos lábios. Ele olhou a audiência com ironia e disse: *je joue Brahms* ("vou tocar Brahms"). Ele tocou algumas escalas de uma sonata e depois comentou: *le piano ne bouge pas...* (o piano não se mexe). Depois tocou Beethoven, mas *le piano ne bouge pas*. Schumann, Schubert, Chopin, mas o piano não se "mexia". Finalmente, disse: *je joue Villa-Lobos* ("vou tocar Villa-Lobos"), pressionando o teclado com força, tocou um trecho de *Rudepoema* e, então, parou e disse ao público: *il bouge!*.

Disso tudo é possível inferir que Villa-Lobos facilmente passava uma imagem "insuportável" para as pessoas. O pianista brasileiro Arnaldo Estrella, que conviveu com Villa-Lobos nos seus últimos anos, diz que seu temperamento impulsivo e explosivo lhe dera reputação de um "homem difícil, áspero, descontrolado", mas que isso era falso.[183] De acordo com ele, o gênio forte de Villa-Lobos apenas era uma parte do seu temperamento artístico; ele, como pessoa, era basicamente outro, revolucionário nas composições, mas de hábitos conservadores, fiel aos seus amigos, intérpretes e editores, a seu apartamento no Rio, seu hotel em Paris (Hotel Bedford, onde Pedro II, antigo imperador do Brasil, morou depois de ir embora do país), ao seu restaurante no Rio (Clube Ginástico Português) e em Paris (Grego). Estrella também confirma a surpreendente capacidade que Villa-Lobos tinha de compor enquanto conversava com os amigos, habilidade que se manifestou desde cedo, por volta de 1910, e certamente contribuiu para sua vasta produção.

Igualmente, o maestro Alfred Heller, no seu ensaio sobre as *Bachianas Brasileiras*, de Villa-Lobos, relata como ele ajudou o compositor quando foram programadas apresentações de alguns trechos da sua ópera *A Menina das Nuvens*. Isso aconteceu no Hotel Alrae, em Nova Iorque, um ano antes da morte de Villa-Lobos.

Ao chegar no andar do hotel onde Villa-Lobos estava, o cheiro de charutos (dos bons) e de café forte davam as boas-vindas, e iam ficando mais fortes ao chegar mais perto do quarto dele. Quase sempre o compositor se vestia com roupa casual para estas visitas. Em quase todas as ocasiões, a televisão estava ligada sem som, mostrando filmes de faroeste ou luta livre. Se ninguém estivesse ensaiando no piano, o gravador ou o fonógrafo também estariam ligados. Um grupo de três a oito pessoas conversava ao mesmo tempo em línguas diferentes, enquanto Mindinha (a segunda esposa de Villa-Lobos, a quem foram dedicadas a maior parte das suas últimas composições e quem o acompanhava nas suas viagens) servia café atenciosamente. No meio das conversas, dos filmes de faroeste e do gravador, Villa-Lobos se sentava a uma mesa retangular cheia de música e compunha.[184]

Geralmente, os concertos de Villa-Lobos em Nova Iorque recebiam críticas favoráveis no *New York Times*, talvez exceto a recepção da *Sinfonia nº 11*, sobre a qual Howard Taubman escreveu: "a essência do material é rasa, até banal, adequada para um ambiente popular, não para uma sinfonia".[185] Em todo caso, Olin Downes esteve em contato com a música de Villa-Lobos em outras três ocasiões, antes de fazer a entusiasta apreciação em 1939, comentando a *Sinfonia nº 8* (dedicada a Downes), o concerto de harpa, os *Choros n. 6*,[186] músicas corais,[187] *Uirapuru* e as *Bachianas n. 7*.[188] Downes estava satisfeito com a regência de Villa-Lobos nesses concertos – considerando que esse era o seu jeito particular de dirigi-los – e, sobretudo, criticou o *Choros nº 6* e o *Concerto para harpa e orquestra* pela duração exagerada:

> Seu pecado principal é a duração. O *Choros nº 6* seria mais efetivo se um quarto dele fosse cortado. Isso vale também

para o *Concerto para harpa*. Não obstante, talvez seja o compositor mais original fazendo música hoje em dia: alguém que tem ideias demais, e não de menos; com uma criatividade, vitalidade e inspiração sem tamanho, que se pode levar para casa.[189]

É interessante notar que Downes não o compara a Sibelius, o que acontecia com frequência nos comentários norte-americanos sobre Villa-Lobos. Em 1959, *Musical America* escreveu em seu obituário: "ele tornou-se embaixador musical e símbolo nacional do Brasil da mesma forma que Sibelius foi para a Finlândia".[190] Herbert Weinstock posteriormente afirmou, em artigo sobre Villa-Lobos, que: "o fato mais óbvio sobre Villa-Lobos é que a produção dele tinha uma variedade muito mais ampla do que qualquer outro compositor contemporâneo importante, com exceção de Sibelius".[191]

É precisamente pela falta de autocrítica que Villa-Lobos que contrasta nitidamente com Sibelius, cuja autocensura exagerada o levou ao silêncio total no final de sua vida. Embora pareça fantasiosa a declaração de Burle Marx, a de que Villa-Lobos tinha como lema "antes ruim e meu do que bom e de outro",[192] essa faceta do compositor é sugerida na seguinte memória de Everett Helm:

> Lembro de estar um dia no seu modesto apartamento no Rio (ele nunca gostou de luxos, nem de muitas conveniências modernas), quando ele procurava, em uma enorme pilha de partituras, uma peça adequada para ser tocada na Europa. Finalmente optou por uma das primeiras obras orquestrais, acredito que era a *Sinfonia nº 1* (a qual tinha três datas, e duas delas tinham sido descartadas para dar lugar a "1916", e me perguntou o que eu achava. Eu li a composição, que não me pareceu muito inspiradora, e sugeri que talvez fosse melhor enviar algo mais recente. Ele me olhou com surpresa, fez uma série de caretas dolorosas de um homem sendo

CAPÍTULO II – A VIDA E A PERSONALIDADE...

enforcado (ele era um ator e mímico excelente) e rompeu em fortes gargalhadas. No final, ele se decidiu por outra peça com pouca, ou quase nenhuma, diferença em relação à escolha anterior.[193]

Na década de 1940, Villa-Lobos tinha se tornado uma figura bastante conhecida no mundo musical dos Estados Unidos. Ele viveu uma vida nômade até sua morte, em 1959, e dedicou-se principalmente em reapresentar suas obras mais antigas. Não há dúvidas que ele compôs obras significativas nas décadas de 1940 e 1950. Por isso, não se pode afirmar categoricamente que ele não teve um estilo maduro.[194]

Embora boa parte da produção tardia de Villa-Lobos (concertos, sinfonias e quartetos de cordas, por exemplo) possa ser considerada como música absoluta, sem alusão direta ao folclore brasileiro, o *New York Times* o define como "basicamente um folclorista".[195] Na década de 1950, as atividades de Villa-Lobos se estenderam até Paris, onde frequentou eventos do *Club des Trois Centres*, liderado por Pierre Vidal, e apoiou pessoalmente o movimento *Jeunesse Musicale Française*. Villa-Lobos desejava que o canto orfeônico se disseminasse pela França, com mais concertos gratuitos e conservatórios de "verdadeira musicalização" dedicados às massas. Nesse sentido, ele preservou os princípios de educação musical estabelecidos na década de 1930. Por isso, Heinrich Stuckenschmidt pôde escrever no seu obituário para a revista *Melos* em 1959: "Villa-Lobos foi um socialista prático. Ele via a arte como algo que vem do povo e que por isso pertence ao povo".[196]

Embora Stuckenschmidt não considerasse Villa-Lobos qualificado para integrar seu estudo canônico sobre a música entre as guerras, ele chegou a expressar sua admiração pelo maestro em outros trabalhos e o considerava sobretudo um folclorista que, "na sua imensa produção, de vez em quando, encontrava soluções brilhantes sobre como mesclar o lirismo exótico de sua terra natal com as técnicas modernas de composição".[197]

Em 1948, Villa-Lobos foi diagnosticado com câncer de fígado, do qual foi operado no mesmo ano no *New York's Memorial Hospital*, mas que exigiu tratamento constante e finalmente o levou à morte em 1959. Nem mesmo a doença conseguiu sobrepujar sua energia excepcional, pois, mesmo no hospital e ainda mal recuperado da cirurgia, ele compôs seu décimo segundo quarteto de cordas. De acordo com Burle Marx, o cirurgião queria apresentá-lo a seus colegas como um milagre da medicina, ao que Villa-Lobos respondeu que eles deveriam primeiro ouvir uma dúzia das suas composições gravadas para que pudessem compreender melhor suas "entranhas".[198]

Na década de 1950, as turnês levaram Villa-Lobos aos países nórdicos. Na Suécia, ele dirigiu as *Bachianas Brasileiras n° 8*, *Choros n° 6*, e a *Segunda Sinfonia*, de Oscar Lorenzo Fernandez. Os músicos deram-lhe o apelido brincalhão de "Villa-bort-oss" (que literalmente significa "nos leve pelo mal caminho").[199] Na Finlândia, foi um sucesso com as *Bachianas*, mas também foi um escândalo. Não se sabe se ele conheceu Jean Sibelius naquela ocasião, mas é certo que conheceu outros compositores finlandeses num jantar dado pelo embaixador do Brasil. Após a refeição, quando Villa-Lobos se sentou ao piano para improvisar, como de costume, o compositor finlandês Selim Palmgren, o líder de um grupo de convidados finlandeses, por algum motivo, ficou tão irritado que foi embora da festa com os cinco colegas, salvo um crítico de música, que escreveu esse relato.[200]

CAPÍTULO III
A CHEGADA DO MODERNISMO AO BRASIL

A primeira escalada na produção de Villa-Lobos não deve ser avaliada separadamente do desenvolvimento geral da arte brasileira e, sobretudo, da eclosão do modernismo. Contudo, a relação de Villa-Lobos com o movimento modernista era bastante ambígua. Villa-Lobos nunca teve uma escola de seguidores, nem é possível afirmar que teve discípulos ou imitadores. Reunir-se em torno de manifestos era evidentemente estranho ao seu temperamento.

Por outro lado, devemos notar que, no Brasil, o modernismo, nos seus primórdios, concentrou-se, sobretudo, na cidade de São Paulo, enquanto Villa-Lobos era do Rio. Essas cidades, cuja atmosfera intelectual ainda hoje é completamente diferente, eram duas ilhotas isoladas uma da outra e, no início do século, apresentavam cenários artísticos contraditórios. Os modernistas estavam concentrados em São Paulo, o que resultou numa resposta mais expressiva à música de Villa-Lobos nessa cidade do que no Rio de Janeiro, cosmopolita e aristocraticamente reservado. Por outro lado, o modernismo musical de Villa-Lobos baseou-se na música popular essencialmente rústica do Rio, enquanto o meio social da urbana São Paulo jamais poderia ser considerado popular, nem mesmo em 1920. Já em 1913, Georges Clemenceau escreveu no jornal parisiense *Illustration*: "em alguns aspectos, a cidade de São Paulo é curiosamente tão francesa que durante uma semana inteira nem senti que estava no estrangeiro".[201]

Da mesma forma, Mário de Andrade, um dos principais modernistas de São Paulo na década de 1920, posteriormente analisou as diferenças perceptíveis entre as duas cidades. Contraste parecido pode ser encontrado na cultura russa, entre São Petersburgo e Moscou. Andrade ponderou se uma modernista como Anita Malfatti, que chamou bastante a atenção com suas pinturas expressionistas nas décadas de 1910 e 1920 em São Paulo, poderia ter feito essas exposições ao mesmo tempo no Rio:

> É mesmo de assombrar como o Rio mantém, dentro da sua malícia vibrátil de cidade internacional, uma espécie de ruralismo, um caráter parado tradicional muito maior que São Paulo. O Rio é dessas cidades em que não só permanece indissolúvel o "exotismo" nacional (o que aliás é prova da vitalidade do seu caráter), mas a interpenetração do rural com o urbano. Coisa já impossível de se perceber em São Paulo.[202]

Basta colocar outro compositor brasileiro, o paulistano Camargo Guarnieri, ao lado de Villa-Lobos e comparar a *Lenda do Caboclo* e *Alma Brasileira* do último com os *Ponteios* do primeiro para se entender a diferença entre a atmosfera das duas cidades.

Em contrapartida, no pano de fundo do modernismo da década de 1920, ainda havia um resquício da sociedade patriarcal. Os patronos milionários que apoiavam artistas organizavam saraus em seus salões, financiavam suas viagens ao exterior e, dessa maneira prática, sustentaram a vida artística do país. O patrono dos modernistas em São Paulo foi Freitas Valle, que reunia os artistas mais importantes da cidade toda quarta-feira no seu famoso

CAPÍTULO III – A CHEGADA DO MODERNISMO AO BRASIL

palácio Villa Kyrial, para apresentações nas quais se ouvia música e eram dadas aulas de literatura, história e arte.[203] Posteriormente, Oswald de Andrade definiu os convidados à Villa Kyrial como uma mistura típica da época:

> gente do futuro, gente do passado, políticos, intelectuais, pseudointelectuais, estrangeiros, compatriotas, artistas, estipendiários da Europa, toda uma fauna sem liderança alguma em torno do senador-poeta no seu anfiteatro.[204]

Dessas pessoas, foi composto o grupo que participou na Semana de Arte Moderna.

Para um artista brasileiro, a única forma de chegar até a Europa, a fim de obter conhecimento e estudar, era por meio da ajuda de um rico patrono – e essa prática também foi realizada por Villa-Lobos.[205] Peppercorn deduziu, talvez corretamente, que os títulos e temas franceses nas composições de Villa-Lobos surgiram do desejo, consciente ou inconsciente, de agradar o gosto afrancesado desse grupo de patronos, que era vital para os artistas. Foi justamente esse sistema de financiamento que Mário de Andrade criticaria posteriormente em *Macunaíma*, no qual o herói da história, um caboclo meio selvagem, quer ir à Europa em busca da muiraquitã e decide, então, se disfarçar como um artista.

Em parte, devido a esse cenário, o modernismo de 1920 não foi uma revolução social em si, ficando limitado a uma reforma da arte brasileira. Sua índole, mesmo na fase "antropofágica" posterior, ainda era bastante antissocial, dado que tomou o indígena como ideal, porém indiferente à civilização ocidental – fato que Mário de Andrade lamentou num discurso vinte anos depois.[206] Como foi mencionado anteriormente, a sociedade brasileira sofreu grandes mudanças quando o âmbito urbano deslocou o rural e com o crescimento do espírito nacionalista após a ditadura de Vargas. A geração modernista paulistana foi ignorada, especialmente Mário de Andrade. Ele teve que renunciar à sua posição como líder intelectual brasileiro, o que o deixou amargurado.[207] Por outro lado, Villa-Lobos adaptou-se bem à nova situação, começou a trabalhar como professor de música e mudou seu estilo de composição, voltando-se ao romantismo nacional à guisa do neoclassicismo.

Isso mostra a diferença essencial entre o modernismo representado por Villa-Lobos e o de Andrade. Não obstante, ficou como grande paradoxo da história da cultura brasileira o fato de que foi Villa-Lobos, em seus *Choros* de 1920, quem talvez tenha concretizado de forma mais completa o plano estético de Andrade, isto é, uma combinação das técnicas e tendências artísticas mais modernas da Europa com o nacionalismo brasileiro. Basicamente, toda arte brasileira era como um "eterno retorno à Europa".

Muitos artistas da Semana tinham regressado de Paris. Trazido do Rio por Graça Aranha, Villa-Lobos era então um nome razoavelmente bem conhecido no Brasil, mas ainda não havia feito seu batismo de fogo como artista sul-americano, nem realizado sua peregrinação a Paris.

Em todo caso, é preciso examinar os eventos da "semana" e o papel que Villa-Lobos teve nela, assim como rever Mário de Andrade e suas ideias, em paralelo com a obra do compositor. É incrível que os inegavelmente mais brilhantes representantes da arte brasileira durante a primeira metade do século XX jamais colaboraram muito proximamente – exceto por alguns poemas de Mário de Andrade postos em música por Villa-Lobos. Assim, essa relação não pode ser comparada ao que ocorreu na Espanha entre Felipe Pedrell (principal ideólogo da escola musical espanhola) e Manuel De Falla, seu mais importante realizador musical. De Falla prontamente reconheceu seu débito para com Pedrell, como "despertador da música nacional" (papel que ele também desempenhou, cabe lembrar, para o compositor colombiano Guillermo Uribe-Holguín). Em 1923, o mesmo ano em que Villa-Lobos viajou pela primeira vez à Europa, De Falla escreveu sobre Pedrell em *La Revue Musicale*:

CAPÍTULO III – A CHEGADA DO MODERNISMO AO BRASIL

> Pedrell foi um mestre, no mais alto sentido do termo, já que, por meio de seu discurso e exemplo, ele abriu um caminho seguro para os músicos espanhóis, guiando-os para a criação de uma arte nacional nobre e profunda, cujos princípios já se acreditava terem sido realizados nos séculos precedentes.[208]

No mesmo artigo, De Falla também citou diretamente o manifesto de Pedrell, "Por nuestra música", para sua ópera *Los Pirineos*, em que, segundo Pedrell, "a natureza da música autenticamente nacional não se baseia apenas na canção popular e no instinto das eras mais remotas, mas no gênio e nas obras-primas dos grandes séculos da arte".[209]

É surpreendente que Villa-Lobos tenha defendido exatamente a mesma ideia, em conexão com a Semana de Arte Moderna de São Paulo, como uma espécie de profecia que ele acreditava piamente estar cumprindo. Segundo Villa-Lobos, era preciso que um grande compositor, livre de influências externas, fosse capaz de expressar o caráter brasileiro para realizar as condições necessárias à nacionalização da música, o que nas palavras de Pedrell era: "uma tradição duradoura" e "características gerais e permanentes".[210] Mário de Andrade, por sua vez, queria demonstrar em *Macunaíma* que os brasileiros em geral não possuíam tais qualidades; ele escreveu no prefácio à primeira edição dessa obra:

> O que me interessou por Macunaíma foi incontestavelmente a preocupação em que vivo de trabalhar e descobrir o mais que possa a entidade nacional dos brasileiros. Ora, depois de pelejar muito, verifiquei uma coisa me parece que certa: o brasileiro não tem caráter (...). E com a palavra caráter não determino apenas uma realidade moral não; em vez, entendo a entidade psíquica permanente, se manifestando por tudo, nos costumes na ação exterior no sentimento na língua na História na andadura, tanto no bem como no mal (o brasileiro não tem caráter porque não possui nem

civilização própria nem consciência tradicional. Os franceses têm caráter e assim os jorubas e os mexicanos. Seja porque civilização própria, perigo iminente ou consciência de séculos tenha auxiliado, o certo é que esses uns têm caráter). Brasileiro (não). Está que nem o rapaz de vinte anos: a gente mais ou menos pode perceber tendências gerais, mas ainda não é tempo de afirmar coisa nenhuma.[211]

A partir dessa aguçada análise nacional, concluímos que não é possível falar em algum elemento brasileiramente "nacional" na música popular, mas em tendências, mais ou menos genéricas, que podem ser moldadas de um jeito ou de outro. Dessa perspectiva podemos chegar à mesma conclusão de Pedrell, para quem apenas os grandes compositores são capazes de criar características permanentes de expressão nacional, bem como determinar o que é nacional em cada caso. Luiz Heitor Azevedo tentou destacar a independência de Villa-Lobos em relação à Semana de Arte Moderna. Àquela época, o compositor já tinha considerável reputação nacional e estava a ponto de conquistar a Europa. Depois, durante suas longas temporadas na Europa dos anos 1920, ele encontrou seu caminho, sem ser afetado pelo que os modernistas vinham fazendo no Brasil. Segundo Luiz Heitor, os herdeiros da Semana de Arte Moderna na arte brasileira foram os compositores Luciano Gallet, Camargo Guarnieri, Francisco Mignone e, até certo ponto, Oscar Lorenzo Fernandez.[212] Isso parece possível, se consideramos a história da música pela perspectiva do que se passou imediatamente após 1922.

No entanto, permanece o paradoxo, que apesar do pensamento de Mário de Andrade ter influenciado diretamente esses compositores, foi a música de Villa-Lobos que concretizou suas ideias de forma mais completa e efetiva. Se é verdade a crença de Luiz Heitor, a de que "por meio da música, o modernismo brasileiro obteve o mais amplo reconhecimento no exterior", então, também é verdadeiro que essa música veio da pena de Villa-Lobos, não dos

CAPÍTULO III – A CHEGADA DO MODERNISMO AO BRASIL

talentosos, mas internacionalmente menos conhecidos, compositores supramencionados. Isso pode ser considerado evidência que a arte segue suas próprias leis, que nem sempre seguem manifestos aleatórios: é raro encontrar quem ainda leia os escritos de Wagner sobre ópera, enquanto sua música tornou-se atemporal. *Macunaíma*, de Mário de Andrade, a contrapartida brasileira a *Ulysses*, de Joyce, é quase desconhecido fora do Brasil (a primeira tradução francesa vem somente em 1979), ao passo que o *Rudepoema*, de Villa-Lobos – que vem à mente como o equivalente mais próximo de *Macunaíma* – já foi e vem sendo gravado inúmeras vezes.

Vamos examinar primeiramente os eventos da Semana. Ela não poderia ser considerada uma "semana de arte moderna" se não tivesse causado escândalo. A semana limitou-se, de fato, a três noites, cuja programação musical era preponderantemente Villa-Lobos. Discursos e música foram ouvidos em todas as noites:[213] a primeira delas, em 13 de fevereiro de 1922, no Teatro Municipal de São Paulo, abriu com a palestra de Graça Aranha, intitulada "A emoção estética na arte moderna", seguida pela *Sonata nº 2 para cello e piano* e o *Trio nº 2 para piano e cordas*, de Villa-Lobos. A segunda metade apresentou a palestra de Ronald de Carvalho, "A pintura e a escultura moderna do Brasil", seguida pelo recital de Ernani Braga, com três peças para piano de Villa-Lobos: *Valsa mística*, *Rodante* e *A fiandeira*. Um crítico do *Correio Paulistano* observa que Braga também tocou Francis Poulenc, e ao final foram apresentadas as *Três Danças Africanas*, de Villa-Lobos, em arranjo para octeto. O mesmo artigo critica a duração do programa; o segundo evento, dois dias depois, foi muito mais conciso. Após uma palestra de Menotti del Picchia, a famosa pianista brasileira Guiomar Novaes tocou *Au jardin du vieux Serail*, de E. R. Blanchet, "O ginete do pierrozinho" do *Carnaval das crianças brasileiras*, de Villa-Lobos, e *La Soirée dans Grenade* e *Minstrels*, de Debussy. Mário de Andrade falou durante o intervalo e o programa prosseguiu com palestra de Renato

Almeida, conhecido historiador da música brasileira e pesquisador do folclore. Isso foi seguido por três canções de Villa-Lobos: "Festim Pagão", "Solidão" e "Cascavel", com o *Quarteto de Cordas nº 3* ao final. O terceiro evento veio após outros dois dias (em 17 de fevereiro), exclusivamente com música de Villa-Lobos: o *Trio nº 3 para piano e cordas*, uma série de canções; *Historietas*, sobre poemas de Ronald de Carvalho: *Lune d'octobre, Voilà la vie, Jouis sans retard, car vite s'ecoule la vie, Sonata nº 2 para violino e piano*; e três peças para piano: "Camponesa cantadeira" (da *Suíte Floral*), "Num berço encantado" (da *Simples Coletânea*) e *Dança Infernal*. O programa concluiu com o *Quarteto Simbólico*, com o subtítulo "Impressões da vida mundana", para flauta, saxofone, celesta, harpa (ou piano), e coro feminino, oculto nas coxias.

Segundo as resenhas publicadas, a plateia reagiu violentamente, gerando desordem após o discurso de Menotti del Picchia, que só se acalmou com o recital de piano de Guiomar Novaes. Os críticos foram verdadeiramente unânimes em declarar que a semana foi a verdadeira "apoteose" de Villa-Lobos.[214] Por outro lado, de acordo com o testemunho do próprio compositor (em carta a Iberê Lemos),[215] durante o *Trio nº 3*, alguém da plateia começou a assobiar o tema junto com os instrumentos. Ao cabo, a polícia teve de intervir e acabou por encontrar alguns rapazes com caixas cheias de ovos e tomates podres, com os quais pretendiam coroar os organizadores da Semana de Arte Moderna, desejo reprimido em respeito aos músicos, cuja maioria era paulista.

Luiz Fernando Guimarães cita o relato de outra participante, a violinista Paulina d'Ambrosio, que conta que alguém do público gritou zombeteiramente quando ela arrumou a alça do vestido: "quem tem um alfinete aí?". Villa-Lobos foi vaiado por subir ao palco calçando chinelos; ele estava acometido por ácido úrico, mas o gesto foi interpretado como irreverência. O compositor ainda impediu que o cantor Nascimento Filho revidasse as provocações feitas pela plateia, cutucando-o com o guarda-chuva que lhe servia

CAPÍTULO III – A CHEGADA DO MODERNISMO AO BRASIL

de bengala.[216] Assim, os brasileiros tiveram um escândalo "para chamar de seu", em uma semana de arte moderna que, posteriormente, assumiu lugar quase mítico na história da arte do país.

Se tomarmos, por exemplo, a palestra de Graça Aranha, que desencadeou a violenta reação nos eventos da Semana, podemos dizer que ela define bem os objetivos dos modernistas. Ao chegar, a plateia teve oportunidade de examinar as pinturas modernistas, expostas no saguão do teatro. Consequentemente, o discurso de Aranha começou com uma referência aos "horrores" que o público viu ao entrar no teatro, garantindo que tais "horrores" não iriam acabar por ali. Em uma fala carregada retoricamente, Aranha rejeitou as exigências da arte do passado, em especial as convenções do realismo. Quanto à música, ele lança a questão: "que nos importa que a música transcendente que vamos ouvir não seja realizada segundo as fórmulas consagradas?".[217]

Além disso, Aranha também adverte quanto a um certo modernismo frívolo e brincalhão, típico da música francesa, presente em Satie e no grupo *Les Six*. Esse tipo de frivolidade e leviandade seriam estranhas para os brasileiros, porque "no Brasil, no fundo de toda poesia, mesmo liberta, jaz aquela porção de tristeza, aquela nostalgia irremediável, que é o substrato do nosso lirismo".[218] Na verdade, Aranha pensava que era preciso buscar "a remodelação estética do Brasil, iniciada na música de Villa-Lobos, na escultura de Brecheret, na pintura de Di Cavalcanti, Anita Malfatti, Vicente do Rego Monteiro, Zina Aita e na jovem e ousada poesia".[219] Esse tipo de modernismo, na visão de Aranha, era uma liberação dos ameaçadores perigos dos desatualizados arcadismo, academismo e provincianismo. Em sua opinião, o regionalismo poderia oferecer material primordialmente literário, mas esse não seria o objetivo da arte nacional, que anseia pela universalidade. Ele também criticou o academismo, não só na literatura, mas em outras artes.

É exemplar que Aranha enalteça Villa-Lobos como símbolo do autêntico modernismo, dizendo:

> onde a nossa grande pintura, a nossa escultura e a nossa música, que não devia esperar [senão] a magia da arte de Villa-Lobos para ser a mais sincera expressão do nosso espírito divagando no nosso fabuloso mundo tropical?[220]

Apesar disso, se considerarmos a música villalobiana ouvida em São Paulo durante aqueles dias, vemos que não se trata ainda do Villa-Lobos que se definiu como um selvagem em Paris, afirmando ter se libertado de todas as regras. Naquele momento, ele não estava no limiar de seu primitivismo e vanguardismo, mas já havia escrito *Amazonas* e iniciado o *Rudepoema*.[221]

A atitude de Graça Aranha para com o modernismo pode ser considerada um tanto moderada, tingida pela vanguarda europeia. O ensaio *O espírito moderno*, que ele publicou pouco depois, pode até ser considerado contraditório. Lá, ele reconhece que o Brasil é um dos derradeiros assentos do Romantismo e contrasta o dinamismo do espírito moderno ao espírito romântico, destrutivo e ambíguo.[222] Com franqueza, ele admite que as raízes da cultura brasileira estão na Europa, mas acredita que esse é apenas o ponto de partida. Em sua visão, o fato de ter de evitar a cópia da cultura europeia não significa permanecer aculturado: "ser brasileiro não significa ser bárbaro, (...) balbuciar uma linguagem imbecil, rebuscar os motivos da poesia e da literatura unicamente numa pretendida ingenuidade popular".[223] Essas ideias são quase o oposto da tendência que surgiu posteriormente em São Paulo, em continuação à Semana de Arte Moderna, e levou à antropofagia, defendida por Oswald de Andrade.

Exatamente no mesmo ano em que surge o ensaio de Aranha, Oswald de Andrade publicou o *Manifesto da Poesia Pau-Brasil*, saudando "bárbaros, crédulos, pitorescos e meigos".[224] Quatro anos

CAPÍTULO III – A CHEGADA DO MODERNISMO AO BRASIL

depois, ele declarou que apenas a antropofagia uniria os brasileiros, saudando os indígenas como a base para a cultura brasileira. Aranha, por sua vez, declara que

> não precisamos, como o México e o Peru, remontar aos antepassados Maias, Astecas ou Incas, para buscar nos indígenas a espiritualidade nacional. O Brasil não recebeu nenhuma herança estética dos seus primitivos habitantes, míseros selvagens rudimentares.[225]

Quando comparamos esses dois manifestos do modernismo brasileiro, a posição de Villa-Lobos nesse campo fica evidente. Não há dúvida de que as composições de Villa-Lobos claramente representam ideias que Andrade, entre outros, tentaram promover. Em Villa-Lobos, o indianismo recebe nova interpretação, comparável à qualidade dos citas, vista em Stravinsky e Prokofiev. Há, no entanto, o paradoxal posicionamento de Aranha, elogiando o espírito do modernismo brasileiro, manifesto sobretudo na música villalobiana e na poesia de Mário de Andrade, as quais venceram o "convencionalismo, construtor alegre do espírito verdadeiramente brasileiro".[226] Até mesmo a linguagem do *Macunaíma* é baseada na utilização das riquezas do idioma nativo, assim como a música modernista de Villa-Lobos toma emprestado temas indígenas. Podemos, então, deduzir que o compositor, apesar de tudo, pertence ao movimento paulista dos anos 1920 – no sentido intelectual e no que diz respeito ao conteúdo – ou que Oswald de Andrade estava certo quando disse: "o contrapeso da originalidade nativa para inutilizar a adesão acadêmica (...). Sem pesquisa etimológica. Sem ontologia".[227]

A linguagem de Mário de Andrade em *Macunaíma* frequentemente ultrapassa o limite da compreensibilidade, e ele gosta de empregar diretamente o estilo vulgar. Encontramos a contrapartida disso na música de Villa-Lobos, no uso igualmente despudorado de efeitos "banais", na adoção deliberada de timbres penetrantes e grotescos, como o uso do saxofone, glissandos de metais, sons dissonantes e ilógicos que perpassam subitamente pela orquestra – cf. *Choros nº 10* (compassos 13, 5-6 e 11) ou *Amazonas*. Se a estrutura narrativa de *Macunaíma* permite a comparação com o *Rudepoema*, usando algum método estrutural – do mesmo modo que Haroldo de Campos analisou as estruturas narrativas do romance acima mencionado[228] – podemos seguramente encontrar interessantes paralelos entre esses dois artistas.

Em seguida, precisamos examinar mais de perto a figura de Mário de Andrade (1893-1945) e seus escritos mais importantes.[229] Esse intelectual, escritor e fundador da musicologia brasileira, foi em grande parte autodidata, assim como Villa-Lobos. Estudou piano e canto no Conservatório Dramático e Musical de São Paulo, mas, mesmo assim, seus primeiros esforços criativos foram na literatura, já que publicou seus primeiros poemas ainda adolescente. Aos 23 anos, tornou-se professor de piano no conservatório, passando suas férias em viagens pelo interior de São Paulo e pelo Nordeste brasileiro, dedicando-se ao estudo do folclore. Seu papel na Semana de Arte Moderna foi central. O evento motivou seu interesse pela função "social" da arte, o que implicava resistência ao gosto acadêmico e burguês em todas as formas de arte, desde o culto internacional ao virtuose até o gosto musical conservador do público mediano.

Em 1928, surge seu primeiro trabalho mais significante tratando de música, o *Ensaio sobre a música brasileira*, em que ele explora as relações entre música clássica e popular com várias referências a obras de compositores brasileiros, examinadas criticamente (em especial Villa-Lobos, Luciano Gallet e Oscar Lorenzo Fernandez).[230] No entanto, o livro não é uma descrição cientificamente objetiva da música brasileira, senão um manifesto profético e polêmico. Além disso, a obra pode ser considerada como material literário, ilustrando o linguajar tipicamente andradiano, em estilo

CAPÍTULO III – A CHEGADA DO MODERNISMO AO BRASIL

apaixonadamente controverso (por exemplo, suas inúmeras negativas duplas, colocando o "não" ao início e final de uma sentença). Como suplemento à obra, há uma seleção de cantos e danças de negros e mulatos pelo interior do Brasil.

No livro seguinte, Andrade tratou de outro aspecto da cultura brasileira: a música dos salões nas cidades, durante o período imperial, no século XIX. Nesse trabalho também constam quinze modinhas brasileiras para canto e piano, além de um lundu para piano. Depois que ele assumiu a cadeira de Estética e História da Música no conservatório de São Paulo, suas publicações sobre música foram principalmente livros pedagógicos de caráter histórico-musical.

À mesma época, ele participou ativamente da organização e direção da Secretaria de Cultura da cidade de São Paulo. Uma de suas seções era a Discoteca Municipal, provavelmente uma das maiores e mais bem organizadas em todo o continente. O programa da Secretaria de Cultura compreendia a animação da vida artística na crescente metrópole, mas a revolução de Vargas, no início da década de 1930, e a situação política obrigaram Andrade a abdicar da direção do departamento.

O auge da produção literária de Mário de Andrade é o romance *Macunaíma* (1928), com o subtítulo "O herói sem nenhum caráter", talvez como alusão ao romance *Der Man ohne Eingenshaften*, de Robert Musil. O protagonista do romance andradiano é um anti-heroico caboclo brasileiro, descrito com expedientes irônicos, grotescos, fantásticos e surreais. Se desconsiderarmos seu vasto estudo etnomusicológico em três volumes sobre danças dramáticas brasileiras, sua obra mais importante e com maior impacto sobre a cultura musical brasileira é, sem dúvida, o mencionado *Ensaio sobre a música brasileira*. Esse livro – como diz Luiz Heitor – foi uma espécie de bíblia para muitos pesquisadores, e seu interesse está longe de se esgotar.[231]

Com relação ao lugar de Villa-Lobos no quadro geral da história da música brasileira, as avaliações críticas de Andrade são especialmente interessantes. A obra começa com uma autocrítica nacionalista, pois na visão de Andrade, os brasileiros têm duas fraquezas: "bastante ignorância e leviandade sistematizada". A música brasileira reflete demasiadamente a opinião europeia; quando a temática brasileira se expressa através de uma orquestra europeia ou quarteto de cordas: *"não é brasileiro, se fala"*.[232] Andrade considera o exotismo cultuado pelos europeus outra manifestação da mesma atitude:

> Mas no caso de Villa-Lobos, por exemplo, é fácil enxergar o coeficiente guassú com que o exotismo concorreu pro sucesso atual do artista. H. Pruniéres confessou isso francamente. Ninguém não imagine que estou diminuindo o valor de Villa-Lobos não. Pelo contrário: quero aumentá-lo. Mesmo antes da pseudo música indígena de agora, Villa-Lobos era um grande compositor. A grandeza dele, a não ser pra uns poucos sobretudo Arthur Rubinstein e Vera Janacopoulos, passava despercebida. Mas bastou que fizesse uma obra extravagando bem do continuado pra conseguir o aplauso. Ora por causa do sucesso dos Oito Batutas ou do choro de Romeu Silva, por causa do sucesso artístico mais individual que nacional de Villa-Lobos, só é brasileira a obra que seguir o passo deles?[233]

Podemos concluir da análise de Mário de Andrade que um indivíduo excepcional como Villa-Lobos estava numa posição difícil em seu país e que era quase impossível para ele agradar ao público brasileiro. Se seus *Choros* foram considerados "música pseudo-nativa" nos círculos modernistas de São Paulo, com valor "quase nulo" para a música clássica no Brasil,[234] havia, por outro lado, a embocadura do círculo musical conservador no Rio de Janeiro, o crítico musical do *Jornal do Commercio* que o acusava de levar música de carnaval para a sala de concertos, supostamente para

CAPÍTULO III – A CHEGADA DO MODERNISMO AO BRASIL

representar a música brasileira.[235] De novo, a mesma crítica, mas por outro aspecto e com diferente ponto de vista. Nem mesmo o indianismo de Villa-Lobos satisfazia Mário de Andrade: em sua opinião, para o brasileiro contemporâneo, o índio é tão estrangeiro quanto um japonês ou um húngaro. Segundo a visão de Andrade, apesar de os indígenas ainda viverem dentro das fronteiras brasileiras, eles não fazem parte da cultura brasileira e, portanto – em que pese certa dívida de gratidão –, é impossível afirmar que apenas o que é de origem indígena seja nacional.

De um ponto de vista europeu, ou seja, não-brasileiro, o nacionalismo nas obras de José Maurício, Carlos Gomes, Alexandre Levy, Leopoldo Miguéz ou Glauco Velasquez parece um tanto indefinível, um tipo de "defeito" – o que, todavia, é a opinião de Andrade que cita uma expressão do poeta Manuel Bandeira, "um ruim esquisito". Esse *não-sei-quê* assumido como característica geral vaga é o primeiro sintoma de nacionalismo na música.[236] Tal marginalização psicológica é presumivelmente um critério válido para uma música nacional.

Andrade atinge o cerne da questão somente ao examinar as inter-relações entre música clássica e popular. É precisamente pela observação e assimilação inteligentes da música popular que começa o desenvolvimento de uma música "séria" ou "erudita". Andrade justifica sua visão dizendo que é particularmente a música popular que expressa com mais consistência a essência nacional e racial do país, mas, ao mesmo tempo, ele lamenta a falta de harmonizações simples mas criteriosas de melodias populares (e não aceita a coleção de *Melodias populares brasileiras*, de Luciano Gallet, para uso "crítico"). Por outro lado, todos os traços importantes da música popular não podem ser notados satisfatoriamente, já que o ritmo de uma *performance* costuma ser muito diferente de sua versão escrita. Como prova, Andrade apresenta três variações rítmicas da canção "Pinião" (ex. 10):[237]

Exemplo 10. *Pinião*, extraído de Mário de Andrade, *Ensaio sobre a música brasileira*, 1928.

Cada canção tem, assim, seu próprio *ad libitum* rítmico; por causa disso, a melodia escrita pareça absolutamente banal, embora soe extraordinária quando executada. Villa-Lobos naturalmente estava ciente dessa complexidade rítmica, mas também compreendia que, na música clássica, isso não pode ser deixado a cargo do intérprete. Em sua notação musical, Villa-Lobos adotou um pedantismo stravinskiano.

É claro que nem mesmo Andrade pensava que a música clássica nacional pudesse ser baseada simplesmente na cópia e arranjo da música popular, mas preferivelmente na seleção do material à

CAPÍTULO III – A CHEGADA DO MODERNISMO AO BRASIL

mão, ao qual, a um só tempo, seriam amalgamados e apropriados os elementos estrangeiros – encontrados em abundância em uma cultura colonial como a do Brasil. Como exemplo, ele cita a marcha da parte central do *Choros nº 5*, de Villa-Lobos, criticada por supostamente não ser brasileira.

> Quero só saber por quê. O artista se utilizou dum ritmo e dum tema comuns, desenvolvidos dum elemento anterior da peça, tema sem caráter imediatamente étnico nenhum, tanto podendo ser brasileiro como turco ou francês (...). Porém, essa parte se torna necessariamente brasileira por causa do que a cerca.[238]

Como se pode determinar a natureza geral da música brasileira? Mário de Andrade adota uma atitude bastante razoável a esse respeito: ele condenava tudo que fosse superficialmente característico, desagradável e banal (o que, em sua opinião, explicaria a inferioridade da música de Grieg e a dureza das composições de Albéniz!).

> Se a gente aceita como um brasileiro só o excessivo característico cai num exotismo *que é exótico até pra nós*. O que faz a riqueza das principais escolas europeias é justamente um caráter nacional incontestável mas na maioria dos casos indefinível porém.[239]

Andrade alerta o compositor brasileiro quanto a dois perigos: além do "exclusivismo" e exagero mencionado acima, há o risco da unilateralidade. Por exemplo, um compositor pode escrever apenas música indígena, africana ou portuguesa, e em consequência não aceita que todos esses elementos podem contribuir para a formação permanente de um nacionalismo musical brasileiro. É claro que os elementos indígenas cabem nesse quadro, já que há ao menos uma gota de sangue guarani em quase todo brasileiro, e africano também, na medida em que foi a partir deles que se originou a terra brasileira.[240] De fato, o único compositor na história da música brasileira realmente capaz de realizar esse programa, evitando a Cila do exclusivismo e o Caríbdis da unilateralidade foi Villa-Lobos.[241] Só a série de *Choros* seria suficiente como exemplo da mistura e alternância dos elementos étnicos acima. Se o *Choros nº 3* é essencialmente indígena e primitivista (e incidentalmente dedicado a Oswald de Andrade), o *Choros nº 4* reflete, então, as serenatas noturnas e urbanas do Rio, e assim por diante.

O estudo detalhado dos diferentes parâmetros musicais a partir do estilo nacional brasileiro, que Mário de Andrade apresentou em seu *Ensaio*, é ainda hoje uma das análises mais agudas da sensibilidade brasileira na música clássica. De fato, sua análise pode ser considerada um programa em miniatura para a pesquisa de elementos nacionais em Villa-Lobos.

Quanto ao ritmo, a questão essencial, naturalmente, é a síncope, considerada uma característica da música brasileira. Mesmo assim, Andrade considera isso questionável, ou no mínimo ambíguo. Normalmente, a síncope brasileira típica segue o padrão iâmbico, que Andrade crê seja mais português do que africano:

A rítmica brasileira, entretanto, é um fenômeno muito mais complexo. Tem como pano de fundo a prosódia não só do canto gregoriano com seu caráter discursivo, mas também da música das populações indígenas e africanas do Brasil. A ausência de ritmo puramente musical entre os indígenas é confirmada pelas observações de Spix e Martius, entre outros, ao passo que as melodias de origem africana consistem em frases curtas com repetições sistemáticas. Andrade afirma que "os nossos artistas reconheciam bem isso e quando pastichavam o africano, (...) usavam e abusavam desses processos oratórios de ritmo",[242] talvez em alusão às *Danças Africanas*, de Villa-Lobos. Por outro lado, devemos observar que

CAPÍTULO III – A CHEGADA DO MODERNISMO AO BRASIL

os compositores europeus usavam esse tipo de ritmo prosódico quando escreviam "música negra" – a *Rapsodie nègre*, de Poulenc, de 1918, é um caso típico.

Em contraste, a música portuguesa que chegou ao Brasil era baseada em uma rítmica "musical"; desse modo, surgiu a dicotomia da música brasileira, entre o ritmo essencialmente musical do português e o ritmo prosódico dos indígenas e africanos. Andrade tentou demonstrar que muitas figuras rítmicas são chamadas "síncopas", mas nem todas o são, de fato. Ele usa como exemplo a *Ciranda nº 11*, de Villa-Lobos, na qual a pseudossíncopa escorrega para uma tercina, tornando-se meramente um acento mais forte.[243]

Além da síncopa autêntica e do movimento melódico aparentemente sincopado, um compositor brasileiro pode escrever passagens inteiramente fora do ritmo e andamento reais da peça. Andrade não cita exemplos, mas esse tipo de polirritmia é frequente nas obras de Villa-Lobos dos anos 1920. É importante perceber que a síncope da música popular brasileira é mais rica na *performance* que na notação.

> Mais uma feita lembro Villa-Lobos. É principalmente na obra dele que a gente encontra já uma variedade maior de sincopado. E sobretudo o desenvolvimento da manifestação popular. (...) carece que a gente não esqueça que música artística não é fenômeno popular, porém desenvolvimento deste.[244]

Ao mesmo tempo, Andrade adverte os compositores de música artística que não utilizem apenas síncopes escritas de música popular (ou seja, síncopes de média duração em compasso binário ou ligando a última nota de um compasso à primeira do seguinte), o que poderia resultar em estereótipos, pobreza e banalidade de expressão.

143

Ampliando a reflexão de Andrade, em adição aos ritmos prosódicos ou puramente musicais, mencionamos uma terceira espécie, que ocorre na música brasileira principalmente por meio da influência africana: ritmos baseados na motricidade muscular. Trata-se de um elemento de destaque na música vocal e instrumental da África. Segundo Erick Hornbostel:

> O ritmo africano é claramente baseado nos tambores. Tambores podem ser substituídos por palmas ou por um xilofone: o que realmente importa é o ato de percutir; somente por esse aspecto podemos compreender os ritmos africanos. Cada movimento individual de batida tem duas fases: os músculos se contraem e relaxam, a mão se ergue e cai. Apenas a segunda etapa é acentuada acusticamente; mas a primeira é onde está o acento motriz, apesar de inaudível, que consiste na contração dos músculos. Isso implica no contraste essencial entre nossa [europeia] concepção rítmica e a africana: nós partimos da escuta, eles, do movimento (...), eles desconhecem o contratempo: para nós, na simples sucessão de ♩ ♪ ♪, os tempos parecem sincopados porque observamos apenas o aspecto acústico. Para compreender os ritmos africanos como eles realmente são, temos de mudar nossa atitude.[245]

Apesar da análise de Hornbostel se aplicar à música da África, ela vale também para o Brasil. Por isso, até na rítmica de Villa-Lobos, ocorrem passagens que não cabem na dicotomia de Andrade, mas se explicam apenas como motricidade rítmica. A marcha do *Choros n° 5* ("Alma brasileira"), por exemplo, também mencionada por Andrade, começa com esse tipo de sincopação, na qual a tensão muscular, transmitida pelas pausas, são no mínimo tão importantes quanto os agressivos ataques em *clusters* (ex. 11):

Exemplo 11. Villa-Lobos: *Alma brasileira*, Mouvement de marche, Max Eschig.

Ou em *Rudepoema*:

Exemplo 12. Villa-Lobos: *Rudepoema*, A tempo de marcha, Max Eschig.

O ostinato rítmico monotônico em estilo de *tocata* é a base para muitas obras brasileiras com tempero africano – ilustradas pelos batuques de Nazareth e Lorenzo Fernandez. Villa-Lobos também empregou esse recurso rítmico nos *finales* do *Choros nº 10* e *Noneto*, bem como em algumas peças da séria *A Prole do Bebê*.

Quanto à melodia brasileira, Andrade considera crucial a questão da descoberta de melodias expressivas, pois ele não aceita a citação de temas folclóricos ou pastiches. "A música popular é psicologicamente inexpressiva?", ele pergunta e responde em seguida: "à primeira vista parece. Mas parece justamente porque é a mais sabiamente expressiva de todas as músicas".[246]

Na introdução de seu ensaio sobre o *melos* brasileiro, Andrade apresenta brevemente os princípios de sua estética musical:

em sua opinião, música não pode ser comparada às palavras ou gestos, por ser estritamente dinamogênica e basear-se em estados cinestésicos do corpo. "Está certo falar que uma música é bonita ou feia porque certos estados cinestésicos agradam ou desagradam (...)".[247] Aplicado a Villa-Lobos, isso poderia significar que a maior parte de sua música obedece à lógica dos estados "dinamogênicos" nitidamente contrastantes – em especial nas *Bachianas*, que alternam movimentos fortemente ativos e energéticos com passagens quase estáticas e extremamente lentas –, o que inegavelmente reflete as características contrastantes da cultura e do povo brasileiro.

Em um exame mais minucioso do *melos* brasileiro, Andrade afirma que há de fato características nacionais, constâncias melódicas, que um compositor pode usar para abrasileirar sua ideia. As fórmulas melódicas, no entanto, são mais difíceis do que as rítmicas. A sétima rebaixada, por exemplo, é uma característica nacional que remete à escala hipofrígia. Esse procedimento é deduzido a partir da melodia na *Dança brasileira*, de Camargo Guarnieri (ex. 13):

Exemplo 13. Camargo Guarnieri: *Dança brasileira*, Ricordi brasileira.

A melodia é muito brasileira também por causa de seu perfil descendente. Andrade considera essa característica típica de melodias brasileiras e cita como exemplo o *Choros nº 10*, de Villa-Lobos, no qual quase todos os motivos são descendentes, exceto pelas rápidas ornamentações dos solistas e a transição do trompete, com sua inesperada sequência de notas repetidas ascendentes (nº de ensaio 12, c. 1-8).

Andrade menciona de passagem a melódica das modinhas – às quais ele dedicou, dois anos após o *Ensaio*, um estudo exclusivo, anotando suas linhas tortuosas: elas contêm os saltos melódicos mais audaciosos, intervalos de sétima, oitava e até nona, em passagens particularmente expressivas, tais como a sétima menor descendente na seguinte melodia (ex. 14):

Exemplo 14. *Modinha*, extraída de Mário de Andrade: Modinhas Imperiais, 1930.

Andrade prestou atenção sobretudo na inquietude da linha melódica, até em canções caboclas, que ilustra ricamente no suplemento do *Ensaio*. Ele considera os *Choros* camerísticos para diversas formações, escritos por Villa-Lobos, como verdadeiros mosaicos de elementos melódicos brasileiros. O mesmo poderia ser dito a respeito de diversas outras obras villalobianas. Segundo Andrade, uma figura típica na música dos caboclos é o motivo simples com notas repetidas em terças paralelas (ex. 15):[248]

Exemplo 15.

Junto com esse, também poderia ser mostrado o seguinte motivo, do movimento "Folia de um bloco infantil" do *Momoprecoce*, de Villa-Lobos (ex. 16):

Exemplo 16.

Outro exemplo dado por Andrade é a seguinte figura típica da música popular brasileira (ex. 17),[249] que não é exclusiva da canção popular, mas é empregada também por Ernesto Nazareth em sua música "semierudita" para piano, como uma "ponte" ligando duas frases em "Odeon" (ex. 18): tais motivos são encontrados também em Villa-Lobos – até como tema principal, a modinha cantante do segundo movimento do *Choros nº 11* é estruturada sobre a repetição desse esquema (ex. 19).

Exemplo 17.

Exemplo 18. Nazareth: *Odeon*.

Exemplo 19. Villa-Lobos: *Choros nº 11*, 2º movimento, Max Eschig.

CAPÍTULO III – A CHEGADA DO MODERNISMO AO BRASIL

Obviamente, motivos isolados em si mesmos não formam necessariamente um fator nacionalizante, mas em conjunto com características nacionais transmitidas por outros parâmetros musicais, elas são parte importante das entonações populares, vivendo na memória musical coletiva de determinada cultura. Basta ao compositor apenas colher os elementos desse repositório.

Por outro lado, Andrade admite, em *Modinhas Imperiais*, que esses elementos, sem elaboração artística e espiritual, podem ser bastante banais. Ele até fala em um "modinhismo" universal no final do século XVIII, que se manifesta nas melodias do Brasil imperial, assim como nas romanças russas e canções ciganas. Ele cita um tema da coletânea *Beliebte Russische Romanzen, Zigeunerlieder und Volkslieder* ("Durch die Nacht vom Lagerfeuer"), que considera semelhante à modinha brasileira, afirmando que "toda nossa banalidade típica já está lá".[250]

Exemplo 20. A *Modinha*, em Mário de Andrade, *Modinhas Imperiais*, 1930.

A propósito, é curioso observar que Stravinsky usou uma valsa na cena da feira em *Petrushka*. Apesar disso, o uso contextual de tais "modinhismos" é diferente em Stravinsky e Villa-Lobos. Nicolas Slonimsky também observou a similaridade entre a música popular da Rússia e do Brasil, em seu livro *Music of Latin*

America,[251] ao justapor a "Moda", de Lorenzo Fernandez, com uma melodia popular russa.

A propagação do *melos* europeu pelo Brasil foi uma questão importante, já que as árias de ópera italiana eram bastante adequadas para serem usadas como substância musical às modinhas. Adaptações de *Il Trovatore*, de Verdi, foram vertidas em português do Brasil e publicadas em uma antologia chamada *O Trovador Brasileiro*. Um aspecto típico da história da música na América do Sul – e no Brasil – é a preservação de elementos arcaicos, relativamente intocados, como um traço do folclore (o que vale parcialmente para a Rússia). Assim, Villa-Lobos pode pinçar elementos de formas musicais já esquecidas na Europa, a partir de uma tradição popular ainda viva – talvez do mesmo modo que a fase russa de Stravinsky.

A existência de harmonia na música folclórica é negada por Mário de Andrade, para quem os métodos de harmonização são supranacionais. É evidente que o uso de modos defectivos e escalas chinesas e sistemas tonais indígenas ou africanos produz uma atmosfera harmônica especial. Todavia, na opinião de Andrade isso não traz um efeito nacionalizante para a música clássica, que sempre requer um desenvolvimento mais elaborado que a técnica rudimentar de harmonização popular.[252] Cabe lembrar que, em princípio, uma mesma escala pode produzir harmonizações inteiramente diferentes, um exemplo muito bom é dado pelas diversas interpretações da escala pentatônica na música latino-americana. A pentatônica na suíte *A Prole do Bebê nº 1*, de Villa-Lobos, quase nunca aponta para a cultura indígena. Para entender isso, basta examinar o movimento "In the 1st Pentatonic Mode", de Alberto Ginastera, nos *12 American Preludes* (ex. 21). A culminação ritualística evocando sinos e a rígida seriedade da música que emerge da harmonização com quartas e quintas do modo pentatônico seriam uma impossibilidade na obra de Villa-Lobos:

CAPÍTULO III – A CHEGADA DO MODERNISMO AO BRASIL

Exemplo 21. Ginastera: "In the 1st Pentatonic Mode" de *12 American Preludes*, Carl Fischer, New York.

O arranjo para piano feito por Vicente Forte para um antigo hino inca ao sol pertence à mesma espécie de harmonizações solenes do pentatonismo indígena (ex. 22).[253]

Exemplo 22. Forte: *Hino Inca ao sol*, arquivos do Latin American Music Center, Indiana University of Bloomington.

Na maior parte da música popular (folclórica) brasileira predomina a herança da tonalidade harmônica vinda de Portugal. Segundo Andrade, a politonalidade, atonalidade e quarto-de-tom

151

são sistemas desenvolvidos mais tarde na Europa e, por isso, não se adaptam aos gêneros populares – opinião que pode ser interpretada como crítica quanto ao caso de Ginastera. Desse modo, Andrade teria rejeitado, sem sombra de dúvida, a politonalidade de Milhaud em *Saudades do Brasil*, por considerá-la "inautêntica", apesar de Milhaud ter se saído bem ao expressar sua própria experiência, digamos, em "Botafogo", com sua atmosfera sonora dissonante e contraditória gerada pela combinação de Fá menor e Fá# menor. A sétima menor como sensível e o trítono como subdominante podem induzir um ambiente de acordes bem diferente do modelo europeu, mas isso ocorre apenas acidentalmente.

As possibilidades de obter um caráter nacional são mais promissoras em relação à polifonia. Não há dúvida que Andrade se refere ao choro quando afirma que "os contracantos e variações temáticas superpostas empregadas pelos nossos flautistas seresteiros, os baixos melódicos do violão nas modinhas (...) podem produzir sistemas raciais de conceber a polifonia".[254] É exatamente por essa perspectiva que Andrade interpreta certas partes da série de *Melodias Populares*, de Gallet, e as *Serestas*, *Choros* e *Cirandas*, de Villa-Lobos.

Por outro lado, Andrade não reconhece que a independência contrapontística das vozes possa levar a novas resoluções harmônicas ou que os procedimentos harmônicos modernos possam criar a atmosfera da música nativa original. No *Choros nº 3*, temos o caso mais bem-sucedido disso. O conhecimento de música indígena de Mário de Andrade era demasiado limitado para tanto. Mesmo assim, ele critica Villa-Lobos, observando que sua polifonia não deriva apenas da música popular. Apesar de a polifonia poder ser associada facilmente com o nacional – como nas *Serestas nº 6* e *nº 11* –, em alguns casos, o brilho da inventividade impede que a obra seja plenamente compreendida e ofusca seu caráter nacional. Casos em que a técnica de condução de vozes europeia descaracteriza uma melodia brasileira são, em sua opinião, o tema "Nesta rua"

CAPÍTULO III – A CHEGADA DO MODERNISMO AO BRASIL

da *Ciranda n° 11* e o tratamento dado ao tema "Sapo Cururu" na *Ciranda n° 4* ("O cravo brigou com a rosa"). Ele também critica as *Melodias populares*, de Gallet, pois, apesar do evidente espírito brasileiro na melodia "Puxa o pilão", a repetição em cânone do acompanhamento dá impressão de uma retórica europeia.

Podemos nos perguntar sob qual ponto de vista Andrade fundamenta sua crítica e se ele oferece alguma regra geral para o desenvolvimento da polifonia e da harmonização "genuína" ou "correta" na música erudita brasileira. Ele não faz isso e, assim, sua crítica pode ser interpretada como do mesmo tipo da atitude polêmica e julgadora vista no *Le Coq et l'arlequin*, de Jean Cocteau. A ausência de regras positivas dificulta o delineamento que caracterizaria a estética de Andrade, bem como encontrar a resposta sobre qual música melhor se encaixaria em suas ideias. Assim, sua crítica a Villa-Lobos fica parcialmente sem fundamento.

Quanto à orquestração, Andrade pergunta: "será que possuímos orquestras típicas?".[255] Ele admite, especialmente quanto aos timbres, a possibilidade de reconhecer o caráter tipicamente nacional – mesmo que aqueles não sejam tão característicos no Brasil como o são nos conjuntos de *jazz* nos Estados Unidos, no gamelão na Indonésia, ou mesmo em grupos havaianos ou mexicanos. Ele menciona um conjunto tipicamente paulista: "rebeca (violino), viola, pandeiro, adufe, machete". O timbre um tanto nasal desse conjunto combina com a nasalidade da voz, traço racial peculiar, "cujo caráter é fisiologicamente brasileiro".[256]

No entanto, no campo da música clássica, um sinfonista não deve empregar uma orquestra "típica". Andrade se refere aos experimentos de Stravinsky e Krenék com o *jazz*, mas ele considera menor o papel do *jazz* como elemento enriquecedor da música sinfônica – sem mencionar nem Milhaud, nem Gershwin nesse contexto. Andrade não defende o retorno ao "universalismo" de Nepomuceno ou Levy, já que um tratamento solista ou concertante pode nacionalizar a manifestação instrumental – e aqui ele evidentemente tinha em mente a construção concertante frequentemente encontrada nos *Choros*, de Villa-Lobos.

Não há dúvidas de que a inclusão de instrumentos populares em uma orquestra sinfônica é problemática; até mesmo a inclusão de um saxofone pode soar como um efeito suspeito ou vulgar, como certa vez declarou Ernest Ansermet.[257] Os timbres tomados de empréstimo da chamada "música ligeira" trazem facilmente para a música clássica – até inconscientemente – aquela estética da banalidade da qual Villa-Lobos foi um mestre, realizada pelos recursos mais inocentes, como os *glissandi* dos violinos ou os sinos nas sinfonias de Mahler. A seguinte ideia de Andrade pode ser interpretada como uma advertência contra a orquestração de Villa-Lobos:

> Eu tenho sempre combatido os processos técnicos e o critério instrumental que enfraquecem ou desnaturam os caracteres do instrumento e o fazem sair pra fora das possibilidades essenciais dele. Que o violino banque o violão, que a gente procure fazer do piano um realejo de rua, uma caixinha-de--música ou uma orquestra são coisas de fato detestáveis.[258]

Andrade toma posição contrária à tendência predominante na arte musical por toda a década de vinte, fundada na procura por novas dimensões instrumentais, tratando os sopros como se fossem instrumentos de cordas. Especialmente as partituras orquestrais da fase inicial de Villa-Lobos estão repletas de inovações e modificações técnicas, a começar por *Amazonas*, que nesse campo é tão vanguardista quanto *Amériques*, de Varèse.

No capítulo final, Andrade trata do problema da forma, comprovando seu conservadorismo. Ele aceita a forma cíclica como uma construção tradicional, capaz até de transmitir nacionalidade – por exemplo, o *Trio Brasileiro*, de Lorenzo Fernandez, que começa e

CAPÍTULO III – A CHEGADA DO MODERNISMO AO BRASIL

termina com a cantiga brasileira "Sapo cururu", usada anteriormente por Levy em sua *Suíte Brasileira*. No entanto, ele se queixa da escassez de inventividade dos compositores brasileiros no tocante à forma e, por outro lado, que eles ignorem as possibilidades da música popular. Nesse aspecto ele cai em contradição, pois havia criticado Villa-Lobos justamente pela "individualidade" demasiada na forma de seus *Choros, Serestas* e *Cirandas*, sem utilizar nem desenvolver adequadamente as formas populares.

Segundo a observação de Andrade, o esquema formal mais genérico de Villa-Lobos compositor do *Choros nº 10* é a forma binária, sem repetição da primeira parte. Como se vê, a crítica é produto de seu conservadorismo musical, já que é indiscutível que, precisamente nos *Choros* villalobianos, as modalidades de música popular brasileira se fundem com os meios musicais clássicos da época, deixando de ser meramente folclore. Assim, impressiona que uma liderança do modernismo brasileiro demonstre ser adepto de uma estética musical tão conservadora quanto a de Boris Asafiev, na União Soviética, no mesmo período[259] – a única diferença é que a exigência asafieviana de uma "popularidade" tinha significado consideravelmente mais normativo, no caso de Prokofiev ou Shostakovich, do que o pensamento de Andrade em relação a Villa-Lobos. Nos anos 1930, Villa-Lobos já era, apesar de tudo, parte da cultura musical oficial do Brasil, enquanto o modernismo intelectual representado por Andrade e seu programa político-musical foram deixados de lado.

CAPÍTULO IV
OS *CHOROS*: UMA NOVA FORMA DE COMPOSIÇÃO?

Muitos musicólogos têm admitido sua impotência diante da gigantesca e quase infinita obra musical de Villa-Lobos. As reações dos pesquisadores variam com relação à sua imensa produtividade. Herbert Weinstock supõe que a única pessoa capaz de ter ouvido toda a obra villalobiana seja o próprio Villa-Lobos.[260] Como solução para o estudo geral dessa produção, ele recomenda que sejam escolhidas algumas obras suficientemente representativas. Assim, Weinstock contraria o que Andrade Muricy, um especialista em Villa-Lobos, já havia observado acertadamente:

> Sem nada de preconceituoso (...), escreveu sempre tudo que lhe ocorreu, desprevenidamente. Se lhe aconteceu compor um oratório logo em seguida a uma seresta foi somente em consequência da complexidade da sua natureza, contrastada, ilógica, como a do Brasil, mas, como esta, duma vitalidade irreprimível. Fora muito cômodo para o historiador, como para o crítico, que a obra de Villa-Lobos se tivesse desenvolvido num sentido de medida e de equilíbrio (...). O que sim, buscava Villa-Lobos exprimir: a nebulosa brasileira

> com as suas incompletações de estilo, mas, também, com a sua aptidão real para viver e afirmar-se (...). Representativo cabal dessa instabilidade, Villa-Lobos só excepcionalmente poderia ser simples e linear.[261]

Portanto, se a produção do compositor não parece seguir nenhuma lei conhecida de desenvolvimento psicológico ou lógico, é difícil aceitar o princípio de amostragem estatística recomendado por Weinstock. Qual seria o critério para definir uma obra como "representativa", quando até dentro do mesmo gênero – seja sinfonia, choro, quarteto de cordas, peça para piano ou canção – ocorrem oscilações de um extremo a outro?

Na visão de Juan Orrego-Salas, o problema não é quantidade, mas qualidade.[262] Weinstock também nota esse aspecto ao dizer que a desigualdade da produção de Villa-Lobos só se compara à de Sibelius, na música do século XX.[263] Orrego-Salas vê essa desigualdade como resultado direto da maneira de compor de Villa-Lobos:

> É curioso observar que entre os numerosos exemplos na obra de Villa-Lobos, os quais são baseados em improvisação momentânea ao invés de deliberação intelectual, há algumas obras – em número maior do que se poderia esperar – de qualidade irrefutável, totalmente convincentes e bem-sucedidas. Isso nos leva a concluir que o processo criativo desse compositor é como um organismo vivo que se move livremente em todas as direções, impelindo-o às soluções mais encantadoras bem como aos mais profundos abismos de inadequação e banalidade artística.[264]

Desse modo, pode-se pensar que o estudioso de Villa-Lobos deva se concentrar exclusivamente nas obras de "maior qualidade", deixando as "banalidades" fora da investigação. Mesmo esse procedimento tem seus perigos, pois desperta imediatamente a questão:

CAPÍTULO IV – OS *CHOROS*: UMA NOVA FORMA...

sob que critério o pesquisador baseia essa seleção? Especialmente quando Villa-Lobos é examinado no contexto latino-americano, e não apenas do ponto de vista da estética musical europeia, fica complexo distinguir com clareza o que seria considerado qualidade "alta" ou "baixa".

Como exemplo extremo desse tipo de abordagem etnocêntrica e anti-hermenêutica, podemos considerar a interpretação que o musicólogo alemão Giselher Schubert faz de Villa-Lobos.[265] Ele examina o compositor especialmente em relação ao pano de fundo musical e estético do início do século XX, assumindo que esse pano de fundo seja primordialmente a música politicamente comprometida de Eisler, a *Gebrauchsmusik*,[266] de Hindemith, e à música "transcendental" (termo de Adorno) de Schoenberg.

> Os choros de Villa-Lobos, por sua vez, quebram o contexto tradicional da ordem musical, sem constituir sua própria ordem (como no caso dos compositores acima mencionados); os temas dessas obras, a indiferença da orquestração, a concepção informal da forma, a incoerência tendenciosa em todos os eventos musicais como um tipo de negação do contexto musical tradicional (o qual, para deixar claro, é experimentado aqui como uma nova qualidade estética) são refletidos nessas obras como um gesto autoevidente, como uma maneira concreta e indiferente de fazer música que engloba toda heterogeneidade.[267]

A partir disso, Schubert chega à conclusão de que, do ponto de vista da tradição europeia, essa nova qualidade estética só pode ser compreendida negativamente, pois sua musicalidade "autêntica" é, sem dúvida, inferior esteticamente, heterogênea, trivial e simples, até mesmo agradável, na visão do "contexto musical" europeu (*musikalischer Zusammenhang*). Embora o autor condene o eurocentrismo de sua posição, desse ponto em diante, sua interpretação só pode ser vista à luz do etnocentrismo. É óbvio que

Villa-Lobos não pode ser examinado de acordo com um contexto musical válido para Arnold Schoenberg ou Paul Hindemith. Embora esteja conectado ao paradigma musical europeu do início do século XX, Villa-Lobos pertence mais especificamente ao contexto sul-americano, mesmo considerando sua excepcionalidade dentro dessas fronteiras. Nesse sentido, precisamos ouvir novamente a voz de seu compatriota, Andrade Muricy:

> é a própria extraordinária liberdade imaginativa (...) que impede qualquer notícia *por cima* a respeito dessas obras intemperantes, dum caótico aparente, que provém duma capacidade rara de improvisação, (...) e supera, muita vez, a estruturação lógica.[268]

Outro modo de esclarecer o enigma da prolificidade de Villa-Lobos seria desconstruí-lo, provar que sua criatividade era absolutamente normal, que a imensidão de sua produção não passa de um truque baseado no uso repetido de materiais de obras anteriores e que muitas obras, supostamente novas, foram geradas pelo hábito de meramente alterar a instrumentação. Essa metodologia, posta em prática por Lisa Peppercorn, merece consideração especial,[269] já que ela é autora da primeira biografia mais abrangente de Villa-Lobos (aqui eu desconsidero as numerosas obras de menor porte, que romantizam e mitificam o personagem, publicadas em português no Brasil). Em que pese esse pioneirismo, seu livro revela o desejo de tornar racional um fenômeno que talvez seja simplesmente irracional, de acordo com a lógica europeia.

Em geral, a atitude de Peppercorn para com seu objeto de estudo pode ser considerada reducionista, já que, com seu louvável zelo crítico, ela quer explicar por fatores externos questões que nascem de fato das qualidades internas do compositor, de sua fisionomia-de-compositor em sentido real (o termo "fisionomia" talvez seja melhor, no caso de Villa-Lobos, do que "psicologia"). Assim, Peppercorn pensa que Villa-Lobos, especialmente em sua

CAPÍTULO IV - OS *CHOROS*: UMA NOVA FORMA...

fase final, tornou-se apenas um esperto plagiador de si mesmo.[270] Entretanto, sua produção dos anos 1950 claramente demonstra que ele não só teve um "estilo tardio", mas que esse período é diferente dos anteriores.

Por outro lado, Peppercorn vê Villa-Lobos como um tipo de artista movido "de fora para dentro", a partir de "impulsos externos", alterando deliberadamente o conteúdo programático de suas obras (por exemplo, o poema sinfônico *Myremis* do período inicial, originariamente relacionado com a mitologia clássica, foi rebatizado *Amazonas*, quando o primitivismo indígena virou moda no Brasil). Ela lembra que Villa-Lobos passou a utilizar indicações de *performance*, textos e títulos em idioma francês, de modo a ser aceito pelos círculos de patronos brasileiros que tinham apreço pelas coisas da França.[271] Nem mesmo a evidente influência russa em sua música, analisada por Peppercorn, diminui a originalidade de Villa-Lobos como compositor (apesar dos claros paralelos com Prokofiev e Shostakovich, entre outros, Peppercorn enfatiza os reflexos de Tchaikovsky e da escola russa dos "Cinco" sobre o brasileiro).[272] Além disso, Peppercorn afirma que apenas o "folclorismo" de Villa-Lobos, distintamente brasileiro, funciona como algo original e esteticamente convincente. Essa visão exclui novamente grande parcela de música universal e absoluta na obra villalobiana e faz com que o "Villa-Lobos folclorista", mesmo em obras "universais", supere o "Villa-Lobos construtivista". Como o compositor raramente usou citações diretas de música folclórica, é interessante estudar sua brasilidade não apenas no âmbito dos motivos, que Mário de Andrade, em seu famoso *Ensaio sobre a música brasileira*, considerava serem mosaicos de elementos melódicos brasileiros,[273] mas também em termos de concepção formal em larga-escala.

Um dos poucos aspectos em que os pesquisadores villalobianos parecem concordar é que a série de *Choros* seja o ápice de sua produção musical. O próprio título dessa série desperta o interesse por sua novidade, uma vez que, como diz Ademar Nóbrega, "as obras musicais de autores brasileiros, até a década de vinte, se chamavam canções, valsas, schottisches, polcas, prelúdios, suítes, sinfonias etc.".[274] Pode-se presumir que os *Choros* representem alguma nova forma estética e técnica como composição. Se queremos determinar qual inovação Vila lobos trouxe para a música do século XX, no tocante à forma musical, a série de *Choros* é talvez a mais significante de toda a sua produção. O próprio Villa-Lobos empreendeu essa tarefa musicológica no prefácio do *Choros n° 3*, quando define seus *Choros* da seguinte maneira:

> *Choros* é uma nova forma de composição musical, em que se acham sintetizadas várias modalidades da música indígena brasileira primitiva, civilizada ou popular, tendo como principais elementos o ritmo e qualquer melodia típica popularizada, que aparece de quando em quando, incidentalmente. Os processos harmônicos e contrapontísticos são quase uma estilização do próprio original.[275]

A questão é: os *Choros* são realmente *une nouvelle forme de la composition?*[276] Peppercorn diz que não.[277] Em sua visão, Villa-Lobos apenas inventou o nome de modo a parecer original nos círculos musicais europeus dos anos 1920, ou seja, como um compositor tão brasileiro quanto possível. É fato que ele também compôs numerosas obras semelhantes, mas por alguma razão não as chamou de choros. Em todo caso, permanece a questão se Villa-Lobos aplicou alguma nova técnica composicional nas obras do período mencionado acima, não só nos *Choros*, mas possivelmente também em outras composições. Apenas a análise criteriosa fornecerá a resposta.

Primeiro, precisamos lembrar que, cronologicamente, os *Choros* não são suas primeiras grandes obras, pois ele já tinha considerável experiência no manejo de todos os conjuntos instrumentais empregados nos *Choros*. O *Choros n° 1* é uma peça curta para o violão, do tipo que Villa-Lobos compôs em grande

CAPÍTULO IV – OS *CHOROS*: UMA NOVA FORMA...

número no início de sua carreira – assim como peças para piano como o *Choros nº 5*. Deve-se lembrar que tanto as suítes *Prole do Bebê* e *Rudepoema* – deixando de lado algumas peças menores caracteristicamente brasileiras como a *Lenda do Caboclo* – existiam antes de *Alma brasileira* (também conhecida como *Choros nº 5*). O mesmo ocorre com relação ao tratamento dos conjuntos de sopros – que aparecem nos *Choros nº 2, 3* (com coro masculino), *4* e *7* –, pois ele já havia adquirido experiência com a criação do *Sexteto Místico*, do *Quarteto Simbólico* e do *Noneto*.

No que se refere aos efeitos orquestrais impressionistas e vanguardistas, ele já os havia aprendido quando compôs *Uirapuru* e *Amazonas*, dois poemas sinfônicos ou balés que parecem ter sido preparação para os *Choros nº 6, 8, 10, 11* e *12*. O *Noneto* pode ser considerado um exercício para o *Choros nº 10*, enquanto a combinação de piano e orquestra já havia sido testada na suíte "geográfica" em homenagem à Espanha, Itália e Brasil.[278]

Não obstante, há certo hiato qualitativo entre as obras mais antigas de Villa-Lobos e o período dos *Choros*. Apenas nos *Choros* o temperamento primitivista e fauvista de Villa-Lobos floresce em conjunto com outras nuances de sua sensibilidade brasileira.

Entretanto, é aconselhável olhar para o choro original, um gênero de expressão popular urbana do Brasil. O dicionário de Luís Câmara Cascudo considera a palavra "choro" como um termo genérico, com muitos significados distintos.[279] Ela pode significar um conjunto instrumental consistindo usualmente de flauta, oficleide, clarinete, pistão e trombone, assim como de bandolim, violão e cavaquinho, um dos quais geralmente atua como solista. Em um sentido mais amplo, "choro" também significa a música tocada por esses conjuntos. Em terceiro lugar, "choro" é, de acordo com Cascudo, o nome dado a "certos bailaricos populares, também conhecidos como *assustados* ou *arrasta-pés*". O último exemplo dado por Cascudo parece considerar a origem da palavra em si mesma, que significa uma forma de canção com dança conhecida como "xolo". Esse termo teria gradualmente se misturado com a parônima portuguesa "xoro" e passou a ser escrito "choro".

Os *Choros* de Villa-Lobos não têm nada a ver com a etimologia da palavra, mas se referem aos músicos de rua do Rio de Janeiro, que criaram sua própria tradição nessa cidade a partir de meados do século XIX. "Antigamente era comum ouvi-lo pelas noites afora, passeando pelas ruas, em intermináveis serenatas", diz Cascudo em seu livro de 1972.[280] Quanto à música do choro, observa que ela não incluía o canto, e suas modulações eram bem peculiares. Uma descrição mais precisa do conteúdo do choro é dada por Luiz Heitor Correa de Azevedo, para quem "choro" significa uma certa maneira de tocar uma figura melódica.[281] O mais conhecido dos grupos de choro no Rio foi fundado por Joaquim Antônio da Silva Callado (1848-1880), cujo conjunto sempre reservava a parte solista aos instrumentos de sopro. Esses solos consistem em variações virtuosísticas, caprichosas construções tonais e modulações inesperadas. O grupo de Callado era absolutamente o mais considerado na cidade e, desse modo, dominava todo o gênero musical com sua "diabólica execução", de acordo com Azevedo, evidentemente se referindo ao seu virtuosismo técnico à flauta. O choro, portanto, é música essencialmente instrumental.

Villa-Lobos era familiarizado com os grupos de choro do Rio, os quais, em certo sentido, foram sua experiência estética fundamental com a música. Se ampliarmos a definição de choro, considerando como uma certa maneira de tocar e, em sentido ainda mais genérico, como uma certa forma de abordar o fenômeno musical, pode-se dizer que Villa-Lobos manteve-se fiel a esse ponto de partida em seus próprios *Choros*.

Dessa forma, ele seguiu, em sua própria prática musical, aquilo que Alejo Carpentier observa em geral na música da América do Sul, onde a característica essencial, específica, pode ser encontrada nas *maneiras* de cantar, tocar instrumentos, manusear instrumentos de percussão, vozes de acompanhamento:

> os estilos na música latino-americana são acima de tudo baseados em entonações específicas, acentos, viradas, lirismo – em outras palavras, fatores internos –, os quais importam muito mais que os materiais melódicos.[282]

Desse modo, Villa-Lobos "universaliza" seus *Choros* como um símbolo de toda a América Latina.

Em seguida, a estrutura musical dos *Choros* de Villa-Lobos será examinada em detalhe. Serão incluídos todos os choros que possuam partitura ou gravação disponível. A propósito, o *Choros nº 9* está faltando, assim como os *nº 13* e *14*, ao que se sabe, perdidos.[283] A descrição da música em si será bem detalhada em alguns pontos, o que pode ser justificado pelo fato de que apenas uns poucos desses choros estejam presentes com maior frequência no repertório, sendo, portanto, mais familiares aos leitores. Ainda assim, as análises não seguirão um esquema sistemático (exceto nos casos dos choros mais extensos, em que o delineamento estrutural de seu conteúdo temático principal será apresentado por seções). As referências à partitura são feitas de modo que o primeiro número indica a numeração de ensaio, e o número após a pontuação aponta o compasso, contado a partir daquela numeração (por exemplo, "nº 20:5" significa o quinto compasso após o número 20 da partitura).[284]

Choros nº 1

(violão; 1920/1928; ed. Arthur Napoleão)[285]

Essa breve peça para violão solo abre a série de choros em autêntico espírito de "música popular". É um exemplo do choro brasileiro original, talvez em maior grau que nos demais choros villalobianos, cujas estilizações de longo alcance não estão presentes nessa miniatura.

A obra é construída como uma forma rondó simples, em que a tonalidade das diferentes seções é indicada:

A	B	A	C	A
Mi menor	Dó maior	Mi menor	Mi maior	Mi menor

A obra apresenta o esquema modulatório V/V-V$_7$-I, como uma sequência infinita, recurso generalizado posteriormente nas *Bachianas*:[286]

```
Compasso:   5        6     7     8     9      10     11     12     13
acorde:   F♯ - B    E₉    A₇   A₉   D₁₃    G₉    C₁₃    F₉    B♭₁₃
Si:       V - I
          Mi: V      I
              Ré:    V           I
                     Sol:  V            I
                           Dó:   V             I
                                 Fá:    V             I
                                        Si♭:   V             I
```

Ritmicamente, a peça é baseada em uma figuração com *gingado*, cuja suavidade rítmica é frequentemente encontrada nos tangos de Ernesto Nazareth (ex. 23):

Exemplo 23. Villa-Lobos: *Choros nº 1*, c. 1-13, ed. Arthur Napoleão.

CAPÍTULO IV - OS *CHOROS*: UMA NOVA FORMA...

Uma notável característica estilística é o rubato rítmico no arpejo de segunda-inversão do acorde de tônica em Mi menor, servindo como uma anacruse. As fermatas podem ser enfatizadas na *performance*, pois a estética de Villa-Lobos permite acentuar tudo, até mesmo a nostalgia. Turíbio Santos, entretanto, adverte os intérpretes dessa peça com relação às liberdades e maneirismos, para os quais o violonista pode facilmente se deixar conduzir, já que, na música de Villa-Lobos, não só os dedos, mas todo o corpo, estão conectados ao instrumento.[287] A sensualidade e brejeirice dessa música pode sugerir *rubatos* inapropriados e caracterização exageradamente violenta do ambiente rústico do choro. A peça foi escrita idiomaticamente para o violão, começando com a sequência de modulações mencionada acima, desdobrando-se em quartas ascendentes, que soam muito bem nesse instrumento.

Choros n° 2

(flauta e clarinete; 1924/1925; Max Eschig)

Em seu ensaio sobre a música de câmara para sopros de Villa-Lobos, John Druesdow afirma que o compositor sabia muito bem como usar o folclore nas obras que ele chamou "choros" ou "bachianas" e, por outro lado, sabia o que títulos abstratos como "duo" ou "trio" exigiam dele.[288] É nas obras para grupo de câmara que se percebe quão rapidamente Villa-Lobos foi capaz de assimilar a estética e espírito musical predominantes na Europa dos anos 1920, que era "um tanto austera, mas continha ao mesmo tempo uma leve mistura de sátira ácida e nostalgia suave"[289] – o mesmo espírito manifesto em Milhaud, Poulenc, Stravinsky, Satie e Hindemith. Formas particularmente concisas, peças curtas para conjuntos pequenos estavam em voga; em outras palavras, algo como um grafismo musical, que esse choro tão bem representa.

Nos choros em pequena escala, manifesta-se um aspecto característico de Villa-Lobos, a ausência de desenvolvimento.

Não se encontra em lugar algum a derivação de um tema ou motivos a partir de uma célula simples. Embora em algumas obras Villa-Lobos se aproxime de um tipo de "técnica germinal", como em *Rudepoema* ou no *Choros nº 10*, a característica prevalente na maioria dos choros é "a unidade da repetição, ao invés da unidade mais abstrata do desenvolvimento de variação".[290] Apesar de, às vezes, Villa-Lobos ser irritantemente verborrágico, eloquente e bombástico, ocasionalmente ele se contenta com uma expressão mais concisa, como um aforismo. É muito típico dele apresentar ideias musicais como uma série de *flashes* luminosos em que a atmosfera pode subitamente mudar para sua antítese.

Villa-Lobos tem certo parentesco inegável com o consideravelmente mais radical Edgard Varèse; não se pode descartar influência direta, já que eles conviveram durante seus anos em Paris na década de 1920.[291] Assim como é difícil analisar as obras de Varèse em quaisquer segmentos articulados, também é problemático demonstrar em Villa-Lobos como as diferentes frases e seções estão relacionadas entre si. Apesar de muitos choros basicamente envolverem uma forma ternária ou binária comum, o modo como as ideias musicais emergem, fluem e se misturam umas nas outras tem sua lógica combinatória peculiar.

Excepcionalmente, há muitas indicações de *performance* no *Choros nº 2*; todas as diretrizes necessárias para a interpretação parecem estar na partitura. A forma da obra pode ser dividida em cinco seções: (1) compassos 1-9, caracterizados por claros acentos nos c. 3-5, mudando para a acentuação métrica "normal"; (2) c. 10-13, contendo ritmos à maneira de marcha; (3) c. 14-23, nos quais a flauta atua principalmente como solista, e a clarineta faz alguns comentários que parecem reminiscências vagas dos compassos iniciais do *Prélude à l'après-midi d'um faune*, de Debussy; (4) c. 24-50, constituindo a seção mais extensa da obra; e (5) c. 52-54, formando uma espécie de coda.

CAPÍTULO IV – OS *CHOROS*: UMA NOVA FORMA...

Até que ponto tal tipo de segmentação é relevante? Com relação à forma geral, é certo que "após três segmentos de natureza mais ou menos improvisatória, é introduzido um segmento longo, um ostinato melódico-rítmico unificado e uma melodia em estilo popular".[292] Do mesmo modo, pode-se ver nessa obra uma ideia similar à do *Choros nº 10*, em escala gigantesca: motivos mais ou menos claros são apresentados de maneira fragmentária, enquanto apenas no final os vários parâmetros da obra se integram, alcançando uma certa "lógica" cuja direção é muitas vezes sugerida convincentemente – pode-se dizer o mesmo do *Noneto*.

Essa mesma arquitetura geral é aparente também no *Choros nº 2*, embora em escala modesta. A sonoridade dessa obra é primordialmente dissonante, talvez devido às numerosas seções bitonais.

1ª seção: 0-1. Com tempo *pouco movido*, flauta e clarinete vão do registro agudo para o grave, ambos com figuração de semicolcheias em *staccato*, a flauta por quartas, e o clarinete por grupamentos cromáticos de quatro sons. As harmonias formadas pelos instrumentos são austeras quartas ou segundas maiores e menores, enquanto o tom é Mi menor. Na partitura nº 1:2, o clarinete apresenta um breve motivo usado na seção seguinte como acompanhamento. Aí é antecipado que algum tipo de elaboração motívica será encontrado na obra. No final da seção, a flauta toca uma figura arpejada de modo tipicamente villalobiano. Ao mesmo tempo, o clarinete prepara o motivo sincopado ascendente de quinta, que forma o motivo principal da flauta na seção seguinte.

2ª seção: 2-3. No mesmo movimento *muito rythmado*, essa seção poderia ser dividida em várias seções menores, pois contém abundância de elementos variados. Os primeiros quatro compassos são um tipo de marcha grotesca à la Prokofiev ou Stravinsky: o motivo de quinta da flauta bem poderia ser um motivo indígena – ao invés disso, a figuração de acompanhamento em colcheias no clarinete, às vezes ornamentada com síncopas, semicolcheias e apojaturas (ex. 24), é mais interessante no aspecto temático; primeiro, pode-se ver uma variante do motivo principal do *Choros nº 10*, com dois motivos consecutivos cromaticamente descendentes, um deles pouco mais agudo que o outro. Esses dois temas são unidos por um motivo já antecipado na partitura (em 1:2) e, a partir de então, são ouvidos de maneira diferente. A similaridade motívica com o *Choros nº 10* é habilmente escondida. O tema da flauta está principalmente em Láb maior, enquanto o clarinete se move principalmente em Fá♯ menor: a combinação é consequentemente bitonal. No nº 3, a flauta apresenta figuras improvisadas, com saltos por intervalos extensos e atemáticos. As três colcheias lacônicas do clarinete, Sol-Fá♯-Fá natural, são remanescentes da figura de acompanhamento precedente, que desaparece por meio de fragmentação. A flauta traz de volta o motivo descendente de quarta, presente no início da peça (ligeiramente transformado ritmicamente). Sua contraparte no clarinete, uma combinação de dois motivos cromáticos, é ainda mais próxima do motivo principal do *Choros nº 10*.

Exemplo 24. Villa-Lobos: *Choros nº 2*, c. 10-11, Max Eschig.

3ª seção: 4-8. O retorno do motivo de quarta na flauta significa que toda a primeira metade pode ser vista como um "movimento" dentro da peça. Agora começa o segundo movimento que, por sua natureza rítmica, harmônica e melódica, é consideravelmente mais unificado. De início, ouve-se novamente no clarinete os três sons descendentes em fortíssimo, bastante acentuados: Sol – Fá# – Fá♮. Depois disso, o clarinete insere uma figura suingada de ostinato, baseada em dois acordes arpejados no I e V⁷ de Lá maior (ex. 25).

Exemplo 25. Villa-Lobos: *Choros nº 2*, c. 24-25, Max Eschig.

A atmosfera é um tanto pastoral, rústica, reminiscente dos folguedos de um músico de aldeia. O efeito é comparável à aparição de um *Ländler* em uma obra do romantismo tardio, semiatonal. O impacto é surpreendente psicologicamente: após a sonoridade modernista do início, dissonante, sofisticada e momentaneamente atemática, volta-se inesperadamente para uma expressão mais ingênua, em atmosfera completamente distinta. Não é à toa que John Druesdow observou, no ensaio mencionado acima, que em um único movimento a música de Villa-Lobos pode conter elementos estilísticos altamente heterogêneos, grande número de "compartimentos" estéticos variados,[293] destacando quaisquer deles de acordo com seu desejo. Contra essa figura quadrada de acompanhamento, ouve-se uma melodia *cantábile* em tercinas de semínimas, em Dó maior (ex. 26).

Isso serve mais uma vez como um exemplo desse paradigma na obra de Villa-Lobos, na qual é amplamente presente; pode-se até mesmo questionar se há uma única obra em que essa ideia melódico-rítmica não seja usada, nesse caso, combinada com bitonalidade.

Exemplo 26. Villa-Lobos: *Choros n° 2*, c. 31-32, Max Eschig.

No *n° 6*, os papéis se invertem: a figura de acompanhamento passa para a flauta e o clarinete, em troca, muda para o registro agudo para iniciar a recapitulação do tema em tercinas, com uma sétima rebaixada em Dó maior – referência típica à música popular brasileira. Outro recurso interessante na primeira ocorrência do tema em tercinas na flauta é que cada nota recebeu uma apojatura mais grave, por um intervalo de décima. Essa é outra alusão a uma técnica originária dos músicos de choro. Luiz Heitor Corrêa de Azevedo diz o seguinte sobre o afamado chorão, Joaquim Antônio da Silva Callado (1848-1880):

> (...) era filho de um músico modesto, (...) adquiriu incomparável virtuosidade no manejo da flauta. Sua execução nesse instrumento, tinha estilo próprio, pois valendo-se de sua incrível agilidade, Callado fazia ouvir a melodia em rapidíssimos saltos oitavados, que davam a impressão de haver duas flautas tocando.[294]

É justamente esse tipo de efeito que ocorre nessa passagem do *Choros n° 2*. Villa-Lobos assim imita fielmente o estilo de um dos mais conhecidos chorões. Nesse caso, os saltos de décima criam a ilusão de um terceiro instrumento, expandindo as possibilidades de expressão. O fato de que Villa-Lobos estava pronto para experimentar novas técnicas; tanto no campo orquestral como em obras de música de câmara ou solo, pode ser apreciado no contexto da prática instrumental dos músicos populares. Esse talvez seja o pano de fundo que separa Villa-Lobos dos demais experimentalistas na vanguarda de seu tempo. Em todo caso, os experimentos de Villa-Lobos partem da física natural do instrumento e por isso não contradizem seu "espírito". Sua concepção de música era "biológica", se podemos usar tal termo, e ele se manteve nos limites dessa "música", mesmo em seus experimentos mais fantásticos. Um aspecto natural do fazer musical sempre perdura em Villa-Lobos – por exemplo, ele não participou do culto às máquinas e do ruidismo característicos de seu tempo, mas interpretou até mesmo essas ideias – por exemplo a descrição de uma locomotiva na *Bachianas nº 2* – em sua maneira "antropomórfica".

Do ponto de vista estético, essa seção é reminiscente das cenas rústicas no *Petrushka*, de Stravinsky: ambos têm em comum um toque de nostalgia urbana em relação ao pastoral, seja no mercado de uma aldeia russa, seja nas serenatas noturnas pelas vielas da idílica Rio de Janeiro da virada do século. Parece apropriado recordar o que Renato Almeida diz sobre a maneira de tocar de Callado:

> Era um prazer ouvi-lo, em suas melodias ardentes ou lânguidas, nesse misto de melancolia e espevitado tão carioca, nos ritmos vibrantes e sincopados, nas caprichosas modulações. A sua escrita era sempre difícil, com certo preciosismo, através da qual a inspiração se resolvia nesse *pathos* sentimental, em que vivacidade e nostalgia, alegria e ternura, ingenuidade e volúpia, tudo isso se junta (...). Há nas músicas de Callado uma sensibilidade nitidamente nossa (...).[295]

Choros nº 3

(clarinete, saxofone alto, fagote, 3 trompas, trombone e coro misto; 1923/1927; Max Eschig)

A essência desses choros pode ser mais bem definida se afirmarmos que se trata da obra mais claramente indianista de

Villa-Lobos. Se no *Choros nº 10* apenas os sons onomatopaicos do coro final parecem ser uma referência a uma suposta linguagem indígena, nessa obra, há muitos pontos explícitos de contato: o tema "Nozani-ná" em si é um arranjo para coro misto e conjunto de sopros que parece ter sido pensado como imitação correspondente aos instrumentos de sopro dos índios brasileiros.[296] A questão fundamental permanece: o que pode ser considerado, nessa obra, uma reconstrução "genuína" da música indígena e o que é meramente produto da fantasia de Villa-Lobos? Considerando que o indianismo é um tema lítero-musical frequente na cultura brasileira, deve-se também perguntar que tipo de variante desse tema o *Choros nº 3* representa. Hoje em dia dificilmente seria associado à visão de mundo idealizada por José de Alencar,[297] mas sim ao tipo surrealista de indígena "malandro", segundo o *Macunaíma*, de Mário de Andrade.[298] Entretanto, essa obra não pode ser considerada como representação realista do indígena.

A imagem tonal da obra não pode ser comparada com qualquer outra no panorama musical dos anos 1920: um coro masculino em quatro partes (dois tenores, barítono e baixo) e um septeto de sopros, os quais atuam tão independentemente que a obra pode ser apresentada em versão *a cappella* ou como um septeto instrumental, segundo as indicações do compositor. O timbre é atribuível à música indígena brasileira, na qual estão presentes tanto o canto coletivo como os conjuntos de sopros. Além disso, deve-se lembrar que o tema principal é uma citação direta da coletânea *Rondonia*, organizada pelo antropólogo Roquette-Pinto[299] – é uma canção dos índios Paresi e inspiração também para outro compositor brasileiro, Oscar Lorenzo Fernandez, que a empregou em seu balé *Imbapara* (1928). Tudo o mais é produto da imaginação de Villa-Lobos, o que, naturalmente, de modo algum, reduz o valor da obra.

O tema "Nozani-ná" ocorre duas vezes no *Imbapara*, de Fernandez, e em ambos os casos, talvez inspirado pelo *Choros*, de Villa-Lobos, em movimento paralelo de quartas e quintas (em outros pontos de seu poema sinfônico, Fernandez utiliza outros temas indígenas de *Rondonia*, os quais Villa-Lobos empregou na série *Descobrimento do Brasil* e em canções solo); além disso, no exemplo seguinte (ex. 27), o tema foi adaptado para os metais, do mesmo modo observado em Villa-Lobos:

Exemplo 27. Fernandez: *Imbapara*. Arquivos da Biblioteca Nacional, Rio de Janeiro.

1ª seção: 0-3. O *Choros* começa com o tema em cânone – sem preservar estritamente todos os intervalos do tema. Perto do final do cânone, o tema é ornamentado por uma figuração rápida de colcheias. Cânones como esse obviamente não são encontrados na música indígena original, apesar de haver polifonia nesse contexto.

Exemplo 28. Villa-Lobos: *Choros nº 3*, c. 1-12, Max Eschig.

Apesar disso, os elementos tonais não são estranhos à música indígena, que, segundo Helza Camêu, emprega melodias baseadas

CAPÍTULO IV - OS *CHOROS*: UMA NOVA FORMA...

em tríades arpejadas, acordes de sétima diminuta etc.[300] A polifonia musical dos índios brasileiros limita-se aos seguintes casos: a alternância de duas vozes, como num diálogo, e a imitação de outra voz, por exemplo, na canção coral dos Urubus, em que as vozes masculinas cantam em uníssono, e a imitação ocorrente nas vozes femininas, não em oitava, mas uma quarta mais alta (e até mesmo alterando ligeiramente a terça, de modo que a melodia muda de Lá maior para Lá menor).[301] Desse modo, um cânone inteiramente tonal tão desenvolvido – em Mi♭ maior – como no *Choros nº 3*, não é encontrado na música indígena real. Embora possamos falar em elementos "harmônicos" na música indígena (que não se deve apenas à influência estrangeira, o que já havia sido percebido pelos primeiros comentaristas do período colonial, vivendo entre tribos sem contato prévio com os brancos), esses são baseados principalmente nas seguintes técnicas rudimentares: seja o som sustentado que serve como um tipo de pedal sobre o qual a linha melódica da canção "repousa", ou as melodias são realizadas em quintas paralelas, quase à maneira do *organum* europeu do século IX até cerca de 1200. Harmonias dissonantes nesse tipo de polifonia se devem à independência das vozes.

2ª seção: 3. Aqui, Villa-Lobos introduz um novo elemento: como um contrassujeito ao tema "Nozani-ná", no cânone do primeiro tenor e clarinete, surge uma melodia descendente, a princípio sincopada com uma tercina, o que talvez seja mais tipicamente africano do que indígena, com seu longo som inicial e figura melódica descendente; entretanto, a segunda metade é mais do tipo indígena – sua sincopação de duração média não é necessariamente uma característica africana, pois esse tipo de síncopa também é usado pelos índios – a repetição do Sol bemol é do mesmo modo uma característica primitivista (ex. 29):

Exemplo 29. Villa-Lobos: *Choros nº 3*, partitura nº
3:1-8 [c. 17-24], Max Eschig.

3ª seção: 4. O Si bemol sustentado como um pedal no primeiro tenor e clarinete: em oposição, ouvem-se sussurros ou assovios com o glissando em "zzzizzz" pelas outras vozes do coro, terminando com figurações que lembram o perfil melódico da transição na seção B do *Choros nº 10*.

4ª seção: 5. É comum, em muitos choros, a referência feita aos pássaros das florestas tropicais brasileiras. Essa seção realiza assim a referência presente no subtítulo ao pássaro pica-pau. Trata-se de uma das mais originais e bem-sucedidas ideias de Villa-Lobos, já que o trecho pode remeter tanto à música indígena como a um suposto conjunto de flautas pré-histórico, sendo tocado desajeitadamente, como se estivesse "fora de fase" (pude ouvir esse tipo de música no Brasil, registrada por Anthony Seeger). Em seu tempo, nos anos 1920, essa seção deve ter soado como um experimento muito moderno em relação ao timbre e ao ritmo, mesclados com certo humor levemente irônico, exotismo e proximidade com sincopação semelhante vista na música europeia (cf. *Little Negro Boy*, de Debussy). Harmonicamente, a seção "pica-pau", com barítono, baixo, fagote, trompas e trombone pode ser ouvida de passagem como bitonalidade, formada pela superposição de acordes de sexta acrescentada de Mi bemol menor e Si bemol menor (ex. 30).

Essa seção também se relaciona com a concepção sonora dos anos 1920, abandonando o tratamento habitual dado aos

CAPÍTULO IV – OS *CHOROS*: UMA NOVA FORMA...

instrumentos, que passam a ser colocados em registros incomuns, com emprego de técnicas estendidas, de modo a criar efeitos estranhos ou irônicos. O que se costuma dizer sobre a orquestração de Stravinsky, em sua fase intermediária, vale parcialmente também para Villa-Lobos: ele privilegiava o timbre áspero dos metais, escrevendo motivos angulares e grotescos para esses instrumentos.

> Essa concepção do instrumento (trombone) contraria completamente sua função tradicional na orquestra romântica, podendo ser considerado uma reação típica dos anos 1920 contra a maioria dos princípios de prática orquestral do século XIX. Esse tipo de perversão instrumental – no qual se atribuem passagens típicas de cordas ou sopros para os metais, as cordas são usadas percussivamente, e às madeiras é dado o destaque anteriormente atribuído ao naipe das cordas – é uma manifestação técnica comum à rebelião do século XX.[302]

Essa observação genérica, feita por Gardner Read, serve adequadamente como pano de fundo para alguns dos choros de Villa-Lobos, em particular para o *nº 3*; aqui, os metais são usados de modo percussivo, como uma espécie de ruído de fundo muito ritmado (*três rhytmé*) – em contraste com a qualidade melódica de "Nozani-ná". É obviamente fútil afirmar que Villa-Lobos imitou Stravinsky – na verdade ele criou sua própria versão de ideal sonoro, adequada à época.

5ª seção: 6-10. Contra esse fundo rítmico, uma melodia em arco, subindo e descendo como uma onda, com tercinas de mínimas e semínimas, aparece no primeiro tenor e, em sua "sombra", o clarinete (ex. 31). Esse é um dos incontáveis exemplos desse paradigma villalobiano, baseado no contraste entre uma base rítmica angular e curva melódica suave. A primeira metade da melodia é derivada tematicamente de "Nozani-ná". Perto do final, começam a surgir ornamentações descendentes, a figuração de ostinato se torna fragmentária, e a melodia conclui com suspiros cromaticamente descendentes *Eh! Eh!* (outra das referências de Villa-Lobos à música indígena).

Exemplo 30. Villa-Lobos: *Choros nº 3*, nº 5:1-3 [c. 33-35], Max Eschig.

Exemplo 31. Villa-Lobos: *Choros n° 3*, n° 6:1-3
[c. 39-41], Max Eschig.

6ª seção: 11 (mais movido). Em oposição a uma variante do ritmo do pica-pau, mas dessa vez menos dissonante e com timbre mais suave.

7ª seção: 12-15. Baixos e barítonos apresentam a melodia em cânone. Finalmente, o tema "Nozani-ná" retorna com glissandos *vuzfzfz*.

8ª seção: 16. A coda é como uma espécie de hino ao Brasil. Ela conclui literalmente com acordes cantados em tempo lento pelo coro, com as palavras "papi-pau-Brasil" – que podem ser associadas ao *Manifesto da Poesia Pau-Brasil*, do modernista paulista Oswald de Andrade (a quem, juntamente com Tarsila, esse *Choros* foi dedicado).[303] A atmosfera dessa coda é tristemente irônica, já que após uma progressão de acordes menores, a obra conclui com um glissando onomatopaico *vuzfzfz...* sobre o acorde apojatura não resolvido na tônica Mi bemol maior (ex. 32).

Exemplo 32. Villa-Lobos: *Choros nº 3*, nº 16:1-5, Max Eschig.

CAPÍTULO IV - OS *CHOROS*: UMA NOVA FORMA...

Se essa obra for comparada ao modo como Stravinsky descreve uma cerimônia nupcial primitiva em *Les Noces* – tal comparação se justificaria pelo fato de que ambas retratam um ritual ancestral e fazem uso de um grupo instrumental limitado, bem como, em ambas, o coro é empregado por toda a obra –, as diferenças, por sua vez, também são relevantes. Com relação ao gesto semântico, a estética geral prevalente na obra, pode-se dizer que Villa-Lobos não busca a solenidade cerimonial como fez Stravinsky, mas abordou o ritual indígena pelo viés da alegria tropical (a propósito, Lévi-Strauss, em suas viagens pela região do Mato Grosso, reparou nos coros masculinos indígenas, que o fizeram se lembrar dos coros alemães *Männerbund*).[304]

A forma geral do *Choros n° 3* pode ser condensada com o esquema a seguir:

		N°	Tonalidade
A	"Nozani-ná" em cânone	0-3	Mi bemol
A'	Contraparte	3	Modal/Mi bemol menor
Y	Transição (glissandos)	4	
B	Pica-pau	5	Mi♭ menor/Si♭ menor
B'	Continuação/variante de "Nozani-ná" (tenor)	6-10	
	a		Si♭ menor
	a+ (exp.)		
	a		
	a+		
	x		
B"	Variante de pica-pau	11	Mi♭ menor
	Cont./variante de "Nozani-ná" (baixo e barítono em imitação)		Lá♭ maior
	a	12	Lá♭ maior
	a		
	x (descendo cromaticamente)		
	a		
	a		
	x		
	x (descendo cromaticamente)		
A	"Nozani-ná" (como fundo; a transição Y e uma condensação do motivo B)		Lá♭ menor
C	Papi-pau Brasil (hino)		Dó menor

Assim, a composição é totalmente regular, permanecendo no âmbito de Mi bemol maior e na esfera de sua relativa menor, subdominante e dominante. É difícil dizer que a obra apresente uma *forma* musical particularmente nova, apesar do tratamento *estilisticamente* arejado dado à música indígena brasileira.

Choros nº 4

(três trompas e um trombone; 1926/1927; Max Eschig)

Villa-Lobos compôs muitas peças para grupos de sopros, especialmente após o período em que tomou contato com a vida musical parisiense nos anos 1920. O *Choros nº 4* remete ao conjunto de choro, apesar de esses instrumentos, especialmente a trompa, serem raros nas rodas de choro. Em compensação, esse tipo de música era viável na Europa dos anos 1920, precisamente por causa da estética musical francesa, cujo espírito antirromântico admirava toda música que fosse simples, até mesmo banal; todavia, essa admiração depende do refinamento que se pretende combater com essas referências. O *jazz* e a idealização do negro, em geral, devem ser compreendidos exatamente por esse ponto de vista na Europa; "simplicidade não deve ser considerada sinônimo de pobreza, nem decadência (...). A simplicidade serve como reação à sofisticação e ao mesmo tempo depende dela; ela purifica, condensa e atinge a glória".[305]

Villa-Lobos se encontrava em uma posição bastante ambígua: sua música era extremamente moderna, mas diferentemente de seus colegas europeus, ele não precisava ser diferente, uma espécie de turista musical como Milhaud com seus tangos brasileiros, Poulenc com sua música *nègre*, Krenék com o *jazz*, ou Busoni com a música indígena. Tampouco ele era forçado a renunciar a seu grito de guerra: *je suis sauvage* (sou um selvagem). Villa-Lobos correspondia plenamente ao clamor de Cocteau por uma "força vital", que para o poeta francês parecia estar sobretudo nos bares, circos e orquestras afro-americanas. Além disso, o som rude dos sopros, em especial dos metais, estava na moda – não se escrevia mais para o trombone como se ele representasse "o chamado do paraíso perdido", mas lhe atribuíam passagens percussivas ou melodias deliberadamente simplificadas. A suavidade das cordas foi banida. A série de choros não apresenta nenhuma peça escrita para orquestra de cordas.[306] Não há nada fora do convencional na estrutura formal do *Choros nº 4*. É uma obra em três partes. Se comparado ao *Octeto*, de Stravinsky, a diferença estilística é clara: em Stravinsky, todas as partes são subordinadas ao plano geral, enquanto, em Villa-Lobos, as várias partes se movem mais livremente. Tonalidade não é problema nessa obra, mas é autoevidente, os instrumentos seguem suas convenções em suas improvisações, que, apesar disso, são livres.

1ª seção: 0-1. A obra começa com acordes nas trompas (ex. 33), ascendendo cromaticamente em um movimento em zigue-zague (*saw-like*), com harmonias corais que Villa-Lobos também usou em outras peças, especialmente no *Choros nº 11*. Os acordes das trompas têm sétimas e sextas entre as partes mais graves, contra quintas justas e aumentadas nas duas partes superiores. Se fosse uma das *Bachianas Brasileiras*, esse início poderia ser interpretado como uma pequena variante da fuga em Dó sustenido menor de Bach (*Cravo Bem-Temperado*, v. 1). Mas nesse estágio ainda é difícil determinar a tonalidade. Uma frase de caráter improvisado, com um glissando, surge no trombone – sua figuração descendente, com elaboração cromática lembra ao longe o tema principal de *Syrinx*, de Debussy. Esse tipo de abertura não é raro em Villa-Lobos (cf. o início do *Noneto*). Os mesmos acordes, ligeiramente expandidos, junto com a "improvisação" do trombone, são repetidos uma terça maior acima.

CAPÍTULO IV – OS *CHOROS*: UMA NOVA FORMA...

Exemplo 33. Villa-Lobos: *Choros nº 4*, c. 1-4, Max Eschig.

2ª seção: 2. Os quatro instrumentos imitam-se uns aos outros, em Mi bemol menor, embora sem repetição literal dos mesmos elementos.

3ª seção: 3-4. A figuração de semicolcheias em *staccato* sustenta o movimento musical, inicialmente no trombone, passando, então, para a primeira trompa. Essa ideia rítmica é evidentemente semelhante com o ritmo irônico da marcha em *L'Histoire du soldat*, de Stravinsky.

4ª seção: 5-10. Um novo tema emerge (ex. 34), uma tríade arpejada com ornamentação modal. Trompa e trombone alternam com seu acompanhamento comicamente saltitante, enquanto o tema aparece em diferentes pontos, e a linha da terceira trompa muda para uma tercina cromaticamente descendente, trazendo à lembrança o tema principal do *Choros nº 10*.

Exemplo 34. Villa-Lobos: *Choros n° 4*, 5:3-6 [c. 24-27], Max Eschig.

5ª seção: 9-10. Retorno da seção "coral" inicial, dessa vez, intercalada com sua repetição, que ouvimos como uma lembrança abafada do motivo triádico desdobrado acima.

6ª seção: 11-12. Transição, em que o desenvolvimento motívico da seção anterior é completado.

7ª seção: 13-14. Pode ser considerada como uma espécie de canção de ninar; baseia-se na textura coral em quatro partes, e sua considerável regularidade contrasta com a improvisação caprichosa e imitação das seções anteriores (ex. 35). A terceira trompa e o trombone tocam *ostinatos* em semínimas ligadas; a segunda trompa recebe um tema apropriado, e sua repetição na primeira trompa, no registro agudo, resulta no timbre nebuloso dessa seção.

E quanto ao tema, em si? Trata-se de um daqueles tipos melódicos, ondulando em torno da escala menor, tão característico de Villa-Lobos, assim como de numerosos compositores do mesmo período. Naturalmente, é uma forma de primitivismo, uma formulação melódica rudimentar, quase como a mais simples expressão lírica possível. Um tipo similar de motivo aparece próximo ao final do *Rudepoema*, como um ostinato monótono, assim como em "A pobrezinha", da primeira suíte *A Prole do Bebê*.

CAPÍTULO IV - OS *CHOROS*: UMA NOVA FORMA...

Sob qualquer aspecto, a passagem é uma obra-prima sonora; em contraste com a abundância e vitalidade dos trópicos, a música é congelada até a extrema imobilidade. Talvez não se trate de uma cantiga de ninar, mas da *siesta* da tarde. Villa-Lobos gostava de inserir situações semelhantes nos adágios de seus quartetos de cordas.

Exemplo 35. Villa-Lobos: *Choros n° 4*, 13:1-5 [c. 67-71], Max Eschig.

8ª seção: 15-18. A porção final da obra cria um contraste com tudo que a precedeu. Aqui, Villa-Lobos surpreendentemente se aproxima do *jazz* e ele não se limita ao folclore brasileiro (ex. 36). Darius Milhaud fundiu influências do *jazz* com o estilo bachiano em *La Creation du monde*. A seção é baseada em um tema rítmico com entonação de dança, mas as demais partes não se contentam em acompanhá-lo com um simples ostinato; Villa-Lobos, em geral, não usa tanto a técnica de ostinato como Stravinsky em seu período intermediário, o que dá maior mobilidade à música do primeiro. Ao invés disso, as diferentes partes sopram livremente suas próprias improvisações. A tonalidade é claramente Si bemol maior, e a estrutura melódica se baseia na repetição tripla do breve motivo, para só então começar a sair da posição estática de semínimas com modulações e síncopas – entretanto, isso é quase "não brasileiro", pois soa mais cubano ou à maneira do *jazz*.

A seção toda é repetida quase que literalmente, como se o convite à dança pudesse arrebatar o ouvinte, arrastando-o para longe.

Exemplo 36. Villa-Lobos, *Choros nº 4*, 15:1-16:3 [c. 82-89], Max Eschig.

9ª *seção: 19-20*. No tempo *três animé*, ouve-se uma espécie de coda, baseada na célula em anacruse do motivo de dança anterior. Ela é imitada pelas várias partes, terminando em uma progressão de acordes que resulta na seguinte cadência (ex. 37).

O final é um tanto similar ao do *Choros nº 3*, no qual as muitas alterações cromáticas são reservadas apenas para os acordes derradeiros.

CAPÍTULO IV - OS *CHOROS*: UMA NOVA FORMA...

Exemplo 37. Villa-Lobos, *Choros nº 4*, 20:6-8 [c. 119-121], Max Eschig.

Choros nº 5, Alma brasileira

(piano; 1925/–; Max Eschig)

A série de *Choros* inclui duas obras para um número mínimo de intérpretes, ou seja, para um instrumento solo. O *Choros nº 5* é, juntamente com *A Lenda do Caboclo*, uma das mais conhecidas peças para piano de Villa-Lobos. A peça chamou a atenção em seu tempo também no Brasil, e até mesmo Mário de Andrade pondera, em seu *Ensaio*, sobre a brasilidade e autenticidade dessa obra.[307] Nela, há muitos exemplos dos recursos típicos do estilo pianístico de Villa-Lobos. Sua estrutura formal, se muito, não passa de uma forma extremamente simples em arco, A B C (B) A. A princípio, a figura de acompanhamento ouvida no início da obra mostra como Villa-Lobos escrevia o rubato dentro da própria textura. Nesse sentido, ele se aproxima de Stravinsky. O começo em Mi menor, o acompanhamento e a melodia, com o intervalo descendente de segunda menor, são cheios de melancolia e saudade. No entanto, a melodia sobe gradualmente sobre a escala menor melódica com um salto final de nona, para descer, então, novamente com os sons daquela tonalidade que haviam ficado de fora. As síncopas do acompanhamento e a melodia são habilidosamente entrelaçados em

191

assincronia. A melodia é do mesmo tipo que Villa-Lobos usa em outras obras (por exemplo, o primeiro *Prelúdio* para violão) e sua origem pode ser "ibérica", pois Albéniz usa desses temas nostálgicos do mesmo modo – como em *Cordoba*. Antes da recapitulação do tema, uma parte é acrescentada ao acompanhamento – um ostinato em semicolcheias com um cintilante motivo de terça menor –, o qual desempenha papel central em muitas obras villalobianas. Esse pequeno acréscimo torna a sincopação das partes superiores e a figuração de acompanhamento na mão esquerda ainda mais difíceis para o pianista.

Exemplo 38. Villa-Lobos: *Choros No. 5*, c. 4-5, Max Eschig

Subitamente, a tonalidade muda para a paralela maior, numa seção mais leve, tendo o motivo de terça-segunda mencionado acima como tema, na parte superior. Esse motivo já havia sido usado no *Trio nº 3* para violino, cello e piano, como uma espécie de *leitmotif* onipresente.

Exemplo 39. Villa-Lobos: *Choros nº 5*, c. 25-26, Max Eschig.

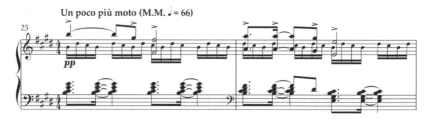

A seção conclui com um súbito arpejo descendente em Fá sustenido e três violentas explosões, *clusters* muito dissonantes que introduzem a bárbara marcha da seção seguinte. Villa-Lobos usou tais complexos de acordes cacofônicos não só em *Rudepoema*, mas também no *Choros nº 8*. Depois disso, começa um tamborilar sincopado, robusto e angular, com os acordes sucessivos de Dó maior e Fá sustenido maior. Desse modo, Villa-Lobos realizou uma combinação bitonal apreciada naquela época. Sobre esse ritmo *martellatto* e angular, surge le *chant em dehors*, um tema bem primitivista, com três sons dentro do âmbito de uma quarta (ex. 40):

Exemplo 40. Villa-Lobos: *Choros nº 5*, c. 34-38, Max Eschig.

Após um clímax exaltado, as seções que precedem a marcha são simetricamente repetidas.

O *Choros nº 5*, em certo sentido, é uma obra incomum dentro da produção villalobiana, porque seus recursos composicionais estão em completa harmonia com o conteúdo e ideia a serem transmitidos. O conflito entre imagem e realização, tão comum em Villa-Lobos, não pode ser encontrado aqui; eis porque essa é uma das mais importantes realizações da música para piano latino-americana, apesar de sua pequena dimensão. A estética dessa obra difere das anteriores, por exemplo, no choro para pequeno conjunto de sopros, já que não há ironia ou sátira suavizando a atmosfera básica, sombria e melancólica: seus elementos estéticos são um lamento, *reverie*, e uma selvagem dança primitivista que conduz a um frenesi. A obra é antirromântica, no sentido pretendido por Graça Aranha em sua palestra durante a Semana de Arte Moderna em São Paulo (cf. pp. 99-100).

Choros n° 6

(orquestra: piccolo, 2 flautas, 2 oboés, corne-inglês, clarinete, clarinete-baixo; 2 fagotes, contrafagote, 4 trompas, 3 trompetes, 4 trombones, tuba, tímpanos, tam-tam, saxofone, xilofone, sinos, pratos, bumbo, tartaruga, camisão-grande, cuíca, reco-reco, tambu, tambi, pandeiro, roncador, chocalhos, tamborim de samba, celesta, 2 harpas, cordas; 1926/1942; Max Eschig)

Cada *Choros* tem seu timbre peculiar que o distingue de outras obras da série, caso desse choro. Não se trata de um afresco monumental como os *Choros n° 11* ou *n° 12*, nem uma obra baseada em dissonâncias e efeitos fauvistas como a "Sagração da Primavera do Amazonas" (*Choros n° 8*). O que caracteriza essa obra é uma certa transparência sonora, quase "pastoral", apesar da ampliação da orquestra com instrumentos de percussão brasileiros. É uma obra lírica por natureza, a "Sinfonia Pastoral" de Villa-Lobos, coincidência posta em evidência por ser o sexto choro da série.

O início é uma das mais encantadoras invenções timbrísticas de Villa-Lobos, com um tema na flauta sobre um interessante fundo tonal sobre um longo pedal nas cordas em um acorde de nona a partir de Dó, vivamente acentuado pela apojatura de semicolcheia, com a percussão representada por xilofone, cuíca, tambi, tambu e roncador. Os sopros, com exceção da flauta, permanecem em silêncio. A limpidez tonal desse início pode sugerir analogia com o impressionismo musical de Eduardo Fabini. O tema da flauta, visto isoladamente, tem parentesco com um lundu original, conforme demonstra Adhemar Nóbrega, mas há ainda outra referência e contexto, especialmente o início da *Sagração da Primavera*, de Stravinsky. Essa última associação é reforçada na coda da introdução, onde flauta e saxofone ficam sibilando os motivos introduzidos previamente entre si, como num dueto. Apesar disso, nem a flauta solo nem o restante da introdução empreendem alguma descrição de natureza primaveril ou paisagística. Como afirma o próprio compositor:

> (...) sua atmosfera harmônica, na maior parte das vezes, possui uma espécie de ficção do ambiente sertanejo do Nordeste brasileiro. O clima, a cor, a temperatura, a luz, os pios dos pássaros, o perfume de capim melado entre as capoeiras, e todos os elementos da natureza de um sertão (...).[308]

Exemplo 41. Villa-Lobos: *Choros n° 6*, c. 1-4, Max Eschig.

Exemplo 42. Villa-Lobos: *Choros n⁰ 6*, 2:2-3 [c. 18-20], Max Eschig.

CAPÍTULO IV - OS CHOROS: UMA NOVA FORMA...

CAPÍTULO IV - OS *CHOROS*: UMA NOVA FORMA...

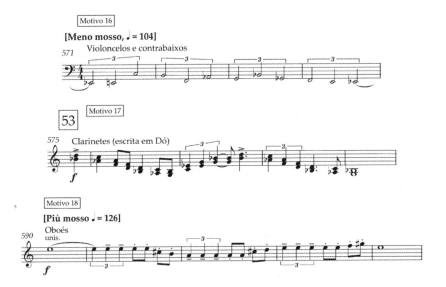

Após esse início, o curso da obra consiste em uma série rapsódica de "seções" musicais e eventos, reunindo dezoito temas ou motivos, que se distinguem uns dos outros pelas cadências e claras alterações texturais. Cada seção é completamente tonal, temperada com modalismo. As tonalidades e motivos mais importantes são distribuídos da seguinte maneira:

Seção	Nº		Motivo	Tonalidade
1	0-2	Introdução (lento)	1	Lá (eólio)
2	2:1-3	Dueto flauta e sax	1a	
3	3-15	*Allegro*	2 (2 x a)	Lá menor
			3 (6 x b)	Ré menor e Lá menor
			transição	
			2 x a	
			3 x c	
			4 (3 x d)	3 x d'
			Dó maior	Láb maiora

(O motivo desta seção consiste em um tema eólio, que pode ser derivado de música popular do Nordeste do Brasil. O motivo 3 é igualmente derivado de alguma dança).

4	15-16	*Adagio*	Láb maiora	Dó menor

("Modinha" sentimental no oboé, recapitulada melodramaticamente com os violinos em uníssono).

5	17-22	*Allegro* *Meno mosso*	6 (2 x a) 6 (a)	Dó maior
6	23-26	*Moderato*	8 (repetido em vários instrumentos)	Réb maior

(O timbre novamente chama a atenção, com óbvia influência de Tchaikovsky; repare a melodia ascendente do clarinete em Réb maior; toda a seção tem caráter escuro que contrasta com o brilho da anterior; apenas clarinete, fagote, contrafagote e trompas são incluídos: a sonoridade é escura, mas não pesada. Se pudéssemos expressar música como cores, essa seção seria marrom cacau e, se pudéssemos sentir seu perfume, seria de azeite de dendê – que tempera quase tudo na Bahia – ou do próprio cacau).

7	26-27	*Vivace*	9 (repetição)	Dó maior
8	28-33	*Valsa*	10 (4 x a)	Dó maior e Sol maior

(Uma valsa um tanto desajeitada, que remete ao folclore do interior do Brasil – tipos semelhantes também ocorrem em outros dos *Choros, n° 7* e *n° 11*).

9	34-35	Transição		
10	35-41	*Poco allegretto* *A tempo*	11 (2 x a) 12 (2 x a) (mot. 10 ao fundo)	Dó#menor

(Um exemplo de texturas pastorais rendadas, comuns em Villa-Lobos, com *pizzicato* para as cordas ou madeiras; o melhor exemplo é o acompanhamento da *Bachianas n° 5*).

CAPÍTULO IV - OS *CHOROS*: UMA NOVA FORMA...

11	41-42	Transição		
12	42-48	*Allegretto*	13	Si♭ maior
		Moderato	14	

(Um desenvolvimento estático cujo crescimento é gerado pela repetição do mesmo tema – como se este tivesse o fôlego de Sibelius mesclado com entonação de macumba, indicada pelo ritmo sincopado, circulando pelos vários instrumentos – cf. *Lenda do caboclo* ou "Canção sertaneja", de Camargo Guarnieri).

13	49	*Poco animato*
		(transição)

(O prolongamento do *cantábile* da seção anterior recebe contraste com a frase curta e percussiva, que inclui instrumentos de percussão brasileiros).

14	50-51	A tempo	15 (2 x a)	Mi♭ maior
15	52-56	*Meno mosso*	16a	Mi♭ maior
			17b; a	Mi♭ maior
			18 (2 x c/a)	Lá (maior/menor)

(Uma recordação da admiração que Villa-Lobos teve por Wagner, em sua juventude: o motivo murmurante do cello e do contrabaixo está associado com o motivo *Risenwurm*, de Fafner, assim como o motivo dos clarinetes em terças paralelas é uma "variação" do motivo do Anel. Esses motivos em terças paralelas foram usados por Villa-Lobos em sua produção mais antiga, em *Amazonas* e nos *Trios para piano e cordas*, entre outras. No ensaio 54:3, os oboés começam um motivo irônico, quase grotesco, cuja terminação em segunda aumentada revela como Villa-Lobos reunia elementos incompatíveis, de acordo com a estética europeia, mas que se ajustam à pluralística imaginação brasileira).

16	57-	*Poco moderato*		
		Transição		
		Clímax	1 (retorno)	La menor
			8 (2 x a)	Ré♭ maior
			8 (expandido)	Dó# menor
			10 (expandido e transformado)	Mi menor

(A viola solo retoma o motivo "lundu" do início; Villa-Lobos assim retorna à forma cíclica de d'Indy. O "motivo Tchaikovsky", do mesmo modo, retorna espaçado; na figuração dos violinos do final, pode-se sentir o sabor triunfante dos clímaces de Shostakovich. A obra conclui em Dó# menor, em uníssono orquestral; em outras palavras, de modo inteiramente diferente do início).

No geral, a forma do *Choros nº 6* parece ser uma série rapsódica de eventos destacados, sem unidade tonal ou motívica (como o *Choros nº 10*). Descobre-se que Villa-Lobos, em grande parte, constrói a forma a partir do timbre e da orquestração, contrastando alternâncias entre solista e *tutti*, denso e ralo, escuro e claro, texturas sensualmente adocicadas e ásperas – mudanças que correspondem ao conteúdo musical, que passa do extremamente sentimental para o irônico, do sério para o ingênuo, do sublime ao banal, do cantábile para a dança etc. Assim, a obra é dominada por um pluralismo pleno, pela riqueza de valores musicais. Talvez ousemos afirmar ser esse aspecto que assegura a brasilidade de Villa-Lobos, na medida em que aceitamos a definição de Gilberto Freire, do Brasil como um povo pluralista cuja cultura assimila todas as raças, atitudes e tipos psicológicos.[309] Não se encontra nesse choro um vanguardismo musical, no sentido do *Choros nº 8* ou mesmo do *nº 2*. Todos os seus elementos musicais – com exceção dos instrumentos de percussão brasileiros – são tradicionais no Ocidente e, talvez por essa razão, a obra não ganhou seu lugar merecido na história da música do século XX, que valoriza a reforma unidimensional da gramática musical por si mesma. A técnica composicional de Villa-Lobos é uma espécie de bricolagem, cujos elementos são encontrados na tradição clássica europeia e nas entonações folclóricas do continente sul-americano. O que torna o *Choros nº 6* interessante é sua orquestração, bem como seus parâmetros melódicos e rítmicos – diferentemente de Milhaud, de quem se pode dizer que as invenções mais fundamentais estão baseadas primordialmente nos experimentos harmônicos com a politonalidade.

CAPÍTULO IV - OS *CHOROS*: UMA NOVA FORMA...

Choros nº 7

(septeto: flauta, oboé, clarinete, saxofone alto, fagote, violino, cello e tam-tam [oculto]; 1924/1925; Max Eschig)

Esse choro se afasta das entonações musicais populares na mesma medida em que estas parecem ser quase grotescas e irônicas, independentemente do material musical ser sentimental ou bem-humorado por natureza. O clima, em geral, é permeado pela *Neue Sachlichkeit* ("nova objetividade") dos anos 1920, em que a obra não tem qualquer desenvolvimento temático lógico ou determinado pela camisa-de-força da forma sonata. Não se espera algum *Durchführung* ("desenvolvimento") dessa música, mas ao invés disso, atmosferas variantes a partir da contemplação autoengajada da música sensual ao ar livre, da dança afro-brasileira. Essas características se manifestam no discurso musical na textura fragmentária, polirritmia complexa com mudanças métricas, motivos curtos e alusivos e, às vezes, até mesmo melodias mais amplas – em geral sempre com referência ao folclore brasileiro, distanciada em diferentes maneiras e gradações. Nesse choro, em particular, são típicos os acordes paralelos, movendo-se principalmente na região mais grave dos instrumentos, que lhes dá um sabor característico da música de acordeão. Isso já é evidente desde o início, no qual Villa-Lobos novamente utiliza a melodia "Nozani-ná" dos índios Paresi (como no *Choros nº 3*), colocada no clarinete e cello em movimento paralelo de décimas (ex. 43).

A mesma sonoridade, à maneira de um órgão, reaparece no clímax (nº 20, *Grandeoso*), nas tríades descendentes em mínimas no fagote, violino e cello, cujas partes extremas formam um intervalo de décima. O efeito inclui, como um experimento sonoro, o "grande Tam-Tam oculto", com sua figura sincopada.

Também típicas são as diferentes figurações de ostinato, contra as quais breves mas sempre surpreendentes motivos são lançados pelos diversos instrumentos. Villa-Lobos usa os registros extremos dos instrumentos para criar expressões incomuns (veja, por exemplo, o glissando cromático e fantasmagórico de flauta e violino em seus registros agudos em 7:2-5), ou em alusão à técnica virtuosa de flauta como oitavas arpejadas (cf. *Choros nº 2*).

O *Choros nº 7* também contém uma valsa, ou modinha sentimental (nº 10), cuja melodia soa curiosamente distante quando tocada em Si bemol maior pelo fagote e, então, pelo cello em *pizzicato*, contra o acompanhamento dissonante em ostinato (Dó – Ré – Sol).

Exemplo 43. Villa-Lobos: *Choros nº 7*, c. 1-6, Max Eschig.

Como é comum em muitas obras villalobianas dos anos 1920, o clímax desse choro é a aceleração gradual, como uma

CAPÍTULO IV - OS *CHOROS*: UMA NOVA FORMA...

tocata, ou talvez uma seção em estilo barroco (nº 21:5-), em que o acorde de acompanhamento, baseado em quartas, assim como o *pizzicato* de violino e cello, imita o som do violão. Essa dança selvagem termina com o retorno do tema "Nozani-Ná", como requer a forma cíclica, mas o acompanhamento com décimas paralelas do início, agora, é transformado em nonas paralelas nas partes extremas, oboé e cello. Quanto à tonalidade, o *Choros nº 7* pode conter momentaneamente seções muito dissonantes (ver nº 16:5!), bem como passagens obviamente pertencentes a uma tonalidade maior ou menor, mas tais fases emergem do curso musical, como se decorrentes de uma espécie de estilo tonal livre, em que a independência das várias partes vai além da funcionalidade harmônica. Se compararmos o *Choros nº 7* com outras obras villalobianas para sopros em "forma choro", como o *Choros nº 4* ou o *Quinteto em forma de choros* (para flauta, oboé, corne-inglês, clarinete e fagote), podemos deduzir as seguintes regras "generativas": a) *introdução*: motivos discretos, sem tonalidade claramente definida; b) seção marcadamente rítmica, com síncopas acentuadas e mudanças métricas; c) seção melódica, cantante, sentimental, com alusão à modinha ou à valsa-choro; d) *solos virtuosos* para diferentes instrumentos, por exemplo, como transição entre as várias seções; e) ao final, uma seção baseada em ostinato rítmico-melódico, gradualmente acelerando e intensificando o volume até o ponto culminante da obra. Essas características podem ser consideradas não apenas para os choros escritos para sopros, mas para muitas obras compostas nos anos 1920, as quais (excetuando a melodiosa modinha) são encontradas, por exemplo, no *Noneto*, particularmente com relação ao clímax descrito acima.

Choros nº 8

(orquestra e 2 pianos: piccolo, 2 flautas, 2 oboés, corne-inglês, 4 clarinetes, clarinete-baixo, saxofone, 2 fagotes, contrafagote, 4 trompas, 4 trompetes, 3 trombones, tuba, tímpanos, tam-tam, xilofone, triângulo, bombo, pratos, tamborim de Provence, caixa, chocalhos de metal, caracaxá, reco-reco, puíta, matraca, caraxá, celesta, 2 harpas e cordas; 1925/1927; ed. Max Eschig)

Esse choro é a composição mais fauvista e moderna de Villa-Lobos no contexto dos anos 1920, mas, por alguma razão, permaneceu à sombra do *Choros nº 10*. Olin Downes e Florent Schmitt o descreveram como a obra mais irregular, violenta e tropical de Villa-Lobos.[310] Segundo Peppercorn, não há estrutura formal senão os humores e caprichos da vegetação da selva tropical, florescendo selvagemente.[311] Na verdade, a obra é dividida em partes relativamente distintas, apesar de não ser possível distinguir qualquer segmentação convencional com base na tonalidade. A linguagem tonal se caracteriza pela atonalidade, dissonâncias, ausência de melodia, uso dos pianos como instrumentos de percussão, a qualidade *três sec* e pontilhista da maioria dos motivos em *staccato*, as mudanças métricas, complexidade rítmica, emprego dos registros extremos dos instrumentos para produzir efeitos chocantes, evitação de repetições diretas (com exceção das figuras de ostinato melódico-rítmico) pela transformação dos motivos já em sua segunda aparição, o que dá ao desenvolvimento motívico o caráter de crescimento, fluindo livremente, e finalmente, a brevidade lacônica dos próprios motivos. No entanto, a característica mais aparente é a ausência de tonalidade, envolvendo quase completamente atonalidade e dissonância.

Descrever o *Choros nº 8* por seccionamento é difícil, pelas razões mencionadas acima, e nem mesmo seria relevante. Uma explicação para isso é o conteúdo estético da obra, claramente abstrato, sem muitos pontos em comum com o repertório entoativo da música brasileira e europeia daquela época. É um caso à parte até mesmo em relação ao paradigma da música villalobiana.

CAPÍTULO IV - OS *CHOROS*: UMA NOVA FORMA...

A obra começa com um solo de caracaxá (ex. 44), que pode ser interpretado como referência à música indígena; o timbre sugere isso, além do ritmo monótono em semicolcheias, que faz alusão à música nativa, embora a sincopação possa ser originada pela música africana. O caracaxá cessa apenas no início do ensaio nº 2. Sobre esse ostinato rítmico, os sopros começam a chamar uns aos outros com breves motivos, que, ao menos nessa fase, pouco têm a ver entre si. Nota-se a predominância de estruturas construídas sobre intervalos de quarta. Podemos imaginar que Villa-Lobos está descrevendo a reunião de um grupo de chorões, que realizam improvisações à maneira de um prelúdio antes do início de uma legítima seresta.

Exemplo 44. Villa-Lobos: *Choros nº 8*, c. 5-8, Max Eschig.

O contrafagote toca um motivo em *staccato*, cujo germe consiste em três quartas ascendentes sucessivas, uma segunda menor descendente e uma quarta aumentada. O fagote o imita, assim como o clarinete o faz logo depois, transformando os intervalos do motivo, mas mantendo seu perfil. Os trombones, por sua vez, entram com um valoroso glissando; simultaneamente, um motivo de quintas descendentes se alterna em contraponto no fagote e trompas, mas permanece em segundo plano. Os trombones repetem duas vezes o motivo em quartas. Além disso, a flauta ornamenta a textura com um trilo estridente – recurso característico, mencionado acima. Contrariando o hábito do compositor, essa seção tem um caráter linear em que as diferentes partes começam, se movem e terminam de maneira muito independente. Isso contribui para a impressão geral de atonalidade. Pode-se dizer que a segunda seção (9-13) é de natureza lírica, enquanto a terceira seção (14-20), por contraste, é baseada em ostinatos rítmicos pontuados e métricas aditivas (por exemplo, 9/8 é dividido em 3/4 + 3/8). Na terceira seção, começa a subida em direção ao ponto culminante, que fica no centro dela. Na quarta seção (21-26), chegamos no limite extremo da expressão musical, e o virtuosismo orquestral de Villa-Lobos alcança o auge. A atmosfera estranhamente grotesca é criada por certa estética do caos, na qual o bem conhecido tango "Turuna", de Ernesto Nazareth, surge de maneira curiosamente distorcida, como uma espécie de *Riesentanz*. Como é grande a diferença entre essa citação de Nazareth e o *pot-pourri* de tangos brasileiros em *Le Bouef sur le toit*, de Milhaud. A maneira como Villa-Lobos toma emprestado de Nazareth, um músico popular do Rio de Janeiro, conecta-o com a citação de Beethoven feita por Ives na *Concord Sonata*, ou com as citações de canções populares americanas em *Three Places in New England*. Essa seção também se caracteriza pelo papel solista e predominante dos dois pianos.

CAPÍTULO IV – OS *CHOROS*: UMA NOVA FORMA...

Após uma fermata, o piano "A" desce ao seu registro mais grave, tocando *clusters* sonoros com reforço da percussão, tímpanos e bumbo, juntamente com fagote, contrafagote, tuba, cellos e contrabaixos. O piano "B" martela com ambas as mãos – também na região mais grave – um simples motivo de quatro notas, em que o ouvido dificilmente consegue distinguir as alturas, devido à profundidade do registro: esse motivo é uma escala de quatro sons em semicolcheias (vai como Lá-Si-Dó-Ré e volta Dó-Si-Lá). Todas as notas são acentuadas. Após quatro compassos, o piano "A" subitamente toca uma rápida passagem em oitavas, a mão direita nas teclas brancas, a mão esquerda nas pretas, de modo que os sons se entrelaçam. Esse efeito foi muito usado por Villa-Lobos em suas peças para piano, como *Rudepoema* e o *Ciclo Brasileiro* de seu período romântico – mas esse recurso pianístico tão simples nunca pareceu tão efetivamente chocante, como um guincho repentino ou um raio de luz ofuscante, na escuridão sonora criada previamente pelos *clusters* no registro mais grave. A passagem em oitavas leva a um trinado flagrantemente dissonante, em que os sons do registro mais agudo do piano, Si^3, Si^2, $Dó^2$ e $Dó\#^2$, três segundas menores superpostas, são reforçados por trinados de flauta, clarinete e violinos sobre as mesmas notas, no registro mais alto possível (ex. 45). O impacto dessa seção é baseado simplesmente no máximo contraste de cor. A seção é repetida, mas o trilo é transposto segunda menor acima, em $Dó^3$, $Dó^2$, Dó# e Ré. No nº 22, a parte solo de cada piano começa do mesmo modo: o piano "B" toca uma figuração atonal de semicolcheias em *staccato*, subindo e descendo a oitava. A textura lembra bastante o *Capriccio*, de Stravinsky.

Exemplo 45. Villa-Lobos: *Choros n° 8*, 21:3-6, [c. 155-159], Max Eschig.

Em 26:3, começa a quase irreconhecível seção de dança distorcida, na qual o tema "Turuna", de Nazareth, é curiosamente harmonizado de modo que o ouvinte mal distingue o original (ex. 46). Para um ouvinte europeu, que desconheça a citação, essa seção simplesmente dá a impressão de uma procissão grotesca, com uma hesitante marcha para diante.

Embora ambos os pianos continuem, aqui e acolá, a participar do quadro sonoro, eles não têm o mesmo papel solista como na seção anterior. Como autêntica substância melódico-temática, ouve-se novamente algo surpreendente – mesmo em toda a produção villalobiana: o clarinete (em parte com apoio de flauta e corne-inglês) toca um motivo com âmbito amplo e incomum; os motivos de Villa-Lobos em geral se movem dentro de uma gama estreita, mas esse sobre o qual discorremos começa com um Si^2 longo, mergulhando subitamente por Sol, e então de Dó♯ para Lá, atraindo completamente a atenção do ouvinte para seu formato atonal (ex. 47). A sustentação harmônica também não apresenta tonalidade evidente. No nº 28, isso é repetido, mas com intervalos ainda mais largos. Villa-Lobos raramente esteve tão perto da linguagem tonal e do serialismo da Escola de Viena.

Exemplo 46. Villa-Lobos: *Choros nº 8*, 26:3-5 [c. 198-200], Max Eschig.

Exemplo 47. Villa-Lobos: *Choros nº 8*, 28:6-10 [c. 222-226], Max Eschig.

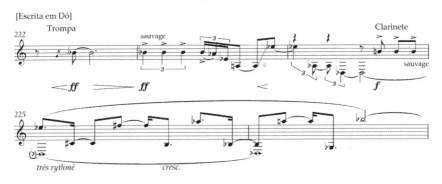

Igualmente interessante, do ponto de vista histórico-musical, é o desenvolvimento motívico e orquestração de certas seções na continuação: as três notas do motivo 8 são apresentadas afirmativamente nos sons Mi♭-Ré♭-Si♭, repetindo o Mi♭ todas as seis vezes. Esse é um recurso característico também em Sibelius: a longa nota inicial de uma melodia que termina em uma figura ornamental, ou um movimento que compensa a imobilidade da nota sustentada. Além disso, esse motivo villalobiano se parece com o motivo central de outra obra, escrita um ano mais tarde, *Tapiola*, de Sibelius.

A seção no nº 37, *Un peu moins*, faz referência antecipada a Ginastera, considerando cor tonal e textura. Dois acordes de campos harmônicos inteiramente diferentes, de décima-terceira em Lá♭ e Sol, alternam-se, colocados nos registros superiores dos violinos, flautas, oboés e clarinetes, emoldurando a repetição desses acordes no registro médio da celesta, etéreo por si só, com sua própria aura. Ao mesmo tempo, a figura de ostinato em semicolcheias prossegue nos cellos e contrabaixos, suavizada pela entrada da harpa. Tudo isso resulta num arranjo, ou melhor, em uma paisagem sombria na qual apenas um tema pode ser distinguido, a recordação que os fagotes trazem do motivo 1. O motivo é novamente repetido; a visão tonal de toda a passagem é como num sonho. Essa seção tem correspondência direta na orquestração de Ginastera, nas seções que o argentino chama de "alucinatórias" (cf., por exemplo, seu *Concerto para piano* e *Panambi*).

Igualmente onírica é a seção seguinte, um inesperado episódio de marcha com fanfarras de trompete, uma cena que bem poderia estar em Shostakovich. A surpresa maior desse episódio é sua presença em um dos *Choros*; em suas primeiras sinfonias, Villa-Lobos fez uso muito maior desses efeitos (cf. nº 40).

O final da obra é uma massiva orgia sonora na qual o motivo de quarta do início reaparece, estendido; oito compassos antes do fim, violinos e oboés disseminam pela orquestra um imenso acorde de Mi maior, ascendendo por terças; a obra não conclui com o uníssono habitual, mas com um dissonante acorde tônico em Lá maior (piano "B", trompas, trompete, trombones), com apojaturas não resolvidas (ex. 48).

Exemplo 48. Villa-Lobos: *Choros n° 8*, acorde final (redução).

Choros n° 10

(orquestra e coro misto: piccolo, 2 flautas, 2 oboés, 2 clarinetes, saxofone, 2 fagotes, contrafagote, 3 trompas, 2 trompetes, 2 trombones, 2 tímpanos, tam-tam, grande tamborim de Provence, tambor, caxambu, 2 puítas, surdo, reco-reco [grande e pequeno], chocalhos de madeira e metal, piano, harpa e cordas; 1926/1926; Max Eschig)

Essa é uma das obras mais conhecidas de Villa-Lobos; considerada por todas as fontes como uma de suas mais bem-sucedidas composições – significativa não só no sentido estético, mas no formal. A análise do *Choros n° 10* e seções segmentadas é consideravelmente mais difícil do que nos casos do *Choros n° 11* ou dos anteriores, mais precisamente os *Choros n° 6* e *n° 8*. Apesar disso, é bastante evidente que a obra é dividida em duas seções principais: uma introdutória e a parte final, envolvendo o coro. A primeira seção (n° 0-35) pode ser subdividida em duas metades: a parte com ímpeto mais ritmicamente energético (1-18) e a parte como um *nocturno* impressionista (18-35). As partes A e B são contraditórias em muitos aspectos:

A	B
Somente orquestra	Orquestra e coro
Textura a partir de motivos discretos, quase nunca desenvolvidos	Textura a partir da repetição de um único motivo
Sem elementos melódicos	Elementos melódicos (como a melodia de "Rasga o coração")
Orquestração diferenciada	Efeitos de *tutti*
Harmonias não funcionais	Progressões harmônicas funcionais
Descontinuidade rítmica	Continuidade rítmica

As partes não são unidas por certos motivos, mas um motivo em particular é repetido em várias maneiras durante toda a obra (motivo 1). Sua forma básica consiste em dois fragmentos escalares, ora cromáticos, ora diatônicos. "Na maioria das vezes o primeiro fragmento desce uma terça maior, o segundo fragmento, uma terça menor, de modo que a última nota do segundo fragmento é meio-tom mais aguda que a primeira",[312] conforme a descrição de Robert L. Johnson. Esse motivo foi usado por Villa-Lobos em sua canção "Mokocê-cê-maká", cuja origem (mencionada na partitura) é uma canção de ninar dos índios Paresi, presente originalmente na coletânea do antropólogo Roquette-Pinto. Entretanto, ela não consta nas melodias anotadas em *Rondonia* (diferentemente de "Nozani-ná", no *Choros n° 3*). Consequentemente, Villa-Lobos pode tê-la transcrito diretamente dos fonogramas. O modo como o compositor utiliza essa melodia parece obedecer inconscientemente ao prefácio do estudo de Luiz Heitor Corrêa de Azevedo: "a música dos índios brasileiros, como toda música dos primitivos, é constituída pela indefinida repetição de um curto motivo muito mais caracteristicamente rítmico do que melódico".[313]

É curioso observar a ocorrência desses motivos lamentosos, cromáticos e descendentes na música russa, na qual eles têm

CAPÍTULO IV - OS *CHOROS*: UMA NOVA FORMA...

conotação oriental – correspondentemente "exótica", como no caso de Villa-Lobos.

Imediatamente após o acorde *sforzato* do início, ouve-se na flauta um motivo rodopiando ao redor da nota Fá♯, com semicolcheias cromáticas. Esse tema, segundo o livro *Villa-Lobos, sua obra*, caracteriza-se como representante de "uma célula melódica transfigurada do canto característico de um pássaro raro das florestas brasileiras, denominado em alguns lugares como 'azulão da mata'".[314]

O motivo de canto de pássaro é mais uma indicação do interesse de Villa-Lobos em ornitologia musical, mesmo que, nesse caso, o motivo não esteja inserido em um *milieu* musical idealizado como a cena do canto de pássaro em *Uirapuru*. Por outro lado, a estética desses choros admite a apresentação de todos os elementos musicais em estado rústico, sem desenvolvimento, garantindo que a cor individual de cada instrumento e naipe apareça por conta própria. O caráter geral é distante da instrumentação mais densa das obras românticas da série (*Choros nº 11* e *nº 12*). O espírito dessa obra é mais francês do que qualquer outra peça orquestral do compositor, e seu empenho em dizer tudo quanto possível ao mesmo tempo não resulta aqui em simultaneidade excessiva. Ao invés disso, isso resulta em uma sucessão de eventos musicais em tempo tão rápido que o ouvinte tem dificuldade em "assimilar" todas as entonações – o que não deixa de ser o propósito, considerando o plano geral da obra, no qual a parte A é baseada em entropia máxima, enquanto a parte B revela máxima redundância. Se a divisão em seções bem-delimitadas não é fácil, como observado acima, podemos aplicar alternativamente uma espécie de "análise de eventos". A primeira metade da obra constitui-se de breves eventos musicais que não se agrupam por nenhum plano e cuja conexão não é revelada ao ouvinte. Os eventos podem ser sobrepostos e colocados em assincronia entre si, provocando a fragmentação da textura.

Ao analisar a textura do *Choros nº 10* por essa perspectiva, o evento nº 1 é o acorde inicial, e a nota Sol da trompa, em dinâmica *forte*, como um pedal. O evento nº 2 é o motivo de canto de pássaro da flauta. O nº 3 é formado pelo *pizzicato* das cordas com apoio de piano e harpa, em Dó maior; o evento nº 4 é a repetição do motivo de canto de pássaro no clarinete – do que se conclui que a textura não é totalmente atemática. O evento nº 5 é a expansão simétrica dos acordes, de Sol maior à tônica Dó menor, em tercinas de mínimas, nas trompas trompetes e trombones (piano e harpa acrescentam as notas Ré♭ e Fá, não pertencentes a esse acorde), e assim por diante. Em geral, os eventos tonais e os complexos entoativos ouvidos até aqui revelam que se trata de uma harmonia não-funcional e não-resolutiva, na qual os acordes têm tríades regulares como base vertical. A rede, à maneira de um mosaico, é agrupada pelos pedais em alguns instrumentos que ligam passagens específicas entre si.

Observa-se, nesse início, a velocidade de todos os eventos musicais e a natureza sobreposta e entrelaçada a eles aplicada em função dessa rapidez. Nenhum motivo ou tema é desenvolvido posteriormente – já que as variantes do motivo principal são tão numerosas que não chegam a ser experimentadas diretamente como um elemento unificador. Em toda a obra, talvez involuntariamente, Villa-Lobos está próximo das ideias fundamentais da estética modernista surgida no Brasil dos anos 1920. Apesar de a postura do compositor com relação ao movimento ter permanecido um tanto distante, não se pode deixar de notar a dedicatória a Paulo Prado, que foi uma das figuras centrais da Semana de Arte Moderna em São Paulo, em 1922. O "Manifesto Antropofágico", de Oswald de Andrade, também se enquadraria bem ao espírito dessa obra – se o motivo principal do *Choros nº 10* deve ser entendido como um motivo indígena genuíno, então, pelo menos nesse contexto, ele não é idealizado de nenhuma maneira.

O canto onomatopaico e os enunciados do coro final realizam quase literalmente as teses do antropofagismo paulista, oferecendo uma contrapartida musical dos experimentos de Oswald de Andrade com a poesia concreta que viola a métrica convencional: "América do Sul, América do Sal, América do Sol".[315] Podemos recordar os postulados estéticos e técnicos sugeridos por Mário de Andrade em *A Escrava que não é Isaura*:

> Rapidez e síntese. Congregam-se intimamente. Querem alguns filiar a rapidez do poeta modernista à própria velocidade da vida hodierna... Está certo (...). Geralmente os poeta modernistas escrevem poemas curtos. Falta de inspiração? De força para Colombos imanes? Não. O que existe é uma necessidade de rapidez sintética que abandona pormenores inúteis.[316]

Velocidade, uma visão plana e cinematográfica, juntamente com a simultaneidade, eram o princípio estético dos modernistas em todas as artes.

O *Choros nº 10*, de Villa-Lobos, é moderno no mesmo sentido – seus motivos são curtos, ocorrendo como *flashes* de uma cena que transcorre em movimento acelerado em um filme, mas, por outro lado, a síntese desses breves motivos é realizada no final da obra. É precisamente pelo uso dos princípios de "rapidez" e "síntese" de Mário de Andrade que podemos descrever o início e o final do *Choros nº 10*. Todavia, quanto à rapidez, deve-se observar que não se trata meramente de um princípio estético do modernismo brasileiro e internacional, mas também uma característica associada à sensibilidade musical brasileira. Isso se manifesta na aceleração do tempo de *habanera* na figuração sincopada de acompanhamento tipicamente brasileira, por exemplo, da "Habanera", de Bizet, na *Carmen* para a "Galhofeira", de Nepomuceno, que Milhaud utilizou na suíte *Le Boeuf sur le toit*.

Apesar disso, o modernismo no Brasil não foi apenas a adoção de tendências artísticas internacionais, mas ao mesmo tempo uma luta pela independência cultural do país. Os paulistas queriam ter "a língua sem arcaísmo. Sem erudição. Natural e neológica. A contribuição milionária de todos os erros. Como falamos. Como somos".[317]

O vocabulário musical de Villa-Lobos é do mesmo tipo. Os motivos curtos e entonações que preenchem a primeira parte do *Choros nº 10* são autenticamente brasileiros; trazidos para o contexto europeu, eles contêm inegavelmente uma forte afirmação de identidade musical nacional e uma declaração quase arrogante – sem importar-se se haverá conflito com as convenções musicais europeias, ou se elas são violadas, ou se serão classificadas em categoria inferior, entre o grotesco e o banal. Consideremos, por um momento, a melodia carnavalesca e penetrante do trompete na seção E da partitura. Apesar de tudo, Villa-Lobos em seus próprios termos, com esses motivos e entonações complexos, atinge, com essa obra, as mesmas aspirações estéticas que os modernistas paulistas buscavam. Mário de Andrade cria uma linguagem incompreensível e joyceana em *Macunaíma*, uma fala artificial carregada de regionalismos, de expressões dialéticas emprestadas do idioma tupi e de africanismos;[318] do mesmo modo, Villa-Lobos realiza a parte coral do *Choros nº 10*, levando esse princípio a seu limite.

Mas o *Choros nº 10* também tem sua estrutura geométrica; não é apenas uma confusão involuntária, mas há também uma pitada de reflexão intelectual, característica do modernismo brasileiro. *Comme toute modernité, le modernisme est um authetique style de la négation, qui se définit par la réflexivité et l'auto-analyse...* ("como todo modernidade, o modernismo é um autêntico estilo de negação, que se define pela reflexão e autoanálise").[319]

Portanto, como compensação pelos *flashes* melódicos do início, difíceis de registrar pela escuta por não serem exatamente

CAPÍTULO IV - OS CHOROS: UMA NOVA FORMA...

memoráveis, uma autêntica melodia, citação de um schottisch (xote) de Anacleto de Medeiros, é apresentada no final da obra, em conexão com infindáveis repetições do motivo principal. Apesar de divertida, essa citação inocente rendeu um processo na terra natal do compositor, onde ele foi acusado de plágio: todo um livro, *A glória escandalosa de Heitor Villa-Lobos*, foi publicado de modo a difamar o compositor.[320] O pivô da disputa, o verso inicial do xote "Yara", é o seguinte:[321]

Exemplo 49. Anacleto de Medeiros: *Rasga o coração*.
De Carlos Maul: *A glória escandalosa de Villa-Lobos*, 1960.

No entanto, Villa-Lobos coloca a melodia no meio de enunciados onomatopaicos do coro, como um *cantus firmus* quase inaudível, através da densa textura. O contexto da canção é transformado em algo tão estranho que essa técnica de citação pode ser explicada segundo as teses de Oswald de Andrade no *Manifesto da Poesia Pau-Brasil*: "o trabalho contra o detalhe naturalista – pela *síntese*; contra a morbidez romântica – pelo *equilíbrio* geômetra e pelo *acabamento* técnico; contra a cópia – pela *invenção* e pela *surpresa*".[322]

Dificilmente, em qualquer outro país, a síntese de modernismo e nacionalismo na música clássica foi realizada de forma tão convincente como no Brasil e na música de Villa-Lobos. Como Carlos Chavez reconheceu no México – quase à mesma época de

Villa-Lobos – o modernismo da arte nativa no contexto artístico global dos anos 1920, o modernismo de Villa-Lobos cresce naturalmente a partir de sua brasilidade. Essa conexão já havia sido feita por Lazare Saminsky em *Living Music of the Americas* ("Música viva das Américas"), onde ele compara, no capítulo final, a América do Norte e a do Sul, e encontra uma exceção no Brasil, com relação ao modernismo. Enquanto o modernismo, em outras partes, obteve apoio apenas com dificuldade,

> (...) no Brasil, o "modernismo" é alimentado no novo jogo de suas próprias ondas raciais – especialmente os cantos e danças dos negros – mais do que a novidade radical fluindo no vazio (...). Isso vem de sua própria natureza criativa racial, em vez de uma modernidade importada.[323]

Sem querer abordar as especulações que o livro de Saminsky apresenta em outros pontos, sobre as interrelações entre raça e música, temos que admitir que essa afirmação, em particular, está correta. Mas onde estávamos em nossa descrição do *Choros nº 10*? A imagem sonora da metade final da seção A se baseia em entonações impressionistas da virada do século – somente o *leitmotif* cromático de origem indígena nos deixa perceber que estamos, afinal de contas, na América do Sul. A rede motívica é repleta de temas e ideias que aparecem em outras obras villalobianas. Por exemplo, os irônicos motivos de clarinete do *Choros nº 2* são ouvidos (L:7 [c. 99-106]) um pouco antes do motivo dos trombones, que correspondem ao tema principal da cantata *Mandu Çárárá* (nº 1:1-2). Na orquestração, são dignos de nota os *glissandi* das cordas com sons harmônicos (recurso que Villa-Lobos desenvolveu ainda mais, a partir de situações análogas presentes em *Pássaro de Fogo*, de Stravinsky) e o brilho feérico do trompete, comparável ao *Poème d'Extase*, de Scriabin.

Sob todos os aspectos, o trompete desempenha o papel do instrumento solista-virtuose do choro (ex. 50).

Durante toda a seção A, a estratégia básica consiste no aumento da tensão ao seu limite máximo, sobre a fermata que antecede o coro, na seção B (um compasso antes do n° 5). Pode-se pensar no *Aprendiz de Feiticeiro*, de Dukas, como um modelo possível de estrutura para Villa-Lobos (que já havia escutado a obra em sua juventude no Rio de Janeiro): a tensão chega a uma intensidade quase caótica, até que, nesse ponto, um ritmo sugestivo nasce do registro mais grave da orquestra, estabelecendo a ordem.

Exemplo 50. Villa-Lobos: *Choros n° 10*, n° 7:4-5
[c. 189-190], Max Eschig.

Uma figura de ostinato rítmico é ouvida durante quase toda a seção B, um motivo de marcha tomado de empréstimo do *Choros nº 5*. O motivo principal é construído sobre esse ostinato, com sílabas de um idioma indígena fictício, *jakatá kamarajá*. Esse motivo se espraia por todo o coro misto, a partir dos tenores, permanecendo como uma camada sonora, enquanto a melodia do xote "Yara" ecoa nos sopranos. A melodia é distribuída ritmicamente, adaptada a Fá♯ menor. A cadeia fonético-silábica desaparece apenas na seção intermediária, dando espaço para o solo de trompete, enquanto as vozes masculinas, abafadas, gemem um onomatopaico *Hum! Tum!* (nº 12 [c. 240]), reminiscente de uma dança indígena. Sobre tudo isso, Villa-Lobos acrescenta súbitos glissandos nos metais e explosões individuais, penetrantes, dissonantes, bem como totalmente ilógicas. Os instrumentos nativos de percussão têm papel crucial no início da seção coral – indubitavelmente foi a tais passagens que Oscar Guanabarino, o incansável crítico de Villa-Lobos no Rio de Janeiro, se referiu quando disse que o compositor usa os barulhos do carnaval como se fossem instrumentos nacionais.[324] O movimento

CAPÍTULO IV - OS *CHOROS*: UMA NOVA FORMA...

termina com uma série de acordes em *tutti*, em tempo *Largo*, emprestado da seção A, no início da obra (cf. novamente o *Pássaro de Fogo*, de Stravinsky, e reparar no tema principal no baixo) (ex. 51).

Exemplo 51. Villa-Lobos: *Choros n° 10*, n° 14:7-9 [c. 286-288], Max Eschig.

Choros n° 11

(piano e orquestra: piccolo, 3 flautas, 2 oboés, 2 clarinetes, clarinete-baixo, saxofone alto e soprano, requinta, 2 fagotes, contrafagote, 4 trompas, 4 trompetes, 4 trombones, tuba, tímpanos, tam-tam, reco-reco, chocalhos, xilofone, sinos, tambor, bumbo, pratos, pandeiro, celesta, 2 harpas e cordas; 1928/1942; Max Eschig)

Nos comentários sobre o *Choros n° 11*, Villa-Lobos apresenta alguns aspectos novos sobre a estrutura formal de toda a série. Ele afirma ter empregado as formas de poema sinfônico, sinfonia, rapsódia, serenata clássica, concerto e fantasia, como os princípios estruturais dos *Choros*. Ele diz que alguns choros são construídos à maneira clássica, com as seguintes partes: introdução, exposição, temas principal e secundário, desenvolvimento, estreto, coda, recapitulação etc. Mesmo assim, ele nega que os *Choros* tenham alguma forma estrita. Quanto às qualidades estéticas do *Choros n° 11*, a obra apresenta – segundo o compositor – música pura, em vez da descrição impressionista dos elementos naturais. Ela retrata "estados psíquicos (...) que promanam de um alto nível do senso estético" – com o que Villa-Lobos parece afirmar que a obra não aborda o primitivismo do tipo africano ou indígena, apesar de, em seguida, observar o quanto ela está em pleno acordo com o temperamento latino e o elemento nativo do compositor.

> [O] resultado significa a exuberância de um tipo mestiço de sensibilidade rítmica mecânica, em contraste com o sentimentalismo vago e profundo dos sons musicais. Em nenhum dos *Choros* observa-se a menor tendência de seguir a *moda* técnica e estética da época.[325]

Essa afirmação se sustenta, de fato, em especial com relação ao último comentário, pois se trata de um grande concerto para piano em estilo romântico-tardio, baseado na forma sonata, mas com aspectos que fazem lembrar um gigantesco *concerto grosso*. Esse *Choro*, inegavelmente, é uma das mais notáveis obras de Villa-Lobos; em duração, é sua composição individualmente mais longa (cerca de 65 minutos). A despeito de sua enorme dimensão, a forma se divide em seções bem evidentes, embora a divisão em quatro partes, observada pelo catálogo editado pelo Museu Villa-Lobos (*Villa-Lobos, sua obra*), pareça tão inconsistente em seus detalhes que sua autenticidade pode até ser questionada. É praticamente indiscutível que a obra tem três partes, todavia com limites incertos entre a primeira e a segunda. Naturalmente, a obra pode ser tocada sem pausas, como um movimento único. A primeira parte é mais rapsódica e enigmática em sua concepção estrutural. A segunda parte (que também pode ser considerada como o segundo movimento) é muito mais nítida, com passagens repetidas, simétricas; do mesmo modo, o *finale* é em forma rondó.

CAPÍTULO IV – OS *CHOROS*: UMA NOVA FORMA...

1º movimento

Seção	Características	Nº	Tonalidade
Allegro preciso	Motivos 1, 2, 3 (grande energia rítmica)	0-8	Modulante
Allegro moderato	Acordes impressionistas V⁹, ascendendo cromaticamente	9:9-5	Si maior → Sol♯ maior
Allegro moderato	Motivo espanhol	9:6-10	Lá eólio
Allegro moderato	Fanfarras. Acordes arpejados no piano.	11-13:2	Fá♯ menor
Misterioso	Motivo 4 (ver início do *Choros nº 4*)	13:3-14:3	Ré♯ menor = Dó♯ menor
Allargando	Sequências no piano. Fanfarras no trompete	14:4-20:3	Dó♯ menor → Sol maior (modula por quintas)
Andantino	Motivos 5 e 6 (estático)	21-23	Fá♯ menor: V⁷⁽⁹⁾
Marcha	Motivo 7 (marcha fúnebre)	24-26	Sol♭ maior = Fá♯ maior
Lento	Motivo 8 (valsa chorosa)	27-28	Ré menor
Poco animato	Motivo 9, 9a (primitivista)	29-40	Dó maior (Ré dórico)
Moderato	Motivo 10 (atonal)	41-45	Sem tonalidade
Lento	Motivo 11	46-48	→ Mi menor: V⁷
Poco animato e *andante*	Desenvolvimento do motivo 10; motivo 12 relacionado ao motivo 4	49-54	
Cadência	Motivos 13 e 14		

2º movimento

Adagio	Motivo 15 = a	55	Mi menor
	Motivo 15 = a'	56	
Andantino	Motivo 16 = b	57:4-59:8	Mi menor: VI-i-v-II-i
(*Andante*)	Motivo 17 = (A) Transformação incompleta	59:9-60	

Muito lento	Motivo 17 A	60	Mi menor
	Motivo 17 A'		
	Motivo 17 A"		
	Motivo 17 A'"	61-63	
	Motivo 18 x	64-66:7	
Largo grandeoso	A		Mi menor
	A'	66:8-67	
Animato, andantino	Motivo 19 = B (rápido)	68	Si♭ menor
Andante moderato	Motivo 20 = C	69	Si♭ menor: V/V-I
	Motivo 20 = C'		
	Motivo 20 = B'	71	
	Motivo 20 = C" (*tutti*)	72	
	Motivo 20 = C'" (estilo Bachianas)	73 74	
	Motivo 20 = B"	74:12-75	
	Motivo 18 x	75-76	
	Cadência do piano		
Andante (coda)	Motivo 20	77	Si♭ menor: i
			Si♭ maior: I$^{9(11)(13)}$

3º movimento (Finale/Rondó)

Allegro moderato	Motivo 21 = A	78	Sol mixolídio
A tempo justo	Motivos 1, 10 e 3 (retorno ao início de B)	78-81	
Molto animato	Motivo 22 C (variante do motivo 2)	82	Sol♯ menor
Allegro moderato	Motivo 21 A' (na orquestra; no piano, repare a engenhosa transformação do motivo 17)	83-84	Lá eólio
Poco più mosso	Motivo 10 B' (retorno)	85	Dó♯ menor
			Fá♯ menor
	Motivo 21 A"	86	Si menor
	(junto ao motivo 18 do piano)		Mi menor
	Transição x	87-88	Lá menor
(più meno)	Motivo 21 A" (*habanera*)	89-90	Dó maior: V-I
	Motivos 25 e 26 no piano (pentatônica)	92-95	Mi♭ menor: iv-V^7-i
	z		
	y = D		
	z'		

CAPÍTULO IV - OS CHOROS: UMA NOVA FORMA...

Più mosso	Motivo 1 A''''' (retorno)	96-97	Mi♭ menor → Mi menor: V
Poco animato	Variante de Motivo 11 p Motivo 27 t = E Transição z	98-100 101	Mi frígio Ré maior = I-VI⁶
Meno poco grandeoso	Motivo 26 Retorno D'	102	Mi♭ menor: V (III natural)
Allegretto	A'''''	103-104	Dó maior
Animato non troppo	Retorno dos Motivos 27 e 3 = E'	105-110	Mi menor: V [Lá maior: I⁷ – Si maior: I⁷ – Dó maior: I⁷ – Si maior: I⁷ - Si menor: i]
	Motivo 28 (ver *Momoprecoce*)	111	Mi menor
Meno molto	A'''''	112	Dó menor → Fá menor → Si♭ menor → Dó maior
	retorno de Coda Motivo 14	113-114	

A forma rondó do *finale* é concisa:

A B C A1 B1 A2 (x) A3 D A4 E D1 A5 E1 F A6 coda

227

CAPÍTULO IV – OS *CHOROS*: UMA NOVA FORMA...

CAPÍTULO IV – OS *CHOROS*: UMA NOVA FORMA...

Quando examinamos o plano tonal dos movimentos, notamos que não há um sentido de tonalidade fixa na Parte 1, porque as seções modulam livremente; no entanto, predomina certo sentido tonal dentro de seções mais curtas. No lento segundo movimento, as tonalidades predominantes são Mi menor e Si♭ menor, que caracterizam as duas seções principais. No último movimento em rondó, o reiterado tema principal é modal, ao passo que nas seções intermediárias são empregadas tonalidades bem distantes em relação a ele.

Certas seções são muito complexas, harmonicamente. Villa-Lobos menciona "modulações imprevistas e estranhas" em seus comentários (nº 41). Mas, por outro lado, a harmonização pode ser também deliberadamente primitiva e ingênua, talvez em referência às progressões de acordes tecnicamente "deficientes", encontradas na *mesomúsica* da América Latina.[326] Como exemplo disso, vemos o motivo 17 da segunda parte, nº 60 (ex. 52), que deve ser comparado com os compassos iniciais de "La Brisa", segunda peça da série *Cuecas*, do compositor boliviano Simeon Roncal (ex. 53).

Exemplo 52. Villa-Lobos, *Choros nº 11*, Lento, nº 60, Max Eschig.

CAPÍTULO IV - OS CHOROS: UMA NOVA FORMA...

Exemplo 53. Roncal: *La Brisa* (*Cuecas*), arquivo do Latin American Center, Indiana University at Bloomington.

Villa-Lobos explora essa maneira primitiva de harmonizar com considerável imaginação. No último movimento do *Choros n° 11*, o mesmo motivo 17 ficou escondido na rápida figuração sincopada do piano, junto com o tema principal do rondó, ouvido com a orquestra (n° 83:1-3) (ex. 54).

Exemplo 54. Villa-Lobos: Choros n° 11, Allegro moderato, n° 83:1-3, Max Eschig.

Há mais um exemplo no *Choros n° 11*, com ingenuidade semelhante; uma transição, a partir do movimento lento (ex. 55). A parte do piano tem sonoridade vigorosa, por todo o tempo, em um rico estilo romântico-tardio, exigindo grande virtuosidade em

233

muitos pontos. Isso é evidente em especial no movimento lento, em que o piano é dominante.

Exemplo 55. Villa-Lobos: *Choros nº 11*, Andantino, nº 57:4-5, redução, Max Eschig.

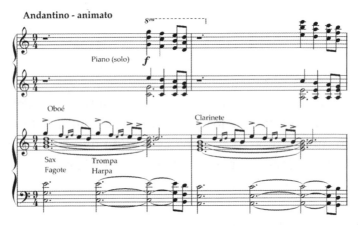

O adágio começa diretamente com o tema principal, cujo sentimentalismo contém algo essencial não apenas à sensibilidade brasileira, mas latino-americana em geral. Seu motivo básico é uma sequência de intervalos das mais comuns na música popular, uma sexta menor ascendente, quarta diminuta descendente, terça menor ascendente e segunda maior descendente (cf. a mesma figura no tango "Odeon", de Ernesto Nazareth, c. 8-9). Nesse ponto – se não antes –, fica evidente que a obra foi concebida como um concerto romântico para piano, um pouco à maneira de Rachmaninoff. A melodia respira em amplas frases em compasso 12/8, e o próprio compositor fala a esse respeito: "uma melodia sentimental numa simples harmonia dissonante e sobre um ritmo vago, formando um ambiente característico".[327] Embora o expressivo salto melódico ascendente possa ser considerado referência à modinha, ele não se enquadra no autêntico "paradigma de modinha" na produção villalobiana. Adhemar Nóbrega observa acuradamente que a consideração da natureza

CAPÍTULO IV – OS *CHOROS*: UMA NOVA FORMA...

fisiológica do piano e o uso frequente do *cantábile* caracterizam toda a obra, que se distancia do piano percutido do século XX, como é ilustrado pelo *Choros nº 8*.[328] Igualmente correto é o comentário de Nóbrega sobre o tema em si: "tema tão impressivo, recebe, naturalmente, alentado desenvolvimento. Empregado em uma obra de menores proporções, ele a impregnaria totalmente, de maneira a identificar a partitura".[329] De fato, há quatro níveis sonoros nesse tema ou seção: a melodia com os baixos em oitavas no grave, com as fundamentais harmônicas – entre eles, ouve-se um motivo em colcheias sobre três notas em métrica ternária, enquanto no tenor há acordes de semínima, sincopados em relação ao contralto, o qual alterna entre os tempos forte e fraco, gerando o que Villa-Lobos chama de "ritmo ondulante" (ex. 56). O timbre tem sabor tropical dado pelo trilo duplo dissonante, em pedal no registro agudo dos primeiros-violinos. Esse tema é repetido de maneira tipicamente villalobiana, com um *tutti* orquestral com uníssono dos violinos contra um fundo formado pelos arpejos virtuosísticos do piano, em cascatas de *martellato*.

A cadência para o piano, no final do segundo movimento, baseia-se em duas ideias e suas repetições: 1) as escalas em oitavas paralelas no registro agudo, com ambas as mãos, que não podem deixar de ser associadas a Manuel de Falla ou ao caráter ibérico em geral; 2) os acordes maciços na região grave (recurso técnico retomado por Villa-Lobos em seus concertos para piano dos anos 1940).

A orquestração do *Choros nº 11* é das mais variadas dentre toda a produção do compositor. Justamente por causa disso, o contraste com a linguagem sonora do romantismo tardio é tal que a inventividade inesgotável da orquestração cativa a atenção do ouvinte; é como se todo o paradigma musical da América Latina fosse cristalizado em forma concreta. Podemos citar os seguintes casos: 1) o primitivismo indígena (nº 29); 2) o africanismo, com a idealização de um tema de candomblé (nº 93); 3) o caráter espanhol, como um exotismo (nº 91); 4) a modinha – o tema secundário do oboé, na seção de marcha do nº 24 e, em especial, no nº 27, em que o tema principal e sua orquestração imitam um acordeão; 5) seções atonais e caóticas (nº 43 e 47); 6) orientalismos – no contexto da obra de Villa-Lobos (nº 46); 7) qualidade melodramática, levando o tema a um clímax, ao repeti-lo com reforço em uníssono dos violinos (nº 56 e 66:8); 8) as seções "bachianas", no sentido da *Bachianas nº 5*, melodia com acompanhamento rápido em *pizzicato* (nº 69); 9) alternância entre texturas intensas e muito densas, contra seções camerísticas, musicalmente rarefeitas em solos de expressão intimista, gerando contraste acentuado (nº 77, solo de cello; nº 42:4, contrabaixo; nº 50, clarinete); 10) o *sforzato* em síncope em uma figuração de ostinato, como na *Sagração da primavera*, de Stravinsky (nº 82); 11) movimentos de décimas paralelas nas madeiras, à maneira de um órgão (nº 107); 12) infantilismos musicais, derivados de cantigas (nº 103 e tema principal no nº 111, os quais derivam do tema "Folia de um bloco infantil", usado em *Momoprecoce*; Peppercorn demonstrou que se trata de uma canção folclórica alemã, usada por Mozart em uma das árias de Papageno); 13) humor orquestral grotesco (cf. Richard Strauss, *Till Eulenspiegel* e *Don Quixote*; Stravinsky, *Petrushka*), ou seja, textura fragmentária, a emergência inesperada de instrumentos com caracteres diferentes em registros contrastantes, de modo a criar efeitos cômicos (nº 14 e nº 105); 14) estilizações "russas", por exemplo, um pastiche de Tchaikovsky (nº 72).

Exemplo 56. Villa-Lobos: *Choros nº 11*, nº 55:1-2, ed. Max Eschig.

Em seguida estão alguns "topos" encontrados no *Choros nº 11*, modos constantes de expressão que aparecem não só nos pontos citados, mas por toda a obra do compositor.[330] A maioria desses "topos" aparece de alguma forma em outros *Choros*, mas vale notar que Villa-Lobos raramente usa o mesmo duas vezes e da mesma maneira. É característico de sua imaginação como compositor que tudo seja variado e transformado em algo diferente já em sua segunda aparição de modo que, em sua obra, não só o *tertium*, mas também o *secundum non datur*.[331] Isso tem conexão com o fato de que cada *Choros*, dentro de seu gênero, constitui seu próprio mundo sonoro. Desse modo, o primitivismo indígena, o africanismo, o espanholismo, não reaparecem no *Choros nº 11* da mesma maneira que no *Choros nº 3* ou *nº 10*. A característica do *Choros nº 11* é que ele aborda subjetivamente a realidade, para sublimar e idealizar o material musical em estado bruto. O que está em jogo é um nacionalismo musical *idealizado* – o que não é uma categoria estética encontrada com frequência em Villa-Lobos, o grande naturalista e realista musical.

Se assumirmos, como Carl Dahlhaus, que apenas grandes compositores podem criar música com a qual uma "nação" se identifique emocionalmente,[332] podemos indubitavelmente considerar o *Choros nº 11* como precisamente o tipo de música que contém toda a heterogeneidade do povo e da cultura brasileira, filtrada pela imaginação de um gênio musical. Por outro lado, Villa-Lobos não pode ser meramente classificado nessa categoria, pois mesmo no quadro referencial dos *Choros* essa generalização não se sustenta, já que nos anteriores, *Choros nº 10, 8* ou *3*, Villa-Lobos apresenta uma realidade musical de seu país de forma menos romântica e idealizada. Os compositores geralmente idealizam, "internalizam" e se distanciam tanto quanto possível de suas raízes nacionais, chegando a negar seu papel em sua música como se fosse algo demasiado vulgar (como Sibelius na fase madura), ou apresentam-se como naturalistas musicais que transmitem os elementos musicais nacionais tão autenticamente quanto possível (Bartók; Stravinsky em *Les Noces*); todavia, é raro ambas as atitudes combinadas em um *mesmo* compositor, como no caso de Villa-Lobos.

A característica mais imediatamente reconhecível do *Choros nº 11* é sua escala gigantesca. Na altura do nº 101, o ouvinte começa a ter noção das dimensões do final da obra e principalmente

CAPÍTULO IV - OS *CHOROS*: UMA NOVA FORMA...

de que ela ainda está se expandindo. Todos os motivos parecem se dilatar até o limite extremo, e a constante mudança de paisagens musicais faz lembrar o infindável horizonte geográfico do Brasil. É inegável que a música de Villa-Lobos apresenta certo descritivismo geográfico, mas não no sentido de Jankélévitch, que considera *Iberia*, de Albéniz, uma série de cartões-postais musicais.[333] As paisagens de Villa-Lobos não cabem em um cartão-postal, são afrescos, comparáveis à arte monumental de Portinari ou ao *CinemaScope*. Nesse aspecto, sua música pode se parecer espiritualmente com Shostakovich, em que as vozes das massas podem ser ouvidas quando se desdobram os infindáveis panoramas.

O refrão do rondó retorna no nº 103, uma vez mais com nova modificação. É notável como a forma rondó de Villa-Lobos é diferente da de Milhaud. O primeiro jamais se satisfaria com um *pot-pourri* como *Le Boeuf sur le toit*, do segundo, em que a citação direta da música popular serve como um invariável tema, à maneira de um refrão; em Villa-Lobos, cada retorno do tema já é naturalmente uma nova variante. Essa diferença reflete outro contraste entre esses compositores, apesar de seus pontos em comum (cf. seção 9.6 deste trabalho). Com relação à forma musical, podemos dizer que, em Milhaud, a ênfase recai sempre sobre a *gramática* musical, não sobre o *design* (segundo a expressão de David Lidov).[333] Em Villa-Lobos, é exatamente o oposto: sua gramática, no final das contas, é até convencional, mas ele dá maior atenção para o *design* musical, especialmente o princípio de proximidade entre os elementos musicais. Ele busca criar o maior contraste possível entre elementos musicais adjacentes, e tais mudanças são percebidas como parte da riqueza do *design* musical. Em troca, Milhaud foca quase exclusivamente nos experimentos harmônico-politonais da gramática musical. A estrutura gramatical de suas obras sempre segue um sofisticado arcabouço e sistema (ver a polifonia com as tonalidades em *Les Choéphores*, ou a estrutura tonal do *finale* da *Quarta* da série de *Cinco Sinfonias*). Por causa disso é que a questão do *"design* tonal" parece ser quase indiferente para ele. Por esse aspecto, todo material deveria ser aceito pela estética parisiense dos anos 1920, até mesmo o material musicalmente banal.

Somente no nº 109, percebemos o início do clímax da obra. A realização definitiva da peça ocorre no nº 113 – talvez um dos clímaces mais impressionantes de Villa-Lobos, um dos momentos mais brilhantes da peça até esse ponto. Apesar de tudo, ele mostra capacidade de lançar um olhar unificador para toda a complexidade mostrada anteriormente na obra. Nos compassos finais, somos tomados pela grandiosidade, no sentido proposto por Alfred Einstein.[334]

Consequentemente, com relação à estética musical, é interessante que o último momento dessa obra, com suas seções banais, irônicas, sentimentais, grotescas, alegres, primitivistas etc., atinja *Das Erhabene* ("O Sublime"). No aspecto musical, vemos o retorno do motivo descendente que terminou a primeira parte – o qual é sem dúvida relacionado com o motivo principal do *finale* da *Sinfonia Patética*, de Tchaikovsky. Esse retorno surge como uma verdadeira surpresa, como em um amplo arco que compreende a orquestra contra a figuração mais intensa do piano. Se a forma cíclica do *Choros nº* 6 não é inteiramente convincente, aqui, ela se justifica plenamente. A obra mais gigantesca de Villa-Lobos conclui no nº 114, sendo o último acorde o mesmo Dó maior do início, em *fff* de piano e orquestra.

Exemplo 57. Villa-Lobos: *Choros nº 11*, nº 113:1-8, Max Eschig.

CAPÍTULO IV - OS *CHOROS*: UMA NOVA FORMA...

Choros nº 12

(orquestra: 2 piccolos, 3 flautas, 3 oboés, corne-inglês, 3 clarinetes, clarinete-baixo, 2 saxofones, 3 fagotes, contrafagote, 8 trompas, 4 trompetes, 4 trombones, tuba, tímpanos, tam-tam, pratos, cuíca, bumbo, xilofone, tambor, celesta, 2 harpas e cordas; 1929/1945; Max Eschig)

Esse choro demonstra mais uma vez quão diferentes podem ser as peças na série de *Choros*, com relação à estrutura e orquestração. A sonoridade é a de uma orquestra sinfônica normal, já que os instrumentos de percussão brasileira não têm maior participação, assim como as técnicas experimentais de execução. A peça não é dissonante nem vanguardista como o *Choros nº 8*, mas volta-se para a música do romantismo tardio, com elementos impressionistas. Mais uma vez, Villa-Lobos pretende demonstrar o poder da melodia, que não deveria ser rejeitada pelos compositores do século XX. O *Choros nº 12* representa ostensivamente o Brasil dos choros, valsas, serestas noturnas, modinhas nostálgicas e carnavais turbulentos. O *Choros nº 11* é possivelmente a obra mais proximamente associada com o *nº 12* em toda a série, embora contenha mais topos relacionados à música nativa. Talvez seja o mais melodioso, mas também o mais concentrado tematicamente de todos os *Choros*. O desenvolvimento do material musical se processa em sentido mais tradicional, embora seja forçoso admitir certa falta de inventividade e de força emocional, o que caracterizava o *Choros nº 11*. A obra não atinge o mesmo nível da anterior. No campo estilístico, pode ser comparada a alguns compositores dos *Les Six*, não apenas às obras carnavalescas de Milhaud, mas também às de Poulenc (ex. 58).

Exemplo 58. Poulenc: *Les Biches*, Heugel.

Qual seria a forma geral dessa obra? Primeiramente, temos de afirmar que ela é baseada em uma substância temática verdadeiramente unificada, apresentada sem interrupções, ou seja, ela tem praticamente apenas uma única parte. Trata-se de uma sinfonia ou poema sinfônico? Ou representa realmente *une nouvelle forme de composition musicale*? Muitos sustentam a perspectiva negativa de que os *Choros* refletem a incapacidade de Villa-Lobos em compor "formas orgânicas". Todavia, essa tese parece tão estranha quanto afirmar que ele substitui a ideia de "composição", a realização de conceitos formais considerados previamente, por uma espécie de "fazer musical". A música do *Choros nº 12* é construída, em princípio, da seguinte forma.

Ela é formatada com motivos e seções claramente definidos. A obra é tonal por natureza, os acordes são baseados em tríades, com nonas, décimas-primeiras e décimas-terceiras que geram um colorido sonoro peculiar; a progressão de acordes segue a harmonia funcional. Apesar disso, nenhum plano tonal é encontrado na obra: não há armadura de clave, ela sai de Lá menor e acaba claramente em Dó maior. O protagonismo na obra cabe aos motivos 1 e 2, sobre um tetracorde escalar do qual derivam outros motivos de quatro notas, temas que se movem em um âmbito estreito, com pequenos intervalos. Os motivos 1 e 2 são recorrentes, embora sem a regularidade necessária para que a peça seja considerada como uma forma rondó. Motivos, ou melhor, temas, combinando livremente escalas e saltos melódicos são encontrados em outros pontos da obra – especialmente o tema "valsa choro", que se destaca por ocorrer duas vezes. Além disso, há temas baseados em passagens escalares descendentes, principalmente perto do final. Servindo como uma espécie de ponte entre os motivos de quatro notas que predominam no início e os motivos escalares do final está o motivo 7.

A estrutura formal consiste em seções *introdutórias*, que apresentam materiais temáticos importantes, e seções de *desenvolvimento* ou *episódicas*, que o ouvinte escuta como lacunas na forma geral da obra. Podemos falar primeiramente em dois segmentos principais, o primeiro deles dominado por seções líricas, principalmente no modo menor; o segundo, por qualidades dinamicamente enérgicas, principalmente no modo maior, como em um *scherzo*.

A obra dá impressão de uma forma rapsódica segmentada bastante livre. Cabe observar que as seções na metade inicial são em média mais longas que aquelas da segunda parte. No início a obra segue um esquema ou plano em que é introduzido um número limitado de motivos e temas, seguidos imediatamente por seu desenvolvimento. Nem todos os motivos são desenvolvidos – por exemplo, o motivo 6, à maneira de Poulenc, que não reaparece mais tarde, nem o motivo "valsa choro", que já é uma melodia completa, totalmente filtrada pela sensibilidade brasileira, sendo apenas repetida.

A maioria dos demais motivos é elaborado, bem como suas repetições. O motivo que recorre com maior frequência é o ostinato do motivo 1, que permeia a obra continuamente, permanecendo ao fundo (embora circulando entre vários instrumentos), um tanto incansável por natureza. Assim como o motivo 2, esse motivo é recapitulado no final da obra. Por outro lado, os únicos fatores que criam simetria na obra são a "valsa choro" repetida no início e o motivo escalar repetido no final, ambos ligeiramente transformados.

CAPÍTULO IV - OS *CHOROS*: UMA NOVA FORMA...

Perceptualmente, esses são os motivos com perfil mais característico. A longa passagem, a partir do motivo repetitivo mencionado acima, formando o pano de fundo para a melodia cantante das cordas (motivo 7), é quase infindável (170 compassos, n° 70-83) e se destaca como o evento musical mais importante em toda a obra. Com transições discretas de um a outro grupo de sopros, a passagem requer virtuosismo. A textura do tipo *Bachianas* parece se agigantar por trás dela, sendo levada ao extremo. Trata-se de caso único na produção villalobiana.

Exemplo 59. Villa-Lobos: *Choros n° 12*, n° 79:1-5, Max Eschig.

Há algum princípio formal unificador nessa sucessão de motivos e seções? Ou mesmo algum "roteiro" estético-psicológico que possa explicar a estrutura da obra? As composições de Villa-Lobos dificilmente podem ser comparadas com alguma narração discursivamente literária, mas com uma enorme tela que apresenta simultaneamente diversos episódios diferentes, unidos apenas por um certo "assunto", relacionado à América Latina pelo idioma, tipo humano, história etc.

Os temas musicais de Villa-Lobos não são protagonistas da mesma maneira que os poemas sinfônicos românticos. Faltam-lhes convicções psicológica e musical, necessárias para tal. Eles são caracterizados não pelo sentido individual, mas pelo aspecto típico. Seus temas musicais representam tipos humanos, sentimentos e atitudes característicos de uma certa cultura, em vez de se integrarem em certas proporções para formar unidades individuais. Sua "verdade", como a do Brasil, está no paradigma que reafirma a simultaneidade de vários elementos contrastantes. Villa-Lobos pertence à estirpe dos grandes simultaneístas na música, igualado apenas por Charles Ives. Por outro lado, sua técnica é impulsiva e intuitiva, por isso seu pensamento formal é totalmente assimétrico.

Introdução aos Choros

(violão e orquestra: piccolo, 2 flautas, 2 oboés, corne-inglês, 2 clarinetes, clarinete-baixo, saxofone, 2 fagotes, contrafagote, 4 trompas, tuba, tímpanos, tam-tam, xilofone, celesta, 2 harpas, piano e cordas; 1929/–;[335] Max Eschig)

Após concluir seus quatorze *Choros*, Villa-Lobos compôs ainda uma parte introdutória para toda a série, correspondente a um prelúdio sinfônico clássico, chamada *Introdução aos Choros*, na qual ele usa motivos emprestados das obras mais antigas. Assim, a obra é uma espécie de *pot-pourri*, com várias seções solistas dedicadas ao violão, embora sem a proeminência que o piano tem no *Choros nº 11*. Ao contrário do que é dito nos comentários em *Villa-Lobos, sua obra*,[336] a paleta instrumental não é tão colorida como nos demais *Choros* orquestrais, já que estão ausentes, por exemplo, os instrumentos de percussão nativos. A obra se divide nas seguintes seções:

CAPÍTULO IV – OS *CHOROS*: UMA NOVA FORMA...

A   Motivo da abertura do *Choros n° 6*; Motivo principal do *Choros n° 10*; Motivo "Nozani-Ná" do *Choros n° 3*.

B   Desenvolvimento orquestral bastante extenso, sem as citações de outras obras.

C   Solo de saxofone, sobre pedal das cordas com pratos ao fundo, e um arpejo para violão e harpa em quartas – a seção tem certa reminiscência do "acorde simbólico" de Ginastera, provocada pela afinação do violão.

D   Primeira cadência do violão.

E   Transição – solo de fagote, cujo tema lembra a "Impressão moura" de *O Descobrimento do Brasil*.

F   Tema em valsa: modinha do *Choros n° 12 (Valse lente)*.

G   Solo de violão (segunda cadência).

H   Ritmo sincopado, primitivista e indianista, com motivo de nota repetida, "molto allegro" (cf. *Sinfonia Índia*, de Chavez).

G'   Motivo do violão, com alusão (segundo *Villa-Lobos, sua obra*) ao *Choros n° 1* ou "choro típico".

A obra em si nada acrescenta aos *Choros* anteriores. Podemos assumir, justificadamente, que Villa-Lobos a compôs de modo a estabelecer uma ordem para apresentação em concerto da série, tendo a *Introdução* como abertura. O método é o mesmo visto posteriormente nas *Bachianas*, em que os fragmentos e temas mais bem-sucedidos de obras anteriores são reunidos de maneira similar.

CAPÍTULO V

VILLA-LOBOS E A DÉCADA DE 1930

O educador musical

A volta ao Brasil, em 1930, foi um importante divisor de águas na vida de Villa-Lobos. A data significou o fim do período de dificuldades financeiras, mas ao mesmo tempo marcou sua saída da Europa, no exato momento em que ele começava a se estabelecer como notável compositor nacional no continente europeu. O retorno para casa, após um longo período, foi uma ruptura também na sua produção musical. Se compararmos as *Bachianas*, a principal obra da década de 1930, com os *Choros*, que tão bem simbolizam sua produção nos anos 1920, é considerável a diferença de estilo e conteúdo, em termos estéticos. Isso é certo, apesar de Juan Orrego-Salas afirmar em um ensaio que:

> a associação entre as formas tradicionais barrocas e os ritmos populares do Brasil não resultam em algo suficientemente característico para que possamos classificar as *Bachianas* como algo substancialmente diferente de outras obras de Villa-Lobos.[337]

É evidente que os *Choros* e *Bachianas* representam um estilo nacional, mas há uma diferença digna de nota entre eles: os *Choros* representam a brasilidade de acordo com os padrões da vanguarda internacional, enquanto as *Bachianas* expressam nacionalidade de modo muito mais popular, inteiramente tradicional.

O "nacionalismo internacional" de Villa-Lobos foi desprezado em sua terra natal, por razões bem delineadas pela musicóloga Helza Camêu:

> a análise dessas obras [os *Choros*] nos faz perceber certas liberdades que o compositor toma em relação a forma – liberdades que à primeira vista podem parecer falta das necessárias habilidades técnicas (...). Mas só se chega a esse juízo na medida em que a forma é entendida em seu aspecto acadêmico, não como resultado da lógica espontânea da criação.[338]

Mas, quando Villa-Lobos atendeu aos desejos dos críticos "acadêmicos", voltando-se para Bach com estruturas clássicas extremamente simples, ele então tornou-se alvo da crítica europeia, como mostram as palavras de Claude Samuel:

> Em resumo, encontra-se em Villa-Lobos o melhor e o pior. O melhor vem do folclore indígena ou brasileiro, que têm para nós aroma genuíno e sedutor; a esse melhor pertencem também o espírito de abundância e uma certa riqueza instrumental. Mas o pior é facilmente encontrado na tradição "clássica" que ele adotou.[339]

Consequentemente, a estética das *Bachianas* representa uma atitude musical inteiramente diferente do fauvismo nos *Choros*. As *Bachianas* estão profundamente enraizadas no Brasil, talvez até mais do que os *Choros*, por isso não é possível compreender sua banalidade e sensualidade sem saber mais sobre o país. Embora

CAPÍTULO V – VILLA-LOBOS E A DÉCADA DE 1930

as *Bachianas*, assim como outros projetos musicais villalobianos realizados durante toda a crise brasileira dos anos 1930, representem um nacionalismo exaltado e às vezes exagerado, a melhor parte dessas obras atinge um nível inesperadamente universal, com a grandeza indispensável para que a música clássica possa desenvolver algo de valor, a partir da música folclórica. O que Arnold Schoenberg disse sobre o *Thème russe* do Quarteto Op. 59, de Beethoven, também se aplica a Villa-Lobos:

> Enquanto dança popular, o *Thème russe* certamente é muito agradável. Mas se existe uma música russa, isso se deve ao advento de alguns grandes compositores. Seja ou não este o caso, teríamos grandes sinfonias irlandesas ou escocesas, porque o folclore desses povos é de beleza insuperável e cheio de traços característicos marcantes.[340]

Em todo caso, nas *Bachianas*, Villa-Lobos abandona momentaneamente o turbulento ciclo histórico de rupturas da música europeia. Em seus lentos e infindáveis "cantos do sertão" e "árias", ele se funde com as dimensões infinitas da terra e a atemporalidade dos sertões de seu país. Bach, na verdade, o conecta com essas forças, "a fonte universal da música de todas as nações", segundo a singular interpretação do compositor.[341]

A partir desse ponto de vista, podemos compreender melhor a posição de Helza Camêu: "as *Bachianas* não são de modo algum um retorno ao passado, o que não seria nada lógico em Villa-Lobos, mas uma espécie de reformulação da técnica ou talvez a busca por novos caminhos".[342] Nessas obras, Villa-Lobos retorna ao Brasil arcaico, que talvez seja percebido pelos europeus como algo atemporal, tomado pela vagarosidade lévi-straussena de uma sociedade preguiçosa. O sociólogo Gilberto Freyre, que se autodenominava escritor, ponderou sobre a relação do brasileiro com o tempo e concluiu que os portugueses não trouxeram consigo a noção de "relógio" para o Novo Mundo.

> O fato de que a civilização ibérica permanece em grande parte (...) uma civilização onde a atitude fundamental em relação ao tempo é regida pelo mito, religião e folclore, ao invés de guiada pela concepção científica ou vista em continuidade como um processo histórico, parece colocar o homem e a civilização ibérica em uma situação única. Os ibéricos se desenvolvem em ritmo lento, que os progressistas europeus ou anglo-americanos consideram criativo e arcaico ao invés de uma civilização técnica e progressivamente científica. São considerados criativos na medida em que os mais típicos indivíduos iberos e hispânicos são capazes – como os povos orientais e os primitivos – a começar uma nova existência pura, virgem de possibilidades, a cada ano (...). A vantagem desse homem "arcaico" ou "tradicional" estaria em sua identificação com um tempo que recomeça ano após ano, escapando da história em seu estrito senso e até mesmo da lógica relação de causa e efeito O seu tempo é a existência, em vez da história (...). Seu tempo é a vida qualitativa, ao invés de uma série de atividades lógicas e quantitativas.[343]

Na medida em que a música é um reflexo da cultura ou das flores de seu país (para usar a perspicaz expressão de Jean--Aubry),[344] a descrição de Freyre serve como pano de fundo para a mais brasileira dentre as séries brasileiras de Villa-Lobos, as *Bachianas*. Nada é mais alheio a elas que a *developing variation* schoenberguiana, uma invenção tipicamente europeia que transpõe a ideia de historicidade para a área musical, cujos representantes mais exemplares, Haydn, Mozart e Beethoven, viveram justamente no período em que o indivíduo europeu se tornou consciente de sua própria historicidade. Schoenberg afirma não conhecer algum compositor que, por meio de seu método, tenha encontrado novas ideias musicais a partir de canções populares.[345] Se endereçamos

CAPÍTULO V – VILLA-LOBOS E A DÉCADA DE 1930

tal argumento a Villa-Lobos, vemos que a crítica europeia ao pensamento essencialmente diferente do hispânico não se deve apenas ao que chamamos de estética musical, mas ao elemento fundamental da música em si, o tempo:

> Alguns métodos são geralmente usados para alongar uma história: numerosas repetições de uma pequena frase, modificada por transposições para outros graus, mudanças de instrumentação, mais recentemente pelo acréscimo de harmonias dissonantes, ou seja, presentes não solicitados de vozes não relacionadas. Assim, nada foi dito na primeira apresentação do tema.[346]

Os temas das *Bachianas* são frequentemente autorreferenciais, quase narcisistas – mas em seus melhores momentos, atingem sua própria grandiosidade. Não se pode exigir deles algo que não pretendem oferecer. Nem Schoenberg condena o valor da música popular como tal, já que sua perfeita naturalidade deriva da improvisação.[347] É exatamente isso que pode ser encontrado nas melhores ideias de Villa-Lobos, a incorporação do espírito da música popular.

Freyre descreve o hispânico como alguém sempre disposto a recomeçar pelo começo; Villa-Lobos faz isso com as *Bachianas*, retornando ao que acreditava ser a nascente da música. Ele abandonou seu estilo fauvista, dissonante, distorcido e contestador e voltou-se à mais absoluta simplicidade. As semelhanças do estilo anterior de Villa-Lobos com os elementos citas nas obras de Stravinsky e Prokofiev foram paralelos e coincidências puramente acidentais, assim como o neoclassicismo villalobiano pode ser considerado um fenômeno correspondente aos *24 Prelúdios e Fugas*, de Shostakovich, aos *10 Prelúdios*, de Chávez, ao *Tombeau de Couperin*, de Ravel, e à *Sexta Sinfonia*, de Sibelius; ou seja, um retorno aos estratos mais antigos da música.

A simplicidade de Villa-Lobos tinha também motivações políticas e culturais bem claras. É preciso reconhecer que uma história da música tem muitas camadas, e o mesmo fenômeno pode ser abordado simultaneamente, por vários ângulos.

Como um todo, a produção de Villa-Lobos reflete a mudança na cultura brasileira, uma transição da sociedade agrária para a urbanização da etapa industrial. Um Rio de Janeiro primordialmente rústico, cheio de jardins e serenatas, ainda vive e ecoa nos *Choros*, enquanto, em suas últimas criações, já podemos visualizar o Rio cosmopolita, pavimentado com asfalto. Isso se manifesta pelo abandono do folclore mais puro na linguagem sonora do compositor, passando a se concentrar exclusivamente em uma imaginação estrutural, a qual no máximo lança olhares nostálgicos para sua inocência perdida. Na década de trinta, a vida do compositor é dividida entre duas frentes: a educação musical das massas e um nacionalismo musical apaixonado.

Em 1930, Villa-Lobos voltou ao Brasil, vindo de Paris para uma série de concertos em São Paulo. A instabilidade política daquele momento, no entanto, provocou o cancelamento dos concertos, despertando o interesse do compositor pelo estado da educação musical nas escolas paulistas.[348] O contraste entre o sofisticado ambiente musical europeu e o subdesenvolvimento no Brasil teve efeito motivador sobre Villa-Lobos.

Sua situação é comparável àquela enfrentada na mesma época pelo maior compositor mexicano, Carlos Chávez: ele também sentiu que sua posição era conflitante, já que o desenvolvimento de sua personalidade artística dependia de uma atmosfera progressista, que ainda não existia em sua terra natal. Por outro lado, se ele tivesse se mudado para alguma metrópole musical como Paris ou Nova Iorque, perderia os vínculos com sua pátria, à qual estava enraizado, e com a música popular, base de sua formação. A partir disso, Chávez concluiu que deveria estimular o gosto musical

CAPÍTULO V – VILLA-LOBOS E A DÉCADA DE 1930

de seus compatriotas de modo a garantir seu próprio desenvolvimento.[349] Assim como Chávez, Villa-Lobos percebeu que a obra de um compositor depende basicamente do ambiente e do nível da cultura musical que o cerca, mas ele foi ainda mais além, buscando soluções práticas para esse problema. Ele voltou-se para as grandes massas e passou a elaborar um programa de educação musical para a população de baixa escolaridade ou até mesmo analfabeta de seu país. O compositor acreditava plenamente no poder da música como ferramenta educacional e considerava a falta de projetos em educação como a origem de todos os problemas brasileiros.

Em comparação com esse programa músico-social, as atividades pedagógico-musicais de Chávez eram consideravelmente mais elitistas, focando exclusivamente no treinamento de músicos profissionais, assim como fez posteriormente Alberto Ginastera na Argentina, em um grau ainda maior.[350]

Villa-Lobos passou a cooperar com o novo governo; o período da ditadura de Vargas e a forte onda nacionalista foram o pano de fundo de suas atividades. Ele organizou uma turnê com concertos de música de câmara por cidades do interior paulista, em que enfrentou algumas dificuldades com a plateia, mais interessada por futebol do que em concertos de música moderna.[351] Mais tarde (1931), em um gigantesco evento de propaganda política, apresentado no estádio da Associação Atlética São Bento, em São Paulo,[352] ele regeu um coro de doze mil vozes, integrado por alunos, professores, militares e trabalhadores. Essa foi a primeira apresentação para o grande público do chamado Canto Orfeônico no Brasil. O texto do panfleto distribuído naquela ocasião – "todas as nações poderosas têm de ser capazes de cantar em coro (...), o coro é um símbolo da sociedade moderna (...)" – expressava a natureza patriótica de toda a apresentação.[353]

No final do mesmo ano, Villa-Lobos foi convidado para ser diretor da SEMA (Superintendência de Educação Musical e

Artística). O treinamento dos professores de canto orfeônico teve início sob sua direção em 1932, no "Curso de Pedagogia e Canto Orfeônico", seguido pelo "Curso de Orientação e Aperfeiçoamento do Ensino da Música e Canto Orfeônico". Cerca de três mil professores, entre 1931 e 1940, receberam um diploma desse instituto, o que sugere a magnitude do projeto. Em 1942, as atividades se concentraram em uma nova organização, o Conservatório Nacional de Canto Orfeônico, sob supervisão direta do Ministério de Educação e Saúde. Sua função era não apenas o treinamento de professores, mas também a pesquisa musicológica e a gravação de músicas de interesse educativo.

Naturalmente, o governo de Vargas era extremamente interessado nas ideias de Villa-Lobos que aproximavam a educação musical da orientação ideológica. Mas o fato de o compositor atribuir papel tão decisivo à música popular em seu programa faz lembrar o interesse de Bartók e Kodály no uso desse tipo de música no contexto do canto coral e até mesmo ideias apresentadas na União Soviética, particularmente algumas aplicações práticas da teoria de entonação musical de Boris Asafiev. O governo de Vargas dedicou muita atenção às massas no Brasil. O presidente foi um típico líder populista, que atendeu às reivindicações dos assalariados surgidos com a emergência da indústria e sua crescente predominância nas grandes cidades. As leis trabalhistas de Vargas, juntamente com sua propaganda, despertaram simpatia profunda, às vezes fanática, por parte da população. Nessa atmosfera, o programa de educação musical de Villa-Lobos se adequava perfeitamente bem, como parte da propaganda varguista. Apesar de as gigantescas apresentações ao ar livre lembrarem os encontros de massa promovidos pelos fascistas, organizados à mesma época na Europa, havia notáveis diferenças entre eles – assim como entre a ditadura de Vargas e o nacional-socialismo europeu. Segundo David Vassberg, Villa-Lobos claramente exagerava a significação nacionalista de seu programa, de modo a atrair

CAPÍTULO V – VILLA-LOBOS E A DÉCADA DE 1930

o interesse do governo, mas sem dúvida, o canto orfeônico "foi de enorme importância, seja como educação musical, seja como doutrinação ideológica e formação cívica".[354] Alternativamente, podemos considerar exagerada a conclusão de Vassberg, de que o canto orfeônico teria sido contribuição mais importante à cultura brasileira do que sua atividade como compositor. Isso até pode ser verdadeiro por uma perspectiva mais nacionalmente estreita, mas o fato de Villa-Lobos ser o único representante da música clássica brasileira a atingir estatura internacional no século XX também representa um grande serviço à cultura do país.[355]

O sexto volume do *Boletim Latino-Americano de Música*, publicado em 1946, contém as ideias mais assertivas de Villa-Lobos sobre a educação musical no Brasil. Ele também revela alguns pontos de partida de sua própria estética musical – embora suas posições não sejam apresentadas com o embasamento intelectual e a coerência, por exemplo, das palestras de Stravinsky sobre poética musical, dos estudos de Bartók sobre música folclórica ou do ensaio de Chávez sobre seu pensamento musical. Em seu discurso literário, Villa-Lobos adota o mesmo estilo caprichosamente associativo e improvisado de sua expressão musical.[356]

Villa-Lobos começa pela definição dos gêneros musicais, indagando quais são as diferenças entre música popular, folclórica e clássica. Em sua visão, a música folclórica é a expressão biológica de uma nação – assim como expressou que a composição era uma necessidade biológica para ele próprio. A música popular é aquela amada pelo povo – seja ela a *Rêverie*, de Schumann,[357] ou a *Tosca*, de Puccini. Já a música clássica representa "a mais alta expressão criativa de uma nação", que em seu melhor momento atinge "uma expressão humana universal". Pode-se, no entanto, considerar estranha sua afirmação de que "em arte, não há *liberdade* alguma sem o controle estrito e severo da *consciência*", em virtude do fato de que a produção villalobiana raramente transmite a sensação de controle e deliberação intelectual (veja-se, por exemplo, Ginastera, para quem compor era construção e ordem).[358] A classificação dos compositores em três tipos, dos quais especialmente aqueles que escrevem música para serem "originais" são condenados, lembra, na verdade, a opinião de Ginastera sobre duas espécies de artistas:

> Há os experimentalistas, pequenas criaturas de laboratório, que buscam apenas o novo, em tudo; e os criadores autênticos. Os primeiros são às vezes capazes de surpreender, de causar sensação por um breve momento. Os últimos seguem seus próprios caminhos.[359]

Na opinião de Villa-Lobos, há ainda outro tipo de compositor a ser condenado ou rejeitado: especialmente aquele que escreve "música de papel", sujeita a regras ou modas. Tal atitude tem repercussão sobre a educação musical, já que ele buscava, em sua reforma do ensino musical no Brasil, enfatizar a distinção entre música de papel e música a partir do som: "se a música não vive do som, não tem nenhum valor, qualquer que seja o estudo acadêmico que se lhe devotou".[360] Na visão de Villa-Lobos, uma consequência desse princípio para o ensino prático da música é que se deve familiarizar o aluno com os sons antes das regras. O estudante precisa aprender a sentir, a ouvir diferentes sons, a avaliar suas cores e individualidade e a combinar esses elementos uns com os outros. Melodia e harmonia devem ser aprendidas por meio da escuta. Em outras palavras, Villa-Lobos é adepto da análise auditiva da música, tal como é conhecida atualmente. Isso vai ao encontro das ideias do mais importante musicólogo russo da época, Boris Asafiev, que também enfatiza a significância das entonações como elementos sonoros: sem entonação, a música permanece meramente papel e não é transmissível à memória musical dos ouvintes.

A análise musical, tanto para Asafiev como para Villa-Lobos, deve ser baseada na escuta, na entonação interna. Villa-Lobos e Asafiev também dividem a mesma opinião – mencionada pelo

CAPÍTULO V – VILLA-LOBOS E A DÉCADA DE 1930

brasileiro como o terceiro tipo de compositor – de que apenas os compositores merecem escrever música, porque não podem viver sem ela. O conjunto de requisitos proposto por Villa-Lobos é quase uma citação direta da teoria da entonação de Asafiev. Os compositores devem estudar o passado musical de seus países "tanto no aspecto literário, poético e político como musical", pois só assim podem "chegar a compreender a alma do povo".[361] O russo também pensa que a música deve primordialmente ser parte da consciência social e coletiva, já que todos para quem "a música é uma necessidade cultural, irresistível e viva"[362] contribuem para a formação de uma tradição oral da música. A definição de "realismo musical" de Asafiev corresponde à estética da música villalobiana dos anos trinta:

> Quando eu afirmo que as fontes e raízes do realismo em música estão na comunicação entoativa do povo e o reconhecimento desses elementos socializantes da música nas composições do passado e do presente, eu tento fundamentar o problema do realismo musical na inquestionabilidade da experiência da comunicação musical, sobre os processos continuamente ocorrentes de assimilação, avaliação, reconhecimento e não reconhecimento da música dos ambientes dessas pessoas.[363]

Marcel Beaufils também observou a similaridade entre o programa de Villa-Lobos e a política musical oficial adotada pela União Soviética. Ele questiona:

> Até que ponto Villa-Lobos estava consciente dos movimentos pioneiros que influenciaram à mesma época o mundo musical soviético com tendências que emergiram nos primeiros meses de 1948, sendo codificadas sob a liderança de Zhdanov com o Decreto de fevereiro? O realismo socialista e a tradição popular defendiam-se contra duas frentes inimigas, o naturalismo musical e o atonalismo.[364]

Quando Katchaturian declarou aos músicos búlgaros, em 1952, que apenas o "aroma" da tradição folclórica deu a toda música sua cor nacional e que esse ideal foi alcançado apenas pelo exame "das entranhas da canção popular", suas crenças estavam, naturalmente, associadas com as ideias de Villa-Lobos. Pode-se entrever nelas um caráter inequivocamente reacionário e conservador, no contexto da música clássica ocidental da época. No entanto, antes que se comece a criticar a produção villalobiana desse período, é preciso lembrar que é a obra prática de um compositor que determina o valor de sua composição – seja sua ideologia o nacionalismo folclorista ou o vanguardismo internacional. Villa-Lobos, assim como Katchaturian, foi capaz de conquistar relevância como compositor, mesmo dentro do arcabouço estético-musical do nacionalismo folclorista. Além disso, o brasileiro foi capaz de desenvolver posteriormente seu estilo em uma nova direção, libertando-se de seu contexto nacional em prol de outro, universal.

Em um capítulo à parte, Villa-Lobos examina mais detidamente a formação de uma consciência musical brasileira. Ele diz que, desde 1930, empenhou-se para que a música fosse aceita como um fator cultural no Brasil, como parte da vida e consciência nacional. Ele não hesitou em iniciar a formação de um repositório de entonação brasileira, pela proposição de um programa diametralmente oposto ao de Schoenberg, que afirmava categoricamente que nenhum artista de alta classe deveria chafurdar na vulgaridade do *slogan* "arte para todos", já que, para ele, "se é arte, não é para todos, se é para todos, não é arte".[365]

Na visão villalobiana, as características psicológicas do povo, ou da "raça" brasileira, apontam claramente para uma direção: o ensino da música por meio do canto coral. No canto orfeônico, que não foi inventado por Villa-Lobos, mas já era conhecido em círculos musicais independentes na Europa desde 1800, ele entreviu vários fatores educativos: primeiro, os puramente musicais; em segundo, fatores socializantes, já que essa prática "reduz a individualidade

CAPÍTULO V – VILLA-LOBOS E A DÉCADA DE 1930

excessiva". Os princípios do canto orfeônico villalobiano se baseavam no manosolfa, sistema desenvolvido por Guido Arezzo, a partir de sinais com as mãos que correspondem às alturas. O sistema tinha vantagens evidentes para o caso brasileiro: podia ser ensinado rapidamente, mesmo para pessoas que não sabiam ler música, economizando a despesa com a aquisição de cadernos.

Espetáculos gigantescos foram organizados em estádios no Rio de Janeiro e em São Paulo, nos quais participaram de trinta a quarenta mil pessoas. Segundo Nicolas Slonimsky, em um desses eventos, um coro infantil apresentou uma canção em cânone, sobre as palavras "Bondade, Realidade, Amizade, Sinceridade, Igualdade, Lealdade", cujas letras iniciais formam a palavra "Brasil".[366] O coro do Orfeão de Professores, com duzentos e cinquenta integrantes, realizava concertos apresentando obras mais complexas, atuando como uma espécie de grupo experimental. Villa-Lobos menciona a visita de um compositor inglês, que trouxe uma peça apresentada à primeira vista pelo Orfeão de Professores, para assombro do convidado. A abrangência das ideias do compositor sobre a educação musical se manifesta no fato de uma parte dos concertos ser dedicada à apresentação de crianças com necessidades especiais e menores infratores, comovendo a audiência "com suas vozes inocentes".[367] Os concertos se destinavam a várias categorias sociais – deficientes mentais, presidiários, crianças abandonadas, operários etc. Assim, o programa educacional de Villa-Lobos tinha elementos de animação cultural que, em certos aspectos, anteciparam desenvolvimentos posteriores.

Por outro lado, o método orfeônico apresentava falhas incontestáveis, como a completa subordinação da música à doutrinação ideológica, como reforça o próprio Villa-Lobos: "no terreno da arte, a juventude deve ser educada na disciplina coletiva das massas, até a maioridade consciente, até o estágio de um povo civilizado".[368] Foi talvez por pura sorte que a maleabilidade e o curto alcance da sensibilidade brasileira, talvez aquela "ausência de caráter" a que Mário de Andrade se referia em *Macunaíma*, impediram a obediência cega a essas regras. Até mesmo a ilustração usada por Villa-Lobos, em defesa de seu método, é suficiente para colocá-lo em situação bastante questionável:

> Um menino de 12 anos (...), demonstrando grande aplicação ao ensino do canto orfeônico na 3ª série, tornou-se rebelde às primeiras aulas da 4ª série, por considerar as músicas "muito infantis para sua idade". Declarou não gostar de melodias carnavalescas, nem de ouvir o rádio em sua casa, só lhe agradando um certo gênero de músicas eruditas como a *Serenata*, de Schubert, ou as melodias de Strauss. Esse aluno, depois de compreender a necessidade de um preparo prévio com as músicas infantis, cantadas em conjunto, revelou-se um dos mais interessados nas aulas, melhorando sensivelmente na disciplina social.[369]

Logicamente, um exemplo em defesa do programa orfeônico, apresentado de forma tão ingênua, o faz perder credibilidade até mesmo no sentido mais puramente musical. Da mesma forma, alguns contemporâneos do compositor tinham suas reservas. Seu mais feroz detrator, o crítico musical Oscar Guanabarino, do *Jornal do Commercio*, que já era responsável pelos artigos mais hostis dedicados a Villa-Lobos, escreveu um dos ataques mais agressivos contra o músico, ao comentar a "Festa da cultura" no Rio, uma das primeiras apresentações públicas do canto orfeônico:

> Passaram-se poucos dias e vimos nos diários desta capital a notícia da nomeação do sr. Villa-Lobos para o cargo de Diretor (!) de canto coral a que serão submetidas as crianças que frequentam as escolas primárias da Municipalidade. Não nos conformamos com esse duplo desastre para a arte nacional. Todos viram, leram e ouviram o sr. Villa-Lobos afirmar que tinha contratos com empresários europeus para fazer executar suas composições em várias cidades da

CAPÍTULO V — VILLA-LOBOS E A DÉCADA DE 1930

Alemanha, da Áustria, da Suíça e dos Estados Unidos, e ao maestro Francisco Braga afirmou ele ter sido convidado diretamente por Lenine para ir à Rússia implantar a sua música monumental... e paradoxal (...).

Talvez estejamos em tempo de remediar essa catástrofe. Se o digno Interventor do Distrito Federal quiser emendar a mão e corrigir o erro de lesa pátria cometido por intermédio dessa maldita nomeação do grande ilustre sambeiro para o cargo de Diretor (!) da música coral no município, basta revogar o respectivo decreto e lavrar outro dando ao genial criador dos "Kankikis" dois ou três mil contos de subvenção para a propaganda, na Europa, das marchas e canções que figuraram no Carnaval e que vão ser estilizadas pelo autor dos trezentos e tantos *Choros* publicados em Paris e na China, onde o ilustre compositor é mais conhecido do que na sua própria pátria.

Para os compositores carnavalescos, a nomeação do sr. Villa-Lobos (...) tem alta significação, porque representa a oficialização do futurismo no Distrito Federal, onde já está oficializado o maxixe, que imperou desbragadamente no baile de gala realizado no Municipal (...).

O sr. Villa-Lobos ali mesmo, na Prefeitura, em concurso para uma das cadeiras destinadas ao ensino de música e solfejo às crianças das escolas primárias, fora reprovado (...), agora vai dirigir os professores que o reprovaram (...).

Villa-Lobos não tem ouvido musical. Sabem disso todos os professores de orquestra que têm estado sob sua batuta (...). Ora, num coro de doze mil crianças podemos acreditar que mil estejam afinadas; o resto forma uma algazarra cuja média tonal talvez se aproxime dos sons desejados (...), porque o seu ouvido está educado na dissonância constante dos seus arranjos musicais (...). Mas os coros, para a infância, devem ser consonantes, e Villa-Lobos a lidar com música consonante é o mesmo que meter o diabo dentro de uma banheira cheia d'água benta. Nasceu desafinado, cultivou sempre a desafinação (...).[370]

Essa crítica maliciosa talvez reflita a postura de certos círculos musicais ultraconservadores no Rio, mas também pode ser uma opinião ou perseguição pontual do crítico, já que o mesmo jornalista, pouco tempo depois, escreveu em termos positivos sobre um concerto do Orfeão de Professores, com regência de Villa-Lobos.

O programa orfeônico de educação musical, entretanto, obteve reconhecimento em vários quadrantes. Marguerite Long, em pessoa, afirmou em sua visita ao Brasil, em 1932, que, na França, nenhum coro orfeônico havia obtido resultados tão rapidamente como o Orfeão dos Professores, que cantava com tamanha perfeição. Francisco Curt Lange, um dos mais notáveis musicólogos na América do Sul, declarou, em um artigo na primeira edição do *Boletim Latino-Americano de Música* (1935), que

> (...) a obra empreendida é gigantesca (...), um laboratório que extrai a essência do povo brasileiro. Mas sobre essa base imensa que Villa-Lobos tão solidamente constrói – fato não igualado em nenhuma parte do mundo (...) – crescerá uma nova cultura, muito sólida e formosa.[371]

O outro lado do sucesso de Villa-Lobos se apoia na música escolhida como tema de ensino. Para ele, estava claro que a consciência musical de uma criança não podia ser forjada meramente pelo estudo dos mestres clássicos estrangeiros, mas pela assimilação – a um só tempo, racional e intuitiva – das melodias e ritmos da música popular. Como base "científica" para o uso do folclore musical, Villa-Lobos adotava o que foi posteriormente chamado pela antropologia de "ilusão arcaica" (Lévi-Strauss),[372] ou seja, a noção de que a mentalidade espontânea e subdesenvolvida de uma nação é análoga à de uma criança. Por isso, o folclore e a música popular são a chave para a nova educação musical.

Segundo Villa-Lobos, o uso de canções folclóricas nutre e estimula o interesse da criança, facilitando o aprendizado das

CAPÍTULO V – VILLA-LOBOS E A DÉCADA DE 1930

técnicas de canto coral. "É preciso, pois, explorar esse hábito no bom sentido humano e patriótico, procedendo-se a uma seleção rigorosa do material melódico a ser utilizado".[373]

A resposta villalobiana a essa proposição foi uma coletânea de documentos musicais para uso em escolas, que ele chamou *Guia Prático*. Talvez ele tenha conhecido os trabalhos equivalentes de Bartók e Kodály, já que anunciou a divisão de sua coleção em seis volumes, "obedecendo a um critério de classificação e de análise minuciosos".[374] No entanto, apenas o primeiro volume veio a lume, com centro e trinta e sete canções folclóricas infantis; os demais cinco volumes parecem ter permanecido no estágio de elaboração. A coleção de Villa-Lobos, de modo algum, pode ser comparada com os métodos científicos usados por Bartók – muito menos seus comentários sobre as melodias, pré-científicos por natureza ou, no máximo, especulações totalmente pragmáticas. Apesar disso, para quem estuda os elementos de música popular na obra villalobiana, a coleção e os comentários são muito úteis, já que as melodias recorrem em vários pontos de sua produção (muitos temas *naïve* na série da *Prole do Bebê*, quase irreconhecíveis de tão distorcidos, estão em sua forma original na antologia). O próprio compositor observa que, em alguns casos, "o tema é extremamente banal (...) do ponto de vista da música pura, mas que se torna interessante para o problema da educação musical".[375] Ele acrescenta que há outro meio para que "essas mesmas melodias, pobres e banais (...), endeusadas pelas pessoas que nunca tiveram educação estético-social-artística (...), sem nenhuma intuição do bom senso para poderem discernir ou apreciar as manifestações elevadas da música", possam tornar-se interessantes, usadas em conjunto com outros fatores melódicos. Para ele, em princípio, há duas maneiras de organizar a música de caráter artístico: o *arranjo* puro e simples e a *ambientação*, de acordo com a atmosfera original da melodia. A última compreende aspectos formais e harmonização, que Villa-Lobos descreve como "ambientar". No aspecto prático, as melodias da antologia são melodias em arranjos corais a duas ou três partes, melodias harmonizadas a quatro vozes ou escritas diretamente para um grupo instrumental, ou piano solo, ou para canto e piano.

Os seguintes exemplos ilustram o procedimento villalobiano de ambientação.

Exemplo 60. Villa-Lobos, *Carneirinho, carneirão*, *Guia Prático*, 1941, Irmãos Vitale.

A melodia "Carneirinho, carneirão" (*Guia Prático, n° 31*) (ex. 60) aparece na oitava peça da *Prole do Bebê n° 2*, "O ursozinho de algodão", da seguinte forma, como se a melodia em Dó maior viesse com acordes errados na região grave (ex. 61):

Exemplo 61. Villa-Lobos: *O ursozinho de algodão*, *Prole do Bebê n° 2*, Max Eschig.

CAPÍTULO V – VILLA-LOBOS E A DÉCADA DE 1930

Ou então a melodia nº 35 do *Guia Prático* (ex. 62), "Ó Ciranda, ó cirandinha", que serve como tema principal de sua peça mais conhecida, o "Polichinelo" da *Prole do Bebê nº 1* (ex. 63).

Exemplo 62. Villa-Lobos: Ó *Ciranda, ó cirandinha*, *Guia Prático* nº 35, 1941. Irmãos Vitale.

Exemplo 63. Villa-Lobos: O *Polichinelo*, *A Prole do Bebê nº 1*, Max Eschig.

267

A próxima melodia, "Garibaldi foi à missa" (n° 58), já havia sido "ambientada" no *Guia Prático* (ex. 64) e é transformada de modo quase grotesco em "O cavalinho de pau", da *Prole do Bebê n° 2* (ex. 65), fazendo lembrar algumas peças humorísticas de Bartók, como *Tipsy*.

A seguir, outro exemplo divertido da técnica de ambientação villalobiana e sua maneira surpreendente de usar elementos da música artística ocidental em tal contexto – afinal, para ele, qualquer música atraente ao ouvido pode ser considerada popular. Então, por que não usar a "Marcha dos Cavaleiros do Santo Graal", do *Parsifal*, de Wagner, como fundo para a melodia de "O castelo"? (ex. 66).

Exemplo 64. Villa-Lobos: *Garibaldi foi à missa, Guia Prático*, 1941, Irmãos Vitale.

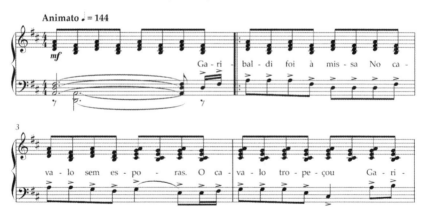

Exemplo 65. Villa-Lobos: *O cavalinho de pau*, *A Prole do Bebê n° 2*, Max Eschig.

Exemplo 66. Villa-Lobos: *O castelo*, *Guia Prático*, 1941, Irmãos Vitale.

Conforme já observado, a classificação feita por Villa-Lobos não pode ser comparada com os modelos sutis de interação entre música clássica e folclórica feitos por Bartók. Em primeiro lugar, Bartók e Villa-Lobos têm atitudes muito diferentes em relação à música popular. Enquanto Villa-Lobos assume a banalidade das melodias em sua coletânea (com o que Mário de Andrade dificilmente teria concordado), Bartók declara logo de saída em uma etapa inicial de sua obra: "nossas melodias populares são modelos da mais elevada completude artística. Eu as considero obras-primas equiparáveis às grandes formas nas fugas de Bach ou sonatas de Mozart".[376]

Apesar disso, a banalidade das melodias usadas por Villa-Lobos não pode ser usada como argumento contra a música que criou com base nelas (como faz Guanabarino). Schoenberg desaprova as críticas feitas aos temas de Mahler, que seriam aplicáveis a si próprio: "a arte não depende de um único componente; portanto, a música não depende do tema".[377] Também em Villa-Lobos importa mais o uso e significado do tema como um todo – não importa quão banal seja –, ou a estética geral da obra em que está inserido. Ele seria comparável a Erik Satie, em cuja música a banalidade se transforma em ironia. Por outro lado, comparando os ensaios de Bartók sobre música folclórica com os textos de Villa-Lobos, percebemos que, devido ao contexto europeu, o húngaro tinha de lidar com questões que não se aplicam a Villa-Lobos. Isso é especialmente verdadeiro se pensarmos nos ensaios bartókianos *Volksliedforshung und Nationalismus* ("Pesquisa de canções folclóricas e nacionalismo") e *Rassenreinheit in der Musik* ("Pureza racial na música").[378]

Neles, Bartók pondera sobra a associação da pesquisa do folclore musical europeu com o nacionalismo, em que cada nação afirma possuir sua própria música popular, *ureigenes Volksliedmaterial* ("material folclórico original"). Bartók, compreensivelmente, considera essa atitude como "sensibilidade patológica", já que a comparação entre melodias de diferentes povos comprova o princípio de intercâmbio que prevaleceu entre eles: assim, uma melodia húngara migra para a Eslováquia e se torna "eslovaca"; a variante "eslovaca" dessa melodia pode retornar à Hungria, onde se torna "húngara", embora não seja mais a mesma coisa que a original. O fluxo correspondente de melodias pode presumivelmente ocorrer

CAPÍTULO V – VILLA-LOBOS E A DÉCADA DE 1930

entre música artística e folclórica: por exemplo, as modinhas foram melodias românticas da música clássica europeia que se tornaram populares no Brasil, onde foram transformadas para ser a base do folclore urbano. Em troca, Villa-Lobos resgatou a modinha dessa fonte e a devolveu à música artística, enquanto, ao mesmo tempo, lhe dava sua própria conotação. E é igualmente claro que, ao se ouvir uma modinha em uma das *Bachianas Brasileiras*, percebem-se essas diferentes camadas, o retorno a uma época mais antiga, o empréstimo do folclore, assim como uma nova elaboração artística típica da música modernista do início do século XX.

Já a questão racial, abordada por Bartók, é insignificante para Villa-Lobos, que parte do princípio de que todos os variados agrupamentos étnicos do Brasil são aceitáveis como um estilo nacional. Dessa maneira, ele concretiza – particularmente nos *Choros* – o uso da música folclórica na realização de sua arte, algo que Bartók não levou em consideração ao fazer sua classificação: a integração de gêneros de música folclórica de diferentes regiões em uma única composição, às vezes na mesma melodia. Esse tipo de procedimento foi estudado por Ana María Logatelli de Pérgamo em seu ensaio sobre as raízes da música latino-americana, adotando como base o ciclo de canções argentinas de Ginastera:

> Há certas composições que reúnem cadências, vocalizações e esquemas rítmico-melódicos de diferentes gêneros, livremente elaborados pelo compositor. Assim, encontramos, em determinadas canções de câmara argentinas, traços melódicos da *vidala*, *baguala* ou *milonga*, com figurações de acompanhamento da *chacarena* ou *gato*.[379]

Isso significa que um compositor não mais cria a partir de um único gênero de folclore, mas que se esforça para assimilar toda a essência dessa música. Talvez isso corresponda à última categoria de Bartók, como se a ideia pudesse ser interpretada. Para

Logatelli, esse último caso se aplica especificamente a Villa-Lobos, assim como o caso seguinte:

> Obras que combinam elementos de diferentes gêneros, mas que não pertencem mais ao folclore local, com origem em diferentes regiões; de fato, podem-se encontrá-los lado a lado nos componentes da música indígena, africana, portuguesa, ou hispano-americana, cujas combinações se cristalizam em obras que não são mais nacionalistas, mas americanas.[380]

Dificilmente se poderia definir de forma mais adequada a estética dos *Choros* de Villa-Lobos, talvez um caso único na história da música latino-americana a realizar tal síntese. Em contraste, as *Bachianas*, no que diz respeito à influência da música folclórica, são extremamente brasileiras, ou, podemos dizer, meramente brasileiras, e, portanto, obras exclusivamente nacionalistas.

Em todo caso, quanto à teorização, Villa-Lobos jamais foi capaz de formular conceitualmente o que ele próprio havia criado no campo da música, toda a riqueza e variedade de formas com que a influência da música folclórica sobre a artística se manifesta em suas obras. Como a pesquisa musical também fazia parte do Instituto de Canto Orfeônico sob sua direção, ele elaborou teorias próprias sobre o "sincretismo musical das raças" e criou um quadro com todos os elementos que influenciaram a música brasileira. Apesar do espaço dado a quase todas as culturas musicais do mundo, sua teoria reflete uma maneira etnocêntrica de olhar para a música do mundo, a partir do Brasil.[381]

Figura 2. *Visão de Villa-Lobos sobre a origem da música brasileira. A: origem da Música; B-C: formação da cultura musical; D: concentração e expansão da cultura musical; E: linguagem musical germânica; F: música ibérica; G: a linguagem musical viva e alegre; H: linguagem musical sentimental e apaixonada; I: linguagem mista, com várias cores: 1) 1º canal*

CAPÍTULO V – VILLA-LOBOS E A DÉCADA DE 1930

de importação de música estrangeira; 2) rítmica; 3) religiosa; 4) indígena (autóctone); 5) alemã; 6) comunicação com culturas estrangeiras; 7) influência social desde 1918; 8) influência indígena AL; 9) intercâmbio de entonações variadas; 10) transmissão de entonações do Oriente.[382]

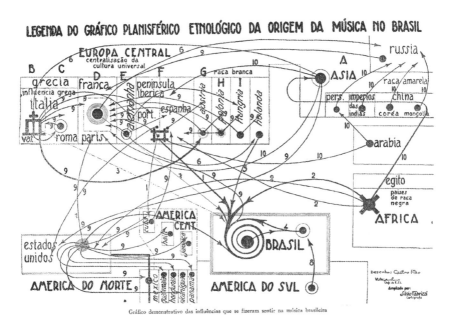

Gráfico demonstrativo das influências que se fizeram sentir na música brasileira

É interessante comparar o programa de música popular e pedagógico de Villa-Lobos com a proposta correspondente de outro compositor latino-americano, Carlos Chávez. Ele também foi convidado, por um governo revolucionário, a criar um programa de educação musical, cujos princípios estão associados com os do brasileiro. Novamente, vemos um interessante sincronismo dos eventos e movimentos intelectuais, como foi o modernismo dos anos 1920, que se disseminou simultaneamente pela jovem *intelligentsia* latina no México, assim como em Cuba e no Brasil. Quando Chávez tornou-se diretor do Conservatório Nacional do México em 1928, o currículo era árido e dogmático, a teoria dominava a prática. Ele compôs muita música com finalidade didática, seguindo o princípio da complexidade crescente passando por tonal, modal, pentatônico, diatônico, cromático e dodecafônico. O ensino do contraponto podia levar o aluno a escrever em um estilo que não mais correspondia à realidade.[383]

Villa-Lobos também teve de compor, arranjar e ambientar grande quantidade de música com finalidade pedagógica. Na verdade, a simplificação do estilo composicional de Chávez e Villa-Lobos à época pode ser explicado por esse programa músico-sócio-pedagógico: ambos visavam à comunicação com vários níveis da sociedade, com música que, sem debandar para a banalidade e o comercialismo, representasse a realidade musical nacional, levando em consideração a natureza de seu desenvolvimento e sua capacidade de recepção. Assim ambos chegaram a uma representação de "realismo" musical – quase no mesmo sentido de Asafiev. Mais tarde, Chávez escreveu:

> Quando fui nomeado diretor do Conservatório Nacional do México em 1928, tive de enfrentar vários problemas, de ordem técnica e social (...). Entre eles estava a ideia de uma escrita simples, melódica, com certo sabor mexicano, com dignidade e nobreza de estilo; música ao alcance de uma grande massa popular (...). Esse plano incluía a criação de grupos corais em uma organização muito expandida, além da contribuição de compositores. Levou um bom tempo até conseguir algo (...). A experiência mexicana mostra que o artista criativo sentiu intimamente o desejo de uma relação mais direta e imediata com a plateia – um diálogo sem quarentena. Lembro-me de compositores nos Estados Unidos, que após terem experimentado técnicas avançadas, tentaram idiomas muito mais simples e acessíveis, Aaron Copland, principalmente. Na Alemanha há o caso bem conhecido de Kurt Weill. Se os compositores estadunidenses tinham algum projeto sociopolítico em mente quando se sujeitaram a esse período de simplificação, não sou capaz de afirmar, mas bem pode ter sido uma das razões.[384]

CAPÍTULO V – VILLA-LOBOS E A DÉCADA DE 1930

Chávez poderia ter mencionado Villa-Lobos como uma extensão, posto que o segundo, assim como ele, tinha objetivos claramente políticos e musicais em mente, do mesmo modo que, incidentalmente, alguns compositores soviéticos do período, sendo um ótimo exemplo a fase de Prokofiev logo após seu retorno à Rússia. Mas Villa-Lobos era tipicamente incapaz de adotar um distanciamento crítico de modo a esmiuçar e analisar o que o leva a agir. Sua disposição em fazer declarações sobre sua atividade como compositor não deve ser confundida com esse tipo de autocrítica. Mesmo assim, a despeito de seu programa político prático e ideológico, ele atingiu tamanha qualidade em algumas de suas obras dos anos 1930 que essas em nada lembram a confusão e a agitação de sua atividade político-educativa que circundavam sua criação.

O retorno a Bach

Outro elemento importante no programa de canto orfeônico, além da música popular/folclórica, era a música de J. S. Bach. As primeiras experiências de Villa-Lobos remontam a sua infância, quando os prelúdios e fugas do *Cravo Bem-Temperado* lhe eram tocados por sua tia.[385] Pode-se dizer que, nas *Bachianas*, ele retorna às raízes musicais de seu próprio subconsciente. Todas as suas declarações sobre Bach são essencialmente mistificadoras; para Villa-Lobos, o mestre alemão "é o manancial folclórico de todas as nações". Mas tais comparações por vezes se manifestam mais concretamente, sugerindo a existência de elementos do contraponto bachiano em canções folclóricas brasileiras. No entanto, Villa-Lobos jamais deu substância a essa teoria e não forneceu um único exemplo sequer, de modo que ela permanece tão vaga quanto o conceito de Lévi-Strauss sobre a "fuga" como princípio formal, recurso que os nativos brasileiros teriam usado por milhares de anos como estrutura de seu pensamento mítico, antes da invenção dessa técnica no campo da música erudita europeia.[386]

Para Villa-Lobos, "a música de Bach vem do infinito astral para se infiltrar na terra como música folclórica, e o fenômeno cósmico se reproduz nos solos, subdividindo-se nas várias partes do globo terrestre, com tendência a universalizar-se".[387] Em outro texto, ele reafirma sua crença de que a música de Bach é um dos mais sagrados presentes para a arte mundial, alertando que "sendo tão imensa e tão profunda, torna-se perigosa a sua divulgação nos meios sociais que não estejam devidamente iniciados para senti--la". E ele vai além: "a maior substância técnica e psicológica da inspiração de sua monumental obra está baseada no canto livre da terra, através das expressões espontâneas dos homens simples e inconvencionais".[388] Em outras palavras, para Villa-Lobos, Bach não deveria ser trivializado – embora, paradoxalmente, o compositor brasileiro tenha sido acusado justamente disso nas *Bachianas*, por alguns críticos. Para Villa-Lobos, a música de Bach tem valor pedagógico, e os coros orfeônicos apresentaram seus arranjos para obras do compositor alemão. A ideia de que a música bachiana seja baseada no "canto livre da terra" parece aludir aos corais protestantes que Bach escreveu. Se até Bach pode usar "música folclórica" como material para sua arte, por que não Villa-Lobos? Amparado por esse princípio, ele acrescentou às suas *Bachianas* diversas peças que foram compostas em diferentes ocasiões e se tornaram muito apreciadas, com melodias do folclore brasileiro ambientadas pelo espírito neobarroco.

A prática musical à época de Bach pode ser usada como argumento, refutando a tese de que a existência de vários arranjos e orquestrações de algumas das *Bachianas* comprovariam a irrelevância da instrumentação. O uso pedagógico da música de Bach no contexto do canto orfeônico foi registrado por Villa-Lobos, ao descrever o seguinte experimento:

> Já uma vez submetemos a um teste de apreciação imprevista, numa reunião de mais de 2000 operários, dois "Prelúdios" e duas "Fugas" de Bach, cantados por um corpo coral de

CAPÍTULO V – VILLA-LOBOS E A DÉCADA DE 1930

200 professores de canto orfeônico, obras essas que possuem incontestável afinidade de células melódicas e rítmicas com certo gênero de música popularesca sertaneja. Tivemos antes, o cuidado de prevenir a esse auditório que iam ouvir músicas de vários gêneros de autores nacionais e do maior compositor de todas as épocas, *sem mencionar os nomes nem os títulos*, para que fosse julgado sem nenhuma sugestão de ânimo nem influências estranhas ao estado de espírito em que se achavam no momento. Ouviram religiosamente o programa, mas aplaudiram muito mais as obras de Bach.

De outra vez, apresentamos mais ou menos o mesmo programa a um outro auditório, que possuía o mesmo nível de mentalidade apreciadora, porém prevenimos anteriormente que iam ouvir a música de J. S. Bach e de autores nacionais cujos nomes mencionamos. O resultado. Não apreciaram devidamente Bach e aplaudiram justamente as obras dos autores que o auditório mais conhecia pelos nomes.[389]

Esse teste foi considerado por Villa-Lobos como evidência da relação interna entre Bach e o folclore musical brasileiro. Em seu estudo sobre as *Bachianas*, Adhemar Nóbrega demonstra que pequenas alterações podem transformar uma textura de Bach em um choro.[390] Os exemplos oferecidos são inegavelmente esclarecedores. Assim, quando a figuração de acompanhamento da "Courante" da *Partita em Mi menor* (BWV 830) é sincopada, com algumas simplificações rítmicas na parte superior, chegamos a um resultado que soa inquestionavelmente como música brasileira (ex. 67):

Exemplo 67. Adhemar Nóbrega: *As Bachianas Brasileiras*. Museu Villa-Lobos, Rio de Janeiro, 1971.

Do mesmo modo, se a "Badinerie" da *Suíte em Si menor* (nº 2 para flauta e cordas, BWV 1067) é tocada em tempo mais rápido, pode-se tomá-la como um exemplo da virtuosidade do flautista de choro carioca (ex. 68), ou então a *Invenção a 2 vozes* em Fá menor (ex. 69), interpretada com expressividade exagerada, enfatizando seus intervalos de sexta, pode soar como uma autêntica modinha.

Exemplo 68. J. S. Bach: *Badinerie* da *Suíte em Si menor*, BWV 1067.

Exemplo 69. J. S. Bach: *Invenção a 2 vozes em Fá menor*.

É exatamente por causa desse encontro entre Bach e música folclórica/popular que a originalidade de Villa-Lobos é comparada com o "retorno a Bach" de outros compositores do século XX. Segundo Giselher Schubert, as *Bachianas Brasileiras* de Villa-Lobos não pertencem à velha tradição europeia, mas – conscientemente ou não – à vanguarda europeia, já que a admiração por Bach naquela época foi um fenômeno caracteristicamente europeu.

Schoenberg e Webern também adaptaram música de Bach. No pensamento musical germânico, enfatizava-se a "linearidade" e condução de vozes da textura de Bach, associadas com a ideia de movimento "objetivo" e "impessoal" afastado da noção de desejo; com isso, buscava-se a superação do romantismo tardio.[391] Hindemith é um dos mais óbvios representantes dessa interpretação de Bach: sua *Kammermusik nº 4*, por exemplo, um concerto para

CAPÍTULO V – VILLA-LOBOS E A DÉCADA DE 1930

piano e cordas – que, a propósito, foi apresentado juntamente com as *Historietas* para canto e piano, de Villa-Lobos, no Festival de Veneza, em 29 de agosto de 1925,[392] –, explora com frequência um estilo neobarroco agressivamente diatônico, com métrica estrita. Essa textura aparentemente pode lembrar algo da música de Bach, sem, todavia, reproduzir sua típica tensão harmônica.[393]

As *Bachianas*, por sua vez, são mais convencionais do ponto de vista harmônico, embora tão livres de tensão quanto Hindemith, se comparadas com seu modelo. Críticos como Wilfred Mellers costumam falar sobre a impossibilidade de um compositor moderno começar do mesmo ponto em que Bach começou, como se tudo o que a forma-sonata representa jamais tivesse acontecido.[394] Isso, no entanto, não se aplica à música artística brasileira, na medida em que toda a tradição clássica era virtualmente não existente em toda a cultura latino-americana, não só na música, como também em todas as demais artes e na cultura do espírito em geral. Portanto, é natural que Bach não traga para Villa-Lobos o lastro da tradição europeia no mesmo nível que representa para Busoni, Reger e o próprio Hindemith – a despeito da estética musical utilitária e modernista do último. Na verdade, Hindemith percebeu que, se um compositor moderno pretende criar música polifônica tão convincentemente quanto Bach, isso precisaria acontecer dentro do contexto sonoro de sua própria época. Nesse sentido, sua visão é claramente diferente daquela expressa por Villa-Lobos, tanto quanto todo o período das *Bachianas* se afasta das releituras europeias de Bach. César Franck já seguia o princípio acima mencionado em suas imitações de Bach; o contraponto de *Prélude, Chorale et Fugue* é sempre conduzido pela harmonia: a fuga lembra o sujeito da Fuga em Si menor do *Cravo Bem-Temperado I*, mas o tema de Franck, todavia, é um mero pretexto para uma progressão harmônica baseada no cromatismo wagneriano.[395] Do mesmo modo, Stravinsky funde suas citações de Bach com sua característica harmonia de fundo; um bom exemplo é o "Great

Chorale", de *A História do Soldado*. Temos aí acordes ao fundo, novamente temperando com ironia toda essa citação, que começa como uma paródia de um coral de Bach, por sinal muito adequada, já que ela descreve um hino ao diabo.

Stravinsky deixa sem resolução as sétimas maiores e nonas menores, típicas de Bach, as cadências, repetidas percussivamente, não têm qualquer relação tonal entre si. Assim Stravinsky, por assim dizer, desumaniza Bach com maneirismos barrocos de modo totalmente diverso do período barroco em si. Essa estratégia está mais próxima de Villa-Lobos do que de Franck ou Hindemith, com a diferença de que a atitude basicamente cínica de Stravinsky é inteiramente alheia à estética villalobiana. O efeito de deslocamento alienante não tem lugar no estilo bachiano do brasileiro; o que lhe interessa é o som caloroso e sensual, seja da orquestra, conjunto de câmera ou solista, sugerindo ao ouvinte uma atmosfera na qual possa se identificar com a natureza e sensibilidade brasileiras.

Também para Milhaud, a música de Bach foi ponto de partida para o pensamento harmônico. Muitas vezes a impressão sonora despertada por sua música parece ser muito "moderna", quase como *clusters* sonoros devido às numerosas tonalidades superpostas; mesmo assim pode-se distinguir o diatonismo nas diferentes vozes, na concepção musical e textura; a estrutura formal segue fielmente o esquema barroco da época de Bach.[396] Isso é particularmente certo no cânone situado no *finale* da *Quarta Sinfonia de Câmera*, de Milhaud. Soluções tão complexas e arquitetonicamente premeditadas não são encontradas em Villa-Lobos; com ele, a bi ou politonalidade emerge principalmente da independência entre as partes e camadas, ou por causa de uma determinada cor sonora almejada, mas muito raramente como um princípio construtivo deliberado. No entanto, se pensarmos no balé *La Création du monde*, de Milhaud (ex. 70), em que o ritmo e o timbre do *jazz* são combinados com o estilo de Bach, podemos admitir que não estão muito distantes de algumas das fugas e obras orquestrais ouvidas nas *Bachianas*.

Exemplo 70. Milhaud: *La création du monde*, Max Eschig.

Nesse prelúdio, o uso do saxofone dá um sabor especial à figuração barroca – parecido com aquele do primeiro movimento da *Bachianas nº 2*. A fuga de Milhaud (ex. 71), por sua vez, adota a sincopação do *jazz*, com algumas de suas fórmulas melódicas típicas (visível nos cromatismos):

Exemplo 71. Milhaud: *La Création du monde*.

Esse caso é comparável com a sincopação usada no tema da fuga da *Bachianas Brasileiras nº 1*, embora seja evidente que as *Bachianas* e os *Choros* não precisaram recorrer a Stravinsky ou ao *jazz*, para encontrar figuras rítmicas e um tratamento do contraponto como esse (ex. 72):

Exemplo 72. Villa-Lobos: *Bachianas Brasileiras nº 1*, 3º movimento.

A relação de Milhaud com Bach fica clara pelo que ele escreveu no ensaio sobre politonalidade e atonalidade para *La Revue Musicale*: para ele, quando se leem as duas partes de um cânone no estilo de Bach, elas geralmente trazem à mente a possibilidade de harmonização em duas tonalidades diferentes. Com efeito, já em Bach, sentimos o desejo de deixar que cada voz siga sua própria tonalidade.[397] Como demonstração, Milhaud cita um dueto de Bach que pode ser racionalmente analisado em duas tonalidades diferentes e simultâneas (ex. 73).

Exemplo 73. J. S. Bach: *Dueto n° 2 em Fá maior*, BWV 803.

Esse tipo de raciocínio não é encontrado em Villa-Lobos, tampouco seus escritos enveredam por ponderações intelectualmente correspondentes. Seria igualmente artificioso interpretar os acordes de sexta aumentada, tão comuns em sua música (o primeiro acorde da *Bachianas n° 1*, por exemplo), como duas tonalidades, da maneira que Milhaud gostaria de ouvir, demandando alguma mudança na psicologia e hábito de escuta. Do mesmo modo, o acorde de nona com sétima rebaixada geralmente não evoca, em Villa-Lobos, duas tríades superpostas (por exemplo, Dó maior e Sol menor, quando o acorde em questão está construído sobre a nota Dó).

CAPÍTULO V – VILLA-LOBOS E A DÉCADA DE 1930

Arnold Schoenberg prefere ver Bach como um reflexo de sua própria teoria. Ele afirma, jocosamente, que Bach seria o primeiro compositor dodecafônico, já que o sujeito da Fuga nº 24, em Si menor (*Cravo Bem-Temperado I*), contém todas as doze notas da escala cromática.[398] Certa estreiteza de pensamento pode ser atribuída a Schoenberg pelo fato de ele se espantar com o contraste entre os prelúdios e fugas de Bach. Para Schoenberg, apenas as fugas são aceitáveis como forma de "grande arte", o que não caberia para os prelúdios, que superficialmente admitem a simples ocorrência de temas "escapando uns dos outros".

Schoenberg considera inferiores as passagens de sequências e ostinato – formas musicalmente infantis, tal como faz Adorno ao comparar Schoenberg e Stravinsky em *Filosofia da Nova Música*. Para Schoenberg, deve haver algum mistério oculto e não solucionado nessa combinação entre superficialidade e complexidade.[399]

As *Bachianas* seriam certamente consideradas por Schoenberg como "música degenerada", pois nelas o contraste entre prelúdio e fuga é ainda mais nítido, geralmente com um prelúdio extremamente lento, imerso em uma dinâmica do desejo, e uma fuga extremamente rítmica e enérgica. Nas fugas, o ponto culminante é reforçado com grandes *tutti* orquestrais, coincidindo com estretos temáticos e sequências. Giselher Schubert faz uma interessante observação quanto ao uso funcionalmente distinto das sequências de Villa-Lobos em relação a Bach; se, no segundo, as sequências servem como transições, no primeiro, elas são modificadas para que atuem como tema principal.[400] Nesse sentido, a técnica de composição do brasileiro é próxima à de Wagner (ex. 74), embora as sequências, ornamentos (geralmente típicos mordentes) e outras figuras melódicas usadas por ele nos façam lembrar do estilo barroco.

Exemplo 74. Wagner: *Die Meistersinger*.

Em todo caso, certas sequências em Wagner são geralmente dotadas de uma tensão tonal, aumentando dramaticamente a cada passo, o que provoca uma diminuição na própria figuração da sequência, à medida que se aproxima do clímax. Em oposição, as sequências villalobianas não têm uma tensão tonal correspondente – com exceção da seção de desenvolvimento no "Prelúdio" da *Bachianas nº 4* –, mas a repetição das sequências é geralmente percebida como uma redundância tranquilizadora.

A polifonia em Dó maior de *Die Meistersinger* pode ser vista como um modelo para Villa-Lobos, o que seria totalmente impossível para Hindemith ou Milhaud, para quem o estilo neobarroco era justamente uma arma contra o wagnerismo e o romantismo tardio. Mas não há contradição entre o neoclassicismo e o romantismo de Villa-Lobos, já que a orquestração de muitas *Bachianas* é mais próxima do romantismo do que o impressionismo ou do primitivismo stravinskiano. Eis porque o retorno à Bach de Villa-Lobos é, em essência, relacionado acidental e superficialmente com o fenômeno correspondente na Europa dos anos 1920.

Na verdade, as *Bachianas* se assemelham ao estilo de dois compositores "nacionais", Carlos Chávez e Dmitri Shostakovich.

No programa educacional de Villa-Lobos, discutido anteriormente, foi feita uma comparação com o projeto correspondente de Chávez, valendo ressaltar que toda essa atividade educacional

CAPÍTULO V – VILLA-LOBOS E A DÉCADA DE 1930

também afetou a ambos de maneira similar, como compositores. Chavez fez arranjos para coros e, em 1937, orquestrou a "Chacona" em Mi menor, de Buxtehude, entre outros. Em paralelo, seu estilo mudou do primitivismo nativo da *Sinfonia India* para uma polifonia menos agressiva, estrutura mais simples e um neoclassicismo tingido pela modalidade.

O auge desse período está na série dos *10 Prelúdios* para piano, uma das obras-primas para o instrumento na América Latina. Sua rítmica é consideravelmente mais simples, comparada às mudanças métricas de obras de períodos anteriores. Tonalmente também, esses prelúdios são quase inteiramente baseados no pandiatonismo das teclas brancas; quase não há notas alteradas, ou como observou Robert Stevenson, são quase vinte páginas com nada além de Dó maior.[401] Eles seguem uma linearidade extremamente rigorosa. A interpretação sombria do mexicanismo de Chávez é manifesta pela economia de meios a unidade técnica e estilística concentrada em cada prelúdio. Sua imagem sonora contrasta com a sensualidade de Villa-Lobos: às vezes só deixam entrever uma severidade pedante. Na verdade, Chávez é tão fiel ao caráter mexicano nessas peças, quanto Villa-Lobos o é em relação ao caráter brasileiro nas *Bachianas*.

Para ambos, o retorno a Bach desempenha a mesma função. A simetria na construção dos prelúdios de Chávez, evidente tanto no plano global quanto nos movimentos paralelos entre as diversas partes, ilustra a estrutura fundamental de seu pensamento musical. Sabendo disso, é compreensível que ele veja estruturas similares ao "cubismo e formalismo abstrato" também nas artes visuais dos Olmecs, Toltecs, Maias e Astecas: ele reconhece quatro tipos diferentes de simetria válidas na música e na pintura: bilateral, radial (ou espelhada), invertida e duplamente invertida.[402]

Figura 3. Chávez. Tipos de simetria.

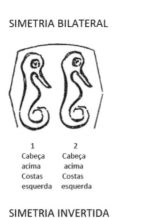

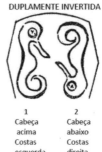

CAPÍTULO V – VILLA-LOBOS E A DÉCADA DE 1930

Quanto a Villa-Lobos, podemos falar em uma tradição barroca nas artes visuais brasileiras, sobretudo na arquitetura, ao menos como referência aos fatores que podem fazer essa combinação peculiar mais compreensível na história cultural do país.

A estrutura formal que ocorre na maioria das *Bachianas* é o simétrico ABA, com o efeito estático inerente a essa fórmula, compensado pela luxuriante elaboração da orquestração e dos temas, a ornamentação e a dinâmica. Eis porque a "simetria" de Villa-Lobos representa a falta de formação musical, conduzindo, em certos casos, à monotonia e à banalidade – o oposto de Chávez, cuja linguagem tonal do "período Bach" se passa em um nível de espiritualidade ascética, sem a menor alusão ao "folclorismo" (embora isso ocorra em sua *Obertura Republicana*).

Mais surpreendente pode ser a conexão entre as *Bachianas* e os *24 Prelúdios e Fugas*, de Shostakovich. A precariedade e austeridade da textura, o tratamento gráfico do piano e a rejeição a quaisquer elementos responsáveis meramente pelo colorido tonal fazem parecer que esse monumento da literatura pianística seja mais próxima dos prelúdios de Chávez do que de Villa-Lobos. Ainda assim, particularmente em alguns prelúdios de Shostakovich, a impressão é de absoluta relação com o modo como Villa-Lobos interpreta Bach de um ponto de vista brasileiro.

A série dos prelúdios e fugas de Shostakovich está relacionada a seus *12 Prelúdios* anteriores. Seu propósito inicial era servir como um exercício no estilo estrito; mas eles não são meramente um retorno temporão à linearidade de Stravinsky ou Hindemith, mas também refletem suas fontes nacionais, apesar de inspirados pelos festivais Bach, de 1951. Os tipos básicos nos *Prelúdios* são a sarabanda clássica (1º prelúdio), coral (4º prelúdio), um estudo pianístico com figurações virtuosísticas (2º e 21º prelúdios) e uma *passacaglia* (12º prelúdio). Mas os mais convincentes dentre eles são, ao mesmo tempo, reflexos das entonações musicais que recuam na história da música russa até Glinka, o qual ouvia o contraponto remanescente de Bach nos coros de camponeses russos. São de um tipo particularmente nacional o "Prelúdio n° 3", com seus efeitos corais em uníssono, a canção em marcha como segundo plano no "Prelúdio n° 9", e o sabor tradicional russo nos "Prelúdios n° 16" e "n° 20".[403]

Levando em consideração a similaridade mencionada anteriormente entre certos gêneros de música folclórica russa e brasileira, não causa espanto que alguns dos prelúdios de Shostakovich, com toda a sua "russianidade", soem como parentes próximos das *Bachianas*. Podemos comparar o início do 4° prelúdio (ex. 76) com uma passagem da *Bachianas n° 3* (ex. 75).

Nesse caso, não é apenas o *melos* sentimental da modinha que provoca o paralelismo, mas também a textura polifônica. Para ambos os compositores, Bach deve ter sido, em muitos sentidos, uma "fonte universal" de toda música – mesmo que Shostakovich e Villa-Lobos pertençam a categorias completamente diferentes de compositores. Ambos aplicaram princípios "bachianos" mesmo em outras obras sem intenção neoclássica; Shostakovich, por exemplo, na *passacaglia* do monumental movimento final de sua *Oitava Sinfonia*.

Exemplo 75. Villa-Lobos: *Bachianas Brasileiras n° 3*, Largo, Belwin Mills.

CAPÍTULO V – VILLA-LOBOS E A DÉCADA DE 1930

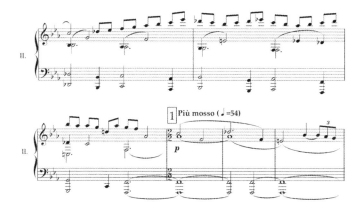

Exemplo 76. Shostakovich: *Prelúdio n° 4*, Op. 34, c. 1-8. ed. Peters Frankfurt-Leipzig.

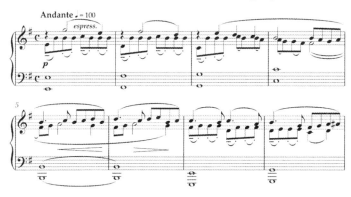

Por outro lado, assim como algumas das *Bachianas* fazem referência direta a alguma obra de Bach, também há nos prelúdios de Shostakovich paráfrases óbvias, como o "Prelúdio n° 10" (cf. o Prelúdio em Láb maior do *Cravo Bem-Temperado I*).

CAPÍTULO VI
BACHIANAS BRASILEIRAS

Há nove *Bachianas* no total, as quais, assim como os *Choros*, foram escritas para vários meios instrumentais. A reputação internacional de Villa-Lobos é, em grande parte, baseada nessas duas séries de obras, suas únicas criações mencionadas no abrangente *A History of Modern Music*, de Paul Collaer, uma listagem cronológica das obras mais importantes do século XX.[404] Devido à popularidade de algumas *Bachianas*, como o movimento final da nº 2 ou a "Ária" da nº 5, juntamente com as peças para violão, propalou-se a imagem de Villa-Lobos como um folclorista exótico cujas melodias agradam às massas e que deveria figurar entre os compositores de trilhas sonoras em Hollywood. Villa-Lobos tinha consciência disso, como mostra o relato de Adhemar Nóbrega, em que o compositor corrige um entrevistador que o apelidara de "o compositor das *Bachianas*": "não escreva 'o compositor das *Bachianas*'. Por que sempre as *Bachianas*? Eu tenho outras músicas mais sérias".[405] Ele evidentemente se refere a seus *Choros* e sinfonias, como talvez também à sua música de câmera.

Todos os movimentos das *Bachianas* têm dois títulos, um emprestado da tradição barroca e outro em português, o qual faz referência à cultura brasileira, principalmente aos gêneros de música folclórica/popular. A maioria dessas peças é organizada a partir de funções harmônicas tonais, com acordes coloridos com sextas, sétimas e outros intervalos não resolvidos. As formas mais extensas geralmente adotam os tipos convencionais de A-B-A, com pequenos acréscimos que promovem variedade. As formas mais curtas são articuladas pelos princípios binário ou ternário, assim como as melodias têm caráter de canção e grande extensão; em geral, essa música parece buscar uma certa qualidade vocal e sonora, precisamente no sentido em que Boris Asafiev descreveu o "estilo cantante"[406] como o ponto de partida para toda a música.

> Quando se diz, a respeito de um violinista, que seu violino "canta", esse é o maior elogio que se pode fazer. Nesse momento, escutamos não somente o músico, mas ouvimos o que seu violino está a cantar, superando a frieza da entonação instrumental. Não só o violinista, mas todo instrumentista se sente lisonjeado ao ouvir tal elogio. Quanto a tocar instrumentos, é comum dizer que há *inflexão*; se é um pianista, fala-se em *toque*, ou seja, a expressividade com que se toca no teclado, sobrepujando o "martelar", a percussividade desse instrumento.[407]

Todas as *Bachianas* atendem à ideia original da entonação *cantábile*. Esse é um aspecto que as distingue do fauvismo e vanguardismo dos *Choros*. Pode-se até falar em um novo estilo, que não pode ser reduzido ao romantismo tardio ou à sonoridade semi-impressionista do estilo inicial de Villa-Lobos, como propõe Lisa Peppercorn. No entanto, ela está certa em dizer que "(...) as ideias temáticas irradiam tamanha intimidade que é surpreendente o contraste com as obras anteriores"; Villa-Lobos abandona os motivos curtos e neutros, substituindo-os por longas linhas melódicas, em cantilena.[408]

CAPÍTULO VI – BACHIANAS BRASILEIRAS

As *Bachianas* podem ser apreciadas segundo os seguintes "códigos": 1) o código da música barroca: até que ponto se justifica o título "Bachianas" e qual seu lugar na história das releituras de Bach; 2) o código da música popular/folclórica brasileira: até que ponto as diferentes partes são realmente estilizações desses gêneros a que os títulos fazem referência; 3) o código da forma musical: como é organizada a forma nessas obras; 4) o código sonoro: a escolha e o emprego dos instrumentos, e como eles criam a imagem sonora individual de cada peça; 5) o código referencial: que lugar essas obras têm na história da música clássica do século XX, independentemente da influência de Bach; 6) o código estético: como o valor estético dessas obras pode ser descrito ou determinado, e em que termos.

Bachianas Brasileiras nº 1

(orquestra de violoncelos, mín. 8; 1930/1938; Associated Music Publishers)

Em 12 de setembro de 1932, a Orquestra Filarmônica do Rio de Janeiro apresentou em sua sede as *Bachianas Brasileiras nº 1* de Villa-Lobos, sob a batuta do compositor brasileiro Walter Burle Marx (que posteriormente se mudou para os Estados Unidos). A versão final tem três partes, mas somente as duas últimas foram ouvidas naquela ocasião. Por causa disso, Lisa Peppercorn, acertadamente conclui que o primeiro movimento foi composto mais tarde,[409] já que somente em 1938 essa obra foi estreada em sua totalidade, também no Rio, mas sob regência do compositor. Não há grande diferença estilística entre as três partes, embora se possa concordar com a opinião de Peppercorn, que os dois primeiros movimentos são mais bem-sucedidos que o último. A partir disso deduzimos uma característica que se mantém por toda a série, os movimentos têm pouca conexão entre si. Apesar de unificados estilisticamente, não há unidade temática ou uma "forma em larga escala" a ser atingida. São quase como *pot-pourris*, o que não é obrigatoriamente depreciativo; afinal, as cenas das óperas de Mozart e Wagner também podem ser apresentadas dessa forma. Isso não precisa conduzir necessariamente à conclusão negativa de Giselher Schubert:

> O que é característico das peças dessa série – contrariando à ênfase dada à unidade de composição pelos títulos – é a aleatoriedade e indiferença da temática, frequentemente emprestada de outras obras [...] e até a mutabilidade da instrumentação. Algumas dessas peças são como aglomerados incidentais de diferentes obras e reorquestrações.[410]

Ao mesmo tempo, nenhuma qualidade "sinfônica" pode ser atribuída a essas obras, pois seu valor musical reside em outros fatores.

A mudança em relação ao período anterior é considerável precisamente no nível estilístico, fato observado pelos críticos cariocas depois da estreia da *Bachianas nº 1*. Oscar d'Alava escreveu que Villa-Lobos surpreendeu a plateia com uma nova obra em que ele parece seguir o princípio de criar o novo sem rejeitar o antigo, de construir o futuro a partir do passado, de ser novo sem ser extravagante.[411] A obra agradou também a outro crítico, O. Bevilacqua: ele considerou a "Modinha" como uma inspirada obra romântica, com distantes reminiscências orientais (!) e a "Fuga" como uma evidente homenagem a Bach, embora o sujeito seja autenticamente brasileiro.[412] Todavia, a excepcional escritura para uma orquestra toda formada por cellocelos, não foi comentada pelos críticos, embora esse seja o aspecto talvez mais surpreendente na obra. Um conjunto de oito violoncelos a princípio não parece capaz de gerar efeitos sonoros variados, mas é exatamente isso que ocorre. Os instrumentos tanto emulam efeitos percussivos como melodias extremamente expressivas.

CAPÍTULO VI – BACHIANAS BRASILEIRAS

O primeiro movimento é chamado "Introdução" e "Embolada". Os primeiros compassos já revelam seu caráter básico, rítmico, como uma dança: "uma atmosfera de harmonia clássica que, ao mesmo tempo, é tipicamente brasileira", para concluir com uma citação do Museu Villa-Lobos.[413]

Exemplo 77. Villa-Lobos: *Bachianas Brasileiras nº 1*, c. 1-4.

Já nesse ponto percebe-se quão longe se está do retorno a Bach promovido na Europa à época, conforme Marcel Beaufils tão bem expressa: "o que está em jogo é uma certa atmosfera, enquanto na Europa, 'neo-Bach' é uma maneira de escrita (*écriture*)". Beaufils compara o acorde de abertura com a "dissonância inconsciente" das cordas do violão e a impressão de um desenho semiabstrato.[414] Essa analogia é sagaz, pois define o distanciamento de Villa-Lobos do material musical folclórico nessa obra. Na verdade, o problema de um estilo nacional é sempre em dois níveis: o primeiro é formado por uma cultura nacional como um todo, não só as manifestações musicais, mas também idioma, paisagem, costumes, em uma palavra, é aquilo a que Villa-Lobos aplica o termo "ambientação", mas que pode ser aplicável também ao conceito de *topofilia* do esteta japonês Yi-Fu Tuan.[415] Isso significaria a afeição de um compositor por um determinado lugar. O segundo nível consiste na linguagem sonora de um compositor, o nível da arte musical que transforma as estruturas do primeiro nível, mas cuja elaboração só é possível pela existência desse primeiro nível, a menos que o compositor seja um "gênio universal", o que até mesmo Mário de Andrade, em seu *Ensaio*, considera um caso especial. Mas a transformação pode ir tão longe que o primeiro nível básico parece desaparecer inteiramente: a linguagem sustenta com dificuldade os signos óbvios de nacionalidade, mas ainda pertence, em sentido semiótico, à rede nacional de cultura. Na "atmosfera" musical criada no começo do primeiro movimento da *Bachianas nº 1*, o nível básico foi, por assim dizer, meio disfarçado, mas apesar disso, continua bem perceptível.

Nesse caso, não é difícil reconhecer o nível básico, expresso no próprio título: a embolada é tanto dança quanto canção, parente próxima de outro gênero do folclore musical brasileiro, o coco. O coco é uma dança típica do nordeste, com forte influência africana, mas sua coreografia lembra as danças indígenas, especialmente dos tupis da área costeira. Por outro lado, também foi dançado nos salões das classes mais abastadas em Alagoas e na Paraíba, com um solista dançando e cantando no centro da roda, entre homens e mulheres. Os instrumentos de acompanhamento são tradicionalmente de percussão (ganzá, pandeiro e bombo); Luiz da Câmara Cascudo afirma jamais ter visto um instrumento de cordas acompanhando um coco.[416] O princípio estrutural se baseia em um refrão. Os versos apresentados pelo solista (especialmente no coco de embolada) costumam ser poeticamente interessantes. Segundo Luiz Heitor Correa de Azevedo:

> A meu ver o coco representa a fusão mais harmoniosa entre a musicalidade cabocla e a negra. A linha melódica continua a ter as singularidades que assinalam o canto sertanejo, em relação à tonalidade; bem como a ausência de pieguice e o espírito chistoso do caboclo. [...] Mas o canto a tempo,

CAPÍTULO VI – BACHIANAS BRASILEIRAS

marcado pelo ruído dos instrumentos percutidos e pelas palmas dos circunstantes, e a feição coreográfica, [...] deixam transparente a contribuição africana.[417]

Mário de Andrade detalhou certas diferenças entre o coco e a embolada. A embolada é baseada em uma métrica com oito pulsos, que às vezes se dividem em duas seções.[418] O formato cantado da embolada é dos mais populares no Brasil, narrando eventos históricos, criticando as pessoas e satirizando os costumes. Até mesmo o famoso poeta Catulo da Paixão Cearense, admirado e musicado por Villa-Lobos, escreveu emboladas. A popularidade da embolada tem origem em suas peculiares estratégias linguísticas: tautologias, aliterações, assonâncias e onomatopeias. Seu efeito se baseia no ritmo muito rápido, em um tempo que exige articulação perfeita do cantor, para que suas palavras possam ser compreendidas no contexto de um ritmo tão acelerado e extravagante. Os cocos mais conhecidos são usados como um refrão, tornando-se difundidos por todo o país. Na opinião de Renato Almeida, a embolada é um dos gêneros mais criativos, incorporando reminiscências de sons da natureza, cantos de pássaros, urros de animais, imitados onomatopaicamente dentro dos limites do ritmo rápido e acentuado do canto.[419]

Até que ponto traços do folclore autêntico na "Embolada" de Villa-Lobos? Pelo menos no plano estrutural, não há nada que lembre um refrão, a obra consiste basicamente em uma forma variação, em que o início e o final são idênticos. Ao cabo, se trata de um A-B-A, apesar da extensão considerável da seção intermediária.

No diagrama (Quadro 1), as letras minúsculas indicam os motivos que são componentes dos temas e frases. A forma da obra é, portanto, simétrica; a seção B/A é a única com caráter de desenvolvimento, elaborando simultaneamente os elementos temáticos das seções A e B, preparando o retorno para A. A estrutura tonal é convencional. O aumento na tensão é criado pela repetição dos motivos – como na seção B, onde o motivo d é repetido incessantemente até resolver em Mib maior na seção C. Esse motivo (d) pode ser considerado alusão às repetições textuais ligeiras das emboladas, assim como o solista no centro da roda. Esse motivo pode ainda lembrar a metade posterior do tema principal do *Bolero* de Ravel. Ele conduz sem interrupção à seção seguinte, dominada pela atmosfera luminosa de Mib maior, suavizada pelas terças e quintas paralelas usadas como pedal: assim é criado um pano de fundo para um tema que lembra mais o classicismo vienense que o barroco, abrasileirado pelas síncopas. O desenvolvimento, na seção B/A, chama a atenção por ser um dos mais belos exemplos nas *Bachianas*, e na obra villalobiana em geral, de uma textura polifônica empregando meios extremamente simples.

Quadro 1: estrutura formal da *Embolada, Bachianas n° 1*.

Seção	Motivos	N°	Tonalidade
A	a', a", b, a"', c	0-3	Dó menor
B	d', d", d"', d"", d""'	3-8	Modulatória
C	e', e"	8-9	Mib maior
D	f', f", w¹	9-11:7	Láb maior
E	g (figura x, 6 vezes), w², h, h, h', h', f, g, w², h, h, h (dim.)	11:8-16	Fá maior
B/A	d (desenv. em semicolcheias) b (desenv. de sextas)	16-18	Dó menor
A	a', a", b, coda		Dó menor → Dó maior

O segundo movimento é o "Prelúdio" com subtítulo "Modinha" – sendo a modinha o gênero de música popular talvez mais presente na obra de Villa-Lobos. No entanto, em toda a série das *Bachianas*, provavelmente não há uma única citação de uma melodia de modinha, mas os arranjos de Villa-Lobos (muito mais do

CAPÍTULO VI – BACHIANAS BRASILEIRAS

que simples arranjos) são mais modinheiros que as modinhas em si. Em contraste com a música de dança ao ar-livre do movimento anterior, essa parte tem uma devoção interna, uma qualidade realmente inédita na obra do compositor. Ele já havia escrito algumas melodias lentas e languidamente sensuais (como o famoso solo de violoncelo em "O canto do cisne negro", do poema sinfônico *Naufrágio de Kleônikos*), mas esse tipo de interioridade sublime e incorpórea, com conotações religiosas, ele ainda não havia tentado. Posteriormente, esse estado de espírito intimista mudou para a *saudade* de seu período final, a nostalgia pela juventude. A forma do movimento é a seguinte (Quadro 2):

Quadro 2. Esquema formal do *Prelúdio* ("Modinha") da *Bachianas n° 1*.

Introdução   X   (andante)

A   (a = 6 comp., w = 1 comp., a' = 4 comp.)   Ré menor

B   (cromático)   modulatória

C   (desenvolvimento, combinação cromática   Sol menor
     de a e B

X

A   Ré menor

Em outras palavras, o que temos novamente é uma forma-canção (*lied-form*) simétrica, com variedade proporcionada pelo contraste entre as diferentes seções. As seções intermediárias B e C dão impressão de uma espécie de desenvolvimento.

A função da Introdução é clara: cada parte buscando seu lugar antes do "Adagio" da seção principal, novamente de natureza extremamente estática – pode-se dizer em um nível máximo. O "Adagio" da seção A começa com uma melodia genuinamente bachiana, caracterizada pelo mordente sobre a nota inicial – embora não apoiado sobre o tempo forte, mas ligeiramente atrasado. O tema repete a mesma sequência, com um mordente e uma tercina, indo do Ré$_1$ ao Ré. O acompanhamento tem notas pontuadas nas outras partes, com movimento harmônico pelo ciclo de quintas. Não se pode imaginar nada mais simples, quase ingênuo em termos funcionais; se fosse comparada a outras obras villalobianas do período anterior, seria difícil presumir que se trata de uma criação do mesmo compositor.

A seção foi toda escrita em 6/4, o que deixa a melodia infindavelmente longa, mas que tocada adequadamente impulsiona o movimento, apesar do tempo lento, a uma certa velocidade mínima devido à "respiração" das frases. Harmonicamente falando, o movimento é impulsionado pela constante suspensão-resolução entre melodia e acompanhamento. Usando muitos recursos estruturais, Villa-Lobos aparentemente evitou que essa música soasse como uma "máquina de parar o tempo" (*machine à arréter le temps*), para citar Lévi-Strauss. A atmosfera completamente estática da seção e seu espírito devoto são raros no neoclassicismo europeu da época, quase completamente ausentes em Stravinsky e Prokofiev. O *Adagio* de Samuel Barber, composto tempos depois, parece dar continuidade à tradição villalobiana.

O subtítulo do segundo movimento é "Modinha", como foi mencionado anteriormente. A modinha tem uma longa história, que não precisamos esmiuçar detalhadamente para avaliar as modinhas de Villa-Lobos, mas que contribui para dar substância à tese de que a música popular brasileira apresenta elementos em comum com Bach. Para comprovar isso, Adhemar Nóbrega compara o "Chorinho atraente" de Chiquinha Gonzaga e o início da *Bachianas nº 6*,[420] embora a melodia modinheira do *Choros nº 12* talvez fosse um exemplo igualmente apropriado (ver p. 165, motivo 3).

A maneira como Villa-Lobos escreve modinhas não varia muito nos *Choros* e nas *Bachianas*, excetuando que as modinhas

CAPÍTULO VI – BACHIANAS BRASILEIRAS

das *Bachianas* contêm entonações tomadas de empréstimo da música barroca, ao passo que as modinhas dos *Choros* remetem a melodias do século XIX, transformadas em modinhas; no final das contas, todas se passam na mesma atmosfera, basicamente lírica. Há dois tipos originais de modinha, a portuguesa e a brasileira, ambas já no século XVIII com um caráter tipicamente sentimental, frequentemente erótico. Em Portugal era considerada absolutamente inferior. A diferença musical reside na simplicidade, estabilidade tonal e o canto geralmente a duas vozes da modinha portuguesa, que não ocorre no Brasil. Durante o período romântico as modinhas mudaram radicalmente; a difusão da valsa chegou a alterar a métrica binária para a ternária, por exemplo. Tempos depois, quando as modinhas passaram a integrar o repertório dos cantores boêmios e seresteiros das cidades com a expansão da revolução burguesa, sua fisionomia mudou novamente, adotando a métrica quaternária do *schottische*. Mário de Andrade considerava a modinha a melhor ilustração para o argumento de que gêneros folclóricos/populares foram originalmente gêneros de música clássica/artística (ideia posteriormente validada universalmente pela tese do musicólogo argentino Carlos Vega);[421] a partir disso podemos concluir que a modinha de Villa-Lobos implica no rebaixamento da modinha original, no estilo-Bach, para uma categoria mais baixa, voltada à sensualidade e banalização. Assim como o texto das modinhas jamais teve qualquer estrutura formal fixa, assim também varia sua estrutura tonal, com a modulação para a subdominante sendo sua característica mais típica. Em todo caso, o que está em jogo é um gênero musical que se expandiu pelas cidades, quase sempre com acompanhamento pelo piano e escrito por músicos bem treinados.

Se vasculharmos as coletâneas de modinhas para analisar sua estrutura melódica, o que elas trazem à mente como ponto mais próximo de comparação são as árias de ópera italiana do século XVIII, assim como o estilo do período pré-clássico em geral. Nas duas melodias a seguir (ex. 78 e ex. 79) extraídas do *Cancioneiro de Músicas Populares* (1893) de Teófilo Vargas, chamam a atenção os saltos com intervalos ascendentes de sexta ou sétima, em pontos-chave das linhas melódicas. Justamente essa característica dá a essas melodias o *páthos* de seu tempo, que convertido em maneirismo, facilmente se aproxima da banalidade:[422]

Exemplo 78. Braga: *Cancioneiro de músicas p*

opulares, 1893.

Exemplo 79. Braga: *Cancioneiro de músicas populares*, 1893.

Assim, é totalmente compreensível que Mário de Andrade fale no "modinhismo" como um fenômeno universal. Na bem-conhecida coletânea de melodias brasileiras por Spix e Martius, encontram-se algumas que inegavelmente fazem lembrar de Gluck ou Mozart (ver nº I-VIII, *Brasilianische Volkslieder und Indianische Melodien*, 1823). Também nas *Modinhas Imperiais* editadas por Mário de Andrade, várias melodias apresentam a mencionada modulação típica para a subdominante, como no clímax melódico de "Hei de amar-te até morrer!", que além de tudo traz a típica marcação ibérica de concluir a passagem em escala com um salto para a nota mais aguda (ex. 80):[423]

Exemplo 80. Mário de Andrade: *Hei de amar-te até morrer!*, *Modinhas Imperiais*, 1930.

Ainda assim, é preciso perguntar o que essas transformações de árias clássicas e românticas têm a ver com as modinhas das *Bachianas*. Como já observamos, Villa-Lobos não costuma fazer empréstimos diretamente do folclore, mas usa seus elementos como se fossem mosaicos rítmicos e melódicos em sua composição. Não espanta então, que ele, ao escolher elementos lírico-expressivos da época de Bach para ambientá-los com o sentimentalismo da modinha, se sinta no direito de chamar o resultado de "modinha". Em sua imaginação, a modinha certamente soaria dessa maneira no início do século XVIII. É notável a diferença com a ária de Pergolesi em *Pulcinella*, de Stravinsky, na qual a melodia original é vista sob um olhar nostálgico, mas também irônico do século XX (ironia revelada nas dissonâncias que permeiam o acompanhamento), já que Villa-Lobos é simplesmente nostálgico nas modinhas de suas

Bachianas. Embora, em princípio, elas possam parecer um pastiche – a estética do sentido do sentido, um estilo construído sobre outro, mais antigo –, ainda podem ser ouvidas introspectivamente, "com a mão no queixo", como diz Jean Cocteau. As modinhas são como redomas de calma e ordem extremas em meio ao universo sonoro frequentemente ilógico, caótico e selvagem de Villa-Lobos.

O último movimento é uma fuga, tradicional tanto formal como tonalmente. Peppercorn está certa ao afirmar que é inferior aos demais movimentos. O *Dux* (sujeito) da fuga foi abrasileirado com síncopas que não conseguem insuflar vida a essa figuração repetida monotonamente em *staccato* de colcheias. É certo que a linha gradualmente ascendente do sujeito oferece um contraste à infindável sequência descendente do movimento lento. No entanto, o sujeito sofre considerável gama de variações em relação aos valores rítmicos e intervalos. A fuga de Villa-Lobos é naturalmente distante, digamos, das fugas de Milhaud, cujas diferentes partes diatônicas, tratadas politonalmente, resultam em uma harmonia que soa quase como um *cluster*. Apesar das dissonâncias, isso dá às fugas de Milhaud um selo construtivista que falta a Villa-Lobos nesse contexto. O subtítulo brasileiro, "Conversa", sugere que Villa-Lobos compreendeu essa fuga como um diálogo improvisado entre quatro chorões, em vez de uma construção rigorosa. Em suas notas de programa, o compositor menciona o chorão Sátiro Bilhar (1861-1929):

> Os primeiros compassos de *Bachianas Brasileiras nº 1* criam, simultaneamente, o ambiente típico brasileiro e a atmosfera harmônica clássica (...) espiritualizando os processos de Bach, sem perder o ritmo inicial (...). A "Fuga" ("Conversa"), composta à maneira de Sátiro Bilhar, velho seresteiro carioca (...), descreve uma espécie de conversa entre quatro chorões, cujos instrumentos disputam a primazia temática, em perguntas e respostas sucessivas, num dinâmico crescendo.[424]

CAPÍTULO VI – BACHIANAS BRASILEIRAS

Bachianas Brasileiras nº 2

(orquestra: flauta, oboé, clarinete, saxofone tenor, fagote, contrafagote, 2 trompetes, trompa, tímpanos, chocalho, reco-reco, triângulo, pratos, ganzá, pandeiro, bumbo, matraca, celesta, piano e cordas; 1930/1938; Ricordi)

Quando se investiga essa *Bachianas*, é necessário ponderar sobre o lugar de Villa-Lobos no estilo neoclássico em relação ao fenômeno correspondente na Europa, assim como o problema específico que envolve a música "banal", até mesmo *kitsch*. Não há um fator de união entre os diferentes movimentos dessa *Bachianas*, exceto pela orquestração, com o retorno dos instrumentos de percussão brasileira: ganzá, chocalhos, matraca, reco-reco etc. O predomínio do saxofone, especialmente na primeira parte, a orquestração e estrutura formal convencionais dessa obra desnudam, sem piedade, os pontos fracos do compositor. O primeiro movimento destaca certas características da brasilidade que podem ser descritas por termos como "sentimental", "patético", "mau gosto", "trivial", "espúrio" e "afetado" – em outras palavras, adjetivos normalmente usados para definir o *kitsch*. O *kitsch* musical é um problema estudado pela musicologia alemã, definido por Tibor Kneif como produto da consciência trivial do homem, que, em termos adornianos, seria um tipo especial de ouvinte.[425] Muitos aspectos da música trivial são um esforço consciente para evitar a dureza da realidade (talvez um traço especialmente brasileiro, uma qualidade em um país onde jamais se diz "não" e tudo é suavizado com várias nuances de "sim"). Assim, até o retrato da realidade, refletido na música, permanece no nível do clichê. É fácil imaginar a definição de Kneif aplicada ao fenômeno do "modinhismo" visto acima. "A trivialidade surge quando o mundo romântico das ações e pensamentos, baseado em antíteses tensionadas e beirando o extremo, chega às mãos de imitadores sem inspiração".[426]

O modo como Kneif descreve a nostalgia pelo passado, como a atmosfera básica da música trivial, poderia ser aplicada a Villa-Lobos:

O anseio pelo retorno a um mundo saudável se manifesta na forma musical. Isso é trazido à mente por um estoque melódico fluente e datado, assim como um vocabulário harmônico amplamente aceito. O repertório estilístico fora-de-moda só é modernizado quando o compositor o ajusta às peculiaridades incidentais e externas que derivam dos desdobramentos estilísticos mais recentes (...). O acabamento revela que a música foi produzida rapidamente e em série, seguindo a mesma receita. O conflito dentro da obra é provocado pelo fato que a imagem fantasiada de velha simplicidade e segurança sempre gera fraqueza, deficiência: a natureza arcaica da forma e seu grafismo arcaico são rompidos por causa da atmosfera desinibida, familiar apenas ao moderno indivíduo urbano anônimo.[427]

Se essa crítica, dirigida à *pop music* (música trivial em sentido legítimo), for aplicada genericamente ao neoclassicismo, chegamos ao mesmo resultado da crítica de Adorno a Stravinsky. Podemos imaginar que Adorno escreveria sobre Villa-Lobos nos mesmos termos que escreveu sobre Stravinsky, cujo período primitivista era, em sua opinião, o reflexo de uma vida espiritual infantil: a regressão stravinskiana substitui o desenvolvimento temático pela repetição, ou seja, afeta o princípio de pensamento sinfônico na música do Ocidente que Asafiev chamava "sinfonismo", implicando, com isso, uma área mais ampla que Adorno. Assim, Stravinsky faz da linguagem não conceitual da música um instrumento da esfera protoegóica: "a partir do protoindividual, ele constrói um modelo folclorístico imaginário (...)", o que resulta, segundo Adorno, no "efeito antropologicamente explicável"[428] de Stravinsky, em vez de algo mais especificamente musical. As obras do período neoclássico de Stravinsky são, em sua visão, *von überaus schwankendem Niveau* (de um nível extremamente oscilante). São inorgânicas (*anorganisch*) porque se baseiam em modelos fragmentários de esquemas sequenciais pré-clássicos. Ele caracteriza o período final de Stravinsky maliciosamente, como *etwas kunstgewerblich Mattes*

CAPÍTULO VI – BACHIANAS BRASILEIRAS

(alguma coisa da arte industrialmente plana). Adorno condena acima de tudo certa alegria, *Heiterkeit* do neoclassicismo, já que objetivamente falando, não havia razão para tal atitude nos anos 1920 e 1930. Desse modo Adorno demonstra que seu próprio ponto de partida está puramente no pensamento filosófico-social, que por sua vez estava relacionado com a situação da sociedade alemã de seu tempo. Podemos justificadamente questionar o valor e validade da teoria adorniana e sua abordagem fora do contexto alemão, bem como examinar as opiniões negativas de alguns críticos alemães posteriores, a respeito de compositores como Sibelius, Villa-Lobos e até Ives. Os dois primeiros sequer são mencionados no trabalho de Heinrich Stuckenschmidt sobre a música do período entreguerras. Entretanto, ele descreve Villa-Lobos em suas memórias da seguinte maneira:

> Seu imenso poder criativo aplicado a uma vida de trabalho que se estende desde a banalidade infantil e assustadora falta de arte até as alturas da forma e expressão [...]. Alguns de seus *Choros* e *Bachianas Brasileiras*, nascidas de uma concepção peculiar da polifonia de Bach, nos permitem intuir um autêntico gênio, não afetado pela mistura do sangue europeu e indígena [...]. Ele aparentava admirar Stravinsky apenas em parte, enquanto sua atitude para com Schoenberg era de respeitosa falta de compreensão. Na espontaneidade de suas opiniões, vejo uma relação com Varèse.[429]

Carl Dahlhaus defende que sejamos capazes de considerar a música trivial como uma qualidade inerente ao texto musical em si: "avaliações estéticas se tornam insustentáveis se não são apoiadas por análises da técnica composicional. Devemos ser capazes de demonstrar, na partitura, como o simples difere do trivial, a emoção do sentimentalismo, a beleza expressiva do *kitsch*".[430]

Como exemplo, Dahlhaus analisa o "Andante cantábile" da *Quinta Sinfonia* de Tchaikovsky. A estrutura tonal do tema principal é extremamente simples, mas o fato de Tchaikovsky fazer com que a mera resolução de uma dominante com sétima sobre a tônica, com retardos acentuados, seja um evento importante, é interpretado como um esforço de tornar o banal em simples, de dar à música mais significado do que ela tem em si. Qualquer outro analista poderia ver a questão sob uma luz completamente diferente. Poderia ser dito que Tchaikovsky usa aqui um inteligente efeito de estranhamento, no qual a estrutura automatizada da consciência musical cotidiana – a relação da dominante para a tônica – é feita de modo a parecer como algo novo, um evento musical significante. Afinal de contas, é bem provável que trivialidade, banalidade e *kitsch* jamais possam ser definidos, senão em determinado contexto, em relação a uma certa visão de mundo. Nesse sentido, a abordagem de Kneif fica mais justificada: até mesmo a música mais sofisticada se torna trivial quando serve a uma finalidade banal. Dahlhaus chega a afirmar que "o banal" é uma categoria não analisável musicalmente. O que ele diz, nesse contexto, poderia ser facilmente imaginado como uma crítica hipotética a Villa-Lobos:

> Nada determina que o princípio do *pot-pourri*, a ausência de forma elevada a forma, constitui uma banalidade. A certeza desse julgamento torna-se indefensável quando se tenta demonstrar com signos musicais a diferença entre contraste significativo e desproporção inútil – especialmente a partir de um *pot-pourri*. É mais difícil provar a heterogeneidade do que desmascarar relações.[431]

Se examinamos o tema principal do primeiro movimento da *Bachianas Brasileiras n° 2* (ex. 81) sob esse ponto de vista, percebemos como fica difícil sustentar que Villa-Lobos é um compositor banal – independente do fato de que a primeira escuta seja um dos pré-requisitos para que a trivialidade ou banalidade emerjam na própria estrutura musical. O comentário de Adhemar Nóbrega, que

CAPÍTULO VI – BACHIANAS BRASILEIRAS

não se trata de um tema, já que a unidade temática em questão é uma frase com 20 compassos de extensão, não nos parece válido. O tema principal da *Sétima Sinfonia* de Sibelius também tem uma extensão gigantesca, assim como o tema adágio da *Quinta Sinfonia* de Mahler. Todavia, um ouvinte ocidental instintivamente escuta as entonações no tema villalobiano como algo que vem de outro mundo, distante do lirismo e idealismo espiritualizado que caracterizam os temas de Sibelius e Mahler. Qualidades banais podem ser encontradas nas entonações dessa obra, como: 1) o timbre: o uso do saxofone, na tradição artístico-musical do Ocidente, são pucos (até o ponto em que é precisamente pelo som do saxofone que o tema se caracteriza pela sensualidade explícita ao invés da sublimação pressuposta pelo sinfonismo ocidental); 2) o tema parece estruturalmente simples, consistindo em uma infinidade de sequências, reunidas heterogeneamente como em um *pot-pourri*. Quando o tema é examinado em detalhe, percebe-se que a redundância é apenas aparente: na realidade, apenas no final, ele parece encontrar seu rumo com as tercinas de semínimas. No início, o formato da sequência é apenas aproximado, com a variação de intervalos; 3) uso abundante do *glissando*: enquanto Mahler se satisfaz com pitadas sutis de sensualidade (usada subliminarmente), nos *glissandi* das cordas no tema de seu "Adagio", Villa-Lobos usa esse recurso com extravagância. Esse efeito, nas cordas e sopros, não é típico apenas nas obras dos anos 1930, mas pode ser encontrado nas primeiras sonatas para violino ou nos *Choros*, especialmente nos metais, como um efeito de erupção violenta; 4) as pausas em fermatas em pontos sem significação estrutural: o que está em jogo é a criação de paradas arbitrárias, exagerando o peso específico de certas notas, o que fez Dahlhaus condenar até mesmo Tchaikovsky como *kitsch*; 5) toda a estrutura tonal da melodia modula livremente, sem um direcionamento claro, emergindo como se fosse improvisada. Na medida em que uma atitude improvisatória seja considerada esteticamente inferior em relação à construção estritamente lógica, isso parece ser suficiente para o surgimento da banalidade; 6) a estrutura intervalar da melodia: o tema flutua livremente, abrangendo mais de quatro oitavas. Entretanto, os saltos maiores que a terça jamais ocorrem na mesma direção, e os hiatos gerados pelos saltos são preenchidos imediatamente no *continuum* musical. Em troca, a função dos *glissandi* é enfatizar expressivamente os saltos de sexta e sétima.

Exemplo 81. Villa-Lobos: *Bachianas Brasileiras nº 2*, "*Prelúdio*" (O canto do capadócio), c. 4-24. Ricordi.

Desse modo, o tema transmite uma impressão geral de movimento melódico fluindo suavemente sem a caracterização de motivos particulares, estabelecendo uma transição contínua. Não tem a motivação e a característica motívica que se espera de um tema em um poema sinfônico, por exemplo. A aceitação do tema não requer qualquer esforço intelectual por parte do ouvinte, pois não há elementos muito salientes. Assim, ele tranquiliza a tarefa da escuta com sua prazerosa facilidade.

CAPÍTULO VI – BACHIANAS BRASILEIRAS

Podemos nos perguntar, a partir de todos esses elementos, sob qual ponto de vista *não* temos a impressão de trivialidade ou banalidade. Que abordagem deve ser usada na avaliação desse tema em um sentido estético? Adhemar Nóbrega comenta, logo de saída, sobre o timbre do saxofone e a escolha desse instrumento:

> não poderia ter sido melhor. Com o seu timbre híbrido, nem metal, nem clarineta, com o seu tom macio e untuoso, o saxofone tem condições excepcionais para traduzir o caráter que o compositor imprimiu a essa melodia.[432]

Em outras palavras, em vez de avaliar as características musicais desse tema em um contexto exclusivamente europeu, tais características devem ser examinadas também no próprio universo villalobiano, levando em conta suas raízes latino-americanas.

O subtítulo do primeiro movimento dá uma pista sobre que "caráter" esse tema quer descrever: "O canto do capadócio" foi traduzido na edição Ricordi como *The Song of the Countryman* ("O canto do caipira", literalmente), mas o próprio Villa-Lobos equipara o "capadócio" à figura do "malandro" brasileiro. Nóbrega ainda oferece alguns sinônimos adequados, como "charlatão", "parlapatão" e "trapaceiro".[433] Desse modo, o subtítulo descreve um tipo especificamente urbano, um personagem com padrões morais supostamente baixos, mas com musicalidade especial. Isso se revela na sua habilidade de cantar modinhas, acompanhando-se ao violão. Villa-Lobos conheceu por experiência própria esse tipo boêmio, em toda sua plenitude: "sentimental e dramático, lírico, patético e trágico" (poderíamos igualmente considerar as "Impressões seresteiras" do *Ciclo Brasileiro* para piano, como uma espécie de descrição desse mesmo "capadócio"). Os motivos melódicos do tema principal no primeiro movimento da *Bachianas nº 2* são como "modinhismos", fragmentos do repertório intervalar das modinhas. A linha melódica, vagando como se estivesse distraída, a ausência de substância temática fixa, a doçura sensual etc. – são todas características musicais que descrevem apropriadamente a figura do capadócio. Obviamente, seria ingênuo confundir o próprio compositor com esse personagem mais ou menos fictício. Embora Balzac retrate em seus romances personagens imorais e perversos, ninguém iria atribuir ao escritor essas mesmas qualidades. O sujeito da narrativa não é o mesmo sujeito que elabora a narração – nem na literatura, nem na música. Assim, se Villa-Lobos emprega elementos musicais triviais e banais, ele o faz conscientemente – e pode haver também certa dose de ironia nas repetições sequenciais do canto do capadócio, que tenta, talvez exageradamente, persuadir o ouvinte –, a mesma ironia com que Wagner descreveu seu Beckmesser.[434] O artigo sobre Villa-Lobos escrito por Mario Pedrosa na *Revue Musicale* de 1929 é muito adequado nesse contexto:

> Um poeta francês disse certa vez que não suportava a música de Villa-Lobos por não gostar de brutalidade. Mas pode alguém exigir que *A Sagração da Primavera* seja divertida? É razoável exigir que todos componham com o refinamento de Debussy? (...). A inspiração é nobre, seja expressando graça e sutileza, seja expressando violência e selvageria. O ponto de partida da poesia não é o gosto, que deve vir depois (...). Em outras palavras, se o Brasil não for levado em conta, não se pode compreender Villa-Lobos. A arte de um compositor como ele não poderia ser refinada nem especial. Ela tem de ser o que é: selvagem e violenta, sensual e sentimental, caótica e unificada. Nela encontramos a mesma completa franqueza e falta de arte que em uma tempestade sobre uma montanha.[435]

Os elementos musicais triviais são presentes nas *Bachianas* principalmente porque o conteúdo musical e o estético assim o exigem. A arte criativa está correta por sua sinceridade, independente do material empregado.

CAPÍTULO VI – BACHIANAS BRASILEIRAS

O primeiro movimento está em uma forma ternária simétrica:

Quadro 3: estrutura formal do "Prelúdio" da Bachianas nº 2.

Nº	Forma	Tonalidade
0-1	Introdução	Dó menor: vi^{3b}
1-3:7	A – tema "a"	Dó menor: i
3:8-4	Tema "a" (continuação)	
4-5	1ª transformação de "a"	
6-7	2ª transformação de "a"	
8-10:4	B	
10:5	Transição	
11	A'	

Como fica aparente, há apenas uma tonalidade em todo o movimento e nem mesmo a seção B se desvia dela, apesar do contraste rítmico-melódico. Os acordes seguem as progressões funcionais comuns. Na seção B, encontramos um exemplo típico da textura villalobiana: as figuras de acompanhamento se movem num *staccato* extremamente rítmico de semicolcheias que, expandindo-se a partir do uníssono dos violinos, não chega a ser melodicamente marcante. Na breve introdução, chamam a atenção a orquestração e o colorido modal, percebido no rebaixamento da sétima. O segundo movimento, "Ária", é muito parecido com o primeiro, em relação à forma (cf. próximo). No entanto, seu tema principal é claramente uma imitação barroca. O subtítulo "O canto da nossa terra" parece sugerir um sabor patriótico. Isso já é evidente nos quatro compassos da Introdução ("Largo"), na majestosa abertura da obra, onde o tema é apresentado pela orquestra em *tutti*. A extensão do tema novamente é notável, chegando a dezenove compassos (contra vinte e três compassos do tema do primeiro movimento).

Na seção intermediária B, ressurge a figuração de acompanhamento, tocada pelo piano e cordas em *pizzicato*, sob o solo com vários *glissandi* do clarinete. O piano é tratado percussivamente, como na seção central do *Choros n° 5* e no final do *Choros n° 10*. Dessa vez, a mesma ideia é adaptada ao contexto estilístico neoclássico e à textura menos densa. Se o começo da obra, com a sonoridade dos cellos, pode ser associada ao neobarroco europeu, na transição, tudo se volta para o coração do Brasil. A sensível rebaixada no tema do saxofone, com sua entonação tipicamente africana, é enfatizada pelos violinos, que repetem a metade final do motivo do saxofone, ornamentando-o com quintinas "ibéricas".

Quadro 4. Estrutura formal da *"Ária" ("O canto da nossa terra")* da *Bachianas n° 2*.

N°	Forma		Tonalidade
0-1	Introdução	(a)	Ré menor
1-5	A	a	
		b	
		c	
		c'	
5-9:5	B	x (sax)	Fá maior
		x' (cello)	
		y (sax)	
		y' (violinos)	
		x (sax + trombone)	
9:6	Transição		
19-10:4	Repetição da Introdução	(a)	Ré menor
10:5-13	Coda		

O terceiro movimento, "Dança", é uma espécie de *toccata* baseada em uma forma ternária, apesar de a seção B não oferecer o contraste liricamente cantante à agitação inicial. Dessa vez, o subtítulo não oferece indicação exata dos elementos musicais, "Lembrança do sertão". Escrito em um Dó maior "neoclássico", tem orquestração ainda mais interessante que nos dois movimentos anteriores. As melódicas são cinemáticas por natureza, baseadas na

CAPÍTULO VI – BACHIANAS BRASILEIRAS

linguagem gestual da dança. Os motivos são breves, acentuados e sincopados. Os *rallentandos* surpreendentes, bem como as súbitas paradas nas fermatas, por todo o movimento, talvez pareçam triviais ou cafonas, mas tais recursos são compreensíveis devido ao caráter da dança, suavizando a impressão motora do todo.

O último movimento é o mais conhecido. Ao mesmo tempo, serve como um excelente exemplo do realismo musical de Villa-Lobos, sua habilidade de converter qualquer fenômeno que seja em música, como ele declarou certa vez. Esse movimento também é um tipo de tocata – como o anterior –, dando a essa obra um formato incomum, com dois movimentos lentos e dois rápidos em sucessão, não em alternância. O subtítulo oferece uma boa concepção de seu conteúdo: "O trenzinho do caipira". Evidentemente, não se trata da primeira descrição nem de uma locomotiva, nem de máquinas em geral[436] – mas juntamente com *Pacific 231*, de Honegger, a obra villalobiana se insere entre as mais famosas dessa espécie. O compositor mexicano Carlos Chávez, em sua sinfonia *H. P.*, descreve o contraste entre o Sul tropical e sensual em relação ao Norte, industrial e mecanizado; mas tal justaposição não aparece no caso de Villa-Lobos, que retrata uma viagem pelos trilhos que penetram o coração da natureza brasileira. Máquina e natureza se fundem em harmoniosa coexistência, conforme observa Marcel Beaufils: "Villa-Lobos escreve nos céus o nome de Bach, com a fumaça de uma velha locomotiva no sertão brasileiro".[437]

A criação desse movimento deveu-se a um impulso extramusical: em 1931, Villa-Lobos realizou, junto com a esposa, Lucília Guimarães, os pianistas Guiomar Novaes, Antonieta Rudge Müller e João Souza Lima, o violinista Maurice Raskin (que veio da Bélgica com Villa-Lobos), e as cantoras Nair Duarte Nunes e Anita Gonçalves, uma grande "turnê artístico-pedagógica" por pequenas cidades do interior de São Paulo, cinquenta e quatro no total. Os concertos – a maioria com palestras de Villa-Lobos – foram realizados em cinemas e clubes locais. O programa e os músicos mudavam a cada noite, para evitar a monotonia. A programação dos concertos consistia principalmente em música de Villa-Lobos, peças curtas para piano e canções, em sua maioria, surpreendentemente, anteriores aos *Choros*. Outros compositores foram incluídos, como Chopin, Debussy, Prokofiev e Tchaikovsky, especialmente obras curtas, melodiosas e de fácil audição. Em muitas cidades, essa trupe extraordinária recebeu calorosas boas-vindas. O jornal de Botucatu publicou uma descrição detalhada da recepção dada ao grupo: discursos, fotografias, bailes, saudações de personalidades importantes, hinos patrióticos cantados por coros infantis, inclusive alguns presentes no programa villalobiano de educação musical (Exortação Cívica Villa-Lobos), o que demonstra que seu sistema de ensino já era conhecido fora dos grandes centros.[438] Villa-Lobos foi um daqueles compositores – assim como Milhaud – para quem viajar não constituía um obstáculo à composição, mas até mesmo uma inspiração. Porções da *Bachianas nº 2* foram completadas durante a excursão e tocadas em versões para cello e piano. O próprio compositor conta que o famoso quarto movimento nasceu durante uma viagem de trem nessa turnê.

A orquestração inclui instrumentos de percussão brasileira, dessa vez não utilizados para ilustrar o carnaval ou algum ritual indígena, mas o som de uma locomotiva. O naipe de percussão é formado por tímpanos, ganzá, chocalhos, matraca, reco-reco, tamborim, caixa, tambor, pratos, tam-tam e bumbo. Já na introdução, esses instrumentos criam a imagem de uma locomotiva partindo pesadamente, com seu rangido enferrujado e aceleração gradual. Todas as notas da escala de Dó maior soam no piano (exceto a quarta e a sexta), enquanto os violinos, em surdina, tocam o acorde de Sol♭ maior no registro mais agudo – mais adiante (nº 2, 2), esse efeito bitonal muda para Dó maior contra Si maior. No nº 2,

surge o tema principal, que, até para ouvidos brasileiros, soa como "uma melodia absolutamente banal". O tema é apresentado gravemente, nos violinos em oitavas, com variações na recapitulação com ataques cromáticos e penetrantes das trompas e trombones, efeitos genuinamente villalobianos. A parada do trem é representada por mudança de valores rítmicos, como no começo. Ao final, o efeito bitonal reaparece, com cordas e celesta.

Bachianas Brasileiras nº 3

(piano e orquestra: piccolo, 2 flautas, 2 oboés, corne-inglês, 2 clarinetes, clarinete-baixo, 2 fagotes, contrafagote, 4 trompas, 2 trompetes, 3 trombones, tuba, tímpanos, xilofone e cordas; 1938/1947; G. Ricordi, N. Iorque)

O intervalo de sete anos entre as *Bachianas nº 2* e *nº 3* é evidente estilisticamente. Na *Bachianas nº 3*, Villa-Lobos aparenta ter definido a ideia a seguir pelo restante da série. A obra tem unidade temática e estilística, desenvolvida de modo orgânico. Sem utilizar instrumentos nativos nem exigir novas técnicas de execução, apresenta orquestração convencional, da qual o compositor consegue extrair ricas sonoridades. É pena que não tenha encontrado ainda um lugar cativo no repertório. Talvez a razão esteja no fato de o piano, apesar de assumir o papel de solista por toda a obra, não ser independente a ponto de considerarmos o resultado como um concerto para piano. Embora concluída em 1938, a estreia ocorreu somente em 1947, regida pelo compositor, com José Vieira Brandão ao piano e a orquestra da Columbia Broadcasting System, em Nova Iorque. Nessa obra, o compositor atinge um novo tipo de monumentalidade, não baseada apenas na quantidade (com duração de cerca de 25 minutos). Se buscamos a estética do trivial, a encontramos somente nos clímaces, que talvez possam ser considerados um tanto melodramáticos. Cabe recordar o que Renato Almeida diz sobre o brasileiro: "entre nós, grandeza se confunde com eloquência, entusiasmo e exaltação, Castro Alves e Rui Barbosa".[439] De fato, somente nessa obra Villa-Lobos concretiza sua tese sobre a similaridade entre a polifonia de Bach e a música popular brasileira, pois está repleta de rico desenvolvimento contrapontístico. Com frequência, os contrassujeitos são até mais interessantes que o próprio sujeito, o qual, felizmente, não é sobrecarregado reiteradamente por um dos maneirismos villalobianos, o dobramento em oitavas nos violinos.

A forma do primeiro movimento é a seguinte:

Quadro 5. Estrutura formal do *"Prelúdio"* *("Ponteio")*, da *Bachianas n° 3*.

N°	Forma		Tonalidade
0-1	Introdução	a/b (a) no piano; (b) na orquestra)	Ré menor
1-2	A	c	
2-2:4		c'	
2-5:4		d	
4-5	B	x	Dó maior
5:5-10		x'	
5:11-6:4	Transição		Sol menor: V
6:5-7	A'	(b/a)	
7-8		c	
8-8:4		c'	
8:5-8:13		d	
8:13-8:15	Transição para coda		
9-10	A"	(a) piano solo, como no início	Ré menor

No início do movimento, o diálogo entre piano, cordas e clarinetes, lembra até Rachmaninoff. A alternância, nas texturas pianísticas, entre as figurações de oitavas na região aguda e acordes maciços, atacados nos graves, é típica das peças para piano de Villa-Lobos. A linha de baixo, descendo cromaticamente, faz provável referência a um procedimento comum na música barroca.

Exemplo 82. Villa-Lobos: *Prelúdio (Ponteio)* da *Bachianas Brasileiras n° 3*, I, c. 0-3. Belwin Mills.

O segundo movimento é chamado "Fantasia", sinônimo de "devaneio" em nosso idioma. A peça apresenta um contraste mais intenso e dramático que o movimento anterior – embora seus temas sejam vagamente interrelacionados. A orquestração é mais variada e as passagens em *tutti* são mais densas. A estrutura do movimento, que pode ser conferida a seguir, é mais instigante que qualquer das *Bachianas* anteriores: escapa da dicotomia entre binário e ternário com uma espécie de forma-sonata "deformada" sem recapitulação, ou como uma fantasia, aberta à variação. Desconsiderando as modulações transitórias, o movimento permanece dentro do âmbito de Si menor. O tratamento do piano é virtuosístico, a princípio, fazendo lembrar o *Choros n° 11*. Mas certa qualidade não melódica e atemática da textura pode trazer à memória o funcionalismo de uma obra como a *Kammermusik* *n° 2*, de Hindemith. Em todo caso, quando o ciclo de quintas e sequências suspensas emergem nessa música, "modernamente" para sua época; a impressão é catártica, ficando imediatamente claros para o ouvinte a estrutura bidimensional da forma e o seu sentido no estilo tomado de empréstimo (ex. 83).

Quadro 6. Estrutura formal da *"Fantasia"* *("Devaneio")* da *Bachianas n° 3*.

Comp.	Forma	Seção
0-1	Introdução	Exposição
1-3	a (temática, improvisatória)	
3-4	b (sequências, com retardos)	
4-5	c (notas repetidas)	
5-6	C (expansão)	
6-6:12	Retorno da introdução (piano e orquestra, trocados)	
6:12-8	b'	Desenvolvimento
8-8:10	b"	
8:11	Transição, cello, crescendo na nota Lá	
8:12-9	b'''	
9-11:5	b''''	
11:6-11:8	coda	

Exemplo 83. Villa-Lobos: *"Fantasia"* *("Devaneio")*, *Bachianas n° 3*, II, c. 1-4, redução.

CAPÍTULO VI – BACHIANAS BRASILEIRAS

Particularmente bem-feitas são as variações sobre o segundo motivo a partir do nº 8: o corne-inglês apresenta a melodia sobreposta a harmonia tocada por clarinete-baixo, violino solo, cellos e contrabaixos. A textura extremamente simples e transparente desperta uma interioridade e efetividade solenes. Na transição para a próxima variação (nº 8:11, c. 109-111) sobre o mesmo motivo, o *crescendo* nos cellos sobre a nota Lá mantém a ambientação, enquanto varia a sonoridade: a impressão resultante é comparável a Elgar e Vaughan Williams – ou até mesmo Sibelius. Essas são as *voces intimae* de Villa-Lobos. O efeito-surpresa sobre a seção seguinte (nº 9) se baseia na mudança da sonoridade camerística para o *tutti* orquestral, em uma variação triunfante e cheia de júbilo, evocando o *allegro* brilhante dos concertos barrocos.

O terceiro movimento, "Ária", traz de volta a modinha, terreno de onde Villa-Lobos extrai o máximo emocionalismo sem citar diretamente nenhuma melodia conhecida. As modinhas evidenciam o aspecto sensual do neoclassicismo villalobiano, não no sentido de subjetividade, condenado por Busoni, mas de acordo com o que ele entende por jovem classicismo: "sem profundidade e metafísica, mas (...) sentimento humano".[440] A citação se aplica a Villa-Lobos, embora seu retorno a Bach seja por meio de um princípio estético inteiramente diferente do de Busoni.

A última parte, "Toccata", é considerada por Nóbrega como a mais bem-sucedida e brilhante das tocatas villalobianas. Ela supera a motricidade da famosa *toccata* da *Dança do índio branco*. O subtítulo "Picapau" novamente evoca os pássaros brasileiros (como no *Choros nº 3*). Talvez o uso do xilofone seja precisamente o que descreve essa ave, já desde o início. A obra está em forma rondó cujo principal interesse é seu tempo rápido, de tirar o fôlego, além da extraordinária energia de seus breves motivos. Embora a vitalidade dessa música possa ter origem no universo das danças brasileiras, ela preserva uma imutável "atmosfera musical de Bach", segundo as palavras do próprio compositor. Ele naturalmente se refere aos cintilantes *allegros* e tocatas orquestrais do compositor alemão.

Bachianas Brasileiras n° 4

(1ª versão: piano; 1930/1940; Consolidated Music Publishers. 2ª versão: orquestra: 2 piccolos, 2 flautas, 2 oboés, 2 clarinetes, clarinete-baixo, 2 fagotes, contrafagote, 4 trompas, 3 trompetes, 2 trombones, tuba, tímpanos, tam-tam, xilofone, bumbo e cordas; 1941/1942; G. Ricordi)

A primeira versão foi completada em 1930, apesar de numerada em sequência à *n° 3* (de 1938). Assim como nos *Choros*, a numeração não corresponde à ordem cronológica de criação. Como um todo, a *Bachianas n° 4* é baseada na forma *pot-pourri*, em que os movimentos não têm relação temática ou tonal entre si. Villa-Lobos gostava tanto de algumas melodias dessa obra que as reaproveitou em sua opereta *Magdalena*.

A peça foi escrita para piano, recebendo versão orquestral dez anos depois. A comparação entre essas duas versões oferece maior conhecimento sobre a orquestração de Villa-Lobos durante aquele período, embora seja difícil avaliar em qual versão ele encontrou um melhor resultado sonoro.

O "Prelúdio" (com subtítulo "Introdução") que abre essa suíte é provavelmente mais impressionante na adaptação feita para as cordas. O colorido sonoro etéreo das cordas se ajusta melhor à serenidade da peça, sua calma majestática e monotemática fica ainda melhor com os arcos do que ao piano. A forma é um A-B-A que consiste na repetição infindável de uma frase (ex. 84):

Exemplo 84. Villa-Lobos: *"Prelúdio"* da *Bachianas Brasileiras nº 4*, I, c. 1-4, Belwin Mills.

A estrutura da frase é estritamente simétrica – assim como o arpejo ascendente e sustentação da nota mais aguda fazem lembrar o início da *Partita em Mi menor*, BWV 830, de Bach (ex. 85).

Exemplo 85. J. S. Bach: *"Toccata"* da *Partita em Mi menor*, BWV 830, c. 1-2.

Essa comparação ilustra como o dinamismo do fraseado de Bach e a sua tensão tonal, um gesto dramático genuinamente barroco, ao chegar nos trópicos, são transformados em uma lânguida figuração de colcheias, cujo conteúdo estético é voltado para a descrição da vastidão geográfica do Brasil, o silêncio da interminável paisagem dos sertões. Na versão para piano, a recapitulação do tema é colocada no tenor; na versão orquestral, os cellos lhe dão um timbre especial, marcante. O ponto culminante com as oitavas ascendentes, exalta naturalmente a monumentalidade desse movimento. O sétimo grau não resolvido do acorde final é a assinatura villalobiana nessa bachiana.

O segundo movimento, "Coral" ("Canto do sertão") se baseia em cantos religiosos das mulheres sertanejas, enquanto se ouve o canto triste da araponga, em contínuo diálogo com os trovadores. O tema principal é harmonizado com textura coral simples, um acorde para cada nota da melodia. A nota pedal em Si♭, o canto da araponga (!), recorre em quase todos os compassos (ex. 86).

Exemplo 86. Villa-Lobos: *"Coral"* da *Bachianas Brasileiras n° 4*, II, c. 1-12, Belwin Mills.

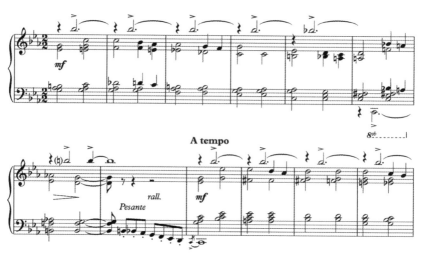

Imediatamente após, há uma melodia ainda mais longa, também à maneira de um coral. Sua metade posterior leva ao ponto culminante, com um inédito experimento sonoro: após tocar uma tríade em *fortíssimo*, as mãos se movem para a posição superior, pressionando silenciosamente as teclas, o pedal é liberado e os sons do acorde pressionado ressoam como um órgão, envolvendo a figuração escalar que imita o gorjeio de um pássaro (ex. 87).

O terceiro movimento é o único em que há uma citação reconhecível. Seu título é "Ária", ou "Cantiga", sobre um tema do Nordeste. Nóbrega identifica essa melodia com a canção conhecida como "Ó mana, deix'eu ir" (ex. 88). O sexto grau elevado, ou sexta dórica, é uma característica modal frequentemente encontrada na música nordestina (assim como o quarto grau elevado no modo maior – a quarta lídia).

Exemplo 87. Villa-Lobos: *"Coral"* da *Bachianas Brasileiras n° 4*, II, c. 71-73, Belwin Mills.

Exemplo 88. *Ó mana deix'eu ir*, canção folclórica.

Villa-Lobos move a sexta modal da seção final para a cadência da metade inicial do tema, dando a este um sabor arcaico (ex. 89).

Exemplo 89. Villa-Lobos: *"Ária"* da *Bachianas Brasileiras n° 4*, III, c. 7-9, Belwin Mills.

Esse movimento pode ser considerado como uma das mais bem-sucedidas ambientações villalobianas de música folclórica. A variação é apresentada em forma ternária, com os elementos temáticos do início reaparecendo na seção intermediária, transformados ritmicamente. Desse modo, o contraste entre as seções A e B se dá pela alternância entre a melodia, arcaica e estática, e a frenética dança nordestina. Talvez o modo mais simples de se familiarizar com a estética dessa composição seja através da leitura dos romances de Jorge Amado, já que muitas obras villalobianas dos anos 1930-40 abordam tipos humanos e humor semelhantes. Essas peças curtas de Villa-Lobos podem ser consideradas como características mesmo, embora seus protagonistas, que surgem um tanto desbotados nesses temas (para usar uma expressão de Adorno sobre os temas nas sinfonias de Mahler), sejam pouco conhecidos para os não brasileiros.

Exemplo 90. Villa-Lobos: *Bachiana No. 4*, 4th movement, Dansa, c. 1-4, Belwin Mills

CAPÍTULO VI – BACHIANAS BRASILEIRAS

O último movimento da suíte é outra daquelas tocatas motorizadas, com o título "Dança"[441] e o subtítulo "Miudinho", uma dança também da região nordestina. Segundo Renato Almeida, o miudinho é dançado na Bahia com alguns passos diferentes do samba: as mulheres o dançam movimentando a parte superior do corpo e com passos rápidos, quase imperceptíveis, dos pés em ritmo uniforme. Essa dança também ocorre nos salões, como uma espécie de lundu, com suas próprias melodias e assuntos.[442] A energia do movimento se baseia em uma figuração regular de semicolcheias, acentuando o contratempo, com a figuração melódica sincopada a gerar ambivalência e vivacidade. O tema "miudinho" que emerge dessa textura não chega a ser notável em si, mas é variado com habilidosa disposição bitonal na seção intermediária. A melodia é emprestada de uma canção, "Vamos, Maruca", registrada em São Paulo e incluída no *Guia Prático* como "melodia nº 128". A peça pouco difere em relação a outras para piano em estilo "motor", como as *Danças Africanas Kankukus* e *Kankikis*, ou a tradição das tocatas brasileiras, como o "Batuque", de Ernesto Nazareth, ou a "Galhofeira", de Alberto Nepomuceno, cuja figuração de ostinato é citada na transição, c. 65-67.

Bachianas Brasileiras nº 5

(Soprano e violoncelos; 1938-1945/1939 e 1947; Associated Music Publishers)

Há obras sobre as quais resta ao pesquisador fazer apenas o seguinte comentário: a obra é tão evidentemente um clássico que só nos cabe analisar sobre quais fatores se baseiam a posição e reputação de tal composição. Certas vezes confirmamos que a excelência de um clássico não pode ser aferida através da análise. Mesmo após desconstruir exaustivamente a composição, ela ainda parece uma autêntica "caixa preta" que oculta seus mistérios. Ao tratar da *Bachianas Brasileiras nº 5*, chega-se precisamente a esse tipo de situação. A que paradigma pertence a "Ária" ("Cantilena")? De início, ao reparar no ano de sua criação, 1938, deve-se lembrar que, apenas quatro anos antes, Rachmaninoff havia publicado seu "Vocalise" Op. 34 nº 14, que ficou, no mínimo, muito conhecido. O mesmo tipo de nacionalismo americanizado se manifesta na produção tardia, tanto do compositor brasileiro quanto do russo – particularmente se pensarmos no tratamento rachmaninoffiano dado ao piano na seção intermediária de "Festa no sertão" ou nos *Concertos para piano*, de Villa-Lobos. Eles se conectam com "Cantilena" (ex. 91) e "Vocalise" (ex. 92), nas quais expressam, nessas imateriais canções sem palavras influenciadas por Bach, os laços profundamente pessoais com sua terra natal. Como características comuns, ambas as obras têm métrica extremamente livre, mesmo assim, sua linha melódica assimétrica é organicamente equilibrada por suas tensões internas. Nessa melodia, sequências e ornamentação atuam como elementos barrocos. Em ambas, o baixo segue a tradição barroca, descendo gradualmente como na "Ária", de Bach.[443] Além disso, a melodia é caracterizada pela entrada nos tempos fracos, síncopas e pelas cadências surpreendentes, ou seja, a evitação de cadências conclusivas – o que, somado, dá a ambas as melodias uma certa vagueza e enfatiza sua qualidade improvisada, como alguém cantarolando. O que está em jogo é a entoação interna da melodia, que não segue uma forma geométrica, mas é como se fosse uma expressão direta do tempo interno humano, *temps de durée*.

Exemplo 91. *Villa-Lobos: "Ária" ("Cantilena") da Bachianas nº 5, c. 3-6.*

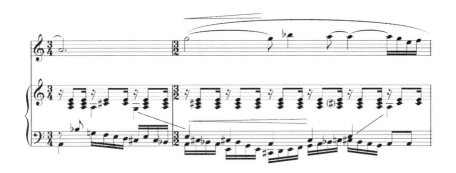

Exemplo 92. S. Rachmaninoff: *Vocalise*, Op. 34, nº 14, c. 1-3. A. Gutheil, Moscou, 1929.

Por outro lado, é claro que há diferenças entre as duas obras: em Rachmaninoff, a melodia e o acompanhamento estão sincronizados com a mesma melancolia elegíaca, enquanto o charme peculiar da "Cantilena" do compositor brasileiro se baseia exatamente no contraste entre os tempos do acompanhamento e da melodia. Na realidade, a indicação de andamento "Adagio" diz respeito apenas à melodia. O acompanhamento de semicolcheias em *pizzicato* caminha consideravelmente mais rápido – assim como o ritmo harmônico em Villa-Lobos, muito mais denso que o de Rachmaninoff, com cinco mudanças de acorde entre os compassos 1 e 8. Essa é uma característica bem brasileira da melodia villalobiana. Muitos andamentos "normais", em outras partes do mundo, adaptam-se ao clima quente dos trópicos quando chegam ao Brasil, acelerando quase o dobro de sua velocidade. Villa-Lobos também aquece a progressão harmônica, indo da lentidão solene do barroco para um movimento de quase tirar o fôlego, criando contraste efetivo com a sinuosidade morosa da "Cantilena". Outro elemento brasileiro é a imitação do som do violão pelos *pizzicati* dos cellos. Há ainda outros tipos de caracterização brasileiras – por exemplo, a "estabilidade instável" gerada pelas mudanças métricas, também típica na rítmica africana, como a linha melódica descendente. Mário de Andrade está certo quando diz que "há um bocado de Bach na música brasileira popular, mas o desnorteante é que há um bocado de tudo". Em outro ponto, ele questiona se é real a semelhança entre Bach e o Brasil descrita por Villa-Lobos, e responde: "talvez haja que distinguir entre coincidência e parecença... A música popular brasileira é um mundo caótico, ainda não formado definitivamente".[444]

Andrade descobre duas características comuns determinantes: a síncope e o movimento rítmico contínuo e repetitivo, baseado em um único valor rítmico. A combinação da ária barroca lenta com o acompanhamento do tipo tocata é uma invenção villalobiana. Talvez seja esse sincretismo que determine o caráter tipicamente brasileiro dessa música.

Na seção intermediária, é inserido um texto poético de Ruth Valadares Correa.[445] Sua atmosfera crepuscular, com evocação à lua, não parece ser particularmente original, mas serve para devolver o ouvinte ao universo ibero-tropical a que a música faz referência. É como se Villa-Lobos subitamente mudasse de estilo, com um lamento apaixonado sobre uma nota repetida que é quase alusão a Manuel de Falla. Mas evoca remotamente a modinha "Foi numa noite calmosa", harmonizada por Luciano Gallet (ex. 93) na coletânea *Canções Populares Brasileiras*, lançada em 1925 e que Villa-Lobos pode ter conhecido.

CAPÍTULO VI — BACHIANAS BRASILEIRAS

Exemplo 93. L. Gallet: *Foi numa noite calmosa*, 1928.

O texto de Ruth Valadares é o seguinte:

Tarde uma nuvem rósea lenta e transparente
Sobre o espaço, sonhadora e bela!
Surge no infinito a Lua docemente
Enfeitando a tarde, qual meiga donzela
Que se apresta e a linda sonhadoramente
Em anseios d'alma para ficar bela
Grita ao céu e a terra toda a natureza!
Cala a passarada aos seus tristes queixumes
E reflete o mar toda a sua riqueza
Suave a luz da Lua desperta agora
A cruel saudade que ri e chora!
Tarde uma nuvem rósea lenta e transparente
Sobre o espaço, sonhadora e bela!

O tratamento silábico dado ao texto por Villa-Lobos pode ser reminiscência do recitativo africano. O ritmo é dominado pela prosódia do idioma. Os ditongos nasais oferecem as maiores dificuldades no canto em português. Isso é comentado por Mário de Andrade ao reconhecer a plasticidade rítmica do compositor no tratamento do texto em suas canções. Um efeito sonoro peculiar é o *bocca chiusa* solicitado à soprano na recapitulação da seção principal, reforçando a sensação de cantarolar. Villa-Lobos pode ter se familiarizado com essa técnica a partir das óperas de Puccini.

A segunda parte da *Bachianas nº 5*, "Dança" ("Martelo"), foi composta em 1945 com texto do poeta Manuel Bandeira. Seu foco são aspectos rítmicos e percussivos, em contraste com a serenidade do movimento anterior. A melodia se baseia na repetição rápida de notas com saltos súbitos, mantendo o fluxo de semicolcheias. O subtítulo "Martelo" é uma pista sobre sua origem, um subgênero dos desafios de repentistas, com versos de seis, oito ou dez pés em uma linha que segue o esquema ABBAACCDDC.

A partir disso, a canção é como um recitativo em que a melodia importa menos do que o texto, podendo ser acompanhada por um único acorde de violão. O texto de Bandeira menciona pássaros do Nordeste brasileiro, os quais, como afirma Vasco Mariz, serviram de inspiração a Villa-Lobos. Isso é reafirmado em *Villa-Lobos, sua obra*. Nas notas de programa, a canção é comparada com a embolada (ver o primeiro movimento da *Bachianas nº 1*), devido à rápida articulação silábica. O texto fala sobre o Irerê, ave canora convidada a cantar pelo "eu poético", que quer relembrar um amor distante. O estudo de Nóbrega sobre as *Bachianas* conta que as palavras foram acrescentadas posteriormente à música – o que não é mencionado em *Villa-Lobos, sua obra*.[446]

A estrutura é ternária, como no primeiro movimento. O estilo vocal requer grande capacidade técnica da cantora, especialmente com a pronúncia do texto em andamento tão rápido e valores rítmicos tão curtos. Nesse aspecto, a gravação de Victoria de Los Angeles com o compositor é insuperável em relação à leveza da figuração. As figurações, diminuindo em direção ao som central, bem como as exclamações onomatopaicas, talvez sejam ainda mais bem-sucedidas em "A menina e a canção", sobre texto de Mário de Andrade (para soprano e violino).

CAPÍTULO VI – BACHIANAS BRASILEIRAS

Bachianas Brasileiras n° 6

(flauta e fagote; 1938/; Associated Music Publishers)

A música de câmera escrita por Villa-Lobos contém vários duos em diversas combinações instrumentais: *Duo para violino e viola* (1946), flauta e clarinete no *Choros n° 2* (1924), violino e violoncelo em *Dois Choros Bis* (1929), *Duo para oboé e fagote* (1957) e flauta e fagote na *Bachianas n° 6* (1938). Essas obras – junto com o restante de sua produção camerística – mostram que a imaginação de Villa-Lobos não era toda ligada exclusivamente ao folclore, mas que ele era capaz de criar música livre e surpreendente em seu frescor, até nos gêneros abstratos. Um dos pontos de partida para esses duos está na técnica das *Invenções*, de Bach, com o intercâmbio entre as vozes, imitações e outros recursos contrapontísticos que ocorrem especialmente nas *Bachianas*. Assim como a *n° 5*, a *Bachianas n° 6* contém dois movimentos. Apesar do subtítulo da "Ária" (1° movimento) ser "Choro", há uma notável mudança estilística, em comparação com o *Choros n° 2*. A virtuosidade extrema, a busca por novas cores sonoras, a dissonância, polirritmia e alterações harmônicas, típicas dos *Choros*, são evitadas aqui. Mesmo assim, trata-se de uma pequena obra-prima, com controle habilidoso da condução de vozes e equilíbrio sonoro entre dois instrumentos muito contrastantes. A introdução de dois compassos, com solo de flauta, apresenta o ouvinte a uma textura à maneira de Bach, em Ré menor. O movimento uniforme de semicolcheias constrói um fundo transparente para o motivo ondulante de cantilena, tocado pelo fagote (ex. 94). Isso é vagamente relacionado ao tema principal da *Bachianas n° 1*: em ambos os temas, o arpejo vai da tônica à dominante, embora de modo menos dramático aqui. Por outro lado, esse tema carrega a mesma melancolia que Lorenzo Fernandez expressou tão adequadamente em sua "Valsa suburbana" para piano.

Exemplo 94. Villa-Lobos: *"Ária" ("Choro")* da *Bachianas Brasileiras n° 6*, I, c. 3-4. Consolidated Music Publishers.

O segundo movimento ("Fantasia") é mais proximamente ligado ao estilo europeu de música de câmera do início do século XX, particularmente com o neobarroco de Hindemith, Reger e Milhaud: ele começa com um motivo do fagote, em terças no modo de Sol frígio, contra longas notas Sol sincopadas na flauta. Somente na letra B da partitura (c. 28), ouve-se um motivo mais interessante tematicamente: uma "série" quase atonal do fagote.

O final da obra é surpreendente: uma nova seção em andamento "Allegro", baseada em amplos saltos, alcançando até duas oitavas no fagote, com ambos os instrumentos em uma galopante métrica dactílica. Em seguida vem uma cadência da flauta, com figuração não muito distante dos gorjeios do solo da flauta no balé *Uirapuru*.

Bachianas Brasileiras n° 7

(orquestra: piccolo, 2 flautas, 2 oboés, corne-inglês, 2 clarinetes, clarinete-baixo, 2 fagotes, contrafagote, 4 trompas, 3 trompetes, 4 trombones, tuba, tímpanos, tam-tam, xilofone, bumbo, coco, celesta, harpa e cordas; 1942/1944; Max Eschig)

Nas *Bachianas n° 7* e *n° 8*, o estilo de Villa-Lobos se mescla com sua maneira genérica de compor em outras obras dos anos 1940. Quase não há diferença entre elas e a suíte *Descobrimento do Brasil*, composta à mesma época. Acontece nas *Bachianas* o mesmo que se viu nos *Choros*, em que essas séries acabam por representar o estilo geral de determinado período, até mesmo em obras não pertencentes à série. Algumas delas são "choros" ou "bachianas" apenas em parte. As duas *Bachianas*, *n° 7* e *n° 8*, compostas em 1942 e 1944 para orquestra sinfônica (complementada por instrumentos de percussão brasileira), são rapsódicas por natureza. Não se pode dizer que o estilo de Bach seja um fator de unidade entre os movimentos, já que isso emerge apenas de vez em quando, como uma citação. É claro que as obras são neoclássicas, devido à simplicidade de sua temática, a transparência orquestral e acima de tudo pela simplicidade das estruturas sonoras, mas com certeza elas representam o romantismo nacionalista no mesmo sentido que as *Danças Eslavas*, de Dvořák, o estilo vienense de Brahms ou certas suítes orquestrais históricas de Sibelius.

O primeiro movimento da *Bachianas n° 7*, "Prelúdio" ("Ponteio"), apresenta clara estrutura ternária, em que a variedade está na orquestração. A frase introdutória é uma das numerosas variantes de uma ideia villalobiana que tem sua realização plena na "Cantilena" da *Bachianas n° 5*: vemos a justaposição de um motivo cantante que começa na mediante de Sol menor, tocado por corne-inglês e trompa, e a figuração de acompanhamento, derivada do tema principal, em movimento suave de colcheias nas cordas. O *pizzicato* dos violinos cria uma delicada textura que faz com que a linha melódica em *legato* pareça flutuar em pleno ar. O tema principal é o mesmo da "Modinha" das *Bachianas n° 3*. A repetição, com *tutti* orquestral, muda a natureza da melodia de uma serenata intimista para uma poderosa marcha, uma espécie de hino coletivo que reflete bem o caráter dos movimentos de massas populares no Brasil daquela época. O tema secundário, com suas terças paralelas é como um salto para o mundo sonoro do classicismo vienense.

O segundo movimento, "Giga", ou "Quadrilha caipira", foi escrito com uma figuração enérgica em contínua métrica 6/8 de estilo mediterrâneo, variado naturalmente pela subdivisão binária ou ternária (hemíola) – recurso frequentemente adotado por Milhaud e Ginastera. As danças de quadrilha chegaram ao Brasil e se tornaram comuns no início do século XIX. Ganharam sabor nacional nas mãos de compositores como Calado, com seu "molho" carioca. Seja em 6/8 ou 2/4, a quadrilha se difundiu pelo interior do país. Almeida menciona como exemplo a quadrilha caipira, dançada de várias maneiras no interior do estado de São Paulo. No Rio Grande do Sul, o fandango e o *pericón* são danças influenciadas pela quadrilha.[447] Portanto, é possível afirmar que na "Giga" de Villa-Lobos há matizes latino-americanos, hispano-americanos e ibéricos. O tema principal da quadrilha se alterna em uma imitação em três partes, mas não pode ser considerado um *fugato*. Caracteriza-se pelo acento no contratempo, que lembra bastante Milhaud, especialmente no trompete do nº 9. Há um motivo semelhante em "Alegria", movimento da primeira suíte *Descobrimento do Brasil* e em alguns de seus quartetos de cordas. O tema da coda acelera para um galope em toda a orquestra. A repetição do mesmo motivo evoca o apogeu xamânico da *Sinfonia India*, de Chavez.

O terceiro movimento, "Toccata" ("Desafio"), é um bom exemplo das tocatas orquestrais de Villa-Lobos, frequentemente baseadas em figuração de ostinato no xilofone e curtos motivos exclamatórios. É um parente próximo da tocata da *Bachianas nº 3*, embora seja ainda mais parecida com a pitoresca música do filme do *Descobrimento*.[448] A obra termina com uma grandiosa fuga, em estilo livre.

Bachianas Brasileiras nº 8

(orquestra: piccolo, 2 flautas, 2 oboés, corne-inglês, 2 clarinetes, clarinete-baixo, 2 fagotes, contrafagote, 4 trompas, 3 trompetes, 4

CAPÍTULO VI – BACHIANAS BRASILEIRAS

trombones, tuba, tímpanos, tam-tam, xilofone, blocos de madeira, tarol, bumbo, celesta e cordas; 1944/1947; Max Eschig)

Trata-se de uma suíte em quatro movimentos não relacionados por ideias temáticas, mas por recursos técnicos e estilísticos já familiares nas obras anteriores da série. A maioria dos críticos considera o terceiro movimento, "Toccata" ("Catira batida"), como o mais original. No "Prelúdio" percebe-se um certo desenvolvimento contínuo da textura, de maneira muito gradual e orgânica.

A melodia do segundo movimento, "Ária" ("Modinha"), com seus amplos intervalos, tem a ver com o início do movimento anterior. Mas, assim como muitos outros temas cantantes das *Bachianas*, essa melodia é sequencial, repetindo oito vezes pequenas variações do motivo com salto de nona. Quando esse motivo passa para o *tutti* orquestral, a sonoridade se mostra bastante compacta, com três camadas superpostas em contraponto, multiplicando o contrassujeito nos vários registros graves dos instrumentos. A textura fica demasiado densa, asfixiada em sua própria compactação e introversão.

"Catira batida" se refere ao cateretê, dança de origem controversa. Segundo alguns pesquisadores, sua origem é indígena, enquanto outros consideram que apenas o nome é indígena, mas que se trata de uma apropriação feita pelos negros. Seja como for, a dança é acompanhada por cantos e batidas de pés e mãos. Um dos cateretês mais conhecidos na música artística brasileira é o "Cateretê" da *Segunda Suíte Brasileira*, de Lorenzo Fernandez, cujas síncopas e a técnica em *martellato* das duas mãos, imitando um tambor, evocam a origem africana dessa música. A interpretação de Villa-Lobos, por sua vez, é mais "ibérica", em um ágil compasso de 6/8, com os blocos de madeira usados como percussão. O tarol, um tipo de tambor indígena, é encoberto pelos demais instrumentos no agitado início da peça. Por outro lado, é fácil identificar o sapateado nessa dança, e há uma modinha sentimental inserida na seção central, melodia que, segundo Renato Almeida, se associa genuinamente ao cateretê. Nela ouvimos novamente uma das mais bem-sucedidas e efetivas combinações sonoras de Villa-Lobos, o uníssono de clarinete e corne-inglês dão à melodia um timbre nasal e sensual, envolvido pelo *staccato* das flautas (ex. 95).

Exemplo 95. Villa-Lobos: *"Toccata" ("Catira batida")*, *Bachianas n° 8*, III, n° 12:1-6. Max Eschig.

Mas o efeito é arruinado pela repetição maneirista do tema, com os violinos em oitavas (n° 16).

O último movimento é uma fuga, precedida por uma breve introdução feita a partir de algumas figurações tipicamente encontradas nas demais *Bachianas*. Dessa vez, o sujeito da fuga não é um daqueles temas rítmicos e sincopados encontrados nas demais fugas de Villa-Lobos, mas uma melodia em *legato*, parcialmente cromática (ex. 96).

Exemplo 96. Villa-Lobos: *"Fuga"* das *Bachianas n° 8*, IV, c. 7-10, Max Eschig.

A chegada ao ponto culminante, no final do estreto dessa fuga, não emerge na textura de modo totalmente convincente.

CAPÍTULO VI – BACHIANAS BRASILEIRAS

Bachianas Brasileiras n° 9

(orquestra de cordas ou coro misto; 1945/1948; Max Eschig)

A série das *Bachianas* culmina com uma obra em dois movimentos para orquestra de cordas em que a pouca inspiração das duas peças anteriores é superada, revelando novamente a maestria de um grande compositor. A duração é de aproximadamente 12 minutos.

Não se poderia imaginar conclusão mais elegíaca e modesta. Villa-Lobos acerta a mão na elaboração de uma textura unificada e equilibrada de maneira incomum, a partir de fragmentos motívicos das *Bachianas* anteriores, os quais ressurgem como reminiscências distantes. Elas só podem ser identificadas por um ouvinte atento, que conheça bem toda a série (por exemplo, o "Trenzinho do caipira", n° 10 da *Bachianas n° 2*; a passagem sequencial do tema principal no primeiro movimento da *Bachianas n° 1*, n° 15:6-7 etc.).

Além disso, o motivo das violas (ou contraltos) no início do "Prelúdio", é o próprio sujeito da "Fuga", embora expandido. Esse tipo de unidade temática foi raramente explorado pelo compositor, o que é uma pena, porque esse recurso claramente dá a essa obra uma relação forte entre o prelúdio e a fuga – muito embora sejam tão diferentes sob outros aspectos. O "Prelúdio" tem um caráter misterioso e vago – apontado nas indicações expressivas da partitura –, enquanto a "Fuga" atrai a atenção pela métrica incomum, 11/8, subdividida em 5/8 + 6/8, enfatizada pela acentuação da nota mais aguda da melodia (ex. 97).

Exemplo 97. Villa-Lobos: *"Fuga" da Bachianas n° 9*,
II, c. 1-8, Max Eschig.

Ambos, prelúdio e fuga, têm sete partes cada. A obra pode ser realizada por um coro, situação em que o sujeito da fuga deve ser cantado pelos barítonos com a sílaba "LO", com a resposta dos tenores, quinta acima (nº 2) com a sílaba "NAN", a segunda entrada do sujeito nos baixos (nº 3) novamente com "LO" e a resposta nos contraltos (nº 4) com "LE".

Segundo as notas de programa em *Villa-Lobos, sua obra*,[449] essa obra tem "duas maneiras de ambiente e de atmosfera musicais: a de Bach, pelo rigor de seu estilo, apesar da politonia empregada, e a dos ameríndios brasileiros" – talvez em referência ao tema em oitavas nos violinos, no "coral" que começa no nº 10. Isso é provável pura fantasia do compositor, já que a obra não tem evidentemente traços indianistas.

Vasco Mariz destaca que a obra é primordialmente vocal, uma das criações mais brilhantes, atrás do *Noneto*, *Choros nº 10* e *Mandu-Çárárá*: "de realização difícil, essa *Bachiana* representa o clímax da obra vocal do mestre".[450] No entanto, a obra é apresentada provavelmente com mais frequência na versão para orquestra de cordas, o que, de todo modo, não a faz perder nada em relação à sua imponência e elevada espiritualidade.

CAPÍTULO VII

OBRAS VOCAIS

Canções solo

Villa-Lobos escreveu canções ao longo de toda a sua carreira. Por isso, sua obra vocal, assim como sua música de câmera, reflete o estilo de todas as suas fases. Não vamos examinar todas as canções solo; será dada ênfase apenas às mais significativas, aquelas em que ele cria uma tradição sul-americana de *lied* e que esclarecem suas mudanças estilísticas.

A canção solo dentro da música clássica latino-americana não é um gênero tão importante quanto a canção tradicional/popular. É sintomático que Villa-Lobos tenha começado com canções para textos no idioma e estilo francês, na vertente impressionista pós-romântica. Toda a vida cultural no Brasil era afrancesada, como conta Afrânio Coutinho:

> Deve-se à influência francesa a penetração das ideias "modernas" do século XIX no Brasil. Foi larga e profunda a influência francesa. (...) no que respeita às ideias, foi a influência francesa que marcou a vida no país, aqui e ali

pontilhada de certos matizes ingleses, em consonância, aliás, com a tonalidade geral francesa.[451]

As canções de Villa-Lobos não refletem diretamente a tradição contemporânea da canção de salão na América Latina, representada pelo cubano Eduardo Sánchez Fuentes (no mesmo grau em que a música pianística de Villa-Lobos igualmente não pertence ao mesmo tipo de Ernesto Nazareth, do cubano Cervantes ou do boliviano Simeon Roncal).

Em compensação, só raramente Villa-Lobos adota a maneira "vanguardista", como fez Amadeo Roldán na série *Motivos de son*, que conecta a melodia do tipo africano com dissonâncias abruptas e acompanhamento politonal. Mesmo nas canções em que a melodia é uma citação direta da música folclórica/popular, ou mesmo um produto pseudofolclórico, percebe-se com facilidade o esforço de Villa-Lobos para realizar uma estilização artística. As harmonias usadas no acompanhamento são mais criativas que a maioria dos demais compositores latino-americanos da época. A inexaurível fantasia sonora e a habilidade no uso da variação de Villa-Lobos emergem até mesmo nas canções aparentemente mais simples, como em "Lundu da Marquesa de Santos", da série *Modinhas e Canções*. Segundo os cálculos de Edgardo Martin, ele compôs um total de quatrocentas e seis obras vocais, incluindo óperas.[452] Há enormes diferenças estilísticas, mas podemos afirmar, como Martin, que, como regra geral, Villa-Lobos trata a voz sempre com frescor, sem violar sua naturalidade (embora em certas obras corais, em que a voz é explorada como elemento puramente sonoro, ocorram experimentações com modos incomuns de canto e entoação). Outras características frequentes são sua evidente capacidade melódica e a habilidade de caracterizar e expressar musicalmente o texto. Um hipotético capítulo, "Villa-Lobos como pintor de palavras",[453] renderia inúmeros exemplos extraídos apenas de sua produção vocal. As canções "Fleur fanée" ("Flor murcha") e "L'Oiseau" (a partir da fábula *O pássaro ferido por uma flecha*, de La Fontaine), ambas de 1913, são da fase inicial de Villa-Lobos, representando seu estilo romântico tardio sob influência francesa; as terças paralelas e acordes descendentes por relação de mediante, no início do acompanhamento do piano em "Fleur fanée", introduzem a atmosfera da virada do século: os elementos que distinguem a linguagem sonora posterior do compositor ainda não são ouvidos aqui.

"L'Oiseau", por sua vez, traz reminiscências de "La Maja y el Ruiseñor", das *Goyescas*, de Granados, escrita dois anos antes. São típicas as modulações de tonalidades com bemóis para outras com sustenidos e as progressões pelo ciclo das quintas.

Ambas as canções têm cadências regulares sobre a tônica (sem retardos ou apojaturas), em Ré♭ maior. Na canção "Les Mères" sobre texto de Victor Hugo (1914), a linha melódica talvez seja mais variada, movendo-se em valores de tempo mais curtos que na anterior: na melodia do acompanhamento, há um vislumbre de uma figuração ornamentada que é típica de suas obras posteriores. O tom geral é moderadamente impressionista, concluindo na tônica com sexta acrescentada, em Mi maior.

A canção "A cascavel" (1917) já manifesta uma abordagem mais realista à descrição musical da serpente sugerida pelo título. O motivo melódico não é lá muito original, uma passagem descendente em tons inteiros; mesmo assim, foi usado pelo compositor em um movimento com o mesmo título em uma das suítes *Descobrimento do Brasil*. A novidade são os *tremolando* quase em *clusters* do acompanhamento, com o rápido ostinato em semicolcheias. O que vemos é uma espécie de "Polichinelo" impressionista, no qual uma melodia relativamente simples se movimenta através de um campo tremulante de teclas pretas (ex. 98).

Exemplo 98. Villa-Lobos: *A cascavel*. Manuscrito, Museu Villa-Lobos.

Essa canção foi asperamente criticada por Mário de Andrade no ensaio "Os compositores e a linguagem nacional",[454] em que "Cascavel" serve como exemplo negativo, uma advertência aos compositores para não explorarem os efeitos errados. Andrade considera essa melodia tão fraca a ponto de não acreditar que ela tenha saído da pena do mesmo compositor das *Cirandas*. Segundo ele, as palavras no início do poema, "chamalotada, ondeando", talvez até o próprio título, levaram o compositor a buscar uma espécie de descritividade, deixando de lado o aspecto psicológico do texto, em que até mesmo uma serpente é cativada pela música.

Na opinião de Andrade, o acompanhamento não passa de um "efeito pianístico, que repetiu de início a fim, e sobre o qual pôs uns sons meio quaisquer, para algum cantor dizer o texto".[455]

Na canção "Amor y perfídia" (1918), em estilo ibérico, Villa-Lobos ainda não se afastou da impessoal escala de tons inteiros, que de fato não se adequa bem aos melismas e harmonias modais espanhóis (por exemplo, Sol maior após Lá menor).

Um exemplo interessante do estilo afrancesado de Villa-Lobos é oferecido nas peças curtas características da coleção *Epigramas irônicos e sentimentais* (1921/1923, Arthur Napoleão), sobre poemas de Ronald de Carvalho. Nessas canções, a linguagem dissonante, a partir de combinações harmônicas inesperadas – típicas das obras dos anos 1920 –, vem para o primeiro plano. Acordes alheios entre si estão conectados no acompanhamento da canção "Perversidade", apesar da textura surpreendentemente rala; a melodia é quase atonal e não se liga ao acompanhamento por nenhuma função harmônica tradicional.

No geral, essa combinação se ajusta muito bem à ironia do texto, que diz coisas como: "e teu amigo atraiçoar-te um dia, envenenar-te o vinho, a água e o pão, sorri com melancolia... Ainda tens puro, o coração".

Na segunda canção, "Pudor", não há mais qualquer sensação de tonalidade, sendo a conclusão com o acorde: Si♭-Ré-Sol♭-Lá♭-Dó♯. Na quarta canção, "Verdade", o acompanhamento é baseado num *tremolo* em *martellato*, com os acordes de Mi♭ maior e Lá maior. A ironia é estabelecida pelo exagero da caracterização da voz, "como ópera lírica", prolongando as notas com fermatas (ex. 99), e pelo fato de o conteúdo e extensão da canção não corresponderem com essas expressões tão patéticas.

Exemplo 99. Villa-Lobos: *"Verdade"*, de *Epigramas irônicos e sentimentais*, Latin American Music Center, Bloomington, Indiana.

A série das *Serestas* (1923-1926/ Casa Arthur Napoleão) é considerada o auge da produção vocal de Villa-Lobos. Pertence ao período exuberante dos anos 1920, quando Villa-Lobos decolou para seus voos mais altos. Essas canções são mais concentradas e estilizadas do que as anteriores; a ênfase é posta mais sobre as nuances interpretativas musicais e psicológicas do texto do que em uma reelaboração artística do folclore. Nesse sentido, as *Cinco canciones argentinas*, de Ginastera, são mais comparáveis com as *Canções típicas brasileiras* do que com as *Serestas*.

Segundo Villa-Lobos, *sua obra*, trata-se de uma

> nova forma de composição que, embora em estilo elevado, lembra as tradicionais serenatas, as toadas dos músicos esmoladores ambulantes e várias cantigas e pregões dos carreiros, boiadeiros, marceneiros, pedreiros etc., oriundos desde os mais afastados sertões até a Capital Federal.[456]

Embora pareça exagerada a afirmação sobre uma "nova forma de composição", as *Serestas* abordam a canção folclórica brasileira sob um ponto de vista renovado, com pitadas de ironia. Algumas delas expressam fortemente sua carga emocional, como a famosa "Canção do carreiro" ou "Saudades da minha vida". O que mais fascina em "Pobre cega" é a ondulação modal na melodia, entre a sexta lídia e a sexta rebaixada do modo menor; o acompanhamento apresenta um ostinato esparso. "O anjo da guarda" é melodicamente simplória como a anterior, com ênfase na atmosfera criada pelo piano, com um punhado de figurações de acordes. A justaposição da melodia no registro médio do piano com a parte vocal, na oitava superior, é bem típica, gerando o efeito de um dueto. A peça conclui com um acorde correspondente à afinação do violão, tão comum em Ginastera, deixando a tonalidade obscurecida. "Canção da folha morta" é baseada em uma citação direta de uma melodia folclórica. Um coro misto é agregado ao refrão ("A vida que bem me importa?! A vida és tu, folha morta"), sem melancolia, mas com um gingado animado que evoca as harmonizações para coro e piano feitas por Luciano Gallet. "Saudades da minha vida" é uma das mais belas invenções melódicas de Villa-Lobos – emergindo de uma progressão simples de acordes, à maneira de Tchaikovsky. As amplas melodias e a expressividade do acompanhamento são mais ricas que nas canções mais antigas do compositor (ex. 100).

Exemplo 100. Villa-Lobos: *"Saudades da minha vida"*, das *Serestas*.

"Modinha", como o nome indica, é outra estilização popular, em que o acompanhamento emula o dedilhado nas cordas de um violão. A modulação para a subdominante ocorre de acordo com um padrão recorrente nas modinhas. "Na paz do outono" também é muito brasileira, com seu acompanhamento sincopado e simplicidade da melodia, baseada em tríades. "Cantiga do viúvo" pertence ao grupo de canções que evocam o violão. Na seção central, a canção chega ao ápice lírico, com o suporte do piano que toca um motivo cromático de lamento no registro médio, conforme a tradição.

"Canção do carreiro" se baseia em "temas selvagens dos boiadeiros e carreiros, entre os índios e mamelucos do Brasil".[457] Ela estabelece um inegável ponto culminante para toda a série. Villa-Lobos deu um tratamento bastante livre para o texto de Ribeiro Couto, inserindo vários glissandos e repetições das sílabas "na" ou "la". A pedido do poeta, o texto foi revisado. As correções, também realizadas nas canções "Abril" e "Desejo", foram feitas por Dora Vasconcelos. A canção faz uma síntese do primitivismo indianista dos *Choros* e do *Rudepoema*, com ostinatos rítmicos e síncopas afro-brasileiras. A melodia passeia por Si menor, mas é totalmente tingida por acordes alterados, *clusters* de alta densidade, além de variações modais na própria linha melódica. Ao mesmo tempo, a composição apresenta grande economia de meios, sendo sugestivamente monótona. A melodia é interrompida, a certa altura, pela onomatopeia rústica de um aboio. A seção principal tem também um caráter pentatônico.

Na seção intermediária, Villa-Lobos evita seu padrão habitual (ostinato em ritmo quadrático/melodia sincopada em tercinas no registro agudo): ele retira o ostinato e explora as dissonâncias do trítono e das segundas (ex. 101).

Exemplo 101. Villa-Lobos: *"Canção do carreiro"*, nas *Serestas* nº 8, c. 34-44, ed. Arthur Napoleão.

"Abril" é uma revigorante descrição da natureza, e "Desejo", um instantâneo bem-humorado das ruas do Rio de Janeiro. "Redondilha" adota o estilo cômico, com *glissandi* e sequências exagerados. A última canção, "Realejo", também representa o humor villalobiano, descrevendo a inexpressividade desse instrumento com uma espécie de paródia de uma valsinha, repetida por um tocador de realejo.

Exemplo 102. Villa-Lobos: *"Realejo"*, de *Serestas* nº 12, ed. Arthur Napoleão.

A eloquência e alcance expressivo delineados psicologicamente nas *Serestas* são raros na obra do compositor, primordialmente interessado em afrescos musicais de grande alcance ou concentrado na descrição de um sentimento ou tipo de cada vez.

Juntamente com as *Serestas*, outras das obras vocais mais significativas de Villa-Lobos são as *Canções Típicas Brasileiras*, das quais algumas dentre a série de dez canções parecem ter sido escritas já em 1919. Para Peppercorn, a data de sua criação é obscura, já que algumas delas só estrearam em 1929.[458] O título em francês, *Chansons Typiques Brésiliennes*,[459] bem como a fatura dessas canções, remete ao tempo em que Villa-Lobos viveu em Paris no início dos anos 1920. Essa coleção forma um entrecruzamento do folclore musical do Brasil, das melodias originais dos indígenas, às canções carnavalescas do Rio de Janeiro.

As primeiras três aludem ao indianismo de Villa-Lobos. "Mokocê-cê-maká", de acordo com o subtítulo, é uma canção de ninar dos índios Paresi, recolhida por Roquette-Pinto, embora não conste entre as transcrições publicadas no livro *Rondonia*. Ela se baseia em um único enunciado murmurado, sempre repetido duas vezes. Esse motivo não é muito diferente de algumas canções hindus ou mesmo das canções de Rimsky-Korsakov. Todavia, ela nos dá uma impressão realmente primitivista, como se fosse uma espécie de glissando pré-melódico e inarticulado, cujas alturas não podem ser determinadas. A melodia às vezes se alça em um lamento impaciente, quase angustiado, uma sétima acima. Mesmo o pano de fundo, mais estático, é formado pelo pedal contínuo em Ré, com rápidas figurações em fusas que sobem por movimento contrário, espelhando a melodia (ex. 103). A canção mantém-se em Ré maior, mas com muitas notas alteradas. De modo geral, essa é uma pequena "joia", uma adaptação artística magistral de uma melodia original indígena que não recorre aos clichês pentatônicos, tão comuns na música nacionalista da América Latina.

CAPÍTULO VII – OBRAS VOCAIS

Exemplo 103. Villa-Lobos: *"Mokocê-cê-maká"*, das *Canções Típicas Brasileiras*.

Essa canção pode ser considerada como uma tomada de posição do compositor sobre o problema da microtonalidade na música indígena, que tanto preocupou os musicólogos. A hipótese de Luiz Heitor Azevedo, de que os microintervalos podem ser atribuídos simplesmente a deficiências técnicas, à incapacidade do cantor de sustentar alturas fixas,[460] é repetida no abrangente estudo de Helza Camêu sobre a música dos índios brasileiros, quando ela fala em melodias "desafinadas".[461] Evidentemente, o emprego de fontes musicais tomadas de empréstimo de fontes populares requer um ajuste entre dois sistemas musicais distintos colocados em contato. Muitos exemplos são encontrados em obras de Bartók e Villa-Lobos. Luciano Gallet, que teve oportunidade de ouvir as gravações originais de Roquette-Pinto,[462] comenta com autoridade sobre a questão:

> Através de audição rápida que tive de alguns discos que Roquette-Pinto recolheu (Índios Paresi), observei que o processo musical do índio afasta-se do nosso, europeu. Nele, é diferente: 1) A escala musical, que me pareceu formada por intervalos diversos dos nossos; quartos de tom, talvez. O que é lógico e fácil de compreender, dada a sua existência anterior à chegada do europeu, e independente, portanto, de processos civilizados, como a escala temperada. 2) Como consequência, diversidade de sistema harmônico. Ouvi cantos a várias vozes, contrapontados. Bem entendido, com

meios que não se assemelham nem de longe ao que podemos imaginar. 3) Quadratura rítmica, sem relação alguma com a nossa. Entretanto, as anotações escritas dos temas Paresi foram feitas dos discos, pelo nosso sistema europeu, o que falseia completamente todo o seu feitio e estrutura.[463]

Quanto a Roquette-Pinto, ele descreveu a captação e registro das canções da seguinte maneira:

> A luz das fogueiras, subindo por entre as redes trançadas de linhas vermelhas ou amarelas, iluminava os corpos nus, estendidos transversalmente. Numa rede, uma família inteira ressonava: pai, mãe e dois filhos, todos muito abraçados. Mais além, uma criança choramingava, ao lado de uma índia moça que a balouçava nos braços, cantando: Ená-môkôcê cê-maká/ Ená-môkôcê cê-maká... ("Menino dorme na rede...").[464]

A segunda canção da série, "Nozani-ná", do mesmo modo, baseia-se na coleção de Roquette-Pinto. Esse tema – que, para um ouvido europeu, soa como um dos mais belos exemplares das canções indígenas – foi explorado por Villa-Lobos no *Choros nº 3*. No entanto, o formato dessa canção é totalmente diferente do *Choros* ou de *Imbapara*, de Lorenzo Fernandez.

O andamento foi alterado do mais austero *"pas trop vite"*, que vai bem com o coro masculino e conjunto de sopros, para o "Muito animado" (Mínima = 112). O acompanhamento consiste em teclas brancas, "chicoteadas", a seco com acordes de nona sobre o I e o IV graus da escala de Dó maior. O pedal em Sol soa por toda a peça, e a melodia circula ao redor do quinto grau. Não seria uma "canção indígena" sem o grito "uai!" no final, que mais parece uma concessão à sede de exotismo do público parisiense.

A terceira canção, "Papai Curumiassú", como diz o subtítulo, é uma "canção de rede dos caboclos do Pará", ou seja, outro acalanto.[465] A melodia tem discreto sabor pentatônico, enfatizado no acompanhamento com a ausência do sexto grau de Láb maior. A harmonia consiste na repetição de um único acorde (Dó menor, com acréscimo de quarta e sétima), com a monótona repetição da nota Sol servindo como um pedal no registro médio. A melodia traz em si grande poder expressivo.

A quarta canção da série, "Xangô", é um famoso "ponto de macumba", citado por Oneyda Alvarenga da seguinte maneira (ex. 104):

Exemplo 104. *"Xangô"*, transcrito por Oneyda Alvarenga em *Música popular brasileira* (1947).

Exemplo 105. Villa-Lobos: *"Xangô"*, das *Canções Típicas Brasileiras nº 4*, Max Eschig.

A partir dessa melodia, Villa-Lobos é capaz de abstrair seu caráter extático, espírito audacioso e potente. O compositor dá a ela valores longos, como uma espécie de polirritmia que compensa o motivo percussivo quadrático do piano. Esse arranjo resulta em um tipo de "arquétipo do estilo afro-brasileiro"[466] presente em toda a produção do compositor. O acorde "aberto" (sem a terça) de Sol menor com quinta e quarta, e o *tremolo* nas notas Dó e Ré♭, no grave, são os únicos elementos presentes no acompanhamento. "Estrela é lua nova" também pertence ao repertório das canções rituais afro-brasileiras. Novamente, o piano é percussivo, e seus acordes *a secco* contém dissonâncias em abundância. O rebaixamento do sétimo grau na melodia pode estar relacionado com uma característica de origem africana. Outro elemento notável é a tensão gerada pela não resolução dos acordes cadenciais.

Em contraste, "Viola quebrada" é um bom exemplar da modinha. A imitação do violão pelo piano, as síncopas em ambas as mãos, assim como a modulação, tudo é genuinamente brasileiro. No refrão, um coro pode juntar-se ao melancólico lamento "Minha viola quebrou, teu coração me deixou, Ah! Ah! Ah!".[467]

"Adeus Ema" representa o gênero nordestino do desafio. De fato, a canção adota a técnica antifonal. Segundo o compositor, a melodia foi recolhida em Minas Gerais.

"Pálida Madona" é uma canção em estilo antigo, à maneira de um *lied*, cuja estrutura rítmica é mais variada que as canções anteriores, de caráter africano. O texto é do poeta popular Catulo da Paixão Cearense, amigo do compositor.

A última canção da série é para coro a quatro vozes, "Cabôca de Caxangá", também com texto de Catulo. O arranjo é semelhante àquele de Luciano Gallet mencionado acima. A melodia é uma típica embolada, com notas repetidas em rápida sequência de semicolcheias e refrão. Milhaud empregou o mesmo tema em seu balé *Le Boeuf sur le toit*.

Um dos destaques dentre as canções villalobianas é a série *Três poemas indígenas*. Trata-se das harmonizações mais etnográficas de temas indígenas feitas pelo compositor, muito comedidas em relação aos recursos musicais, mas, por isso mesmo, extremamente efetivas em sua austeridade. A primeira canção, *Canide Ioune-Sabath*, é talvez o mais conhecido exemplo de melodia indígena brasileira. A fonte usada por Villa-Lobos é a transcrição feita por Jean de Léry em 1585 (ex. 106).

Exemplo 106. *Canide Ioune-Sabath*, transcrição de Jean de Léry, 1585.

Tempos depois, essa melodia ressurge, ligeiramente modificada, no *Dictionnaire de la Musique*, de Jean-Jacques Rousseau, de 1786, porém identificada como sendo cantada por índios canadenses. Helza Camêu, no entanto, demonstra que a versão de Rousseau é a combinação de dois temas diferentes na coleção de Léry.[468] Em outro artigo, Camêu observa que a transcrição feita por Luciano Gallet em *O índio na música brasileira* (ex. 107) é equivocada, porque se baseia em uma má interpretação da tonalidade; na verdade, o tema consiste apenas em intervalos de tons inteiros (ex. 108).[469]

Exemplo 107. *Canide Ioune-Sabath*, transcrição de Luciano Gallet (1934, p. 43).

Exemplo 108. *Canide Ioune-Sabath*, transcrição de Helza Camêu (1962, p. 25).

Trata-se de um tema que emprega apenas um motivo, sendo concluído em uma nota em que é possível continuar se repetindo com facilidade, indefinidamente. Villa-Lobos adotou a transcrição de Gallet, inserindo outra melodia como frase central da canção (aquela que Rousseau havia acrescentado em sua melodia "canadense") (ex. 109).

Exemplo 109. *Canto recolhido por Léry*, transcrição de Helza Camêu (1962, p. 26).

Renato Almeida relaciona as palavras dessa melodia a outra, completamente diferente (ex. 110).

Exemplo 110. *Jean de Léry*, 1585.

A forma do *lied* de Villa-Lobos é o habitual A-B-A, novamente com uma nota pedal no baixo que atravessa toda a canção; o *staccato* na nota Ré grave oferece contraste aos acordes de nona sobre a dominante de Lá menor, no registro médio. No aspecto tonal, a melodia como um todo parece representar o efeito da dominante sem resolução. Villa-Lobos dá a essa canção um caráter sério, ligeiramente monótono, um certo tipo arcaico de imobilidade

CAPÍTULO VII – OBRAS VOCAIS

sombria. Ele traduz o título, do idioma tupinambá: "o pássaro amarelo – uma canção elegíaca".

O próprio Jean de Léry dá uma explicação a respeito dessa canção: "em suas canções, os nativos repetem as palavras *canide-ioune*, que significam 'o pássaro amarelo', já que *ioune* e *ioup* significam 'amarelo' naquele idioma". Em outro ponto, ele fala sobre a melodia "Hé heura heura":

> As cerimônias chegam a durar quase duas horas, em que cerca de 500 a 600 índios continuavam a cantar e dançar; então, surgiu uma melodia sobre a qual posso apenas dizer que, embora eles não conheçam nada sobre a arte da música, quem ainda não a ouviu jamais acreditaria que pudesse ser tão harmoniosa. Se havia lamentos (*sabbath*) no início dessa trenodia, eles agora são substituídos por uma grande alegria. Isso não se manifestou apenas no ritmo dos acordes, mas particularmente nas cadências e refrões quando todos ergueram suas vozes dessa maneira: "Heu, heura, heura" etc.[470]

Assim, Villa-Lobos coletou os elementos para essa canção diretamente das descrições de Jean Léry, mas sem obedecê-las literalmente. Por exemplo, ele não inseriu nenhuma efusão de alegria na seção intermediária "Heu heura...", limitando-se à expressão elegíaca e concentrada.

A segunda canção da série, "Teiru", está na coleção *Rondonia*, de Roquette-Pinto. Ele conta que a recolheu durante festividades em que os indígenas celebravam uma caçada bem-sucedida. Trata-se de um canto fúnebre, em honra ao cacique dos Uaiazare-Uaiteko, morto acidentalmente pelo índio Zalokare:

Exemplo 111. Extraído de *Rondonia* de Roquette-Pinto (1954; 1917).

A parte de piano em "Teiru" é uma espécie de "Funerailles" indígena.[471] A melodia é escrita em Si menor, circulando pela dominante menor. Apenas ocasionalmente, o segundo grau rebaixado de Si menor proporciona alguma coloração modal. Villa-Lobos ampliou ligeiramente a canção, com repetições que resultaram em uma forma ternária. O acompanhamento da seção intermediária explora o ritmo de marcha do início. A parte vocal foi elevada à oitava superior. Os arpejos repentinos no baixo, na seção central, estabelecem um caráter "selvagem" peculiar que se contrapõe à contida trenodia. Ao final, a voz realiza um glissando no espaço de duas colcheias – com "microintervalos", termo que pode ser aplicado (ex. 112).

Quem já escutou a gravação dos lamentos fúnebres dos Bororo no Museu Nacional do Rio de Janeiro, com suas alturas indefinidas, sabe o quão próximo "Teiru" está da atmosfera original, captada por Villa-Lobos. Peppercorn observa que essa figuração é idêntica a outra ouvida no acompanhamento de uma canção mais antiga, "Louco";[472] o formato é o mesmo, mas em "Louco" percorre a escala de tons-inteiros, enquanto "Teiru" usa a cromática.

Exemplo 112. Villa-Lobos: *"Teiru"*, das *Três Canções Indígenas*, Max Eschig.

A opinião de Vasco Mariz de que as demais canções da série, "Teiru" e "Iara", perdem o interesse quando comparadas a "Canide Ioune-Sabath", me parece injustificada.

A terceira canção, "Iara", é sobre texto de Mário de Andrade. Nenhum tema indígena lhe serve como ponto de partida, embora elementos semelhantes sejam encontrados na coleção de Roquette-Pinto, como a melodia registrada no fonograma n° 14605 (ex. 113), comparada com o motivo inicial de "Iara" (ex. 114).

Exemplo 113. Roquette-Pinto, *Rondonia* (1954; 1917).

Exemplo 114. Villa-Lobos: *"Iara"*, das *Três Canções Indígenas*, Max Eschig. Motivo inicial.

O texto é relacionado ao mito da Iara, uma espécie de sereia que enfeitiça seus amantes com seu canto e os arrasta para a morte, até o fundo dos rios. A canção é a mais longa e dramática dessa série, quase uma balada, em sua melancolia. Ela apresenta o mesmo estilo de *Rudepoema*, com seus longos pedais, súbitos *sforzatos*, figurações de ostinato, ataque *martellato* e oposição entre teclas brancas e pretas, divididas entre a mão esquerda e direita. Talvez seja a mais dissonante das canções villalobianas, embora a repetição do Si♭ seja um centro tonal para os cortantes intervalos de segunda, que se acumulam em acordes sobre a linha de ostinato nos tempos fracos do compasso. A repetição monótona das colcheias cria a sensação abrupta da sincopação. Essa parte da canção é caracterizada pelas figurações em torno do intervalo de terça menor, a maioria delas na escala de Si♭ menor, mas também por dramáticos *glissandi*. Uma forte intensificação da atmosfera acontece no final da canção.

Villa-Lobos escreveu outras canções com assunto indígena, algumas delas com texto de Mário de Andrade, como "Pai do Mato" (1930). Nessa canção, é retratado um monstro mítico invulnerável, devorador de pessoas, uma espécie de *Erlkönig* da selva. Esse personagem é tão popular em algumas regiões do Brasil que as mães costumam dizer aos filhos quando estão com cabelos grandes e não deixam cortar: "está que é um pai do mato" ou "você quer virar pai do mato, menino?".[473] Roquette-Pinto aproveita o tema do pai do mato ao traduzir o texto da melodia "Ualalocê".

CAPÍTULO VII – OBRAS VOCAIS

Isso deve ter inspirado Mário de Andrade, já que a protagonista de seu poema é a mesma índia Camalalô, presente na tradução de Roquette-Pinto. O aspecto narrativo do poema culmina na surpresa psicológica do final, quando ao colher frutas na floresta, Camalalô encontra um homem que confessa ser o pai do mato. A melodia interpreta a história com a repetição dos versos, enquanto o acompanhamento vai da tônica para a dominante de Fá menor, modulando para Fá♯ menor no terceiro verso. A polirritmia, em sextinas contra quintinas, lembra as texturas pianísticas de Camargo Guarnieri. É algo raro em Villa-Lobos, mas adequado para descrever a densa folhagem da floresta (ex. 115).

Exemplo 115. Villa-Lobos: *"Pai do mato"*, das *Três Canções Indígenas*, Museu Villa-Lobos, Rio de Janeiro.

Villa-Lobos experimentou várias possíveis combinações instrumentais. Não é de se espantar que ele tenha uma *Suíte para canto e violino* (1923). Alguns de seus movimentos rápidos já parecem exercícios para uma futura obra-prima, as *Bachianas*.

"A menina e a canção" é sobre texto de Mário de Andrade. O violino é tratado de várias maneiras, às vezes como marcação rítmica (empregando principalmente as técnicas de *pizzicato* e *col arco*); então, novamente, *comme la guitarre*, com diferentes fundos de ostinato para o soprano. A canção fala sobre uma menina que caminha distraída, acompanhando a avó, quem, por sua vez, carrega uma enorme trouxa de roupas na cabeça. De repente, a menina pergunta: "qué mi dá, vó?", ao que a negra idosa responde: "nãao". A melodia cantarolada no início e a caracterização da preta velha são os pontos cruciais, revelando a linha melódica centrípeta do compositor. O "nãao" é tratado com humor, com um glissando no registro grave.

A segunda canção da suíte, "Quero ser alegre", consiste em um mero murmúrio cantarolado: no aspecto musical, a ênfase é dada ao violino. A atmosfera geral é impressionista, lembrando Ravel em vários pontos, como uma reminiscência. A curva melódica do soprano (ex. 116) e as terças paralelas do violino sobre a escala de tons inteiros, bem como a sequência de terças maiores ascendentes mais à frente (ex. 117), às vezes parecem tomadas de empréstimo diretamente de *Ma Mére l'Oye*.

Exemplo 116. Villa-Lobos: *"Quero ser alegre"*, da *Suíte para canto e violino*, ed. Max Eschig.

Exemplo 117. Villa-Lobos: *"Quero ser alegre"*, da *Suíte para canto e violino*, ed. Max Eschig.

Alguns elementos rítmicos, como a superposição de 12/8 e 4/4 e as síncopas médias e longas, revelam a brasilidade do compositor em determinados pontos. São notáveis as frequentes e surpreendentemente longas passagens bitonais, considerando que Villa-Lobos não usa essa técnica tão sistematicamente como Milhaud.

A canção final da suíte é considerada a mais bem-sucedida, devido aos *glissandi*, ritmos variados, trilos, palavras desconexas e outros recursos que Villa-Lobos sempre sabe manejar com segurança. "Sertaneja" é uma embolada típica, com figurações rápidas: a soprano adere naturalmente ao motivo apresentado pelo violino (ex. 118). A combinação de diferentes modos de tocar o instrumento (por exemplo, com *pizzicato* e cordas triplas), resulta em efeitos que às vezes lembram um quarteto de cordas. A vivacidade rítmica e as síncopas da embolada remetem à pesquisa de campo que Mário de Andrade empreendeu no Rio Grande do Norte em 1928.

Exemplo 118. Villa-Lobos: *"Sertaneja"*, da *Suíte para canto e violino*, ed. Max Eschig.

Seguindo adiante, temos dois volumes de canções chamadas *Modinhas e canções*, em que notamos grande diferença de estilo. Ambas são respectivamente de 1936 e 1943, e, consequentemente, sua linguagem sonora paira sobre o romantismo nacionalista. Esses volumes contêm as melodias brasileiras mais conhecidas, principalmente do Rio de Janeiro, harmonizadas com esmero, porém de maneira convencional. A canção que abre o primeiro álbum, "Canção do marinheiro", traz a seguinte indicação: "à maneira melódica do gênero ibérico de 1500, versos originais da época, recolhidos por

Gil Vicente". O caráter ibérico é representado pelos ricos melismas e uma figuração típica: a curva melódica em que o salto para uma nota mais aguda é valorizado pelo uso expressivo da fermata.

A segunda canção do álbum, "Lundu da Marquesa de Santos" (remetendo ao ano de 1822), é sobre texto de Viriato Correa, sendo uma das mais charmosas invenções melódicas de Villa-Lobos. O acompanhamento simples ao piano, com linhas cromáticas internas e síncopas hesitantes, dá à melodia, que soa um tanto lusitana, um tempero brasileiro (ex. 119). O lundu é uma dança trazida ao Brasil pelos povos de Angola, disseminando-se por todo o país, com grande popularidade. Mas há versões mais refinadas do lundu, dançadas nos salões da burguesia.[474] Quando cantado, o lundu ganha andamento mais acelerado, com letras irônicas e abusadas.

O lundu de Villa-Lobos, evidentemente, pertence ao gênero de canção de salão, com sua ironia deliberada, descrevendo a angústia pela partida da amada com repetição exagerada e modulação surpreendente para Ré menor.

Exemplo 119. Villa-Lobos: *"Lundu da Marquesa de Santos"*, de *Modinhas e Canções*, v. 1.

CAPÍTULO VII – OBRAS VOCAIS

O terceiro número do álbum é "Cantilena", "um canto que saiu das senzalas" da região do Recôncavo Baiano. O pentatonismo representa o tipo africano que o compositor adota em suas obras para piano. A quarta canção é "Gatinha parda", adaptação de uma canção infantil do século XIX, que revela todo o humor do compositor, em uma delicada contribuição ao gênero do *lied* com tema sobre gatos.

"Remeiro de São Francisco" é uma canção em que a parte do piano pode ser substituída por um coro. Foi criada sobre material musical recolhido pelo pesquisador Sodré Vianna junto aos mestiços do Rio São Francisco.

A sexta canção, "Nhapôpé", é uma "modinha antiga" que revela como o compositor podia usar, em uma mesma época, as mesmas ideias de forma completamente diferente. A lenta seção central é construída sobre acordes arpejados semelhantes aos de "Impressões Seresteiras", do *Ciclo Brasileiro* para piano. A canção expressa bem o ardor suprimido, tanto em relação à narrativa quanto ao *páthos*. A última canção do primeiro volume, "Evocação", é uma *chanson* ligeira, com seu ritmo balançante em 6/8.

O segundo volume de *Modinhas e Canções* contém canções presentes no *Guia Prático*, porém harmonizadas de maneira diferente. São exemplos interessantes da música brasileira popular, mas nesse volume não encontramos nada como o "Lundu" do volume anterior. Podem-se mencionar "Pobre peregrino", "Vida formosa", "Nesta rua", "Mando tiro, tiro, lá", "João Cambuête" e "Na corda da viola". Algumas dessas melodias reaparecem em outras obras do compositor, como no musical *Magdalena*.

Uma estilização mais interessante é o "Samba Clássico" (1950), com o subtítulo "Ode: homenagem aos compositores populares". Algumas características do samba, tanto música quanto letra, estão expressas de modo que todas as invenções melódicas parecem justificar a fala do compositor: "o folclore sou eu". Palavras-chave na canção, como "minha terra", "alegria", "melancolia", são precisamente o tipo de mistura de sofrimento e regozijo tão típicos das letras carnavalescas.

A produção do compositor também apresenta canções sem relação com folclore, com abordagem um tanto abstrata. Já em 1923, temos a incomum "Poema da criança e sua mamã", para contralto, flauta, clarinete e cello. O texto (assim como no "Samba clássico") é de Epaminondas Villalba Filho, pseudônimo adotado várias vezes por Villa-Lobos. Em relação ao tema e estilo, a peça se identifica com o ambiente francês e a música de câmera da época. O caráter de recitativo livre do canto pode ser associado a Poulenc (em *La voix humaine*), e a obra, no geral, lembra Stravinsky. As mudanças métricas, alterações caprichosas de andamento e texturas lembram os *Choros*, assim como a ideia de acompanhar uma simples e diatônica canção de ninar com uma complicada textura dissonante e quase atonal. Os arpejos da flauta parecem vir diretamente do *Choros nº 2*.

Os textos das últimas canções de Villa-Lobos têm diversos autores. Ele adota poesia de renomados autores brasileiros como Carlos Drummond de Andrade ("Poema de Itabira"), Murilo Araújo ("*Chanson* de Cristal"), Amarylio de Albuquerque ("Jardim Fanado") e Gilberto Amado ("Canção das Águas Claras"). A linguagem sonora, nessas canções, pode ser descrita como austera. Elas não trazem todo o romantismo nem a tonalidade das *Modinhas e Canções*. O acompanhamento emprega com frequência acordes de quartas, quintas e décimas, dando grande profundidade à textura. A parte vocal é notavelmente constante em termos de ritmo, evitando intervalos dramáticos e efeitos como glissando e exclamações.

CAPÍTULO VII – OBRAS VOCAIS

Poema de Itabira (1943), com seu estilo harmônico livremente tonal, evoca algo de *New York Skyline Melody*, para piano. O tom geral é expressionista e excepcionalmente sombrio, com intervalos "atonais" e saltos "inexpressivos" (cromatismos, intervalos aumentados, trítonos etc.) na linha melódica, isso quando não se torna estacionária e recitativa (ex. 120). Chega a evocar as primeiras peças de Schoenberg e Berg. O tema angustiado do poema, com memórias familiares em torno da alegoria de uma cidade em ruínas, se assemelha, no aspecto psicológico, ao desamparo expresso nos romances de Jorge Amado, tendo como pano de fundo a migração e pobreza na região Nordeste do Brasil.

Exemplo 120. Villa-Lobos, *Poema de Itabira*, ed. Max Eschig.

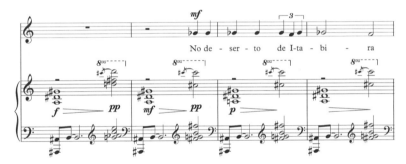

Obras corais, *A cappella*

Assim como a obra de Stravinsky contempla a música religiosa coral de acordo com as convenções litúrgicas, Villa-Lobos também tem cerca de trinta composições nessa categoria. Elas vão desde *Vidapura* (1919), uma grande missa para coro e orquestra, até obras corais *A cappella*, em menor escala (como a coleção *Música Sacra*).

A *Missa São Sebastião* (para coro a três vozes; 1937/1937; Irmãos Vitale) homenageia o santo padroeiro da cidade do Rio de Janeiro e está entre as obras litúrgicas mais frequentemente apresentadas do compositor. Ele chegou a admitir que a obra tem devoção religiosa maior que a dele próprio. Todavia, há ainda momentos em que a brasilidade escapa para o primeiro plano. O estilo é comparável ao de Cristóbal de Morales, Tomás Luís de Victória e Francisco Guerrero, além dos mestres portugueses do século XVI.[475] A obra foi escrita para coro feminino ou infantil, mas o compositor sugere que as vozes das crianças sejam dobradas por vozes masculinas na oitava inferior. O texto consiste no ordinário de uma missa, dividido entre os movimentos: *Kyrie*, *Gloria*, *Credo*, *Sanctus*, *Benedictus* e *Agnus Dei*.

O compositor buscou respeitar a prosódia latina, enfatizando os acentos e a expressividade das palavras com a combinação rítmico-melódica. Algumas partes são repetidas, outras eliminadas, como os versos iniciais do *Gloria* e do *Credo*.

A obra faz lembrar a rítmica das missas do século XVI, apesar das pausas dramáticas, *sforzatos* e *staccatos* no *Credo*. Prevalece uma considerável variedade tonal e sonora. A harmonia é diatônica na maior parte do tempo, com apoio expressivo de elementos cromáticos, pelo que se revela o estilo mais pessoal de Villa-Lobos. Apesar do caráter geral, há poucas cadências realmente modais. Cada movimento começa e termina na mesma tônica (Dó menor, Si♭ maior, Dó maior, Fá menor, Si♭ maior e Dó menor). As sequências ocorrem em muitos pontos dessa missa, assim como também são empregadas com frequência nas *Bachianas*. O *Sanctus* é o movimento mais próximo da música brasileira popular, combinando as sequências com o ritmo sincopado, gerando às vezes uma espécie de hemíola entre as vozes (ex. 121):

Exemplo 121. Villa-Lobos: *"Sanctus"* da *Missa São Sebastião*, ed. Irmãos Vitale.

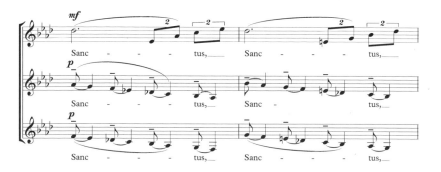

O compositor disse que a seção "(...) et sepultus est" do *Credo* emprega elementos melódicos de pontos de macumba, realizando um sincretismo religioso (ex. 122).[476] Pela perspectiva brasileira, isso não representa uma contradição, pois os santos católicos e os orixás de origem africana por vezes se confundem em uma mesma representação.

Exemplo 122. Villa-Lobos: *"Credo"* da *Missa São Sebastião*, ed. Irmãos Vitale.

A textura oscila entre acordes e polifonia; a obra é cheia de modulações inesperadas. Quanto ao ritmo e à melodia, Villa-Lobos se mantém dentro dos limites da música litúrgica. Na seção "Qui cum Patre et Filio" do *Credo*, ouve-se uma imitação bem-humorada do *hoquetus* medieval. Ao final da mesma seção (nº 19:5-7), o cromatismo descendente é dos mais expressivos. Na opinião de Henry Cowell: "por toda a missa há uma qualidade tocante, talvez porque ela retenha muito da espiritualidade da música vocal renascentista, explorando o poder emocional do drama, dissonância e cromatismo de Villa-Lobos".[477] O comentário de Cowell para o *Musical America* é mais cauteloso ao afirmar que a obra nada tem de desafiadora, mas independente disso merece ser ouvida devido ao frescor de sua originalidade e informalidade.[478]

Bendita Sabedoria (coro misto *a cappella*; 1958/1958; Max Eschig) é uma das últimas obras do compositor. A rica textura se baseia no conceito que um coro misto soa melhor em movimentos paralelos de quartas ou terças, sustentadas por quintas abertas no grave (ex. 123). A composição tem menos elementos nacionais que a *Missa São Sebastião*, embora não houvesse qualquer restrição quanto a seu uso. O segundo e terceiro movimentos são a prova de quão pouco material Villa-Lobos precisava para construir movimentos inteiros, em sua fase madura: o segundo ("Andantino", "Vas Pretiosum") se baseia em um único motivo, com certo gingado; o terceiro ("Quasi allegretto", "Principium Sapientiae") é mais cadenciado, a partir da oposição entre as vozes.

Exemplo 123. Villa-Lobos: *"Andantino"* de *Bendita Sabedoria*, II, c. 1-2, ed. Max Eschig.

Exemplo 124. Villa-Lobos: *"Allegro"* de *Bendita Sabedoria*, IV, c. 1-2, ed. Max Eschig.

Nem toda a produção *a cappella* de Villa-Lobos é dedicada à música sacra, como provam as várias obras corais sobre temas indígenas, por exemplo, *Duas Lendas Ameríndias em Nheengatu* (1952/1967; Max Eschig). Ambos os movimentos se baseiam no Iurupari, um tipo de espírito mal encontrado nos mitos indígenas. O culto do Iurupari se desenvolveu com a catequese católica, desde o século XVI até a reforma do bispo Frederico Costa (em 1909), que não aceitou o "satanismo" associado ao personagem, estabelecendo um culto em que "uma longa trombeta de paxiúba, (...) produz um som cavernoso e profundo, de evocação misteriosa e sinistra". As cerimônias são estritamente vedadas às mulheres.[479] A primeira lenda, "O Iurupari e o Menino", tem acompanhamento em ostinato em quartas paralelas, com uma imitação primitivista de melodia indígena, que passa pelas diferentes vozes (ex. 125).

Exemplo 125. Villa-Lobos: *"O Iurupari e o Menino"*,
de *Duas Lendas Ameríndias em Nheengatu*.

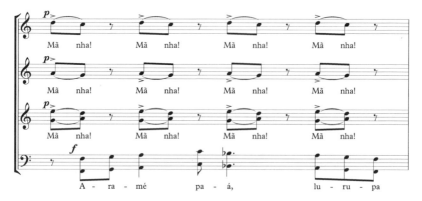

A segunda parte, "O Iurupari e o Caçador", recria a atmosfera indígena também com austeros movimentos de quartas, motivos simples, semelhantes aos recolhidos pelos pesquisadores e ritmo sincopado, em métrica composta (ex. 126).

Exemplo 126. Villa-Lobos: *"O Iurupari e o Caçador"*,
de *Duas Lendas Ameríndias em Nheengatu*.

CAPÍTULO VIII

OBRAS SOLO INSTRUMENTAIS

Obras para violão

Cinco Prelúdios

(Violão; 1940/1943; Max Eschig; Arranjo para piano de José Vieira Brandão)

Cada um dos *Prelúdios* para violão é considerado como uma "joia rara". Todos os cinco estão entre as mais tocadas composições de Villa-Lobos, dentre toda a sua produção. Em sua aparente simplicidade técnica, os prelúdios têm inspirado inúmeras gravações, com presença frequente nos programas de recitais. A estrutura formal dessas peças é bem-definida e, em linhas gerais, segue o seguinte esquema:

Quadro 7: *esquema formal dos Cinco Prelúdios para violão.*

A	B	A
Tônica	Tonalidade relacionada (dominante, ou relativa, ou modo paralelo)	Tônica

Os prelúdios incorporam a característica padrão do estilo violonístico do compositor: a) acordes em movimento paralelo – exemplo: c. 23-27 e 70-77 no *Prelúdio n° 1*; b) ambiguidade tonal, apesar de não haver uma politonalidade sistemática – Michael Jaffee ilustra isso com o *Prelúdio n° 3*, em que o movimento em semicolcheias leva à dominante com sétima de Dó maior (ex. 127), mas alguns compassos adiante o mesmo movimento se resolve inesperadamente em Fá♯ maior (ex. 128);[480] c) seleção de acordes e o uso expressivo dado aos acordes menores com sétima.

Exemplo 127. Villa-Lobos, *Prelúdio n° 3*, c. 1-2.

Exemplo 128. Villa-Lobos, *Prelúdio n° 3*, c. 5-7.

Na produção de Villa-Lobos, os *Prelúdios* pertencem ao romantismo nacionalista de sua fase intermediária, no mesmo sentido que o *Ciclo Brasileiro* para piano.

Prelúdio n° 1, em Mi menor: a atenção é voltada para a melodia do tipo ibérico, já referida anteriormente (cf. *Choros n° 5*). Colocada no registro médio-grave do violão, resulta em sonoridade especial. Estilisticamente, pode ser associada ao compositor mexicano Manoel Ponce.

CAPÍTULO VIII – OBRAS SOLO INSTRUMENTAIS

Prelúdio n° 2, em Mi maior: na seção A, temos um tipo de estilização à maneira de Nazareth; a seção B faz alusão ao africanismo da fase inicial, por exemplo, com as *Danças Africanas*.

Prelúdio n° 3, em Lá menor: o musicólogo cubano Edgardo Martin considera esse o mais original e interessante dentre os prelúdios.[481] A seção A é como uma declamação livre, enquanto a seção B bem poderia fazer parte das *Bachianas*.

Prelúdio n° 4, em Mi menor: é como uma balada, no mesmo sentido que o *Estudo n° 11*. A seção B tem uma espécie de figuração bachiana, uma textura de arpejos que Villa-Lobos soube adaptar para outros instrumentos (ver, por exemplo, a coda do primeiro movimento do *Concerto para piano n° 5*, ou a *Bachianas Brasileiras n° 3*).

Prelúdio n° 5, em Ré maior: é o mais convencional do ponto de vista idiomático do instrumento e apresenta alguns motivos tomados de empréstimo dos demais prelúdios.

Doze Estudos

(Violão; 1929/1963; Max Eschig)

Não surpreende que Villa-Lobos tenha escrito estudos justamente para o violão, já que esse foi um dos instrumentos que ele primeiro aprendeu a tocar. Suas obras iniciais foram peças para violão. Participou de rodas de choro como violonista, alcançando tamanha destreza que até mesmo Andrés Segovia aconselha os demais violonistas a seguirem exatamente suas digitações, já que

> ele compreendeu o violão perfeitamente e se escolheu uma determinada corda ou digitação para dar efeito a fraseados particulares, nós temos a estrita obrigação de observar o seu desejo, ainda que seja ao custo de grande esforço técnico.[482]

375

Na opinião de Turíbio Santos, o violão foi o "grande arquivo musical" no qual Villa-Lobos primeiro registrou suas impressões de Bach (as peças do *Cravo Bem-Temperado* tocadas ao piano por sua tia Zizinha),[483] as melodias dos chorões tocadas pelas ruas do Rio de Janeiro e, principalmente, suas experiências musicais durante as andanças por várias regiões do Brasil.

Os estudos têm como paradigma musical inconfundível as entonações da música popular do Rio, por músicos que Villa-Lobos respeitava, como Quincas Laranjeira, Anacleto de Medeiros, Sátiro Bilhar e Ernesto Nazareth, a quem ele homenageia em diversas de suas obras.

Por outro lado, o título *Doze Estudos* é uma referência obrigatória às numerosas coleções de doze peças na música artística do Ocidente: as duas séries de doze estudos de Chopin, passando por Paganini, Liszt, Debussy e, naturalmente, Bach.

Os maiores compositores do gênero "estudo" costumam "sublimar" a ideia de um estudo em um nível mais elevado e puramente musical, apesar do apelo mais chamativo dos estudos ser justamente o prazer de superar suas dificuldades – mesmo quando o caráter fica em segundo plano, abrindo caminho à pureza da ideia musical. Os anos em que Villa-Lobos escreveu seus estudos (1924-1929) revelam a natureza polimórfica de seu pensamento musical. É exatamente nessa época que surgem suas composições mais notáveis e avançadas, explorando dissonância e polirritmia, o estilo rude e áspero, embora tudo isso se manifeste discretamente na textura de seus estudos para violão. A ingenuidade afrancesada, o humor irônico e às vezes grotesco da suíte *A Prole do Bebê* são coisas que não se encontram nessa série de estudos. Essas peças para violão tampouco são caracteristicamente nacionais, mesmo que a brasilidade possa aparecer de forma transfigurada e seu papel cresça durante a série nos últimos estudos, na mesma proporção que sua caracterização como "estudo" diminui. A relação desses estudos com sua finalidade pedagógica foi bem definida por Segovia:

CAPÍTULO VIII – OBRAS SOLO INSTRUMENTAIS

eles contêm ao mesmo tempo fórmulas de surpreendente eficácia para o desenvolvimento da técnica de ambas as mãos e belezas musicais "despretensiosas", sem propósito didático, as quais possuem o valor estético permanente de obras de concerto.[484]

Consequentemente, o processo é o mesmo que em Chopin: com seus estudos, ele amplia as possibilidades técnicas e sonoras do piano (embora a estrutura sonora permaneça relativamente estável) em comparação a Czerny, Hummel, Weber e toda a literatura pianística precedente. Do mesmo modo, os estudos de Villa-Lobos fazem referência à literatura do violão, às obras de Carcassi, Carulli, Aguado, Coste, Sor e outros compositores para esse instrumento. Mas, por outro lado, os estudos de Villa-Lobos abrem novas possibilidades para o uso do violão. As estruturas sonoras e rítmicas evitam a complexidade, sem ser nada menos que originais.

O subtítulo do primeiro estudo é *Étude des arpèges*. Turíbio Santos o considera como uma *Bachianas Brasileiras* em miniatura.[485] Afinal, ele apresenta a mesma ideia do "Prelúdio em Dó maior" do *Cravo Bem-Temperado*, ou do "Estudo em Dó maior Op. 10", de Chopin: arpejos sobre acordes que duram sempre um compasso – repetindo a figuração na maioria do tempo. Assim como há uma polifonia oculta entre a estabilidade do baixo e o brilho do registro superior no estudo de Chopin, em Villa-Lobos, a repetição da nota aguda em cada compasso pode ser percebida como uma espécie de clímax melódico e de sincopação. A simetria estrita decorrente da repetição regular só é variada por uma figuração fugidia, com apojaturas cromáticas perto do final. No aspecto sonoro e harmônico (ex. 129), é interessante a seção

> (...) começando no compasso 12, descendo cromaticamente em acordes meio-diminutos; as cordas mais aguda e mais grave permanecem soltas, gerando um pedal constante nas notas Mi. A alteração cromática desses acordes meio-diminutos e

as cordas soltas Mi criam um padrão constantemente mutável de dissonâncias, um efeito de certo modo caleidoscópico.[486]

Exemplo 129. Villa-Lobos: *Estudo nº 1 para violão*, c. 11-14, ed. Max Eschig.

Segundo Terrence K. Dwyer, essa é uma ideia técnica particularmente fascinante, das mais originais em toda a série de estudos.[487]

No segundo estudo, em Lá maior, são explorados arpejos e ligados com base em Dionisio Aguado, ampliando o movimento para toda a extensão da escala do instrumento. A periodização é repetida a cada compasso, como no *Estudo nº 1*.

O terceiro estudo, em Ré maior, conclui a série inicial de estudos com caráter mecânico – com figurações de arpejos e ligados em várias posições de mão esquerda. Os acordes napolitanos ao final (c. 21-23) dão certa coloração espanhola, à maneira de Manuel de Falla.

O quarto estudo, em Sol maior, remete a um violonista em uma roda de choro, segundo Turíbio Santos.[488] Em contraste com os anteriores, esse é um estudo de acordes, não apenas referente à montagem de acordes ao longo do braço do instrumento como nos demais estudos, a cargo da mão esquerda, mas proporcionando um estudo dos modos de ataque e sonoridade da mão direita. Nos compassos 11-14, temos um bom exemplo (ex. 130):

Exemplo 130. Villa-Lobos: *Estudo nº 4 para violão*, c. 11-14, ed. Max Eschig.

A linha melódica consiste basicamente em um salto ascendente de terça menor, que gradualmente se expande para uma terça maior ou quarta diminuta – uma ideia parecida com a culminação melódica e expressão musical do *Choros nº 5* ("Alma brasileira"), com um modelo ibérico correspondente em "Córdoba", de Albéniz. Há muita polifonia oculta nesse estudo (ver a parte grave nos c. 19-20), o que dá aos intérpretes mais capacitados a possibilidade de criar variedade nas repetições, destacando aspectos diferentes. Há bons exemplos do tratamento cromático dado aos acordes, como na seção "Grandioso", na qual o acorde de Sol maior é alterado temporariamente com Lá♯ e Dó♯ sobre um pedal em Ré. Dissonância ainda maior é criada perto do final pelos acordes paralelos que se chocam com a terça Sol-Si, sustentada como um pedal (ex. 131).

Exemplo 131. Villa-Lobos: *Estudo nº 4 para violão*, c. 58-61, ed. Max Eschig.

A escolha dos acordes é refinada e variada, embora eles pareçam resultar da condução das vozes. Até mesmo a cadência convencional nos compassos 8 e 9 dá a impressão de novidade diante do fluxo de acordes em mutação. A atmosfera geral pode ser descrita como uma espécie de devaneio, ou seja, um lirismo lento e sonhador.

O quinto estudo, em Dó maior, não tem subtítulo, mas sua textura denota a exploração das possibilidades lineares polifônicas do violão. A peça é construída sobre um monótono ostinato em colcheias em terças arpejadas – muito parecido com "A moreninha" da *Prole do Bebê n° 1*. Não espanta que Marcel Beaufils considere esse estudo uma espécie de *récit d'enfant* (conto infantil).[489] Acima e abaixo dessa figuração de fundo, dois motivos simples de quatro notas, que podem ser interpretados no modo de Mi frígio, alternam-se em diálogo. A dificuldade técnica reside na condução simultânea das partes, como no compasso 10. Uma característica típica e interessante é a transformação do motivo do ostinato para Mi menor, com a ocorrência simultânea da quinta justa e diminuta. Há uma certa alusão à atmosfera "francesa" em uma passagem em tons inteiros (c. 45).

O sexto estudo, em Mi menor, novamente é um exercício de acordes. Na opinião de Turíbio Santos, trata-se de alusão ao acompanhamento do violão na roda de choro – os acordes em colcheias acentuadas fazem lembrar o tango argentino.[490] Harmonicamente, a peça se baseia na progressão V/V-V⁷-I, que aparece no tema principal e em passagens cromáticas ascendentes e descendentes de acordes diminutos paralelos. Uma variante com os baixos em semicolcheias se desenvolve a partir do vigoroso tema principal, com seu caráter de marcha. A coda apresenta sons harmônicos, como a maioria dos estudos até aqui, precedidos por um glissando em oitavas.

O sétimo estudo, em Mi maior, demarca o ponto onde o caráter de "estudo" fica cada vez menor. Não se trata mais de um estudo a partir de um único elemento técnico, mas a obra apresenta variadas técnicas com passagens difíceis em escalas, arpejos e acordes. Até a tonalidade pode ser considerada a "mais difícil" da série até esse ponto. A forma consiste em A-B-A-C, em contraste

CAPÍTULO VIII – OBRAS SOLO INSTRUMENTAIS

entre si. A primeira seção apresenta alternância de caprichosas passagens em escalas descendentes muito abruptas e melodias ascendentes com variedade rítmica. A segunda seção, "Moins", é mais lírica. Os arpejos em cordas soltas e o pedal em Lá criam um fundo para uma melodia sentimental, com um motivo típico de Villa-Lobos – como no tema principal de *Rudepoema* (ex. 132):

Exemplo 132. Villa-Lobos: *Estudo n° 7 para violão*, c. 13-16, ed. Max Eschig.

De modo a destacar a tercina, deve haver uma respiração que permita executar o motivo mais calmamente. Isso vale para os glissandos no contratempo, que surgem mais adiante. Na terceira seção, a partir do compasso 46, a notação usada por Villa-Lobos sugere trilos e acentuação tocados simultaneamente (ex. 133, mas o conselho de Segovia busca facilitar a *performance* da seguinte maneira (ex. 134):[491]

Exemplo 133. Villa-Lobos: *Estudo n° 7 para violão*, c. 46, ed. Max Eschig.

381

Exemplo 134. Villa-Lobos: *Estudo nº 7 para violão*, c. 46, segundo Andrés Segovia.

O oitavo estudo, em Dó♯ menor, apresenta o contraste mais acentuado entre as várias seções. Beaufils considera que esse "parece ser mais místico que os demais estudos, fazendo referência à modinha e à toada, com acordes densos que vagueiam por improvisações errantes e sob a melodia".[492]

As mudanças no estado psicológico e musical e seus desdobramentos contribuem para a realização formal e técnica. A forma geral é A-B-A, precedida por breve introdução, com exposição.

A introdução cria uma atmosfera sombria e taciturna, com movimentos paralelos de trítono em resolução descendente; no baixo, ouve-se a melodia principal da seção A. A natureza cromática da introdução fica clara quando se observa que todas as doze notas ocorrem já nos primeiros seis compassos. A primeira seção tem caráter mais leve, lembrando a textura da seção B do estudo anterior; melodia e baixo estão distantes entre si, separados pelo motivo arpejado do acompanhamento.

A seção inicial (A) conduz a uma explosão nervosa e repentina, com sextinas cuja sonoridade leva o ouvinte à atmosfera angustiada do registo médio do violão: a angústia do início só é resolvida agora, retomando os acentos dos compassos 5 e 6, mas de forma condensada. O acorde acentuado no contratempo (Si♯--Mi-Fá♯♯-Sol♯, c. 37-40) e a emergência do trítono (as notas Lá♯--Mi no motivo em sextina) reforçam a lembrança da introdução.

A segunda seção (B) desenvolve o material apresentado no início, transformando-o em uma espécie de marcha que é interrompida com a chegada ao acorde de Sol♯ menor no compasso 68. Depois disso, uma escala ascendente em sextinas ajuda a estabilizar a tonalidade e prepara a cadência de volta a Dó♯ menor. No penúltimo compasso, na seção "Lent" (coda), ainda se ouve uma reminiscência do motivo principal, que prevaleceu no baixo durante a introdução e na parte superior na seção inicial (A). A obra conclui num acorde aberto (sem terça) de tônica em segunda inversão, usando os harmônicos naturais nas quinta e sexta cordas. O estudo todo, de fato, é um drama narrativo, uma miniatura psicológica.

O nono estudo, em Fá♯ menor, é uma variação sobre um tipo de *chaconne* ou *passacaglia* baseado no movimento de semínimas acentuadas na região grave (ex. 135).

Exemplo 135. Villa-Lobos: *Estudo nº 9 para violão*, c. 1-2, ed. Max Eschig.

Isso pode ser ouvido como uma variante mais solene do tango "Odeon", de Ernesto Nazareth (Ex 136):

Exemplo 136. E. Nazareth: *Odeon*, c. 1-4, arquivos do Instituto Moreira Salles.

O décimo estudo, em Si menor, é um dos mais complexos em toda a série, do ponto de vista rítmico. Pela primeira vez, a polirritmia do Villa-Lobos dos anos 1920 invade os *Estudos para*

violão. O tratamento dado ao instrumento é quase percussivo; a estrutura formal é o convencional A-B-A.

Na seção A, é criada uma grande tensão, com a linha cromática ascendente e ritmos aditivos: 4/8, 3/8 e 2/8 alternam-se rapidamente de modo que as frases são pontuadas por figurações ornamentais de fusas e suas resoluções. Os pulsos de colcheias que as precedem são multiplicados na progressão 6, 9, 9, 11, depois do que se convertem em tercinas e, finalmente, semicolcheias. Dessa maneira, Villa-Lobos transpôs para a notação o crescente envolvimento do violonista, sua alegria em tocar. A seção é a mais interessante ritmicamente.

A seção B, alcançada pelo movimento em *legato* de semicolcheias – figuração comum em estudos –, é baseada em um motivo ostinato (cf. a primeira *Arabesque*, de Debussy, ou "Grillen", de Schumann). O tema que Villa-Lobos deixa emergir desse ostinato ao fundo é um daqueles motivos curtos e ingênuos encontrados na *Prole do Bebê*. O adensamento com a repetição da mesma nota e sua resolução na terça acima é um motivo presente em *Rudepoema*. Essa seção culmina com um pedal em Fá♯, caracterizando a dominante que prepara o retorno ao Si menor da seção inicial, após a longa permanência em Dó maior por toda a seção B. O elemento africano é evidente por todo o estudo – não só no sentido primitivista brasileiro, mas comparado ao modismo negro na Europa nos anos 1920 e sua emergência em Poulenc, Milhaud e outros compositores do período. A peça atinge seu ponto culminante em um selvagem rasgueado notado como um *tremolo*, com duração de um compasso, sobre um acorde "aberto" de Si menor (sem a terça).

O décimo-primeiro estudo, em Mi menor, na opinião de Turíbio Santos[493] é o mais brasileiro de toda a série, embora com alguns elementos franceses, e, sem dúvida, pode ser considerado o ponto alto dos *Estudos*. O esquema formal é estritamente simétrico (A-B--C-B-A), ou, se considerarmos a seção central como uma variante de A: A-B-A'-B-A, observa-se que se trata de um tipo de forma rondó. Em torno desse esquema simples, Villa-Lobos estabelece um efetivo drama musical. A narrativa tem sabor de uma balada, como em algum conto de Jorge Amado ambientado no Nordeste. Esse estudo amplia radicalmente o alcance expressivo do violão.

A melodia da seção inicial (A) imita a qualidade cantante de um violoncelo, tocada no registro médio do violão, *bien chanté et très expressive dans la corde D*, de acordo com as instruções do compositor. Por outro lado, o efeito *campanella* da seção B lembra de fato o timbre de uma harpa.

Na seção A, temos muitas camadas sonoras: a melodia no centro – um tema melancolicamente austero, descendo em terças da subdominante para a tônica (em Mi menor) –, as notas graves do baixo em cordas soltas e os acordes do registro mais agudo, que também exploram as cordas soltas. A metade final da frase é muito interessante – lembra o motivo em sextinas do *Estudo n º 8*, com seus trítonos ocultos; dessa vez, o trítono é trazido para o primeiro plano, no baixo. Esse intervalo é bem característico das melodias villalobianas; o tema principal de *Amazonas*, por exemplo, conclui com o trítono descendente, ou o tema principal da *Sonata nº 2* para violino, que valoriza o trítono a partir da escala de tons inteiros. Os acordes da região aguda também podem ser associados com o início do *Estudo nº 8*.

A seção B se baseia na figuração repetida da terça Sol-Si – recorrente nas *Bachianas* – contra a qual surge uma passagem em terças no registro grave, sobre a escala de tons inteiros. O efeito pode ser considerado debussiano, muito embora as síncopas e o vívido movimento de dança relacionem a seção com a música brasileira popular, na qual são comuns as terças paralelas. A interrupção do ostinato, com a intervenção de um arpejo rasgueado, é ainda mais reforçada e efetiva que no *Estudo nº 10* (na seção A). A seção C (ou a variante A') é o ponto culminante da peça. Começa com a nota Mi, acentuada em oitavas, sobreposta por uma curiosa figuração em sextina, todas com a nota Mi – em equíssono, ou seja, explorando a mesma altura obtida em cordas diferentes. Isso dá ao tema principal uma sonoridade única, finalmente projetando-se do registro médio para ecoar como um canto potente (ex. 137).

Exemplo 137. Villa-Lobos: *Estudo nº 11*, c. 52, ed. Max Eschig.

Temos a impressão de uma narrativa épica quando os motivos de terça da seção B são repetidos e o movimento retorna à monotonia do tema principal, refletindo a solidão e infindável melancolia da vastidão do sertão. O compasso final, com a quarta descendente Lá-Mi, cristaliza a expressão melódica do tema principal em uma "entonação básica", ao mesmo tempo que proporciona uma resolução para o trítono, já que, depois disso, experimentamos a quarta justa em contraste com a quarta aumentada.

O décimo-segundo estudo, em Lá menor, segue a forma ternária A-B-C-B-A, mas sem a intensidade dramática do estudo anterior. Essa peça parece restaurar o caráter de estudo de toda a série, já que o interesse do tema principal da seção A não tem natureza melódico-harmônica, embora se baseie em acordes paralelos em segunda inversão. Na verdade, a atenção se volta para o glissando entre os acordes em tercinas, no andamento *animé*.

A natureza centrífuga da melodia nos c. 12-13 e 22-25 é outra figuração típica do compositor. A seção C se baseia em um motivo que é quase um batuque. Ele é repetido em tercinas junto com a melodia da parte aguda, figuração que faz lembrar a música ibérica de Albéniz e de Falla (c. 49 e 53). A seção culmina no motivo em tercinas – de novo entre Mi e Si♭. Após a recapitulação da seção A, a peça termina com rápidos rasgueados na dominante com sétima de Lá menor, como um gesto de impaciência diante da tônica.

Obras para piano

Ao se explorar a literatura para piano deixada por Villa-Lobos, fica-se maravilhado não só com sua segurança técnica e sensibilidade para com os recursos expressivos do instrumento, mas também com a variedade estilística. Afinal, ele compôs muito mais música para piano do que para seus "próprios" instrumentos, o violão e o cello. A variedade de estilos e seus desdobramentos nas suas obras mais importantes para piano serão examinados a seguir.

Ibericarabe (Rio, 1914) representa a produção da primeira fase criativa de Villa-Lobos. A peça é uma redução da segunda parte da *Suíte Oriental* para orquestra, obra que se encontra extraviada. O "orientalismo" da peça, no entanto, fica restrito ao título e a um ou outro ornamento tomado de empréstimo de *Sheherazade*, de Rimsky-Korsakoff, ou de *Príncipe Igor*, de Borodin. A impressão geral é um tanto pesada, desajeitada; o virtuosismo do piano não se desenvolve das ideias musicais em si, mas como um elemento externo, artificial. A sonoridade não difere muito da música de fundo improvisada nas salas de cinema da virada do século, mas ainda assim conserva seu charme, como um retrato musical de seu tempo.

A obra começa com uma curta introdução, no estilo de Rachmaninoff (cf. seu *Prelúdio* em Dó♯ menor!), seguida pelo tema principal, com caráter narrativo. Não parece haver nada "árabe" ou mesmo "brasileiro" nela, mas a cadência é inegavelmente latina (ex. 138).

Exemplo 138. Villa-Lobos: *Ibericarabe*, arquivos do Latin America Music Center, Indiana University at Bloomington.

Sul América (Rio, 1925) é uma peça curta, composta mais de uma década depois, não muito distante do universo estilístico de *Ibericarabe*, exceto pela maior complexidade rítmica e harmônica. Foi encomendada pelo jornal argentino *La Prensa*, fato ligado à visita de Villa-Lobos a Buenos Aires; o compositor escreveu a seguinte nota sobre a obra: "impressões espiritualizadas e fundidas dos folclores dos países mais típicos da América do Sul". Como as citações folclóricas não podem ser identificadas, a ênfase deve recair sobre a palavra "espiritualizada", já que as melodias, a luxuriante textura e o sentimento geral de saudade podem ser considerados como algo ligado à cultura latino-americana.

O caráter do tema principal é descrito como "vagaroso", um daqueles temas em estilo ibérico com pretensões transcendentais (ex. 139). A complexa relação rítmica entre tema e acompanhamento é bem villalobiana.

Exemplo 139. Villa-Lobos: *Sul América*, arquivos do Latin America Music Center, Indiana University at Bloomington.

No geral, a textura é extremamente densa. Após a recapitulação, o tema principal conclui em um acorde dissonante e complexo, quase ivesiano (ex. 140):

Exemplo 140. Villa-Lobos: *Sul América*, arquivos do Latin America Music Center, Indiana University at Bloomington.

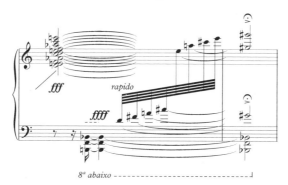

A Lenda do Caboclo (1920) é uma das miniaturas para piano mais populares de Villa-Lobos. É considerada como uma das composições mais caracteristicamente brasileiras para piano. O que a faz ser tão brasileira? A verdade incontestável é que, com essa peça, Villa-Lobos determinou como o aspecto lírico-romântico do temperamento brasileiro deve ser expresso. De quebra, comprova que o tema de uma composição não precisa ser tomado de empréstimo do folclore para ser considerado "nacional". A peça adota a forma *lied*, ambientada com morbidez e sensualidade tropicais que superam até mesmo as "Memórias de Havana", de Louis Moreau Gottschalk, ou a nostalgia do *Tango*, de Albéniz. A apojatura sobre o acorde de Dó♯ menor no quinto compasso dá ao acompanhamento um toque de Ravel, com alusão ao *blues*.

O ritmo merece maior atenção, já que a síncopa não é propriamente brasileira, mas latino-americana, ligando uma colcheia a uma semínima no centro do compasso quaternário. O pulso é reforçado pelos ataques da mão esquerda nos tempos fortes. Assim, a figuração rítmica lembra mais algo como um tango lento ou uma *habanera*, tocada com languidez e extrema doçura. Por fim, vem o tema, ou canto. Não é realmente uma melodia, mas o fragmento de uma, como se fosse o vislumbre de um tema cantarolado mentalmente. O tema de fato tem perfil descendente (do terceiro para o segundo grau em Sol♯ menor), subido para a quinta, como uma exclamação, voltando em seguida à tônica, por meio do quarto e segundo graus (ex. 141). Esse tipo de melodia exclamatória, emergindo como que por um impulso súbito, é muito típica em Villa-Lobos e na música brasileira popular, aos quais essa estrutura intervalar parece fazer alusão. Se considerarmos a coleção de canções organizada por Mário de Andrade no *Ensaio sobre a música brasileira*, um *corpus* representativo da música de inspiração popular no Brasil, constatamos que a maioria das canções do tipo contêm esses intervalos.

Exemplo 141. Villa-Lobos: *A Lenda do Caboclo*, ed. Arthur Napoleão, 1921.

O motivo é repetido quatro vezes, sem qualquer alteração. Passa à mão esquerda na seção intermediária, com acompanhamento quartal na mão direita. Essa concepção sonora foi bastante adotada posteriormente na música brasileira – os *Estudos em forma de sonatina*, de Lorenzo Fernandez, por exemplo, usam harmonias quartais na maior parte do tempo. Ao final, o tema dá uma guinada genuinamente brasileira, ao repousar sobre a sétima rebaixada em Dó maior. Pensando em um quadro geral da música latino-americana, essa peça seria considerada como um tipo de *Lied ohne Worte* brasileiro. Pode-se entrever uma linha direta que a liga a certos *Ponteios*, de Camargo Guarnieri, em especial sua *Canção Sertaneja* (ex. 142), baseada em síncopas e motivos exclamatórios similares.

Exemplo 142. Camargo Guarnieri: *Canção Sertaneja*, c. 1-10, ed. Ricordi Brasileira.

Caixinha de música quebrada (São Paulo, 1931). A origem dessa peça já foi mencionada anteriormente (ver Capítulo II). Ao examinar o áspero perfil melódico dessa obra, é fácil imaginar que os solavancos da ferrovia Sorocabana interferiram e foram transportados diretamente para a música. Trata-se de um estudo das possibilidades do registro agudo do piano. A peça tem como aspecto particular o não uso da ressonância dos graves, nem adensamentos dissonantes de *clusters* – a melodia cantante pertence às estilizações *naïve* das cantigas infantis brasileiras, exploradas nas suítes *A Prole do Bebê*.

Francette et Piá (Paris, 1929). É impossível falar sobre Villa-Lobos sem comentar o aspecto brincalhão, quase infantil de seu temperamento. É uma característica predominante em toda a sua produção. Ele gostava muito das crianças. Souza Lima conta que, certa vez, durante a turnê pelo interior de São Paulo, Villa-Lobos abandonou o grupo para brincar com um garoto que ele viu na rua. Portanto, é compreensível que tenha composto tanta música de caráter infantil. Suas várias coleções para piano deveriam merecer mais atenção no ensino musical, assim como o *Mikrokosmos*, de Bartók, ou as *Pezzi infantil*, de Casella, bem como as incontáveis peças infantis dos russos Prokofiev, Shostakovich e Katchaturian. A suíte *Francette et Piá*, "para os alunos de Marguerite Long", está na fronteira entre pedagogia e folclore brasileiro. Esse caso em particular é uma questão musical franco-brasileira, em que Villa-Lobos emprega melodias de sua terra natal entrelaçadas com outras, francesas. As dez peças da suíte são organizadas como um roteiro imaginário, ilustrando o quão "francês" podia ser o humor do compositor. A série narra "o encontro, na França, do menino brasileiro Piá, filho de índio, com a menina francesa Francette".

A primeira parte, "Piá veio à França", descreve a chegada de Piá com um tema indígena original. O tema, com ritmo sincopado, é colocado em Si menor, com quinta rebaixada e sem o segundo grau (ex. 143). A partir desse caráter modal, vem o áspero acompanhamento quartal em *staccato*, que expõe o primitivismo indianista de maneira simples mas convincente.

Exemplo 143. Villa-Lobos: *Piá veio à França*, c. 1-7, ed. Max Eschig.

A segunda parte, "Piá viu Francette", é um bom exercício para o *legato* da linha do canto. A seção central evoca uma canção folclórica francesa, com coloração pentatônica no final. A terceira peça, "Piá falou a Francette", baseia-se em uma figuração motriz de ostinato na mão esquerda, em oposição a um motivo repetido vinte e quatro vezes na mão direita – simultaneísmo villalobiano em miniatura! A quarta peça, "Piá e Francette brincam", começa como uma tarantela, mas a certa altura se converte em uma melodia de caráter indígena.

A quinta peça retrata, com um realismo burlesco, o mau humor da garotinha francesa ("Francette ficou zangada"), enquanto a sexta descreve como "Piá partiu para a guerra" com uma textura em colcheias com acentuações nos contratempos, típica dos *Choros* (ex. 144). A seção central cita a melodia "Marlbrough s'en va-t-en guerre".

Exemplo 144. Villa-Lobos: *Piá partiu para a guerra*, ed. Max Eschig.

Na sétima melodia ("Francette ficou triste"), Villa-Lobos cria uma melodia com caráter "brasileiro" em Sol menor, que no modo paralelo maior assume feição "francesa", lembrando Katchaturian ou Shostakovich. A oitava peça descreve o retorno de Piá para casa, com uma variante da Marselhesa. O último movimento é para piano a quatro mãos: "Francette e Piá brincam juntos para sempre", cuja seção central nos leva brevemente de volta ao Nordeste do Brasil, dessa vez mais perto dos caboclos que dos indígenas.

A série *Brinquedo de roda* é ainda mais simples tecnicamente que *Francette et Piá*; nela o compositor se dedica a exercitar as mãos direita e esquerda em uma textura mais clara. A *Suíte Floral* (1918) tem três movimentos: "Idílio na rede", "Uma camponesa cantadeira" e "Alegria na horta". A atenção é dirigida especialmente para a ideia altamente intrigante e inventiva do movimento final. Suas aborrecidas quintas no baixo e o descanto, as apojaturas das terças, a tonalidade cambiante entre maior e menor, a melodia ligeiramente desajeitada, tocada pelo polegar da mão esquerda, formam um conjunto poderoso, à maneira de Mussorgsky (ex. 145).

Exemplo 145. Villa-Lobos: *Alegria na horta*, c. 1-10, ed. Arthur Napoleão, 1918.

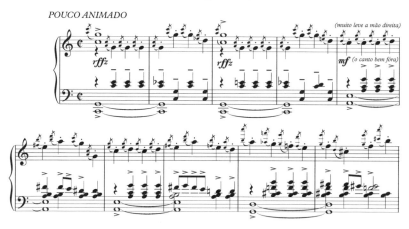

As apressadas figurações que vêm em seguida só podem ser comparadas com as *Visions fugitives* (1915-1917), de Prokofiev. Na seção central, o motivo principal se torna o tema exclamatório do descanto – já se pode antever *Rudepoema* aqui. Cabe lembrar que, tempos depois, Villa-Lobos orquestrou essa peça e a incluiu em *Descobrimento do Brasil*, para descrever os marinheiros portugueses.

Saudades das selvas brasileiras foi composta em Paris (1927). Tem duas partes, a primeira delas como uma tocata, enquanto a segunda alude ao lirismo de *A Lenda do Caboclo*. A primeira parte tem influência africana, seus temas são como enunciados curtos que se intensificam até chegar aos gritos extáticos da seção central. O segundo movimento também tem um ostinato, sem, no entanto, apresentar a mesma motricidade, mas uma ampla superfície tonal. A melodia, como um cello, dá um certo charme a suas explosões de temperamento. A angustiante mudança para Fá# menor parece ilustrar a súbita nostalgia pelas florestas da terra natal. O sentimento chega a ser patriótico, no mesmo sentido que em algumas peças de piano de Sibelius e Albéniz.

Exemplo 146. Villa-Lobos: *Saudades das selvas brasileiras*, ed. Max Eschig.

Valsa da Dor (1932) é uma peça curta, uma estilização de valsa lenta de salão, tão comum entre os compositores da América do Sul. Seu tema é um dos achados mais felizes de Villa-Lobos, uma sorrateira canção em duas partes cuja entonação cantarolada é sustentada pelo acompanhamento sincopado.

O *Ciclo Brasileiro* pertence ao rol das principais obras para piano de Villa-Lobos. A peça representa o melhor do "romantismo nacional" que ele criou nos anos 1930. Suas partes: "Plantio do caboclo", "Impressões seresteiras", "Festa no sertão" e "Dança do índio branco" são todas extraordinariamente bem escritas para piano, demandando técnica apurada. Elas não representam mais o estilo fauvista do *Rudepoema*, combinando um tratamento sonoro impressionista com harmonias românticas, realismo e certo espírito nacionalista. As cenas da natureza são quadros idealizados da vida rural brasileira. O primeiro movimento é o mais impressionista, com um arpejo ostinato sobre um acorde de nona em Sol♭ maior, repetido durante toda a peça. O tema, na parte do tenor, soa como um hino, acompanhado pela lânguida *habanera* nos graves (ex. 147).

Exemplo 147. Villa-Lobos: *"Plantio do Caboclo"*, do *Ciclo Brasileiro*, ed. Irmãos Vitale, Rio de Janeiro, 1936.

No geral, esse movimento lembra peças características como "La colina sombreada", de Alberto William (ex. 148), da suíte *En la Sierra*, que também emprega técnicas impressionistas com superfícies sonoras "em tom pastel", para descrever a paisagem latino-americana; no entanto, a peça permanece no nível da música de salão (especialmente na banal seção central).

Exemplo 148. A. William: *La colina sombreada*, arquivos do Latin American Music Center, Indiana University at Bloomington.

Essa comparação mostra como Villa-Lobos foi capaz de levar esse gênero a um nível artístico inteiramente diferente. O segundo movimento, "Impressões seresteiras", é uma valsa cujo ponto de partida é a forma rondó, mas que se desdobra em uma autêntica balada sul-americana, dramática e elegíaca (ex. 149). É uma peça muito brilhante, do ponto de vista pianístico, uma das mais interessantes do compositor; contém novos efeitos de *tremolando* e mescla de forma bem-sucedida o aspecto virtuoso com o conteúdo psicológico da obra.

Exemplo 149. Villa-Lobos: *"Impressões seresteiras"*, do *Ciclo Brasileiro*, ed. Irmãos Vitale.

A valsa, ora aparenta ter inspiração espanhola, imitando o violão, ora sonhadoramente sensual, culminando sempre em um violento turbilhão, semelhante a um apaixonado drama musical (Villa-Lobos usou os mesmos temas em *Magdalena*, banalizando toda a ideia da obra, mas isso não deve afetar o pianista que toca "Impressões seresteiras").

O terceiro movimento, "Festa no sertão", é uma combinação acertada da motricidade rítmica brasileira em suas seções principais, que lembram o batuque ou a tocata, com o *melos* latino-americano associado com o virtuosismo pianístico da seção central. Com relação ao piano, o *martellato* com as duas mãos lembra a procissão de carnaval do movimento "Corpus Christi" em *Iberia*, de Albéniz, ou ainda a "Dança russa", de Stravinsky, que também explora a teclas brancas com feição neoclássica. A agógica rítmica e a acentuação são totalmente villalobianas. Os acordes, a partir da escala de tons inteiros, evocam mais uma vez o impressionismo. A seção intermediária é o que há de mais efetivo em seu pianismo: uma melodia sequencial no registro médio, baixos que dão ressonância e figurações caprichosas, o que confere brilho à parte superior, relacionados polirritmicamente dentro do compasso em 5/4. O resultado soa como um Rachmaninoff sul-americano (ex. 150).

Exemplo 150. Villa-Lobos: *"Festa no sertão"*, do *Ciclo Brasileiro*, ed. Irmãos Vitale.

A obstinada tocata-batuque retorna, acelerando o andamento até o extremo, em direção ao final – a música se torna pura dança e ritmo. A peça pode ser considerada como uma *L'isle joyeuse*, transposta para os trópicos.

O movimento final, "A dança do índio branco", é explicada em uma nota em *Villa-Lobos, sua obra*: "é a lembrança de haver encontrado nas florestas brasileiras um único índio branco que dançava sempre e morreu".[494] Essa explicação, bastante estranha, pode ser substituída por outra, mais razoável: o "índio branco" do título simplesmente significaria que a obra se passa a maior parte do tempo nas teclas brancas do piano. Isso requer grande virtuosismo, já que é muito difícil combinar o primitivo motivo principal em Lá menor com o ostinato (ex. 151). O motivo é extremamente *naïve*, quase banal, fazendo a textura muito semelhante ao *Allegro bárbaro*, de Bartók.

Exemplo 151. Villa-Lobos: *"A dança do índio branco"*, do *Ciclo Brasileiro*, ed. Irmãos Vitale.

A produção tardia de Villa-Lobos para piano inclui uma *Hommage à Chopin* (Paris, 1949), em dois movimentos ("Nocturne" e "Ballade"), cuja textura não é lá tão próxima a de Chopin (exceto talvez pela passagem em terças paralelas no "Nocturne"), mas em que Villa-Lobos parece buscar com seu brasilianismo o mesmo que Chopin com sua herança polonesa. O "Nocturne" se baseia no motivo latino-americano da "saudade", ondulando sequencialmente; a "Ballade" requer técnica apurada, mas o seu brilhantismo com oitavas e arpejos é mais convencional do que o *Ciclo Brasileiro*, por exemplo.

CAPÍTULO VIII – OBRAS SOLO INSTRUMENTAIS

Rudepoema

Composto entre 1921-1926 em Paris, o *Rudepoema* pertence ao rol das obras mais importantes do compositor. Não só é o ápice de sua escrita pianística, mas figura entre as peças mais significativas da literatura latino-americana para o instrumento. Na música do hemisfério Ocidental, só é comparável à sonata *Concord*, de Charles Ives; no que se refere ao pianismo, é tão revolucionário quanto a transcrição de Stravinsky para *Petrushka*. Do ponto de vista estético, é a maior contribuição de Villa-Lobos para o modernismo brasileiro, igualando os afrescos de Portinari ou o romance *Macunaíma*, de Mário de Andrade.

O programa externo da obra é endereçado ao pianista Arthur Rubinstein, cuja essência teria sido retratada pelo compositor como se fosse um retrato tirado com uma "Kodak íntima". Os pontos de comparação mais próximos são as monumentais peças para piano de Prokofiev, Stravinsky, Szymanowski, Scriabin e Bartók. Provavelmente devido a suas dificuldades técnicas, *Rudepoema* não é tocado com tanta frequência nem tenha ainda o devido lugar no repertório internacional dos pianistas. Apesar disso, há excelentes gravações da obra (por Nelson Freire, Roberto Szidon, David Bean, Anna-Stella Schic etc.). A dificuldade técnica talvez seja devido à densidade da textura, que rivaliza com as mais complexas páginas de *Iberia*. Villa-Lobos deve ter imaginado que os pianistas dedicados a essa obra levariam em consideração o conselho de Rubinstein em relação a Albéniz, a saber, apenas as partes importantes deveriam ser recolhidas da textura, omitindo-se o restante.

Rudepoema não é apenas uma coleção de efeitos pianísticos, mas uma obra estruturalmente compacta. Diferentemente dos *Choros*, os motivos e materiais temáticos são derivados de poucas células motívicas. Esse processo é tão óbvio que a obra pode ser considerada quase como uma forma variação. Ela se divide em seções claramente distintas que se justapõem com contrastes marcantes quanto à densidade, ao andamento e aos parâmetros texturais. A análise deve seguir sua segmentação natural e investigar cada passagem segundo diversos critérios.

1ª seção: "Modéré". A peça inicia com a apresentação do material temático predominante (ex. 152). No baixo, ouvimos o motivo principal, que consiste em duas terças menores, a primeira ascendente, a segunda descendente. Essas terças estão separadas por intervalo de segunda, de modo que o motivo é totalmente simétrico, transitando por Fá# menor tingido pelo rebaixamento do segundo grau, que caracteriza o modo frígio. Sua linearidade se enquadra bem no padrão sonoro dos anos 1920.

O próximo motivo de relevo surge no terceiro compasso, no contralto. Sua terminação é uma espécie de exclamação afro-brasileira, que irá posteriormente se expandir em grandes explosões emocionais. Justamente esse motivo está relacionado com *A lenda do caboclo*. A seção é um belo exemplo das texturas rítmicas sincopadas de Villa-Lobos (Orrego-Salas cita essa passagem): as pesadas semínimas do baixo mantêm a acentuação básica, independentemente do quão complicado seja a polirritmia das demais partes.

Exemplo 152. Villa-Lobos: *Rudepoema*, c. 1-8, ed. Max Eschig.

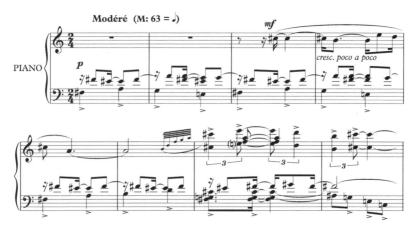

CAPÍTULO VIII – OBRAS SOLO INSTRUMENTAIS

A textura se torna mais densa e intensifica sua dinâmica em direção ao final da exposição. Os três compassos finais ilustram bem a condução bitonal de vozes como "nota de passagem". Teria sido um ótimo exemplo no artigo de Milhaud sobre politonalidade e atonalidade publicado na *Revue Musicale* em 1922, representando o caso em que

> um acorde ou movimento melódico pode ser considerado como um pedal quando outra linha melódica passa momentaneamente por outra tonalidade e modula livremente, criando um tipo prolongado de escapada (*echappée*), sem gerar bitonalidade.[495]

A mão direita toca uma escala ascendente de Ré♭ maior contra Fá♯ menor na mão esquerda (ex. 153).

Exemplo 153. Villa-Lobos: *Rudepoema*, ed. Max Eschig.

2ª seção: "Un peu moins. Muito selvagem". A disciplinada linearidade polifônica é subitamente rompida pela colisão de acordes construídos com superposição de segundas, terças e quartas.

3ª seção: uma transição, "Animé". Sobre um pedal no baixo, em Dó♯, ouve-se uma figuração descendente no registro superior, em ambas as mãos. A escrita é confortável, posicionando o polegar sempre sobre uma tecla branca.

4ª seção: "Trés peu modéré". O pedal em Dó♯ continua. Um aspecto notável é o cruzamento das mãos nos acordes arpejados.

A parte superior tem maior destaque, devido a posição incomum da mão esquerda, recurso também usado por Albéniz em *Iberia*.

5ª seção: "Plus mouvementé". Desenvolve a ideia do arpejo da seção anterior. A textura muda, passando da violência explosiva para o romantismo-impressionista tardio que se esparrama pelo teclado.

6ª seção: "Mouvement calme de marche". Novamente sobre um pedal unificador, dessa vez em Ré♯. O ritmo de marcha repete obstinadamente essa mesma nota, criando uma base para acordes ressonantes que se alternam nos registros graves e agudos. Como um terceiro elemento, ouve-se a explosão súbita do segundo motivo em oitavas, soando como o grito estridente de um fiel que cai em transe em plena dança, durante um ritual de candomblé.

7ª seção: "Animé". Movimentos de salto, como uma dança em diagonal, indo do agudo para o grave.

8ª seção: "Un peu plus: três rhtymé". Variante remota do motivo principal, mas ao mesmo tempo uma citação direta de *Amazonas*. Baseada em acordes de sexta aumentada repetidos percussivamente, sincopados e encerrados em uma pesada semínima. Isso pode, naturalmente, ser considerado como uma nova espécie de ritmo aditivo e do barbarismo cita desenvolvido por Stravinsky.

Essa seção ritmicamente impetuosa é interrompida por uma passagem virtuosa, em *martellato*, no registro agudo. Esse trecho explora a oposição entre teclas brancas e pretas, tão crucial em *Petrushka*: a mão direita nas brancas, a esquerda nas pretas, gerando bitonalidade.

9ª seção: "Vif" e "Un peu moins". Outra vez temos um ostinato e nota pedal, com trilo em Dó♯ e Si, criando uma passagem em *martellato* para ambas as mãos. Próximo ao final, vem uma passagem das mais interessantes quanto ao pianismo: não bastam três, agora são quatro camadas sonoras, umas sobre as outras (ex. 154). Pesadas oitavas no baixo; trilo em Sol com a díade Láb-Sib; o polegar livre toca um motivo modal e valores alongados, no agudo; ásperos acordes quartais em movimento paralelo, sobre as teclas brancas, na mão direita.

Exemplo 154. Villa-Lobos: *Rudepoema*, ed. Max Eschig.

10ª seção: "Un peu moins". A violenta seção que a precede e requer técnica transcendente é contrabalançada por uma seção mais estática. Um trilo em *cluster* emerge como lembrança, e, de repente, uma variante do segundo motivo, em estilo de canto de pássaro, é ouvida no registro agudo. Esse uso tão melodioso do registro agudo do piano bem pode ter inspirado Olivier Messiaen.

11ª seção: "Un peu calme". Combinação similar de camadas sonoras superpostas. O incomum glissando de acordes chama a atenção. Um acorde de nona é usado como apojatura tão rapidamente que a transição parece pairar como o urro de um animal em uma floresta tropical. As diferentes camadas são apresentadas em três pautas, mas ainda assim o efeito é uma sonoridade nova e translúcida.

Tempos depois, Ginastera, talvez ainda melhor, soube como explorar os acordes de nona no registro agudo para criar sonoridades ressonantes como sinos em seus *Twelve American Preludes*.

12ª seção: "Vif". Gerard Béhague disse acertadamente a respeito do *Rudepoema*: "sua magnificência é tamanha que poderíamos dizer que a peça foi 'orquestrada' para piano" e "os audaciosos experimentos de Villa-Lobos com os timbres têm seus exemplares mais felizes aqui".[496] É exatamente essa seção "Vif" que ele considera como um desses experimentos. A ideia central é manter algumas teclas pressionadas ou abafadas, enquanto as mesmas alturas são tocadas em outra região, em *staccato*. O timbre peculiar criado dessa maneira parece evocar a ressonância de um suposto instrumento nativo. Retornamos aos elementos primais da música, a textura passa subitamente a soar como certas obras de Ligeti e Stockhausen nos anos 1970. Se as nonas dominavam a seção precedente, aqui, predominam as segundas.

Teria sido a intenção de Villa-Lobos criar dentro de uma única obra um panorama dos intervalos musicais e sua exploração dentro dos limites da técnica do piano, à maneira dos *Études*, de Debussy? O modo como ele emprega esses recursos poderia ter sido demasiado violenta para Debussy. No entanto, tais experimentações nos fazem lembrar de outros compositores dos anos 1920, como Hindemith, que simplesmente designou os movimentos de seu concerto para piano em *Kammermusik nº 2* como "semínimas", "colcheias" e assim por diante. Em todas as artes foram realizados experimentos com os elementos básicos e suas combinações. Assim, o *Rudepoema* de Villa-Lobos, como Béhague corretamente observa, tem mais a ver com o movimento da vanguarda internacional dos anos 1920 do que com o desenvolvimento da linguagem sonora nacionalista do Brasil.

O segundo motivo é tocado em segundas menores paralelas sobre a ressonância abafada da nota Ré♯. Trata-se da contraparte de Villa-Lobos à "música de inseto" de Bartók, em *Im Freien*.

13ª seção: "Vif toujours". É característico dessa peça que o tema principal da seção precedente sirva de ponte para a próxima, de tal modo que o acompanhamento passa a ser derivado de elementos do tema anterior (as segundas paralelas migram para as teclas brancas).

14ª seção: "Un peu moins". Nenhuma tonalidade pode ser determinada a partir de suas semicolcheias errantes, vagando sem direção aparente; as relações harmônicas parecem ser determinadas apenas pelas possibilidades técnicas do instrumento.

15ª seção: "Animando". A figuração de ostinato vem do segundo motivo, mas seu formato também é reminiscência do motivo *Jakatákamarajá* do coral ao final do *Choros nº 10*. A seção termina com uma explosão súbita com a colisão das oitavas descendentes na mão direita. Nos pesados acordes ouvidos em seguida, todo o registro é explorado à maneira de Ives, com terças no registro superior, quartas no centro e quintas no grave, formando uma clara cadência tônica dominante em Fá♯ menor após um longo tempo sem tonalidade aparente.

16ª seção: "Moins, mais três rhtymé". Essa é a prova de que há episódios lírico-melódicos em *Rudepoema*. Consiste em cinco camadas sonoras (ex. 155). A melodia, *très en dehors le chant*, é derivada do primeiro e segundo motivos. Em todos os quartos tempos do ostinato com ciclo de um compasso, está uma referência aos ritmos brasileiros, com síncopa médio-longa. A elevação do sexto grau no acompanhamento dá um sabor modal ao Fá♯ menor. No descanto, ouvem-se rápidas figurações em fusas, similares ao movimento noturno de *Im Freien*, de Bartók.

Exemplo 155. Villa-Lobos, *Rudepoema*, ed. Max Eschig.

17ª seção: "Un peu modéré et grandeoso". O entreato lírico conduz diretamente para uma seção brilhante, cujo acompanhamento é emprestado da anterior. O primeiro e segundo motivos são ouvidos em superposição. O segundo motivo fica mais intenso a cada tempo, com notas de passagem sendo agregadas à medida que o nível sonoro é elevado. Tudo isso é percebido como uma função de dominante para a próxima seção, em Mi menor.

Exemplo 156. Villa-Lobos, *Rudepoema*, ed. Max Eschig.

18ª seção: "Trés Animé". O ritmo volta a ter papel central após a apoteose lírico-patética anterior. Um ostinato serve como moldura para um motivo que aparece sem aviso na parte central, derivado do motivo principal. O movimento paralelo de tríades surpreendentemente se transforma em amplos saltos. Darius Milhaud usa exatamente a mesma ideia em *Saudades do Brasil*.

Exemplo 157. Villa-Lobos, *Rudepoema*, ed. Max Eschig.

CAPÍTULO VIII – OBRAS SOLO INSTRUMENTAIS

19ª seção: "Moins Animé". As longas notas-pedal no grave, dando profundidade à sonoridade, são típicas de Villa-Lobos. Elas dividem a obra em molduras sonoras muito claras, e, por causa delas, a música para piano do compositor soa com uma riqueza digna do romantismo tardio. Próximo do final, ouvimos uma diminuição da célula motívica em mínimas, tocada em uma das mãos em *fortíssimo*. A passagem lembra bastante os trechos a uma voz na *Promenade* dos *Quadros de uma exposição*, de Mussorgsky, ou em *Ma mère l'Oye*, de Ravel (ex. 158). Em todo caso, após a densa textura dissonante, o efeito é avassalador. Em seguida, o piano é tratado agressivamente, como um instrumento de percussão sem alturas fixas, de acordo com o mesmo modelo de marcha do *Choros nº 5* ou do final do *Choros nº 10*. As batidas curtas, como toques secos de tambor, são sincopadas ainda mais engenhosamente.

Exemplo 158. Villa-Lobos, *Rudepoema*, ed. Max Eschig.

20ª seção: "Modéré presque lent". Segue-se a seção mais lírica da peça, cuja coloração harmônica vem dos acordes de décima-primeira, com sonoridade *très lié et murmuré*. Eles criam um fundo harmonioso e místico associado ao lirismo cita de Prokofiev. Uma variante do tema principal surge nesse campo sonoro impressionista.

Exemplo 159. Villa-Lobos, *Rudepoema*, ed. Max Eschig.

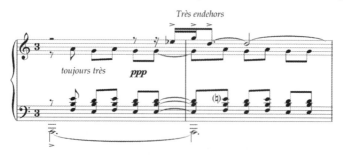

21ª seção: "Moins". Retomada da nona seção.

22ª seção: "Andante – un poco tranquillo". O andamento desacelera e o ostinato é formado por motivo de quatro notas que vem e vai, como na "Pobrezinha" da *Prole do Bebê nº 1*. Finalmente, ele acaba por definhar.

23ª seção: "Trés Animé". Transição sobre uma passagem brilhante, em escalas, derivada dos elementos descendentes do segundo motivo.

24ª seção: "Large et violent". O clímax. Oitavas em ambas as mãos e explosões de acordes quartais, martelados entre as oitavas. A indicação expressiva "exagerar os crescendos" impele sua agressividade. Os *martellatos* congelam em um trilo ou *tremolo*, entrelaçado ao tema. Sua origem está na seção "Vif" da primeira metade, tornando-se predominante no final. A ideia de posicionar a melodia no centro de uma densa textura de acordes dissonantes é a mesma de *Petrushka*. Porém, Villa-Lobos é fiel a seu temperamento tropical, deixando os acordes se sucederem tão rapidamente que produzem um campo sonoro vibrátil, como um *cluster*. O *martellato* desce gradualmente do agudo ao grave, quando o tema passa a ser martelado nas notas mais graves do teclado. Os sons se fundem em um ruído agressivo, e a peça é concluída em quatro golpes com o punho. A indicação final remete ao título da obra:

CAPÍTULO VIII – OBRAS SOLO INSTRUMENTAIS

assez rude. Se é verdade que Milhaud conclui o primeiro movimento de sua sonata para piano (1918) com um *cluster* similar, Villa-Lobos leva a ideia ao extremo, chegando à fronteira entre a expressão musical e a *musique concrète*.

Ao comparar a versão para piano de *Rudepoema* com a transcrição para orquestra do compositor, é espantoso notar o quão "orquestral" já era a peça para piano. Algumas figurações soam similares, independentemente da mudança de instrumentação. A orquestra oferece maiores possibilidade para a obtenção de certas seções em estilo rude, agressivo e dissonante, do que o piano. Eis alguns exemplos:

No nº 7, o acompanhamento em estilo de marcha foi distribuído entre clarinete e celesta: os pesados acordes que duravam por todo o compasso foram escritos para metais, e as intervenções, para violinos e madeiras, ficando menos estridentes do que com o piano.

No nº 11, foi acrescentada uma repetição do motivo na trompa, fagote e trompete que não havia na versão para piano. Na verdade, a parte dos pianos foi transcrita apenas para os violinos.

No nº 18, o glissando dos metais resulta em um efeito totalmente novo, impossível de ser obtido com o piano.

Dessa vez, no nº 19, o glissando do piano está dividido entre os segundos violinos e violas, o que modera seu efeito em relação ao original.

O *cluster* do piano no nº 24 na região grave fica ainda mais naturalmente nuançado, verdadeiramente chocante, tocado pela orquestra.

No nº 27, a "música de inseto" com segundas no piano se converte em um enxame de vespas, quando a figuração passa para os trompetes.

No nº 36, o tema cantante fica bastante evocativo ao ser tocado pelos saxofones alto e soprano.

No nº 45, a textura elegíaca com ostinatos sobre acordes de nona, à maneira de Prokofiev, é deslocada às cordas, harpa e contrafagote, mas o contraste é ainda maior quando as intervenções cortantes são feitas por trompete e clarinete.

No nº 48, a agressividade dos acordes repetidos é enfatizada pelos metais.

A textura no nº 52, tão elegíaca quanto no nº 45, é orquestrada de forma variada: ao fundo ficam as cordas, os acordes da harpa e os tímpanos em *pianíssimo*; as intervenções mais agressivas do tema principal ficam para o xilofone e o piano.

No *allargando* do final, que começa no nº 64, a impressão de descida às profundezas infindáveis do mundo inferior é mais efetiva no piano do que na orquestra, já que na versão orquestral há partes agudas que se mantêm até o fim, para produzir uma sonoridade mais robusta. Em todo caso, o efeito é diferente da versão para piano, embora o volume da orquestra seja naturalmente arrasador, quando todos os instrumentos de percussão são convocados, incluindo o tam-tam.

A Prole do Bebê nº 1

Se é surpreendente que Villa-Lobos tenha escrito tanto para o piano, é igualmente espantoso que sua fama internacional venha justamente dessa produção pianística. Luiz Heitor Azevedo e Lisa Peppercorn concordam que foi decisivo Arthur Rubinstein ter incluído partes da *Prole do Bebê nº 1* em seu programa de concerto de 1922 no Rio de Janeiro, obra que o pianista apresentou regularmente em suas turnês depois disso. Azevedo observa que "muitos dos que antes consideravam um martírio a audição

CAPÍTULO VIII – OBRAS SOLO INSTRUMENTAIS

de qualquer de suas obras [de Villa-Lobos], passaram a tratá-lo como um gênio altamente prometedor".[497]

No programa mencionado acima, o recital de 8 de julho de 1922 no Teatro Municipal, quatro peças de Villa-Lobos ("Branquinha", "Negrinha", "Pobrezinha" e "O Polichinelo") foram emolduradas pelos prelúdios "Cathédrale engloutie" e "Poissons d'or", de Debussy, e por algumas peças curtas de Chopin.

Talvez simplesmente porque essas novidades foram apresentadas logo após Debussy, Oscar Guanabarino, o mais formidável inimigo de Villa-Lobos no Rio, escreveu, no *Correio da Manhã*, que o compositor não passava de um imitador que tentava acompanhar a escola de Debussy, mas cujo objetivo principal parecia levar os sentidos dos ouvintes a um estado de desordem.[498]

Se Guanabarino pode ser considerado terrivelmente parcial, o crítico Artur Imbassaí, por sua vez, considerou que as peças apresentadas pertenciam ao contexto do impressionismo francês: "(...) essas produções musicais do nosso Villa-Lobos podem figurar nos programas das audições públicas, ao lado de Debussy, Albéniz, Ravel (...)".[499]

A *Prole do Bebê* pertence a um gênero pianístico inspirado no universo infantil, embora se possa dizer que os títulos das peças tenham pouca relação com a música em si. Aí já se observa a tendência de Villa-Lobos em dar dois títulos de uma só vez a suas peças, como fez nas *Bachianas*. Cada peça é baseada em um tema apropriado de cantigas infantis, adaptados a uma textura pianística moderna que enfatiza habilmente o caráter de cada melodia. Se os pontos de referência na música europeia são claros, como o impressionismo francês e Prokofiev, sua posição no paradigma latino-americano é mais problemática. O cubano Ignacio Cervantes escreveu uma série de elegantes contradanças cubanas que são mais do que simples danças; elas delineiam psicologicamente situações e emoções, tendo como modelo mais próximo as *Mazurkas*, de Chopin. Na música para piano dos anos posteriores, nem o ascetismo dos prelúdios de Chavez, nem os *Twelve American Preludes*, de Ginastera, podem ser comparados com Villa-Lobos. É preciso sair do repertório do piano e buscar apenas pelo emprego de melodias ingênuas e infantis em meio a texturas harmônica, sonora e ritmicamente modernas, com todos os seus contrastes irônicos e interessantes. Isso, é claro, era comum na estética musical dos anos 1920 (Milhaud, Poulenc etc.). Temos, então, como comparação, a suíte *Motivos de son*, de Amadeo Roldán, canções para soprano e orquestra (ex. 160). Nela, vemos precisamente realizados os elementos mencionados acima.

Exemplo 160. A. Roldán: *Motivos de son*, III, *"Mulata"*, Ed. Musical de Cuba, EGREM.

As peças da *Prole do Bebê nº 1* foram escritas em estilo "pequeno", ou seja, com sonoridade translúcida, geralmente no registro médio do piano, evitando grandes massas sonoras e dissonâncias

CAPÍTULO VIII – OBRAS SOLO INSTRUMENTAIS

agressivas, as quais, verdade seja dita, aparecem depois na *Prole do Bebê n° 2*. Esteticamente, são miniaturas que procuram caracterizar a ingenuidade das bonecas. Para quem é familiarizado com a escultura em madeira e com as bonecas brasileiras do período colonial, sua inexpressividade pode nos fazer lembrar do estilo de Aleijadinho e outros escultores pardos.

"Branquinha, a boneca de louça" tem estrutura formal simples: Introdução, Exposição, Desenvolvimento e Recapitulação. A peça não tem armadura de clave, mas os acordes têm evidente concepção tonal (incidentalmente, é característico dessa suíte que todos os movimentos comecem e terminem em tonalidades distintas). A introdução representa uma variante pianística da chamada "técnica de Rubinstein": ambas as mãos se alternam em *martellato*, com um pedal na nota Ré. As quintas abertas criam uma sonoridade etérea e transparente. O tema é apresentado com um motivo de cinco notas, deslocado à maneira plagal, para começar sobre o quinto grau. Deve ser tocado "cantando com muita infantilidade", efeito sugerido pelo destaque dado a cada nota, entoada como um solfejo rudimentar (ex. 161). A seção termina com dois acordes dissonantes e irônicos, atacados como que por um violão, com timbre *secco* e *sforzato*.

Exemplo 161. Villa-Lobos: *"Branquinha"*, da *Prole do Bebê n° 1*, c. 16-18, ed. Irmãos Vitale, 2009.

Isso é seguido por um desenvolvimento conciso: o tema é variado cromaticamente na seção intermediária, sendo ornamentado com apojaturas de quarta, com sonoridade ressonante como a de um sino. A seção em Fá# menor (segundo grau em Mi menor)

acaba surpreendentemente em uma fermata (c. 50), da qual sai, à maneira de Ravel, para a submediante menor, Lá menor, em que a melodia é repetida.

"Moreninha, a boneca de massa" é baseada em um motivo ostinato em terças arpejadas, que atravessam toda a peça, mudando apenas o tom. O tema é sobre um motivo simples de quatro notas, em Sol♯ menor. Seu consequente é pentatônico, como é muito frequente em toda a suíte. Quando o tema passa para o baixo, assinalado por apojaturas de quartas no agudo (c. 10), isso evoca vividamente o movimento final da *Sonatina*, de Ravel. No final, o movimento cessa com a repetição da mesma figura – o jeito típico com que Villa-Lobos conclui algo. A peça acaba em Fá♯ menor, com modulação passageira pela mediante Lá♯ menor, na coda.

Exemplo 162. Villa-Lobos: *"Moreninha"*, da *Prole do Bebê nº 1*, c. 1-5, ed. Irmãos Vitale, 2009.

"Caboclinha, a boneca de barro". Aqui já se começa a perceber que o material com que são feitas as bonecas também tem a ver com a personalidade representada. O material musical, entretanto, não é escolhido de acordo com o personagem – aqui, por exemplo, vem da música indígena. Essas são miniaturas dos tipos presentes na inexaurível galeria de retratos psicológico-raciais do Brasil, mas não se esperam contrastes dramáticos ou desenvolvimentos

CAPÍTULO VIII – OBRAS SOLO INSTRUMENTAIS

interiores a partir delas. Essa boneca musical também se baseia em um motivo ostinato, uma segunda maior discretamente embaralhada em semicolcheias, sincopada à moda brasileira, não só com acentos, mas pela colocação dos intervalos ascendentes e descendentes em pulsos diferentes dentro do compasso.

Particularmente bela é a ascensão ao terceiro grau de Si♭ maior, seguida pela modulação inesperada por meio de tríades aumentadas até uma área brilhante, na qual o motivo ostinato retorna em terças paralelas (cf. o estudo em terças de Debussy). De repente, como num súbito impulso, a boneca começa a saltitar em uma *dance plus animé et léger*. A coda conclui em Lá menor, com os segundo e quarto graus ecoando como apojaturas não resolvidas.

"Mulatinha, a boneca de borracha" é baseada na escala pentatônica e sua melodia é construída a partir dela. Sua estilização étnica se assemelha ao tema de "Honolulu" da *Rhapsodie nègre*, de Poulenc. A métrica em 6/8 foi distribuída diferentemente entre as mãos direita e esquerda, resultando em discreta polirritmia. A textura está associada com o estilo adotado em *Momoprecoce*. O caráter afro é trazido pela lânguida linha melódica cromática e descendente, bem como pelas súbitas e instintivas mudanças de andamento e caráter, que se alternam de maneira contrastante. O posicionamento do tema, após o "Presto", sobre um acorde de décima-primeira em Dó♯ maior, com oitavas paralelas no descanto, resulta em sonoridade que alude a "Pagodes", de Debussy.

"Negrinha, a boneca de pau" é uma tocata com figuração em *martellato* em ambas as mãos, técnica vista em algumas peças de Prokofiev e Debussy que exploram a motricidade. O tetracorde descendente na mão esquerda (c. 7) evoca o motivo correspondente no início de "Jardins sous la pluie".[500] A interrupção do movimento em semicolcheias com acordes da coleção de tons inteiros tocados em regiões diferentes do teclado (c. 20, 39) é recorrente no estilo pianístico de Villa-Lobos.

"Pobrezinha, a boneca de trapo" é uma peça lenta e melancólica. Tem um ostinato sobre um motivo de cinco notas, subindo e descendo tediosamente, um tipo motívico que o compositor usa em outras peças. A estrutura intervalar do tema, em Dó♯ eólio, é quase como uma variante da "Dança russa", de *Petrushka*. Sobre esse monótono ostinato é acrescentada uma melodia que não é particularmente "brasileira", mas passaria por uma canção infantil oriunda de qualquer país. Um certo toque nacional é percebido somente pelo rebaixamento do segundo grau. Do ponto de vista psicológico, é uma das invenções mais felizes em toda a suíte.

"O Polichinelo". O nome desse boneco é o único que não requer explicação adicional, por ser universalmente conhecido como o palhaço do teatro de marionetes. O piano explora novamente o *martellato* e a oposição entre teclas brancas e pretas. Tudo acontece tão rapidamente, em uma atmosfera ebuliente, que o ouvido só consegue distinguir a textura pelas mudanças de grau em sua densidade. Rimsky-Korsakoff já havia feito algo parecido em "O voo do besouro". Heitor Alimonda observa que o andamento de muitas danças europeias se tornou mais acelerado no Brasil, atribuindo razões raciais e climáticas que justificariam a aceleração para até o dobro da velocidade original (cf. a "Habanera" na *Carmen*, de Bizet, e na *Galhofeira*, de Nepomuceno).[501] Desse modo, a indicação "Vivo" significa realmente algo muito rápido, com a vivacidade habitualmente encontrada nos andamentos ligeiros da música brasileira popular.

No início, a mão direita toca tríades paralelas em Dó maior, entrelaçadas com acordes nas teclas pretas tocados pela mão esquerda. O resultado é um campo tonal em que as doze notas da oitava vibram ao mesmo tempo. Na sequência, a escala pentatônica se irradia pela mão esquerda, já que apenas as teclas pretas são tocadas por ela. O pentatonismo nessa suíte é produzido principalmente como uma *Spielfigur* devida à estrutura física do piano (o mesmo princípio se manifesta na "Danza del viejo boyero", de Ginastera, cuja bitonalidade ocorre em decorrência da estrutura do teclado).

"Bruxa, a boneca de pano". Por toda a primeira metade, predomina o cromatismo do ostinato, com centro tonal em Láb. A construção melódica retoma suas cores brasileiras, com saltos para a quinta e rebaixamento do sétimo grau. As escalas cromáticas descendentes podem lembrar o estudo cromático de Debussy. As formações pentatônicas novamente se destacam na mão esquerda. A textura é mais heterogênea que nas demais peças, chegando a antecipar o estilo mais pesado da segunda suíte. Somente no movimento final da *Prole nº 1* é que o compositor emprega seu método habitual de atacar as fundamentais no baixo, dando maior profundidade às figurações temáticas na região aguda. O final, caprichosamente irônico, é bem característico de toda a suíte.

A Prole do Bebê nº 2

Quando se fala em *Prole do Bebê*, normalmente se pensa na primeira suíte. Muitos nem sabem que o projeto original era de um total de três suítes. A *Prole do Bebê nº 2* (1921) é uma coleção de brinquedos que representam animais ("Os bichinhos"). A terceira suíte, que teria desaparecido em Paris, foi supostamente composta em 1926, tendo como assunto alguns jogos infantis comuns no Brasil: bola de gude, diabolô, bilboquê, peteca, pião, futebol, jogo de bola, soldado de chumbo e capoeiragem.

Com relação ao repertório do piano, a segunda suíte passa quase desapercebida, mais conhecida pelos especialistas em Villa-Lobos. Apesar disso, sua gama expressiva e seus recursos técnicos foram consideravelmente alargados, próximos da textura rica e dissonante de *Rudepoema*. Apesar de ter sido escrita na mesma época dos *Choros*, nessa suíte, as alusões ao folclore são escassas e disfarçadas. Cabe até recordar o que disse certa vez

Ginastera: "creio que Villa-Lobos foi um músico mais original do que folclorista".[502] A suíte reflete a atmosfera cosmopolita de Paris – os pontos em comum com a música pianística de Prokofiev são os mais evidentes. O brasileiro busca frequentemente uma escrita em várias camadas, com certo tipo de linearidade em que as diferentes partes se movem livremente, umas em relação às outras. Em certos pontos, a textura se aproxima das mais complexas páginas de Szymanowski. Como na primeira suíte, certas melodias infantis servem como pretexto para as elaborações pianísticas.

"A baratinha de papel". Villa-Lobos tem várias obras com temática dedicada a insetos, a mais conhecida delas é *Martírio dos insetos* (para violino e orquestra, 1917/1925). O primeiro movimento da *Prole nº 2* pode ser considerado uma obra-prima da mimese musical. O ponto focal, como na maioria das peças da primeira suíte, é um ostinato mantido por toda a peça. Dessa vez, o ostinato é mais interessante que o tema que o "acompanha". A figuração constante das semicolcheias da mão direita é dotada de uma polifonia interessante, com quatro notas acentuadas na parte superior, Mi-Fá-Sol-Lá-Sol-Fá-Mi, simultaneamente à outra figuração de quatro notas entrelaçada nas teclas pretas, Sol♯-Si♭-Dó-♯-Ré♯-Dó♯-Si♭-Sol♯ (ex. 163). Apesar de apenas o Si♭ recair em um tempo forte, essa linha jamais fica em segundo plano. Trata-se de uma variação engenhosa da combinação de teclas pretas e brancas que se encaixa muito bem à estrutura da mão.

Exemplo 163. Villa-Lobos: *"A baratinha de papel"*, da *Prole do Bebê nº 2*, c. 1-2, ed. Max Eschig.

CAPÍTULO VIII – OBRAS SOLO INSTRUMENTAIS

A tonalidade do tema acaba por se fixar em Fá♯ menor. No final, ocorre a superposição de Dó maior e Fá♯ maior; essa relação de trítono tem papel relevante em outras peças da suíte.

"O gatinho de papelão" talvez seja a peça mais raveliana de toda a suíte, evocando inegavelmente "Les oiseaux tristes" da suíte *Miroir*, com seu motivo "lamentação" de segunda descendente na parte central e com breves motivos sobressaindo a partir do fundo formado por acordes de décima-primeira. A segunda metade justifica o título ao retratar um gato.

"O camundongo de massa" apresenta uma forma *lied* estruturada simetricamente. O ostinato tem uma vívida figuração em semicolcheias, correndo para cima e para baixo (ex. 164). Sobre essa camada, é lançado um motivo em Mi♭ maior, com duas frases separadas por um acorde súbito em *sforzato*, sem relação lógica com a tonalidade. Na repetição, tema e ostinato são sincronizados em uma brilhante reminiscência do estilo pianístico de Prokofiev. A seção central é uma variante não muito original da passagem de acordes em *staccato* nas teclas brancas ouvida em *Petrushka*.

Exemplo 164. Villa-Lobos: "*O camundongo de massa*", da *Prole do Bebê nº 2*, c. 1-4, ed. Max Eschig.

"O cachorrinho de borracha" é baseado principalmente em harmonias quartais, distribuídas em quatro vozes bem abertas nos pontos culminantes. O tempo lento faz com que a complexa subdivisão métrica seja quase sem efeito: 11/8 = 6/8 (ou 3/4) + 5/8. O acorde na cabeça do terceiro compasso é quase literalmente o "acorde de Prometeu" (ou "acorde místico") celebrizado por Scriabin (ex. 165). Por toda a peça, há algo que se relaciona com certas passagens contemplativas e lânguidas ouvidas em Scriabin, já que as duas vozes na mão direita se desenvolvem quase independentemente, afastando-se até atingir a distância maior que uma décima-primeira entre si. A seção poderia ser considerada atonal não fosse a pálida sugestão de tonalidade que se mantém no baixo.

Exemplo 165. Villa-Lobos: *"O cachorrinho de borracha"*, da *Prole do Bebê n° 2*, c. 1-4, ed. Max Eschig.

"O cavalinho de pau" é baseado na métrica de galope dactílico que atravessa a peça, alternância irônica entre os modos maior e menor, disposições bitonais, cujos modelos mais próximos são as peças infantis de Katchaturian e Prokofiev. A dissonância é atenuada pela ingenuidade sem maiores complicações do tema, tomado de empréstimo de uma cantiga infantil.

CAPÍTULO VIII – OBRAS SOLO INSTRUMENTAIS

"O boizinho de chumbo"[503] tem natureza polifônica, como o "cachorrinho de borracha", mas sua textura é mais densa e contém passagens com acordes complexos e bem dissonantes. A dificuldade da escrita faz com que muitas peças dessa suíte sejam mais inacessíveis, assim como certas peças da suíte *Iberia*, de Albéniz. "O boizinho..." começa quase à moda argentina (ex. 166); talvez o "boi" sirva como alusão aos gaúchos que vivem no Sul do Brasil. A nota Lá abafada no baixo e as segundas menores sincopadas poderiam figurar em um dos tangos de Juan José Castro, escritos à mesma época.

Exemplo 166. Villa-Lobos: *"O boizinho de chumbo"*, *Prole do Bebê n° 2*, c. 1-3, ed. Max Eschig.

A música logo se expande em uma explosão patética. Os rápidos glissandos cromáticos ascendentes (escritos com notas pequenas) remetem às obras orquestrais do compositor, o qual designa tais passagens para os metais.

O cromatismo aumenta e leva a uma grande convulsão emocional na seção "Grandeoso", com cinco camadas superpostas, escritas em quatro pautas. Esse clímax tem retórica brasileira, mas também é imbuído de grande força emocional, convincente por sua natureza íntima. A coda alterna acordes relacionados por trítono, Mi maior e Si♭ maior.

"O passarinho de pano". Nessa peça, Villa-Lobos se mostra como um ornitólogo. Há fragmentos melódicos que imitam cantos de pássaros no registro agudo do piano. Essa peça está a um passo dos *Oiseaux exotiques*, de Olivier Messiaen, e seu começo é uma citação direta de *L'isle joyeuse*, de Debussy (ex. 167). Os tristes trópicos são lembrados somente no lamentoso motivo cromático da seção central.

Exemplo 167. Villa-Lobos: "*O passarinho de pano*", *Prole do Bebê n° 2*, c. 1-3, ed. Max Eschig.

"O ursozinho de algodão".[504] O humor predomina na peça, indo da ironia sutil ao humor mais grotesco e pesado do final. As figurações leves e saltitantes em Lá menor, com muitas notas alteradas, trazem inevitavelmente à lembrança as *Visions fugitives*, de Prokofiev. Villa-Lobos e Prokofiev moraram em Paris à mesma época. Guimarães afirma incorretamente em seu livro que Prokofiev teria escrito uma resenha de canções de Villa-Lobos para a *Revue Musicale*.[505]

A seção intermediária de "O ursozinho...", com seu laconismo, alude ao modalismo bartókiano. Há um desenvolvimento bitonal (Dó maior/Fá♯ menor). A terceira e a última seção são baseadas em um ingênuo tema em Dó maior,[506] evidentemente extraído de alguma coletânea de canções infantis e tocado como se os baixos estivessem "errados".

"O lobosinho de vidro".[507] Não se sabe se Villa-Lobos pretendeu retratar a si mesmo nessa peça, que é a mais longa de toda a série, com os efeitos mais fauvistas. A segmentação formal pode ser apresentada como: A, A', A", B, B', A'", C, A"", A""".

A ideia inicial ocorre em outros contextos (como no início do *Choros n° 11*), ou seja, uma nota repetida à qual se agregam gradualmente outros sons em intervalos de segunda, até que o tema surge a partir desse denso *cluster*. Na segunda vez, a parte superior muda para um tema apaixonado, em oitavas; na terceira vez, conduz à seção *un peu marcial*, entrando em terreno bastante caro a Prokofiev.

Não há tonalidade nos compassos finais, com seus *clusters* tocados com a palma da mão, como na sonata *Concord*, de Ives (ex. 168).

Exemplo 168. Villa-Lobos: *"O lobosinho de vidro"*, *Prole do Bebê n° 2*, ed. Max Eschig.

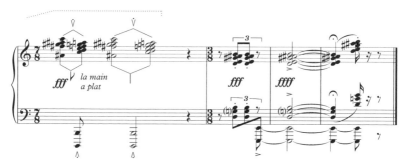

CAPÍTULO IX
MÚSICA DE CÂMARA

Sonatas para violino e para violoncelo

As obras de juventude de Villa-Lobos incluem numerosas sonatas para violino e violoncelo, com acompanhamento de piano. Na verdade, a designação "sonata" é um pouco exagerada, já que nenhuma dessas obras segue literalmente a forma sonata, sem mencionar os contrastes gritantes no material temático ou no desenvolvimento tonal. A despeito das deficiências na estrutura formal, essas peças têm seu charme próprio, baseado menos na originalidade de invenção do que na maneira fiel e sincera com que refletem seu próprio tempo. A atmosfera basicamente romântica, associada aos timbres e harmonia absorvidos dos compositores franceses da virada do século, é o pano de fundo para essas obras.

Sonatas para violino e piano

A *Sonata-Fantasia nº 1* ("Désespérance", 1912/1917; ed. Max Eschig) integra o rol das primeiras composições em larga-escala do compositor. A obra apresenta aspectos típicos das sonatas para violino ou para violoncelo de Villa-Lobos, começando com solo de piano e apresentação posterior do tema principal. A partitura não traz armadura de clave, que, de fato, seria desnecessária devido à constante modulação. O piano apresenta o motivo inicial em Lá menor, que reaparece dois compassos depois no violino, em Dó menor (ex. 169). O tema é como uma pintura de determinada época, com sua sensibilidade extremamente refinada. O tratamento dado ao piano é tão melódico quanto possível. É curiosa a inserção de floreios com valores rítmicos mais curtos entre os acordes, com elementos cromáticos que remetem à ornamentação oriental da música russa.

Exemplo 169. Villa-Lobos: *Sonata-Fantasia nº 1*, I, c. 4-5, ed. Max Eschig.

Após a *cadenza* do violino, ouve-se o segundo tema da sonata, um motivo etéreo que explora os sons harmônicos do instrumento, encerrando a exposição no único movimento da obra. Segue-se um desenvolvimento curto, de apenas dez compassos, *allegro con fuoco*. No ponto culminante, o violino toca uma passagem de sétimas paralelas em movimento descendente, com dinâmica *fortíssimo* – que pode representar o "desespero" indicado no subtítulo da obra –, enquanto o piano imita um bandolim, martelando notas repetidas. Todavia, o retorno do *andantino como primo* é tão imediato que não se pode falar em *Durchführung* no sentido pleno. Os temas são reapresentados com alguns episódios secundários que exploram

CAPÍTULO IX – MÚSICA DE CÂMARA

também os floreios orientais mencionados anteriormente, dando momentaneamente à textura do piano uma coloração próxima à do estilo de Albéniz.

A *Sonata-Fantasia n° 2* (1914/1915; ed. Max Eschig) é mais longa e virtuosística do que a anterior. É bem evidente que as sonatas para violino de Franck e Debussy lhe serviram de modelo, com seus motivos baseados na escala de tons inteiros. A obra também se caracteriza pelo uso abundante e quase afetado das figurações de semicolcheias, esforçando-se para manter o ritmo harmônico de semínimas com acordes em quintas abertas. A introdução novamente fica a cargo do piano, com os motivos debussianos em tons inteiros. O ritmo dactílico e as síncopas são interessantes, sem, no entanto, evocarem algo especificamente nacional.

Exemplo 170. Villa-Lobos: *Sonata-Fantasia n° 2*, I, c. 13-14, ed. Max Eschig.

Após a longa introdução, o violino entra com esse mesmo motivo, transformando-o diatonicamente em uma passagem em *staccato*. Durante todo o primeiro movimento ("Allegro non troppo"), o piano se limita a uma figuração discretamente interessante com arpejos em semicolcheias. É certo que o motivo principal também ocorre no piano, com valores rítmicos aumentados, mas isso não altera a monotonia do quadro geral. O discurso musical flui mais naturalmente nos três movimentos do que na primeira sonata, com seu único movimento.

A *Sonata n° 3* para violino e piano (1920/-; ed. Max Eschig) reflete o desenvolvimento estilístico de Villa-Lobos em seu período criativo inicial. A diferença entre a segunda e a terceira sonatas é quase tão significativa quanto aquela entre o segundo e o terceiro *Trios para piano e cordas*, embora as sonatas para violino não sejam tão notáveis quanto os trios.

A sonata se caracteriza por seu atematismo, beirando às vezes o atonalismo. Nela, as ideias de estrutura formal e temática tradicionais são substituídas por um certo modo de explorar imitação, contraste, contraponto e timbres, bem como certos elementos harmônicos e melódicos. A sonoridade geral se caracteriza pelos acordes alterados de sétima e nona, explorando bastante as combinações bitonais em acordes com baixos ressonantes, de modo a compensar a densidade e dissonância no registro agudo. No entanto, esse maneirismo pode gerar facilmente a impressão de monotonia.

A peça tem três movimentos: "Adagio non troppo", "Allegro vivace scherzando" e "Molto animato final". A breve introdução do piano não define qualquer tonalidade. Mesmo assim, os laços com o estilo impressionista e romântico tardio do gênero "sonata para violino" ainda permanecem; isso transparece na continuidade da linha melódica sustentada pelo acompanhamento em ostinato do piano (ex. 171).

Exemplo 171. Villa-Lobos: *Sonata nº 3 para violino e piano*, I, c. 5-11, ed. Max Eschig.

CAPÍTULO IX – MÚSICA DE CÂMARA

Somente no ensaio nº 2 há uma chegada bem definida a Fá♯ menor, ainda um pouco ambivalente devido à nota Si♭ no piano que, interpretada enarmonicamente como Lá♯, dá ao acorde um caráter maior-menor. No geral, o movimento soa como uma das obras iniciais da Escola de Viena, o que é raro em Villa-Lobos, que não seguiu o caminho aberto por Schoenberg e Berg para a atonalidade e ao serialismo, mas preferiu a linha franco-russa. A atmosfera geral pode ser associada ao expressionismo alemão, muito embora seu jeito de fazer música represente uma atualização da *Gebraushmusik*.

O segundo movimento é tão atemático quanto o primeiro. Não há entonações familiares ao folclore, tampouco elementos conectados à música europeia que o ouvinte possa reconhecer. A textura se baseia em ideias fugazes, trabalhadas por um momento e, então, rejeitadas. Os acordes do piano, em sua maioria, são acordes "abertos" de quinta sem terça ou tríades paralelas nas teclas brancas.

O último movimento tem pouco a acrescentar às características de estilo. O violino explora o efeito dissonante de sétimas maiores paralelas; um pouco antes do final, o motivo em *quasi adagio* tem a ver com o retorno do tema principal do primeiro movimento – o que dá a esse movimento um caráter cíclico de última hora.

Sonata nº 2 para violoncelo e piano

(1916/1917; ed. Max Eschig. A *Sonata nº 1* para violoncelo e piano está desaparecida)

Em essência, não há grande diferença entre as sonatas para violino e para violoncelo de Villa-Lobos. Cronologicamente, a *Sonata nº 2* para cello está situada entre a segunda e a terceira sonatas para violino. Como nas demais obras villalobianas dessa época, os modelos composicionais são basicamente franceses.

Assim como na sonata para violino de Franck, no primeiro movimento (*Allegro moderato*), há um longo solo introdutório do piano, em que o tema principal é apresentado à mão esquerda, *cantabile et en dehors*. Não é de todo mal, como imitação do estilo de Franck. Os aspectos mais genuínos do estilo villalobiano estão nos saltos de quinta e sexta, cujos acentos são ouvidos na metade final da melodia. Esse é exatamente o tipo melódico que o compositor adotou tempos depois, no período das *Bachianas*. Como é comum nas sonatas desse período, o cello não entra com a repetição do tema principal, mas com um amplo acorde arpejado de Dó maior (c. 52), seguido por arpejos ascendentes em Lá maior. O tema principal aparece muito sutilmente no cello, em Dó menor (c. 68), de modo que o ouvinte pode até nem reparar no seu início, senão alguns compassos depois.

O segundo movimento ("Andante cantabile") é escrito em 12/8; o padrão característico das melodias de Fauré é disfarçado pelo movimento em grau conjunto da melodia: três pulsos longos, dois curtos. As passagens em quintas têm papel decisivo no acompanhamento do piano, bem como os amplos arpejos, que ocorrem especialmente no final.

O "Scherzo" em 6/8 não apresenta novidades em relação ao estilo do compositor durante esse período. O cello tem numerosos glissandos e sons harmônicos; ao final, a métrica muda para um padrão com uma colcheia pontuada, com duas variantes:

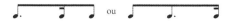

O movimento final ("Allegro vivace sostenuto e Final") começa com uma diminuição rítmica do tema principal do primeiro movimento, tocado em *staccato* pelo cello (ex. 172), enquanto o piano ataca acordes de modo *très sec*, como imitação de um pandeiro, à maneira da *Sonata para violoncelo*, de Debussy.

Exemplo 172. Villa-Lobos: *Sonata n° 2 para cello e piano*, IV, c. 1-3, ed. Max Eschig.

Trios para piano, violino, viola e violoncelo

Os *Trios* para piano e cordas de Villa-Lobos refletem de maneira interessante o desenvolvimento do compositor, quando ele fazia a transição do nível de aprendiz para uma expressão mais independente. Por outro lado, verdade seja dita, Villa-Lobos ainda não atinge a plena maturidade e originalidade em nenhuma dessas obras. Não há quase nada nesses *Trios* que os associe com a história musical da América Latina. Ainda assim, essas obras foram apresentadas na Semana de Arte Moderna em São Paulo.

Se compararmos a sonoridade dessas obras com a poesia e pintura cubista apresentada concomitantemente naquele evento, podemos dizer que o programa musical foi consideravelmente menos radical. Parece incrível que essa música – que teria soado como um impressionismo ou franckismo ligeiramente desatualizado, caso fosse tocada na Europa no mesmo ano – tenha irritado tanto a plateia conservadora de São Paulo (ver Capítulo III). Isso é ainda mais inquietante se considerarmos que os elementos nacionais quase não podem ser detectados nessas obras.

O *Trio nº 1*, em Dó menor, Op. 25 (1911/1915; Max Eschig) é uma das primeiras tentativas do compositor em realizar formas de composição em larga-escala. Tem quatro movimentos: "Allegro non troppo", "Andante sostenuto", "Scherzo" e "Allegro troppo e Rondó Final". O primeiro movimento não pode ser considerado como uma forma sonata. A peça começa com passagens em Dó menor, tocadas em *marcato* por todos os instrumentos dobrados em oitavas, conduzindo a uma larga cantilena de violino e cello, sem grande peso temático. A engenhosa textura pianística chama mais a atenção do que as cordas. Debussy e Rimsky-Korsakoff usaram figurações semelhantes, entrelaçando ornamentações em torno do trilo (assim como o próprio Villa-Lobos em *Ibericarabe*). Esse motivo (ex. 173), em conjunto com os acordes alterados, tem conotação lânguida, oriental, o que conecta a obra ao exotismo musical da virada do século.

Exemplo 173. Villa-Lobos: *Trio n° 1*, I, c. 20-22, Max Eschig.

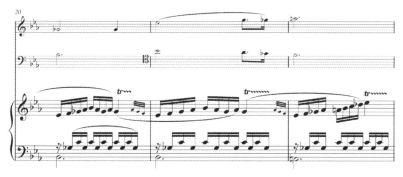

Somente no ensaio n° 3, surge o primeiro tema significante, com o típico cantábile neorromântico à maneira de Fauré e Franck. Esse tema é repetido por todos os instrumentos, mas seu desenvolvimento é menos efetivo quando emprega as tercinas de acompanhamento tão típicas de Mendelssohn ou Schumann (ensaios n° 5 e n° 6). O movimento termina em Dó maior, com um acorde em *fortissimo*.

O segundo movimento começa com um solo de piano, em Sol menor, com material não explorado posteriormente. Na simples harmonização, em estilo coral, talvez já se possa notar algo que remeta à harmonia do segundo e terceiro movimentos da *Bachianas n° 4*. O "prelúdio" feito pelo piano conclui surpreendentemente em Mi maior, o que parece ser um tanto ilógico, demonstrando que, nessa fase, o jovem compositor manifestava sua rebeldia com modulações inesperadas, mas não propriamente com acordes dissonantes. O violino se junta ao discurso, com um motivo que não chega a se converter em um tema de destaque. Há o retorno a Sol menor, com elevação modal do sexto grau dórico, alteração muito usada por Sibelius, cujo estilo até parece ter sido evocado no timbre escuro dessa seção inicial.

O tema principal do movimento, com caráter brahmsiano, só é ouvido na marca de ensaio n° 3, *quasi adagio*, em um ensolarado

Si♭ maior. O acompanhamento do piano, em colcheias sincopadas, é mais convencional. O movimento conclui em Sol maior. As características observadas nesses dois movimentos podem ser consideradas um indício de como Villa-Lobos será no futuro em relação ao desperdício de materiais temáticos, usando muitos motivos de uma vez só. Outra característica é a apresentação do material principal somente após uma longa preparação, ao invés da exposição imediata, no início da obra. No entanto, os dois movimentos seguintes não têm esse traço: o "Scherzo" é composto à maneira de Mendelssohn, com motivos floridos em *staccato* e, nas seções mais cantantes, no estilo das *Lieder ohne Worte*. Somente no ensaio nº 9, nos acordes impressionistas com nona, é revelado que a obra foi composta um pouco mais tarde. O último movimento começa com um fugato, cujo modelo é evidentemente a *Sonata em Mi menor* para cello, de Brahms. A peça conclui em um triunfante Dó maior.

O *Trio nº 2* em Lá menor (1915/1919; Max Eschig) foi escrito quatro anos depois, já sem numeração de *opus*, que o compositor deixa de seguir a partir dessa época. A obra apresenta grande progresso quanto ao desenvolvimento técnico. A textura é visivelmente mais densa, o compasso em 12/8 deixa as seções quase sobrecarregadas, o vocabulário dos acordes é mais variado, e todo o material é empregado de maneira mais "temática".

Nessa obra, Villa-Lobos raramente recorre ao acompanhamento em ostinato, mas todos os instrumentos estão bem atarefados, encarregados de diversos eventos, os quais nem sempre podem ser devidamente apreciados, dada sua abundância. A obra é caracterizada por uma exuberância quase "tropical". Pela primeira vez, ele dá livre curso à sua imaginação, mas ainda está bem longe do poder de concisão de suas obras mais maduras! Se é certo que ele tem o que dizer, também parece que ainda não descobriu que não é preciso dizer tudo ao mesmo tempo. A obra tem quatro movimentos:

CAPÍTULO IX – MÚSICA DE CÂMARA

"Allegro moderato", "Berceuse-Barcarolla", "Scherzo" e "Final". No primeiro movimento, a figuração de acompanhamento inicial, com hemíolas e síncopas suaves no piano, cria um pano de fundo interessante para o tema (ex. 174). Alguns elementos desse tema são encontrados em obras posteriores. A amplitude e ondulação do tema é bem adequada para dar apoio ao entrecruzamento das diferentes partes, de modo a formar uma *unendliche Melodie* ("melodia infinita"). A textura revela influência de Wagner e das figuras marcantes do neorromantismo francês, Franck e Fauré.

Exemplo 174. Villa-Lobos, *Trio nº 2*, I, c. 1-5, Max Eschig.

Violino e cello caminham principalmente em cânone. Não há armadura de clave, mas a tonalidade é livre. Algumas técnicas novas são testadas nas cordas. No motivo principal, Villa-Lobos emprega aumentação. A colocação de grande variedade de acordes de décima-primeira e décima-terceira imitando a série harmônica, bem como o uso ocasional de acordes bitonais, é bem típica. A textura do piano é mais original que no *Trio nº 1*. A sonoridade brilhante é reforçada pela colocação dos baixos em registro muito grave, reforço harmônico que atua como uma caixa de ressonância (ex. 175). Já é possível encontrar semelhanças com Ravel, que parece ser o modelo para os acordes de nona divididos em quintas superpostas e na série de arpejos. O retorno do motivo principal, no final, dá ao movimento uma forma simétrica, que conclui com uma tríade aumentada em Mi♭, sustentada durante três compassos com baixo em Dó – acorde que pertence ao vocabulário harmônico dessa obra.

Exemplo 175. Villa-Lobos, *Trio nº 2*, I, c. 10-12, Max Eschig.

Com andamento *andantino calmo*, a "Berceuse-Barcarolla" adota uma métrica incomum, 10/16 – que lembra o *Trio* de Ravel. O acompanhamento do piano pode ser associado com a música nórdica, especialmente Grieg: a certa altura, o acorde de Lá menor com nona se alterna com Lá maior com sexta (ex. 176).

Exemplo 176. Villa-Lobos, *Trio nº 2*, II, ensaio nº 4:5-9, Max Eschig.

O tema da *berceuse* é apresentado em surdina, pelas cordas. O motivo em terças no piano (nº 4) serve como uma espécie de segundo tema, reforçado por suaves quintas em harmônicos das cordas. Esse tema se baseia em uma sequência de terças que parte do som inicial e prossegue de modo quase infindável. Esse motivo foi reaproveitado em *Amazonas* e no *Choros nº 6*.

Não há muita coisa a ser dita sobre o tratamento dado ao tema. O *finale* tampouco é tão notável quanto os dois movimentos iniciais; seu tema, na verdade, é uma imitação pouco original de Fauré, mas que se expande para um poderoso clímax em *fortíssimo* com quatro "*f*", mudando o caráter para algo mais próximo das sonatas e concertos para piano de Prokofiev. Villa-Lobos já não se satisfaz com a transparência da textura francesa, buscando cores e acentuações mais fortes, exagero e ênfase.

Finalmente, na marca de ensaio nº 11, o tema principal do primeiro movimento retorna como se despercebido, com aumentação. Assim, Villa-Lobos realiza a ideia de forma cíclica, segundo os preceitos de d'Indy (ver Capítulo I). O movimento termina com uma cadeia de tríades aumentadas no teclado, resolvendo em Lá menor apenas no momento final.

O *Trio n° 3* (1918/1921; Max Eschig) foi escrito três anos após o segundo trio, e, mais uma vez, nota-se considerável progresso. Os adeptos da máxima de que, em última instância, todo artista apenas repete uma mesma ideia em todas as suas obras, realizando seu modelo "mítico" primordial, estão enganados – ao menos no que diz respeito a Villa-Lobos.

Essa foi a obra que prendeu a atenção de Arthur Rubinstein quando ele visitou o Brasil em 1918. Ele até chegou a prometer apresentá-la nos Estados Unidos, com Thibaud e Casals. Por outro lado, se lembrarmos que, no mesmo ano, Villa-Lobos também conheceu Darius Milhaud, que estava vivendo no Rio de Janeiro, não espanta o fato de a linguagem harmônica estar um passo adiante em relação ao *Trio n° 2*.

A textura é mais concentrada e menos luxuriante que a do segundo trio. Um tipo inteiramente diferente de compactação é obtido pela presença de um *leitmotif* por toda a obra. Por causa disso, o retorno cíclico não precisa ser feito de modo tão trivial quanto no trio anterior. Com o uso de um tema condutor, Villa-Lobos já se aproxima de obras importantes dos anos 1920, como *Rudepoema* e o *Choros n° 10*, entre outras. A peça tem quatro movimentos: "Allegro con moto", "Assai moderato", "Allegretto spirituoso" e "Final".

O trio começa com uma introdução com um violento *tremolo* do piano, culminando em um acorde bitonal de Dó maior com Sol♭ maior (c. 3). A célula motívica de toda a peça é então ouvida no cello, imediatamente em seguida (ex. 177).

Exemplo 177. Villa-Lobos: *Trio n° 3*, I, c. 4-5, ed. Max Eschig.

Surge então um motivo contrastante, baseado na escala de Si menor, repetido mais adiante em aumentação (marca de ensaio nº 15). Todo o movimento é caracterizado pela unidade temática e ocasionais acordes bitonais. A seção no nº 23 nos permite assumir que Milhaud tenha mostrado sua sonata para piano a Villa-Lobos, escrita à mesma época. Eis aqui algumas camadas similares de acordes bitonais (ex. 178).

Exemplo 178. Villa-Lobos: *Trio nº 3*, I, nº 23:3-6, ed. Max Eschig.

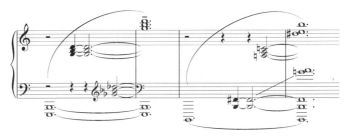

O movimento conclui com um acorde que passou a ser comum em sua produção (ex. 179).

Exemplo 179. Villa-Lobos: *Trio nº 3*, I, nº 26:18, ed. Max Eschig.

O segundo movimento tem natureza semelhante à "Berceuse-Barcarolla" do *Trio* anterior. Aqui também ocorre a alternância entre as tríades sobre o quarto grau de Mi menor (com sexta acrescentada) e acordes de décima-terceira sobre a tônica. A célula motívica de toda a peça, no entanto, mostra-se como algo mais importante do que o motivo lírico-pastoral do início.[508] Na seção nº 6 (c. 68), um motivo rítmico de caráter brasileiro surge pela primeira vez (se ignorarmos algumas variações do tipo *habanera* do tema principal ocorrentes no primeiro movimento, nº 7 e nº 12).

O terceiro movimento também se baseia em transformações da célula inicial, em uma textura à maneira de um *scherzo*, um tanto dispersa. Esse movimento apresenta uma pequena seção em fugato, um ostinato dissonante com nonas, em uma figuração sincopada que remete ao universo rítmico latino-americano (marca de ensaio nº 16). Também se ouvem surpreendentes combinações sonoras, que podem ter chocado a plateia durante a Semana de Arte Moderna – como no ensaio nº 21, no qual as cordas são percutidas com a madeira dos arcos.

O *finale* não contém muitos materiais temáticos novos e significativos. A célula motívica é variada incansavelmente, com reaparição de temas dos movimentos anteriores. O ponto culminante, que inicia na marca nº 21, é extraordinário (ex. 180). Até esse ponto de sua carreira, Villa-Lobos ainda não havia composto algo tão intenso e convincente.

Exemplo 180. Villa-Lobos: *Trio nº 3*, IV ("Final"), ensaio nº 21:1-2, ed. Max Eschig.

CAPÍTULO IX – MÚSICA DE CÂMARA

O *Trio nº 3*, sem dúvida, é uma das obras mais maduras da produção inicial de Villa-Lobos. A peça demonstra, em primeira mão, a adoção e aplicação relativamente original de técnicas de composição ainda consideradas recentes no contexto dos anos 1910, realizando combinações com linguagem poli e bitonal, além de novos timbres, de modo a libertar-se do pensamento harmônico e melódico do neorromantismo francês. Nota-se também o progressivo abandono das formas convencionais, em busca de maior unidade temática entre os movimentos. A partir daí, faltava pouco para a rejeição da tradicional divisão em movimentos e a utilização de formas composicionais totalmente livres, encontradas nas obras da década de 1920.

Trio para violino, viola e cello

(1945/1945; Max Eschig)

Apesar desse único trio de cordas estar situado no estágio inicial das obras tardias de Villa-Lobos, essa peça já incorpora as principais características do período, a saber: 1) linhas melódicas cromáticas, em *legato* (1º movimento); 2) "sonoridade brasileira"[509] internalizada e estilizada, em conjunto com camadas sonoras impressionistas, frequentemente geradas por sons harmônicos "flautados" (2º movimento); 3) progressões diatônicas energéticas, a maioria em ritmos ternários (6/8), com imitações e figuras espelhadas simetricamente (3º movimento). Essas características de estilo também ocorrem com destaque nos últimos quartetos de cordas.

Primeiro movimento: "Allegro". O tema principal é um daqueles típicos temas em *legato* que o compositor explora especialmente nas seções em fugato ou em cânone. Sua estrutura é bem equilibrada: os movimentos ascendentes mudam de direção nos pontos que coincidem com a seção áurea; os saltos são imediatamente compensados por movimento em grau conjunto, na direção oposta (ex. 181). O tema apresenta os doze sons e a "série" formada por eles (mais adiante, outros temas são derivados dela, por exemplo, o tema cantábile do movimento lento e os dois temas do movimento final).

Exemplo 181. Villa-Lobos: *Trio para cordas*, I, c. 1-4, ed. Max Eschig.

O primeiro movimento não adota a forma-sonata ou outra estrutura predeterminada, consistindo em uma sucessão de temas intercalados com seções em que são transformados. Os temas em si são tonais, destacando-se em uma textura marcadamente dissonante.

A condução de vozes atinge a flexibilidade e riqueza que caracterizam suas melhores obras da maturidade. As vozes abrem caminho umas às outras. Cabe observar que a compactação e continuidade da textura se manifestam em constante variação, com grande inventividade. É como se o compositor tivesse empreendido a criação da obra sem um plano geral preestabelecido, como fazia Picasso, que, ao traçar as primeiras linhas, ainda não sabia como a pintura iria acabar. Nos três movimentos, há situações em que Villa-Lobos extrai efeitos totalmente orquestrais. Os espaços entre os temas são relacionados de tal forma que o material seguinte parece estar sempre no momento certo em alguma voz intermediária. O "Allegro" tem predominância da sonoridade quartal, assim como os quartetos compostos posteriormente, em que as partes se movimentam em quartas (ver dois compassos antes do ensaio nº 4) ou quintas paralelas (nº 10). Há agrupamentos simétricos que se expandem a partir de um ponto central (três compassos antes do nº 14). Na efetiva coda, encontramos o típico recurso de desaceleração súbita com tercinas de semínimas e saltos amplos.

CAPÍTULO IX – MÚSICA DE CÂMARA

Essa ideia é reminiscente da sonoridade pianística que Villa-Lobos normalmente adota, com os baixos imersos no pedal criando um fundo para uma cascata de acordes ressonantes no descanto.

Outra estratégia habitual é a divisão de uma figuração rápida entre os diversos instrumentos, ainda dentro do mesmo compasso, situação em que a mudança de timbre proporciona maior vivacidade e enfatiza a dinâmica do gesto. Em linhas gerais, a primeira impressão causada pela obra é a continuidade e flexibilidade do fluxo musical.

Os temas mais importantes do primeiro movimento são: 1) o tema cromático em imitação (ex. 181), que é variado no decorrer da peça (por exemplo, nº 12:5, onde o movimento ascendente muda de direção, ou nº 14:2, onde os intervalos são expandidos); 2) o tema "tercinado" em terças paralelas, lembrando vagamente um motivo de *habanera*, pelo ritmo e pela sensualidade (ensaio nº 2); 3) o tema do cello (nº 5) é modal, baseado em uma escala incompleta e num salto de oitava preenchido com um glissando; esse tema faz referência ao tema de Xangô, mas seu caráter "latino" está longe de ser óbvio; 4) o tema da viola é formada por dois passos em tons inteiros, resultando em uma terça. Ao ser repetido, a ornamentação resulta no tema seguinte; 5) tema simétrico por natureza. Os motivos 1, 2 e 5 reaparecem antes da coda.

Segundo movimento: "Andante". Esse noturno brasileiro pertence ao paradigma dos movimentos lentos em surdina na música de câmara de Villa-Lobos. A melancolia do tema abafado do violino (ex. 182) evoca, à distância, o tema cromático do primeiro movimento (ampliando o salto para uma sexta); a viola repete esse tema imediatamente em seguida, envolvida pelos arpejos flautados do violino e do cello, subindo e descendo em quintas (distanciados por uma sétima), combinação que pertence ao arsenal de invenções sonoras de Villa-Lobos e é encontrada até em suas maiores obras orquestrais, a partir de *Amazonas*.

Exemplo 182. Villa-Lobos: *Trio para cordas*, II
("Andante"), c. 1-7, ed. Max Eschig.

Terceiro movimento: "Scherzo". Trata-se de um enérgico movimento em ritmo ternário e quase atemático, comparável ao otimismo mediterrâneo de Milhaud. Posteriormente, Villa-Lobos desenvolveu esse tipo de movimento com austeridade ainda maior em seus quartetos de cordas. Aqui há ainda uma certa abundância de polirritmia, uma alusão aos *Choros*.

Na recapitulação da seção principal, o papel dos três instrumentos se inverte, como uma reflexão espelhada do início: ao fim e ao cabo, isso soa desordenadamente denso, um aspecto que Villa-Lobos evitou em seus *scherzos* posteriores.

Quarto movimento: "Allegro preciso e agitato". Esse movimento é incomum na música camerística villalobiana, especialmente quanto a seu início: uma figuração repetitiva, sincopada e intensa, sobre o acorde de Mi menor, oferecendo uma abertura dramática para a apresentação de dois temas.[510] O tema em tercinas do violino, em Mi♭ menor, com seu motivo bartókiano de cinco notas em vagas terças do tipo maior-menor, presumivelmente assume o papel de tema principal. No entanto, ele logo abre caminho para um motivo apresentado pelo cello, que também se trata de uma derivação distante do motivo cromático em cânone do primeiro movimento. O cromatismo se converte em diatonismo, em Dó menor (repare na relação bitonal com Mi♭ menor na parte superior). Isso dispara uma sequência gradualmente ascendente que, ao mudar de direção, revela um caráter "sul-americano" (cf. o tango "Odeon", de Nazareth).

O motivo "Bartók", no entanto, reaparece aqui e acolá, sem assumir o protagonismo, o que o ouvinte pode, com toda razão, lamentar. É típico de Villa-Lobos esse desperdício implacável de motivos e invenções melódicas. O encadeamento[511] desses motivos forma uma série ininterrupta de ideias musicais e mudanças texturais.

Da mesma maneira, o tema cantante da viola logo desaparece, e a figuração em tercinas irrompe em algo quase atonal, escalas cromáticas se dispersando em diferentes direções, para depois tudo voltar como no início. Não se escuta mais o tema "Bartók", mas, em seu lugar, o motivo "latino" se destaca no violino, como uma canção. A coda, em andamento *presto*, é violentamente selvagem: as colcheias em *staccato* são divididas em seções minimamente curtas em que os instrumentos se alternam, um após o outro. A nota Dó é reforçada em oitavas por todos os instrumentos, na cadência final.

Fantasia concertante

(piano, clarinete e fagote; 1953/1968; ed. Max Eschig)

Costuma-se dizer que Villa-Lobos não teve um "estilo tardio". Esse argumento não se sustenta, ainda que nem todas as obras da última fase – escritas após a Segunda Guerra – tenham sido recebidas sem reservas àquela época. A *Fantasia concertante* pode ser citada como evidência, composta em Paris e inegavelmente uma das obras-primas de sua produção camerística. A crítica direcionada à produção final de Villa-Lobos está primordialmente voltada para o fato de que ela não reflete o desenvolvimento estilístico daquela época. Suas sinfonias e concertos estreados nos festivais de música da década de 1950, em que pese sua inegável artesania – não exatamente encoberta, mas no mínimo sobrecarregada por certos "maneirismos" –, algumas vezes foram considerados exageradamente longos em relação a sua substância temática; em outras ocasiões, tachados como um neorromantismo atrasado. Infelizmente, Villa-Lobos permaneceu fiel a si mesmo: ele não se interessou pelas tendências da música nova, a menos que visse nelas uma contraparte de sua personalidade. Sua grandeza se baseia justamente nessa sinceridade, e não foi negada nem mesmo por um inabalável simpatizante da linha germânica, schoenberguiana e adorniana, como Heinrich Stuckenschmidt, quem, no obituário de Villa-Lobos, em 1959, na revista *Melos*, afirmou: "durante trinta anos ele pertenceu ao grupo de músicos que serão mencionados sempre que se falar em século XX".[512]

A *Fantasia concertante* reflete com perfeição o estilo tardio que o compositor desenvolveu. O estilo tardio da maioria dos compositores basicamente envolve um distanciamento dos métodos expressivos empregados em períodos anteriores, mas também seu amadurecimento em novas formas. Em relação a seu brasilianismo, Villa-Lobos preserva certos formatos melódicos estilizados cubisticamente, com citações ocasionais: uma certa aspereza do estilo fauvista dos anos 1920, mas sem consistência (nisso ele se distancia radicalmente do neorromantismo dos anos 1930-40). Os parâmetros harmônicos dão lugar à linearidade, que também se manifesta em outros aspectos. As frases exclamatórias são substituídas por meras alusões; a impressão imagética passa a ser sustentada pelo paralelismo de acordes e movimentos melódicos (quase evocando Schumann nas obras para piano), com recursos

CAPÍTULO IX – MÚSICA DE CÂMARA

contrapontísticos elementares: cânone, espelhamentos, aumentação, diminuição, imitação.

Na *Fantasia concertante*, a luminosidade tropical, que tanto pode turvar a visão como suavizar os contrastes, brilha sobre todas as superfícies. Não é a música de uma floresta tropical noturna, com sua umidade gotejante. Nos trópicos, certas cores consideradas espalhafatosas no hemisfério norte, são totalmente naturais. O mesmo vale para a música dos trópicos, cuja sonoridade pungente e deslumbrante contribui para uma atmosfera de serenidade. A ambientação extática do período fauvista se foi: essa é uma música objetiva, caracterizada pelo colorido do arlequim, inexpressividade e humor. A mestria de Villa-Lobos é comprovada no movimento final, em que ele se mostra capaz de construir tudo a partir de um mero jeito de fazer música, com variações dos tipos texturais. Ele não só renega os esquemas formais tradicionais como todo tipo de tematismo. Se algum motivo reaparece, sua repetição não é determinada por um desenvolvimento psicológico, mas sim como se ele fosse encontrado por acaso, pelo meio do caminho. O *énonciateur*, o sujeito do compositor, desaparece por completo no plano de fundo: permanecem em cena apenas os motivos, como se fossem marionetes controladas por ele, fora das vistas da plateia. Villa-Lobos é acusado de fazer de sua fraqueza – a ausência de desenvolvimento lógico – sua virtude, como uma marca registrada. Mas não se trata de fraqueza, pois cada compasso seu soa infalivelmente como Villa-Lobos. A *Fantasia* é a contraparte latino-americana da *Heiterkeit* grega: até mesmo a breve citação de uma modinha, já usada nas *Bachianas nº 3*, recebe uma flexão irônica (segundo movimento, seção 4).

O estilo tardio de Villa-Lobos também tem suas surpresas. Uma delas é uma seção que, de repente, irrompe do fluxo musical, ficando claramente distinta do estilo geral da obra. Às vezes uma seção lírico-melódica se revela ao ouvinte apenas para desaparecer rapidamente; isso ocorre bem no começo da *Fantasia concertante*, no ponto em que a expressiva *cadenza* do piano começa no nº 8.

Primeiro movimento: "Allegro non troppo". Após uma curta introdução, com arpejos ascendentes de quartas e uma escala pentatônica descendente, o clarinete apresenta o tema principal (ex. 183), um motivo de quatro compassos com sabor de modo lídio, dado pela quinta diminuta ao final.

Exemplo 183. Villa-Lobos: *Fantasia concertante*, I, ensaio nº 2:1-4, ed. Max Eschig.

Esse motivo lembra o tema principal da *Sonata nº 2* para violino e piano, passando por todos os instrumentos em formas variadas, até receber uma versão em aumentação no final. No registro grave do piano vemos passar rapidamente uma lembrança do *Rudepoema* (nº 5, 6-9). No tema de encerramento, piano e sopros imitam-se mutuamente em oitavas, numa figuração dactílica com notável semelhança com o estilo das *Bachianas*.

No "desenvolvimento" (nº 8-13), o piano toca uma *cadenza* em estilo cantante, que ganha mobilidade especial graças às hemíolas. Essa seção é uma expansão lírica que permite que uma textura pianística romântica floresça em meio a um árido campo tonal. A energia rítmica do início é suavizada com ligaduras que respiram com maior tranquilidade. A recapitulação é percebida como se fosse intensificada e condensada em comparação com a energia inicial – assim, trata-se de uma recapitulação decisivamente variada. Novamente, nos deparamos com outra surpresa, a aparição de uma lírica "floração" passando pelo ciclo das quintas em mínimas, como outra reminiscência das *Bachianas*.

CAPÍTULO IX – MÚSICA DE CÂMARA

Segundo movimento: "Lento". Esse movimento bem poderia integrar o mesmo grupo estilístico de "Idílio na rede" (primeiro movimento da *Suíte Floral* para piano, comentada no Capítulo VIII). Os elementos de destaque são o ritmo balançado, com o acorde estático de décima-terceira ao fundo alternando entre as áreas central e extremidades do teclado. No aspecto melódico, Villa-Lobos costuma ampliar o âmbito do tema com o acréscimo de notas nas partes superiores, suplementando o contorno. Até mesmo a repetição do tema chega a ser típica do compositor, com a melodia estacionada no registro superior, enquanto o acompanhamento varia (ex. 184).

Exemplo 184. Villa-Lobos: *Fantasia concertante*, II, c. 2, ed. Max Eschig.

Esse é um dos arquétipos do pensamento musical villalobiano, assim como as cadeias de acordes com sétima de dominante, vista, por exemplo, no *Choros nº 1*. A única diferença são as dissonâncias acrescentadas aos acordes, como as décimas-terceiras posicionadas no registro agudo, distribuídas em grupos de quintas, quartas e segundas; isso dá um caráter transparente e áspero (embora sem aridez) à sonoridade. Cabe ainda observar como Villa-Lobos explora o acorde menor com sétima em passagens de rara expressividade.

No *più mosso* (nº 4), ouvimos uma transição acelerada em que cada instrumento tem sua própria textura, o que é feito de modo a produzir sensação de ironia. O clarinete toca a modinha da *Bachianas nº 3*, mas o sentimentalismo do original se transforma justamente em seu oposto, já que o fagote ensaia uma cômica imitação dessa melodia, com saltos desajeitados. A modinha logo passa para o piano, mas nem mesmo assim retorna à nostalgia original, já que a mão esquerda se reparte em amplos saltos entrecruzados. O aumento da dinâmica conduz à repetição do tema principal em triunfantes oitavas em todos os instrumentos.

Terceiro movimento: "Allegro impetuoso". O último movimento se baseia em grande parte nos contrastes entre certos tipos texturais. O início é construído a partir do ciclo de quintas, Fá-Si♭-Mi♭-Lá♭-Ré♭. Clarinete e fagote continuam com tercinas em direções opostas com movimento espelhado, enquanto o piano desce com quartas, em zigue-zague. A continuação explora principalmente tipos texturais "alternativos", com diálogos entre os instrumentos.

Um novo arco tensional começa a partir do nº 5, em que o fagote toca uma figuração rítmica semelhante a uma passagem do *Noneto*, em oposição aos cintilantes arpejos do piano. Após a recapitulação, o movimento conclui em um arpejo lacônico e surpreendentemente brilhante na dominante com nona menor de Dó maior (nº 11:5-6), destacando o quarto motivo com oitavas paralelas.

A *Fantasia concertante* está entre as melhores obras do período tardio do compositor, na qual ele obtém equilíbrio entre forma e conteúdo, evitando a duração excessiva que frequentemente prejudica a apreciação de sua música.

Quartetos de cordas

Se pretendemos adotar uma abordagem clássica ao estudar o desenvolvimento de Villa-Lobos como compositor, seria conveniente escolher um gênero musical que ofereça obras representativas de todas as suas fases criativas e reflitam suas mudanças de estilo. Não há muitos gêneros que atendam a essa periodização,

CAPÍTULO IX – MÚSICA DE CÂMARA

já que ele compôs sinfonias em sua fase inicial, mas não durante a década de 1920 (dedicada aos *Choros*) e 1930 (*Bachianas*). Isso é ainda mais evidente em relação a suas óperas, que não refletem as mudanças estilísticas de suas obras orquestrais.

No entanto, os quartetos de cordas se distribuem por três fases: o estilo de juventude, as décadas de 1930-40 e o estilo tardio. Villa-Lobos só deixou de compor quartetos durante a década dedicada aos *Choros*. Por isso, os quartetos ilustram a transição temporal do romantismo nacionalista para o universalismo de um compositor amadurecido. Por outro lado, também ilustram a diferença entre o estilo abstrato pós-nacionalista e aquele universalismo que ainda não havia descoberto uma expressão nacional, sendo, portanto, reflexo da influência do romantismo tardio europeu.

A natureza intimista de um quarteto de cordas pode, à primeira vista, parecer alheia a um criador de imensos afrescos orquestrais, como é Villa-Lobos. Normalmente os quartetos compostos em início de carreira são como uma espécie de "aquecimento", assim como os do período final são vistos como o "canto do cisne". Um agrupamento temporal dos dezessete quartetos de Villa-Lobos é dividido em quatro categorias: 1) quartetos n° 1, 2, 3 e 4, de 1915 a 1917, em que o primeiro é uma suíte escrita para quarteto e o quarto é uma obra de um período evidente de transição; 2) quarteto n° 5 (1931), também conhecido como o "quarteto popular"; 3) quarteto n° 6 (1938), conhecido como "quarteto brasileiro", ostensivamente nacionalista; 4) onze quartetos (n° 7 a n° 17), nos quais o nacionalismo dá lugar ao universalismo.

Essa classificação, que Arnaldo Estrella subscreve em seu estudo sobre os quartetos villalobianos, posiciona o sexto quarteto na condição de um divisor de águas.[513] Apesar disso, o quinto e o sexto permanecem em situação solitária, deslocando toda a ênfase sobre os quartetos do período final do compositor. Assim, não parece válida a opinião de Vasco Mariz, para quem: "(...) durante os dez últimos anos de sua vida, Villa-Lobos compôs mais oito quartetos, todos escritos com exagerada tendência à complexidade, o que talvez os torne de difícil compreensão".[514] Na verdade, a tendência dos últimos oito quartetos é justamente de contínua simplificação e rarefação.

Se tomarmos essa classificação periódica dos quartetos em comparação com outras obras de Villa-Lobos, chama a atenção o intercâmbio de ideias e técnicas musicais entre agrupamentos musicais completamente diferentes e o quarteto de cordas. A forma *pot-pourri* do primeiro quarteto remete à *Suíte Popular Brasileira* (para violão), da mesma época; o estilo do terceiro quarteto é completamente análogo aos *Trios nº 2* e *nº 3* para piano e cordas; o quinto e o sexto quartetos correspondem aos arranjos de música popular incluídos no *Guia Prático*, e assim por diante.

Mas também é preciso considerar que, enquanto surgia o *Quarteto nº 4* em 1917, Villa-Lobos escreveu obras orquestrais notavelmente mais avançadas, como *Amazonas*, uma obra quase "vanguardista" em seu tempo, comparável a *Amériques*, de Varèse.

Segundo Estrella, Villa-Lobos teria sido influenciado por Haydn em seus quartetos de cordas,[515] mas, na realidade, ele, em seus últimos quartetos, voltou-se para os métodos renascentistas de imitação e *ricercare*, assim como para a polifonia de Bach, embora nos quartetos não se encontre sequer uma única fuga completa. Essas obras adotam pontualmente a textura das fugas cromáticas de Bach como um tipo de "gestualidade" genérica em busca de uma forma. O interesse pela imitação também pode ter sido influência de Cesar Franck. O procedimento normalmente adotado por Villa-Lobos nos quartetos é a ocorrência de um tema que aparece sucessivamente nas quatro partes, como fugatos e imitações em forma livre. Villa-Lobos rejeita a forma sonata, por princípio. Ele cria música sem uma gramática formal preexistente, puramente por justaposição, imitação, espelhamento, disposição do

CAPÍTULO IX – MÚSICA DE CÂMARA

material temático em diferentes partes, simetria e outros princípios que habitualmente são considerados como aspectos de superfície na criação musical. Falta a essas obras profundidade ou senso de unidade temática e construção tonal? Cada um dos quartetos, seguramente, tem características temáticas e sonoras que o torna distinto dos demais. Se por acaso Schoenberg não tivesse reservado o termo *developing variation* para se referir ao desenvolvimento temático beethoveniano,[516] a expressão bem poderia ser empregada para descrever o modo como Villa-Lobos se vale da variação para gerar continuidade.

Os procedimentos usados derivam uma ideia da outra em um fluxo musical com contínuo devir. Essa estética representa o modernismo em que "uma pura brincadeira de linhas e cores" (ao que se poderia acrescentar "e de formas sonoras") era considerada como o fundamento mais importante do efeito artístico.[517] A estrutura formal mais frequente nos quartetos é o A-B-A cíclico, geralmente com acréscimo de uma coda de caráter grandioso no movimento final. Quanto à tonalidade, não há armadura nos primeiros quartetos, mas esse suposto "Dó maior" contém uma abundância de modulações, embora não se possa vislumbrar um plano bem definido. Esse aspecto distingue Villa-Lobos de Milhaud, que planejava até mesmo suas passagens bi ou politonais. Nos quartetos do período intermediário, há certo senso de tonalidade, com moderado emprego de modulação, mas a partir do *Quarteto nº 7*, Villa-Lobos retorna à tonalidade livre (a expressão que Estrella usa, "atonalidade", não se justifica na medida em que as partes se reúnem verticalmente em acordes triádicos, apesar de sua sucessão não seguir o conceito de funcionalidade harmônica).[518] Há movimentos bitonais, politonais e até atonais, porém atenuados por seções extensas e inteiramente tonais – especialmente nos movimentos mais lentos e contemplativos, que, na obra de Villa-Lobos, são os únicos estilisticamente constantes e imutáveis. Uma certa euforia infantil, *l'enfance rejointe par technician* (Cocteau), é recorrente no *pizzicato* dos *scherzi*, de modo que o abrandamento de sua "selvageria" nas obras tardias se reflete claramente em sua série de quartetos. No entanto, Villa-Lobos jamais abandona a experimentação sonora, sempre empregando técnicas instrumentais ou vocais engenhosas e incomuns, que dão até mesmo às passagens tonais mais conservadoras de seus adágios um frescor expressivo. Frequentemente ele solicita considerável virtuosismo dos diferentes instrumentos, com raras cadências individuais ou solos, como nos *Choros*. Do *Quarteto nº 7* em diante, vemos ocasionalmente a busca por efeitos orquestrais e maior amplitude sonora, busca que, ao longo dos demais quartetos, manifesta-se em uma "tendência à rarefação sonora, à simplificação idiomática, à essencialidade camerística".[519] Se comparada com os seis quartetos de Bartók, a série villalobiana não apresenta uma tensão estrutural similar, tampouco pode ser compreendida como um tipo de música psicologicamente complexa e problemática como a do compositor húngaro. Seu lema poderia ser: *Genie ist wiedergewonnene Naivität* ("o gênio recuperou a inocência").[520]

Em parte por essa razão, os quartetos de Villa-Lobos podem soar datados para certos ouvidos no contexto musical dos anos 1950:

> A maioria das seções ou movimentos, na verdade, movimentos inteiros, consistem em nada mais que uma ampla cantilena com acompanhamento com figuração quase pianística. O resultado, como comunicação, é simpático mas inconsequente, deixando o ouvinte com a sensação de ter apreciado uma música de salão excepcionalmente suave.[521]

Assim escreveu o crítico da revista *Notes* em 1957, após a publicação dos *Quartetos nº 4, 7 e 12* pela *Associated Music Publishers*. Algo parecido foi publicado em uma resenha na *Musical Quarterly* sobre a apresentação do *Quarteto nº 15* no primeiro Festival Interamericano de Música, realizado em Washington, de 18 a 20 de abril de 1958:

CAPÍTULO IX – MÚSICA DE CÂMARA

Apesar do acabamento admirável, empacotado em uma instrumentação aveludada, a obra me pareceu superficial e desatualizada. A ortodoxia da paleta de Villa-Lobos me pareceu ser mais agradável do que qualquer outra coisa, mas saí com a nítida impressão de que a música foi parar em uma esteira de transporte de cargas, de modo a somar mais um número em um já vasto catálogo de obras.[522]

A música de Villa-Lobos parece deslocada em relação ao panorama musical dos anos 1950, embora o ponto de vista se altere se concluirmos, como Paul Collaers, que: "(...) no atual estado da linguagem musical, não existem mais incompatibilidades absolutas: é o gosto, o sentido musical que guia o compositor. Não há mais leis gerais, nada senão casos especiais".[523]

Se havia um "caso especial", esse era Villa-Lobos, um compositor "movido a partir do interior", para usar uma expressão musical-sociológica, cuja produção independe das modas. A opinião de Hans Tischler sobre o *Quarteto nº 8* pode servir como uma boa avaliação de toda a série de quartetos:

> A obra dá impressão de afirmação da vida em sua plenitude. Villa-Lobos exala vigor físico e intelectual; ele não escreve como se fosse uma brincadeira improvisatória e desenfreada, mas com controle e determinação. Ele aparenta saber que a vida vale a pena ser vivida, seu otimismo é pouco comum na música de câmara atual.[524]

Quarteto de cordas nº 1 (1915/1915; Southern Music Publishing). Villa-Lobos compôs e estreou seu primeiro quarteto em 1915, na cidade de Nova Friburgo no estado do Rio de Janeiro. Não há resenhas dessa primeira apresentação, nem mesmo um programa do concerto. Isso não ocorreu com outra apresentação realizada na mesma cidade e ocasião, a qual, ao que se sabe, foi o primeiro concerto público com obras do compositor, cujo programa incluía o *Trio* para flauta, violoncelo e piano (partitura desaparecida), *Canção ibérica* para piano e "Farrapos" das *Danças Africanas*.[525]

O brasilianismo se manifesta discretamente no *Quarteto nº 1*. A obra é uma série de quadros característicos com diversos estados de espírito (um pouco na linha de Nepomuceno e Levy), alternando movimentos lentos e elegíacos com partes rápidas e alegremente dançantes. Os títulos são compostos, costume que Villa-Lobos mais tarde retomou nas *Bachianas*: "Cantilena" (*Andante*), "Brincadeira" (*Allegretto scherzando*), "Canto lírico" (*Moderato*), "Cançoneta" (*Andantino, quasi allegretto*), "Melancolia" (*Lento*) e "Saltando como um saci" (*Allegro*). Assim como outras peças dessa fase inicial do compositor, essa suíte desperta o interesse por conter o germe de algumas características que se tornaram padrão em estilos posteriores. O primeiro movimento começa com um arpejo ascendente de uma tríade, descendo por graus conjuntos após atingir a nota mais aguda (ex. 185). Essa é uma marca registrada do compositor, vista também em quartetos posteriores e especialmente nas *Bachianas*. Talvez o caso mais exemplar seja o "Prelúdio" das *Bachianas nº 4*.

Exemplo 185. Villa-Lobos: *Quarteto de cordas nº 1*, I, c. 1-5, Peer Musikverlag GmbH.

CAPÍTULO IX – MÚSICA DE CÂMARA

O segundo movimento é um tipo de polca brasileira, em que a atenção é atraída para o *pizzicato* sincopado no acompanhamento (ex. 186); também se destaca a passagem em que as cordas são golpeadas com a madeira do arco (*battendo coll'arco*). No campo dos efeitos sonoros inusitados, Villa-Lobos tornou-se um dos grandes inovadores do século XX.

Exemplo 186. Villa-Lobos: *Quarteto de cordas n° 1*, II, c. 1-6, Peer Musikverlag GmbH.

No terceiro movimento, a melodia é posicionada no registro médio em oposição ao etéreo pedal estático no registro agudo do violino, gerando uma atmosfera noturna. Aí já encontramos, em miniatura, a estrutura sonora típica dos movimentos lentos dos quartetos villalobianos. A figuração cromática do "lamento" (ensaio n° 5) pode ser considerada como um elemento brasileiro, já que não se trata de um cromatismo neorromântico, mas uma imitação de entonações indígenas e africanas. O quarto e quinto movimentos antecipam o lirismo melódico das *Bachianas*. Em "Melancolia", o violino precipita-se pelas alturas com sequências que parecem ter vindo diretamente do "Canto do capadócio" da *Bachianas n° 2*. A mitologia brasileira é contemplada com a evocação da figura alegre do Saci no sexto movimento, que evoca os rítmicos fugatos das *Bachianas* (ex. 187).[526]

459

Exemplo 187. Villa-Lobos: *Quarteto de cordas n° 1*,
VI, c. 1-6, Peer Musikverlag GmbH.

A apresentação do tema em quatro partes sucessivas, o estreto e a passagem com todos os instrumentos dobrando em oitava na coda são elementos recorrentes nos últimos quartetos. A tonalidade é evidente em todos os movimentos: Dó maior, Lá menor, Lá maior, Dó maior, Fá menor, Dó maior. A textura é homofônica na maior parte do tempo, conduzida pela melodia, enquanto as demais partes apenas acompanham.

Essa obra, segundo o *Jornal do Commercio*, foi tocada apenas em 1946; por essa razão, Peppercorn considera que sua composição não ocorreu em 1915, mas na década de 1940.[527] Desse modo, o quarteto não pertenceria à fase inicial do compositor, demonstrando como ele supostamente se tornou "um brilhante plagiador de si mesmo", já que seus poderes criativos estariam próximos da exaustão naqueles tempos (1940-1946).[528] Villa-Lobos teria afirmado que algumas obras escritas nessa ocasião seriam peças de juventude, perdidas ou esquecidas, que só então seriam ouvidas pela primeira vez. Arnaldo Estrella e o catálogo *Villa-Lobos, sua obra* contam que a estreia ocorreu em 1915 em Nova Friburgo, mais precisamente na residência do compositor Homero Sá Barreto.[529] Por outro lado, Guimarães não menciona esse concerto em seu livro de memórias, o que sugere que essa apresentação teve caráter privado. Essas opiniões contraditórias demonstram a dificuldade relacionada à pesquisa sobre o compositor tendo como referência apenas o método histórico-biográfico. O critério decisivo, nesse caso, é a composição em si mesma e o que ela pode nos contar. A simplicidade do

CAPÍTULO IX — MÚSICA DE CÂMARA

Quarteto n° 1 não é a mesma das *Bachianas* ou de outras obras dos anos 1940, em relação às quais os *Choros* podem ser considerados como uma espécie de negação. A delicadeza da textura do *Quarteto n° 1* praticamente só pode ser encontrada em outras obras de seu período inicial. A austeridade de seu estilo tardio tem uma deliberação e uma maturidade bem mais acentuadas do que a frágil condução de vozes observada no primeiro quarteto. A análise musical sustenta a hipótese de que se trata realmente de uma obra de juventude.

Quarteto de cordas n° 2 (1915/1917; ed. Max Eschig). Esse quarteto não tem quase nada em comum com o primeiro, embora conste como tendo sido composto no mesmo ano. É uma peça sobrecarregada polifonicamente, com quatro partes se movendo simultaneamente quase todo o tempo, cruzando o mesmo registro e revelando, com isso, o ligeiro despreparo e incapacidade do compositor ao controlar o que deseja transmitir. Ainda assim, traz algo novo, como a ausência de armadura de clave típica dessa fase, bem como a transição para uma tonalidade continuamente livre e modulante.

Adotando a forma cíclica de Franck, ele procura gerar unidade temática a partir do uso dos mesmos motivos como material para os diferentes movimentos. Peppercorn se equivoca ao argumentar que não se pode falar em forma cíclica nessa obra,[530] pois, afinal, o quarteto começa com um tema que reaparece no *finale prestíssimo* (ex. 188), culminando com um trêmulo em *sul ponticello* em todos os instrumentos.

Exemplo 188. Villa-Lobos: *Quarteto de cordas nº 2*, IV, c. 1-8, Peer Musikverlag GmbH.

A recepção dada ao *Quarteto nº 2* no segundo concerto com obras de Villa-Lobos, realizado no Rio de Janeiro em 2 de fevereiro de 1917, ocasião em que a peça foi ouvida pela primeira vez na Capital Federal, mostra que a crítica imediatamente percebeu o talento que estava por trás daquela música. Guimarães cita, a partir de um jornal não identificado, uma descrição que bem pode representar algo da atmosfera no Rio do início do século XX:

> Ontem à noite, fazia calor, um pouco menos que há dois dias, mas fazia calor, um calor insuportável, que convidada a gente a ir para o Leme ou Copacabana. Pois bem. Havia um concerto no Salão do Jornal do Comércio. Havia e tinha gente. Não estava cheia, repleta, a sala, mas tinha gente. Também se tratava de uma audição, a segunda audição de composições de H. Villa-Lobos. E houve palmas para os executantes, aliás merecidas (...).[531]

O crítico de *O Imparcial* escreveu em 4 de fevereiro de 1917:

> No salão nobre do *Jornal do Commercio*, teve lugar ontem às 21 horas, a segunda audição dos trabalhos musicais escritos

CAPÍTULO IX – MÚSICA DE CÂMARA

pelo violoncelista H. Villa-Lobos. O jovem compositor ofereceu à assistência, que era diminuta, devido ao calor, um quarteto de cordas, vários números de canto, peças para piano e para violoncelo e piano. Nessa produção variadíssima, o sr. Villa-Lobos exibiu apreciáveis qualidades que, provavelmente colocarão, de futuro, o compositor entre os mais aplaudidos literatos musicais deste país.[532]

Saiu também em *O Paiz* em 3 de fevereiro de 1917:

> O quarteto de cordas que abriu o concerto é rico de inspiração, os motivos melódicos enunciam-se e desenvolvem-se em ondas sonoras, cheias de dulçor, de sentimento e de suavidade. Há nessa obra uma certa prolixidade de sons e visível rebuscamento de efeitos; ele impressionaria seguramente aos profanos como nós se fosse vazada em um molde mais simples e o "terceto" assim proporcionaria matéria para uma dúzia de composições desse gênero.[533]

Além disso, dois anos depois, na Argentina, em um concerto de música brasileira organizado pela Associação Wagneriana de Buenos Aires, no qual Villa-Lobos figurava ao lado de Nepomuceno e Oswald, esse mesmo quarteto despertou impressão positiva. O jornal *Arte y Teatro* publicou:

> A obra mais interessante do programa foi o *Quarteto Op. 56*, de H. Villa-Lobos. É uma obra moderna, que revela independência e temperamento refinado. No entanto, uma única audição não basta para avaliar seu real valor. O "Scherzo", em especial, é muito original; assim como o belo "Andante" e o último "Allegro". Havia alguma insegurança formal, mas por outro lado encontramos também os mais interessantes efeitos sonoros, demonstrando grande conhecimento dos instrumentos e habilidade para combiná-los.[534]

Novamente, o tema principal do primeiro movimento é um acorde arpejado ascendentemente, seguido por movimento contrário em graus conjuntos – o mesmo tipo de tema da *Sonata n° 2* para violoncelo e piano. Os arpejos de tríades diminutas remetem à pseudopolifonia e cromatismo de Franck. Logo as partes começam a se adensar consideravelmente, entrecruzando-se com alguns lampejos da escala debussiana de tons inteiros (marca de ensaio D). O segundo movimento é um "Scherzo" com uma distribuição instrumental típica de Villa-Lobos, normalmente reservada para movimentos lentos: as partes extremas tocam em surdina um ostinato em quintas. O tema apresentado pela viola é tudo, menos marcante. Estrella fala em "efeitos timbrísticos etéreos, criando uma atmosfera fantástica".[535] O motivo na seção B (ex. 189) aponta para o futuro de Villa-Lobos, especialmente nos *Choros*, quando ele dobra o tema em décimas paralelas como se imitasse o som de um acordeão (cf. *Choros n° 7 e n° 11*). O movimento conclui com um acorde maior-menor, o que deixa a tonalidade ambígua.

Exemplo 189. Villa-Lobos: *Quarteto de cordas n° 2*, II, ensaio B:1-5, Peer Musikverlag GmbH.

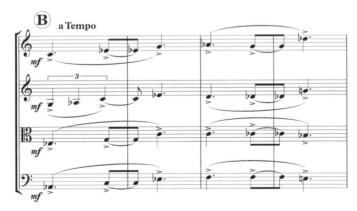

O tema do terceiro movimento ("Andante") não é revelado no início, mas apenas na seção A, sendo uma citação do tema principal

CAPÍTULO IX – MÚSICA DE CÂMARA

do "Scherzo". O quarto movimento consiste em três seções que aceleram gradualmente: *Allegro deciso, Presto* e *Prestissimo*. Um ritmo ternário de caráter ibérico permeia toda a seção inicial. No *Presto*, retorna o movimento paralelo da seção B do "Scherzo". As terças predominam no sentido vertical (na retomada do tema principal, apresentado no primeiro movimento) e horizontal (no acompanhamento esvoaçante dos violinos). A última seção concretiza a apoteose do tema principal. Todos os instrumentos tocam o mesmo material em movimento paralelo, o que caracteriza boa parte das codas nos quartetos de Villa-Lobos.

Quarteto de cordas n° 3 (1916/1919; ed. Max Eschig). Esse quarteto recebeu o subtítulo "quarteto das pipocas",[536] que remete ao *pizzicato* sistematicamente usado no "Scherzo". A peça foi ouvida em conjunto com a estreia do *Trio n° 2* para piano e cordas, no Teatro Municipal do Rio de Janeiro.[537] Ambas as obras podem ser consideradas estilisticamente como irmãs muito próximas. Esse mesmo *Trio* também chamou a atenção de Arthur Rubinstein nessa mesma época. Já de início, um forte enunciado temático, uma célula de três notas (ex. 190).

Exemplo 190. Villa-Lobos: *Quarteto de cordas n° 3*, I, c. 1-5, ed. Max Eschig.

Já no primeiro compasso, o tratamento dado ao motivo é digno de atenção no que se refere ao estilo: as quintas paralelas, daqui

465

em diante, são um elemento frequente nos quartetos villalobianos, assim como os motivos pentatônicos elaborados por diminuição rítmica no quarto compasso, com repouso em um acorde menor com sétima. Esse motivo pode aludir a Prokofiev ou Shostakovich. Mais adiante, o acorde menor com sexta aumentada dá uma coloração raveliana (três compassos antes da marca de ensaio nº 4), e o acorde de dominante com nona (nº 2 + seis compassos) remete ao impressionismo.

A obra revela os perigos do contorno melódico pentatônico, podendo tornar-se monótona e inexpressiva se não for enriquecida com diferentes níveis sonoros. Os ostinatos excepcionalmente longos também flertam com a monotonia. Mas Villa-Lobos opta por renunciar a essas tendências, e a obra ganha rara plasticidade e vivacidade em seus encadeamentos.

O "Scherzo" também se baseia em ostinatos – o primeiro *scherzo* autêntico de Villa-Lobos, na opinião de Estrella.[538] Na estreia, o programa anuncia um subtítulo, "*Scherzo* satírico". O material temático, com passagens em tons inteiros, não é particularmente cativante, mas o tratamento instrumental lhe dá um caráter bem-humorado.

O terceiro movimento ("Molto adagio") tem um *leitmotif* no cello que traz à mente uma associação com *A lenda do caboclo*, para piano. A disposição dos elementos é típica de Villa-Lobos em seus movimentos lentos: o acompanhamento em quartas e quintas abertas cria um fundo estático para a entrada do tema. O quarto movimento, "Allegro con fuoco", já apresenta ecos da música brasileira popular nas síncopas que iniciam a figuração de acompanhamento.

Os motivos dos movimentos anteriores, assim como o tema principal do primeiro movimento, retornam para uma conclusão formal cíclica. A observação de Peppercorn vai direto ao ponto: o material temático desse quarteto, em seu estado elementar, possibilitaria um rico trabalho de elaboração, mas Villa-Lobos não o faz.[539] Assim, a utilização dos mesmos motivos nos diferentes movimentos não pode ser considerada como unidade temática, ao menos no sentido do classicismo vienense.

Quarteto de cordas nº 4 (1917/1947; Associated Music Publishers). Esse é o último quarteto no estilo de juventude de Villa-Lobos. É mais simples quando comparado com os anteriores, mas as partes se movem com mais independência e expressividade. A principal estratégia é a imitação, mas também há características que aludem ao estilo tardio dos últimos quartetos.

O primeiro movimento ("Allegro con moto") começa com um tema semelhante ao ouvido no início do primeiro e do segundo quartetos (ex. 191). Trata-se do quase arquetípico acorde villalobiano arpejado ascendentemente, mas aqui ele vagueia aparentemente sem rumo, como que pressagiando os temas "atonais" dos quartetos posteriores.

Exemplo 191. Villa-Lobos: *Quarteto de cordas nº 4*, I, c. 1-5, Associated Music Publishers.

O segundo movimento, "Andantino", representa um tipo internalizado de brasilianismo: sob o ostinato, ouve-se a melodia do cello, em estilo cantante, que é uma variante do canto de Xangô (ex. 192), com sua característica ausência do segundo grau da escala. No sexto compasso após a marca de ensaio nº 1, a melodia realiza um glissando que desencadeia uma sequência no estilo das *Bachianas*, despertando no ouvinte a suspeita de que a obra deva ter sido composta no período entre 1930 e 1945.

Exemplo 192. Villa-Lobos: *Quarteto de cordas nº 4*, II, c. 1-10, Associated Music Publishers.

Estilisticamente, o "Scherzo" está próximo do atematismo inserido na textura dos últimos quartetos, com movimentos simétricos, figurações densas distribuídas alternadamente entre os instrumentos, bem como as súbitas desacelerações realizadas com a inserção de tercinas. No fim da seção central, há um fugato (nº 10), que talvez se assemelhe aos temas de caráter mecânico com que Shostakovich evoca Bach. Villa-Lobos, no entanto, não faz disso uma fuga autêntica, interrompendo a imitação tão logo o tema chega à viola.

Sobre o último movimento ("Allegro"), Estrella observa que tudo nele é vertical.[540] A tonalidade no geral é dentro de Dó maior,

CAPÍTULO IX – MÚSICA DE CÂMARA

tudo é simples e translúcido. As partes se movem expressivamente, apesar de seu material melódico não ser particularmente memorável. Suas combinações resultam em belas sonoridades (por exemplo, quatro compassos antes do nº 2). Vemos novamente similaridade com as passagens tenazmente mecânicas de Shostakovich ou Prokofiev, o que novamente faz supor que a data de composição seria posterior à oficialmente atribuída. Exatamente nos anos 1940, o estilo de Villa-Lobos surpreendentemente se aproxima da escala expressiva da música russa moderna, como fica bem evidente em seu *Concerto nº 1 para piano*, de 1945. Nesse movimento, também há um fugato, cujo tema é simples e está em Dó maior, mas sua textura rapidamente se transforma em uma tocata, comparável ao "Miudinho" da *Bachianas nº 4*. A seção conclui com a interessante possibilidade de ir ao modo menor, no acorde de dominante com nona de Lá menor, mas a modulação não é confirmada, repetindo a passagem em Dó maior. Esse procedimento é digno de nota, pois é raro nos últimos quartetos do compositor.

Quarteto de cordas nº 5 (1931/-; Associated Music Publishers). Villa-Lobos considerava essa obra como a primeira de uma série de quartetos "populares". O estilo rapsódico lembra muito o primeiro quarteto. A composição é incomum, usando um *pot-pourri* de canções folclóricas transcritas a partir das harmonizações feitas nas *Cirandinhas* para piano (1925), em vez de temas originais nesse estilo, como em *Momoprecoce*. Basta observar que, à mesma época, o compositor estava elaborando seu *Guia Prático*, ambientando diversas dessas melodias com harmonizações e acompanhamentos. Portanto, esse quarteto pertence a um período assumidamente nacionalista, tendência que predominou nas obras da década de 1930 e o fez abandonar por um tempo as exigências abstratas convencionais na música de câmara. As citações diretas são valorizadas pelas combinações sonoras. A cantiga "Fui no Itororó" que aparece no primeiro movimento (ensaio nº

2) é apresentada em cânone (ex. 193), com o primeiro violino explorando os harmônicos artificiais de quarta e o segundo violino com arco.

Exemplo 193. Villa-Lobos: *Quarteto de cordas nº 5*, I, c. 1-10, Associated Music Publishers.

A estrutura formal do movimento é a seguinte:

Quadro 8: estrutura formal do *"Andantino"*, *Quarteto de Cordas nº 5*.

Seção	Andamento	Citação	Tonalidade
A	Poco andantino		Mi eólio
B	Un poco vivo	"Fui no Itororó" Cirandinha nº 2	Sol maior
A	(Tempo I)		
C	Lento		Fá# menor
D	Animato	"Que lindos olhos" Cirandinha nº 12	Lá maior
C	Lento		Fá# menor
E	Allegro vivace	"Vamos ver a mulatinha" Cirandinha nº 8	Si menor
F	Vivo	"Vamos atrás da serra, ó Calunga" Cirandinha nº 8	Ré maior
G	Coda (*Presto*)		Mi eólio

CAPÍTULO IX – MÚSICA DE CÂMARA

Comparado ao *Quarteto n° 1*, o estilo agora é francamente brasileiro. Estão representados a modalidade das cantigas populares, o diatonismo de caráter infantil, o cromatismo da música de origem africana, nos lamentos em glissando nos violinos e nas síncopas, tudo isso pode ser encontrado na seção *Lento*. É justamente essa parte lenta colocada no meio do movimento que demonstra a capacidade mimética da música de Villa-Lobos. O segundo movimento, em andamento *vivo e enérgico*, também traz forte reminiscência da música africana de caráter religioso (por exemplo, os acordes paralelos de nona, descendo cromaticamente nos violinos, o que cria uma atmosfera misteriosa associável ao candomblé – cf. mais adiante em *Emperor Jones*).

O terceiro movimento, "Andantino", começa com um breve motivo (ex. 194) que, em Villa-Lobos, sempre parece ser referente à música indígena, especialmente quando tocado com dobramento de oitavas.

Exemplo 194. Villa-Lobos: *Quarteto de cordas n° 5*, III, c. 1-2, Associated Music Publishers.

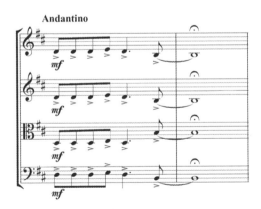

O último movimento ("Allegro") também contém um tema encontrado nas *Cirandinhas* e no *Guia Prático* (Quadro 9). O

471

subtítulo "quarteto popular" é realmente adequado, já que nessa obra Villa-Lobos se aproxima da fronteira entre a música artística e a chamada "quase-música" (*mesomusic*).

Quadro 9. Estrutura formal do quarto movimento, *Quarteto n° 5*.

A   Após uma breve introdução (com quartas paralelas e síncopas), retorna o tema da seção A do primeiro movimento, na mesma tonalidade, porém duas vezes mais rápido.
No final (n° 4), a atenção é deslocada para uma variação rítmica com a figura ♩. ♫ ♫, lembrando uma passagem de *Momoprecoce*.

B   Baseado na cantiga "Carneirinho, carneirão" (*Cirandinhas n° 9*; *Guia Prático*, v. I, 2° caderno, n. 96; "O ursozinho de algodão", *Prole do Bebê n° 2*), tocada em sons harmônicos por todo o quarteto.

A   Repetição, sem a introdução.

Quarteto de cordas n° 6 (1938/1943; Associated Music Publishers). Esse quarteto também pertence ao período nacionalista de Villa-Lobos, mas aqui ele já se moveu um passo adiante, do "nacionalismo objetivo" para o subjetivo, para usar uma expressão de Ginastera (ver Capítulo I). Estrella tem razão ao afirmar que essa obra é como um divisor de águas na série de quartetos villalobianos. Por um lado, a obra se refere ao passado, com sua tonalidade evidenciada e os motivos de caráter nacional;[541] por outro lado, aponta para o futuro, rompendo com o folclorismo de superfície do quinto quarteto e fincando raízes na concepção tradicional do "quarteto de cordas", que ele passa a adotar no restante da série. O compositor não procura por um novo tipo de quarteto, mas, a partir de um modelo arquetípico, busca o máximo de inventividade ao tratar os instrumentos e os movimentos, assim como a textura. De acordo com esse conceito, o primeiro movimento ("Poco animato") pode ser considerado tanto algo explicitamente mediterrâneo, por causa de sua luminosidade e energia, como também apreciado pelo cromatismo em passagens atonais,

CAPÍTULO IX – MÚSICA DE CÂMARA

quase seriais. Se o primeiro aspecto nos faz lembrar de Milhaud, então o segundo alude a Schoenberg. Como segundo movimento, Villa-Lobos geralmente usa um "Scherzo", ou um "Adagio", ou "Andante". No caso de um andamento lento, ele se certifica de oferecer ao ouvinte algo claramente melodioso em estilo cantante, intimista; a maioria dos temas preserva seu brasilianismo mesmo em um contexto universal, relativo à chamada "música absoluta"; o sentido tonal é mais estável nos andamentos lentos. Praticamente sem exceção, os temas elegíacos, com coloração do modo menor, são acompanhados por técnicas instrumentais menos comuns, com sabor surrealista equivalente ao estilo "alucinatório" de Ginastera. Já o "Scherzo", a partir do *Quarteto n° 6*, na maioria dos casos, usa métrica binária composta em 6/8, comum na música ibérica. O movimento final restabelece a atmosfera enérgica e otimista do início, explorando com frequência sonoridades de caráter orquestral, com pedais em quintas abertas nos baixos.

A estrutura formal do primeiro movimento ("Poco animato") é a seguinte:

Quadro 10. Estrutura formal, primeiro movimento do *Quarteto n° 6*.

A *Poco animato*, muito sincopado, figuração de semicolcheias em *staccato*.

B Cânone em Dó maior. O tema a princípio parece contrastante, mas tem o mesmo perfil da linha superior nas terças do início. No n° 9, há uma fuga simetricamente espelhada entre todas as partes (ex. 195), o que é comum nas obras tardias do compositor, além dos quartetos.
A melodia cantante do cello, na continuação, novamente pertence ao paradigma do tema de Xangô.

A Recapitulação em Mi maior (com alguma variação).

Exemplo 195. Villa-Lobos: *Quarteto n° 6*, I, ensaio n° 9:1-4, Associated Music Publishers.

O segundo movimento, "Allegretto", está em forma *lied*. Sua colocação entre o movimento lento e o *allegro* inicial deve ser considerada remanescente das formas rapsódicas dos quartetos anteriores. Como ideia central, ouvimos um tema de Xangô sobreposto a uma figuração de acompanhamento sincopado. Desde os *Choros*, esse é um dos *topos* mais comuns na obra de Villa-Lobos.

O terceiro movimento, "Andante, quasi adagio", é bem próximo à linguagem sonora das *Bachianas*. A estrutura formal é ternária. O pedal do primeiro violino sobre a quinta, no agudo, o tema estático do segundo violino e o movimento paralelo descendente por cromatismo da viola e do cello resultam em um formato muito usado pelo compositor no arranjo das passagens mais melodiosas desde a *Bachianas n° 5* (cf. a seção central do primeiro movimento).

Na seção central, o tema do fugato é uma lembrança da cantilena do "Allegretto" anterior (motivo Xangô). Apesar de curto, esse fugato é o primeiro caso de tema *legato* cromático de caráter "atonal", tão recorrente nos quartetos finais. O som denso

CAPÍTULO IX – MÚSICA DE CÂMARA

e profundo e a concentração por todo o movimento são um conjunto novo de fatores em toda a série.

O último movimento, "Allegro vivace", foi escolhido por Gérard Béhague como um modelo da textura polirrítmica e imitativa à maneira do violão nos quartetos villalobianos.[542] Esse movimento também demonstra certa unidade temática em relação aos demais, algo inexistente nos quartetos anteriores; um exemplo está na terça menor caindo no tempo forte (do motivo principal) em alusão aos arpejos de terça no início; além disso, podem nos remeter às influências pseudoindígenas dos quartetos americanos de Dvořák. O paralelismo entre viola e cello soa como um acordeão rural, na opinião de Estrella (n° 9), mas a alternância de acordes relacionados por terça (Si menor/Sol menor) pode muito bem ser associada a Prokofiev.

Quarteto de cordas n° 7 (1942/1945; Associated Music Publishers). Essa obra significa um considerável salto qualitativo em relação aos quartetos precedentes. Em muitos aspectos, trata-se de um caso excepcional em toda a série – um dos mais extensos, fazendo com que o terceiro quarteto, também em larga-escala, pareça uma obra de iniciante quando comparado a esse. A peça quase pode ser considerada como uma sinfonia arranjada para quarteto. A tonalidade é ambivalente, a estrutura, muito mais complexa que em qualquer dos quartetos anteriores. O mesmo se pode dizer do tratamento extremamente virtuosístico dado aos instrumentos, com brilho quase orquestral. Alguns movimentos têm desenvolvimento temático com elaboração incomum, na qual se observa uma espécie de técnica a partir da exploração de células motívicas. Não há armadura de clave e há clara distinção entre seções bem definidas tonalmente e aquelas predominantes na obra, em que não temos funcionalidade harmônica tradicional. Vasco Mariz faz uma descrição poética desse quarteto:

(...) nele perpassa um turbilhão de ideias, bailando desenfreada e intensamente, entrelaçando-se à maneira do *Ulisses* de Joyce, num esforço sobre-humano para extravasar a alma torturada do artista. Trata-se de uma obra virtualmente sem um tema, mas com acentuado sotaque brasileiro no segundo movimento.[543]

O início da obra já mostra uma mudança de estilo, com um tema baseado em uma nota repetida várias vezes e acompanhada por três acordes sincopados que não seguem o movimento descendente do baixo, formando complexos sonoros dissonantes e não funcionais, em compasso composto de 12/8. No ensaio nº 3, a textura se divide em múltiplas camadas (ex. 196), com um tema em Dó♯ menor no primeiro violino e o cello ao fundo com um acorde sustentado de Dó maior, sugerindo bitonalidade. No restante do movimento, as partes se alternam em relação ao material melódico, sem se sobreporem nem duplicarem suas linhas.

Exemplo 196. Villa-Lobos: *Quarteto nº 7*, I, c. 32-33, Associated Music Publishers.

O "Andante" começa com uma introdução em surdinas, seguido pelo longo tema (27 compassos) em estilo cantante do cello. Naturalmente, há algumas repetições, mas trata-se de um dos temas mais longos que Villa-Lobos escreveu. A melodia evoca vagamente o motivo cromático da paixão, presente no *Tristan*, de Wagner. Mas é claro que pode bem ser uma estilização de um canto fúnebre de origem indígena ou africana. Essa ambiguidade é que torna a melodia tão cativante, pertencendo simultaneamente ao refinado cromatismo da cultura emocional do Ocidente e ao *melos* patogênico que brota do clamor emocionado de um povo ancestral. Na recapitulação, o acompanhamento evoca o *finale* do *Trio para cordas*.

O terceiro movimento, "Scherzo", é uma exceção ao estereótipo que o compositor desenvolveu posteriormente para esse tipo de organização formal, construído a partir de uma única célula extremamente breve (ex. 197). Esse motivo ocorre em inúmeras maneiras, em várias transposições e inversões, diminuído e aumentado, em formato de sequência para, finalmente, converter-se em um autêntico tema (nº 10). Esse processo, por incrível que pareça, pode ser comparado ao desenvolvimento temático praticado por Sibelius: inicialmente com a apresentação de pequenos motivos, com os quais é construído um tema completo no final.

Exemplo 197. Villa-Lobos: *Quarteto nº 7*, III, c. 1-8, redução para piano.

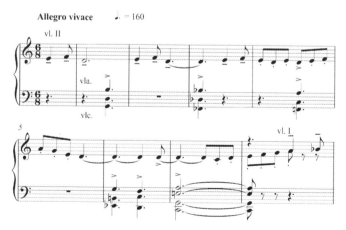

Apesar de ser um procedimento raro em Villa-Lobos, essa peça serve para colocar em questão a hipótese de que ele supostamente não sabia como realizar um autêntico *Durchfürung* e, por isso, preferia dedicar-se a outros parâmetros musicais, como o timbre, ritmo e as melodias exóticas de seus temas pseudofolclóricos.

O final desse movimento tem efeito quase orquestral, mas também ilustra como Villa-Lobos aproveita e transfere a textura do piano aos instrumentos de cordas. A célula motívica é ouvida no *tutti* em Lá menor, com acordes dissonantes intercalados no registro agudo. Essa disposição atua como uma coda *allargando* muito efetiva.

Segundo Estrella, o que caracteriza o "Allegro justo" é a "flagrante discrição na movimentação das vozes", os solos virtuosos, "notas dobradas", a "exploração das tessituras favoráveis", tudo para obter "grande amplitude sonora".[544] O início é bem típico do estilo tardio de Villa-Lobos, com a simetria centrífuga das diferentes partes que conduzem ao *allegretto burlesco* (ensaio nº 11:7). É uma espécie de fugato endiabrado em que há um motivo que repete obstinadamente a mesma nota (cf. a *Sonata em Si menor*, de Liszt). O motivo à maneira de uma fanfarra (nº 2:9, c. 37) é um exemplo da sonoridade "orquestral" desse quarteto. Uma característica pouco comum nas obras do período final é a alternância entre 5/8 e 6/8 (nº 4). O tema do primeiro movimento reaparece em meio à dramática seção de desenvolvimento (c. 111). Um fugato totalmente novo, mas derivado da célula motívica inicial, aparece no ensaio nº 9 (c. 145). O quarteto conclui em uma triunfante cadência orquestral sobre o acorde de Dó maior.

Quarteto de cordas nº 8 (1944/1946; ed. Ricordi). Cada um dos quartetos villalobianos tem alguma característica de entonação que o distingue dos demais. Esse poderia ser chamado de "o quarteto dos intervalos aumentados" – que, a depender de sua posição na escala, soam como a escala harmônica menor ou cigana.

CAPÍTULO IX – MÚSICA DE CÂMARA

O aumento do cromatismo também indica maior proximidade com o atonalismo. Villa-Lobos não busca os efeitos orquestrais dos quartetos anteriores e realiza notáveis progressos com relação à arquitetura formal, nas interrelações das partes, sua disposição e polifonia.

Há uma análise bem detalhada dessa obra, publicada na edição do *Musical Quarterly* de janeiro de 1950, na qual Hans Tischler relata a estreia estadunidense no Roosevelt College de Chicago. Segundo sua avaliação, a obra é "conservadora, construída estritamente em linhas clássicas".[545] Além disso, ele considera que esse seja o melhor quarteto de Villa-Lobos até aquele momento: "é mais coeso e sério do que os demais, como o sexto quarteto, por exemplo".[546]

Tischler chega a afirmar que o otimismo da obra "é pouco comum na música de câmara atual",[547] o que pode soar um tanto surpreendente, pois a maioria dos movimentos é predominantemente em modo menor – sensação que só aumenta no nono e no décimo quartetos. Tischler emprega o mesmo argumento de Estrella, ao dizer que o compositor faz as pazes com sua "consciência tonal" ao concluir em Dó maior. Na visão de Tischler, a obra tem "três" características principais: 1) a engenhosidade dos motivos; a estrutura motívica sobre acordes de quartas ou quintas, politonalidade (especialmente nas passagens mais rápidas); 2) mudanças de cor nas repetições com alterações entre os instrumentos, registro, ou ambos; estrito movimento contrário, síncopas, polirritmia, acordes com seis ou sete notas; 3) elementos folclóricos, como a repetição de frases curtas, ritmos e melodias com caráter de dança (como o tema principal do primeiro movimento); a acentuação das quintas paralelas nos baixos seriam, em sua opinião, um desses elementos "folclóricos".[548]

Podemos concordar com a primeira dessas características, mas a exaustiva lista de qualidades estilísticas no segundo ponto não diz muito sobre o uso desses elementos na obra. Tampouco é correto o último comentário, pois é equivocado considerar que esse quarteto seja folclorista. Quando Villa-Lobos escreve expressivamente de maneira "musicalmente popular", o reconhecimento é imediato.

Trata-se na verdade de uma obra não brasilianista, abstrata, com ênfase na experimentação a partir da forma tradicional do quarteto. Villa-Lobos ocasionalmente retorna aos motivos curtos e pungentes dos *Choros*, o que talvez possa ser chamado de "autocitação", mas as harmonias dissonantes daquele período podem ser encontradas com facilidade nesse quarteto.

O primeiro movimento ("Allegro") é considerado por Tischler uma evidente forma-sonata, com três motivos: o rítmico tema principal (motivo 1), o tema secundário, em estilo cantante (motivo 2) e o motivo que pode ser considerado como tema de encerramento (motivo 3); os dois primeiros estão em Mi menor, o último, em Fá maior.

Chama a atenção a engenhosa rede de diálogos entre os instrumentos: o cânone espelhado (no compasso que antecede o

CAPÍTULO IX – MÚSICA DE CÂMARA

nº 5), a textura sobre a escala cigana de Dó menor (nº 8:5) e a alternância entre os instrumentos (nº 7 e nº 15:6-8).

O tema lírico do segundo movimento talvez possa ser considerado uma variante distante e abstrata da modinha, mas está longe do indisfarçável sentimentalismo das *Bachianas*. A seção intermediária faz uso abundante dos *glissandi*.

Os *glissandi* recorrem no "Scherzo", mas dessa vez em uma textura mendelssohniana, leve e contínua. O tema secundário (nº 10) é laconicamente bartókiano, parecendo buscar certa ingenuidade folclorista. O fugato seguinte (nº 12) tem um motivo tomado de empréstimo do *Choros nº 11*. O último movimento começa com um característico cromatismo em movimento contrário. O tema tem bitonalidade latente, com os violinos em Dó maior, viola e cello em Dó♯ menor. Voltam à baila os motivos rítmicos "stravinskianos" e experimentos sonoros (nº 10) dos *Choros* e do *Noneto*. Tischler considera a estrutura formal desse movimento como "um movimento de sonata mais complexo, com elementos de rondó".

Quarteto de cordas nº 9 (1945/1947; Southern Music Publishing). Composto um ano depois, esse quarteto evidencia o fortalecimento do cromatismo, quase chegando ao atonalismo. Há um uso peculiar de intervalos "inexpressivos", característicos da música serial. Os instrumentos frequentemente atuam em pares: por exemplo, violinos contra cello e viola, ou primeiro violino e cello contra segundo violino e viola (ver o início do primeiro e do terceiro movimentos). Grandes saltos intervalares e linha melódica esvoaçando incansavelmente são comuns aqui. Isso é contrabalançado pelos motivos rítmicos à maneira dos *Choros* e por algumas seções diatônicas posicionadas entre as passagens cromáticas e dissonantes. O motivo principal do primeiro movimento ajusta o caráter da obra (ex. 198).

Exemplo 198. Villa-Lobos: *Quarteto n° 9*, I, c. 1-4, redução para piano.

O caráter do segundo movimento é bem definido por seu subtítulo, "vagaroso". Há um charme estranho, similar ao do movimento lento do *Concerto n° 1 para piano*, composto no mesmo ano. Esse movimento é tão sério, pensativo e fantasmagoricamente irracional como certas obras de Shostakovich, embora o tema principal apresente as típicas sequências villalobianas, com o motivo em diferentes registos se opondo à linha descendente do baixo. Isso é submetido em seguida a um engenhoso desenvolvimento, bastante consistente – Shostakovich retorna à memória, quando o primeiro violino sobrevoa cromaticamente o ostinato sobre o acorde de Dó maior com sétima maior (c. 31). Já o contraste entre a textura "aberta" (quintas entre primeiro violino e cello, nas extremidades) e "densa" (figurações cromáticas entre segundo violino e viola, nas vozes internas) é bem villalobiano (ensaio n° 4, c. 35-40). A forma geral é simétrica, A-B-A.

O terceiro movimento ("Allegro poco moderato – com bravura") começa com uma textura semelhante à mencionada acima, no movimento anterior. As primeiras doze notas obviamente sugerem uma "série", que não é tratada serialmente em sua continuação, embora reapareça na linha do cello (c. 5).

O último movimento ("Molto allegro") talvez seja o que apresenta a menor porção de materiais temáticos significativos. Baseia-se

CAPÍTULO IX – MÚSICA DE CÂMARA

em uma figuração obstinada e agressiva de semicolcheias que serve como pano de fundo para um motivo enérgico e trivial. Vasco Mariz define o movimento como: "um *finale* brilhante, raveliano, cheio de graça, mocidade e poder, encerra esse trabalho tão bem construído, mas talvez demasiadamente preocupado com a forma".[549]

Quarteto de cordas nº 10 (1946/1950; Southern Music Publishing). Estrella destaca a "irrelevância" e neutralidade do material temático dessa obra, organizada com considerável técnica e artesania. Não há muita coisa surpreendente nesse campo, pois seu arsenal é basicamente o mesmo já listado no *Quarteto nº 8*. O aspecto mais notável provavelmente é a apresentação conjugada de melodia e acompanhamento em uma textura em que o ritmo e a métrica atuam como fatores de unificação. São raras as seções em que Villa-Lobos abandona a escrita a quatro partes para desenvolver algum solo. A fragmentação ou distribuição da melodia entre diferentes instrumentos é um recurso importante. O motivo principal do primeiro movimento tem a ver com o *Trio para cordas*, composto à mesma época, como se seus temas fossem remanescentes entre si. O movimento lento ("Adagio") é extremamente cromático e contemplativo, cujos temas sombrios se distanciam da atmosfera seresteira das modinhas, como Estrella acertadamente observa, mas que podem lembrar a *düstere Abblendung* da escola vienense.

Surpreendentemente, um motivo é resgatado do período inicial do compositor, um elemento secundário que já havia aparecido em *Amazonas* para descrever a dança do monstro (nº 5:2, c. 33). No ensaio nº 12:1 (c. 74), o motivo que se insinua será encontrado posteriormente na *Fantasia concertante*. A figuração galopante, em ritmo dactílico, do terceiro movimento ("Scherzo – Allegro vivace") não desperta um interesse especial, e o tema do quarto movimento ("Molto allegro") é pouco imaginativo.

Quarteto de cordas nº 11 (1947/1953; Southern Music Publishing). Embora esse quarteto dê prosseguimento à série "a cada ano, um novo quarteto", há um claro salto estilístico em relação ao anterior. Essa obra representa perfeitamente o estilo tardio de Villa-Lobos com o retorno à simplicidade e certo entusiasmo "mediterrâneo" pela vida, misturado à "saudade" brasileira em um sentido particularmente transfigurado. É incrível como esses últimos quartetos mantêm seu frescor, mesmo sem apresentar nenhum elemento extraordinário. Estrella discorre sobre a leveza, à maneira de Berlioz, percebida nessas obras.[550]

Os oito compassos iniciais são escritos nas "teclas brancas", como em Dó maior, mas a sonoridade é rica, as suspensões em tercinas são ritmicamente cativantes (ex. 199).

Exemplo 199. Villa-Lobos: *Quarteto nº 11*, I, c. 1-4, redução para piano.

Outra característica desse período tardio é a textura em que uma das partes delineia uma sequência escalar simples, enquanto as demais tocam acordes em semibreves que mudam a cada compasso (ex. 200), uma espécie de textura bachiana, entrevista por um breve momento (nº 2:6-12, c. 30-36).

CAPÍTULO IX – MÚSICA DE CÂMARA

Exemplo 200. Villa-Lobos: *Quarteto n° 11*, I, c. 30-33, redução para piano.

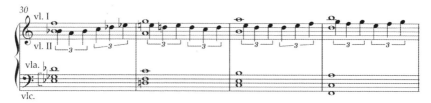

O segundo movimento, estranhamente, é um *scherzo* cujo tema principal, em *staccato*, de modo algum pode ser considerado memorável. Na verdade, é o caráter pastoral do trio que restabelece a conexão com o Villa-Lobos de períodos anteriores (n° 3, *Poco meno*). As quintas nos registros grave e agudo emolduram um tema que, a princípio, soa como uma melodia vienense rústica, mas cujo desfecho com saltos descendentes de terça volta a evocar o indianismo de Dvořák em seus quartetos escritos nos Estados Unidos. Esse tema pastoral, mais adiante (n° 5:11-18) é submetido a um elaborado desenvolvimento rítmico, com hemíola entre os violinos e o par viola-cello.

O movimento lento ("Adagio") começa com naturalidade, com um tema errante e vagaroso no cello, mas logo abre caminho para a melodia do violino, que por sua vez é uma citação da *Valsa da dor*, para piano. O quarto movimento soa neoclássico, em Dó maior. O fugato introduz outras cores (n° 5) com típicos temas "centrífugos" que se afastam de qualquer centro tonal.

Quarteto de cordas n° 12 (1950/1951; Associated Music Publishers). É possível que esse quarteto tenha sido composto antes do décimo-primeiro, já que podemos perceber um retorno ao estilo mais descuidado dos anteriores, nos quais predominam os dobramentos de oitava. A estreia dessas obras parece dar suporte a essa hipótese, já que o *Quarteto n° 11* foi estreado pelo Quarteto Iacovino em 1953, e o *Quarteto n° 12*, pelo Quarteto Haydn, no ano de 1951 em São Paulo. De qualquer modo, o *Quarteto nº 12* foi escrito durante a convalescença do compositor no Memorial Hospital de Nova Iorque. Dois anos depois, a obra foi tocada em Nova Iorque pelo New Music Quartet, como parte da série *Concert Society*. Segundo o crítico do *Musical America*, nessa obra, Villa-Lobos fez lembrar o Milhaud de 1912, ou ainda Ernst Bloch, nessa mesma época:

> Há mais do que dissonância nessa peça. Os movimentos, com exceção do "Finale", são notáveis por sua brevidade. O primeiro está cheio de frases curtas, distribuídas quase canonicamente entre as vozes, com espantoso recurso da escrita em uníssono [com dobramento em oitavas]. O "Andante melancólico" é meditativo, mas não revela nada muito pessoal. A viola tem destaque nesse movimento e no "Scherzo", um ligeiro e saltitante interlúdio, que retém a única alusão à música popular/folclórica na obra.[551] O "Allegro" de encerramento é muito envolvente até a segunda ou terceira de suas *codetas*, cada qual com um final promissor, fazendo com que o restante pareça supérfluo. Ao mesmo tempo que prende nossa atenção, a música não a sustenta, apesar da engenhosa e idiomática utilização do conjunto.[552]

Quando essa obra foi publicada pela Associated Music Publishers em 1956, não foi bem recebida pelo crítico do periódico *Notes*, David Krachenbuehl. No entanto, o comentarista admite que o *Quarteto nº 12* "requer algo mais, seja do músico, seja do ouvinte".[553] O início do primeiro movimento evoca discretamente o tema da fuga da *Bachianas nº 9*, mudando rapidamente para uma figuração cromática e irregular. Os dobramentos de oitava lembram o décimo quarteto e outros mais anteriores. A textura é consideravelmente mais complexa que a do quarteto anterior, e a sonoridade, consequentemente, perde em transparência.

CAPÍTULO IX – MÚSICA DE CÂMARA

O tema principal do segundo movimento, "Andante melancólico", é uma modinha estilizada em Fá menor; todos os instrumentos tocam com surdinas. A seção intermediária, com motivos diatônicos à maneira de cantigas de roda, contrasta com a queixosa seção principal. O terceiro movimento, "Scherzo", é construído com a técnica típica de fragmentação desenvolvida pelo compositor; tem ao centro (c. 53-56) um motivo em quintas paralelas, também usado na cantata *Mandu-Çárárá*. No *finale*, assim como no primeiro movimento, os instrumentos se agrupam em pares, com dobramento de oitava. O gestual do tema principal é relacionado ao tema melancólico do movimento lento, apesar de um tanto simplificado e reduzido em seu âmbito.

Quarteto de cordas n° 13 (1951/1953; ed. Max Eschig). Nesse quarteto, o estilo tardio de Villa-Lobos volta a se manifestar por completo, mantendo-se nas cinco obras restantes da série. É quase como se o compositor tivesse retornado ao ideal de feitura musical da era barroca, quase anônimo e sem individualismos. O tema introdutório do cello, profundo e quase atonal, é imitado pelas outras vozes, à maneira dos movimentos lentos dessa fase villalobiana. Na continuação, geralmente quando uma voz se move por grau conjunto, as demais permanecem onde estão, oferecendo sustentação harmônica. Villa-Lobos cita momentaneamente algumas ideias de obras anteriores, como o movimento paralelo e cromático de décimas com ritmo oscilante, em tercinas (n° 1; cf. *Choros n° 7* e *n° 11*, entre outros), ou o cânone em arpejos (n° 8), remanescente das *Bachianas*. A forma é simétrica, com tonalidade flutuando livremente e predomínio de tonalidade menores.

O segundo movimento é um "Scherzo" na habitual fórmula de compasso em 6/8; o tema do "trio" evoca o tema principal ouvido no *finale* do *Quarteto n° 12*. Os sons harmônicos são explorados novamente no movimento lento ("Adagio"), enquanto o tema principal é excepcionalmente amorfo. O tema intermediário do último movimento ("Allegro vivace") também é surpreendentemente frágil.

Quarteto de cordas nº 14 (1953/1954; ed. Max Eschig). Essa obra foi chamada de "quarteto das quartas" por Arnaldo Estrella, com justa razão;[554] basta uma rápida olhada no início (ex. 201) para constatar o predomínio dos arpejos em quartas, que vão do grave ao agudo.

A abertura desoladora desses intervalos é contrabalançada pelas escalas com intervalos aumentados e alusões folcloristas na seção intermediária, em evidente exceção ao estilo tardio (como no nº 14, com síncopas e rebaixamento do sétimo grau da escala maior).

Exemplo 201. Villa-Lobos: *Quarteto nº 14*, I, c. 1-2, ed. Max Eschig.

O movimento lento ("Andante") traz a característica sequência descendente com um motivo cromático, como nas fugas de Franck. A textura é robusta e cantante, as harmonias evitam as dissonâncias. O "Scherzo" começa com uma passagem enérgica com movimento contrário em *staccato*, passando logo em seguida das colcheias para tercinas de semínima, em todas as vozes (ex. 202) – um dos meios estilísticos mais empregados por Villa-Lobos.

CAPÍTULO IX – MÚSICA DE CÂMARA

Exemplo 202. Villa-Lobos: *Quarteto nº 14*, III, c. 1-4, ed. Max Eschig.

Em continuação, as terças arpejadas do primeiro violino lembram uma figuração correspondente encontrada na *Prole do Bebê nº 1* (em "A moreninha"). Os intervalos aumentados tornam a assumir o papel principal. Observe-se no nº 7:19-21 uma escala com configuração semelhante, com acompanhamento em tríades aumentadas, como no *Sexteto Místico*. As quartas voltam a prevalecer no *finale*. Nesse meio tempo, o ouvido é apaziguado com uma modulação familiar, ao longo do ciclo das quintas (nº 3) e, como em todos os *finales* autenticamente villalobianos, esse também contém um cânone (nº 5) que leva a uma enérgica coda em Dó maior.

Quarteto de cordas nº 15 (1954/1958; ed. Max Eschig). O som luminoso gerado pelas quintas abertas, em conjunto com os harmônicos, caracteriza esse quarteto. O começo do primeiro movimento ("Allegro non troppo") é enérgico e orquestral, com todos os instrumentos tocando em cordas duplas. A extrema variedade textural com mudanças simultâneas em todas as partes é bem típica do compositor. Se contarmos o número de compassos em que uma textura permanece constante em um *allegro* villalobiano, a média seria em torno de quatro ou cinco. Nos melhores momentos dessa cadeia em que cor e formato mudam constantemente, novas ideias irrompem com facilidade mozartiana, como a bela melodia inicial da viola (nº 1:4), para citar um exemplo.

Em contraste com o "saudável" diatonismo predominante, uma imitação cromática com motivos "vagarosos", evitando graus conjuntos escalares e ostinatos, começa no nº 7 (*Poco allegro*). Essa seção serve como um desenvolvimento, já que a exposição é recapitulada no nº 10. A coda é baseada na repetição apaixonada de uma figuração em semicolcheias, evocando os quartetos de Shostakovich.

O movimento lento ("Moderato") começa com uma superfície sonora nebulosa e impressionista constituída por sons harmônicos e quintas abertas arpejadas. Os trilos descendentes em quartas paralelas nos violinos e na viola introduzem uma cor peculiar, realçada pela surdina. Um terceiro efeito, combinando harmônicos e *pizzicato* nas cordas Sol e Ré, ocorre um pouco antes da entrada da melodia (nº 1). Dentro desse ambiente extraordinariamente intenso, surge a viola, com um tema enigmático e estranhamente insinuante (ex. 203), como uma dança em câmera lenta dentro de um sonho. Esse motivo é uma invenção bem-sucedida entre os temas abstratos do compositor, longe de seus temas inspirados na música popular. Ao fim e ao cabo, esse é um dos movimentos mais bem realizados pelo compositor em seus quartetos, mostrando como é impossível prever quais serão suas soluções, pois, assim que ele parece ter ajustado uma rota, surge um novo e surpreendente efeito.

Exemplo 203. Villa-Lobos: *Quarteto nº 15*, I, c. 10-12, redução para piano.

CAPÍTULO IX – MÚSICA DE CÂMARA

O "Scherzo" segue um esquema convencional, com métrica ternária variada por hemíolas, *sitaccato*, passagens escalares e movimento contrário sobre um fundo de quintas no baixo. O tema do *finale* ("Allegro") é um dos inumeráveis temas em imitação criados por Villa-Lobos. As cordas duplas em *sforzato* no final resultam em um efeito orquestral.

Quarteto de cordas nº 16 (1955/1958; ed. Max Eschig). A condução de vozes e o equilíbrio entre elas atingem seu melhor resultado nesse quarteto. Estrella considera o primeiro movimento ("Allegro non troppo") possivelmente o melhor dentre toda a série.[555] O motivo de segunda aumentada no início é repetido quatro vezes em diferentes registros. O tema tem sabor nostálgico, mas atua como gerador de estruturas para todo o movimento. Gradualmente, a textura começa a se expandir, tornando-se mais ressonante, sem, todavia, introduzir novos motivos; isso revela a capacidade do compositor em fazer música a partir de materiais mais modestos.

O movimento lento ("Molto andante, quasi adagio") é um dos mais dramáticos na série. Seu motivo central é uma variante do tema principal do primeiro movimento. A melodia sobe de modo particularmente belo, quatro compassos antes do nº 2 – ilustrando a maturidade que Villa-Lobos atingiu nessa etapa. Segue-se um solo excepcionalmente longo do cello, em estilo declamatório.

O "Scherzo" também é digno de elogios, resultando em um movimento bem proporcionado cinética e sonoramente, a partir de elementos convencionais. Sua transparência sonora evoca a música de câmara de Tchaikovski, com suas delicadas texturas e com luminosidade e cintilação geradas pelo uso abundante dos violinos em dobramento de oitava. A hemíola latino-americana reaparece, com diferentes agrupamentos em 12/8. Antes do movimento final, há uma seção inusitada, não pertencente nem ao "Scherzo", nem ao *finale*: uma seção estranha, com 32 compassos de extensão, constante mudança métrica e sem continuidade temática. O *finale* ("Molto allegro") também tem suas surpresas: uma textura enérgica com glissandos de oitava que subitamente se tornam uma *reverie* (antes do nº 5). Nunca se pode estar seguro do que Villa-Lobos pretende fazer no compasso seguinte!

Quarteto de cordas nº 17 (1957/1959; ed. Max Eschig). O último quarteto de Villa-Lobos é considerado como seu "canto do cisne", completado dois anos antes de sua morte. Mesmo assim, não há sinal de envelhecimento, o fluxo musical é tão contínuo e intenso quanto nas obras anteriores. Gerard Béhague considera a obra:

> (...) é uma exceção ao consenso que suas últimas obras meramente reproduzem seus trabalhos anteriores. Pelo contrário, a obra se orienta nitidamente para uma simplicidade austera. Em oposição a sua expansividade habitual, Villa-Lobos explora aqui um estilo abstrato e tenso em que prevalecem motivos curtos, padrões isométricos, grande amplitude melódica, alternância entre cromatismo e diatonismo, ênfase na sonoridade com uso de instrumentos em pares, simplificação estrutural que dispensa técnicas imitativas e desenvolvimentos, e ambiguidade tonal derivada das frequentes alterações nos acordes.[556]

Obviamente, há outras características nesse quarteto não mencionadas por Béhague, como as figurações de ostinato, que têm função importante na obra; não mais relegadas ao plano de fundo, elas participam da ação melódica com papel primário ou secundário. Isso é bem demonstrado em uma passagem no terceiro movimento ("Scherzo") (ex. 204).

Exemplo 204. Villa-Lobos: *Quarteto nº 17*, III, c. 1-5, ed. Max Eschig.

Quando esse quarteto foi tocado fora do Brasil pela primeira vez, em 1964, no Wigmore Hall em Londres, pelo Quarteto do Rio de Janeiro, obteve excelente receptividade segundo o comentarista do *Music Journal*, que disse, entre outras coisas:

> (...) toda a beleza e tragédia do movimento lento, com seu fino desenvolvimento melódico de um tema lento encantatório. O *Scherzo* é o menos original dos movimentos, foi seguido por um notável *finale* em seções *allegro vivace* contrastadas efetivamente com passagens líricas de caráter transluzente. Isso nos pareceu uma forma maravilhosa de deixar a luz do sol permear toda a estrutura.[557]

O estilo desse quarteto, em seus melhores momentos, pode ser descrito como um aforismo faiscante, com novas ideias se sucedendo umas às outras. Trata-se de uma música escrita sem um plano preestabelecido, conduzida por um senso formal puramente instintivo. Dessa textura cosmopolita e livremente tonal podem brotar de surpresa, como caprichos do subconsciente, motivos usados anteriormente – como no primeiro movimento (n° 3), em que primeiro violino e viola tocam um fragmento do "Canto do Capadócio" da *Bachianas n° 2*. Do mesmo modo, uma figuração reminiscente da *Lenda do Caboclo* aparece no tema da viola (n° 5). O movimento como um todo pode ser interpretado como uma forma-sonata, cuja recapitulação vem logo após a exposição, deslocando o desenvolvimento para uma coda expandida, com acentos surpreendentemente dramáticos.

O movimento lento tem um tema ascendente elegíaco e sequencial, sobre uma linha cromática descendente no baixo. Trata-se de uma citação do *Samba Clássico*, com a mesma beleza estagnada, derrubada pelo calor tropical, como em tantos movimentos lentos do compositor. A costumeira seção em fugato não traz novidades. O "Scherzo" demonstra bem a técnica de fragmentação da melodia, assim como o material temático derivado do ostinato.

A textura do movimento final troca suas cores como um camaleão. Começa com uma série ascendente em cordas duplas, seguida por um movimento cromático que lembra os *Choros*, cujo perfil pode sugerir Gershwin, com sua referência meio indefinida de caráter afro-americano. Destaque para o tema secundário e cantante do primeiro violino no n° 5. Quando Villa-Lobos quer que a melodia tenha mais destaque sobre os demais materiais, ele geralmente reduz o acompanhamento a meros acordes em semibreve (ex. 205). Assim, nada mais irá perturbar o escoamento da melodia sobre os pilares dos acordes.

Exemplo 205. Villa-Lobos: *Quarteto nº 17*, IV, nº 5:1-4, ed. Max Eschig.

Sexteto místico

(flauta, oboé, saxofone, harpa, celesta e violão; 1917/1962; ed. Max Eschig)

Trata-se de uma obra do período de juventude que integra a linha "universalista" em sua música de câmara sem citação direta ao folclore, nem mesmo em sua forma "transfigurada". A peça mostra que Villa-Lobos podia compor sem conexões folcloristas e que ele talvez fosse basicamente um experimentador de sonoridades e suas combinações. O *Sexteto* apresenta um tipo de "contraponto linear" que antecede a invenção do termo. Baseia-se em técnicas semelhantes empregadas por Hindemith ou Milhaud naquela época, ou seja, sobre os princípios atemporais do cânone, imitação, inversão e variação. A peça também apresenta um topo de "colorido contrapontístico". A sonoridade resultante é refinada, com uma textura à maneira de uma aquarela, obtida simplesmente pela escolha dos instrumentos. Não há uma combinação correspondente que possa ser encontrada na produção camerística europeia do mesmo período.

A obra tem apenas um movimento, cuja segmentação é difícil, já que os períodos não são claramente definidos. Começa em métrica 4/4 em Mi menor com coloração eólia, o tema da flauta progredindo em movimento regular de colcheias, com intervenções de motivos dactílicos que evocam as melodias de Fauré. Os acordes são quartais ou então baseados no acorde obtido com as cordas soltas do violão, dando um sabor semelhante ao das peças camerísticas de juventude escritas por Ginastera. O *adagio* em Mi♭ menor (ex. 206) inaugura uma nova etapa (nº 10). A condução cabe ao oboé, cuja melodia contém várias segundas aumentadas, evitando durante muito tempo as notas próprias à escala de Mi♭ menor, fixando-se em sua dominante. Isso dá certa ambiguidade à melodia – o "misticismo" sugerido no título da obra. O acompanhamento é confiado principalmente à harpa, reunindo em sua quadratura – reminiscente da *Sinfonia dos Salmos*, de Stravinsky – as funções de dominante e tônica.

Exemplo 206. Villa-Lobos: *Sexteto místico*, nº 10:2-3, ed. Max Eschig.

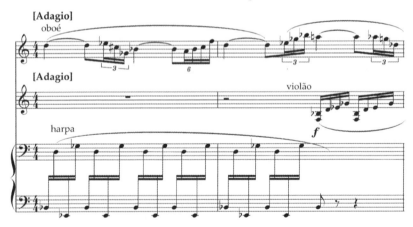

A melodia do oboé fica cada vez mais como um arabesco. Geralmente, o emprego de tais figurações melódicas transmitem conotações "orientais" na música de Villa-Lobos, mas aqui parece representar apenas a ideia de misticismo. A seção final, *Quasi allegro* (nº 13), começa em Mi♭ menor, mas logo muda para um tipo de dança em Fá♯ menor. A peça culmina com um motivo oscilante e triunfante em sextas paralelas, tocadas pelos sopros e pela celesta, mas que logo se rompe em um zigue-zague de tercinas – marca registrada da música ibérica – com acordes bitonais da harpa, reunindo Fá♯ menor e Sol maior. A peça conclui tipicamente com todos os instrumentos em uníssono.

O *Noneto*, de Villa-Lobos, e *L'Homme et son désir*, de Milhaud

É importante examinar o estágio de evolução que Villa-Lobos havia alcançado antes de sua primeira viagem à Europa, examinando mais de perto seu *Noneto*, escrito em 1923 e estreado no ano seguinte em Paris, com regência do compositor. Antes de mais nada, é preciso ressaltar que muitos elementos sedimentados somente nos *Choros* já estão presentes aqui, tais como o uso de um coro explorado puramente por seu efeito timbrístico, o uso de instrumentos de percussão e motivos rítmico-melódicos brasileiros. Não é à toa que Peppercorn presume que "há evidente relação entre o *Noneto* e as obras que Villa-Lobos chama de *Choros*".[558] Por outro lado, o *Noneto* não é inteiramente desprovido de contrapartes na música daquele período, já que cinco anos antes Milhaud, em parceria com Paul Claudel, compôs o balé *L'Homme et son désir*, que de modo semelhante realiza um retrato do Brasil tão surpreendente quanto o *Noneto* villalobiano.

Os dois compositores se conheceram no Rio de Janeiro em 1918. Milhaud, juntamente com Rubinstein, foi um dos primeiros músicos europeus a "descobrir" Villa-Lobos. É altamente improvável que o brasileiro tenha ouvido o balé de Milhaud antes de compor seu *Noneto*. Quando ele foi à Europa em 1923, levava na bagagem a obra quase terminada. Mesmo assim, *L'Homme et son désir* pode ser considerada como "irmã" do *Noneto*, que revela a originalidade de Villa-Lobos com relação a Milhaud.

Ambas são peças musicais que tratam de um certo lugar ou do espaço em geral. O *Noneto* é uma "impressão rápida de todo o Brasil", enquanto Milhaud descreve o movimento no espaço distribuindo diferentes grupos instrumentais em pontos diferentes do palco. Milhaud fala sobre a obra:

> Imaginei vários grupos independentes; na terceira plataforma, em um dos lados: um quarteto vocal; no outro lado: oboé, trompete, harpa e contrabaixo. Na segunda plataforma, em ambos os lados: instrumentos de percussão. Na primeira plataforma, em um dos lados: piccolo, flauta, clarinete, clarinete-baixo; no outro: quarteto de cordas. Eu quis preservar completa independência entre os vários grupos, no tocante à melodia, ao som e ritmo (...). Os instrumentos de percussão imediatamente evocaram para mim os sons noturnos de uma floresta; usei a percussão sozinha, com cuidado, não mais do que trinta compassos, especialmente na cena em que as forças primordiais atormentam o homem adormecido.[559]

Uma visão mais geral da obra de Milhaud revela que ela é claramente dividida em cenas separadas, coordenadas por uma espécie de princípio simétrico. Há três tipos de sonoridade: 1) a textura compacta, politonal e polifônica do coro, principalmente com passagens escalares (claramente melódicas); 2) a textura transparente e brilhante com *pizzicato* das cordas e harpa (principalmente na descrição dos sonhos); 3) o *tutti* de percussão e orquestra nas representações de primitivismo, fúria e forças primais. No *Noneto*, os efeitos de coloração têm papel central, mas não é possível distinguir seções com predomínio de algum grupo instrumental tão claramente como na peça de Milhaud. É curioso observar que há caráter africano em ambas as obras, que são primitivistas, especialmente quanto às manifestações rítmicas e melódicas afro-brasileiras. Nelas, não se encontram motivos indígenas

CAPÍTULO IX – MÚSICA DE CÂMARA

(a propósito, Milhaud jamais manifestou interesse por esse tipo de música). Vamos examinar a estrutura do *Noneto* em detalhe.

A obra começa com solo de saxofone. Ao fundo, o piano toca um acorde de Si♭ maior com nona. O sax-alto ornamenta o acorde de sétima maior; sua célula motívica é formada por uma terça menor ascendente e segundas descendentes (ex. 207). Esse motivo, como outros no *Noneto*, ocupa uma margem estreita, consistindo em quatro notas. Flauta, oboé e clarinete respondem a essa abertura, cada qual com sua própria ornamentação. Pode-se dizer que essa passagem remete ao universo da roda de choro, onde o virtuosismo e improvisação instrumental são cruciais.

Exemplo 207. Villa-Lobos: *Noneto*, c. 1-2, ed. Max Eschig.

O fagote apresenta uma variação do motivo do sax, enriquecido com síncopas – fazendo com que o ouvinte se sinta no Brasil. Tal impressão se confirma na seção seguinte, com figuração de semicolcheias sincopadas com determinação, sobre um acorde de Dó maior com nona. As notas desse acorde estão agrupadas em quartas, dando uma aspereza percussiva à sua sonoridade. A métrica muda constantemente: da seção 0 à 3, são dezoito compassos e treze alterações métricas.

No nº 3-4, há um procedimento típico de Villa-Lobos: a repetição de frases com dois ou três compassos. Seria uma influência recebida de Debussy, que fez da duplicação um princípio formal? Nesse ponto, o coro faz sua entrada, em uma ambientação primitivista em notas pontuadas em *marcatto* da percussão e no registro mais grave do piano (repare a instrução dada ao piano, visando à produção de um timbre específico: a mão direita passa desconfortavelmente sobre a esquerda, para alcançar o Lá mais grave – o efeito é o mais percussivo possível).

A essa altura, é preciso perguntar: a obra apresenta alguma estrutura tradicional, um princípio formal sem ambiguidades? Provavelmente não, mas as seções são conectadas por similaridades e contrastes nos motivos ou sonoridades. Tudo parece seguir sua própria ordem, evoluindo espontaneamente, cada seção emergindo da precedente, o que geralmente cria uma surpresa psicológica. No nº 8, ouve-se clarinete, sax e fagote em uníssono em Sol♭, um motivo cuja estrutura melódica simples se torna assimétrica e irregular por causa das síncopas (Villa-Lobos desenvolveu essa técnica muito antes de Stravinsky). Essa passagem, por acaso, lembra bastante *Rítmica nº 1* para quinteto de sopros e piano, de Alejandro García Caturla. A mesma "rítmica stravinskiana" aditiva e pontuada continua até que sopranos e contraltos entrem com sua entonação onomatopaica (ex. 208).

A passagem pode lembrar vagamente a fala do coro em *Les Choéphores*, de Milhaud, composta durante sua estada no Brasil em 1918. Hipoteticamente, Villa-Lobos pode ter visto essa partitura. Em todo caso, Milhaud não usa alturas definidas em

CAPÍTULO IX – MÚSICA DE CÂMARA

passagens semelhantes com entonação falada ou rítmica, como fez Villa-Lobos. Mas, por outro lado, parece evidente que Milhaud mostrou algumas de suas partituras a Villa-Lobos, já que há uma citação direta de *L'Homme et son désir* mais adiante, no *Noneto*.

Exemplo 208. Villa-Lobos: *Noneto*, nº 9:1-3, ed. Max Eschig.

A passagem pode lembrar vagamente a fala do coro em *Les Choéphores*, de Milhaud, composta durante sua estada no Brasil em 1918. Hipoteticamente, Villa-Lobos pode ter visto essa partitura. Em todo caso, Milhaud não usa alturas definidas em passagens semelhantes, com entonação falada ou rítmica, como o fez Villa-Lobos. Por outro lado, parece evidente que Milhaud mostrou algumas de suas partituras a Villa-Lobos, já que há uma citação direta de *L'Homme et son désir* mais à frente no *Noneto* (ex. 209). Mais adiante, tenores e baixos cantam em *bocca chiusa*, técnica que Villa-Lobos usou posteriormente na *Bachianas nº 5*.

No nº 16, há uma instrumentação particularmente notável. A flauta remete à virtuosidade do chorão, com figurações rápidas e complexas no registro agudo; a harpa toca um ostinato em quartas, o fagote faz um fundo sincopado; na percussão, Villa-Lobos experimenta uma nova sonoridade, raspando a borda de um prato de porcelana com uma barra de metal.[560] O piano martela um acompanhamento robusto e dissonante; nos sopros, emerge um motivo sincopado em quartas, enfatizado e acelerado por uma apojatura de três notas. Especialmente pelo saxofone, esse tipo de ideia deve ter soado verdadeiramente vulgar na Paris de 1924. No momento em que um coro é acrescentado a tudo isso, com lamentos cromáticos descendentes em terças e sextas paralelas, estamos bem perto, na verdade, da atmosfera sonora de *L'Homme et son désir*.

O humor de Villa-Lobos gera boas surpresas. A seção *poco moderato* (nº 32) começa cheia de mistério, devido ao som escuro produzido pelo pedal grave em Mi♭ na harpa, celesta e piano. Espera-se a entrada de algo mais condizente com essa atmosfera; em vez disso, a flauta apresenta um motivo que sugere uma canção infantilizada, em clara citação a *L'Homme et son désir* (ex. 209). O mesmo motivo é repetido pelo oboé e, finalmente, pelo clarinete, ao qual é dada uma instrução bastante incomum: remover o bocal e soprar diretamente dentro do tubo, como uma trompa; ou então cantar as notas diretamente no bocal, como um mirlitão. A intenção é claramente parodística.

Exemplo 209. Villa-Lobos: *Noneto*, nº 33:11-13, ed. Max Eschig.

Até aqui a textura é, por definição, divagante, apresentando motivos variados para os diferentes instrumentos, com diferentes dinâmicas. Nenhuma tentativa é feita para desenvolver esses motivos ou formar um *continuum* narrativo. Mas algo decisivamente novo acontece no nº 40 – novidade em toda a produção villalobiana até aquele momento. Subitamente, todas as peças do quebra-cabeças

CAPÍTULO IX – MÚSICA DE CÂMARA

são postas em seus lugares, a música para de perambular sem rumo certo e encontra uma direção definida, um ponto de tensão.

Precisamente é essa *treibende Kraft*[561] de Villa-Lobos – para usar uma expressão de Peppercorn[562] – que falta ao *L'Homme et son désir*, de Milhaud. Desse ponto em diante, não há brechas no discurso que continua resoluto e com crescente intensidade em direção ao final. Sopranos e contraltos cantam um motivo de semicolcheias sincopadas, com várias células ouvidas no início da obra. No nº 43, o piano assume o protagonismo com notas ritmicamente *très sec* – enquanto o piccolo replica o mesmo motivo no registro agudo, arpejando como o floreio de um chorão. Novamente, pode-se considerar a passagem como uma invenção original cujo modelo está na prática comum à música popular brasileira.

Celesta, xilofone e piano estacionam na nota Si, repetem--na com síncopas de diversas maneiras, mantendo a sugestão do movimento por semicolcheias. A nota repetida alude à dança do batuque, que pode ser apreciada no famoso *Batuque*, de Lorenzo Fernandez. Ao cabo, a repetição migra para tímpanos, bumbo e piano – bem como o *tutti* do coro, que, sobre a mesma nota Si, entoa palavras que simulam um fictício idioma africano: *Zango! Zizambango! Dangozangorangotango!* (ex. 210).

Acima desse ostinato monótono, mas efetivo, as sopranos entoam uma melodia com a sílaba "lá". O coro repete obstinadamente a mesma nota, enquanto algumas vozes começam um movimento ligeiramente cromático, e as sopranos, com reforço dos tenores, incitam um motivo em apojaturas com a palavra inventada *gourou*. A textura se rompe caoticamente nos compassos finais, com *clusters* e glissandos da celesta, harpa e piano, chegando ao penúltimo compasso em um glissando descendente de todo o conjunto.

Apesar da tensão crescente entre o nº 47 e o nº 52, não há a esperada ascensão das alturas em direção ao registro agudo; em vez disso, o movimento é predominantemente descendente, com um motivo repetitivo que "cai" progressivamente, partindo de Si-Sol (n° 46) até Mi-Si (n° 47-52).

O efeito assim produzido se assemelha à queda em um vazio avassalador, a liberação de forças espirituais represadas em um rito ancestral. O poder emocional que emana do clímax em *Noneto* é das coisas mais impressionantes em toda a produção de Villa-Lobos. A obra pode ser classificada como uma música irresistivelmente bárbara, uma obra-prima do primitivismo musical da primeira metade do século XX.

Exemplo 210. Villa-Lobos: *Noneto*, n° 51:1-4, ed. Max Eschig.

CAPÍTULO IX – MÚSICA DE CÂMARA

Apesar de não haver nenhum programa literário associado ao *Noneto*, que certamente não foi pensado como um balé, a obra evoca imagens visuais tão vívidas quanto *L'Homme et son désir*, cujo ponto de partida é uma noite na floresta tropical. Paul Claudel descreveu o plano geral da obra de Milhaud da seguinte maneira:

> Esse pequeno drama pictórico nasce no ambiente de uma floresta brasileira, onde estamos atolados em sua densidade elemental. Quão estranha é a noite, quando começa a ser tomada por movimentos, gritos e luzes tremeluzentes! É exatamente uma dessas noites que nosso poema tenta descrever. Não tentamos copiar a confusão da floresta com exatidão fotográfica. Nós simplesmente a estendemos como um tapete com seu centro negro, emoldurado em violeta, verde e azul; com esse tapete, cobrimos os quatro cantos do palco. O palco é vertical e os olhos o veem perpendicularmente, como uma pintura ou livro, ou até mesmo a página de uma partitura, em que cada ação ocorre em uma pauta diferente.[563]

Não há tanta ação no balé, como parece sugerir a descrição acima. O protagonista é um homem, dominado por forças primitivas das noites de sonho. Ele dorme à luz difusa da lua. Os animais da floresta tropical se reúnem para observá-lo quando as vozes da floresta eterna soam, a partir da orquestra. Aos poucos, o homem começa a viver em seu sonho, dançando a dança da paixão e nostalgia do exílio eterno. A dança fica mais intensa, e o homem é conduzido por uma mão que surge das trevas e depois por uma fragrância que o deixa paralisado. Finalmente, a dança arrefece à medida que as "horas negras" da noite se vão e as primeiras "horas claras" do dia podem ser vistas. O roteiro, então, parece significar o retorno aos instintos inconscientes do homem, simbolizados pela floresta tropical noturna. Por outro lado, não há nada muito "instintivo" na estrutura musical da obra, que é baseada em uma rigorosa construção tonal ou politonal, como é o costume de Milhaud.

Através do débil ruído de fundo dos pratos e castanholas de pedra e madeira, ouvem-se passagens escalares diatônicas nas cordas, que resultam numa harmonia dissonante, densa como um *cluster*. Uma textura politonal surge no final da seção, com oboé e trompete em Láb maior, flautas e clarinetes em Mi maior, violinos e violas em Dó maior. O coro faz sua entrada, com escalas descendentes nessas tonalidades. No aspecto melódico, o coro em movimentos escalares de simples semínimas e colcheias, cabendo aos instrumentos saltos mais amplos e valores rítmicos mais rápidos.

Na cena seguinte (G:5-H:8), as cordas tocam uma figura de acompanhamento em *tremolo* com o *Tambourin de Provence*, que apresenta um motivo rítmico brasileiro. Oboé e tenores apresentam dois motivos importantes (ex. 211 e 212).

Exemplo 211. Milhaud: *L'Homme et son désir*, nº G-5, ed. Max Eschig

Exemplo 212. Milhaud: *L'Homme et son désir*, nº H-8, ed. Max Eschig

A seção seguinte foi escrita apenas para a percussão, revelando o quanto Milhaud estava familiarizado com a polirritmia e os instrumentos de percussão brasileiros. Se a rítmica não é tão complexa como geralmente se ouve em Villa-Lobos, o brasileiro nunca escreveu uma seção como essa, apenas com instrumentos de percussão, os quais, em sua obra, sempre estão combinados com alturas, timbres, acordes etc. Milhaud, por sua vez, especializou-se em seções percussivas, que podem ter lhe ocorrido durante sua temporada no Brasil.

No roteiro do balé, essa seção descreve a chegada dos animais da floresta para observar o homem dormindo (ex. 213). Sua finalidade é dar livre curso à fantasia rítmica, deixando o andamento acelerar no final ao reduzir a textura e valores rítmicos nos dois últimos compassos.

Exemplo 213. Milhaud: *L'Homme et son désir*, ed. Max Eschig

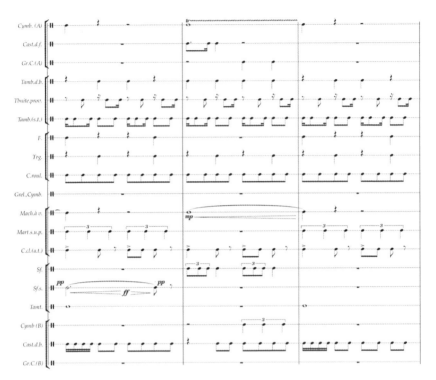

O ritmo intenso é recortado pelo motivo do homem dormindo, em uma atmosfera pastoral, mas a percussão volta a interromper esse idílio: dois compassos do motivo sincopado da percussão, seguidos subitamente pelos quatro compassos repetitivos do motivo do sono. Milhaud constrói seu balé com forte contraste preto/branco, mudando simultaneamente o timbre, a dinâmica e a agógica da orquestra.

Na seção P:4, surge uma nova etapa. Claudel a chama de "dança da paixão".[564] Trata-se de um motivo musicalmente simples, infantil, o mesmo parodiado por Villa-Lobos no *Noneto* (ex. 209).

CAPÍTULO IX – MÚSICA DE CÂMARA

Ainda mais cômico é o desajeitado monólogo tocado pelo contrabaixo. O motivo da paixão é repetido em *tutti* orquestral. Começa então uma desaceleração que tranquiliza as ações até o final. O coro repete o motivo do sonho; a música descreve a saída de cena das horas da noite, com a aparição das primeiras horas "claras". O motivo do sonho do homem adormecido retorna do início, nos sopranos no modo lídio em Fá♯, ampliado como uma melodia completa. Os instrumentos de percussão aos poucos se calam.

As principais diferenças entre as obras de Villa-Lobos e Milhaud são apresentadas abaixo.

Quadro 11. Comparação entre *Noneto* e *L'Homme et son désir*.

Noneto	*L'Homme et son désir*
17 instrumentos de percussão, mas com predomínio dos sopros, no geral	19 instrumentos de percussão, que têm posição predominante
Saxofone	Não há saxofone
Piano e celesta	Harpa
Vários instrumentos de percussão brasileiros	Instrumentos de percussão comuns na orquestra europeia
Coro usado para efeitos sonoros; não apenas canta, mas produz efeitos onomatopaicos	Coro é tratado tradicionalmente, com técnica habitual de canto
A parte do coro é principalmente homofônica, com muitos glissandos, cromatismos, saltos, texturas não melódicas	A textura do coro é primordialmente polifônica, melódica

A influência da música popular brasileira, com sua síncopa, é evidente em ambas as obras:

A complexidade rítmica envolve todo o conjunto	A complexidade rítmica se limita à percussão
Grande número de motivos em uma gama estreita de intervalos, sem *leitmotifs*	Número limitado de motivos, dois deles com grande destaque (motivo do sonho, motivo da paixão)
Textura à base de acordes, dissonâncias agregadas, muito cromatismo	Textura linear, diatonismo, dissonâncias devido à independência entre as vozes

Ambas contêm motivos ingênuos, transmitindo certa ironia:

A forma não é articulada em seções; continuidade obtida pela manutenção de algum parâmetro inalterado; os limites das seções são fugidios	Forma articulada em seções bem definidas; os parâmetros mudam simultaneamente; os limites das seções são nítidos
Forte direcionalidade no final, com uma *treibende Kraft*	Não há aumento da direcionalidade em qualquer ponto da obra
Ironia: transformação grotesca do motivo de Milhaud	Ironia: o solo do contrabaixo (pode parecer exagero interpretar isso como paródia de Villa-Lobos, mas de fato o brasileiro tem o hábito de recortar orquestrações densas com solos no registro grave)

As tabelas acima mostram grandes diferenças entre as obras, mas também revelam o contexto musical ao qual o *Noneto* pertence, antecipando os *Choros*. Seu paradigma estético-musical, por um lado, é a vanguarda musical europeia dos anos 1910-1920, em que elementos africanos emergiram em obras influenciadas pelo *jazz*, como em Stravinsky (*Ragtime*), Milhaud (*La création du monde*), Krenék (*Johnny spielt auf*) e Gershwin (nos Estados Unidos). Por outro lado, o *Noneto* tem raízes nos movimentos do modernismo brasileiro, Antropofágico e Pau-Brasil. Não por acaso, a obra é dedicada a Olívia Guedes Penteado, patrocinadora do compositor, que convidou Villa-Lobos a visitá-la em São Paulo em um período em que suas relações políticas não eram boas com os demais modernistas da cidade, como Mário de Andrade e Oswald de Andrade.[565] Paradoxalmente, a principal figura do modernismo brasileiro, Mário de Andrade, não considerava Villa-Lobos como um realizador de seu programa ideológico-musical, traçado no *Ensaio sobre a música brasileira*.[566] Mesmo assim, de uma perspectiva histórica, suas obras pertencem em geral ao mesmo "horizonte de compreensão" dos anos 1920. Ambos compartilham as mesmas percepções fundamentais: as raízes do autêntico modernismo estavam na cultura popular que, transformada e apropriada como música artística, é identificada com os movimentos cosmopolitas de vanguarda. Enquanto o cubismo e o fauvismo eram fenômenos inteiramente internacionais na Europa, representavam, no Brasil, tendências genuinamente nacionais.

Andrade e Villa-Lobos seguiram caminhos distintos. O compositor elaborou os elementos populares como um pretexto para sua imensa imaginação, servindo como marca registrada que abriu portas e garantiu seu sucesso como músico exótico nos círculos europeus. A essência mais profunda de sua musicalidade permaneceu dissimulada por trás de seu folclorismo. A afirmação de Olin Downes sela a impressão de que o artista "só teria a ganhar se permanecesse limitado ao folclorismo, controlando gentilmente sua poderosa imaginação e prolificidade",[567] o que se converteu em uma espécie de mito no qual muitos pesquisadores acreditaram posteriormente.

No desenvolvimento de Villa-Lobos como compositor, o *Noneto* representou o passo decisivo para os *Choros* e às técnicas de composição realizadas nessa série de obras. Ao compará-lo com Milhaud, percebe-se como Villa-Lobos se destaca dos demais modernistas de seu tempo e estabelece sua própria maneira de compor.

CAPÍTULO X

OS CONCERTOS

Suíte para piano e orquestra

(1913/1923; ed. Max Eschig)

A suíte preserva certo interesse por ser uma das primeiras obras orquestrais do compositor. Considerando a importância do piano na América Latina, não causa espanto que a obra soe como um concerto romântico para piano. É daquelas composições que custamos a acreditar tenha sido realmente escrita por Villa-Lobos. Sua autoria poderia ser atribuída ao argentino Alberto Williams ou ao chileno Alfonso Leng. Apesar dos títulos dados aos movimentos se referirem a diferentes países, "A Portugal e Espanha", "Ao Brasil" e "À Itália (movimento de *Tarantella*)", a cor local dada à música não ultrapassa o nível de um cartão postal. As representações musicais mais autênticas e realistas de Villa-Lobos floresceram magistralmente depois; aqui, ainda não haviam encontrado seu canal expressivo. O ritmo de *habanera* do tema principal não é suficiente para diferenciar a peça da música mais corriqueira, de salão; mais adiante, o acorde menor com sexta acrescentada dá um colorido francês (embora o título da peça faça alusão à Espanha).

Ao menos no nº 18, a música felizmente traz alguma lembrança de Manuel de Falla.

O movimento "Ao Brasil" não revela nada que possa ser considerado nacional – até mesmo Nepomuceno e Levy escreveram música que soa mais "brasileira". A melodia de cello e piano, no entanto, apresenta a célula dos temas cantábiles que posteriormente aparecem nas *Bachianas*. Somente no final do movimento, ouve-se no piano e nas cordas um motivo sincopado, com caráter brasileiro. Talvez o movimento mais fraco seja o último, "À Itália". O tema principal tem algo do pulso da tarantela explícito no título. Um especialista em Villa-Lobos provavelmente achará mais interessante o segundo tema, cujo motivo tem a ver com Wagner, que costuma ser recorrente na produção do compositor. O clímax da obra é obtido de maneira grandiosa, mas não muito criativa, com o tema distribuído em acordes paralelos em ambas as mãos (ex. 214).

Exemplo 214. Villa-Lobos: *"A Portugal e Espanha"*, da *Suíte para piano e orquestra*, nº 43:1-5, Max Eschig.

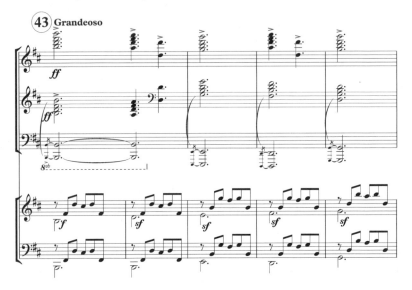

CAPÍTULO X – OS CONCERTOS

Posteriormente, em seus concertos para piano menos inspirados, Villa-Lobos reproduz esse maneirismo. Pode-se dizer que há, até certo ponto, um fenômeno degenerativo na sua obra dos anos 1950, provocado pelo retorno de algumas soluções imaturas que apareceram em obras juvenis.

Momoprecoce

(Fantasia; piano e orquestra; 1921/1929; ed. Max Eschig)

A conclusão da obra ficou registrada no ano de 1929, mas ela se baseia de fato em uma série de peças composta previamente para piano, com o título *Carnaval das Crianças*, que Villa-Lobos depois orquestrou e adaptou em um único movimento. A composição parece ter sido inspirada pelas brincadeiras infantis no carnaval de rua do Rio de Janeiro. As crianças se fantasiam e, como os adultos, fazem os seus cortejos. *Momoprecoce* pretende recriar em uma vívida representação musical esses folguedos que o compositor viveu em sua infância.

As oito cenas originais são: 1) "O Ginete do Pierrozinho", 2) "O Chicote do Diabinho", 3) "A Manhã da Pierrete", 4) "Os Guizos do Dominozinho", 5) "As Peripécias do Trapeirozinho", 6) "As Traquinices do Mascarado Mignon", 7) "A Gaita de um Precoce Fantasiado" e 8) "A Folia de um Bloco Infantil".

A composição deve ter sido iniciada em 1919, mas quando se observa seu caráter afrancesado e a textura transparente como a de Ravel, cresce a suspeita de que foi de fato concluída após a viagem do compositor à Europa. Como se sabe, Villa-Lobos costumava registrar o ano em que teve a *ideia* da obra, não o ano em que a peça foi realmente escrita.

Os personagens carnavalescos foram nomeados de acordo com a tradição europeia, algumas até evocam as figuras do *Carnaval*, de

Schumann. Mas também são genuinamente brasileiras: a bandinha travessa das crianças fantasiadas inclui os pobres trapeirozinhos e os descendentes da aristocracia, "todos juntos e confundidos no desejo de se divertirem ao máximo, numa liberdade absoluta".[568] O título sugere um Rei Momo dedicado às crianças, apadrinhando seu carnaval.

A obra é como uma série de variações para piano e orquestra, embora sua orquestração tenha papel muito menos importante se comparada aos *Choros*; ela apenas cria um pano de fundo para os solos do piano – o que determina o caráter dos fantasiados –, de modo a amarrar as cenas. A delicadeza da textura do piano é surpreendente. Somente nas peças dedicadas às crianças, *Cirandas*, *Cirandinhas*, *Francette et Piá* etc., Villa-Lobos escreve de maneira tão transparente. O humor, a ironia e as pitadas de nostalgia e sentimentalidade são todas afrancesadas e remetem diretamente a Ravel.

Após uma breve introdução orquestral, o piano entra com a figuração *allegro gracioso e bem ritmado*, caracterizada por uma quinta aberta e cromatismo em notas de passagem, em ritmo de galope. Finalmente, o tema principal irrompe no piano, em *molto cantabile*, mas a tercina maliciosa no registro agudo da flauta dá um toque de humor. Nada nessa música é realmente sério, trata-se da descrição do cavalinho do Pierrot. Há uma certa associação natural entre essas cenas brasileiras e o universo das *Kinderszenen*. No início do segundo movimento, o ritmo do carnaval brasileiro já está pulsando. Dentre as várias possibilidades rítmicas disponíveis, Villa-Lobos optou pela síncopa em que o último tempo do compasso recai sobre a cabeça do seguinte, descrevendo o chicote do diabinho. Talvez se possa ouvir a travessura endiabrada nos acordes aumentados paralelos das trompas, com notas alteradas. As apojaturas leves e saltitantes de quartas e quintas são figurações que interessaram a Villa-Lobos inclusive em seus quartetos de cordas, meio em que a leveza ideal pode ser obtida com o *pizzicato*.

CAPÍTULO X – OS CONCERTOS

Segue-se um interlúdio orquestral extenso mas insignificante. A música só teria a ganhar se o compositor observasse uma concisão à maneira de Satie, talvez limitando-se a orquestrar o original para piano. Curiosamente, assim que o piano entra em cena, a música parece ganhar vida.

A terceira cena é uma das mais encantadoras em toda a série. Caprichosa e elegante a um só tempo, descreve os passos graciosos de uma bailarina, em vez da turbulenta dança carnavalesca. Na gestualidade elegante colorida suavemente pela harmonia, podem ser ouvidos pontos em comum com alguns episódios de *Romeu e Julieta*, de Prokofiev. As tercinas descendentes, lânguidas e cromáticas em Ré♭ maior modulam de volta à tonalidade principal, o que também pode ser associado com a música russa.

"Os Guizos do Dominozinho" são descritos por trilos em ambas as mãos, em Ré maior, fazendo intersecção com a melodia pentatônica. O estado de espírito da seção seguinte é melancólico, contraditoriamente trágico com suas dissonâncias. A polirritmia dessa parte é tecnicamente muito difícil, mas seu conteúdo é cheio de emoção, proporcionando um forte clímax.

A próxima seção, *Allegretto gracioso*, ilustra as peripécias de um pobre trapeirozinho, com ostinato e tema se entrelaçando em torno do nono grau de Dó♯ menor; às vezes, ouvem-se até episódios politonais (Dó maior/Fá♯ maior).

"A gaita de um precoce fantasiado" é interpretada como um acorde arpejado de Mi menor com nona, um dos motivos preferidos por Villa-Lobos em suas obras iniciais, como o *Trio nº 3* para piano e cordas e *Amazonas*. O tema principal respira despreocupadamente, com transparência e nostalgia comparáveis à *Pavane*, de Ravel. O brasilianismo de Villa-Lobos tem outras facetas além do selvagem fauvismo de *Rudepoema*! A última parte, em que todas as crianças carnavalescas se reúnem para a turbulenta folia, começa com a rítmica sincopada do samba de carnaval. O tema pentatônico representa apropriadamente o estilo afro valorizado na Europa daquela época, já visto em obras de Debussy e Poulenc. Não chega a ocorrer polirritmia, mas a figuração mantém claramente o caráter de dança durante toda a seção. A apoteose das crianças foliãs culmina em um tema em Dó maior, confiado aos acordes paralelos de sexta na mão esquerda (nº 77).

Peppercorn analisou esse tema de maneira interessante, mostrando como ele é basicamente uma variante de uma canção folclórica alemã que já havia sido usada por Mozart na *Flauta Mágica*, em uma das árias de Papageno.[569] O abrasileiramento pode ser atribuído ao posicionamento da síncope nos baixos. Essa seção ilustra a habilidade de Villa-Lobos para construir um clímax em obras rapsódicas e aparentemente disparatadas em qualquer estilo, seja ele romântico tardio, impressionista, francês, *neue Sachlichkeit*, fauvista ou neobarroco.

Um dos méritos de *Momoprecoce* reside na capacidade de dar vida aos personagens com grande economia de meios. Trata-se de uma representação musical de caráter realista, mas também é uma das obras com sonoridade mais afrancesada em toda a produção villalobiana.

Concertos para piano

A recepção dada aos concertos que Villa-Lobos escreveu em seus últimos anos ilustra bem um fenômeno chamado *méconnaisance*, subvalorização.[570] Isso implica a relação entre uma determinada composição e o gosto musical predominante, passando pelo repertório convencional de entonações. Por exemplo, não há nada banal nem exageradamente sentimental nas sinfonias e concertos de Rachmaninoff, mas isso é precisamente o que essas obras se tornam quando ouvidas no contexto de um musical hollywoodiano.

CAPÍTULO X – OS CONCERTOS

Da mesma maneira, as obras de Villa-Lobos foram percebidas como indiscutivelmente desbotadas e datadas ao serem inseridas na programação dos festivais de música nova dos anos 1950, um contexto voltado às técnicas seriais e experimentais. Esse é um bom exemplo de como determinada situação histórico-musical pode impedir que o valor isolado de uma obra seja corretamente reconhecido e avaliado. Na década "pós-moderna" de 1980, essas obras possivelmente seriam consideradas "modernas", o que apenas confirma a ambiguidade do termo "modernidade".

Villa-Lobos era plenamente consciente disso em sua última fase criativa. Em uma entrevista a Alejo Carpentier para o jornal venezuelano *El Nacional* em 1954, ele disse:

> Muitos compositores de nosso tempo tentam ser modernos sem possuírem o dom da originalidade. Eles não compreendem que todo compositor original é também moderno. Todos pensam que a validade está no presente. Pode-se, é claro, dar impressão de modernidade ao usar procedimentos inventados por outros compositores. Mas o resultado é ambíguo, sem qualquer durabilidade. Quando um compositor é naturalmente original, não importa por quais meios ele expressa seus pensamentos. Tudo o que ele escreve é moderno.[571]

Um ano antes, ele havia declarado ao mesmo jornal:

> Os compositores devem desenvolver sua própria personalidade, por meio da música de suas nações (...). Desenvolver sua personalidade (...), está me entendendo? Eles não têm de ser modernos, mas precisam ser originais, novos. Eles precisam escrever a música que sentem, da maneira como eles sentem.[572]

Verdade seja dita, o próprio Villa-Lobos desiste do folclore em seus concertos, adotando um estilo universal, que talvez deva ser chamado genericamente de "estilo americano" – no sentido em que Alejo Carpentier fala a respeito da tensão entre local e universal, observada nos compositores das Américas. Segundo Carpentier, a música de Villa-Lobos responde a demandas que não preocupam em nada aos compositores europeus, mas são extremamente pontuais para os compositores americanos: até que ponto nos tornamos europeizados? O americanismo é uma questão de forma ou sensibilidade? Que tipo de modelos e esquemas intelectuais podem equilibrar certos elementos do folclore?[573]

Se a produção villalobiana dos anos 1920-1930 foi como uma resposta multifocada a essa última questão, seu período tardio encara os desafios do americanismo com sensibilidade aguçada. Na opinião de Carpentier, já em 1929, nota-se a necessidade do compositor em encontrar formas satisfatórias que domestiquem sua sensibilidade nativa, original. Por outro lado, precisamos levar em consideração o que diz Lazare Saminsky: "a base da música latino-americana é indígena, mas seus principais ingredientes são ibero-hispânicos e portugueses". Além disso:

> Nas melhores obras dos mais destacados compositores da América Latina, Carlos Chávez no México e Villa-Lobos, no Brasil, é fácil observar como o primeiro estágio de integração nacional, o estágio folclorista, desaparece após uma profunda absorção de seu solo e herança. É ainda mais fácil, em nosso caso, acompanhar o maravilhoso jogo de dupla obediência dessa música tão robusta, uma obediência que reflete a sombria fertilidade do indígena acasalada com o porte altivo das raças latinas sulistas (...). Como é significativo que tanto em Chávez como em Villa-Lobos o nativo fale mais alto que o latino![574]

A partir disso, só se pode afirmar que, se a trajetória de Villa-Lobos como compositor é considerada o triunfo do pensamento "domesticado" sobre o selvagem, ele só atingiu o ponto

CAPÍTULO X – OS CONCERTOS

mais elevado dessa domesticação nos anos 1950. Seus concertos apresentam considerável artesania, tratamento refinado do solista e da orquestra, principalmente pelas cores e sonoridade delicadamente impressionistas sem quaisquer excessos ou exageros, uma abordagem quase neutra.

Os concertos que Villa-Lobos escreveu na década de 1950 não foram, em geral, bem recebidos. A crítica em *Musical America*, de abril de 1961, sobre o *Concerto nº 1* para piano e orquestra, que havia sido estreado em Nova Iorque, diz:

> Ainda mais chocante foi o totalmente lamentável *Concerto*, de Villa-Lobos, brilhantemente tocado por Mrs. Ballon (a quem é dedicado). Não há um ponto sequer dessa longa, muito longa peça, em que não possa ser encontrado algum clichê de qualquer estilo posterior a 1800, sem qualquer atenuante obtida por meio de astúcia, determinação ou formatação. Teria essa obra vindo à luz não houvesse o nome de um compositor ilustre por trás dela? Penso que não. Essa pode não ser a pior das 1600 composições de Villa-Lobos, mas, em respeito à sua memória, deveria ser rapidamente esquecida.[575]

A estreia do *Concerto nº 5* para piano e orquestra em Londres, 1955, foi relatada da seguinte maneira pelo *The Musical Times*:

> Felicia Blumenthal foi a solista da primeira apresentação do *Concerto nº 5* para piano de Villa-Lobos, realizado no Festival Hall em 8 de maio pela London Philharmonic Orchestra, dirigida por Jean Martinon. Não fico surpreso com a ausência de qualquer coisa nova na música nova. Deparar-se com uma estreia mundial que se conserva apenas do lado "correto" da competência musical é uma experiência surpreendente, embora felizmente rara. Se o concerto de Villa-Lobos foi competente por um fio de cabelo, a obra não denuncia qualquer indício de consciência artística. Cada

um de seus quatro movimentos revira as profundezas da banalidade, trazendo à tona nada além de ideias românticas cafonas ou desconjuntadas – frequentemente tomadas de outro compositor (pobre Rachmaninoff!). Esse é o tipo de música que jamais deveria ter sido escrita, muito menos apresentada. Ela não merece sequer a efêmera imortalidade de uma nota.[576]

Partindo dessas reações mais imediatas, será interessante, em primeira instância, examinar os concertos de Villa-Lobos por uma perspectiva interna e ponderar sobre o lugar que assumem na obra do compositor. Na sequência, é preciso determinar seu valor na história da música e desenvolvimento em sentido mais amplo, dentro dos paradigmas de nosso estudo, nos contextos brasileiro, sul-americano, panamericano, europeu e "universal". Nossa avaliação deve ao menos tentar evitar as *méconaissances* provocadas pelas mudanças de estilo no nível da superfície musical.

Concerto nº 1 para piano

(1945/1946; ed. Max Eschig)

A série de concertos para piano de Villa-Lobos inicia em 1945. Nesse ano, ele compôs a última das *Bachianas*, o poema sinfônico *Madona*, a *Fantasia* para cello e orquestra, o *Quarteto de cordas nº 9*, a *Sinfonia nº 7*, o *Trio para cordas*, bem como o *Duo para violino e viola*. Todas essas obras evidenciam o encerramento do período das *Bachianas*, renunciando ao neorromantismo inteiramente tonal tingido por citações folclóricas diretas e estilizações barrocas. Villa-Lobos muda para um nível espiritual mais "interno" de seu brasilianismo e americanismo. Essa transição corresponde na produção de Ginastera com a passagem do nacionalismo objetivo ao subjetivo, chegando finalmente a uma

CAPÍTULO X – OS CONCERTOS

expressão completamente universal. O *Concerto nº 1* para piano é o maior e talvez o mais interessante dos concertos villalobianos para esse instrumento, do ponto de vista temático. Nessa obra, ele surpreendentemente adota o estilo de Shostakovich, por exemplo, na *Sinfonia nº 8*, se a *passacaglia* do compositor russo for comparada com o movimento lento do concerto. O mesmo vale para a ambientação do modernismo russo, sua natureza séria e patética. O tratamento dado ao piano é parecido com o estilo concertante de Rachmaninoff.

O primeiro movimento ("Allegro") às vezes oscila entre o concerto tradicional e a estrutura formal rapsódica, como no *Choros nº 11*. Alguns elementos típicos do estilo tardio já se manifestam, como as seções longas e atemáticas, baseadas em procedimentos harmônicos e contrapontísticos simples. A estrutura simétrica do início é um desses recursos (ex. 215).

Exemplo 215. Villa-Lobos: *Concerto nº 1 para piano*, I, Max Eschig.

Também se destacam as harmonias quartais, como na entrada do piano (ex. 216).

523

Exemplo 216. Villa-Lobos: *Concerto nº 1 para piano*,
I, c. 35-37, ed. Max Eschig.

Por toda a obra, a atenção é atraída para o tratamento dado ao piano, com grandes superfícies sonoras que exploram todo o teclado e o timbre especial do instrumento, não limitado a sua capacidade percussiva, nem subordinado pela linearidade excessiva de Hindemith ou Chávez. As passagens são bem escritas para a estrutura das mãos; por exemplo, quando a linha cromática inicial é transformada para a seguinte passagem ao piano (ex. 217).

Exemplo 217. Villa-Lobos: *Concerto nº 1 para piano*,
I, nº 9:3, Max Eschig.

CAPÍTULO X – OS CONCERTOS

A forma geral do movimento pode ser descrita com o esquema A-B-C-A'-C'-A"-B'-C"-D. As seções A e B são claramente temáticas, enquanto as seções C são transitórias, com caráter de desenvolvimento.

A primeira seção A tem uma introdução orquestral que apresenta as duas ideias temáticas mais importantes, o motivo simétrico mencionado acima e uma melodia cantante que assume o papel de tema principal do movimento. A única referência ao universo sonoro latino-americano está no acompanhamento sincopado desse tema.

A entrada do solista introduz dois dos recursos mais típicos do compositor: alternância entre oitavas nos baixos com acordes de quatro ou cinco notas no agudo (uma combinação especialmente adotada às *cadenzas*) e oitavas paralelas que varrem o teclado com alterações cromáticas.

Na seção C, vários motivos entram em cena, mas nenhum deles chama a atenção. As harmonias nessa seção são dissonantes e dominadas pelas tercinas que flutuam alternadamente (nº 14-16).

O tema cantante ou principal retorna no piano (nº 18), caracterizado pelo uso de sequências simples e linha cromática descendente no baixo. De um lado, a melodia alude à tradição do concerto, criada por Tchaikovsky e Rachmaninoff; de outro, remete à modinha com sequências e modulação para a subdominante (ex. 218).

Exemplo 218. Villa-Lobos: *Concerto nº 1 para piano*, I, nº 18:1-12, Max Eschig.

O "Andante" é indicado como sendo o terceiro na partitura, mas sua função estrutural corresponde à do "segundo movimento lento", já que o retorno à introdução orquestral do primeiro movimento (nº 27) foi separado e nomeado como o segundo movimento. Outra subdivisão ilógica desse tipo é vista também no *Choros nº 11*. O "Andante" é excepcionalmente bem construído, devido ao poder integrador de seu tema, à maneira de um *cantus firmus* (ex. 219). Ele dá ao movimento o caráter de uma *passacaglia* livremente elaborada. A ideia do *cantus firmus* é muito próxima à de uma obra como a *Chaconne*, de Carl Nielsen, ou ainda a temas modais do tipo *passacaglia* de Shostakovich.

CAPÍTULO X – OS CONCERTOS

Exemplo 219. Villa-Lobos: *Concerto nº 1 para piano*, III, "Andante", c. 1-8, Max Eschig.

Em todo caso, o tratamento dado ao tema lhe dá um caráter estável, meditativo. É difícil encontrar algo que seja especificamente "sul-americano" na peça, que praticamente poderia ser o movimento lento de algum concerto póstumo de Prokofiev. A *cadenza* revela a abordagem pianística mais típica de Villa-Lobos. O estilo expressionista de todo o "Andante" representa uma faceta interessante na produção do compositor, com elementos que se incorporam à sua habilidade e versatilidade em transformar à sua feição. É uma pena que Villa-Lobos não persistiu nessa linha, adotando um modelo baseado em Rachmaninoff e Gershwin nos demais concertos.

O tema *passacaglia* tem três contrassujeitos de destaque, que surgem já na primeira seção. A sonoridade, à maneira de Milhaud, é marcante e bela em torno da marca de ensaio nº 1, onde trompas, cellos e contrabaixos apresentam o *cantus firmus* em conjunto com o motivo "acorde", enquanto as cordas seguem em movimento paralelo de quartas.

A sonoridade, estranhamente nórdica e meditativa, cresce após a entrada do piano, atingindo uma explosão emocional quase eslava, com acordes paralelos à maneira de Rachmaninoff (ex. 220). O solo estridente e penetrante do trompete (nº 4:11) talvez seja o único elemento que reflita a sensibilidade latino-americana.

Exemplo 220. Villa-Lobos: *Concerto nº 1 para piano*, III, nº 4:3-5, ed. Max Eschig.

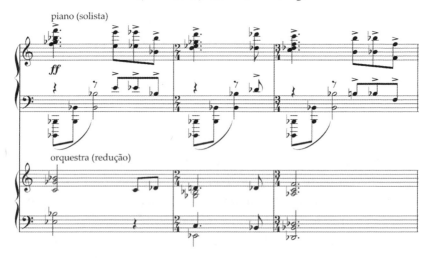

Em todos os seus concertos para piano, Villa-Lobos assume a tarefa de brindar o ouvinte com ao menos uma seção claramente melódica, como uma cantilena. Na marca de ensaio nº 12 (*Andantino*), há uma boa ilustração de suas influências russas: as breves intervenções em uníssono das cordas, pouco antes da recapitulação, e a métrica em 5/8 completam esse quadro tchaikovskiano. A *cadenza* do piano não só desenvolve os motivos do "Andante", mas também alguns temas do primeiro movimento, dando unidade à obra. Seu aparato técnico inclui *martellatos* em ambas as mãos, oitavas paralelas, acordes atacados alternando os registros agudo e grave, escalas, arpejos e trilos, tudo isso com encadeamentos de acordes bem adaptados à anatomia das mãos. O movimento conclui meditativamente com o *cantus firmus*, tocado pelos cellos e contrabaixos, todavia, não no mesmo modo inicial.

O último movimento, um *finale* do tipo *scherzo* ("Allegro non troppo"), é uma espécie de polca brasileira. O tema principal é uma vaga lembrança do segundo movimento do *Quarteto de cordas nº 1*, "Brincadeira". Trata-se de uma polca grotescamente distorcida – à maneira das marchas e danças irônicas de Shostakovich e Prokofiev. Um efeito de estranhamento é agregado ao tema com o movimento nos baixos "errados", ou seja, a síncopa no baixo que antecipa o tema por uma colcheia (ex. 221).

Exemplo 221. Villa-Lobos: *Concerto n° 1 para piano*, IV, n° 1, ed. Max Eschig.

A densa textura orquestral do início, as inventivas síncopas no tema, o rebaixamento modal da sétima, tudo isso são características típicas de Villa-Lobos e do caráter brasileiro. Por vezes, o tema da polca recebe alguma cor "ibérica", tocado em oitavas distantes pelo piano. No todo, o *Concerto n° 1* mostra que Villa-Lobos é capaz de criar algo vivo e expressivo dentro dos limites tradicionais do concerto. A linguagem rapsódica do *Choros n° 11* dá lugar a uma expressão sonora mais sóbria e concentrada.

Concerto n° 2 para piano e orquestra

(1948/1953; ed. Max Eschig)

O *Concerto n° 2* foi escrito três anos após o primeiro e é dedicado ao famoso pianista João Souza Lima, a quem Villa-Lobos dedicou diversas composições (*Caixinha quebrada*, por exemplo, traz o subtítulo "Pra Souza Lima brincar"). O pianista, por sua vez, escreveu um ensaio sobre a obra pianística do compositor, "Impressões sobre a música pianística de Villa-Lobos".[577] O curso

Técnica Moderna de piano de Souza Lima teria sido inspirado pela obra villalobiana para piano. No ensaio mencionado acima, Souza Lima relata os tempos em que conviveu em Paris com Villa-Lobos, cujas obras do período muitas vezes foram esboçadas em seu piano:

> Não sendo pianista na verdadeira significação da palavra, Villa-Lobos possui aquela habilidade de teclado peculiar a certos indivíduos que nos dão a impressão de muito terem estudado, impressão essa que logo se desfaz, constatando-se apenas a existência de uma grande habilidade natural. Esta, no caso de Villa-Lobos, constitui a razão de suas obras apresentarem sempre um aspecto técnico absolutamente individual. Suas fórmulas pianísticas não são oriundas de pessoa que tenha formado seu conhecimento tecladístico a poder dos Czerny, dos Clementi e de tantos outros especialistas no assunto. Daí o ineditismo de seus passes técnicos que levam o executante a um desenvolvimento de maior culminância, revelando sonoridades novas, tanto no colorido como no volume que, às vezes, atinge proporções fora do comum.[578]

Ainda assim, em relação ao tratamento dado ao piano, os *Concertos n° 2* e *n° 3* são bem menos interessantes do que as obras para piano anteriores de Villa-Lobos. Há uma certa "sonoridade" no *Concerto n° 2*, é verdade, mas faltam as nuances da técnica de piano, da qual ele tem muitas outras realizações mais plenas. É como se o compositor tivesse em mente um certo protótipo concebido intuitivamente de um concerto para piano em suas obras tardias (do mesmo modo que um modelo pucciniano para suas óperas).

Chamam a atenção, no primeiro movimento ("Vivo"), o colorido modal do tema principal e as métricas irregulares que atravessam as barras de compasso. No aspecto técnico do solista, são usados muitos acordes paralelos em ambas as mãos (evocando, por exemplo, o finlandês Selim Palmgren, que escreveu cinco concertos

CAPÍTULO X – OS CONCERTOS

para piano). O movimento é caracterizado pelo "clima de alegria espiritual", como diz a nota de programa em *Villa-Lobos, sua obra*.

O segundo movimento ("Lento") tem caráter mais sério. A orquestra prepara a entrada do piano com um motivo cromático, monotonamente repetido, quase como uma variante da canção "Mokocê-cê-maká" (das *Canções Típicas Brasileiras*, nº 1).

O terceiro movimento ("Quasi allegro") é uma ampla *cadenza* e o quarto ("Allegro") é um enérgico *scherzo* em estilo mediterrâneo. O segundo tema é uma modinha, destacando-se como a única característica sul-americana desse concerto.

Concerto nº 3 para piano e orquestra

(1952-57/1957; ed. Max Eschig)

Segundo *Villa-Lobos, sua obra*, o *Concerto nº 3* começou a ser composto em 1952, mas permaneceu interrompido por alguns anos até ser completado em 1957.[579] Assim, esse seria de fato o quinto e último dos concertos para piano. Estilisticamente, há pontos em comum com o aspecto pucciniano cantante de sua ópera *Yerma*. Há a mesma saudade reprimida encontrada em outras obras desse período. Os elementos que eventualmente retornam de épocas anteriores adquirem nova significação nesse contexto.

A obra ilustra como Villa-Lobos empregava poucos elementos em seu período tardio. O número de motivos é notavelmente pequeno. Esse concerto é dedicado a Arnaldo Estrella, um dos pianistas mais importantes do Brasil.

No primeiro movimento ("Allegro"), o material divaga pelo modo eólio no registro agudo; a transparência faz lembrar os concertos de Prokofiev ou o terceiro concerto para piano de Bartók. Os compassos iniciais apresentados pela orquestra (ex. 222) têm elementos típicos: a) tema em uníssono/oitavas; b) tercinas em zigue-zague; c) textura à base de acordes.

Exemplo 222. Villa-Lobos: *Concerto nº 3 para piano*, I, c. 1-4, redução (orquestra), ed. Max Eschig.

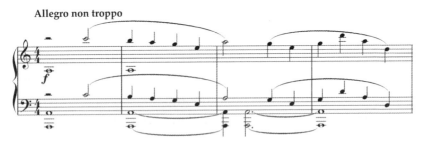

O movimento lento ("Andante con moto") é lírico e claramente melódico, inserido entre outros movimentos "atemáticos" com ausência de características melódicas mais marcantes.

No "Scherzo", não há tonalidade evidente, tampouco funções harmônicas tradicionais. A textura entrecruza linhas diatônicas e cromáticas, às vezes em movimento espelhado, outras em acordes de quartas e segundas. A breve introdução da orquestra termina com um zigue-zague arpejado em quartas. Esse tipo de figura sempre ocorre em Villa-Lobos como um elemento cadencial, "disruptivo", preparando o ouvinte para a chegada de novo material.

No *finale* ("Allegro vivace"), o motivo principal é apresentado logo de início. A textura é fluida, melodicamente esfuziante. Um pouco antes do final, ouvimos uma figuração em *martellato* que remete ao "Kankukus" das *Danças Africanas* (ver nº 6-9). Na orquestração, destacam-se o vibrafone e a celesta.

CAPÍTULO X – OS CONCERTOS

Concerto nº 4 para piano e orquestra

(1952/1953; ed. Max Eschig)

Os últimos dois concertos para piano de Villa-Lobos representam o triunfo da melodia sobre os demais parâmetros, sem se rejeitar, no entanto, o luxuriante colorido orquestral. O *Concerto nº 4* é associado com a fase intermediária do compositor, mas foi composto em 1952, e a partitura assinala os locais da composição em Nova Iorque e Paris. O solista na estreia foi Bernardo Segali, com a Pittsburgh Symphony Orchestra e regência do próprio compositor.

Já na breve introdução orquestral (ex. 223), encontram-se, de forma condensada, os elementos mais essenciais do primeiro movimento ("Allegro non troppo"): os ritmos pontuados, o movimento em semicolcheias e o motivo em tercinas em torno do ritmo base: ♩. ♩ ♩.

Exemplo 223. Villa-Lobos: *Concerto nº 4 para piano*, I, c. 3-5, ed. Max Eschig.

O segundo tema, em Si♭ menor, dá uma boa mostra da natureza melódica desse concerto (ex. 224).

Exemplo 224. Villa-Lobos: *Concerto nº 4 para piano*, I, ed. Max Eschig.

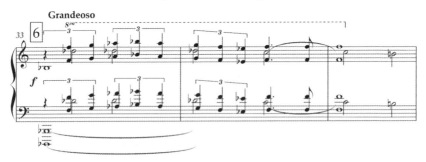

O movimento também apresenta uma seção de desenvolvimento na qual os motivos expostos anteriormente são submetidos a transformações. O patético tema principal (nº 2) sofre uma irônica distorção e dissolução (nº 7).

O movimento lento é o segundo, "Andante con moto", que lembra bastante as *Bachianas* com suas passagens melódicas, as quais, de modo similar, são geralmente estáticas. O terceiro movimento é o típico *scherzo* villalobiano tardio, com seu "contentamento" em deixar a música fluir, sem desenvolvimentos muito elaborados, deixando vir à tona todos os caprichos melódicos e rítmicos da orquestra. A *cadenza* é bastante longa, desenvolvendo os motivos dos movimentos anteriores.

O último movimento ("Allegro moderato") começa com um inesperado motivo polifônico com notas sustentadas, e a reunião das cordas nos registros grave e agudo evoca um caráter shostakovichiano nos lentos compassos introdutórios. Mas essa atmosfera é logo quebrada com a entrada do piano, com um motivo rítmico dactílico em movimento contrário, formado por ásperos acordes quartais. Essa cena com caráter de dança também se esvai. No

CAPÍTULO X — OS CONCERTOS

ensaio nº 6, surge um motivo nostálgico, com ritmo oscilante que, a princípio, lembra ligeiramente o motivo do "Andante" do *Concerto nº 1*, mas depois se revela mais próximo de um dos motivos principais de *Ibericarabe*, uma peça para piano do período inicial. O compositor cita seu próprio tema com um lapso de quase cinquenta anos. O ressurgimento desse tema é uma boa ideia do ponto de vista estratégico, já que, após um *scherzo* à maneira de Milhaud e o começo um tanto disperso do *finale*, o ouvinte busca uma melodia que possa seguir e compreender. O contraste é considerável, e o efeito não se atenua com a repetição encantatória do motivo, por seis vezes.

Concerto nº 5 para piano e orquestra

(1954/1955; ed. Max Eschig)

Esse concerto é dedicado a uma das mais eminentes pianistas brasileiras de seu tempo, Felicia Blumenthal. Foi estreado em Londres em 1955 e há um registro dessa apresentação na revista *Musical Events*, assinado por Andrew Porter.

O *Concerto nº 5* é o mais bem-acabado, romântico e popular dos concertos para piano de Villa-Lobos. Em sua simplicidade, há algo além da busca pela solução mais fácil, o concerto melodramático americanizado à maneira de Grieg ou Rachmaninoff, quase flertando com a música para cinema – se a obra é ouvida em relação à produção do compositor. O comentário de Porter é bem ponderado: "a artesania é simples, sem rebuscamentos, mas muito segura. Há algumas sonoridades fascinantes (...) e uma destreza que no geral talvez atinja as expectativas".[580]

O primeiro movimento ("Allegro non troppo") é como uma forma-sonata clássica, com dois temas principais, um tema secundário e um tema de encerramento:

Quadro 12. Estrutura formal do primeiro movimento do *Concerto nº 5 para piano*.

A   Introdução orquestral baseada em um motivo espelhado e simétrico, por movimento contrário

B   Motivo principal, Lá menor, nº 3

A'   Motivo espelhado no piano (nº 7)

C   Segundo motivo (cromatismo à maneira de Gershwin; Sol# menor, nº 11)

B'   Retorno do motivo principal (nº 15)

D   Tema de encerramento (Dó menor, nº 18)

O motivo principal tem caráter de valsa lenta, do mesmo tipo que *Impressões Seresteiras*. Alternando entre 6/8 e 3/4, a métrica estabelece um característico ambiente latino-americano. A hemíola talvez seja ainda mais típica em outros lugares da América do Sul do que no Brasil – se mencionarmos apenas Ginastera, Uribe--Holguín ou Simeon Roncal e danças como *paisillo, cueca* etc. O segundo tema é o típico Villa-Lobos tardio, em que a harmonia muda a cada compasso (ex. 225).

Exemplo 225. Villa-Lobos: *Concerto nº 5 para piano*, I, c. 33- ed. Max Eschig.

CAPÍTULO X – OS CONCERTOS

Esses motivos estão a um passo do que se entende como música de entretenimento. As introduções orquestrais do *Concertos nº 4* e *nº 5* poderiam até ser aproveitadas como trilha sonora na abertura de um filme, enquanto os créditos são apresentados na tela.

O segundo movimento, "Poco adagio", é baseado na repetição de um motivo que lembra vagamente a "Cantilena" da *Bachianas nº 5* (ex. 226). A afirmação de Porter, de que isso é uma "canção brasileira popular entre os indígenas do Brasil",[581] parece-nos estranha. Esse equívoco ilustra como as melodias de Villa-Lobos podem soar mais primitivas do que o próprio folclore, ao menos para certos ouvidos.

Exemplo 226. Villa-Lobos: *Concerto nº 5 para piano*, II, c. 19-21, ed. Max Eschig.

O terceiro movimento, "Allegretto scherzando", é construído sobre uma figuração em zigue-zague no piano, com um tema de polca que surge a partir dela (ex. 227), lembrando o *finale* do *Concerto nº 1*. Uma amostra do abrasileiramento dessa dança está na interessante variação sincopada no compasso 21 (ex. 228), que parece evocar o pianismo de Ernesto Nazareth.

537

Exemplo 227. Villa-Lobos: *Concerto nº 5 para piano*, III, c. 9, ed. Max Eschig.

Exemplo 228. Villa-Lobos: *Concerto nº 5 para piano*, III, c. 21, ed. Max Eschig.

O mesmo motivo de polca é desenvolvido de outras maneiras, servindo como uma espécie de refrão em uma forma rondó.

O quarto movimento ("Allegro") começa com uma variante do tema de polca mencionado acima. O tema tem uma figuração em tercinas regulada pela métrica em 9/8, com vários acordes quartais dispostos em movimento contrário. A textura da orquestra é descrita por Porter: "o *finale* é um modelo de contorno melódico indistinto, que se salva pela figuração efetiva do piano".[582] No entanto, o motivo de polca muda para uma textura transparente, caracterizada por serenidade pastoral (nº 14).

Concerto para violão e pequena orquestra

(1951/1956; ed. Max Eschig)

O concerto foi encomendado por Andrés Segovia, e seu título inicial era *Fantasia Concertante*. A obra, então, não tinha uma

CAPÍTULO X – OS CONCERTOS

cadenza, como o recém-acabado *Concerto para harpa e orquestra*, dedicado a Nicanor Zabaleta. Segovia protestou: se a harpa mereceu uma *cadenza*, por que não o violão? Villa-Lobos inseriu, assim, uma cadência entre o segundo e o terceiro movimento, mudando também o título da obra.

A história prossegue com a estreia, em que Mindinha – a segunda esposa de Villa-Lobos – inicialmente acrescentou um "p" ao sinal de dinâmica na orquestração, depois mais dois e, finalmente, três. Villa-Lobos chegou a dizer que procurou equilibrar a sonoridade para que a orquestra não encobrisse o solista.[583] Assim, após à solicitação de Segovia, a obra acabou se tornando um verdadeiro concerto para violão.

Apesar desses cuidados, a orquestração foi criticada por ser demasiado densa, além do que a obra foi criticada por outros aspectos, como os demais concertos do período final de Villa-Lobos. Sobre o *Concerto para violão*, já se disse que é mais caleidoscópico do que orgânico, e que "perde em charme e força para os concertos rivais de Rodrigo e Castelnuovo-Tedesco".[584] Essa crítica atualmente é considerada injustificada. O *Concerto para violão* pertence ao límpido período tardio de Villa-Lobos, caracterizado por sugestões e referências a sua produção anterior, sem bravatas, romantismo tardio ou agressividade fauvista (cf., por exemplo, o tema principal do segundo movimento com o "Prelúdio" da *Bachianas n° 4*; repare que o tema principal no violão é colocado no registro grave, como em muitos dos *Estudos* etc.).

O primeiro movimento ("Allegro preciso") é baseado na tensão entre o motivo rítmico repetido energicamente e um motivo secundário em estilo cantante. Villa-Lobos disse que esse último tema evoca "a atmosfera melódica de certas canções populares do Nordeste brasileiro". O segundo movimento, "Andantino e Andante", consiste em um motivo arpejado que também é uma referência ao *Prelúdio n° 3*. Na *cadenza*, Villa-Lobos realiza uma síntese de todas as suas obras anteriores para o instrumento, com um resumo de suas contribuições técnicas. O uso dos harmônicos é particularmente magistral.

As críticas desfavoráveis talvez se devam ao fato de o último movimento ("Allegro non troppo") não atingir o mesmo patamar dos anteriores, baseando-se quase exclusivamente em aspectos técnicos, sem maior substância estrutural. Aqui também, Villa-Lobos explora *Spielfiguren* desenvolvidas anteriormente, com figuração e harmonia praticamente idênticas à do *Prelúdio nº 4* (ex. 229-230).

Exemplo 229. Villa-Lobos: *Prelúdio nº 4 para violão*, c. 20-21, ed. Max Eschig.

Exemplo 230. Villa-Lobos: Concerto para violão, III, c. 28. ed. Max Eschig.

Concerto para harpa e orquestra

(1953/1955; ed. Max Eschig)

Muitos instrumentistas encomendaram concertos a Villa-Lobos em seus dez últimos anos de vida, almejando a realização da estreia e a dedicatória da obra.[585] O *Concerto para harpa* é uma dessas obras, encomendada e estreada por Nicanor Zabaleta. A recepção concedida ao concerto em Londres, em 1956, não foi

CAPÍTULO X – OS CONCERTOS

especialmente encorajadora, segundo Donald Mitchell, crítico do *The Musical Times*:

> Até aqui, a atual temporada de concertos sinfônicos da BBC não ofereceu qualquer nova música memorável. Não podemos culpar a Corporação; talvez devêssemos castigar os compositores; ou talvez devêssemos censurar a ambos. No caso do *Concerto para harpa*, de Villa-Lobos, apresentado pela primeira vez na Festival Hall, em 21 de novembro, por Nicanor Zabaleta, com a Orquestra Sinfônica da BBC regida por Heinrich Scherchen, é certo que a BBC jamais deveria ter selecionado tal obra, enquanto o compositor nunca deveria tê-la escrito. Uma peça horrorosa, que seria melhor esconder com um véu. Villa-Lobos já foi melhor do que isso. Por outro lado, ele nunca havia sido tão eficaz, em minha opinião, em fazer com que a BBC se sentisse constrangida a dar espaço à sua música (no sentido de "acompanhar" suas composições mais recentes). Nós todos amamos a BBC por sua persistência com causas perdidas, mas Villa-Lobos não é merecedor dessa filantropia.[586]

Por outro lado, segundo Vasco Mariz, a plateia recebeu a obra com mais entusiasmo em sua primeira apresentação na Filadélfia. O *Concerto para harpa* é neorromântico, em relação ao contexto estético-musical dos anos 1950. A perspectiva do concerto para harpa e desta como instrumento solo, por parte de Villa-Lobos, segue a concepção romântico-impressionista, em que a harpa é capaz de produzir tanto arpejos cintilantes quanto sonoridades em tom pastel. Como são diferentes as possibilidades do instrumento reveladas por Ginastera, em seu concerto para harpa (ex. 231) escrito dez anos depois, no qual explora a capacidade rítmica do instrumento, culminando em um motivo pentatônico com a célula do *malambo* (esse uso do pentatonismo é muito raro em Villa-Lobos).

Exemplo 231. Ginastera: *Concerto para harpa*, III, c. 9-12, ed. Boosey and Hawkes.

Em vez disso, Villa-Lobos se volta para o estilo "universal", neutro, de sua etapa inicial. A orquestra é dominada pelas cordas e madeiras, os metais ficam ao fundo, e a percussão brasileira, naturalmente, é totalmente excluída. O concerto tem quatro movimentos e uma cadência bastante longa, que Zabaleta abreviou.

O início do primeiro movimento ("Allegro"), com sua neutra figuração simétrica, é seguida imediatamente pela entrada da harpa, com tercinas "atemáticas", sem ser muito eloquente. A troca de papeis entre solista e orquestra (nº 5, 6 e 7) é bastante típica. Uma espécie de clímax melódico e entoativo é atingido com um motivo cintilante e contido (ex. 232).

Exemplo 232. Villa-Lobos: *Concerto para harpa*, I, nº 9:1-2, ed. Max Eschig.

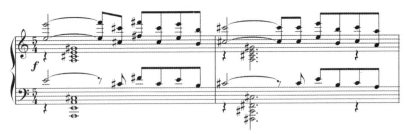

O segundo movimento, "Andante moderato", é o de caráter mais impressionista em todo o concerto. Os motivos mais importantes são ouvidos no princípio. As terças descendentes em harmônicos na harpa irão se revelar mais tarde como uma citação de Debussy (ex. 233), juntamente com outro motivo da orquestra, citado a partir de uma obra de juventude de Villa-Lobos. Esse motivo villalobiano circula belamente entre diferentes instrumentos, alterando sua coloração (corne-inglês, clarinete, oboé, flauta e violino).

Nesse movimento, o compositor parece retomar a sonoridade de seu *Sexteto Místico*, culminando com uma alusão ao *L'Après-midi d'um faune*.

Exemplo 233. Villa-Lobos: *Concerto para harpa*, II, c. 1-4, redução, ed. Max Eschig.

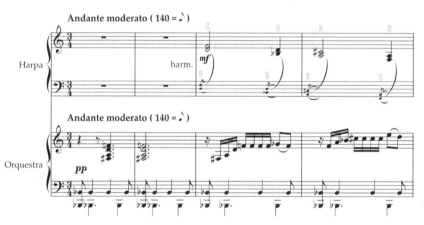

Na transição do "Scherzo" (nº 6), há um vislumbre do brasilianismo de Villa-Lobos, por meio de uma variante do motivo "Wagner", com a superposição rítmica de 6/8 e 2/4.

Somente em um momento dessa obra o compositor experimenta novos timbres: a segunda menor da harpa (nº 21) recebe uma indicação de *performance* nos seguintes termos: "usar o mesmo pedal entre Sol♭ e Fá, de modo a obter um glissando com ondulação".

Na *cadenza*, retornam os motivos principais dos demais movimentos, o que é uma constância de Villa-Lobos. A passagem soa bem à harpa, mas poderia ser tocada igualmente bem ao piano. O *finale* transcorre em um alegre Dó maior, com modulação simples pelo ciclo das quintas, de maneira um tanto bachiana.

Olin Downes provavelmente está certo em afirmar que o concerto é demasiado longo e que o solista é unilateralmente obrigado a tocar no registro mais agudo do instrumento, acompanhando a orquestra com figurações tradicionais. Isso é surpreendente, "vindo do sr. Villa-Lobos, de quem já ouvimos a harpa ser tratada tão magnificamente em algumas de suas obras orquestrais".[587]

Concerto nº 2 para violoncelo e orquestra

(1953/1955; ed. Max Eschig)

O *Concerto nº 2 para violoncelo* pertence à série de concertos escritos no período tardio de Villa-Lobos, encomendado pelo violoncelista Aldo Parisot, quem estreou a obra em uma apresentação com a Filarmônica de Nova Iorque, em 5 de fevereiro de 1955. A peça foi bem recebida por Olin Downes que, em sua coluna no *The New York Times* (o comentarista de *Musical America*, que assinou com as iniciais "R. M. K.", concorda com ele), considerou o concerto como:

> (...) uma obra de substância melódica instigante, particularmente no "Allegro non troppo" inicial. As dissonâncias não agridem, embora tenhamos alguns toques mais fantasiosos e do tipo popularesco. O segundo movimento é nostálgico, trazendo reminiscências harmônicas e melódicas da assombrosa "Ária" das *Bachianas Brasileiras nº 5* do mesmo compositor. O terceiro movimento é um *vivace* que irrompe vivamente (...), o *finale* é um excitante "Allegro energico", que decepciona um pouco por não possuir material temático

CAPÍTULO X – OS CONCERTOS

muito evidente, ou mesmo uma estrutura psicológica suficientemente marcante.[588]

Em geral, esse concerto não traz melodias muito memoráveis, cativantes à primeira audição, apesar da textura como um todo ser bastante melódica. A orquestração é comedida por toda e peça. Pode-se dizer do primeiro movimento que ele, em si, é melodioso sem, no entanto, apresentar uma melodia de destaque. O motivo principal tem distinto sabor modal (ex. 234).

Exemplo 234. Villa-Lobos: *Concerto nº 2 para cello*, I, nº 1:1-2, ed. Max Eschig.

Fragmentos de obras antigas do compositor perpassam pelo cello, algumas vezes mais reconhecíveis, outras menos. A próxima amostra (ex. 235) parece extraída diretamente do motivo de três notas que recorre obstinadamente na *Bachianas nº 1*.

Exemplo 235. Villa-Lobos: *Concerto nº 2 para cello*, I, nº 12: 3-4, ed. Max Eschig.

O tema principal do "Largo" também é uma vaga recordação de outra obra mais antiga do compositor. Na seção de apoio, a textura em *pizzicato* das *Bachianas* é misteriosa e evocativa, mas não chega a ser uma novidade nesse ponto da carreira do compositor. O melhor momento do concerto é o *Scherzo* – infelizmente, demasiado curto. Na breve introdução orquestral, há uma demonstração de virtuosidade com a marcante entrada do cello, em um galope de tercinas (ex. 236).

545

Exemplo 236. Villa-Lobos: *Concerto nº 2 para cello*, III, nº 1:1-2, ed. Max Eschig.

O *Scherzo* leva diretamente à *cadenza*, cujo cerne consiste em movimentos de quinta e na recapitulação de motivos dos movimentos anteriores. Não há nada notável no *finale*.

Aldo Parisot, o celista que encomendou e estreou o *Concerto nº 2*, faz uma descrição aparentemente confiável e incrivelmente vívida das etapas criativas percorridas pela obra. Ao mesmo tempo, sua narrativa esclarece sobre os métodos de trabalho do compositor ao longo de sua última década:

> Quando fui convidado para fazer minha estreia com a Filarmônica de Nova Iorque no Carnegie Hall, encomendei um concerto a Villa-Lobos. Faltando três meses para esse evento, não tinha notícia da obra e fiquei preocupado. Certo dia, em novembro de 1954, recebi um telefonema: "Parisot, venha ao New Weston Hotel e toque um pouco para mim, enquanto escrevo seu concerto", e a sonora gargalhada do maestro atravessou a linha telefônica.
>
> Ele queria me ouvir tocar tanto quanto possível, de modo a ajustar a obra ao meu temperamento e capacidade. Fui a seu hotel todos os dias, por uma semana, tocando várias horas por dia em seu quarto. Villa-Lobos começava a compor por volta das sete da manhã e continuava até o anoitecer. Entre ele e o resto do mundo, havia um longo charuto e uma concentração imperturbável, que nada podia abalar. Mas, pelo que pude presenciar, aquele quarto de hotel era tão sujeito a interferências quanto uma cachoeira caindo sobre as rochas. Mesmo assim, sua caneta continuava a traçar

CAPÍTULO X — OS CONCERTOS

uma torrente de notas sem que nem ao menos uma pausa o deixasse em dúvida com relação a escrita.

Sempre que ele concluía uma passagem mais complicada, pedia que eu a experimentasse com o cello. Se minha maneira de tocar não correspondesse ao que ele havia imaginado para aquela frase, ele próprio pegava o instrumento (pois havia sido ele próprio um celista) e me mostrava como ele pretendia que aquilo soasse. Villa-Lobos acabou a peça em uma semana, eu mal tinha três meses para estudá-la. Para as pessoas comuns, o tempo é regido pelo relógio ou pelo calendário; para um gênio como Villa-Lobos, é apenas um espaço vazio, a ser preenchido pela criação.[589]

CAPÍTULO XI

OBRAS ORQUESTRAIS

Poemas sinfônicos, balés e cantatas

Amazonas

(Balé ou poema sinfônico; orquestra; 1917/1929; ed. Max Eschig)

Em 1917, Villa-Lobos escreveu dois poemas sinfônicos, *Uirapuru* e *Amazonas*. Ambos tiveram de esperar muitos anos por uma estreia. Segundo Peppercorn, *Uirapuru* foi orquestrado apenas em 1934 e, no ano seguinte, apresentado como um balé coreografado por Serge Lifar, no Teatro Colón em Buenos Aires; *Amazonas*, por sua vez, foi estreada apenas em 1929 em Paris, como parte da série dos *Concerts Poulet*. *Amazonas* pode ser considerada mais avançada que *Uirapuru* e não causa espanto que tenha figurado no mesmo programa de *Amériques*, de Varèse, concerto que foi um sucesso, até mesmo escandaloso, em Paris. *La Revue Musicale* comparou a recepção dada às duas obras. De acordo com Joseph Baruz, há uma analogia entre as propostas de *Amazonas* e *Amériques*: "ambas estavam em harmonia, se não em virtude de sua estrutura interna, ao menos então através de seu intenso poder, pois não pretendem encantar, mas capturar".[590]

A reação do crítico, em seu confuso êxtase, demonstra o quão nova e surpreendente lhe pareceu a forma que ele entreviu em *Amazonas*:

> Heitor Villa-Lobos tem recebido inspiração de seu passado nativo, consagrado pelo tempo e uma lenda registrada por seu pai, Raul Villa-Lobos, em 1896, na região habitada pelos Marajoara. Ele não pretendeu interpretar musicalmente todos os pontos dessa narrativa, selecionando os elementos com significação mais universal.[591]

Amazonas é uma obra caracteristicamente impressionista que, em contraste com o *páthos* e retórica românticos, faz alusão a emoções indefinidas. A orquestração supera em ousadia e intensidade as sugestões "eufemistas" da técnica impressionista. O ponto focal não se concentra nas cordas, como nos românticos, nem nas madeiras, como em Debussy; a orquestra se divide em muitas camadas independentes. Com exceção da matraca, não há uso de instrumentos brasileiros; em vez disso, são experimentadas algumas técnicas instrumentais específicas nas cordas, mais do que em qualquer outra obra orquestral de Villa-Lobos. Isso resulta em uma sonoridade estratificada, de matiz simultaneísta.

Diferentemente de seus outros poemas sinfônicos, dessa vez, Villa-Lobos escreveu subtítulos programáticos ao longo da partitura que correspondem com a forma musical na maior parte dos casos. Também há uma transcrição para piano, feita pelo próprio compositor em 1932. Se, por um lado, o colorido orquestral fica esmaecido, por outro, a versão para piano revela certa falta de unidade temática. Segundo uma velha anedota, "se retiramos a orquestra em Berlioz, ainda resta a harmonia malfeita; se retiramos a orquestra em Mahler, nada mais resta".[592] Talvez isso sirva

CAPÍTULO XI – OBRAS ORQUESTRAIS

para *Amazonas*. Contradizendo sutilmente essa afirmação, no início, há uma citação direta de uma melodia anotada no famoso relato de viagem de Jean de Léry, publicado em 1554. Esse motivo, construído a partir de um intervalo de segunda maior, recebe uma continuação (ex. 234) que, como seu acompanhamento, é inteiramente produto da imaginação do compositor.

Exemplo 237. Villa-Lobos: *Amazonas*, c. 10-11, ed. Max Eschig.

Podemos dar crédito à declaração do compositor, de que a elaboração da obra descreve "as florestas, os rios, as cascatas, os pássaros, os peixes e bichos ferozes, os selvícolas, os caboclos e as lendas marajoaras", elementos que a influenciaram.[593] *Amazonas* deve ser considerada como uma magnífica descrição da natureza, com um realismo musical extremamente sugestivo, uma revelação de um novo universo de sonoridades. Como afirma Marcel Beaufils, trata-se do homem encantado pelo ambiente.[594]

Renato Almeida, por sua vez, escreve: "jogo vertiginoso com as forças nativas. Ninguém negará um caráter brasileiro a essa grande obra-prima, mas é brasileira pelo sentido do ambiente amazônico".[595]

Almeida enfatiza o fato de que não se trata de uma descrição paisagística comum, no sentido da *Sinfonia Alpina*, de Strauss; dos cadernos de viagem de Liszt; de *Iberia*, de Albéniz; de *Ma Vlast*, de Smetana; das cenas marinhas de Rimsky-Korsakov em *Scheherazade*; do nascer do sol em Ravel; ou até mesmo do diálogo entre o mar e o vento de Debussy: "nesse poema, há o desencadear de forças múltiplas e tentaculares, sugeridas pela audácia surpreendente de uma música bárbara, mas que pouco tem de descritiva, pois vale exatamente pela imprevista sugestão".[596]

Na opinião de Almeida, em algumas passagens como a "Marcha dos monstros", a música se torna agressiva, beirando o extremo. Trata-se de música transformada em força cósmica. Ele também considera que as penetrantes melodias do trompete em *Amazonas* estejam relacionadas às danças dos balés de Manuel de Falla e de *Poème d'Extase*, de Scriabin. Almeida conclui da seguinte maneira:

> Animando esse quadro gigantesco, que é a sugestão do mistério amazônico, uma intensa poesia, poesia de terra, de água, de floresta, de selvageria. Esse ambiente estafante e superúmido, que foi julgado invencível pelo civilizado, inspirou a grande página de Villa-Lobos.[597]

O argumento de Raul Villa-Lobos, usado na obra, não acrescenta muito à descrição poética feita por Almeida.

> Uma linda virgem e moça, consagrada pelas deusas das florestas amazônicas, costumava saudar a aurora, banhando-se nas águas do Amazonas, o rio Marajoara (...). A moça selvagem diverte-se alegremente, ora invocando o sol com gestos rituais, ora contornando o corpo divino em gestos graciosos, para que seu corpo possa inteiramente ser contemplado pela luz do astro-rei ou se refletir na ondulante superfície do rio. E quanto mais vê sua sombra (...), mais ela se orgulha de si mesma, numa sensualidade brutal. (...) o deus dos ventos tropicais a perfuma com seu sopro caricioso e amoroso, mas a moça, desprezando essas implorações de amor, dança entregando-se loucamente aos seus prazeres (...). Indignado de tanto desprezo, o ciumento deus dos ventos leva o perfume casto da filha dos Marajós até as regiões profanas dos monstros. Um desses monstros sente a moça e, na ansiedade de possui-la, tudo destruindo

CAPÍTULO XI – OBRAS ORQUESTRAIS

ao passar, avança e, sem ser percebido, aproxima-se da índia (...). Sem ser percebido por ela, o monstro procura esconder-se, porém sua imagem é refletida pela luz do sol sobre a mancha cinzenta da sombra da índia. (...) vendo sua própria imagem transformada, cheia de terror e sem destino, a virgem consagrada, seguida pelo monstro, precipita-se no abismo de seu próprio desejo.[598]

A orquestração reforça os metais, com quatro ou oito trompas, quatro trompetes, três trombones, três tubas e um sarrussofone. A sonoridade global é suplementada com instrumentos incomuns, como o violinofone e a viola d'amore. Também são dignas de nota as múltiplas subdivisões no naipe das cordas.

A obra começa com um "chamado", termo que Villa-Lobos usa para se referir ao motivo indígena de "Canide Ioune-Sabath".

O rio Amazonas começa a ondular na passagem em quintas paralelas nos clarinetes e fagotes em um ostinato que oscila para cima e para baixo. A maneira como Villa-Lobos descreve o fluxo das águas é próximo ao do poema orquestral *Housatonic at Stockbridge*, de Ives.

O súbito comentário em *fff*, com um fragmento cromático descendente no sarrussofone e na terceira tuba (c. 6), é o primeiro indício das violentas explosões que serão ouvidas adiante nos metais. O "ciúme do deus dos ventos" é interpretado de acordo com o estilo orquestral dos anos 1920, com um distorcido motivo arpejado no registro agudo do clarinete (c. 8-9). O tema indígena passa a apresentar uma tendência para os trítonos, como na *Sonata nº 2* para violino e piano. O mesmo tipo de progressão intervalar ocorre no último movimento da *Symphonie montagnard*, de d'Indy, que Villa-Lobos pode ter conhecido por volta de 1917.

Na marca de ensaio nº 3, um aspecto impressionista da obra se manifesta nas cordas: a divisão em subgrupos, cada qual com uma técnica específica de produção sonora, com uso de surdina, *sul ponticello*, harmônicos etc. Nessa passagem, violinos e violas foram divididos em dois grupos, os cellos em quatro, os contrabaixos em oito (ex. 235). O resultado faz lembrar o sibilar do vento ou uma corredeira d'água, criando a ambientação "superúmida" mencionada por Renato Almeida.

No nº 5, o naipe de metais, em conjunto com o corne-inglês e o sarrussofone, atacam um motivo de fanfarra (c. 37) para o qual não está designada nenhuma função, de acordo com o programa da obra. No entanto, isso faz com que, subitamente, toda a metade inicial da obra pareça ser uma introdução para esse motivo tão bem definido (cf. alguns poemas sinfônicos de Sibelius como *Pohjola's Daughter*). Villa-Lobos usou a mesma ideia em *Erosão* décadas depois.

Em "A prece da jovem índia" (nº 7), a atenção se volta sobretudo para o tratamento dado às cordas, com os harmônicos em terças entre os cellos e a viola d'amore. A suavidade dessa passagem é interrompida sorrateiramente por *clusters* com toda a orquestra, tão chocantes quanto os de Varèse em *Amériques*.

"A dança sensual da jovem índia" (nº 13) tem apenas cinco compassos de extensão, escrita para violoncelo solo. Esse contraste entre orquestração extremamente densa ou rarefeita é encontrado em muitas obras orquestrais do compositor.

A seção contínua mais extensa da obra começa no nº 14: a pulsação acelera gradualmente, descrevendo a "Região dos monstros"; o aumento progressivo é construído de tal modo que lembra o *Bolero*, de Ravel, ou *Pacific 231*, de Honegger. O motivo cromático passa por vários instrumentos, como em um cânone. Trata-se de uma diminuição da figuração da "dança sensual da jovem índia", remetendo à "Marcha dos Trolls", de Grieg. É impossível saber se Villa-Lobos conhecia essa peça, mas, à luz dessa comparação, os monstros villalobianos (que Almeida chega a identificar com o próprio compositor!) parecem menos assustadores.

Exemplo 238. Villa-Lobos: *Amazonas*, nº 3, c. 27, cordas, ed. Max Eschig.

O tema da "marcha dos monstros" retorna ao final, quando a jovem índia se atira em direção ao abismo das águas, ação representada com o golpe ressonante de um grande tam-tam.

Uirapuru

(Poema sinfônico e balé; 1917/1935; Associated Music Publishers)

Não é verdade que Villa-Lobos conheceu a música de Debussy e Stravinsky apenas após ter viajado à Europa, já que a companhia de balé russo visitou o Rio de Janeiro em 1913, apresentando coreografias com música de Debussy, Borodin, Balakirev, Stravinsky, Ravel e Dukas.[599]

Na elaboração de *Uirapuru* (1917), naturalmente estão as influências já mencionadas, que o compositor transformou de acordo com o molde de sua sensibilidade brasileira. Apesar disso, a obra é uma das realizações mais notáveis e equilibradas do período inicial do compositor, não tão característica quanto os *Choros* orquestrais, porém bem mais original que os pastiches de Levy e Nepomuceno, ao retratar a natureza e os indígenas brasileiros.

Embora a orquestração seja cristalina e siga os preceitos da época, isso implica ausência de experimentos sonoros mais audaciosos, cuja heterodoxia e estranhamento tornam o estilo villalobiano tão fascinante.

O programa da obra é baseado no uirapuru, um pássaro quase mítico detalhadamente descrito no *Dicionário*, de Luís Câmara Cascudo:[600]

> Raro será o cronista do mundo amazônico sem o registro do uirapuru e suas façanhas sedutoras (...). O primeiro estrangeiro que realmente ouviu o uirapuru e fixou-lhe a melodia foi Richard Spruce, numa excursão de Óbidos ao rio Trombetas, de 19 de novembro de 1849 a 6 de janeiro de 1850. [Relato de Spruce:] "*A tuneplaying-bird*; um pequeno despertou-me o maior interesse, embora não o tivesse visto. É denominado Uira-Puru, literalmente pássaro pintado, e dizem ser do tamanho de um pardal. Como o senhor Bentes me prevenira, eu iria certamente ouvi-lo nas cachoeiras, e

acrescentou que 'ele cantava para todo o mundo como uma caixa de música'. Daí eu estar sempre atento, e um dia, afinal, ao meio-dia, na hora em que as aves e os animais estão mais silenciosos, tive o prazer de ouvi-lo nem próximo a mim. Eram inconfundíveis os claros sons metálicos, exatamente modulados como por um instrumento musical. As frases eram curtas mas cada uma incluía todas as notas do diapasão, e depois de repetir a mesma frase umas vinte vezes passava subitamente para outra, de quando em vez com a mudança de clave de uma quinta-maior, e prosseguia por igual espaço. Normalmente fazia uma breve pausa, antes de mudar de tema. Eu já o escutava, há bastante tempo, quando me ocorreu a ideia de fazer a transcrição musical. A seguinte frase é a mais frequente".[601]

Exemplo 239. Transcrição do canto do *Uirapuru* por Richard Spruce.

O uirapuru de Villa-Lobos canta quase exatamente o mesmo tema encontrado no livro mencionado acima. Pode ser que ele tenha escutado o canto desse pássaro e feito sua própria transcrição, ou então – o que é mais provável – ele deve ter conhecido o livro de Spruce, que pode ter sido parte da biblioteca de seu pai.

O programa do balé apenas reproduz algumas das numerosas lendas e crenças em torno dessa ave, que também faz parte da mitologia brasileira.

> O canto do uirapuru atrai as índias, que se reuniam à noite, à procura do trovador mágico das florestas brasileiras, porque as feiticeiras lhes contaram que o uirapuru era o rei do amor e o mais belo Cacique da terra. Em uma floresta calma e silenciosa, aparece um índio feio, tocando flauta. Em grupo

alegre, surgem as mais belas selvícolas da região do Pará, que se decepcionam ao descobrirem o índio feio. Indignadas, enxotam-no brutalmente (...). Procuram o uirapuru, certas de encontrarem um lindo jovem (...). Seduzida pelo canto mavioso do uirapuru, uma linda e robusta índia (...) lança-lhe a flecha, prostrando-o por terra. Surpreende-se ao vê-lo transformar-se num belo índio que é disputado pelas índias. A caçadora que o ferira sai vitoriosa. No auge da contenda ouve-se o som fanhoso e agoureiro da flauta de osso. Temendo uma vingança, as índias procuram esconder o belo índio, que é surpreendido pelo índio feio, feroz e vingativo que, atirando-lhe uma flecha, fere-o mortalmente. Pressurosas, as índias carregam o belo índio em seus braços para a beira de um poço, onde subitamente, ele se transforma num pássaro invisível, deixando-as tristes e apaixonadas a ouvir, apenas o seu canto maravilhoso que desaparece no silêncio da floresta.[602]

Com quais elementos musicais Villa-Lobos conta essa história? Os compassos iniciais já revelam que tipo de sonoridade orquestral está em jogo: o glissando sobre o acorde de sétima de dominante em Mi♭ menor, com acréscimo de sexta, mostra que o ponto de partida é a orquestra neorromântica, com matizes impressionistas. O mesmo acorde também é encontrado no início de *L'Après-midi d'um faune*, de Debussy. Os violinos em oitavas apresentam o *leitmotif* de toda a obra, a melodia do uirapuru (ex. 240).

Exemplo 240. Villa-Lobos: *Uirapuru*, c. 2-6, Consolidated Music Publishing.

CAPÍTULO XI – OBRAS ORQUESTRAIS

O motivo que ilustra a flauta do índio feio não tem nada a ver com música indígena, mas sua figuração de certo modo é uma combinação de *Vogel als Prophet*, de Schumann, e *Syrinx*, de Debussy. A aparição das jovens índias e a expulsão do índio feio são realizadas de acordo com o conceito musical de primitivismo da época. Os acordes enérgicos e dissonantes nas cordas, com o reforço do trombone em ritmo sincopado, é uma alusão quase direta a *Sagração da Primavera*. Podemos destacar a presença do trítono, tão ao gosto dos impressionistas.

A seção que descreve o canto do uirapuru mostra pela primeira vez a habilidade de Villa-Lobos em criar texturas orquestrais a partir do timbre. Não estamos longe dos pássaros exóticos de Olivier Messiaen. A descrição dos sons noturnos da floresta, quase com a suspensão do andamento (nº 5 bis:6), tem certa semelhança com a terceira sinfonia ("Canção da Noite"), de Szymanowski, que empregou recursos parecidos para criar um ambiente exótico. Essa cena, no entanto, não chega a ter a mesma exuberância que leva aos complexos sonoros ivesianos de *Amazonas*, por exemplo. Em relação ao paradigma villalobiano de descrição dos trópicos, esse talvez seja o caso mais fraco.

Os robustos motivos rítmicos que vêm em seguida se tornaram uma das características do período nacionalista da fase inicial de Ginastera – que, com eles, costumava retratar os guerreiros indígenas em um estilo que mistura Stravinsky, Prokofiev e Villa-Lobos. Villa-Lobos, por sua vez, se apoia em Stravinsky. É difícil imaginar que as cortantes intervenções dos trombones não tenham sido tomadas de empréstimo da *Sagração da Primavera*, ou que o ritmo sincopado nos violinos e madeiras não seja alusão ao *Pássaro de fogo*.

No geral, *Uirapuru* representa bem a música sinfônica sul--americana do início do século XX. Villa-Lobos ainda não havia se destacado como um compositor expressamente "brasileiro", mas sua linguagem sonora já é indiscutivelmente latino-americana. O diatonismo do motivo uirapuru não é muito distante do pentatonismo frequente na música dos demais países da América Latina. Os recursos usados pelo compositor nessa obra são sobretudo disciplinados, sem a peculiar característica brasileira de incorporar elementos supérfluos e caóticos. Apenas em pontos isolados, entrevemos o compositor de *Amazonas*, *Rudepoema* e dos *Choros*: o uso do reco-reco (nº 9), o estridente glissando do trompete (nº 10) e o violinofone no canto de adeus do uirapuru (nº 23). O uso melódico do xilofone na dança das índias (nº 14) é bastante atípico do compositor, assim como o tema de dança acentuado pelos trombones (nº 17:3, c. 293), que parece ter saído da *Parade*, de Satie.

Quando *Uirapuru* foi apresentada pela primeira vez nos Estados Unidos, sob a batuta de Leopold Stokowski (em Nova Iorque, 12 de fevereiro de 1945), foi recebida entusiasticamente. O *The New York Times* publicou:

> O programa é suficientemente adequado para que o compositor retrate a natureza, os sons e as cores do Brasil. Para intermear as danças selvagens em tais passagens, o chamado da flauta, pelo inimigo do uirapuru, desencadeia um tema sensual. Há páginas soberbas, páginas que não são meramente fotografia ou ventriloquismo, mas de um impressionismo genuíno e altamente individualizado. Já se disse da orquestração de Rimsky-Korsakoff que sua coloração era tão sensual que era possível não só ouvi-la, mas saboreá-la. Isso pode ser dito da instrumentação de Villa-Lobos, onde em determinados pontos podemos tanto escutar quanto sentir os aromas da floresta, apreciar seus jogos de luz, vivenciar a noite tropical e seu estranho encantamento.[603]

CAPÍTULO XI – OBRAS ORQUESTRAIS

O papagaio do moleque

(Episódio sinfônico; 1932/1948; ed. Max Eschig)

As obras programáticas de Villa-Lobos também incluem um "episódio sinfônico" cujo enredo trata do voo de uma pipa. O compositor que, como um mágico, era capaz de transformar quase tudo em música, naturalmente quis descrever um de seus *hobbies* favoritos, o de empinar papagaios. Ele mesmo escreveu o programa, como em alguns de seus poemas sinfônicos:

> Um garoto negrinho, com seu maço de jornais a tiracolo, senta-se à beira do terraço de um arranha-céu que acaba de subir, desafiando a polícia... Chupando seu "puxa-puxa", diverte-se em soltar seu belo papagaio colorido e fascinante sob o sol... O papagaio bem governado, deita-se, agita-se inquieto em rápidas reviravoltas, tumultuosas e violentas. Ouve-se um piano que executa pitoresca valsa lenta. De terraços vizinhos surgem companheiros de maus instintos com seus perigosos papagaios caçadores... Trava-se, então, a luta; primeiramente os facínoras dão cambalhotas no ar e, depois, dominando o vento, investem o belo papagaio iluminado pelo brilho do céu... Ele se oculta, tentando escapar-se e o consegue por um instante... Apavora-se... Entontece... e, de repente, é enlaçado e conduzido ao céu... A presa vence e a batalha termina.[604]

Trata-se de uma descrição pitoresca de alguma área no subúrbio carioca. A orquestração revela todos os melhores atributos do compositor, mas a forma musical apresenta suas fraquezas, na medida que supomos um desenvolvimento musical coerente. A estrutura é totalmente rapsódica, com passagens hesitantes lado a lado com outras, esplêndidas. Entre as melhores, está a descrição da pipa, realizada com piccolo, flauta e harmônicos dos primeiros violinos em quartas paralelas.

Vários motivos, muitos deles desajeitados, emergem da orquestra, fazendo com que a textura de acompanhamento muitas vezes seja mais interessante que os próprios temas. A primeira e única melodia mais memorável é um motivo que nasce das figurações sincopadas em *pizzicato* nas cordas (ex. 241) – que faz lembrar uma passagem do *Quarteto de cordas n° 1*. A passagem tem intervalos cromáticos descendentes, com caráter "afro", confiada aos violinos com reforço de corne-inglês e fagote (essa maneira de dobrar a melodia das cordas com as madeiras resulta em um timbre sensual, caracterizando o timbre anasalado da voz cantada dos mestiços; Villa-Lobos desenvolveu em sua música instrumental certa equivalência timbrística com as vozes dos tipos raciais – compare-se, por exemplo, com a valsa do *Choros n° 12!*).

Exemplo 241. Villa-Lobos: O *papagaio do moleque*, n° 10:5-6, cordas, ed. Max Eschig.

O tema é repetido recorrentemente; talvez sua variante mais bem-sucedida seja sua ocorrência meramente com as madeiras e trompas. A "valsa lenta", inesperadamente ouvida através de uma janela de uma casa suburbana, é, na verdade, uma melodia afro-americana à maneira de Gershwin, com acompanhamento em acordes de sétima de dominante, ao invés de uma peça como a mais óbvia

Valsa suburbana, de Lorenzo Fernandez. Esse motivo reaparece no final, mas sua recorrência não resulta em um clímax, de modo que a composição se mantém como um instantâneo rapsódico.

Erosão

(Poema sinfônico: "Solimão u Ipirungáua", lenda indígena, a origem da Amazônia; orquestra; 1950/1951; ed. Max Eschig)

A obra é inegavelmente uma das obras mais excepcionais do compositor, uma de suas preferidas.[605] Integra uma série de obras encomendadas a Villa-Lobos e é a primeira obra sinfônica negociada por ele com a Louisville Orchestra. Peppercorn acertadamente observa que, nessa composição, Villa-Lobos "desviou-se do caminho que havia traçado após sua estreia nos Estados Unidos", retornando parcialmente à sonoridade da década de 1920.[606] Indiscutivelmente, *Erosão* evoca *Amazonas* e *Uirapuru*, especialmente nas seções impressionistas que descrevem o caráter tropical, mas, por outro lado, relembra algo mais sinfônico e monumental, como *Pohjola's Daughter* (cf. o motivo de fanfarra, nº 2:5-8) ou *Tapiola* (cf. a figuração cromática dos violinos em *sul ponticello*, nº 15:1-4), ambas de Sibelius. Segundo Edgardo Martin, a obra é "grandiosa, rica em seus episódios entretecidos, esplêndida quanto à multiplicidade e tratamento dos instrumentos, lembrando certas obras de Prokofiev e Vaughan Williams".[607] Martin também destaca, com acerto, o brilho orquestral francamente aterrador dos *tutti* nos pontos culminantes.

A obra é dividida em seções claramente definidas: 1) descrição impressionista da natureza tropical, com notas pedais contínuas dos contrabaixos e tímpanos, aos quais se reúnem os motivos de fanfarra dos metais (nº 0-5, ex. 242); 2) uma transição – em contraste abrupto com a massa orquestral precedente, com expressão camerística no início do nº 6 (*Adagio*); 3) uma figuração contínua e cintilante de semicolcheias (em estilo emprestado das *Bachianas*), como um ostinato para os motivos insinuantes dos metais (nº 8-17); 4) motivo de dança em ostinato, com colcheias em articulação *staccato*, a partir do qual toda a textura se expande, como na "marcha dos monstros" em *Amazonas* (nº 18-27); 5) retorno à sonoridade impressionista do início, gerando um fundo para as passagens sequenciais de cordas e metais com um pesado dobramento de oitavas (c. 325, nº 31) que levam a obra a seu ponto culminante (nº 28-32); 6) uma coda, com uma descrição impressionista da sonoridade tropical (nº 32:3-37).

Exemplo 242. Villa-Lobos: *Erosão*, nº 2:5-7, c. 25-27, ed. Max Eschig.

A lenda indígena que *Villa-Lobos, sua obra* atribui a *Erosão* foi recolhida por Barbosa Rodrigues, contando o mito do nascimento da cordilheira dos Andes e do vale do rio Amazonas.

> Há muito tempo a Lua enamorou-se do Sol, mas, se eles se casassem, a terra seria destruída. O ardente amor do sol extinguiria o mundo e a Lua, com suas lágrimas, inundaria a terra (...). Eles partiram. A Lua chorou dia e noite e suas lágrimas correram sobre a terra até alcançarem o oceano (...). As lágrimas da Lua deram origem ao Rio Amazonas.[608]

The Emperor Jones

(Balé; orquestra, com solos de contralto e barítono [ad libitum]; 1956/1956; ed. Max Eschig)

Uma das obras mais significantes para balé no período tardio de Villa-Lobos é baseada no drama *The Emperor Jones*, de Eugene

CAPÍTULO XI — OBRAS ORQUESTRAIS

O'Neill. A composição foi encomendada pelo The Empire Music Festival de Nova Iorque e teve sua estreia com a companhia de balé Ellenville com a *Symphony of the Air*, regida pelo compositor.[609] A peça de O'Neill conta a história de um líder negro em um país da América Central, "Emperor" Jones, e dos colonizadores brancos que o ameaçam. A obra descreve a fé do protagonista na magia, uma bala prateada que o torna invulnerável, a atmosfera sugestiva da selva noturna, as alucinações de Jones, em que ele rememora várias etapas da trajetória das pessoas negras, como o comércio de escravos e os trabalhos forçados. O protagonista é morto no final, e a peça teatral conclui com um cortejo fúnebre.[610] O tema, naturalmente, atraiu Villa-Lobos, dando-lhe oportunidade para uma representação realista, um retrato caricatural dos personagens com uma ponta de ironia, já presente na peça de O'Neill, especialmente nas falas em dialeto do protagonista Jones.

A elaboração dos efeitos de horror noturno parece ter sido uma tarefa envolvente. Villa-Lobos se sai muito bem em todas as frentes, mas, comparada a *Uirapuru*, a música de *The Imperor Jones* é consideravelmente mais amarrada ao enredo e à ação da peça de O'Neill. É difícil imaginar a viabilidade da obra puramente em forma de concerto. A orquestração, novamente, é um dos elementos de destaque; Jones tem dois *leitmotifs*, um dos quais o apresenta como um líder autoconfiante. Esse tema é típico do Villa-Lobos tardio (ex. 243), com harmonias quartais, figuras rítmicas e contornos simétricos (cf. o início do *Quarteto de cordas nº 11*).

Exemplo 243. Villa-Lobos: *The Emperor Jones*, nº 2:4, ed. Max Eschig.

O segundo tema aparece com maior frequência, revelando a real ambiguidade do caráter de Jones com grandes saltos intervalares.

A orquestração traz muitas ideias emprestadas de obras mais antigas. Como regra geral, a sonoridade se baseia no contraste entre grave e agudo, solos estridentes de trompete e glissandos nos metais. Uma característica ritmicamente notável é o movimento suave de quartas – frequentemente com a repetição de um mesmo som em ostinato que gera um pulso como em uma marcha ou andadura lenta. Esse procedimento villaloano é encontrado até mesmo nas passagens polirrítmicas mais complexas (cf. o início de *Rudepoema*).

O personagem "Mr. Smithers" faz sua entrada com um tema fluentemente melódico, interrompido pelo *staccato* dos metais. A indicação expressiva na partitura é *allegretto ironico*, que se adequa bem à caracterização desse personagem, feita por O'Neill:

> Smithers é um homem de quarenta anos, alto, com ombros caídos. Sua calvície, empoleirada em um longo pescoço equipado com um enorme pomo de Adão, se assemelha a um ovo. Os trópicos tingiram sua face naturalmente pastosa, com traços pequenos e salientes, com um amarelo doentio e o rum local pintou seu nariz pontiagudo com um chocante tom vermelho (...). Sua expressão é um misto de mesquinhez inescrupulosa, covardia e risco.[611]

Outro elemento de destaque é a melodia penetrantemente irritante do trompete (ex. 244), relacionada ao motivo anterior, cuja cadência é semelhante ao motivo melódico da parte central de *O papagaio do moleque*.

Exemplo 244. Villa-Lobos: *The Emperor Jones*, nº 23:1-2, ed. Max Eschig.

A música que descreve as alucinações de Jones faz uso bastante efetivo das vozes. Ao descrever os escravizados e o xamã africano, por exemplo, Villa-Lobos emprega o chacoalhar ruidoso de correntes, em conjunto com fundo percussivo sincopado e um tema afro-brasileiro na trompa, enfatizado com glissandos ("Xangô"):

Exemplo 245. Villa-Lobos: *The Emperor Jones*, nº 30:7-8, ed. Max Eschig.

Esse motivo constitui o ponto alto da obra. Depois que Jones é morto com um tiro, o tema retorna como uma elegia, nas cordas. Na cena fúnebre do final, Villa-Lobos novamente libera sua imaginação orquestral, com efeitos de *cluster*, extremamente dissonantes.

Mandú-Çárárá

(Cantata profana; orquestra com coro misto e infantil; 1940/1946; ed. Max Eschig)

Apesar de ser realmente uma cantata, na versão para piano, encontra-se a designação "bailado", devido possivelmente ao assunto da obra, porque Mandú-Çárárá é o nome de um deus da dança na mitologia dos índios brasileiros. Em *Música y músicos de Latinoamérica*, de Otto Mayer-Serra, a obra é mencionada sem subtítulo, mas a explicação sobre seu contexto é o mesmo da redução para piano: "baseada em lendas dos nativos do rio Solimões, no estado do Amazonas, recolhidas por Barbosa Rodrigues".[612]

Trata-se de uma cantata, elaborada em grande parte tendo como modelo o *finale* do *Choros nº 10*. Após uma breve introdução orquestral, os coros fazem sua entrada e a música cresce gradualmente até o final, articulando principalmente um determinado tema. Segundo o juízo de Vasco Mariz, "o balé *Mandú-Çárárá* contém algumas das mais belas páginas de Villa-Lobos",[613] enquanto Andrade Muricy acrescenta que a obra:

> (...) mostra aquela inconfundível capacidade do seu autor para criar ambientes de caráter elementar, bárbaro; daquilo que foi moda, um tempo, de chamar "primitivismo". Com elementos expressivos aparentemente análogos, o *Choros nº 10* é, entretanto, feito de planos mais límpidos, e a alma que ali fala é a alma carioca, não a indígena. *Mandú-Çárárá* (...) é de fatura mais torturada e sombria. Os coros (homens, mulheres, crianças) dão ao conjunto uma espécie de esplendor alucinado.[614]

O enredo da cantata é um conto em que o Mandú-Çárárá é associado a outro mito indígena, o Currupira, um pequeno ser com grandes orelhas e dentes, um único olho e pernas sem articulação, dotado de força prodigiosa.

> Um dia, um ameríndio levou seus dois filhos, uma linda jovem e um rapaz vivo e arguto, para o meio da floresta. Assim o fez, primeiramente, por ter sua filha se enamorado do Mandú-Çárárá e, depois, por serem ambos ávidos de amor e de comida. Perdidos na floresta, sobem numa grande

árvore e veem a fogueira do Currupira (...) que os atrai para sua cabana. Os meninos se apercebendo que o Currupira e sua mulher se preparavam para comê-los, procuram enganá-los dizendo haver encontrado na floresta duas cotias e dois grandes e gordos macacos. Enquanto o Currupira correu para a caçada das cotias e macacos, os meninos mataram a mulher, substituíram a carne do seu corpo pela comida do Currupira e fugiram (...). Quando o Currupira regressou, comeu a carne deixada pelos meninos e saiu a procurá-los, gritando: – Minha carne! Minha carne! A carne de sua barriga, respondeu: – Ohô! Ohô! Currupira reconheceu a voz de sua mulher e percebeu o trágico logro (...). Voltando tristemente para sua choupana, com um agourento assobio, chamou seus filhos (...). De súbito, os espíritos, as almas e os gênios das florestas, ligados à força do mal, marcham lenta e tristemente sobre a terra, em sinal de dor e lástima. Os meninos encontram (...) finalmente, a choupana dos pais, onde os aguardava Mandú-Çárárá. Alegres, todos juntos, dançam, cantam e vivem com Mandú-Çárárá.[615]

A narrativa adotada na cantata por Villa-Lobos não segue o texto, mas a parte vocal é feita com palavras em idioma nheengatu. Mesmo assim, Vasco Mariz afirma reconhecer na música uma descrição da conversa entre Currupira e os meninos, e o berro do monstro, representado por um glissando.

A obra inicia com um amplo prelúdio orquestral, com apresentação de três temas centrais. Em primeiro, vem o rápido tema do chamado para a dança (ex. 246), que pode simbolizar os meninos perdidos na floresta.

Exemplo 246. Villa-Lobos: *Mandú-Çárárá*, c. 3-4, ed. Max Eschig.

O tema de Mandú-Çárárá (ex. 247), que conduz a obra a um frenesi, aparece primeiro com ásperas quartas paralelas. A harmonia quartal predomina, diferentemente de outras obras do período, mas não chega a ser tão dissonante e agressiva quanto *Amazonas* ou os *Três Poemas Indígenas*.

Exemplo 247. Villa-Lobos: *Mandú-Çárárá*, n° 3:5-7, ed. Max Eschig.

O terceiro tema parece sugerir a andadura desajeitada do Currupira (ex. 248).

Exemplo 248. Villa-Lobos: *Mandú-Çárárá*, n° 9:1-2, ed. Max Eschig.

Os coros entram alternadamente, com seus respectivos motivos, mas subitamente se acalmam com o motivo solene escrito em mínimas distribuídas em quintas paralelas (ex. 249).

Exemplo 249. Villa-Lobos: *Mandú-Çárárá*, c. 116-121, ed. Max Eschig.

O interlúdio orquestral interrompe os coros, mas apenas no nº 25 o tema do Mandú-Çárárá ganha protagonismo, reiterado seis vezes em diferentes naipes do coro – motivo que, por sinal, é ouvido de passagem na suíte *Descobrimento do Brasil*. Às vezes, a textura do coro pode lembrar alguma cantata de Prokofiev do mesmo período (cf. nº 31); as exclamações do coro, "Um! Um!", em conjunto com o motivo do Currupira, criam um inconfundível ambiente no estilo "indígena" estilizado pelo compositor.

A partir do nº 34, o andamento acelera e cresce a participação do naipe de percussão, fazendo com que a obra se encaminhe para uma dança e canto ainda mais selvagem. Apesar da grande diversidade textural dedicada ao coro, o efeito não é o mesmo do *Choros nº 10* ou de *Descobrimento do Brasil*. A cantata não integra o topo da produção do compositor a despeito de sua agilidade e interesse.

As sinfonias

É realmente surpreendente que Villa-Lobos tenha escrito tantas sinfonias ao longo de toda a sua carreira, considerando o quão mal esse gênero se adequava à sua abordagem composicional. Sua visão da sinfonia era contraditória por princípio. A maioria de suas sinfonias tem origem em um programa extramusical, que ele não foi capaz de equilibrar estruturalmente. É sintomático que em seu ensaio sobre o compositor, Juan Orrego-Salas coloque as sinfonias no capítulo designado à "inspiração extramusical".[616]

As primeiras cinco sinfonias foram escritas entre 1916 e 1920. A *Sinfonia n° 1* ("O imprevisto"), em 1916; a *Sinfonia n° 2* ("Ascensão"), em 1917; a *Sinfonia n° 3* ("A guerra"), em 1919; a *Sinfonia n° 4* ("A vitória"), em 1919; e a *Sinfonia n° 5* ("A paz") em 1920.

Na década de 1940, Villa-Lobos compôs mais duas sinfonias, a *Sinfonia n° 6* ("As montanhas do Brasil"), em 1944, e a *Sinfonia n° 7* ("Odisseia de uma raça"), em 1945, obra distinta do poema sinfônico com mesmo título, escrito em 1953. A *Sinfonia n° 6* talvez seja o exemplo mais representativo de música programática dentre todas elas, já que o compositor empregou uma técnica para gerar contornos melódicos a partir da fotografia de uma paisagem, que chamou de "milimetrização".[617] As sinfonias dos anos 1950 surgiram a partir do estímulo que o compositor recebeu enquanto regeu as orquestras estadunidenses: a *Sinfonia n° 8* foi composta em 1950; a *Sinfonia n° 9*, em 1951; a *Sinfonia n° 10*, com coro e subtítulo "Sumé Pater Patrium", em 1952; a *Sinfonia n° 11*, em 1955; e a *Sinfonia n° 12*, em 1957.

Neste estudo, será possível fazer apenas uma espécie de visão geral do desenvolvimento de Villa-Lobos como sinfonista. Paradoxalmente, alguns de seus poemas sinfônicos, cujo programa é mais apropriado, são estruturalmente mais coerentes e mais "sinfônicos" que as próprias sinfonias. Outros compositores foram mais autocríticos, por exemplo, Albéniz, que não escreveu sinfonias, embora *Iberia* seja considerada monumental, e Ginastera, que também se manteve longe do sinfonismo.

CAPÍTULO XI – OBRAS ORQUESTRAIS

Devido à ausência de partituras e gravações, apenas alguns exemplos serão citados nas análises das sinfonias a seguir. Peppercorn faz uma análise mais detalhada das primeiras sinfonias, descrevendo seu contexto.[618] Ela está certa ao afirmar que o salto da forma suíte para a sinfonia foi grande demais, e que Villa-Lobos se saía melhor em formas menores e mais livres. Por outro lado, até os erros dos gênios podem ser interessantes. É fútil acusar nosso compositor de orquestração pesada e densidade excessiva, já que justamente essa abrangência era o que ele buscava para obter soluções inteiramente novas.

Sinfonia n° 4 ("A vitória")

(1919/1922; ed. ABM/OSESP)

Essa sinfonia serve como um exemplo da obra de um jovem gênio, cheia de soluções estranhamente fascinantes. Sua lógica sugere o desejo de romper com o modelo europeu de sinfonia, embora ele só tenha alcançado essa meta com os *Choros* e outras obras orquestrais em forma livre.

De acordo com Guimarães, a obra foi estreada em 12 de dezembro de 1922 no Rio de Janeiro,[619] mas Peppercorn diz ter sido em 15 de dezembro.[620] Já em *Villa-Lobos, sua obra*, consta que, apesar de a obra ter sido apresentada com frequência em programas no Brasil, ela só foi ouvida pela primeira vez em Paris em 1955,[621] regida pelo compositor.[622] A orquestração é rica como nas demais sinfonias iniciais de Villa-Lobos, que, desde então, já incluía grande variedade de instrumentos de percussão, incluindo celesta e sinos.

A estrutura é rapsódica, com muitas mudanças inesperadas. A linguagem, no entanto, é tonal e segue quase literalmente o conceito cíclico de d'Indy. O tema principal (ex. 250), que obviamente simboliza a "vitória", é uma fanfarra reiterada como um *leitmotif* em vários pontos, além do início e final da obra. Da primeira vez, ele surge no meio de uma massa sonora compacta, quase ivesiana, tocada por uma fanfarra posicionada à parte, fora do palco, que inclui: 3 cornets, 3 bugles, 2 trompas, 2 saxtrompas, 2 trombones, bombardino, 2 tubas-baixo em Mi♭, tuba-baixo em Si♭ e bumbo. A orquestra da Sinfonia nº 3 era igualmente gigantesca, especialmente quanto aos instrumentos de sopro: 2 piccolos, 4 flautas, 2 oboés, corne-inglês, 4 clarinetes, clarinete-baixo, 3 fagotes, contrafagote, 4 trompas, 4 trompetes, 4 trombones, tuba e o acréscimo de uma fanfarra com mais vinte instrumentos, como bugles, cornets, trombones e trombone-baixo.[623] Posteriormente, a orquestração de Villa-Lobos, no que diz respeito aos sopros, tornou-se "normal", ampliando apenas o naipe de percussão.

Exemplo 250. Villa-Lobos: *Sinfonia nº 4*, I – "Allegro impetuoso", c. 11-15, ed. ABM/OSESP.

O início dessa sinfonia, portanto, tem claro efeito teatral, já que as cordas assumem o protagonismo e dão ao ouvinte a expectativa de monumentalidade por toda a obra. No entanto, o clímax final (*Grandeoso*), com seus sinos da paz a tornam um tanto ingênua e melodramática.

O segundo movimento ("Andantino") começa a partir da recordação do motivo de fanfarra do primeiro movimento, mas o que mais chama a atenção é o motivo "oriental" em tercinas, comum no Villa-Lobos de juventude (que talvez seja derivado das *Danças Polovetsianas*, de Borodin).

No começo do terceiro movimento ("Andante"), há um inusitado duo entre clarinete-baixo e contrafagote, contrastando com a massa sonora inicial; o motivo do princípio é estranhamente vago e quase atonal, mas se encaixa bem na atmosfera desoladora desse início (ex. 251).

Exemplo 251. Villa-Lobos: *Sinfonia nº 4*, III – "Andante", c. 11-15, ed. ABM/OSESP.

Ao final, o movimento se revela como uma lamentação pelos que morreram na guerra, o que corresponde ao programa original escrito por Escragnolle Dória: "a Europa é cemitério de covas incertas". O movimento conclui com uma marcha-fúnebre (nº 7, c. 65), enquanto piano, harpa, celesta e sinos representam o cortejo seguindo as convenções do gênero. A orquestração dessa marcha-fúnebre é típica de Villa-Lobos, com o uníssono entre corne-inglês, clarinete-baixo e fagote (ex. 252) em combinação semelhante à encontrada posteriormente nos temas nostálgicos que evocam a modinha.

Exemplo 252. Villa-Lobos: *Sinfonia nº 4*, III – "Andante", c. 67-68, redução, ed. ABM/OSESP.

O movimento final, "Lento-Allegro", começa com uma brilhante fanfarra dos trompetes em intervalo de segunda; o tema principal, por sua vez, é uma variante do tema que inicia o terceiro movimento.

A sonoridade fica subitamente exótica com a entrada dos instrumentos de percussão, sustentados pelo pedal nas cordas, trompas e flautas, juntamente com a ampla melodia nas madeiras, interrompida por uma passagem rítmica inapropriada e fora de contexto nos saxofones (c. 58). Do ponto de vista do desenvolvimento sinfônico, a cena parece estranha e ilógica, mas pela perspectiva do modernismo, parece antecipar a técnica de colagem da época. Ao final, retorna o *leitmotif* de maneira triunfal, que pode ser chamado de "tema da vitória", o que talvez seja um tanto "banal". Apesar de não ser indicado fazer generalizações sobre a produção de Villa-Lobos, pode-se dizer que a *Sinfonia nº 4* é uma boa representante de seu estilo sinfônico de juventude.

Sinfonia nº 6 ("Sobre o contorno das montanhas brasileiras")

(1944/1950; manuscrito, Museu Villa-Lobos)

A *Sinfonia nº 6* revela uma nova tendência estética, e não é para menos, já que a obra é um dos experimentos que Villa-Lobos realizou com a técnica de milimetrização, ou seja, a conversão do contorno de uma paisagem, ou mesmo de um rosto, em uma linha melódica. *New York Skyline Melody* pertence ao mesmo tipo de realização e estilo, a partir do desenho formado pelos arranha-céus de Nova Iorque. Villa-Lobos desenhou os contornos de algumas montanhas no entorno do Rio de Janeiro, como os morros do Corcovado e do Pão de Açúcar, para com eles gerar algumas das melodias e temas na *Sinfonia nº 6*.[624]

O método consiste em transferir para o papel milimetrado o contorno de uma paisagem, seja uma montanha ou morro, a partir

CAPÍTULO XI – OBRAS ORQUESTRAIS

de uma fotografia. Escreve-se, na margem esquerda, as notas da escala cromática de baixo para cima; em seguida, o aspecto mais importante, a indicação e seleção dos pontos, ângulos e curvas significativos. Esses pontos irão corresponder verticalmente às notas assinaladas na margem. Os valores rítmicos são determinados horizontalmente, cada quadrícula do papel correspondendo a uma colcheia. A métrica é definida pelo agrupamento das unidades rítmicas.

Villa-Lobos indicou a utilização desse método nas escolas, como estratégia para improvisar melodias e aprofundar o conhecimento dos fundamentos de teoria musical. Após a notação completa da melodia, o professor realizava uma harmonização para, então, ensaiar o resultado com os alunos.[625]

As melodias milimetradas se distinguem dos demais tipos melódicos na produção de Villa-Lobos devido a seu âmbito maior e à flutuação mais livre de seu contorno. Ainda assim, o método deixa a critério de quem faz a adaptação escolher os pontos importantes no perfil fotográfico que irão se converter em melodias. É pouco provável que, a partir dessa metodologia, o tema inicial do segundo movimento ("Lento") da *Sinfonia nº 6* resultasse em uma sequência com tamanha regularidade (ex. 253). No entanto, os glissandos reforçam a sensação de elevação e queda súbitas.

Na harmonização dessas melodias, Villa-Lobos costuma empregar acordes com sétima maior e tríades aumentadas, com liberdade tonal ainda maior que nas obras "sem tonalidade" do período. Isso também está presente em *New York Skyline Melody* (1939), que descreve a paisagem de Manhattan. Nesse quadro em miniatura, Villa-Lobos capturou algo da atmosfera de uma grande metrópole, a sombra escura projetada pelos arranha-céus e a vida pulsando incansavelmente pelas ruas, representada pela figuração sincopada de semicolcheias.

Exemplo 253. Villa-Lobos: *Sinfonia n° 6*, II – "Lento", c. 13-18, manuscrito, Museu Villa-Lobos.

Sinfonia n° 8

(1950/1955; manuscrito, Museu Villa-Lobos)

Essa sinfonia foi dedicada a Olin Downes, crítico musical estadunidense que contribuiu bastante para a divulgação da música villalobiana em seu país. Nela já se observa o estilo mais conciso de orquestração do estilo posterior de Villa-Lobos, no qual se, por um lado, há maior unidade que nas obras de juventude, por outro, há certa perda de vitalidade e invenção. Downes fala, acertadamente, sobre a obra: "nela há o que chamamos de cadeia de invenção, em que a partitura enfatiza mais a estrutura do que o drama".[626]

O primeiro movimento, cuja seção inicial é um *Andante*, e a principal, um *Allegro*, é monotemático. O tema principal soa como uma citação direta do início da *Sinfonia n° 9*, de Schubert (ex. 254), soando poderosamente nos metais. O "Allegro" villalobiano é um pouco mais movido e recebe uma variante ligeiramente sincopada (ex. 255).

Exemplo 254. Schubert: *Sinfonia n° 9*, I.

Exemplo 255. Villa-Lobos: *Sinfonia n° 8*, I – "Allegro", n° 4:1-3, manuscrito, Museu Villa-Lobos.

Esses temas são desenvolvidos ao longo do primeiro movimento, no qual Villa-Lobos evita o colorido exótico ou mesmo novas combinações sonoras, assim como nos demais movimentos.

O motivo principal do "Lento" é um tema abstrato e expressivo, vagando entre saltos intervalares ascendentes e descendentes, apresentados pela viola.

O "Scherzo" começa quase de forma atemática, com figuração semelhante a encontrada nos *scherzos* dos quartetos de cordas pertencentes ao período tardio de Villa-Lobos. Mais adiante (n° 3 e n° 6), são introduzidos novos elementos melódicos, entre eles, um tema de caráter romântico que, como no movimento inicial, culmina em um *melos* mais intenso (n° 10). O movimento final é baseado em um tema que não parece ter a força de uma célula motívica sinfônica.

A artesania não pode ser criticada, mas no geral essa sinfonia não parece ser capaz de superar o estigma daquelas obras que, aos poucos, caem no esquecimento – se já não foram esquecidas de fato – e não se afirmam no repertório orquestral.

Sinfonia nº 10 ("Sumé Pater Patrium")

(Oratório; coro, solistas e orquestra; 1952/1957; manuscrito, Museu Villa-Lobos)

Nessa sinfonia, Villa-Lobos retoma a temática indígena que, em outros campos, também voltou a interessá-lo na década de 1950. Em seus últimos anos, sabe-se que ele planejava escrever uma ópera dedicada a temas ameríndios, com libreto de Dora Vasconcelos. A sinfonia foi escrita para as comemorações do quarto centenário da cidade de São Paulo, mas foi ouvida pela primeira vez em Paris, no Teatro Champs Elysée, em 1957. A obra se baseia no poema *Beata vergin*, do padre José de Anchieta, escrito no século XVI. Com relação à representação dos povos indígenas, a obra não vai além do conceito expressado em *Mandú-Çárárá* e *Descobrimento do Brasil*. As partes vocais que ilustram o elemento indígena são tratadas de modo expressivamente lírico, como na cena em que a "Voz da terra" é acompanhada pelo *glissandi* das cordas e do coro, ou em outras vezes suavizada com harpa, cordas em *pizzicato* e madeiras, que acompanham o canto do Ameríndio; ou ainda de maneira monumental, com o coro em *tutti*, como na seção *Largo* (marca de ensaio nº 7).

Sinfonia nº 11

(1955/1956; ed. Max Eschig)

Essa sinfonia foi encomendada em comemoração pelos setenta e cinco anos da Orquestra Sinfônica de Boston, com dedicatória a Natalie e Sergei Koussevitzky, de quem Villa-Lobos era amigo. O compositor já havia dedicado um "retrato" orquestral, *Madona*, a Natalie Koussevitzky. Na *Sinfonia nº 11* fica claro como

CAPÍTULO XI – OBRAS ORQUESTRAIS

o estilo composicional de Villa-Lobos se tornou mais linear em seu período final. Ele ainda gosta de escrever passagens difíceis, do ponto de vista orquestral, especialmente para as cordas, mas a invenção melódica não é necessariamente mais avançada que nas sinfonias anteriores. A fanfarra dos trompetes é como uma concessão expressiva que compensa a concentração e determinação do material temático que supostamente deve ser empregado em um desenvolvimento sinfônico.

A obra foi francamente bem recebida em sua estreia no Carnegie Hall de Nova Iorque, com regência de Charles Munch e comentários nos seguintes termos no *Musical America*:

> A partitura da *Sinfonia n° 11* é uma partitura de comunicabilidade imediata, recebendo aprovação significativa do público conservador que habitualmente comparece às sextas-feiras. Não é a maior de suas sinfonias, segundo o próprio Villa-Lobos. Suas dimensões, de qualquer modo, são consideráveis, com evidente solidez formal, individualidade audaciosa de idioma e estilo, caráter flutuante, ritmos vivazes, uso hábil e expressivo da dissonância, com melodias que são tanto penetrantes como agradáveis.[627]

No mês seguinte, outro crítico escreveu na mesma revista, em termos menos simpáticos: "uma obra nervosa e intensa, com raros momentos de serenidade, soando de maneira pouco convincente na maior parte do tempo, apesar da superfície brilhante".[628]

Howard Taubman, crítico do *The New York Times*, reconhece os méritos da orquestração, mas observa que

> (...) seu material de base é superficial, até mesmo banal, adequado para um meio de expressão popular, não para uma sinfonia. A instrumentação do sr. Villa-Lobos gera excitação suficiente para nos fazer esquecer que a obra não tem maior profundidade.[629][630]

O Descobrimento do Brasil

(Quatro suítes para coro e orquestra; 1937/1952; ed. Max Eschig/manuscrito, Museu Villa-Lobos)

É compreensível que Villa-Lobos, interessado por tudo que era novo, também quisesse fazer música para cinema. Em 1937, o filme *Descobrimento do Brasil*, dirigido por Humberto Mauro e financiado pelo Instituto de Cacau da Bahia, com música de Villa-Lobos, foi exibido no Rio de Janeiro. Essa partitura foi ampliada posteriormente em uma suíte sinfônica com o mesmo título, cuja última parte é um tipo de cantata ou oratório – um pouco à maneira do *Choros nº 10*. Azevedo fala sobre a obra: "é difícil imaginar que uma obra tão tremenda como *Descobrimento do Brasil*, que marcha até o final com grandeza épica, tenha sido originalmente música para cinema (...)".[631]

Nessa mesma época, três outros compositores importantes trabalharam em projetos similares. Milhaud escrevia sua ópera *Maximilien*, que trata da história mexicana, e a música de cena para *Christophe Colombe*, de Paul Claudel, com temática bem próxima à de Villa-Lobos, usando o recurso do filme em sua cenografia. A estreia em Berlim em 1930 foi descrita por Milhaud:

> no fundo do palco há uma tela de projeção de filmes, cujo propósito é intensificar o poder evocativo da encenação. Quando Colombo lê o livro de Marco Polo, vemos imagens na tela, como em um sonho, em que paisagens exóticas vão e vem (...).[632]

Ainda na mesma década, Manuel de Falla trabalhava na composição de *Atlantida*. A temática também versava sobre a descoberta do novo mundo, também com planejamento de efeitos visuais para sua realização. *Atlantida* foi criada em colaboração com o pintor José Maria Sert, tratando-se de uma cantata ou oratório com encenação. As cenas derivam de um poema do poeta

CAPÍTULO XI – OBRAS ORQUESTRAIS

catalão Verdaguer, com cenografia ou interpretação visual, em que as ideias de Sert e De Falla variam da projeção de *slides*, efeitos de luz e exibição de filmes. Sert também estava envolvido com a criação de figurinos para *Christophe Colombe*, de Claudel e Milhaud.

Além disso, quando se pensa na música para cinema dos anos 1930, não podemos deixar de mencionar *Alexander Nevsky*, de Eisenstein e Prokofiev. Essa obra também teve sobrevida independente como uma cantata não vinculada ao filme, como as obras anteriormente mencionadas. Podemos concluir que o problema com que todos esses compositores se defrontaram foi a inter-relação entre os elementos visuais e musicais. Em cada caso, o aspecto visual foi definitivamente apenas o ponto de partida e um pretexto para a imaginação musical, chegando ao ponto, no caso de *Alexander Nevsky*, de Eisenstein planejar as cenas de seus filmes a partir da música, não o contrário. Um ponto em comum em todas essas obras está na reconstrução do passado por meios musicais. Prokofiev pesquisou documentos russos antigos; Milhaud recorreu a coleções de canções populares que encontrou no Brasil e no México; De Falla estudou diligentemente a música espanhola medieval; o ponto de partida para Villa-Lobos foi o *Cancioneiro de música populares* editado por Teófilo Vargas (Porto, 1896) e os temas indígenas transcritos e publicados no livro *Rondonia*, do antropólogo Edgard Roquette-Pinto, quem também registrou cantos dos Paresi em cilindros de gravação, aos quais o compositor teve acesso.[633]

Embora os compositores estivessem lidando com uma reconstrução histórica, estavam conscientes de que iriam realizá-la com os meios de sua própria época. O que Prokofiev diz a respeito da composição de *Alexander Nevsky* é totalmente compatível com a atitude de Villa-Lobos em relação a *Descobrimento do Brasil*:

> Penso que seria melhor escrever a música dos guerreiros teutônicos não como ela realmente soava àquela época, quando a batalha era travada sobre o gelo, mas do modo

como a imaginamos atualmente. Minha abordagem da música russa é feita da mesma forma. Dei a ela um arranjo moderno ao invés do estilo que prevalecia no século XIII.[634]

Muitos temas da suíte do *Descobrimento* provêm de obras anteriores de Villa-Lobos, o que não diminui seu valor, já que a música pode ser ouvida sem o filme graças à sua brilhante orquestração, sem depender apenas do talento descritivo do compositor. Certas sonoridades provavelmente se enquadram na categoria de "música para cinema" no sentido funcional do termo, mas, por outro lado, em benefício da obra, devemos apreciar o fato de que a orquestração não é demasiado densa nem confusa, como é o caso de suas sinfonias, por exemplo.

Nessa suíte, Villa-Lobos se concentra nas raízes lusitanas da cultura brasileira, assim como na cultura indígena – a ausência do elemento africano, portanto, é compreensível. Como o filme de Humberto Mauro não estava disponível à época em que este estudo foi realizado,[635] é difícil avaliar a relação entre a suíte e seu estímulo visual. O compositor cita outra fonte que o inspirou, a *Carta*, do escrivão Pero Vaz de Caminha ao rei de Portugal, o primeiro documento a tratar do "achamento" e do encontro inicial com os habitantes originais, o povo indígena.[636] É claro que a suíte não é apenas uma mera ilustração dessa carta, embora certas passagens possam realmente ter inspirado a imaginação de Villa-Lobos. As primeiras duas suítes se concentram na partida da frota de Pedro Álvares Cabral de Portugal e nos aspectos da viagem em si, enquanto as duas últimas retratam a chegada ao novo continente, o processo de cristianização deflagrado pela primeira missa no Brasil, cujo caráter mítico permeia toda a obra.

CAPÍTULO XI – OBRAS ORQUESTRAIS

Primeira Suíte

(orquestra; 1937/1939; Max Eschig)

O primeiro movimento, "Introdução", começa com um tema *impetuoso* que serve como *leitmotif* para toda a suíte. Seu cromatismo representa um certo caráter ibérico e mourisco. Sua primeira aparição, em acordes repetidos por trompas, trombones e tuba, ilustra bem a excitação e impaciência da partida para uma viagem de tamanha magnitude (ex. 256).

Exemplo 256. Villa-Lobos: *Descobrimento do Brasil*, Suíte nº 1, "Introdução", ed. Max Eschig.

A seção seguinte traz um tema de dança portuguesa que sugere sentimentos despreocupados (ex. 257).

Exemplo 257. Villa-Lobos: *Descobrimento do Brasil*, Suíte nº 1, "Introdução", ed. Max Eschig.

No nº 14, começa uma breve seção no estilo das *Bachianas*, com um tema diatônico simples tocado por flauta, fagote e viola. Ele se expande com o reforço das cordas, sendo concluído com um *stringendo* tchaikovskiano. A seção "bachiana" é repetida. O corne-inglês, ao longe, toca o *leitmotif* que, dessa vez, parece descrever algum tipo de fatalidade relacionado ao destino desconhecido pelos viajantes. Os trompetes com surdina tocam fanfarras que podem ser facilmente associadas a chamados, sinalizando a partida, ou como Correa de Azevedo sugere, "como um diálogo entre as caravelas".[637]

O retorno do distante chamado dos trompetes sobre o ostinato em *sul ponticello* das cordas, reforçado pelo trombone, evoca os momentos em que Shostakovich procura descrever o sentimento de "grande expectativa" em suas sinfonias.

O movimento é um *pot-pourri* de temas heterogêneos muito diferentes dos usados por De Falla em *Atlantida*, mas que soam mais autênticos do que o empréstimo feito por Milhaud de *Galhofeira*, de Nepomuceno, em sua ópera *Maximilien*. Não se pode esperar grande sutileza formal na música para cinema, mas as melodias precisam ser claras e memoráveis para que possam ser registradas juntamente com as imagens.

O segundo movimento é uma transcrição da peça para piano *Alegria na horta* e, certamente, não é um arranjo qualquer! Sua seção central atinge uma atmosfera que beira as passagens mais grotescas do *Carnaval dos animais*, de Saint-Saëns ou de Prokofiev.

Segunda Suíte

(orquestra; 1937/1946; ed. Max Eschig)

O primeiro movimento, "Impressão moura", se baseia na suposição feita por Villa-Lobos de que havia mouros entre os tripulantes, embora o exotismo árabe se restrinja a um orientalismo genérico, aparentado com *Scheherazade*, de Rimsky-Korsakov, ou com as *Danças Polovetsianas*, de Borodin. A referência ao primeiro está no solo de flauta acompanhado por harpa e piano e ao segundo, no rápido diálogo cromático do tema principal, entre piccolo, corne-inglês e primeiros violinos, cujo impacto é acentuado pelos tímpanos, tamborete oriental e surdo. Ao final, ouvimos uma extensa cadência do oboé (ex. 258), a partir do motivo apresentado anteriormente pela flauta.

CAPÍTULO XI – OBRAS ORQUESTRAIS

Exemplo 258. Villa-Lobos: *Descobrimento do Brasil*, Suíte nº 2, "Impressão Moura", ed. Max Eschig.

O segundo movimento, "Adagio sentimental", "traduz a saudade que sentiam de sua gente os fidalgos navegantes", de acordo com as notas de programa em *Villa-Lobos, sua obra*.[638] O tema, segundo Correa de Azevedo, é a expressão típica da "saudade" portuguesa.

Desse modo, não surpreende que a temática náutica tenha fascinado o compositor brasileiro. Villa-Lobos certamente testemunhou, em sua juventude, o *Bumba meu boi* de origem portuguesa, cujo enredo trata do confronte entre cristãos e muçulmanos, assim como as representações da *Nau catarineta*, cujo tema são as emoções vividas nas grandes viagens marinhas: dúvidas, motins, alucinações, tristezas, alegria, confiança, naufrágios, desembarques etc.

No entanto, na marca de ensaio nº 5, cordas, harpas e sinos transformam radicalmente a atmosfera em uma espécie de "cartão postal", lembrando *In a Monastery Garden*, de Albert Ketèlby; isso faz com que a suíte se aproxime, no mau sentido, da música (banal) para cinema.

O terceiro movimento, "Cascavel", é uma descrição dessa perigosa espécie de serpente (*Crotalus terrificus*). A razão pela qual o episódio foi inserido nessa suíte é algo que não tem muita explicação. Como se sabe, Villa-Lobos dominava a arte de retratar diferentes criaturas, como pássaros e insetos (cf. *Martírio dos insetos*), assim, só nos resta acatar a aceitável sugestão de Correa de Azevedo:

> Na imaginação do compositor, os receios do explorador ao enfrentar os perigos que o espreitam em terras desconhecidas são simbolizados por esse réptil extremamente venenoso, cujos movimentos escorregadios e som característico são sugeridos pela agitação da orquestra, obtida com leveza, mas com firmeza.[639]

A representação da serpente é gerada principalmente com o chocalho de matraca, glissandos subindo e descendo nas cordas, e o tema principal também com glissandos, inicialmente no saxofone e depois por oboé, corne-inglês e sax em uníssonos (com o sax em seu registro agudo).

A opinião de Marcel Beaufils sobre a *Segunda Suíte* nos parece acertada:

> Se a *Segunda Suíte* descreve com sucesso as escalas das flautas mouriscas, a saudade portuguesa, os ruídos e a têmpera dos andaluzes, isso não parece um esforço para englobar uma geografia musical, mas uma tentativa de retratar todo um povo na era do descobrimento. O fato de que isso aconteça no contexto desse período estilístico abre novos horizontes.[640]

Terceira Suíte

(orquestra; 1937/1943; ed. Max Eschig)

O primeiro movimento é chamado "Impressão Ibérica". Na opinião de Peppercorn, a peça é mais interessante que as anteriores, com o que podemos concordar. Villa-Lobos consegue evitar as banalidades. Segundo Correa de Azevedo, a peça é escrita "em estilo tipicamente espanhol", com ritmos andaluzes, melodias derivadas do canto *jondo* e castanholas.[641] Após breve introdução, na qual predominam os toques de trompa, vem a entrada do melismático tema principal, em uma textura encantadora; o corne-inglês apresenta uma figura melancólica, com intervalos que evocam o estilo "árabe" (ex. 259).

Exemplo 259. Villa-Lobos: *Descobrimento do Brasil*, Suíte nº 3, "Impressão Ibérica", ed. Max Eschig.

O *leitmotif* dos marinheiros reaparece dramaticamente no meio do movimento, seguido por um clímax de uma marcha peculiar, cujo efeito faz lembrar Charles Ives (nº 10). A cena seguinte evolui a partir da marcha solene em *pianissimo*, nos cellos e contrabaixos. O motivo se expande gradualmente, ainda em *pianissimo*, por toda a orquestra.

O ritmo misterioso dos tímpanos que acompanham o melisma "arábico" inicial ressurge para dar sustentação ao oboé com o *leitmotif* "fatídico", cujo cromatismo um tanto inquietante dá lugar a um certo toque latino-americano no final. O motivo é repetido em *tutti*, com um tambor indiano e um surdo no lugar dos tímpanos. Curiosamente, o uso do *leitmotif* por todas as suítes do *Descobrimento* é compatível com os conceitos de Eisenstein sobre música para cinema, que diz o seguinte sobre a repetição de motivos:

> a repetição desempenha um papel importante na música. Em uma peça musical, um determinado tema pode atravessar todo o material em certos intervalos de tempo, aparecendo em diferentes formas.[642]

No segundo movimento, "Festa nas selvas", os marinheiros portugueses finalmente chegam ao novo continente. A música não se furta em descrever também os desprevenidos indígenas na floresta. O motivo principal é uma melodia primitivista no fagote (ex. 260), sobre um pedal em Mi na trompa, o ritmo regular da caixa e dos tímpanos, com reforço da harpa.

Exemplo 260. Villa-Lobos: *Descobrimento do Brasil*, Suíte nº 3, "Festa nas selvas", ed. Max Eschig.

O terceiro movimento, "Ualalocê", traz o subtítulo "visão dos navegantes". Contém citações diretas de temas de origem indígena, ambientados de maneira característica. O indianismo aqui nos faz lembrar tanto de Ginastera quanto de Chávez, com sua métrica variando entre 2/4 e 3/4, terças arpejadas na harpa e cellos em diferentes oitavas e o pedal de trompa, elementos que ajudam a criar uma cena indígena imaginária, transposta para aquela época. Trompetes e trombones (ex. 261), com surdinas, tocam melodias tomadas de empréstimo das anotações de Jean de Léry para canções indígenas.

Exemplo 261. Villa-Lobos: *Descobrimento do Brasil*, Suíte nº 3, "Ualalocê", ed. Max Eschig.

Outro motivo mais rítmico é ouvido depois no fagote. Esse motivo já foi ouvido de passagem, no começo do primeiro movimento. Os acordes atacados violentamente, com glissandos, são característicos do estilo indígena de Villa-Lobos.

CAPÍTULO XI – OBRAS ORQUESTRAIS

Quarta Suíte

(Coro misto e orquestra; 1937/1952; manuscrito, Museu Villa-Lobos)

Primeiro movimento: "Procissão da cruz".

Quando saímos do batel, disse o Capitão que seria bom irmos direitos à Cruz, que estava encostada a uma árvore, junto com o rio, para se erguer amanhã, que é sexta-feira, e que nos puséssemos todos de joelhos e a beijássemos para eles verem o acatamento que lhe tínhamos. E assim fizemos. A esses dez ou doze que aí estavam, acenaram-lhe que fizessem assim, e foram logo todos beijá-la.

Parece-me gente de tal inocência que, se homem os entendesse e eles a nós, seriam logo cristãos, porque eles, segundo parece, não têm, nem entendem em nenhuma crença (...).

Neste dia, enquanto ali andaram, dançaram e bailaram sempre com os nossos, ao som dum tamboril dos nossos, em maneira que são muito mais nossos amigos que nós seus. E hoje, que é sexta-feira, primeiro dia de maio, pela manhã, saímos em terra, com nossa bandeira; e fomos desembarcar acima do rio contra o sul, onde nos pareceu que seria melhor chantar a Cruz, para melhor ser vista. Ali assinalou o Capitão o lugar, onde fizessem a cova para a chantar. Enquanto a ficaram fazendo, ele com todos nós outros fomos pela Cruz abaixo do rio, onde ela estava. Dali a trouxemos com esses religiosos e sacerdotes diante cantando, em maneira de procissão. Eram já aí alguns deles, obra de setenta ou oitenta; e, quando nos viram assim vir, alguns se foram meter debaixo dela, para nos ajudar.

Passamos o rio, ao longo da praia e fomo-la pôr onde havia de ficar, que será do rio obra de dois tiros de besta. Andando-se ali nisto, vieram bem cento e cinquenta ou mais. Chantada a Cruz, com as armas e a divisa de Vossa Alteza, que primeiramente lhe pregaram, armaram altar ao pé dela. Ali disse missa o padre Frei Henrique, a qual foi cantada e oficiada por esses já ditos. Ali estiveram conosco a ela obra de cinquenta ou sessenta deles, assentados todos de joelhos, assim como nós. E quando veio ao Evangelho, que nos erguemos todos em pé, com as mãos levantadas, eles se levantaram conosco e alçaram as mãos, ficando assim, até ser acabado; e então tornaram-se a assentar como nós. E quando levantaram a Deus, que nos pusemos de joelhos, eles se puseram assim todos, como nós estávamos com as mãos levantadas, e em tal maneira sossegados, que, certifico a Vossa Alteza, nos fez muita devoção.[643]

A última suíte se concentra nesse famoso excerto da *Carta*, de Pero Vaz de Caminha. O encontro de duas culturas – o primeiro diálogo entre o Novo e o Velho mundo – deve ter sido um tema irresistível para Villa-Lobos. Na verdade, toda sua produção se passa ao redor desse assunto, sem o sentimento de superioridade europeia, embora no âmbito da música artística dentro dessa tradição dominante. Todavia, o ponto de vista de Villa-Lobos em *Descobrimento do Brasil* é sul-americano, brasileiro, identificado com a perspectiva indígena tanto quanto a dos recém-chegados portugueses. A *Carta* é um documento notável porque discute em primeira mão a música dos povos indígenas, mas, como bem observa Helza Camêu, estranhamente ignora suas canções. O texto de Caminha prossegue falando das danças e do uso de instrumentos sem especificar que instrumentos eram esses. Menciona apenas um *corno* ou buzina, embora a lista de tripulantes incluísse dois músicos (um organista e um regente coral). Os temas indígenas usados por Villa-Lobos são citados de outras fontes, logo, toda a descrição é produto de sua imaginação.

Todos os críticos consideram a Quarta Suíte como o ápice de todo o *Descobrimento*. A cena da praia, especialmente, deu ao compositor a oportunidade de explorar os textos foneticamente. Ele mistura um idioma indígena fictício, desenvolvido com Roquette-Pinto a partir do idioma tupi-guarani, com o latim, de um jeito parecido com o que Prokofiev faz com o coro latino dos cruzados.

CAPÍTULO XI – OBRAS ORQUESTRAIS

Porém, enquanto a derrota dos cavaleiros em *Alexander Nevsky* usa o idioma latino como uma espécie grotesca e petrificada de falta de humanidade, o oratório villalobiano promove uma conciliação genuína (embora idealizada) de diferentes culturas, raças e idiomas.

A transição para um estilo mais pesado e monumental é pressentida desde o início pelo ouvinte, sendo revelada pela fanfarra wagneriana com trompas e trombones, que soa como se anunciasse o fim do mundo, em um acorde de Mi bemol menor com décima--terceira. Daí em diante, cabe ao *leitmotif* dos marinheiros a tarefa de lembrar a significação histórica dessa viagem.

Na introdução, clarinetes e trombones se respondem mutuamente com efeito similar ao de *Scheherazade* (n° 7), e então a textura sofre uma mudança, com o solo dos tímpanos (raro em Villa-Lobos) que evoca Ginastera ou Stravinsky. Instrumentos de percussão brasileiros e exóticos entram em cena: reco-reco, coco, gongo e prato com maceta. Após uma pausa geral, as violas apresentam um tema já ouvido na cantata *Mandú-Çárárá* (ex. 262).

Exemplo 262. Villa-Lobos: *Descobrimento do Brasil*, Suíte n° 4, "Procissão da Cruz", manuscrito, Museu Villa-Lobos.

Quando o coro em *tutti* entre com o clamor *Crux! Crux! Crucifixus!*, a linha do solo de barítono e dos baixos é emoldurada pelas oitavas de piccolo e clarinete, uma combinação neoclássica de registros grave e agudo, com efeito colorístico em branco e preto.

À medida que a textura vai se tornando polifônica, ela se quebra e passa a descrever a aproximação dos indígenas. A atmosfera local é fornecida pela percussão, junto com o tilintar da harpa, xilofone e celesta, além dos harmônicos dos violinos. Após uma pausa, em que podemos imaginar a troca de olhares entre indígenas

593

e portugueses, os "nativos" começam a cantar uma melodia com métrica irregular. A cena é muito bem descrita por Beaufils:

> e, subitamente, a paisagem muda: as tercinas dos baixos, a luz é suavizada, os sons harmônicos da harpa e das cordas, e, naturalmente, a pulsação misteriosa do frenesi selvagem. Fonemas indígenas no coro, com dois motivos, um dos quais é inegavelmente próximo de *Canide Ioune* e *Ualalocê*.[644]

Exemplo 263. Villa-Lobos: *Descobrimento do Brasil*, Suíte nº 4, "Procissão da Cruz", manuscrito, Museu Villa-Lobos.

As cordas que acompanham a canção, com quartas paralelas no agudo, são realmente notáveis. Villa-Lobos gosta de reunir registros extremos em suas cenas de caráter indígena.

No nº 34 ("Marcha lenta"), voltamos a ouvir o tema solene de *Mandú-Çárárá*. A textura volta a se expandir, concluindo em um fortíssimo *Amen*. O coro indígena volta à cena após o *Pater noster*, com canto silábico em idioma nativo; as vozes entram uma após a outra, seguidas pela orquestra (ex. 264).

Exemplo 264. Villa-Lobos: *Descobrimento do Brasil*, Suíte nº 4, "Procissão da Cruz", manuscrito, Museu Villa-Lobos.

O motivo é então fragmentado, simplificado e arpejado em movimento contrário, conduzindo ao *Ave verum corpus Christi*, cantado pelo mesmo coro, sugerindo a conversão dos indígenas ao catolicismo dos invasores.

Segundo movimento: "Primeira Missa no Brasil".

> (...) ali disse missa o padre Frei Henrique, a qual foi cantada e oficiada por esses já ditos. Ali estiveram conosco a ela obra de cinquenta ou sessenta deles, assentados todos de joelhos, assim como nós.
>
> E quando veio ao Evangelho, que nos erguemos todos em pé, com as mãos levantadas, eles se levantaram conosco e alçaram as mãos, ficando assim, até ser acabado; e então tornaram-se a assentar como nós. E quando levantaram a Deus, que nos pusemos de joelhos, eles se puseram assim todos, como nós estávamos com as mãos levantadas, e em tal maneira sossegados, que, certifico a Vossa Alteza, nos fez muita devoção.
>
> Estiveram assim conosco até acabada a comunhão, depois da qual comungaram esses religiosos e sacerdotes e o Capitão com alguns de nós outros.[645]

O movimento começa como um afresco sonoro em que o *leitmotif* principal é entoado pelo barítono como um vocalise em Ré menor. A orquestra toca um ostinato ao fundo, à meia-luz. O *Crucifixus* reaparece após uma breve transição orquestral, porém mais imponente do que antes. Segue-se outro interlúdio, cujo motivo central é uma dança de caráter indígena. O barítono solista recita as palavras da missa, mas o acompanhamento alude preferencialmente à presença dos indígenas e da floresta. Após outro interlúdio, o coro canta o *Tantum ergo* com crescente polifonia. Esse padrão, crescendo em direção ao clímax em uma fermata, é adotado em todas as cenas.

O interlúdio seguinte tem orquestração extremamente densa. São várias camadas simultâneas em um afresco monumental (que corresponde aos gigantescos murais de Cândido Portinari, José Sert e dos pintores revolucionários do México). Esse desdobramento orquestral leva à última cena, com presença de um bom número de instrumentos de percussão brasileiros (chocalho de coco, reco--reco, coco e trocano), além de uma passagem virtuosística para o xilofone. Sobre esse fundo, as vozes femininas reiteram um ritmo encantatório, com figuração sincopada em torno de Ré, enquanto os homens cantam o sombrio *Kyrie eleison*. Forma-se uma superfície sonora estática com volume crescente, tal como a *Sinfonia dos Salmos*, de Stravinsky, porém com sonoridade ampliada e transportada para os trópicos. Apenas no final, as vozes se reúnem no *Amen*, descrevendo a conversão dos índios na dominante de Dó maior, antes do fim em oitavas da orquestra.

O termo "transparente" empregado por Beaufils nos parece um tanto enganoso para descrever essa passagem.[646] No entanto, o caráter é diferente se comparado ao *Choros nº 10*, por exemplo, em que há o predomínio de elementos carnavalescos afro-brasileiros. Apesar da abundância de instrumentos de percussão, Villa-Lobos evita alusão ao africanismo no *Descobrimento* e não recai no clichê habitual das melodias pentatônicas.

CAPÍTULO XII

OBRAS DE CENA

Óperas

Izaht

(Ópera em quatro atos; orquestra; 1912-14/3º Ato em 1921, 4º Ato em 1918, obra completa como oratório em 1940, como ópera em 1958; manuscrito, Museu Villa-Lobos)

Tomada isoladamente, em seu aspecto puramente musical, a primeira ópera de Villa-Lobos naturalmente não suporta a comparação com as melhores óperas italianas do período, cometendo todos os pecados típicos de uma obra de juventude: desorganização, exagero, falta de originalidade. O roteiro é um tanto confuso, o que é compreensível, já que *Izaht* é a fusão de duas óperas anteriores, *Aglaia* e *Elisa*. Todavia, como não há documentação disponível sobre essas duas obras, *Izaht* deve ser analisada a partir de seu formato final.

Quando se estuda a ópera na América Latina e no Brasil, uma obra como *Izaht* parece estar naturalmente em continuidade com modelos operísticos italianos como Mascagni, Leoncavallo e Puccini. Havia de fato grande atividade operística na América do Sul, não apenas no Teatro Colón de Buenos Aires, como também no Teatro Municipal do Rio de Janeiro. A história da ópera no Brasil seguramente tem grande impulso com *Il Guarany*, de Antônio Carlos Gomes, admirado na Europa e até mesmo pelo próprio Giuseppe Verdi.[647] Apesar disso, a ópera brasileira não assumiu uma orientação indianista como ocorreu na Argentina, onde grande parte das óperas compostas no início do século XX foi baseada nessa temática. Villa-Lobos não compôs sequer uma ópera com esse assunto, apesar do estilo indígena estar presente em todo o restante de sua produção. Ele morreu sem realizar o projeto de composição de *Izi*, em colaboração com a poeta Dora Vasconcelos, que seria sua única ópera com temática indígena.

As companhias de ópera italianas em turnê pelo Rio de Janeiro praticamente garantiram que as novidades mais significativas fossem apresentadas na cidade. Em julho de 1893, foi realizada a montagem da ópera *Fasltaff*, de Verdi, cinco meses após sua estreia em Milão. Óperas de Mascagni, Leoncavallo, Giordano, Puccini e Massenet eram ouvidas com frequência, incluindo Wagner: *Lohengrin*, em 1883, *Tannhäuser*, em 1892, *Meistersinger*, em 1905, *Tristan und Isolde*, em 1910, *Parsifal* e *Die Walküre*, em 1913. Os melhores cantores da época visitaram o Rio.[648] Isso tudo, logicamente, motivava os compositores brasileiros e, após a virada do século, vinte e nove óperas nacionais inéditas foram apresentadas. Entre elas, obras de Assis Pacheco (que mais tarde colaborou com Villa-Lobos na reforma pedagógica do Canto Orfeônico); *Jupira*, de Francisco Braga, professor de Villa-Lobos no Instituto Nacional de Música; a wagneriana *Os Saldunes*, de Leopoldo Miguéz, fundador do conservatório do Rio de Janeiro em 1901; *Sandro*, de Murilo Furtado, apresentada em Porto Alegre; *Carmela*, de José de Araújo Viana, escrita no estilo italiano do século XIX; *Carmosina*, *Maria Petrowna* e *Foscarina*, todas de João Gomes Junior, que também compôs *Dom Casmurro* a partir do romance

CAPÍTULO XII – OBRAS DE CENA

de Machado de Assis. De suma importância foi a inauguração do Teatro Municipal do Rio de Janeiro em 1909, construído no estilo da Ópera de Paris, com a apresentação de *Moema*, de Joaquim Torres Delgado de Carvalho. Desde então, obras brasileiras eram ouvidas com certa regularidade, com a visita ocasional de artistas estrangeiros. Mascagni, por exemplo, visitou o Rio em julho de 1911. Dentre as óperas brasileiras apresentadas estão *Abul*, de Alberto Nepomuceno (que estreou em 1913 no Teatro Coliseo de Buenos Aires), e *Izaht*, de Villa-Lobos, em 1918.

Villa-Lobos provavelmente conheceu a maioria dessas óperas, atuando como celista em pequenas orquestras e frequentando ensaios e récitas no Teatro Municipal. *Izaht* surge nesse contexto, refletindo um pouco da vida musical na capital federal no início do século. O estilo operístico italiano predominou em Villa-Lobos por toda sua carreira. O uso de *leitmotifs* à maneira de Wagner, em *Izaht*, também era comum em outros compositores brasileiros, como Miguéz.

A abertura de *Izaht* apresenta os temas mais importantes, sendo tocada com certa frequência separadamente, em concerto. Destacam-se quatro motivos: o primeiro é a melodia em Ré♯ menor, com empréstimos da ópera italiana (ex. 265).

Exemplo 265. Villa-Lobos: *Izaht*, 1:1-2, manuscrito, Museu Villa-Lobos.

O mesmo motivo está inegavelmente presente no tema principal, que descreve o amor da cigana Izaht (soprano dramático) pelo Visconde Gamart (tenor) (ex. 266).

Exemplo 266. Villa-Lobos: *Izaht*, 4:1-3, manuscrito, Museu Villa-Lobos.

A textura se torna então mais "impressionista", revelando certa influência francesa em seus acordes de nona, modulações e nas figurações mais agudas (ex. 267).

Exemplo 267. Villa-Lobos: *Izaht*, 6:4-5, manuscrito, Museu Villa-Lobos.

O último desses motivos é uma melodia notavelmente ampla, em estilo *bel canto*, cujo acompanhamento em semicolcheias deriva da figuração "impressionista" que a antecede.

O primeiro ato se passa na Taverna da Morte, esconderijo subterrâneo dos ciganos nos arredores de Paris. Sua atmosfera sombria é recriada pela orquestra com um trítono soando na região grave e um fantasmagórico *tremolo* no agudo. Cabe observar que Villa-Lobos já gostava de explorar efeitos onomatopaicos nas partes vocais já desde essa época, mas o *Hum! Hum!* usado em

Izaht está em um contexto completamente diferente das obras primitivistas posteriores. Os ciganos planejam invadir o castelo para roubar as joias da Condessa (meio-soprano) – Villa-Lobos interpreta Paris com um olhar carregado de exotismo. De acordo com o libreto (de Fernando Azevedo Júnior), Izaht é encarregada de entreter os convidados para um banquete no castelo, com sua dança que apresenta o célebre "passo da morte". Quando a Condessa manifesta interesse pelos artistas ciganos, ouve-se uma escala pentatônica descendente (ex. 268) na orquestra, a qual reaparece posteriormente. Muitos compositores sul-americanos empregaram motivos semelhantes, mas como um elemento romântico-indianista. O ato culmina com uma vívida cena com um coro cigano, quando Izaht e o Visconde Gamart fazem sua entrada no palco.

Exemplo 268. Villa-Lobos: *Izaht*, 9:5-6, manuscrito, Museu Villa-Lobos.

O segundo ato se passa no castelo da Condessa e começa com canto onomatopaico no coro. Entra em cena a menina Eniht (soprano lírico), filha adotiva da Condessa e o segundo papel de maior destaque da ópera, como uma antítese da pérfida Izaht. O coro canta uma canção ingênua, interrompida com uma significativa fermata, recurso estilístico importante em Villa-Lobos. Três danças são apresentadas durante o banquete: uma dança russa, do amor; uma dança indígena, da vida; e a dança cigana (de Izaht), da morte. Quando o cigano Perrouche (barítono), que depois é desmascarado como vilão, apresenta Izaht à Condessa, a orquestra toca um motivo que reaparece no *Carnaval das crianças brasileiras* e em *Momoprecoce*.

O motivo da "Dança do amor" também foi reaproveitado com frequência por Villa-Lobos, passando a ser chamado de "motivo wagneriano", que, com o acréscimo de intervalos cromáticos e aumentados, tornou-se o motivo dos navegantes em *Descobrimento do Brasil* (ex. 269).

Exemplo 269. Villa-Lobos: *Descobrimento do Brasil*, motivo dos marinheiros.

No final, Izaht e o Visconde Gamart se beijam quando a Condessa e sua convidada aparecem, provocando um escândalo.

No terceiro ato, a ação se passa no gabinete de trabalho no palácio do Visconde Gamart. A música tem influências de Wagner e Debussy (ex. 270), além de certas figurações que Villa-Lobos retoma cinquenta anos depois, em *Yerma*.

Exemplo 270. Villa-Lobos: *Izaht*, nº 39:4-5, manuscrito, Museu Villa-Lobos.

A trama se desenrola com cartas forjadas e outros estratagemas e complicações típicos da ópera romântica. Izaht idealiza seu amor por Gamart em uma ária raveliana, com acompanhamento em acordes de nona, motivo que reaparece no final da ópera. Já a ária de Gamart apresenta um motivo que se tornou parte do catálogo temático de Villa-Lobos, especialmente em obras de música de câmara. No final desse ato, os ciganos tentam extorquir o

Visconde Gamart. Izaht tenta animá-lo com a dança da serpente, reproduzindo os trejeitos do pseudo-orientalismo da época. O clímax orquestral está em uma passagem tipicamente villalobiana (ex. 271), com a patética repetição de um mesmo motivo, prolongando a melodia.

Exemplo 271. Villa-Lobos: *Izaht*, Terceiro Ato, nº 57:2-4, manuscrito, Museu Villa-Lobos.

O Quarto Ato se passa nas ruínas do castelo. É inverno, começa a nevar. O motivo pentatônico reaparece, junto com outros, em uma textura à maneira de Puccini. O Conde Makian é revelado como o verdadeiro pai de Eniht. Durante a confusão, Izaht é mortalmente ferida, e o coro repete o motivo ouvido no clímax da abertura. Izaht, com suas derradeiras forças, declara seu amor a Gamart, retomando os motivos de sua ária anterior. A ópera conclui em um acorde não resolvido de Dó maior com nona.

Izaht demonstra como muitos dos temas e motivos mais importantes celebrizados por Villa-Lobos já existiam desde então em sua memória, mesmo nesse estágio inicial. Ele iria reaproveitar essas ideias com estéticas diferentes, vindo a produzir obras-primas irretocáveis. Isso justifica o orgulho (e arrogância) que Villa-Lobos demonstrou ao chegar em Paris em 1923, levando na bagagem *Izaht* e outras partituras, para mostrar o que já havia realizado. Essa ópera (que, às vezes, recebe o título *Eniht-Izaht* nos programas de concerto da época) representou um grande passo na carreira do compositor. Até então, ele só havia se destacado como um compositor camerístico, mas o concerto com suas obras em 1918 no Rio incluía uma considerável produção sinfônica, com a Abertura, todo o Quarto Ato e a "Canção Árabe" do Segundo Ato de *Izaht*, além dos poemas sinfônicos *Tédio de Alvorada* e *Myremis*. A polêmica gerada não se deveu apenas a questões musicais:

> Esse concerto, porém, foi um grande desastre financeiro para Villa-Lobos e suscitou uma polêmica entre o presidente da Associação Brasileira de Imprensa e o crítico do *Correio da Manhã* (18/08/1918) que culpava a ABI por desinteresse e o silêncio da imprensa, inadmissíveis em se tratando de uma audição cuja renda, totalmente, se destinava ao Retiro dos Jornalistas.[649]

Em geral, *Izaht* foi bem recebida pela crítica. Até mesmo Oscar Guanabarino (crítico do *Jornal do Commercio*) elogiou a Abertura, sobre a qual escreveu o seguinte:

> página de grande valor artístico e de alta inspiração. O 4º ato (...) não produziu o que esperávamos depois do Prelúdio. Em primeiro lugar, ninguém entendeu o que se passava em cena, e além disso, o compositor tratou exclusivamente da orquestra, sem cuidar das vozes.[650]

O crítico de *O Paiz* comentou que:

> O sr. Villa-Lobos dirigiu a cena e a orquestra com um certo calor, talvez um tanto exacerbado, ou desordenadamente, mas com grande sinceridade (...). É uma música (...) com belas frases do conjunto orquestral, mas de efeitos ainda pouco nítidos (...) como só se encontra impecavelmente na obra wagneriana.[651]

A Abertura, o Terceiro e o Quarto Atos de *Izaht* foram apresentados em 1921, no Teatro São Pedro. O então presidente do

Brasil, Epitácio Pessoa, compareceu ao concerto. Os críticos de *O Paiz* e do *Correio da Manhã* concordaram que a ópera não pode ser plenamente avaliada a partir desses dois atos. No *Correio da Manhã*, o libreto foi considerado ruim, mas o talento do jovem compositor foi reconhecido, com a recomendação de que ele fosse enviado o quanto antes à Europa, para se aperfeiçoar. O crítico de *O Paiz* achou interessantes a abertura e os monólogos, assim como o coro final, em estilo de oratório, na cena da morte de Izaht.[652]

A ópera também foi mencionada em um artigo extenso e importante sobre Villa-Lobos na França em 1929, escrito por Suzanne Demarquez para *La Revue Musicale*. Após comentar a música camerística do compositor, Demarquez conta que ele escreveu sua ópera com o intuito de mostrar a seus oponentes que era capaz de fazê-lo, tendo sido *Izaht* completada em apenas quatro meses:

> A música reflete as influências devidas às obras tocadas no Brasil e conhecidas pelo compositor. A concepção wagneriana do *leitmotif*, o lirismo sensual de Puccini são casos notáveis que ilustram essa questão. Os acordes de nona, a escala de tons inteiros, os acordes cromáticos, fazem crer na influência de Debussy, mas àquela época Villa-Lobos sequer havia ouvido falar no nome desse compositor.[653]

Demarquez também faz comentários sobre a flexibilidade e solidez da orquestração.[654]

Yerma

(Ópera em três atos; 1955-56/1971; manuscrito, Museu Villa-Lobos)

Yerma é a única ópera de Villa-Lobos que conquistou certa notoriedade, tendo sido apresentada integralmente na Ópera de Santa Fé, Estados Unidos, em 1971. O libreto é a partir da peça de Federico Garcia Lorca, a qual Villa-Lobos aproveitou literalmente, praticamente sem adaptações.

A forte figura feminina do drama de Lorca é o personagem principal, que sonha ter um filho com seu marido, Juan. O texto da própria peça já contém cenas apropriadas para uma ópera, coros e um misterioso rito de fertilidade no final. Considerando a experiência do compositor à época em que empreendeu esse projeto, a expectativa é grande quanto à obra. Não se pode negar sua originalidade. A orquestra soa como a "Espanha de Lorca" em sua imaginação, sem indícios de folclorização. Os instrumentos de percussão são muitos, mas seu emprego visa apenas criar a atmosfera mais adequada, sem exotismos. Sinos, harpa, vibrafone, xilofone e outros instrumentos menos comuns contribuem para o brilho religioso e místico da obra.

A escrita vocal tem seu próprio estilo, sem as árias convencionais, mas uma corrente melódica livre e contínua, como se fosse "prosa musical". O papel de Yerma é bastante difícil, porque as linhas melódicas são quase todas muito agudas.

As resenhas da estreia não dão destaque à recepção por parte do público, mas ao contexto de sua produção, como se pode observar no comentário de John W. Freeman:

> encomendada por John Blackenship, graças à mediação do diretor do coro Hugh Ross, a ópera foi imaginada inicialmente no idioma inglês, com um elenco de cantores negros. Villa-Lobos escreveu a música em 1955 e 1956 na cidade de Paris, utilizando o texto em espanhol.[655]

Se ele tivesse composto a partir do texto em inglês, idioma que ele não dominava, o resultado seria totalmente diferente. A musicalidade do texto de Lorca sempre é comentada. É sabido que ele participou de gravações de canções populares espanholas, acompanhando a cantora Conchita Supervía. Na peça, a cena em que um grupo de mulheres conversa e canta, enquanto lava roupas à beira do rio, o "coro das lavadeiras", é muito operística.

CAPÍTULO XII – OBRAS DE CENA

Segundo uma anedota, Villa-Lobos teria dito: "a ópera já está pronta", num ponto em que a partitura não passava de alguns compassos. Em 1957, o compositor falou sobre *Yerma* nos seguintes termos:

> Escrevi essa ópera para um elenco negro e uma orquestra com 32 músicos, dois deles ao violão, interagindo no palco como parte do elenco. A ópera é dividida em três atos, cada qual com duas cenas, o elenco tem um total de 30 cantores, incluindo o coro. A produção é incomum, encenada em uma série de degraus, plataformas e rampas, sugerindo dessa maneira a simplicidade da casa de Dolores, e o arranjo sem ornamentos para as cenas no riacho e pastorais, incluindo a procissão na cena final. O figurino também é muito simples, sugerindo a proximidade das pessoas com a terra, de onde extraem seu sustento. Escrevi propositalmente um número considerável de movimentos coreográficos, com uma dança da fertilidade no final. Essa cena foi cuidadosamente planejada por Lorca como um clímax, desempenhando grande efeito sobre Yerma. É uma obra poderosa e fascinante que será encenada com grande simplicidade, com a atenção totalmente voltada para evidenciar nossa crença genuína na música e no enredo da ópera, de modo a atingir um bom resultado.[656]

No entanto, alguns elementos se perdem, como observa John Ardoin, no periódico *Opera*:

> Villa-Lobos se atolou em suas recordações de Puccini, vistas aparentemente sob o véu enevoado de Debussy. Ele não pode conter sua inibição melódica, com toda sua indulgência romântica, e não conseguiu fugir da ligação servil ao roteiro pré-fabricado.[657]

Mais adiante, ele argumenta corretamente que "o palavrório, excessivo para o propósito operístico, não dá à música oportunidade de respirar, desenvolver-se, fluir de maneira apropriada".[658]

O libreto deveria ter sido adaptado e resumido; há excesso de recitativos na obra, o que causa mais aborrecimento do que êxtase para o ouvinte. A estrutura apresenta aspectos improvisados, sem o rigor de Ginastera em *Don Rodrigo*. A ênfase de *Yerma* está na metade final, como se todo o primeiro ato fosse dedicado a encontrar o tom mais adequado para que a composição pudesse prosseguir.

Os personagens de Lorca não estão bem delineados psicologicamente na ópera. Se é verdade que há certa condensação dramática na música, é importante observar que, no final, Yerma canta alto e rápido de forma tão histérica e monomaníaca quanto no início. Caracterização psicológica e desenvolvimento interno da *dramatis personae* não são os pontos fortes de Villa-Lobos. Yerma, Juan e Victor são personagens dramáticos sem cor própria, a despeito da engenhosidade e do colorido musical. É como se fossem figuras "coladas" à rica textura orquestral.

A maioria das partes vocais no primeiro ato foi escrita em estilo recitativo, com repetição da mesma nota em colcheias. No início, sino, harpa e as cordas no registro agudo, em quartas paralelas, dão à obra um ascético sabor "espanhol". Comparada a *Izaht*, há mais continuidade e o domínio da orquestração é espetacular. Todavia, faltam elementos mais característicos até a entrada em cena de Victor (ex. 272), quando a música finalmente se solta em um *melos* pucciniano, com uma pitada de modinha brasileira.

Exemplo 272. Villa-Lobos: *Yerma*, primeiro ato, nº 104:1, manuscrito, Museu Villa-Lobos.

As lamentações do coro, em glissandos com quartas paralelas, são criativas e salvam o primeiro ato. A ária pucciniana de Victor serve como o *leitmotif* desse personagem, descrevendo sua devoção a Yerma. Isso mostra como a ópera italiana era importante para Villa-Lobos, mesmo em sua idade mais avançada, um interesse que ele conservou desde sua juventude, quando as companhias italianas vinham ao Rio. Para ele, a ópera era um pretexto para escrever música melodiosa, em estilo cantante, expressando um lirismo emocionado.

O início do segundo ato é dominado por um rápido ritmo em tercinas, soando ao fundo para o coro das lavadeiras; a música então fica muito mais animada. O dueto de Yerma e Juan já pode ser considerado como uma cena genuína de ópera dramática, a orquestra começa a brilhar, e os violinos reforçam o sentimento desse dueto. A seguinte passagem soa muito "italiana" (ex. 273).

Exemplo 273. Villa-Lobos: *Yerma*, segundo ato, nº 16:1-5, manuscrito, Museu Villa-Lobos.

O *leitmotif* da ária de Victor reaparece ao final, quanto a parte de Yerma vai até o registro mais alto. A conclusão do segundo ato é um dos melhores achados sonoros de Villa-Lobos e, ao mesmo tempo, representa uma das passagens mais efetivas da ópera: o motivo melancólico do saxofone em um pentacorde se mistura ao adeus de Yerma e Victor.

O começo do terceiro ato traz uma atmosfera mágica, bastante adequada à cena, que se passa no quarto de Dolores, uma feiticeira a quem Yerma recorre em busca de conselhos. Síncopas reminiscentes da *Sagração* perpassam pela música, como na fase dos *Choros*. Desse fluxo de ideias musicais subitamente emergem sugestões da música popular brasileira e das *Bachianas*.

O caráter ritualístico se torna cada vez mais predominante. O coro canta a dança da fertilidade em acordes com décimas paralelas. Recorrem também as típicas tercinas descendentes e sincopadas no coro, como no final do *Choros nº 10*.

O colorido é crescente, embora o frenesi ritualístico diminua um pouco para a entrada de Yerma, acompanhada por um cello solitário que toca o motivo "Wagner" tão frequente na obra villalobiana. No final, Yerma mata Juan e se suicida, enquanto o coro reitera a figuração ritualística de ostinato.

CAPÍTULO XII – OBRAS DE CENA

A menina das nuvens

(Aventura musical em três atos; 1957-1958/1960; manuscrito, Museu Villa-Lobos)

Logo após concluir *Yerma*, Villa-Lobos compôs outra ópera, com assunto e estilo completamente diferentes. Trata-se de um conto de fadas, adaptado de uma peça escrita por Lucia Benedetti. Essa obra mostra um Villa-Lobos maduro e muito concentrado, com textura de uma simplicidade inocente muito adequada para uma ópera sobre um conto infantil.

O enredo é simples: o primeiro ato se passa no Castelo do Tempo, onde reina o Vovô Tempo, no meio das nuvens. Lá vive uma Menina de quinze anos, levada para as alturas por um grande pássaro, quando era bebê. Criada pelos espíritos guardiões do céu e dos ventos, seus únicos amigos são as Nuvens, as Estrelas, a Rosa dos Ventos, o Arco-Íris, a Lua, o Corisco (que sonha se tornar um Raio de Sol) e o Vento Variável. Embora seja cercada de afeto, a Menina quer conhecer seus pais. Vovô Tempo promete contar tudo quando ela fizer dezesseis anos. No entanto, na ocasião em que ele se ausenta para consertar uma travessura do Vento Variável, ela aproveita a chance e escapa para a terra.

O segundo e terceiro atos ocorrem em numa cabana modesta em uma praia, onde vivem os pais e a irmã da Menina. O pai está pescando no mar. A Menina chega cansada e confusa da viagem. A Rainha do lugar cobra impostos pesados para o casamento do Príncipe, seu filho. O Soldado de Chumbo vai coletar os impostos e ameaça levar a mãe e as meninas para a cadeia, já que elas não têm como pagar. Mas a Menina se oferece para tecer toalhas feitas com raios do luar, e a Rainha aceita a proposta. Todavia, a Lua não aparece, e a toalha não pode ser feita. O Vento Variável e o Corisco descem à terra para ajudar a Menina, atacando a Rainha e o Soldado de Chumbo. A Lua finalmente aparece e oferece seus cabelos para serem tecidos. A toalha está pronta, o Príncipe aparece e se apaixona pela Menina. A Rainha aceita a situação, e a família toda vai viver na corte, ao lado do feliz casal. As Nuvens dançam alegremente.[659]

Quando a obra estreou no Rio de Janeiro, dois anos após a morte do compositor, o crítico do periódico *Opera* escreveu:

> A obra fica melhor a cada escuta. Os motivos que representam os espíritos são empregados engenhosamente. Dois momentos se destacam entre os exemplos mais belos na música de Villa-Lobos: quando Vovô Tempo conta à Menina como ela foi levada para o céu e a invocação e aparição da Lua. A atmosfera de ambas é cativante e encantadora, criada com os meios mais simples. O coro participa fora do palco, murmurando; o episódio da Lua é o mais arrebatador.[660]

A música é marcada por um humor suave, especialmente no primeiro ato, que consiste em uma série de danças, começando com uma mazurca abrasileirada. A isso segue-se um samba, ritmo que dá movimento a Corisco; uma valsa ligeira acompanha a cena em que Vovô Tempo lê um jornal com as notícias da terra (ex. 274).

Exemplo 274. Villa-Lobos: *A menina das nuvens*, primeiro ato, nº 26:1-8, manuscrito, Museu Villa-Lobos.

A escrita vocal segue o texto literalmente, como em *Yerma*, recurso que se mostra mais efetivo, provavelmente por ser uma ópera cômica. A música contém passagens descritivas, como a do

CAPÍTULO XII – OBRAS DE CENA

personagem Vento Variável, representado com cromatismo no nº 18; cada um dos espíritos celestiais tem seu próprio tema característico. Vovô Tempo é como uma espécie de Wotan de conto de fadas, representado com sólidos acordes (ex. 275).

Exemplo 275. Villa-Lobos: *A menina das nuvens*, primeiro ato, nº 16:a, manuscrito, Museu Villa-Lobos.

O segundo ato começa com uma barcarola. O Soldado de Chumbo entra em cena com o motivo de fanfarra, usado também em *Francette et Piá*, em "Piá vai para a guerra". O coro, sempre ao fundo, atua como um efeito de cor, murmurando ou com entonações onomatopaicas (ex. 276). Esses recursos são combinados com engenhosidade, especialmente com a entrada em cena da Rainha.

Exemplo 276. Villa-Lobos: *A menina das nuvens*, segundo ato, nº 51:4-5, manuscrito, Museu Villa-Lobos.

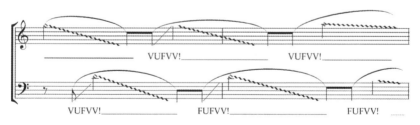

No terceiro ato, a aparição da Lua é retratada efetivamente, com a citação de *Clair de Lune*, de Debussy. Somente então se revela o débito para com Puccini e a ópera italiana. A cena de dança no final é um clímax bem vívido, que Villa-Lobos sabia muito bem como realizar.

613

Magdalena

(Aventura musical em dois atos; 1947/1948; manuscrito, Museu Villa-Lobos)

O produtor teatral estadunidense Homer Curran merece crédito pela existência dessa obra. Ele programou *Magdalena* na temporada de 1948 da Light Opera Companies em São Francisco e em Los Angeles. Posteriormente, ele realizou a montagem na Broadway.[661] Villa-Lobos chamou essa obra de "aventura musical",[662] mas se trata mesmo de uma opereta ou musical. A montagem no Ziegfeld Theater de Nova Iorque não causou grande impacto, embora o diretor fosse o aclamado Jules Dassin. A música foi considerada demasiado sofisticada, o roteiro, sofrível. Assim como a opereta *Candide* de Bernstein, feita dez anos mais tarde, *Magdalena* também sofreu com certa dose de "superprodução" e "reescrita".[663] Ao examinar a partitura, a observação sobre a suposta "sofisticação" parece injustificada. A peça, afinal, é uma coletânea das melhores melodias de Villa-Lobos, arranjadas em um *pot-pourri* sem qualquer unidade musical. Essas melodias, apesar de seus méritos, receberam letras medíocres, exageradamente sentimentais.

Há exemplos na história de compositores que escreveram música "leve", descompromissada. Em Shostakovich e Schoenberg, encontram-se obras de entretenimento que se salvam devido à abordagem irônica empreendida por esses autores. Essa tendência não está clara em *Magdalena*. O uso dessas melodias famosas parece motivado apenas por questões econômicas, sem consequências além do mero entretenimento leve. Há pouco material exclusivamente escrito para essa obra.

O livreto se baseia no romance de Frederick Hazlitt Brennan e Homer Curran, adaptado por Robert e George Forrest.

CAPÍTULO XII – OBRAS DE CENA

A ação se passa em uma aldeia próxima ao rio Magdalena na Colômbia e em Paris. A comunidade indígena Muzo trabalha nas minas de diamante do General Carabana. O missionário Padre José tem grande influência sobre esses trabalhadores, com exceção do motorista de ônibus Pedro. A chefe da aldeia, Maria, torna-se apoiadora do Padre José, provocando desunião entre ela e Pedro. Magoado, Pedro retira da capela a imagem da Madona, símbolo da humilhação imposta aos Muzo. Pedro e Maria lutam pelo mesmo ideal, libertar os Muzo da dominação do General Carabana. A arma de Pedro é a força, a de Maria, o amor cristão. O General está em Paris quando é aconselhado a retornar para defender seus interesses. Ele preferia ficar na cidade francesa, onde está amorosamente envolvido com Tereza, *chef* em um famoso restaurante *gourmet*. Carabana quer levar Tereza consigo ao rio Magdalena e promete um colar de brilhantes como recompensa. Sua chegada à Colômbia torna-se um acontecimento. Pedro cria uma comoção para interromper as festividades, mas a influência de Maria sobre os Muzo é maior. Pedro segue convencido de que a violência é o melhor método e, assim, ele decide roubar a Madona. Maria consegue promover a reconciliação entre Pedro e o General, Pedro regenera-se, e a paz volta a reinar entre os Muzo.[664]

A temática é bastante oportuna, mas obviamente a crítica social não é normalmente exibida em um musical. Além disso, Villa-Lobos não estava interessado em problemas sociais na mesma medida que Mário de Andrade ou os demais modernistas brasileiros. Isso não quer dizer que ele não tenha participado de atividades socialmente significativas, mas essa questão não se reflete diretamente em sua música.

Embora *Magdalena* tenha vinte e seis números, muitos são apresentados rapidamente, como fundo sonoro. Na primeira cena, "The Jungle Chapel", os Muzo são descritos sem uso do pentatonismo. O tema "Seed of God" (ex. 277) é o motivo coral das

Bachianas n° 4, que retorna ao final, no ponto culminante. Esse tema fica bem na trama, ao ser cantado por José.

Exemplo 277. Villa-Lobos: *Magdalena*, "Seed of God", manuscrito, Museu Villa-Lobos.

O ônibus é representado com habilidade com uma escala de semicolcheias (n° 3), "My Bus and I". Os passageiros cantam cantigas brasileiras. No n° 4, o motivo vem de *Ibericarabe*, podendo surpreender o ouvinte que conhece bem a obra de Villa-Lobos. Igualmente inusitada é a continuação, com o motivo central da ópera *Izaht*. Nessa cena, o General Carabana saboreia alguns vinhos. A grande entrada em cena da *chef* Teresa vem com motivo emprestado das "Impressões Seresteiras", trazendo certa dose de ironia com seu patético caráter de valsa (n° 7, "Food for Thought").

CAPÍTULO XII – OBRAS DE CENA

A seção "Colombia Calls" (nº 8) usa a melodia da canção "A gatinha parda" da primeira série de *Modinhas e Canções*. O final de "Plan it by Planets" retoma a "Valsa da dor", momento em que Tereza dá adeus a Paris, sentada em um café. A música para mudança de cenário (nº 9) vem da seção de transição das "Impressões Seresteiras" (na suíte de *Magdalena*, o arranjo é de André Kostelanetz).

A décima cena descreve o rio Magdalena, com uma citação do "Remeiro do São Francisco" (de *Modinhas e Canções*). No final, a cena aos poucos se desdobra em dança, conduzida por uma pianola, que utiliza a melodia de "Kankukus" (das *Danças Africanas*). Na cena nº 13, retorna o coral das *Bachianas*, que dá suporte à estrutura musical. A retirada da Madona é acompanhada pela "Dança do amor" de *Izaht*. No entanto, é doloroso ouvir a cantilena do *Choros nº 11* tratada de forma tão trivial no dueto entre Pedro e Maria. O roubo da Madona usa a melodia de "Festa no sertão" do *Ciclo Brasileiro*, emquanto as cenas nº 16 e 18 vêm do *Guia Prático*, sendo última delas a famosa "Na corda da viola", adaptada como canção, para ilustrar a libertação de Pedro. "Toujour la soupe" de Tereza e a valsa espanhola em seguida são a versão integral de "Impressões Seresteiras". Os temas de *Ibericarabe* também reaparecem, e o musical culmina com "Seed of God", com o tema coral da *Bachianas nº 4*.

Se procurarmos a razão por que Villa-Lobos retomou melodias mais antigas, talvez seja para que os ouvintes estadunidenses não pudessem identificá-las em obras mais recentes. O mesmo procedimento também ocorre em *Descobrimento do Brasil*.

ACERVO DE FOTOS

Jovem Heitor Villa-Lobos
Fonte: Museu Villa-Lobos e Academia Brasileira de Música

Retrato de Heitor Villa-Lobos
Fonte: Museu Villa-Lobos e Academia Brasileira de Música

Retrato de Heitor Villa-Lobos
Fonte: Museu Villa-Lobos e Academia Brasileira de Música

Villa-Lobos ensaiando orquestra
Fonte: Museu Villa-Lobos e Academia Brasileira de Música

Villa-Lobos regendo orquestra
Fonte: Museu Villa-Lobos e Academia Brasileira de Música

Villa-Lobos e Getúlio Vargas no Palácio do Catete
Fonte: Museu Villa-Lobos e Academia Brasileira de Música

Villa-Lobos regendo concentração
Fonte: Museu Villa-Lobos e Academia Brasileira de Música

Villa-Lobos em Nova York
Fonte: Museu Villa-Lobos e Academia Brasileira de Música

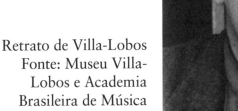

Retrato de Villa-Lobos
Fonte: Museu Villa-Lobos e Academia Brasileira de Música

NOTAS

Apresentação

1. SALLES, P. T. *Villa-Lobos*: processos composicionais. Campinas: Editora da Unicamp, 2009; e SALLES, P. T. *Os quartetos de cordas de Villa-Lobos*: forma e função. São Paulo: Edusp, 2018.

2. SALLES, P. T. *Os quartetos de cordas de Villa-Lobos*: forma e função. São Paulo: Edusp, 2018.

3. LAGO, Manoel Correa do. *O círculo Veloso-Guerra e Darius Milhaud no Brasil*. Rio de Janeiro: Reler, 2010, p. 22-24.

Prefácio à edição original

4. Nota do tradutor: as demais diferenciações terminológicas feitas pelo autor, os termos *motif* e *motive*; *thematics* e *themes*; *rhytmics* e *rhythms*; *polirhythmics* e *polirhythms* não são aplicáveis à terminologia musical no idioma português.

Capítulo I – Um levantamento da história da música na América Latina

5. DEMARQUEZ, Suzanne. *Manuel de Falla*. Paris: Flammarion, 1963, pp. 194-231.

6. HALFFTER, Ernesto. *Falla and His Atlantida*. Contracapa do álbum (regente: Rafael Frühbeck de Burgos), EMI ASD 3478, pp. 5-7.

7. O termo "ibérico" é mais adequado que "hispânico", já que engloba toda a Península Ibérica, incluindo Portugal.

8. CHÁVEZ, Carlos. *Musical thought*. Cambridge, Massachusetts: Harvard University Press, 1961, p. 12.

9. VILLA-LOBOS, SUA OBRA. 2ª ed. Rio de Janeiro: Museu Villa-Lobos, 1972, p. 108 e 214.

10. JANKÉLÉVITCH, Vladimir. *La rhapsodie*: verve et improvisation musicale. Paris: Flammarion, 1955, p. 153.

11. JANKÉLÉVITCH, Vladimir. *La rhapsodie*: verve et improvisation musicale. Paris: Flammarion, 1955, p. 156.

12. JANKÉLÉVITCH, Vladimir. *La rhapsodie*: verve et improvisation musicale. Paris: Flammarion, 1955, p. 178.

13. FRANCO, Jean. *A literary history of Spain*. London: Benn, 1973, p. 3.

14. BÉHAGUE, Gerard. *Music in Latin America*: an introduction. New Jersey: Prentice--Hall, 1979, pp. 2-3.

15. BÉHAGUE, Gerard. *Music in Latin America*: an introduction. New Jersey: Prentice--Hall, 1979, pp. 2-3.

16. SLONIMSKY, Nicolas. *Music of Latin America*. New York: Crowell, 1972, p. 55.

17. Sobre música indígena, consultar: CAMÊU, Helza. *Introdução ao estudo da música indígena brasileira*. Conselho Federal de cultura, 1977; COLLAER, Paul. *Music of the Americas*. London: Curzon Press, 1968; AZEVEDO, Luiz Heitor Corrêa de. *Escala, ritmo e melodia na música dos índios brasileiros*. Rio de Janeiro: Jornal do Comércio, 1938; ALMEIDA, Renato. *História da música brasileira*. 2ª ed. Rio de Janeiro: Briguiet, 1942, pp. 25-58; VALLE, Flausino Rodrigues. *Elementos de folclore musical brasileiro*. São Paulo: Editora Nacional, 1936; VARGAS, Teófilo. *Prólogo de la colección Aires Nacionales de Bolivia*. Cochabamba: [s. i.], 1928; SPIX, Johann Baptist von; MARTIUS, Karl Friedrich Philipp von. *Reise in Brasilien*: Brasilianische Volkslieder und Indianische Melodien. München: [s. i.], 1831; RODRIGUES, João Barbosa. "O canto e dança selvícola". *Revista Brasileira*, n. 9, pp. 32-60, Rio de Janeiro, 1890; MANIZER, H. H. "Música e instrumentos de música de algumas tribos do Brasil". *Revista Brasileira de Música*, vol. 1, dez. 1934; e GALLET, Luciano. "O Índio na Música Brasileira". *In*: GALLET, Luciano. *Estudos de Folclore*. Rio de Janeiro: Wehrs, 1934

18. CARPENTIER, Alejo. *La música en Cuba*. México: Fondo de Cultura Económica, 1946.

19. BÉHAGUE, Gerard. *Music in Latin America*: an introduction. New Jersey: Prentice--Hall, 1979, pp. 85-92.

20. LANGE, Francisco Curt. "La música en Minas Gerais". *Boletín Latinoamericano de Música*, vol. 4, pp. 409-494, 1946.

21. BÉHAGUE, Gerard. *Music in Latin America*: an introduction. New Jersey: Prentice--Hall, 1979, p. 78.

22. BÉHAGUE, Gerard. *Music in Latin America*: an introduction. New Jersey: Prentice--Hall, 1979, p. 79.

23. Obviamente, a existência de música sacra na América Latina não se limitava ao Brasil. Em outros países sul-americanos, foram fundadas universidades, várias delas com editoras bem estabelecidas. Dentre os primeiros livros publicados, muitos eram partituras (cf. SLONIMSKY, Nicolas. *Music of Latin America*. New York: Crowell, 1972).

24. BASTIDE, Roger. *Estudos afro-brasileiros*. São Paulo: Perspectiva, 1972. (Coleção Estudos 18).

25. CARPENTIER, Alejo. *La música en Cuba*. México: Fondo de Cultura Económica, 1946, pp. 220-230.

26. ALVARENGA, Oneyda. "A influência negra na música brasileira". *Boletim Latino-Americano de Música*, vol. 5, pp. 357-393, 1946.

27. ORREGO-SALAS, Juan. "Heitor Villa-Lobos: figura, obra y estilo". *Boletín Interamericano de Música*, n. 52, Unión Panamericana, 1966, p. 15.

NOTAS

28. Hornbostel *apud* MERRIAM, Alan P. "Mexican Music". *In*: BASCOM, William; HERSKOVITS, Melville. *Continuity and Change in African Cultures*. Chicago: University of Chicago Press, 1970, p. 60.

29. ALVARENGA, Oneyda. *Música popular brasileña*. México: Fondo de Cultura Económica, 1947, pp. 26-108; ALMEIDA, Renato. *História da música brasileira*. 2ª ed. Rio de Janeiro: Briguiet, 1942, pp. 203-281.

30. SLONIMSKY, Nicolas. *Music of Latin America*. New York: Crowell, 1972, p. 68.

31. VEGA, Carlos. "Tradiciones musicales y aculturación en Sudamérica". *In*: LIST, George; ORREGO-SALAS, Juan (Coord.). *Music in the Americas*. The Hague: Mouton & Co., 1967, p. 230.

32. FRANCO, Jean. *A literary history of Spain*. London: Benn, 1973, p. 12.

33. CARPENTIER, Alejo. "América Latina en la confluencia de coordenadas históricas y su repercusión en la música". *In*: ARETZ, Isabel. *América Latina en su música*. México: Siglo Veintiuno Editores, 1977, p. 15.

34. FRANCO, Jean. *A literary history of Spain*. London: Benn, 1973, p. 21; sobre os *Creoles*, ver também: CARPENTIER, Alejo. "América Latina en la confluencia de coordenadas históricas y su repercusión en la música". *In*: ARETZ, Isabel. *América Latina en su música*. México: Siglo Veintiuno Editores, 1977, pp. 15/16.

35. SLONIMSKY, Nicolas. *Music of Latin America*. New York: Crowell, 1972, pp. 22-26; e BÉHAGUE, Gerard. *Music in Latin America*: an introduction. New Jersey: Prentice-Hall, 1979, p. 102, pp. 105-107 e pp. 111-118.

36. AZEVEDO, Luiz Heitor Corrêa de. *150 anos de música no Brasil (1800-1950)*. Rio de Janeiro: José Olympio, 1956, pp. 321/322.

37. CARPENTIER, Alejo. *La música en Cuba*. México: Fondo de Cultura Económica, 1946, pp. 142-145.

38. APPLEBY, David P. *The music of Brazil*. Austin: University of Texas Press, 1983, p. 45.

39. CARPENTIER, Alejo. "Kadotetut askeleet: romaani". Transl. into Finnish Marja Kelo. *The lost steps*, New York: Knopf, 1958.

40. AZEVEDO, Luiz Heitor Corrêa de. *150 anos de música no Brasil (1800-1950)*. Rio de Janeiro: José Olympio, 1956, pp. 77/78.

41. KUSS, Maria Elena. *Nativistic strains in Argentine*: operas premiered at the teatro Colon (1908-1972). Los Angeles: University of California, 1976. (Dissertation).

42. AZEVEDO, Luiz Heitor Corrêa de. *150 anos de música no Brasil (1800-1950)*. Rio de Janeiro: José Olympio, 1956, p. 114.

43. JANKÉLÉVITCH, Vladimir. *La rhapsodie*: verve et improvisation musicale. Paris: Flammarion, 1955, p. 156.

44. CHASE, Gilbert. *America's music*. New York: McGraw-Hill, 1955, pp. 301-323.

45. BÉHAGUE, Gerard. *Music in Latin America*: an introduction. New Jersey: Prentice-Hall, 1979, p. 117.

46. CARPENTIER, Alejo. *La música en Cuba*. México: Fondo de Cultura Económica, 1946, p. 176.

47. ITIBERÊ, Brasílio. "Ernesto Nazareth na música brasileira". *Boletim Latino-Americano de Música*, vol. 5, 1946, p. 311/312; e SIQUEIRA, Baptista. *Ernesto Nazareth na música brasileira*. Rio de Janeiro: Aurora, 1967, p. 32.

48. VEGA, Carlos. "Tradiciones musicales y aculturación en Sudamérica". *In*: LIST, George; ORREGO-SALAS, Juan (Coord.). *Music in the Americas*. The Hague: Mouton & Co., 1967, p. 231.

49. MILHAUD, Darius. *Ma vie heureuse*: notes sans musique. Paris: Belfond, 1973, p. 64.

50. COCTEAU, Jean. "Le coq et l'arlequin". *In*: COCTEAU, Jean. *Le rappel à lordre*: oeuvres completes. vol. 9, Lausanne: Marguerat, 1918, p. 41.

51. MILHAUD, Darius. *Ma vie heureuse*: notes sans musique. Paris: Belfond, 1973, p. 67.

52. MILHAUD, Darius. "Brésil: chroniques et notes". *La Revue Musicale*, n. 1, novembre, 1920, p. 61.

53. MILHAUD, Darius. "Brésil: chroniques et notes". *La Revue Musicale*, n. 1, novembre, 1920, p. 61.

54. CARPENTIER, Alejo. *La música en Cuba*. México: Fondo de Cultura Económica, 1946, p. 237.

55. SLONIMSKY, Nicolas. *Music of Latin America*. New York: Crowell, 1972, p. 22.

56. ORREGO-SALAS, Juan. "Heitor Villa-Lobos: figura, obra y estilo". *Boletín Interamericano de Música*, n. 52, Unión Panamericana, 1966, p. 176.

57. CARPENTIER, Alejo. *La música en Cuba*. México: Fondo de Cultura Económica, 1946, pp. 232/233; CARPENTIER, Alejo. "América Latina en la confluencia de coordenadas históricas y su repercusión en la música". *In*: ARETZ, Isabel. *América Latina en su música*. México: Siglo Veintiuno Editores, 1977, p. 10.

58. AZEVEDO, Luiz Heitor Corrêa de. "La música de América Latina". *In*: ARETZ, Isabel. *América Latina en su música*. México: Siglo Veintiuno Editores, 1977, p. 54.

59. BÉHAGUE, Gerard. *Music in Latin America*: an introduction. New Jersey: Prentice-Hall, 1979, pp. 161/162; LANGE, Francisco Curt. "Guillermo Uribe-Holguín". *Boletín Latinoamericano de Música*, vol. 4, pp. 757-798, 1938; e MAYER-SERRA, Orto. *Música y músicos de Latinoamérica*. México: Editorial Atlante, 1947, pp. 1004-1107.

60. SLONIMSKY, Nicolas. *Music of Latin America*. New York: Crowell, 1972, p. 33 e pp. 282-286; SANDS, Elizabeth N. *The uruguayan composer Eduardo Fabini*. Indiana University: Latin American Music Center, 1972. (A seminar report).

61. BÉHAGUE, Gerard. *Music in Latin America*: an introduction. New Jersey: Prentice-Hall, 1979, pp. 178-180 e pp. 237-239; e CLARO, Samuel; BLONDEL, Jorge Urruriba. *Historia de la música en Chile*. Santiago, Chile: Editorial Andrés Bello, 1973, pp. 117-122.

62. SLONIMSKY, Nicolas. *Music of Latin America*. New York: Crowell, 1972, p. 52.

63. VARGAS, Teófilo. *Prólogo de la colección Aires Nacionales de Bolivia*. Cochabamba: [s. i.], 1928.

64. BÉHAGUE, Gerard. *Music in Latin America*: an introduction. New Jersey: Prentice-Hall, 1979, pp. 183-211; BÉHAGUE, Gerard. *The beginnings of musical nationalism in Brazil*. Detroit: Information Coordinators, Inc., 1971. (Detroit Monographs in Musicology Number 1); AZEVEDO, Luiz Heitor Corrêa de. *150 anos de música no Brasil (1800-1950)*. Rio de Janeiro: José Olympio, 1956, pp. 137-155 *et passim*; ARBENA, Joseph; e SCHMIDT, Henry; VASSBERG, David. *Regionalism and the musical heritage of Latin America*: Latin American curriculum units for junior and community colleges. Austin: University of Texas, 1980, pp. 44-47.

65. BARTÓK, Béla. *Weg und Werk*: Schriften und Briefe. Budapest: Corvina, 1957, pp. 161-164.

NOTAS

66. PÉRGAMO, Ana Maria Logatelli de. "Raíces musicales". *In*: ARETZ, Isabel. *América Latina en su música*. México: Siglo Veintiuno Editores, 1977, pp. 41/42.

67. ANDRADE, Oswald de. "Manifesto antropófago". *Revista de Antropofagia*, n. 1, São Paulo, 1979 [1928-1929], p. 43.

68. CARPENTIER, Alejo. *La música en Cuba*. México: Fondo de Cultura Económica, 1946, pp. 206-208.

69. FRANCO, Jean. *A literary history of Spain*. LondonBenn, 1973, pp. 177-179.

70. CARPENTIER, Alejo. *La música en Cuba*. México: Fondo de Cultura Económica, 1946, pp. 187-194.

71. CARPENTIER, Alejo. *La música en Cuba*. México: Fondo de Cultura Económica, 1946, p. 249.

72. CRAWFORD, William Rex. *A century of Latin-American thought*. Massachusetts: Harvard University Press, 1963, pp. 260-276.

73. CHÁVEZ, Carlos. *Musical thought*. Cambridge, Massachusetts: Harvard University Press, 1961, pp. 9-12.

74. CHÁVEZ, Carlos. *Musical thought*. Massachusetts: Harvard University Press, 1961, p. 38; a informação biográfica sobre Chávez é baseada em MORILLO, Roberto García. *Carlos Chávez*: vida y obra. México: Fondo de Cultura Económica, 1960; WEINSTOCK, Herbert. "Carlos Chávez". *The Musical Quarterly*, vol. 22, n. 4, 1936; EWEN, David. *The new book of modern composers*. New York: Knopf, 1961; e MAYER-SERRA, Orto. *Música y músicos de Latinoamérica*. México: Editorial Atlante, 1947, pp. 278-288.

75. MAYER-SERRA, Orto. *Música y músicos de Latinoamérica*. México: Editorial Atlante, 1947, pp. 543-564.

76. AZEVEDO, Luiz Heitor Corrêa de. "La música de América Latina". *In*: ARETZ, Isabel. *América Latina en su música*. México: Siglo Veintiuno Editores, 1977, p. 55.

77. CARRILLO, Julián. "Revolución musical del sonido 13". *Boletín Latinoamericano de música*, vol. 4, 1938, pp. 149-158.

78. BÉHAGUE, Gerard. *Music in Latin America*: an introduction. New Jersey: Prentice--Hall, 1979, pp. 212-220.

79. FRANCO, Jean. *A literary history of Spain*. LondonBenn, 1973, pp. 42-46.

80. Sobre a vida de Ginastera, consultar: CHASE, Gilbert. "Alberto Ginastera: argentine composer". *The Musical Quarterly*, vol. 43, n. 4, pp. 439-460, 1957; e URTUBEY, Pola Suarez. *Alberto Ginastera*: argentinos en las artes. Buenos Aires: Ediciones Culturales Argentinas, 1967, p. 10.

81. URTUBEY, Pola Suarez. *Alberto Ginastera*: argentinos en las artes. Buenos Aires: Ediciones Culturales Argentinas, 1967, p. 10.

82. HARMAN, Alec; MELLERS, Wilfrid. *Man and his music*: the story of musical experience in the west. London: Barrie and Rockliff, 1962, p. 1065.

83. CARPENTIER, Alejo. *La música en Cuba*. México: Fondo de Cultura Económica, 1946, p. 253.

84. JEAN-AUBRY, G. *La musique et les nations*. Paris: La Sirène, 1922, p. 33.

Capítulo II – A vida e a personalidade

85. VILLA-LOBOS, SUA OBRA. 2ª ed. Rio de Janeiro: Museu Villa-Lobos, 1972, p. 119.

86. VOLKOV, Solomon. *Dmitri Sostakovitsin muistelmat*. Helsinki: Otava, 1979, p. 10.

87. DEMARQUEZ, Suzanne. "Villa-Lobos". *La Revue Musicale*, n. 10, tome IV, pp. 1-22, 1929.

88. MARIZ, Vasco. *Heitor Villa-Lobos*. Paris: Segbers, 1967.

89. PEPPERCORN, Lisa M. *Heitor Villa-Lobos-Ein Komponist aus Brasilien*. Freiburg: Atlantis, 1972.

90. GUIMARÃES, Luiz. *Villa-Lobos visto da plateia e na intimidade (1912/1935)*. Rio de Janeiro: Moderna, 1972.

91. ZWEIG, Stefan. *Le Brésil, terre d'avenir*. Trad. de l'allemand par Jean Longeville. Paris: Albin Michel, 1949; ANDRADE, Mário de. *Macounaima*: le héros sans aucun caractere. Paris: Flammarion, 1979, p. 10; e HOLANDA, Sergio Buarque de. *Raízes do Brasil*. Rio de Janeiro: Livraria Olympio Editora, 1971.

92. VILLA-LOBOS, SUA OBRA. 2ª ed. Rio de Janeiro: Museu Villa-Lobos, 1972, p. 332.

93. Cf. PEPPERCORN, Lisa M. *Heitor Villa-Lobos-Ein Komponist aus Brasilien*. Freiburg: Atlantis, 1972, pp. 14/15; e MARIZ, Vasco. *Heitor Villa-Lobos*. Paris: Segbers, 1967, p. 19.

94. AZEVEDO, Luiz Heitor Corrêa de. *150 anos de música no Brasil (1800-1950)*. Rio de Janeiro: José Olympio, 1956, pp. 201-216.

95. AZEVEDO, Luiz Heitor Corrêa de. *150 anos de música no Brasil (1800-1950)*. Rio de Janeiro: José Olympio, 1956, pp. 93-96.

96. BAILEY, Helen Miller; NASATIR, Abraham P. *Latin America*: the development of its civilization. New Jersey: Prentice-Hall, 1968, p. 362

97. BAILEY, Helen Miller; NASATIR, Abraham P. *Latin America*: the development of its civilization. New Jersey: Prentice-Hall, 1968, p. 360.

98. PEPPERCORN, Lisa M. *Heitor Villa-Lobos-Ein Komponist aus Brasilien*. Freiburg: Atlantis, 1972, p. 16; OCTAVIO, Rodrigo. "Raul Villa-Lobos". Presença de Villa-Lobos, vol. 7, Rio de Janeiro: Museu Villa-Lobos, 1972, p. 133.

99. OCTAVIO, Rodrigo. "Raul Villa-Lobos". Presença de Villa-Lobos, vol. 7, Rio de Janeiro: Museu Villa-Lobos, 1972, pp. 131-134; ver também VILLA-LOBOS, SUA OBRA. 2ª ed. Rio de Janeiro: Museu Villa-Lobos, 1972, p. 8.

100. VILLA-LOBOS, SUA OBRA. 2ª ed. Rio de Janeiro: Museu Villa-Lobos, 1972, p. 8.

101. BAILEY, Helen Miller; NASATIR, Abraham P. *Latin America*: the development of its civilization. New Jersey: Prentice-Hall, 1968, p. 357.

102. MILHAUD, Darius. *Ma vie heureuse*: notes sans musique. Paris: Belfond, 1973, p. 64.

103. AZEVEDO, Luiz Heitor Corrêa de. *150 anos de música no Brasil (1800-1950)*. Rio de Janeiro: José Olympio, 1956, p. 144.

104. BARROS, Paula. *O romance de Villa-Lobos*. Rio de Janeiro: A Noite, 1950, pp. 57/58.

105. PEPPERCORN, Lisa M. *Heitor Villa-Lobos-Ein Komponist aus Brasilien*. Freiburg: Atlantis, 1972, pp. 18/19; BARROS, Paula. O romance de Villa-Lobos. Rio de Janeiro: A Noite, 1950, pp. 46-48.

NOTAS

106. PEPPERCORN, Lisa M. *Heitor Villa-Lobos-Ein Komponist aus Brasilien*. Freiburg: Atlantis, 1972, pp. 20/21.

107. PEPPERCORN, Lisa M. *Heitor Villa-Lobos-Ein Komponist aus Brasilien*. Freiburg: Atlantis, 1972, p. 25; DEMARQUEZ, Suzanne. "Villa-Lobos". *La Revue Musicale*, n. 10, tome IV, pp. 1-22, 1929.

108. PEPPERCORN, Lisa M. *Heitor Villa-Lobos-Ein Komponist aus Brasilien*. Freiburg: Atlantis, 1972, pp. 26-28.

109. BARROS, Paula. *O romance de Villa-Lobos*. Rio de Janeiro: A Noite, 1950, p. 50.

110. Guimarães supõe que Prokofiev é autor de uma crítica sobre Villa-Lobos em um dos números de *La Revue Musicale*. Prokofiev, de fato, escreve na mesma edição, mas não sobre Villa-Lobos (GUIMARÃES, Luiz. *Villa-Lobos visto da plateia e na intimidade (1912/1935)*. Rio de Janeiro: Moderna, 1972, p. 54; cf. *La Revue Musicale* de 9 set. 1921). Ver nota 505.

111. GUIMARÃES, Luiz. *Villa-Lobos visto da plateia e na intimidade (1912/1935)*. Rio de Janeiro: Moderna, 1972, p. 224.

112. PEPPERCORN, Lisa M. "Foreign Influences in Villa-Lobos's music". *Ibero-Amerikanisches Archiv*, 1977, p. 40.

113. Nota do editor: essa informação foi difundida equivocadamente por Peppercorn (1989, p. 34). Manoel Correa do Lago (em *O círculo Veloso-Guerra e Darius Milhaud no Brasil*. Rio de Janeiro: Reler, 2010, p. 22-24) observa como isso tem confundido os pesquisadores; a única obra "moderna" apresentada pelo balé de Diaghilev no Rio de Janeiro em 1917 foi *L'Après-midi d'un faune* de Debussy.

114. Nota do editor: curiosamente, *Uirapuru* e *Amazonas* são obras cuja datação oficial (1917) é questionada em pesquisas mais recentes e sintomaticamente foram estreadas respectivamente em 1934 e 1929, evidenciando um processo de elaboração mais longo. Além disso, são reelaborações de *Tédio de alvorada* e *Myremis*, poemas sinfônicos de 1916, estreados em 1918.

115. GUIMARÃES, Luiz. *Villa-Lobos visto da plateia e na intimidade (1912/1935)*. Rio de Janeiro: Moderna, 1972, p. 226.

116. GUIMARÃES, Luiz. *Villa-Lobos visto da plateia e na intimidade (1912/1935)*. Rio de Janeiro: Moderna, 1972, pp. 226-227.

117. MILHAUD, Darius. *Ma vie heureuse*: notes sans musique. Paris: Editions Belfond, 1973, p. 75.

118. GUIMARÃES, Luiz. *Villa-Lobos visto da plateia e na intimidade (1912/1935)*. Rio de Janeiro: Moderna, 1972, p. 229.

119. MILHAUD, Darius. "Brésil: chroniques etnotes". *La Revue Musicale*, n. 1, novembre, 1920, p. 60.

120. MILHAUD, Darius. *Ma vie heureuse*: notes sans musique. Paris: Belfond, 1973, p. 67.

121. MILHAUD, Darius. *Ma vie heureuse*: notes sans musique. Paris: Belfond, 1973, p. 70.

122. PEPPERCORN, Lisa M. "Foreign influences in Villa-Lobos's music". *Ibero-Amerikanisches Archiv*, 1977, p. 43.

123. RUBINSTEIN, Arthur. *My many years*. New York: Knopf, 1980, p. 90.

124. RUBINSTEIN, Arthur. *My many years*. New York: Knopf, 1980, pp. 90/91.

125. GUIMARÃES, Luiz. *Villa-Lobos visto da plateia e na intimidade (1912/1935)*. Rio de Janeiro: Moderna, 1972, p. 23.

126. GUIMARÃES, Luiz. *Villa-Lobos visto da plateia e na intimidade (1912/1935)*. Rio de Janeiro: Moderna, 1972, p. 28 e p. 31.

127. RUBINSTEIN, Arthur. *My many years*. New York: Knopf, 1980, p. 99.

128. Nota do editor: isso reforça a hipótese de que o relato de Rubinstein, feito décadas depois, pode ter confundido datas e obras. É pouco provável que *Amazonas* estivesse pronta àquela época, já que *Myremis*, que foi sua origem, estreou em 1918. Mas também é possível que Villa-Lobos já se referisse informalmente a essa obra como *Amazonas*. Já o *Choros n° 2*, para flauta e clarinete, é uma obra bem posterior, de 1924.

129. GUIMARÃES, Luiz. *Villa-Lobos visto da plateia e na intimidade (1912/1935)*. Rio de Janeiro: Moderna, 1972, p. 46.

130. MARIZ, Vasco. *Heitor Villa-Lobos*. Paris: Segbers, 1967, pp. 57/58.

131. ROLLAND, Romain. *Musiciens d'aujourd'hui*. Paris: Librairie Hachette, 1912, pp. 211/212.

132. DUMESNIL, René. *La Musique contemporaine en France*. tome I. Paris: Librairie Armand Colin, 1949, p. 18.

133. DUMESNIL, René. *La Musique contemporaine en France*. tome I. Paris: Librairie Armand Colin, 1949, p. 54.

134. DUMESNIL, René. *La Musique contemporaine en France*. tome I. Paris: Librairie Armand Colin, 1949, p. 55.

135. STUCKENSCHMIDT, Heinrich. *Zwischen den beiden Kriegen*. Berlin: Suhrkamp 1951, p. 130.

136. STUCKENSCHMIDT, Heinrich. *Zwischen den beiden Kriegen*. Berlin: Suhrkamp 1951, p. 129.

137. ORREGO-SALAS, Juan. "Heitor Villa-Lobos: figura, obra y estilo". *Boletín Interamericano de Música*, n. 52, Unión Panamericana, 1966, p. 33.

138. COCTEAU, Jean. "Le coq et l'arlequin". In:_____. *Le rappel à L'ordre*: oeuvres completes. vol. 9, Lausanne: Marguerat, 1918, p. 34.

139 STUCKENSCHMIDT, Heinrich. *Zwischen den beiden Kriegen*. Berlin: Suhrkamp 1951, p. 133.

140. PEPPERCORN, Lisa M. "A Villa-Lobos autograph letter at the Bibliothèque Nationale (Paris)". *Latin American Music Review*, vol. 1, n. 2, University of Texas Press, 1980, p. 259.

141. PEPPERCORN, Lisa M. *Heitor Villa-Lobos-Ein Komponist aus Brasilien*. Freiburg: Atlantis, 1972, p. 55.

142. MARIZ, Vasco. *Heitor Villa-Lobos*. Paris: Segbers, 1967, p. 59.

143. DUMESNIL, René. *La musique contemporaine en France*. tome I. Paris: Librairie Armand Colin, 1949, p. 103.

144. PEPPERCORN, Lisa M. "A Villa-Lobos autograph letter at the Bibliothèque Nationale (Paris)". *Latin American Music Review*, vol. 1, n. 2, University of Texas Press, 1980, p. 254.

145. PEPPERCORN, Lisa M. "A Villa-Lobos autograph letter at the Bibliothèque Nationale (Paris)". *Latin American Music Review*, vol. 1, n. 2, University of Texas Press, 1980, p. 254.

146. PEPPERCORN, Lisa M. "A Villa-Lobos autograph letter at the Bibliothèque Nationale (Paris)". *Latin American Music Review*, vol. 1, n. 2, University of Texas Press, 1980, p. 259.

147. DOWNES, Olin. "Art of Villa-Lobos". *New York Times*, p. XI:5, May 14, 1939.

NOTAS

148. GUIMARÃES, Luiz. *Villa-Lobos visto da plateia e na intimidade (1912/1935)*. Rio de Janeiro: Moderna, 1972, pp. 147-149.

149. DEMARQUEZ, Suzanne. "Villa-Lobos". *La Revue Musicale*, n. 10, tome IV, pp. 1-22, 1929.

150. GUIMARÃES, Luiz. *Villa-Lobos visto da plateia e na intimidade (1912/1935)*. Rio de Janeiro: Moderna, 1972, p. 149.

151. GUIMARÃES, Luiz. *Villa-Lobos visto da plateia e na intimidade (1912/1935)*. Rio de Janeiro: Moderna, 1972, p. 136.

152. AZEVEDO, Luiz Heitor Corrêa de. *150 anos de música no Brasil (1800-1950)*. Rio de Janeiro: José Olympio, 1956, pp. 254/255.

153. DEMARQUEZ, Suzanne. "Villa-Lobos". *La Revue Musicale*, n. 10, tome IV, 1929, p. 21.

154. GUIMARÃES, Luiz. *Villa-Lobos visto da plateia e na intimidade (1912/1935)*. Rio de Janeiro: Moderna, 1972, p. 170.

155. GUIMARÃES, Luiz. *Villa-Lobos visto da plateia e na intimidade (1912/1935)*. Rio de Janeiro: Moderna, 1972, p. 146.

156. SANTOS, Turíbio. *Heitor Villa-Lobos e o violão*. Rio de Janeiro: Museu Villa-Lobos, 1975, pp. 13/14.

157. SEGOVIA, Andrés. "I meet Villa-Lobos". *Guitar Review*, n. 22, 1958, p. 23.

158. SEGOVIA, Andrés. "I meet Villa-Lobos". *Guitar Review*, n. 22, 1958, p. 23.

159. TERÁN, Tomas. "Villa-Lobos". *Presença de Villa-Lobos*, vol. 7, Rio de Janeiro: Museu Villa-Lobos, 1972, pp. 133-137.

160. SOUZA LIMA, João de. "Meu convívio com Villa-Lobos". *Presença de Villa-Lobos*, vol. 7, Rio de Janeiro: Museu Villa-Lobos, 1972, pp. 156/157.

161. DEMARQUEZ, Suzanne. "Villa-Lobos". *La Revue Musicale*, n. 10, tome IV, 1929, p. 21.

162. ANDRADE, Mário de. "Música, doce música". *In*: ANDRADE, Mário de. *Obras completas de Mario de Andrade*. vol. 7, São Paulo: Martins, 1963, pp. 143-164.

163. ANDRADE, Mário de. "Música, doce música". *In*: ANDRADE, Mário de. *Obras completas de Mario de Andrade*. vol. 7, São Paulo: Martins, 1963, pp. 150.

164. ANDRADE, Mário de. "Música, doce música". *In*: ANDRADE, Mário de. *Obras completas de Mario de Andrade*. vol. 7, São Paulo: Martins, 1963, pp. 154.

165. ANDRADE, Mário de. "Música, doce música". *In*: ANDRADE, Mário de. *Obras completas de Mario de Andrade*. vol. 7, São Paulo: Martins, 1963, pp. 161.

166. TAWASTSTJERNA, Erik. *Sibelius: 1865-1905*. Transl. by Roben Layton. vol. 1, London: Faber and Faber, 1976, p. 79.

167. ANDRADE, Mário de. "Música, doce música". *In*: ANDRADE, Mário de. *Obras completas de Mario de Andrade*. vol. 7, São Paulo: Martins, 1963, pp. 163.

168. Gravação de um concerto da Swedish Radio Orchestra, regida por Villa-Lobos.

169. ANTHEIL, George. *Bad boy of music*. New York: Doubleday, Doran & Company Inc., 1945, p. 344.

170. PEPPERCORN, Lisa M. *Heitor Villa-Lobos-Ein Komponist aus Brasilien*. Freiburg: Atlantis, 1972, pp. 94/95.

171. BAILEY, Helen Miller; NASATIR, Abraham P. *Latin America*: the development of its civilization. New Jersey: Prentice-Hall, 1968, p. 517.

172. SOUZA LIMA, João de. "Meu convívio com Villa-Lobos". *In*: Presença de Villa-Lobos, vol. 7, Rio de Janeiro: Museu Villa-Lobos, 1972, pp. 156/157 e pp. 160-169.

173. GUIMARÃES, Luiz. *Villa-Lobos visto da plateia e na intimidade (1912/1935)*. Rio de Janeiro: Moderna, 1972, pp. 175-182.

174. GINASTERA, Alberto. "Homenagem a Villa-Lobos". *Presença de Villa-Lobos,* vol. 3, Rio de Janeiro: Museu Villa-Lobos, 1969, p. 25.

175. ARETZ, Isabel. "Carta a Eero Tarasti". Caracas, 11 jan. 1984, p. 2.

176. HELM, Everett. "The many-sided Villa". *Hi-Fi,* pp. 39-41, July 12, 1962.

177. Nota do editor: personagem do drama *A tempestade*, de Shakespeare.

178. DOWNES, Olin. "Art of Villa-Lobos". *New York Times*, p. XI:5, May 14, 1939.

179. DOWNES, Olin. "Art of Villa-Lobos". *New York Times*, p. XI:5, May 14, 1939.

180. DOWNES, Olin. "Art of Villa-Lobos". *New York Times*, p. XI:5, May 14, 1939.

181. NEW YORK TIMES. "Villa-Lobos to conduct on coast". *New York Times*, Oct. 31, 1944.

182. VERISSIMO, Érico. "Meus encontros com Villa-Lobos". *In*: *Presença de Villa-Lobos*. vol. 3, Rio de Janeiro: Museu Villa-Lobos, pp. 55-70, 1969; e BARROS, Paula. O *Romance de Villa-Lobos*. Rio de Janeiro: A Noite, 1950, pp. 173-178.

183. ESTRELLA, Arnaldo. *Os quartetos de cordas de Villa-Lobos*. Rio de Janeiro: Museu Villa-Lobos, 1970, p. 20.

184. HELLER, Alfred. *The Bachianas Brasileiras n. 2 by Heitor Villa-Lobos*. Indiana University: Latin American Music Center, [s.d.], pp. 62-68.

185. TAUBMANN, Howard. "Music: mew symphony: Villa-Lobos's eeventh has premiere here". *New York Times*, p. 40, March 22, 1956.

186. DOWNES, Olin. "Music: Villa-Lobos leads own works". *New York Times*, p. 22, Jan. 19, 1955.

187. DOWNES, Olin. "Choral works, new and old". *New York Times*, p. IX:7, April 14, 1940.

188. DOWNES, Olin. "Villa-Lobos guest at the city center". *New York Times*, p. I:21, Feb. 13, 1945.

189. DOWNES, Olin. "Music: Villa-Lobos leads own works". *New York Times*, p. 22, Jan. 19, 1955.

190. ARDOIN, John. "Villa-Lobos dies: brazilian composed over 2,000 works". *Musical America*, p. 45, Dec. 1959.

191. WEINSTOCK, Herbert. "Villa-Lobos". *In*: EWEN, David. *The new book of modern composers*. New York: Knopf, 1961, p. 438.

192. MARX, Walter Burle. "Personal note". *In*: EWEN, David. *The new book of modem composers*. New York: Knopf, 1961, p. 434.

193. HELM, Everett. "The many-sided Villa". *Hi-Fi,* July 12, 1962, p. 41.

194. PEPPERCORN, Lisa M. "The fifteen-year periods in Villa-Lobos's life". *Ibero-Amerikanisches Archiv*: neue Folge, Berlin: Colloquium, 1979, p. 195.

195. NEW YORK TIMES. "Villa-Lobos dies: Composer was 72". *New York Times*, p. 41, nov. 18, 1959.

NOTAS

196. STUCKENSCHMIDT, Heinrich. *Die Musik eines halbenjahrhunderts*: 1925-1975 – Essay und Kritik. Zürich: Piper & Co., 1976, p. 142.

197. STUCKENSCHMIDT, Heinrich. *Die Musik eines halbenjahrhunderts*: 1925-1975 – Essay und Kritik. Zürich: Piper & Co., 1976, p. 262.

198. MARX, Walter Burle. "Personal note". *In*: EWEN, David. *The new book of modem composers*. New York: Knopf, 1961, p. 436.

199. Bo Wallner, em carta ao autor.

200. Comunicação oral feita pelo Prof. Aarre Heinonen.

Capítulo III – A chegada do modernismo ao Brasil

201. AMARAL, Aracy. *Artes plásticas na Semana de 22*. São Paulo: Perspectiva, 1976, p. 38.

202. AMARAL, Aracy. *Artes plásticas na Semana de 22*. São Paulo: Perspectiva, 1976, pp .94/95.

203. AMARAL, Aracy. *Artes plásticas na Semana de 22*. São Paulo: Perspectiva, 1976, pp. 89/90.

204. AMARAL, Aracy. *Artes plásticas na Semana de 22*. São Paulo: Perspectiva, 1976, pp. 91/92.

205. Nota do tradutor: cabe lembrar que alguns modernistas como Tarsila do Amaral, Oswald de Andrade e Anita Malfatti, por exemplo, pertenciam a famílias ricas da aristocracia rural paulista e suas viagens à Europa eram realizadas com recursos próprios.

206. ANDRADE, Mário de. *Macounaima*: le héros sans aucun caractere. Paris: Flammarion, 1979, pp. 86-88.

207. LUPER, Albert T. "The musical thought of Mário de Andrade". *WMR* (Yearbook), 1965, p. 48.

208. FALLA, Manuel de. *Escritos sobre música y músicos*. Madrid: Colección Austral Espasa-Calpe, 1972, p. 83.

209. FALLA, Manuel de. *Escritos sobre música y músicos*. Madrid: Colección Austral Espasa-Calpe, 1972, p. 83.

210. FALLA, Manuel de. *Escritos sobre música y músicos*. Madrid: Colección Austral Espasa-Calpe, 1972, p. 83.

211. ANDRADE, Mário de. *Macounaima*: le héros sans aucun caractere. Paris: Flammarion, 1979, p. 10.

212. AZEVEDO, Luiz Heitor Corrêa de. "Le mouvement moderniste et la musique". *Revue Littéraire Mensuelle*, 1979, p. 173.

213. COUTINHO, Afrânio. *Introdução à literatura no Brasil*. Rio de Janeiro: Editora Civilização Brasileira, 1976, pp. 263-269; PEPPERCORN, Lisa M. "The fifteen-year periods in Villa-Lobos's life". *Ibero-Amerikanisches Archiv*: neue Folge, Berlin: Colloquium, 1979, pp. 186/187; AZEVEDO, Luiz Heitor Corrêa de. *150 anos de música no Brasil (1800-1950)*. Rio de Janeiro: José Olympio, 1956, pp. 260/261; APPLEBY, David P. *The music of Brazil*. Austin: University of Texas Press, 1983, pp. 90-93; ALMEIDA, Renato. *História da música brasileira*. 2ª ed. Rio de Janeiro: Briguiet, 1942, p. 454; GUIMARÃES, Luiz. *Villa-Lobos visto da plateia e na intimidade (1912/1935)*. Rio de Janeiro: Moderna, 1972, pp. 63-74; MARIZ, Vasco. *Heitor Villa-Lobos*. Paris: Segbers, 1967, pp. 45-55; e AMARAL, Aracy. *Artes plásticas na Semana de 22*. São Paulo: Perspectiva, 1976, pp. 197-216.

214. GUIMARÃES, Luiz. *Villa-Lobos visto da plateia e na intimidade (1912/1935)*. Rio de Janeiro: Moderna, 1972, pp. 66/67 e pp. 71/72.

215. GUIMARÃES, Luiz. *Villa-Lobos visto da plateia e na intimidade (1912/1935)*. Rio de Janeiro: Moderna, 1972, p. 73.

216. GUIMARÃES, Luiz. *Villa-Lobos visto da plateia e na intimidade (1912/1935)*. Rio de Janeiro: Moderna, 1972, p. 74. Ver também MARIZ, Vasco. *Heitor Villa-Lobos*. Paris: Segbers, 1967, p. 52.

217. ARANHA, Graça. "A Emoção estética na arte moderna". In: AMARAL, Aracy. *Artes plásticas na Semana de 22*. São Paulo: Perspectiva, 1976, pp. 266-274; e AMARAL, Aracy. *Artes plásticas na Semana de 22*. São Paulo: Perspectiva, 1976, p. 267.

218. ARANHA, Graça. "A emoção estética na arte moderna". In: AMARAL, Aracy. *Artes plásticas na Semana de 22*. São Paulo: Perspectiva, 1976, p. 271.

219. ARANHA, Graça. "A emoção estética na arte moderna". In: AMARAL, Aracy. *Artes plásticas na Semana de 22*. São Paulo: Perspectiva, 1976, p. 272.

220. ARANHA, Graça. "A emoção estética na arte moderna". In: AMARAL, Aracy. *Artes plásticas na Semana de 22*. São Paulo: Perspectiva, 1976, p. 273.

221. Nota do tradutor: *Amazonas* tem data de composição de 1917, mas sua estreia só ocorreu em 1929. Trata-se da remodelação do poema sinfônico *Myremis*, de 1916, que estreou em 1918.

222. ARANHA, Graça. *A estética da vida*. Rio de Janeiro: Livraria Garnier, 1921.

223. ARANHA, Graça. *A estética da vida*. Rio de Janeiro: Livraria Garnier, 1921.

224. ANDRADE, Oswald de. "Manifesto da poesia Pau-Brasil". In: ANDRADE, Oswald de. *Obras completas de Mario de Andrade*. vol. 6, Rio de Janeiro: Editora Civilização Brasileira, 1978, p. 10.

225. ARANHA, Graça. *A estética da vida*. Rio de Janeiro: Livraria Garnier, 1921.

226. ARANHA, Graça. *A estética da vida*. Rio de Janeiro: Livraria Garnier, 1921.

227. ANDRADE, Oswald de. "Manifesto da poesia Pau-Brasil". In: ANDRADE, Oswald de. *Obras completas de Mario de Andrade*. vol. 6, Rio de Janeiro: Editora Civilização Brasileira, 1978, p. 15.

228. CAMPOS, Haroldo de. "L'imagination structurale". Prefácio para a edição francesa de *Macunaíma* de Mário de Andrade. Paris: Flammarion, 1979.

229. Sobre Mário de Andrade, ver também LOPEZ, Tele Porto Ancona. *Mário de Andrade*: ramais e caminho. São Paulo: Duas Cidades, 1972; CAMPOS, Haroldo de. "L'imagination structurale". Prefácio para a edição francesa de *Macunaíma* de Mário de Andrade. Paris: Flammarion, 1979; LUPER, Albert T. "The musical thought of Mário de Andrade". *WMR* (Yearbook), 1965; e PONTIERO, Giovanni. *An anthology of brazilian modernist poetry*: notes and introduction. Oxford: Pergamon Press, 1969.

230. ANDRADE, Mário de. *Ensaio sobre a música brasileira*. São Paulo: Martins, 1972 [1928].

231. AZEVEDO, Luiz Heitor Corrêa de. "Le mouvement moderniste et la musique". *Revue Littéraire Mensuelle*, 1979, p. 172.

232. ANDRADE, Mário de. *Ensaio sobre a música brasileira*. São Paulo: Martins, 1972 [1928], p. 13.

233. ANDRADE, Mário de. *Ensaio sobre a música brasileira*. São Paulo: Martins, 1972 [1928], p. 14.

NOTAS

234. ANDRADE, Mário de. *Ensaio sobre a música brasileira*. São Paulo: Martins, 1972 [1928], p. 16.

235. GUIMARÃES, Luiz. *Villa-Lobos visto da plateia e na intimidade (1912/1935)*. Rio de Janeiro: Moderna, 1972, p. 185.

236. ANDRADE, Mário de. *Ensaio sobre a música brasileira*. São Paulo: Martins, 1972 [1928], p. 17.

237. ANDRADE, Mário de. *Ensaio sobre a música brasileira*. São Paulo: Martins, 1972 [1928], pp. 22/23.

238. ANDRADE, Mário de. *Ensaio sobre a música brasileira*. São Paulo: Martins, 1972 [1928], p. 26.

239. ANDRADE, Mário de. *Ensaio sobre a música brasileira*. São Paulo: Martins, 1972 [1928], p. 27. (grifo nosso).

240. ANDRADE, Mário de. *Ensaio sobre a música brasileira*. São Paulo: Martins, 1972 [1928], p. 29.

241. Nota do tradutor: Cila e Caribdis são monstros marinhos da mitologia grega.

242. ANDRADE, Mário de. *Ensaio sobre a música brasileira*. São Paulo: Martins, 1972 [1928], p. 31.

243. ANDRADE, Mário de. *Ensaio sobre a música brasileira*. São Paulo: Martins, 1972 [1928], p. 34.

244. ANDRADE, Mário de. *Ensaio sobre a música brasileira*. São Paulo: Martins, 1972 [1928], p. 37.

245. MERRIAM, Alan P. "Mexican music". *In*: BASCOM, W. R.; HERSKOVITS, M. J. (Coord.). *Continuity and change in african cultures*. Chicago: University of Chicago Press, 1970, p. 60.

246. ANDRADE, Mário de. *Ensaio sobre a música brasileira*. São Paulo: Martins, 1972 [1928], p. 40.

247. ANDRADE, Mário de. *Ensaio sobre a música brasileira*. São Paulo: Martins, 1972 [1928], p. 41.

248. ANDRADE, Mário de. *Ensaio sobre a música brasileira*. São Paulo: Martins, 1972 [1928], p. 46.

249. ANDRADE, Mário de. *Ensaio sobre a música brasileira*. São Paulo: Martins, 1972 [1928], p. 47.

250. ANDRADE, Mário de. *Ensaio sobre a música brasileira*. São Paulo: Martins, 1972 [1928], p. 40.

251. SLONIMSKY, Nicolas. *Music of Latin America*. New York: Crowell, 1972, p. 111.

252. Nota do tradutor: o termo "música popular" para Mário de Andrade não tem a conotação atual, mas é algo equivalente ao conceito tradicional de "música folclórica", feita por indivíduos da região rural, camponeses e caboclos.

253. FORTE, Vicente. "El canto popular: documentos para el estudio del folklore argentino". *Música precolombiana*, tomo I, n. 1, Buenos Aires: Coni, 1923, p. 16.

254. ANDRADE, Mário de. *Ensaio sobre a música brasileira*. São Paulo: Martins, 1972 [1928], p. 52.

255. ANDRADE, Mário de. *Ensaio sobre a música brasileira*. São Paulo: Martins, 1972 [1928], p. 54.

256. ANDRADE, Mário de. *Ensaio sobre a música brasileira*. São Paulo: Martins, 1972 [1928], p. 56.

257. ANSERMET, Ernst. *Die Grundlagen der Musik in menschliches Bewusstsein*. München: [s. i.], 1961, pp. 12-19.

258. ANDRADE, Mário de. *Ensaio sobre a música brasileira*. São Paulo: Martins, 1972 [1928], p. 60.

259. TULL, James Robert. *B. V. Asafiev's musical form as a process*. Ohio State University, 1976. (Dissertation).

Capítulo IV – *Os Choros*: uma nova forma de composição?

260. WEINSTOCK, Herbert. "Villa-Lobos". *In*: EWEN, David: *The new book of modern composers*. New York: Knopf, 1961, p. 438.

261. MURICY, Andrade. *Villa-Lobos*: uma interpretação. Rio de Janeiro: MEC, 1969, p. 15.

262. ORREGO-SALAS, Juan. "Heitor Villa-Lobos: figura, obra y estilo". *Boletín Interamericano de Música*, n. 52, Unión Panamericana, 1966, p. 12.

263. WEINSTOCK, Herbert. "Villa-Lobos". *In*: EWEN, David: *The new book of modern composers*. New York: Knopf, 1961, p. 438.

264. ORREGO-SALAS, Juan. "Heitor Villa-Lobos: figura, obra y estilo". *Boletín Interamericano de Música*, n. 52, Unión Panamericana, 1966, p. 26.

265. SCHUBERT, Giselher. "Zur Charakteristik von Heitor Villa-Lobos". *In*: REXROTH, Dieter (hersgg.). *Zwischen Grenzen:* zum Aspekt des Nationalen in der neuen Musik. Mainz: Schott, 1979, p. 7 e p. 66.

266. Nota do tradutor: *gebrauchsmusik* é o termo alemão usado para definir a "música utilitária", com finalidade social ou política.

267. SCHUBERT, Giselher. "Zur Charakteristik von Heitor Villa-Lobos". *In*: REXROTH, Dieter (hersgg.). *Zwischen Grenzen:* zum Aspekt des Nationalen in der neuen Musik. Mainz: Schott, 1979, p. 7 e p. 66.

268. MURICY, Andrade. *Villa-Lobos*: uma interpretação. Rio de Janeiro: MEC, 1969, p 46.

269. PEPPERCORN, Lisa M. *Heitor Villa-Lobos-Ein Komponist aus Brasilien*. Freiburg: Atlantis, 1972, p. 98.

270. PEPPERCORN, Lisa M. *Heitor Villa-Lobos-Ein Komponist aus Brasilien*. Freiburg: Atlantis, 1972, p. 98.

271. PEPPERCORN, Lisa M. "Foreign influences in Villa-Lobos's music". *Ibero-Amerikanisches Archiv*, 1977, pp. 42/43.

272. PEPPERCORN, Lisa M. "Foreign influences in Villa-Lobos's music". *Ibero-Amerikanisches Archiv*, 1977, pp. 40-43.

273. ANDRADE, Mário de. *Ensaio sobre a música brasileira*. São Paulo: Martins, 1972 [1928], p. 49.

274. NÓBREGA, Adhemar. *As Bachianas Brasileiras de Villa-Lobos*. Rio de Janeiro: Museu Villa-Lobos, 1971, p. 9.

NOTAS

275. Villa-Lobos: *Choros nº 3*, ed. Max Eschig.

276. Nota do tradutor: Tarasti faz alusão ao texto originalmente publicado em francês, com a partitura do *Choros nº 3*.

277. PEPPERCORN, Lisa M. *Heitor Villa-Lobos-Ein Komponist aus Brasilien*. Freiburg: Atlantis, 1972, p. 162.

278. Nota do tradutor: trata-se da *Suíte para Piano e Orquestra* (1913), dividida em três movimentos: "Allegro non troppo" (À Portugal e Espanha), "Assai Andante" (Ao Brasil) e "Movimento de Tarantella" (À Itália). A obra estreou em 21 de abril de 1923 com a Orquestra da Sociedade de Concertos Sinfônicos de São Paulo, tendo Lucília Villa-Lobos como solista e o compositor à regência.

279. CASCUDO, Luís de Câmara. *Dicionário do folclore brasileiro*. 3ª ed. Brasília: Instituto Nacional do Livro, 1972, p. 257.

280. CASCUDO, Luís de Câmara. *Dicionário do folclore brasileiro*. 3ª ed. Brasília: Instituto Nacional do Livro, 1972, p. 257.

281. AZEVEDO, Luiz Heitor Corrêa de. *150 anos de música no Brasil (1800-1950)*. Rio de Janeiro: José Olympio, 1956, p. 144.

282. CARPENTIER, Alejo. "América Latina en la confluencia de coordenadas históricas y su repercusión en la música". *In*: ARETZ, Isabel. *América Latina en su música*. México: Siglo Veintiuno Editores, 1977, p. 18.

283. Nota do tradutor: atualmente, há várias gravações disponíveis do *Choros nº 9*, de Villa-Lobos, assim como gravações integrais da série de *Choros*. Os *Choros nº 13* e *14* foram extraviados e continuam perdidos.

284. Nota do tradutor: as informações adicionais ao título das obras seguem o padrão: [instrumentação, data de composição/estreia; editor].

285. Nota do editor: Humberto Amorim (em *Heitor Villa-Lobos e o violão*. Rio de Janeiro: Academia Brasileira de Música, 2009, p. 94-110) oferece um estudo detalhado sobre o *Choros nº 1*. A obra estreou em 20 de novembro de 1928 no Teatro Breton de los Herreros, Espanha, tocada por Regino Sainz de la Maza.

286. JAFFEE, Michael. "Harmony in the solo guitar music of Heitor Villa-Lobos". *Guitar Review*, n. 29, June 1966, pp. 18/19.

287. SANTOS, Turíbio. *Heitor Villa-Lobos e o violão*. Rio de Janeiro: Museu Villa-Lobos, 1975, p. 33.

288. DRUESDOW, John. *The chamber works for wind ensembles by Heitor Villa-Lobos*. Indiana University: Latin American Music Center, 1963, p. 3.

289. DRUESDOW, John. *The chamber works for wind ensembles by Heitor Villa-Lobos*. Indiana University: Latin American Music Center, 1963, p. 4.

290. DRUESDOW, John. *The chamber works for wind ensembles by Heitor Villa-Lobos*. Indiana University: Latin American Music Center, 1963, p. 5.

291. PEPPERCORN, Lisa M. *Heitor Villa-Lobos-Ein Komponist aus Brasilien*. Freiburg: Atlantis, 1972, p. 74; MARIZ, Vasco. *Heitor Villa-Lobos*. Paris: Segbers, 1967, p. 61.

292. DRUESDOW, John. *The chamber works for wind ensembles by Heitor Villa-Lobos*. Indiana University: Latin American Music Center, 1963, p. 19.

293. DRUESDOW, John. *The chamber works for wind ensembles by Heitor Villa-Lobos*. Indiana University: Latin American Music Center, 1963, p. 14.

294. AZEVEDO, Luiz Heitor Corrêa de. *150 anos de música no Brasil (1800-1950)*. Rio de Janeiro: José Olympio, 1956, p. 149; Ver ALMEIDA, Renato. *História da música brasileira*. 2ª ed. Rio de Janeiro: Briguiet, 1942, p. 443.

295. ALMEIDA, Renato. *História da música brasileira*. 2ª ed. Rio de Janeiro: Briguiet, 1942, p. 443.

296. Pelo menos nos conjuntos de sopro dos índios Suyá que o autor pode ouvir nas gravações feitas pelo Prof. Anthony Seeger.

297. COUTINHO, Afrânio. *Introdução à literatura no Brasil*. Rio de Janeiro: Editora Civilização Brasileira, 1976, p. 170; SANT'ANA, Affonso Romano de. *Análise estrutural de romances brasileiros*. 3ª ed. Petrópolis: Editora Vozes, 1975, pp. 54-83.

298. ANDRADE, Mário de. *Macounaima*: le héros sans aucun caractere. Paris: Flammarion, 1979, p. 12 (o nome do protagonista já evoca isso, uma vez que *maku* significa "mal" em idioma indígena e *ima* equivale a "grande").

299. ROQUETTE-PINTO, Edgar. *Rondonia*: eine Reise in das Herzstück Südamerikas. Stuttgart: Braumüller, 1954, p. 111.

300. CAMÊU, Helza. *Introdução ao estudo da música indígena brasileira*. Brasil: Conselho Federal de cultura, 1977.

301. Gravação disponível no Museu do Índio, Rio de Janeiro.

302. READ, Gardner. *Style and orchestration*. New York: Schirmer Books, 1979, pp. 181/182.

303. ANDRADE, Oswald de. "Manifesto da poesia Pau-Brasil". *In*: ANDRADE, Oswald de. *Obras completas de Mario de Andrade*. vol. 6, Rio de Janeiro: Editora Civilização Brasileira, 1978, pp. 5-10.

304. LÉVI-STRAUSS, Claude. *Tristes tropiques*. Paris: Plon, 1955, p. 247.

305. COCTEAU, Jean. "Le coq et l'arlequin". *In*: _____. *Le rappel à L'ordre*: oeuvres completes. vol. 9, Lausanne: Marguerat, 1918.

306. COCTEAU, Jean. "Le coq et l'arlequin". *In*: _____. *Le rappel à L'ordre*: oeuvres completes. vol. 9, Lausanne: Marguerat, 1918.

307. ANDRADE, Mário de. *Ensaio sobre a música brasileira*. São Paulo: Martins, 1972 [1928], p. 26.

308. VILLA-LOBOS, SUA OBRA. 2ª ed. Rio de Janeiro: Museu Villa-Lobos, 1972, p. 200.

309. FREYRE, Gilberto. *O Brasileiro entre os outros hispanos*: afinidades, contrastes e possíveis futuros nas suas inter-relações. Rio de Janeiro: José Olympio, 1975.

310. DOWNES, Olin. "Art of Villa-Lobos". *New York Times*, p. XI:5, May 14, 1939; e Schmitt *apud* PEPPERCORN, Lisa M. "A Villa-Lobos autograph letter at the Bibliothèque Nationale (Paris)". Latin American Music Review, vol. 1, n. 2, University of Texas 1980, p. 255.

311. PEPPERCORN, Lisa M. *Heitor Villa-Lobos-Ein Komponist aus Brasilien*. Freiburg: Atlantis, 1972, p. 205.

312. JOHNSON, Robert L. "Heitor Villa-Lobos: *Choros n. 10 for orchestra and chorus*". *Analysis and Critical Survey*, Indiana University: School of Music, 1963, p. 48.

313. AZEVEDO, Luiz Heitor Corrêa de. *Escala, ritmo e melodia na música dos índios brasileiros*. Rio de Janeiro: Jornal do Comércio, 1938, p. 17.

314. VILLA-LOBOS, SUA OBRA. 2ª ed. Rio de Janeiro: Museu Villa-Lobos, 1972, p. 203.

NOTAS

315. ANDRADE, Mario de. "Le mouvement modemiste (extraits)". *Revue Littéraire Mensuelle*, p. 79; ver também CAMPOS, Haroldo de. "L'imagination structurale". Prefácio para a edição francesa de *Macunaíma* de Mário de Andrade. Paris: Flammarion, 1979, p. 33.

316. MARTINS, Wilson. "Introduction au modernisme". *Revue Littéraire Mensuelle*, 1979, p. 22.

317. CAMPOS, Haroldo de. "L'imagination structurale". Prefácio para a edição francesa de *Macunaíma* de Mário de Andrade. Paris: Flammarion, 1979, p. 29.

318. CAMPOS, Haroldo de. "L'imagination structurale". Prefácio para a edição francesa de *Macunaíma* de Mário de Andrade. Paris: Flammarion, 1979, p. 35.

319. RIVAS, Pierre. Modernité du modernisme. *Revue Littéraire Mensuelle*, 1979, p. 4.

320. MAUL, Carlos. *A glória escandalosa de Heitor Villa-Lobos*. Rio de Janeiro: Império, 1960.

321. Nota do tradutor: o processo movido contra Villa-Lobos envolveu não só a melodia de Anacleto de Medeiros (o xote "Yara"), mas a letra acrescentada posteriormente pelo poeta Catulo da Paixão Cearense, que tornou a canção conhecida como "Rasga o coração". O historiador Loque Arcanjo revisita esse processo no artigo "O dossiê Villa-Lobos e o *Choros n. 10*: modernismo, 'plágio' e opinião pública em tempos de crise política no Brasil (1952-54)" (*Anais do IV Simpósio Villa-Lobos*, 2018).

322. ANDRADE, Oswald de. "Manifesto da poesia Pau-Brasil". *In*: ANDRADE, Oswald de. *Obras completas de Mario de Andrade*. vol. 6, Rio de Janeiro: Editora Civilização Brasileira, 1978, p. 8.

323. SAMINSKY, Lazare. *Music of our days*: essentials and prophecies. New York: Crowell, 1923, pp. 224-263.

324. PEPPERCORN, Lisa M. *Heitor Villa-Lobos-Ein Komponist aus Brasilien*. Freiburg: Atlantis, 1972, p. 77.

325. VILLA-LOBOS, SUA OBRA. 2ª ed. Rio de Janeiro: Museu Villa-Lobos, 1972, p. 205.

326. Nota do editor: "mesomúsica" é um termo proposto pelo musicólogo Carlos Vega para definir *el conjunto de creacions funcionalmente consagradas al esparcimiento (melodías con o sin texto), a la danza de salón, a los espectáculos, a las ceremonias, actos, clases, juegos, etcétera, adoptadas o aceptadas por los oyentes de las naciones culturalmente modernas*. (VEGA, Carlos. "Un ensayo sobre la música de todos". *Revista Musical Chilena*, vol. 52, n. 188, Santiago, jul. 1997. Disponível em: http://dx.doi.org/10.4067/S0716-27901997018800004. Acessado em: 20 jun. 2021).

327. VILLA-LOBOS, SUA OBRA. 2ª ed. Rio de Janeiro: Museu Villa-Lobos, 1972, p. 205.

328. NÓBREGA, Adhemar. *As Bachianas Brasileiras de Villa-Lobos*. Rio de Janeiro: Museu Villa-Lobos, 1971, p. 111.

329. NÓBREGA, Adhemar. *As Bachianas Brasileiras de Villa-Lobos*. Rio de Janeiro: Museu Villa-Lobos, 1971, pp. 114/115.

330. O termo *topos* é entendido como um estilo ou seção reiterados em uma obra musical. Ver RATNER, Leonard C. *Classic music: expression, form and style*. London York: MacMillan, 1980, p. 2.

331. Nota do tradutor: Tarasti se refere a uma das "Leis do Pensamento", em que Aristóteles formula o princípio da "não contradição" em *Das Interpretações*.

332. DAHLHAUS, Carl. *Between romanticism and modernism: four studies in the music of the later nineteenth century*. Transl. by Mary Whittall. Los Angles: University of California Press, 1974, pp. 81/82.

332. JANKÉLÉVITCH, Vladimir. *La rhapsodie*: verve et improvisation musicale. Paris: Flammarion, 1955, p. 153.

333. LIDOV, David. *Musical structure and musical significance*. Pan 1 (Working Paper), Toronto Semiotic Circle: Monographs, Working Papers and Prepublications. Toronto: Victoria University, 1980, pp. 55-59.

334. EINSTEIN, Alfred. *Grösse in der Musik*. Zürich, Stuttgart: Pan-Verlag, 1951.

335. Segundo a edição mais recente do catálogo *Villa-Lobos, sua obra* (versão 1.1, 2018, p. 22), a estreia teria sido no início da década de 1950, com o violonista José Menezes. A página atual desse músico (http://abz.com.br/zemenezessite/), escrita por Ricardo Cravo Albin (acesso em 21 jul. 2021), afirma que foi em 1960, mas na presença do compositor, o que é inconcebível. Em NÓBREGA, Adhemar. *Os Choros de Villa-Lobos*. Rio de Janeiro: Museu Villa-Lobos, 1975, p. 26 e p. 134, há duas datas conflitantes, respectivamente, 1942 e 1944. Portanto, a confirmação da data de estreia da *Introdução aos Choros* requer maior investigação.

336. VILLA-LOBOS, SUA OBRA. 2ª ed. Rio de Janeiro: Museu Villa-Lobos, 1972, p. 210.

Capítulo V — Villa-Lobos e a década de 1930

337. ORREGO-SALAS, Juan. "Heitor Villa-Lobos: figura, obra y estilo". *Boletín Interamericano de Música*, n. 52, Unión Panamericana, 1966, p. 29.

338. CAMÊU, Helza. "Heitor Villa-Lobos". Manuscrito não publicado, p. 6.

339. SAMUEL, Claude. *Panorama de l'art musical contemporain*. Paris: Gallimard, 1962, pp. 81/82.

340. SCHOENBERG, Arnold. *Selected writings*: style and idea. Edited by Leonard Stein. London: Faber & Faber, 1975, p. 162.

341. VILLA-LOBOS, SUA OBRA. 2ª ed. Rio de Janeiro: Museu Villa-Lobos, 1972, p. 187.

342. CAMÊU, Helza. "Heitor Villa-Lobos". Manuscrito não publicado.

343. FREYRE, Gilberto. *O Brasileiro entre os outros hispanos*: afinidades, contrastes e possíveis futuros nas suas inter-relações. Rio de Janeiro: José Olympio, 1975, p. 143.

344. JEAN-AUBRY, G. *La musique et les nations*. Paris: La Sirène, 1922, p. 33.

345. SCHOENBERG, Arnold. *Selected writings*: style and idea. Edited by Leonard Stein. London: Faber & Faber, 1975, pp. 164/165.

346. SCHOENBERG, Arnold. *Selected writings*: style and idea. Edited by Leonard Stein. London: Faber & Faber, 1975, pp. 164/165.

347. SCHOENBERG, Arnold. *Selected writings*: style and idea. Edited by Leonard Stein. London: Faber & Faber, 1975, p. 163.

348. PEPPERCORN, Lisa M. *Heitor Villa-Lobos-Ein Komponist aus Brasilien*. Freiburg: Atlantis, 1972, pp. 94/95; e MARIZ, Vasco. *Heitor Villa-Lobos*. Paris: Segbers, 1967, pp. 67/68.

349. MORILLO, Roberto García. *Carlos Chávez*: vida y obra. México: Fondo de Cultura Económica, 1960, p. 39.

350. URTUBEY, Pola Suarez. *Alberto Ginastera*: argentinos en las artes. Buenos Aires: Ediciones Culturales Argentinas, 1967, pp. 78-81.

351. MARIZ, Vasco. *Heitor Villa-Lobos*. Paris: Segbers, 1967, pp. 68/69.

NOTAS

352. Nota do editor: clube fundado em 1914, ligado ao Ginásio São Bento e que encerrou suas atividades em 1933.

353. VASSBERG, David E. "Villa-Lobos: music as a tool of nationalism". *Luso-Brazilian Review*, vol. 6, n. 2, 1969, p. 58.

354. VASSBERG, David E. "Villa-Lobos: music as a tool of nationalism". *Luso-Brazilian Review*, vol. 6, n. 2, 1969, p. 65.

355. O mesmo também vale para Villa-Lobos, como representante do modernismo brasileiro. Ver AZEVEDO, Luiz Heitor Corrêa de. "Le mouvement moderniste et la musique". *Revue Littéraire Mensuelle*, 1979, p. 174.

356. VILLA-LOBOS, Heitor. "Educação musical". *Boletim Latino-Americano de Música*, vol. 6, pp. 495-588, 1946.

357. Nota do tradutor: o autor cita a *Träumerei*, de Schumann, mas o texto original de Villa-Lobos, parafraseado no texto, menciona a *Rêverie*.

358. VILLA-LOBOS, Heitor. "Educação musical". *Boletim Latino-Americano de Música*, vol. 6, 1946, p. 496; sobre Ginastera, ver URTUBEY, Pola Suarez. *Alberto Ginastera*: argentinos en las artes. Buenos Aires: Ediciones Culturales Argentinas, 1967, pp. 9/10.

359. URTUBEY, Pola Suarez. *Alberto Ginastera*: argentinos en las artes. Buenos Aires: Ediciones Culturales Argentinas, 1967, p. 10.

360. VILLA-LOBOS, Heitor. "Educação musical". *Boletim Latino-Americano de Música*, vol. 6, 1946, p. 496.

361. VILLA-LOBOS, Heitor. "Educação musical". *Boletim Latino-Americano de Música*, vol. 6, 1946, p. 498.

362. TULL, James Robert. *B. V. Asafiev's musical form as a process*. Ohio State University, 1976, p. 727. (Dissertation).

363. TULL, James Robert. *B. V. Asafiev's musical form as a process*. Ohio State University, 1976, p. 729. (Dissertation).

364. BEAUFILS, Marcel. *Villa-Lobos*: musicien et poète du Brésil – essai sur un homme et une terre. Institut des Hautes Erodes d'Amérique Latine de l'Université de Paris. Rio de Janeiro: Editora Agir, 1967, p. 165.

365. SCHOENBERG, Arnold. *Selected writings*: style and idea. Edited by Leonard Stein. London: Faber & Faber, 1975, p. 124.

366. SLONIMSKY, Nicolas. *Music of Latin America*. New York: Crowell, 1972, p. 24.

367. VILLA-LOBOS, Heitor. "Educação musical". *Boletim Latino-Americano de Música*, vol. 6, 1946 p. 546.

368. GUIMARÃES, Luiz. *Villa-Lobos visto da plateia e na intimidade (1912/1935)*. Rio de Janeiro: Moderna, 1972, p. 189.

369. Nota do tradutor: citação extraída de VILLA-LOBOS, Heitor. "Educação musical". *Boletim Latino-Americano de Música*, vol. 6, 1946, p. 522.

370. GUIMARÃES, Luiz. *Villa-Lobos visto da plateia e na intimidade (1912/1935)*. Rio de Janeiro: Moderna, 1972, p. 193.

371. LANGE, Francisco Curt. "Villa-Lobos, un pedagogo creador". *Boletín Latino Americano de Música*, vol. 1, abr. 1935, p. 194.

372. LÉVI-STRAUSS, Claude. *Les structures élémentaires de la parenté*. Paris: Plon, 1949.

373. VILLA-LOBOS, Heitor. "Educação musical". *Boletim Latino-Americano de Música*, vol. 6, 1946, p. 530.

374. VILLA-LOBOS, Heitor. "Educação musical". *Boletim Latino-Americano de Música*, vol. 6, 1946, p. 531.

375. VILLA-LOBOS, Heitor. "Educação musical". *Boletim Latino-Americano de Música*, vol. 6, 1946, p. 535.

376. BARTÓK, Béla. *Weg und Werk*: Schriften und Briefe. Zusammengestellt von Bence Szabolcsi. Budapest: Corvina, 1957, p. 158.

377. SCHOENBERG, Arnold. *Selected writings*: style and idea. Edited by Leonard Stein. London: Faber & Faber, 1975, p. 458.

378. BARTÓK, Béla. *Weg und Werk*: Schriften und Briefe. Zusammengestellt von Bence Szabolcsi. Budapest: Corvina, 1957, pp. 194-199 e pp. 201-206.

379. PÉRGAMO, Ana Maria Logatelli de. "Raíces musicales". *In*: ARETZ, Isabel. *América Latina en su música*. México: Siglo Veintiuno Editores, 1977, pp. 41/42.

380. Nota do tradutor: PÉRGAMO, Ana Maria Logatelli de. "Raíces musicales". *In*: ARETZ, Isabel. *América Latina en su Música*. México: Siglo Veintiuno Editores, 1977, p. 42.

381. VILLA-LOBOS, Heitor. *Guia prático*: estudo folclórico musical. vol 1, São Paulo, Rio de Janeiro: Irmãos Vitale, 1941, pp. 200/201.

382. VILLA-LOBOS, Heitor. "Educação musical". *Boletim Latino-Americano de Música*, vol. 6, 1946, p. 538.

383. MORILLO, Roberto García. *Carlos Chávez*: vida y obra. México: Fondo de Cultura Económica, 1960, pp. 62/63.

384. CHÁVEZ, Carlos. *Musical thought*. Massachusetts: Harvard University Press, 1961, p. 97.

385. MARIZ, Vasco. *Heitor Villa-Lobos*. Paris: Segbers, 1967, p. 24; VILLA-LOBOS, SUA OBRA. 2ª ed. Rio de Janeiro: Museu Villa-Lobos, 1972, p. 9; e AZEVEDO, Luiz Heitor Corrêa de. *150 anos de música no Brasil (1800-1950)*. Rio de Janeiro: José Olympio, 1956, pp. 270/71.

386. LÉVI-STRAUSS, Claude. *Mythologiques*: L'Homme nu. tomo IV, Paris: Plon, 1971, p. 161.

387. VILLA-LOBOS, SUA OBRA. 2ª ed. Rio de Janeiro: Museu Villa-Lobos, 1972, p. 187.

388. VILLA-LOBOS, Heitor. "Educação musical". *Boletim Latino-Americano de Música*, vol. 6, 1946, p. 524.

389. VILLA-LOBOS, Heitor. "Educação musical". *Boletim Latino-Americano de Música*, vol. 6, 1946, p. 525.

390. NÓBREGA, Adhemar. *As Bachianas Brasileiras de Villa-Lobos*. Rio de Janeiro: Museu Villa-Lobos, 1971, pp. 12-15.

391. SCHUBERT, Giselher. "Zur Charakteristik von Heitor Villa-Lobos". *In*: REXROTH, Dieter (hersgg.). *Zwischen Grenzen*: zum Aspekt des Nationalen in der neuen Musik. Mainz: Schott, 1979, p. 68.

392. GUIMARÃES, Luiz. *Villa-Lobos visto da plateia e na intimidade (1912/1935)*. Rio de Janeiro: Moderna, 1972, p. 112.

393. HARMAN, Alec; MELLERS, Wilfrid. *Man and his music*: the story of musical experience in the west. London: Barrie and Rockliff, 1962, p. 999.

NOTAS

394. HARMAN, Alec; MELLERS, Wilfrid. *Man and his music*: the story of musical experience in the west. London: Barrie and Rockliff, 1962, p. 916/917.

395. HARMAN, Alec; MELLERS, his music: the story of musical experience in the west. London: Barrie and Rockliff, 1962, pp. 916/917.

396. ROY, Jean. *Musique française*: présences contemporaines. Paris: Nouvelles Editions Debresse, 1962, pp. 195-216; e MILHAUD, Darius. "Polytonalité et atonalité". *La Revue Musicale*, n. 4, fév. 1923, pp. 29-44; palestras de Erkki Salmenhaara sobre Milhaud na Universidade de Helsinque em 1980.

397. MILHAUD, Darius. "Polytonalité et atonalité". *La Revue Musicale*, n. 4, fév. 1923, p. 30.

398. SCHOENBERG, Arnold. *Selected writings*: style and idea. Edited by Leonard Stein. London: Faber & Faber, 1975, p. 393.

399. SCHOENBERG, Arnold. *Selected writings*: style and idea. Edited by Leonard Stein. London: Faber & Faber, 1975, p. 396.

400. SCHUBERT, Giselher. "Zur Charakteristik von Heitor Villa-Lobos". *In*: REXROTH, Dieter (hersgg.). *Zwischen Grenzen*: zum Aspekt des Nationalen in der neuen Musik. Mainz: Schott, 1979, p. 70.

401. MORILLO, Roberto García. *Carlos Chávez*: vida y obra. México: Fondo de Cultura Económica, 1960, p. 96.

402. CHÁVEZ, Carlos. *Musical thought*. Massachusetts: Harvard University Press, 1961, p. 49.

403. KAY, Norman. *Shostakovich*. London: Oxford University Press, 1971, pp. 46/47.

Capítulo VI – Bachianas Brasileiras

404. COLLAER, Paul. *L'histoire de la musique moderne*. Paris: Elsevier, 1955, p. 14.

405. NÓBREGA, Adhemar. *As Bachianas Brasileiras de Villa-Lobos*. Rio de Janeiro: Museu Villa-Lobos, 1971, p. 22.

406. Nota do editor: no original, *songlikeness*, algo como "à maneira de canção".

407. ASAFIEV, Boris. *Musical form as a process*. vol. 1-3. Trans. and commentary J.R. Tull. Ohio State University, 1977 [1930], p. 610. (Dissertation).

408. PEPPERCORN, Lisa M. *Heitor Villa-Lobos-Ein Komponist aus Brasilien*. Freiburg: Atlantis, 1972, p. 174.

409. PEPPERCORN, Lisa M. *Heitor Villa-Lobos-Ein Komponist aus Brasilien*. Freiburg: Atlantis, 1972, p. 173.

410. SCHUBERT, Giselher. "Zur Charakteristik von Heitor Villa-Lobos". *In*: REXROTH, Dieter (hersgg.). *Zwischen Grenzen*: zum Aspekt des Nationalen in der neuen Musik. Mainz: Schott, 1979, p. 67.

411. GUIMARÃES, Luiz. *Villa-Lobos visto da plateia e na intimidade (1912/1935)*. Rio de Janeiro: Moderna, 1972, p. 192.

412. GUIMARÃES, Luiz. *Villa-Lobos visto da plateia e na intimidade (1912/1935)*. Rio de Janeiro: Moderna, 1972, p. 192.

413. VILLA-LOBOS, SUA OBRA. 2ª ed. Rio de Janeiro: Museu Villa-Lobos, 1972, p. 188.

414. BEAUFILS, Marcel. *Villa-Lobos*: musicien et poète du Brésil – essai sur un homme et une terre. lnstitut des Hautes Erodes d'Amérique Latine de l'Université de Paris. Rio de Janeiro: Editora Agir, 1967, pp. 171 e 175.

415. TUAN, Yi-Fu. *Topophili: a study of environmental perception, attitudes and values.* New Jersey: Prentice-Hall, 1974, p. 93.

416. CASCUDO, Luís de Câmara. *Dicionário do folclore brasileiro.* 3ª ed. Brasília: Instituto Nacional do Livro, 1972, p. 274; e 12ª ed., 2012, p. 214

417. CASCUDO, Luís de Câmara. *Dicionário do folclore brasileiro.* 3ª ed. Brasília: Instituto Nacional do Livro, 1972, p. 274; e 12ª ed., 2012, p. 214.

418. ALMEIDA, Renato. *História da música brasileira.* 2ª ed. Rio de Janeiro: Briguiet, 1942, p. 167.

419. ALMEIDA, Renato. *História da música brasileira.* 2ª ed. Rio de Janeiro: Briguiet, 1942, p. 168.

420. NÓBREGA, Adhemar. *As Bachianas Brasileiras de Villa-Lobos.* Rio de Janeiro: Museu Villa-Lobos, 1971, p. 15.

421. VEGA, Carlos. "Tradiciones musicales y aculturación en Sudamérica". *In*: LIST, George; ORREGO-SALAS, Juan (Coord.). *Music in the Americas.* The Hague: Mouton & Co., 1967, pp. 220-250.

422. ARAUJO, Mozart de. *A modinha e o lundu no século XVIII.* São Paulo: Ricordi Brasileira, 1963, pp. 137-157.

423. ANDRADE, Mário de. *Modinhas imperiais.* São Paulo: Martins, 1964, p. 45.

424. VILLA-LOBOS, SUA OBRA. 2ª ed. Rio de Janeiro: Museu Villa-Lobos, 1972, p. 188.

425. KNEIF, Tibor. "Das triviale Bewusstsein in der Musik". *In*: DAHLHAUS, Carl. *Studien zur Trivialmusik im 19 Jahrhundert.* Regensburg: Boose 1967, p 37.

426. KNEIF, Tibor. "Das triviale Bewusstsein in der Musik". *In*: DAHLHAUS, Carl. *Studien zur Trivialmusik im 19 Jahrhundert.* Regensburg: Boose, 1967, p 38.

427. KNEIF, Tibor. "Das triviale Bewusstsein in der Musik". *In*: DAHLHAUS, Carl. *Studien zur Trivialmusik im 19 Jahrhundert.* Regensburg: Boose, 1967, p 39.

428. ADORNO, Theodor. *Philosophie der neuen Musik.* Mannheim: Europiiishe, 1958, p. 157.

429. STUCKENSCHMIDT, Heinrich. *Die Musik eines halbenjahrhunderts*: 1925-1975 – Essay und Kritik. Zürich: Piper & Co., 1976, p. 142.

430. DAHLHAUS, Carl. "Trivialmusik und ästhetisches Urteil". *In*: DAHLHAUS, Carl. *Studien zur Trivialmusik im 19 Jahrhundert.* Regensburg: Gustav Boose Verlag, 1967, p. 24.

431. DAHLHAUS, Carl. "Trivialmusik und ästhetisches Urteil". *In*: DAHLHAUS, Carl. *Studien zur Trivialmusik im 19 Jahrhundert.* Regensburg: Boose, 1967, p. 24.

432. NÓBREGA, Adhemar. *As Bachianas Brasileiras de Villa-Lobos.* Rio de Janeiro: Museu Villa-Lobos, 1971, p. 39.

433. NÓBREGA, Adhemar. *As Bachianas Brasileiras de Villa-Lobos.* Rio de Janeiro: Museu Villa-Lobos, 1971, p. 38.

434. Nota do editor: personagem da ópera-cômica *Os Mestres-Cantores de Nüremberg.*

435. PEDROSA, Mario. "Villa-Lobos et son peuple: le point de vue brésilien". *La Revue Musicale*, n. 10, tome II, 1929, p. 23.

436. Nota do editor: Villa-Lobos já havia realizado uma imitação do som de um trem em movimento no primeiro movimento de sua *Sinfonia nº 3* (1919), "A vida e o labor", c. 159-190, ilustrando um trecho do poema de Luís D'Escragnolle Dória.

NOTAS

437. BEAUFILS, Marcel. *Villa-Lobos*: musicien et poète du Brésil – essai sur un homme et une terre. Institut des Hautes Erodes d'Amérique Latine de l'Université de Paris. Rio de Janeiro: Editora Agir, 1967, p. 175.

438. GUIMARÃES, Luiz. *Villa-Lobos visto da plateia e na intimidade (1912/1935)*. Rio de Janeiro: Moderna, 1972, pp. 175-182.

439. ALMEIDA, Renato. *História da música brasileira*. 2ª ed. Rio de Janeiro: Briguiet, 1942, p. 457.

440. KIRCHMEYER, Helmut. *Igor Strawinsky*: Zeitgeschichte im Persönlichkeitsbild. Regensburg: Bosse, 1958, p. 254.

441. Nota do tradutor: a grafia original nas obras de Villa-Lobos muitas vezes é "Dansa", que parece remeter ao francês *"Danser"*. No entanto, em português se utiliza o "ç", que é adotado neste livro.

442. ALMEIDA, Renato. *História da música brasileira*. 2ª ed. Rio de Janeiro: Briguiet, 1942, p. 163.

443. Nota do editor: cf. J. S. Bach, *Suíte Orquestral nº 3*, BWV 1068, II movimento

444. ANDRADE, Mário de. "Música, doce música". In: ANDRADE, Mário de. *Obras completas de Mario de Andrade*. vol. 7, São Paulo: Martins, 1963, pp. 273/274.

445. Nota do editor: a seção central da "Ária" ("Cantilena") de Villa-Lobos tinha originalmente letra de Altamirando de Souza, conforme manuscrito existente no acervo do Museu Villa-Lobos. O texto foi substituído após desentendimento entre o poeta e o compositor.

446. Nota do editor: o próprio Manuel Bandeira, em seu livro *Itinerário de Pasárgada* (São Paulo: Global, 2012, p. 101/102), confirma que Villa-Lobos frequentemente solicitava que ele escrevesse sobre uma melodia já acabada, embora não afirme que esse processo de fato ocorreu no "Martelo" das *Bachianas nº 5*.

447. ALMEIDA, Renato. *História da música brasileira*. 2ª ed. Rio de Janeiro: Briguiet, 1942, p. 188.

448. Nota do editor: Tarasti se refere ao filme *O descobrimento do Brasil* (1936), dirigido por Humberto Mauro, com trilha sonora de Villa-Lobos, que ganhou autonomia nas salas de concerto e gravações como as quatro suítes *Descobrimento do Brasil*.

449. VILLA-LOBOS, SUA OBRA. 2ª ed. Rio de Janeiro: Museu Villa-Lobos, 1972, p. 197.

450. MARIZ, Vasco. *Heitor Villa-Lobos*. Paris: Segbers, 1967, p. 106.

Capítulo VII – Obras vocais
Canções solo

451. COUTINHO, Afrânio. *Introdução à literatura no Brasil*. Rio de Janeiro: Editora Civilização Brasileira, 1976, p. 191.

452. MARTIN, Edgardo. "Oyendo a Villa-Lobos". *Revista de Música*, año 2, n. 1-2, Cuba, ene.-abr. 1961, p. 56.

453. Nota do tradutor: "pintor de palavras" é uma tradução livre da expressão *musical realist*.

454. ANDRADE, Mário de. *Aspectos da música brasileira*. São Paulo: Martins, 1975, pp. 43-51.

455. ANDRADE, Mário de. *Aspectos da música brasileira*. São Paulo: Martins, 1975, p. 46.

456. VILLA-LOBOS, SUA OBRA. 2ª ed. Rio de Janeiro: Museu Villa-Lobos, 1972, p. 236.

457. PEPPERCORN, Lisa M. *Heitor Villa-Lobos-Ein Komponist aus Brasilien*. Freiburg: Atlantis, 1972, p. 143 (ver também a partitura).

458. PEPPERCORN, Lisa M. *Heitor Villa-Lobos-Ein Komponist aus Brasilien*. Freiburg: Atlantis, 1972, p. 140.

459. Nota do editor: os títulos nessa série de canções não têm consistência quanto ao uso de um idioma específico. Os manuscritos variam entre o título completo em francês e a versão abreviada nesse idioma: "*Chants Brésiliennes n° 2*" (para "Nozani-ná"). Algumas canções só têm o título em português, como a versão de "Xangô" para canto e orquestra.

460. AZEVEDO, Luiz Heitor Corrêa de. *Escala, ritmo e melodia na música dos índios brasileiros*. Rio de Janeiro: Jornal do Comércio, 1938, p. 19.

461. CAMÊU, Helza. *Introdução ao estudo da música indígena brasileira*. Conselho Federal de cultura, 1977, pp. 109-116.

462. Nota do editor: os fonogramas registrados por Roquette-Pinto foram digitalizados e encontram-se disponibilizados atualmente no endereço: https://soundcloud.com/nimuendaju/sets/rondonia (acessado em 14.08.2021). Todavia, os cilindros originais foram destruídos no incêndio que ocorreu no Museu Nacional do Rio de Janeiro em 02 de setembro de 2018, consumindo parcela significativa do acervo.

463. GALLET, Luciano. "O índio na música brasileira". In:____. *Estudos de folclore*. Rio de Janeiro: Wehrs, 1934, p. 44.

464. ROQUETTE-PINTO, Edgar. *Rondônia*: antropologia - etnografia. Rio de Janeiro: Arquivos do Museu Nacional do Rio de Janeiro, vol. 20, 1917, p. 82.

465. Nota do tradutor: Tarasti traduziu "rede" por *weaver*, tecelão, o que aparentemente o levou a concluir que a canção fosse uma *work song*, ou uma canção de trabalho.

466. Nota do tradutor: no original, *archetype of the afro-brazilian quality*.

467. Nota do editor: a melodia de "Viola quebrada" é de autoria de Mário de Andrade, reelaborada posteriormente por Villa-Lobos.

468. CAMÊU, Helza. *Introdução ao estudo da música indígena brasileira*. Conselho Federal de cultura, 1977, p. 99.

469. CAMÊU, Helza. *Introdução ao estudo da música indígena brasileira*. Conselho Federal de cultura, 1977, pp. 24-27.

470. CAMÊU, Helza. *Introdução ao estudo da música indígena brasileira*. Conselho Federal de cultura, 1977, p. 92.

471. Nota do editor: Tarasti se refere à peça para piano "Funerailles" (1849), de Franz Liszt, sétimo número da coleção *Harmonias Poéticas e Religiosas* e uma das peças mais famosas desse compositor.

472. PEPPERCORN, Lisa M. *Heitor Villa-Lobos-Ein Komponist aus Brasilien*. Freiburg: Atlantis, 1972, p. 134.

473. Nota do editor: Tarasti cita Câmara Cascudo (cf. *Dicionário do folclore brasileiro*, 12ª ed. São Paulo: Global, 2012, p. 518).

474. ALMEIDA, Renato. *História da música brasileira*. 2ª ed. Rio de Janeiro: Briguiet, 1942, pp. 72/73; e CASCUDO, Luís de Câmara. *Dicionário do folclore brasileiro*. 3ª ed. Brasília: Instituto Nacional do Livro, 1972, pp. 506/507.

Obras Corais, *A cappella*

475. MARTIN, Edgardo. "Oyendo a Villa-Lobos". *Revista de Música*, año 2, n. 1-2, Cuba, ene.-abr. 1961, p. 58.

NOTAS

476. Nota do editor: a semelhança é notável com o "Canto de Xangô" (ex. 104 e 105).
477. COWELL, Henry. "Villa-Lobos: mass of St. Sebastian". *The Musical Quarterly*, april 1953, pp. 341/342.
478. SABIN, Robert. "Mass by Villa-Lobos in traditional style". *Musical America*, n. 73, April 24 1953; ver também JOSEPHITA, Sister Maty. *A structural and stylistic analysis of missa São Sebastiao and musica sacra (I) by Heitor Villa-Lobos*. Indiana University: Latin American Music Center. 1965. (A seminar report).
479. CASCUDO, Luís de Câmara. *Dicionário do folclore brasileiro*. 3ª ed. Brasília: Instituto Nacional do Livro, 1972, pp. 477-479.

Capítulo VIII – Obras solo instrumentais
Obras para violão
Cinco Prelúdios

480. JAFFEE, Michael. "Harmony in the solo guitar music of Heitor Villa-Lobos". *Guitar Review*, n. 29, June 1966, p. 21.
481. MARTIN, Edgardo. "Oyendo a Villa-Lobos". *Revista de Música*, año 2, n. 1-2, Cuba, ene.-abr. 1961, p. 17.

Doze Estudos

482. SANTOS, Turíbio. *Heitor Villa-Lobos e o violão*. Rio de Janeiro: Museu Villa-Lobos, 1975, p. 13.
483. SANTOS, Turíbio. *Heitor Villa-Lobos e o violão*. Rio de Janeiro: Museu Villa-Lobos, 1975, p. 5.
484. SANTOS, Turíbio. *Heitor Villa-Lobos e o violão*. Rio de Janeiro: Museu Villa-Lobos, 1975, p. 13.
485. SANTOS, Turíbio. *Heitor Villa-Lobos e o violão*. Rio de Janeiro: Museu Villa-Lobos, 1975, p. 16.
486. DWYER, Terrence K. *Heitor Villa-Lobos: a survey of his life and his twelve erodes for guitar*. Indiana University: Latin American Music Center, 20 p., 1972, pp. 10/11.
487. DWYER, Terrence K. *Heitor Villa-Lobos: a survey of his life and his twelve erodes for guitar*. Indiana University: Latin American Music Center, 20 p., 1972, pp. 10/11.
488. SANTOS, Turíbio. *Heitor Villa-Lobos e o violão*. Rio de Janeiro: Museu Villa-Lobos, 1975, p. 17.
489. BEAUFILS, Marcel. *Villa-Lobos*: musicien et poète du Brésil – essai sur un homme et une terre. Institut des Hautes Erodes d'Amérique Latine de l'Université de Paris. Rio de Janeiro: Editora Agir, 1967, pp. 154.
490. SANTOS, Turíbio. *Heitor Villa-Lobos e o violão*. Rio de Janeiro: Museu Villa-Lobos, 1975, p. 18.
491. SANTOS, Turíbio. *Heitor Villa-Lobos e o violão*. Rio de Janeiro: Museu Villa-Lobos, 1975.
492. BEAUFILS, Marcel. *Villa-Lobos*: musicien et poète du Brésil – essai sur un homme et une terre. Institut des Hautes Erodes d'Amérique Latine de l'Université de Paris. Rio de Janeiro: Editora Agir, 1967, pp. 154.

493. SANTOS, Turíbio. *Heitor Villa-Lobos e o violão*. Rio de Janeiro: Museu Villa-Lobos, 1975, p. 20.

Obras para piano

494. VILLA-LOBOS, SUA OBRA. 2ª ed. Rio de Janeiro: Museu Villa-Lobos, 1972, p. 211.

495. MILHAUD, Darius. "Polytonalité et atonalité". *La Revue Musicale*, n. 4, fév. 1923, p. 35.

496. BÉHAGUE, Gerard. *Music in Latin America*: an introduction. New Jersey: Prentice-Hall, 1979, p. 190.

497. AZEVEDO, Luiz Heitor Corrêa de. *150 anos de música no Brasil (1800-1950)*. Rio de Janeiro: José Olympio, 1956, p. 257; ver também PEPPERCORN, Lisa M. *Heitor Villa-Lobos-Ein Komponist aus Brasilien*. Freiburg: Atlantis, 1972, p. 117.

498. GUIMARÃES, Luiz. *Villa-Lobos visto da plateia e na intimidade (1912/1935)*. Rio de Janeiro: Moderna, 1972, p. 80.

499. GUIMARÃES, Luiz. *Villa-Lobos visto da plateia e na intimidade (1912/1935)*. Rio de Janeiro: Moderna, 1972, p. 80.

500. Nota do editor: "Pagodes" e "Jardins sous la pluie" são respectivamente o primeiro e terceiro movimentos de *Estampes* para piano (1903), de Claude Debussy.

501. Heitor Alimonda (palestra-recital): "A música brasileira vista através das composições para piano e canções" (participação de Maria Lucia Godoy, soprano), Indiana University, Latin American Music Center.

502. GINASTERA, Alberto. "Homenagem a Villa-Lobos". *In*: PRESENÇA DE VILLA-LOBOS. vol. 3, Rio de Janeiro: Museu Villa-Lobos, pp. 24-27, 1969.

503. Nota do editor: no original em português, o título é grafado "boisinho".

504. Nota do editor: o título foi mantido como no original, sem a alteração para "ursinho", forma que, apesar de correta, não é usada para se referir a essa peça.

505. GUIMARÃES, Luiz. *Villa-Lobos visto da plateia e na intimidade (1912/1935)*. Rio de Janeiro: Moderna, 1972, p. 60. Ver nota 110. O autor da crítica na *Revue Musicale* é Boris de Schloezer, sobre o concerto de Vera Janacopoulos em 1921.

506. Nota do editor: trata-se de "Carneirinho, carneirão".

507. Nota do editor: assim como no caso acima, do "ursosinho", foi mantido "lobosinho" ao invés de "lobinho".

Capítulo IX – Música de câmara
Trios para piano, violino, viola e violoncelo

508. Nota do editor: até esse ponto indicado por Tarasti, variantes da célula principal (apresentada no ex. 177) ocorrem, por exemplo, na parte do violino (c. 18-19) e com violino e cello em oitavas (c. 53-62). Na terminologia de d'Indy, isso é chamado de "tema cíclico", recorrente em todos os movimentos submetido a transformações harmônicas e de caráter.

509. Nota do tradutor: o termo usado no original em inglês é o neologismo *Brazilophony*.

510. Nota do editor: figuração semelhante é encontrada no início do 2º movimento ("Andante") do *Quarteto de Cordas nº 7*.

511. Nota do tradutor: no original em inglês, está a palavra *development*, que poderia ser traduzida por "desenvolvimento", mas o termo parece estar fora do contexto, já que o argumento é o desperdício de ideias. Por isso, foi traduzido como "encadeamento".

NOTAS

Fantasia Concertante

512. STUCKENSCHMIDT, Heinrich. "Villa-Lobos starb in Rio de Janeiro". *Mélos*, dec. 1959, p. 381.

Quartetos de cordas

513. ESTRELLA, Arnaldo. *Os quartetos de cordas de Villa-Lobos*. Rio de Janeiro: Museu Villa-Lobos, 1970, p. 6.

514. MARIZ, Vasco. *Heitor Villa-Lobos*. Paris: Segbers, 1967, p. 151.

515. ESTRELLA, Arnaldo. *Os quartetos de cordas de Villa-Lobos*. Rio de Janeiro: Museu Villa-Lobos, 1970, p. 7.

516. SCHOENBERG, Arnold. *Selected writings*: style and idea. Edited by Leonard Stein. London: Faber & Faber, 1975, p. 164.

517. SOURIAU, Etienne. *L'année 1913*: la conjoncture. Paris: Seuil, 1971, p. 18.

518. ESTRELLA, Arnaldo. *Os quartetos de cordas de Villa-Lobos*. Rio de Janeiro: Museu Villa-Lobos, 1970, p. 60.

519. ESTRELLA, Arnaldo. *Os quartetos de cordas de Villa-Lobos*. Rio de Janeiro: Museu Villa-Lobos, 1970, p. 16.

520. Nota do editor: aforismo de Charles Baudelaire.

521. KRAEHENBUEHL, David. "Heitor Villa-Lobos: string quartets, n° 4, 7, and 12". *Notes*, n. 15, Dec. 1957, p. 147, p. 147.

522. LOWENS, Irving. "Current chronicle (Villa-Lobos's 15th string quartet and 12th symphony)" *The Musical Quarterly*, July 1958, pp. 379/380.

523. COLLAER, Paul. *L'histoire de la musique moderne*. Paris: Elsevier, 1955, p. 6.

524. TISCHLER, Hans. "Current chronicle (Villa-Lobos's 8th string quartet)". *The Musical Quarterly*, jan. 1950, p. 94.

525. GUIMARÃES, Luiz. *Villa-Lobos visto da plateia e na intimidade (1912/1935)*. Rio de Janeiro: Moderna, 1972, pp. 17-20.

526. CASCUDO, Luís de Câmara. *Dicionário do folclore brasileiro*. 3ª ed. Brasília: Instituto Nacional do Livro, 1972, p. 776.

527. PEPPERCORN, Lisa M. *Heitor Villa-Lobos-Ein Komponist aus Brasilien*. Freiburg: Atlantis, 1972, p. 99.

528. PEPPERCORN, Lisa M. *Heitor Villa-Lobos-Ein Komponist aus Brasilien*. Freiburg: Atlantis, 1972, p. 98.

529. ESTRELLA, Arnaldo. *Os quartetos de cordas de Villa-Lobos*. Rio de Janeiro: Museu Villa-Lobos, 1970, p. 22; VILLA-LOBOS, SUA OBRA. 2ª ed. Rio de Janeiro: Museu Villa-Lobos, 1972, p. 84.

530. PEPPERCORN, Lisa M. *Heitor Villa-Lobos-Ein Komponist aus Brasilien*. Freiburg: Atlantis, 1972, p. 149.

531. GUIMARÃES, Luiz. *Villa-Lobos visto da plateia e na intimidade (1912/1935)*. Rio de Janeiro: Moderna, 1972, p. 27.

532. GUIMARÃES, Luiz. *Villa-Lobos visto da plateia e na intimidade (1912/1935)*. Rio de Janeiro: Moderna, 1972, p. 27.

533. GUIMARÃES, Luiz. *Villa-Lobos visto da plateia e na intimidade (1912/1935)*. Rio de Janeiro: Moderna, 1972, pp. 27/28.

534. GUIMARÃES, Luiz. *Villa-Lobos visto da plateia e na intimidade (1912/1935)*. Rio de Janeiro: Moderna, 1972, pp. 44/45.

535. ESTRELLA, Arnaldo. *Os quartetos de cordas de Villa-Lobos*. Rio de Janeiro: Museu Villa-Lobos, 1970, p. 28.

536. ESTRELLA, Arnaldo. *Os quartetos de cordas de Villa-Lobos*. Rio de Janeiro: Museu Villa-Lobos, 1970, p. 32.

537. GUIMARÃES, Luiz. *Villa-Lobos visto da plateia e na intimidade (1912/1935)*. Rio de Janeiro: Moderna, 1972, p. 43.

538. ESTRELLA, Arnaldo. *Os quartetos de cordas de Villa-Lobos*. Rio de Janeiro: Museu Villa-Lobos, 1970, p. 36.

539. PEPPERCORN, Lisa M. *Heitor Villa-Lobos-Ein Komponist aus Brasilien*. Freiburg: Atlantis, 1972, p. 150.

540. ESTRELLA, Arnaldo. *Os quartetos de cordas de Villa-Lobos*. Rio de Janeiro: Museu Villa-Lobos, 1970, p. 45.

541. ESTRELLA, Arnaldo. *Os quartetos de cordas de Villa-Lobos*. Rio de Janeiro: Museu Villa-Lobos, 1970, p. 48.

542. BÉHAGUE, Gerard. *Music in Latin America*: an introduction. New Jersey: Prentice-Hall, 1979, p. 203.

543. MARIZ, Vasco. *Heitor Villa-Lobos*. Paris: Segbers, 1967, p. 150; e MARIZ, Vasco. *Heitor Villa-Lobos*: compositor brasileiro. 11ª ed. Belo Horizonte: Itatiaia, 1989, p. 159.

544. ESTRELLA, Arnaldo. *Os quartetos de cordas de Villa-Lobos*. Rio de Janeiro: Museu Villa-Lobos, 1970, p. 68.

545. TISCHLER, Hans. "Current chronicle (Villa-Lobos's 8th string quartet)". *The Musical Quarterly*, jan. 1950, p. 92.

546. TISCHLER, Hans. "Current chronicle (Villa-Lobos's 8th string quartet)". *The Musical Quarterly*, jan. 1950, p. 94.

547. TISCHLER, Hans. "Current chronicle (Villa-Lobos's 8th string quartet)". *The Musical Quarterly*, jan. 1950.

548. TISCHLER, Hans. "Current chronicle (Villa-Lobos's 8th string quartet)". *The Musical Quarterly*, pp. jan. 1950, pp. 92/93.

549. MARIZ, Vasco. *Heitor Villa-Lobos*. Paris: Segbers, 1967, p. 151; MARIZ, Vasco. *Heitor Villa-Lobos*: compositor brasileiro. 11ª ed. Belo Horizonte: Itatiaia, 1989, p. 160.

550. ESTRELLA, Arnaldo. *Os quartetos de cordas de Villa-Lobos*. Rio de Janeiro: Museu Villa-Lobos, 1970, p. 93.

551. Nota do editor: o *Quarteto nº 12* cita melodias populares como a canção "Anquinhas", no segundo movimento ("Andante melancólico") e "Vamos Maruca" (também presente no "Miudinho" das *Bachianas Brasileiras nº 4*), no quarto movimento ("Allegro, ben ritmato"), pouco antes da coda. No entanto, o "Scherzo" não faz nenhuma citação desse tipo de música, embora o compositor tenha dado um caráter de dança popular a alguns dos temas.

552. NEW MUSIC QUARTET TOWN HALL NOV. 8" [Villa-Lobos's 12th string quartet]. *Musical America*, p. 11, Dec. 1, 1953.

NOTAS

553. KRAEHENBUEHL, David. "Heitor Villa-Lobos: string quartets, n° 4, 7, and 12". *Notes*, n. 15, dec. 1957.

554. ESTRELLA, Arnaldo. *Os quartetos de cordas de Villa-Lobos*. Rio de Janeiro: Museu Villa-Lobos, 1970, p. 109.

555. ESTRELLA, Arnaldo. *Os quartetos de cordas de Villa-Lobos*. Rio de Janeiro: Museu Villa-Lobos, 1970, p. 121.

556. BÉHAGUE, Gerard. *Music in Latin America*: an introduction. New Jersey: Prentice-Hall, 1979, p. 282.

557. "LONDON: VILLA-LOBOS" [Villa-Lobos 17th string quartet]. *Music Journal*, p. 61, April 1964.

Noneto

558. PEPPERCORN, Lisa M. *Heitor Villa-Lobos-Ein Komponist aus Brasilien*. Freiburg: Atlantis, 1972, p. 155; sobre a relação do *Noneto* com Stravinsky, ver GOLDMAN, Richard F. "Villa-Lobos: Noneto". *The Musical Quarterly*, jan. 1954, p. 158.

559. MILHAUD, Darius. *Ma vie heureuse*: notes sans musique. Paris: Editions Belfond, 1973, p. 72.

560. Nota do editor: essa "experiência" sonora de Villa-Lobos recria o prato-e-faca, instrumento aparentemente pouco convencional, mas tradicional no samba de roda, especialmente associado com a região do Recôncavo Baiano. A flauta cita a melodia de "Apanhei-te, cavaquinho", de Ernesto Nazareth.

561. Nota do tradutor: literalmente, em alemão, "força motriz".

562. PEPPERCORN, Lisa M. *Heitor Villa-Lobos-Ein Komponist aus Brasilien*. Zürich und Freiburg: Atlantis Verlag, 1972, p. 160.

563. MILHAUD, Darius. *Ma vie heureuse*: notes sans musique. Paris: Editions Belfond, 1973, p. 71.

564. MILHAUD, Darius. *Ma vie heureuse*: notes sans musique. Paris: Editions Belfond, 1973, p.72.

565. PEPPERCORN, Lisa M. *Heitor Villa-Lobos-Ein Komponist aus Brasilien*. Zürich und Freiburg: Atlantis Verlag, 1972, p. 60.

566. ANDRADE, Mário de. *Ensaio sobre a música brasileira*. São Paulo: Martins, 1972 [1928], p. 63.

567. DOWNES, Olin. "Music: Villa-Lobos Leads Own Works". *New York Times*, p. 22, Jan. 19, 1955, p. 22.

Capítulo X – Os Concertos
Momoprecoce

568. VILLA-LOBOS, SUA OBRA. 2 ed. Rio de Janeiro: Programa de Ação Cultural/Museu Villa-Lobos, 1972, p. 223.

569. PEPPERCORN, Lisa M. *Heitor Villa-Lobos-Ein Komponist aus Brasilien*. Zürich und Freiburg: Atlantis Verlag, 1972, p.118.

Concertos para piano

570. JANKÉLÉVITCH, Vladimir. *Le Je-ne-sais-quoi et le presque-rien*: 2. la méconnaissance. Presses Universitaires de France, 1957-1980, pp. 114-116.

571. CARPENTIER, Alejo. *Ese musico que elevo dentro*. Selección de Ziola Gómez. tomo I. La Habana: Letras Cubanas, 1980, p. 61.

572. CARPENTIER, Alejo. *Ese musico que elevo dentro*. Selección de Ziola Gómez. tomo I. La Habana: Letras Cubanas, 1980, p. 58.

573. CARPENTIER, Alejo. *Ese musico que elevo dentro*. Selección de Ziola Gómez. tomo I. La Habana: Letras Cubanas, 1980, p. 52.

574. SAMINSKY, Lazare. *Music of our days*: essentials and prophecies. New York: Crowell, 1923, pp. 190-192.

575. RICH, Alan. "Contemporary music society (Villa-Lobos's first piano concerto; first performance in New York)". *Musical America*, apr. 1961.

576. "LONDON MUSIC: SOME FIRST PERFORMANCES – Orchestral Works" [Villa-Lobos's 5th piano concerto]. *Musical Times*, p. 378, July 1955.

577. SOUZA LIMA, João de. "Impressões sobre a música pianística de Villa-Lobos". *Boletim Latino-Americano de Música*, Rio de Janeiro, abr. 1946, pp. 149-155.

578. SOUZA LIMA, João de. "Impressões sobre a música pianística de Villa-Lobos". *Boletim Latino-Americano de Música*, Rio de Janeiro, abril 1946, pp. 150/151.

579. VILLA-LOBOS, SUA OBRA. 2ª ed. Rio de Janeiro: Museu Villa-Lobos, 1972, p. 43.

580. PORTER, Andrew. "Villa-Lobos's Piano Concerto n° 5". *London Musical Events*, p. 46, June 1955.

581. PORTER, Andrew. "Villa-Lobos's Piano Concerto n° 5". *London Musical Events*, p. 46, June 1955.

582. PORTER, Andrew. "Villa-Lobos's Piano Concerto n° 5". *London Musical Events*, p. 46, June 1955.

Concerto para violão e pequena orquestra

583. VILLA-LOBOS, SUA OBRA. 2ª ed. Rio de Janeiro: Museu Villa-Lobos, 1972, p. 212.

584. WADE, Graham. *Tradition for the classical guitar*. London: Calder, 1980, p. 174.

Concerto para harpa

585. VILLA-LOBOS, SUA OBRA. 2ª ed. Rio de Janeiro: Museu Villa-Lobos, 1972, p. 212.

586. MITCHELL, Donald. "Some first performances (Villa-Lobos's harp concerto)". *The Musical Times*, p. 36, jan. 1957.

587. DOWNES, Olin. "Music: Villa-Lobos leads own works". *New York Times*, jan. 19 1955, p. 22.

Concerto n° 2 para Violoncelo

588. "ORCHESTRAS IN NEW YORK: Parisot Plays New Villa-Lobos Concerto with Philharmonic". *Musical America*, p. 229, Feb. 1955.

NOTAS

589. PARISOT, Aldo. "Parisot on Parisot (Villa-Lobos's second cello concerto)". *Musical America*, dec. 1962, p. 64.

Capítulo XI — Obras Orquestrais
Poemas sinfônicos, Balés e Cantatas

590. BARUZI, Joseph. "Amazonas de Villa-Lobos et Amériques de Edgard Varèse". *La Revue Musicale*, n. 8, jui. 1929, p. 153.

591. BARUZI, Joseph. "Amazonas de Villa-Lobos et Amériques de Edgard Varèse". *La Revue Musicale*, n. 8, jui. 1929, p. 154.

592. Anedota contada pelo Prof. Bruno Seidlhofer (Vienna).

593. Nota do editor: nota de programa publicada em VILLA-LOBOS, SUA OBRA. 2ª ed. Rio de Janeiro: Museu Villa-Lobos, 1972, p. 186.

594. BEAUFILS, Marcel. *Villa-Lobos*: musicien et poète du Brésil – essai sur un homme et une terre. Institut des Hautes Erodes d'Amérique Latine de l'Université de Paris. Rio de Janeiro: Editora Agir, 1967, pp. 121-126.

595. ALMEIDA, Renato. *História da música brasileira*. 2ª ed. Rio de Janeiro: Briguiet, 1942, p. 455.

596. ALMEIDA, Renato. *História da música brasileira*. 2ª ed. Rio de Janeiro: Briguiet, 1942, p. 456.

597. ALMEIDA, Renato. *História da música brasileira*. 2ª ed. Rio de Janeiro: Briguiet, 1942, p. 456.

598. Nota do editor: trata-se de uma citação de trechos do argumento escrito por Raul Villa-Lobos, publicado em VILLA-LOBOS, SUA OBRA. 2ª ed. Rio de Janeiro: Museu Villa-Lobos, 1972, pp. 186/187.

599. Nota do editor: conforme já observado em outra nota editorial (ver Capítulo II), essa informação é parcialmente equivocada. Apesar de terem sido inicialmente anunciadas na programação, *Dafnis e Cloé* e *Petrushka* não foram realizadas por causa do custo com a contratação de músicos adicionais para a orquestra (cf. LAGO, Manoel Correa do. *O círculo Veloso-Guerra e Darius Milhaud no Brasil*. Rio de Janeiro: Reler, 2010, p. 22-24). No entanto, Villa-Lobos realizou uma cópia do ciclo de canções *Pribaoutki*, de Stravinsky, em 1920, a partir do contato com a cantora Vera Janacopoulos (cf. LAGO, Manoel Correa do. "A música do século XX no acervo Janacopoulos/UNI-RIO". *Brasiliana*, n. 2, p. 2-17, 1999. Disponível em: https://abmusica.org.br/publicacoes/. Acessado em: 23.10.2021). Portanto, sim, Villa-Lobos também era familiarizado com Stravinsky (e Debussy) antes da viagem à Europa, como também com os demais compositores citados.

600. CASCUDO, Luís de Câmara. *Dicionário do folclore brasileiro*. 3ª ed. Brasília: Instituto Nacional do Livro, 1972, p. 870.

601. SPRUCE, Richard. *Notes of a botanist on the Amazon and Andes*. vol. 1, London: MacMillan, 1908, pp. 101/102.

602. VILLA-LOBOS, SUA OBRA. 2ª ed. Rio de Janeiro: Museu Villa-Lobos, 1972, p. 245

603. DOWNES, Olin. "Villa-Lobos guest at the city center". *New York Times*, p. I: 21, feb. 13 1945.

604. VILLA-LOBOS, SUA OBRA. 2ª ed. Rio de Janeiro: Museu Villa-Lobos, 1972, pp. 225/226.

605. VIDAL, Pierre. "La musique symphonique d'Heitor Villa-Lobos". *Scherzo*, fév. 1976, p. 9.

606. PEPPERCORN, Lisa M. "Villa-Lobos's commissioned compositions". *Tempo*, n. 151, 1984, p. 29.

607. MARTIN, Edgardo. "Oyendo a Villa-Lobos". *Revista de Música*, año 2, n. 1-2, Cuba, ene.-abr. 1961, p. 71.

608. VILLA-LOBOS, SUA OBRA. 2ª ed. Rio de Janeiro: Museu Villa-Lobos, 1972, p. 215.

609. "BALLET: *EMPEROR JONES* [S.J.C.]". *New York Times*, I, p. 24, July 13, 1956.

610. O'NEILL, Eugene. *The Emperor Jones*: the plays of E. O'Neill. New York: Random House, 1955, pp. 173-204.

611. O'NEILL, Eugene. *The Emperor Jones*: the plays of E. O'Neill. New York: Random House, 1955, p. 174.

612. MAYER-SERRA, Orto. *Música y músicos de Latinoamérica*. México: Editorial Atlante, 1947, p. 1079.

613. MARIZ, Vasco. *Heitor Villa-Lobos*. Paris: Segbers, 1967, p. 138.

614. MURICY, Andrade. *Villa-Lobos*: uma interpretação. Rio de Janeiro: Serviço de Documentação, 1969, p 51.

615. VILLA-LOBOS, SUA OBRA. 2ª ed. Rio de Janeiro: Museu Villa-Lobos, 1972, pp. 220/221; ver também CASCUDO, Luís de Câmara. *Dicionário do folclore brasileiro*. 3ª ed. Brasília: Instituto Nacional do Livro, 1972, pp. 314/315.

As sinfonias

616. ORREGO-SALAS, Juan. "Heitor Villa-Lobos: figura, obra y estilo". *Boletín Interamericano de Música*, n. 52, Unión Panamericana, 1966, pp. 9/10.

617. VILLA-LOBOS, Heitor. "Educação musical". *Boletim Latino-Americano de Música*, vol. 6, 1946, p. 536.

618. PEPPERCORN, Lisa M. *Heitor Villa-Lobos-Ein Komponist aus Brasilien*. Freiburg: Atlantis, 1972, pp. 191-204.

619. GUIMARÃES, Luiz. *Villa-Lobos visto da plateia e na intimidade (1912/1935)*. Rio de Janeiro: Moderna, 1972, p. 89.

620. PEPPERCORN, Lisa M. *Heitor Villa-Lobos-Ein Komponist aus Brasilien*. Freiburg: Atlantis, 1972, p. 50.

621. Nota do editor: Peppercorn está certa com relação a data, 15 de dezembro de 1922. No entanto, a *Sinfonia nº 4* foi tocada então com apenas três movimentos. É possível que o concerto de 1955 em Paris tenha sido a estreia da versão completa, com quatro movimentos. A partitura foi revisada por Isaac Karabtchevsky e lançada pela Academia Brasileira de Música em 2014, integrando o Banco de Partituras de Música Brasileira.

622. VILLA-LOBOS, SUA OBRA. 2ª ed. Rio de Janeiro: Museu Villa-Lobos, 1972, p. 170.

623. Nota do editor: com relação à *Sinfonia nº 3*, os números da orquestração e alguns instrumentos foram atualizados de acordo com a partitura publicada em 2014 pela Academia Brasileira de Música e Orquestra Sinfônica do Estado de São Paulo, com revisão de Isaac Karabtchevsky.

624. Nota do editor: há uma matéria da revista *O Cruzeiro* de 4 de maio de 1940 em que Villa-Lobos demonstra o método "melodia das montanhas" e os contornos usados

na *Sinfonia nº 6*. O material está disponível no acervo digital da Biblioteca Nacional no endereço: http://memoria.bn.br/docreader/DocReader.aspx?bib=003581&pagfis=28253. Acessado em: 12.11.2021.

625. VILLA-LOBOS, Heitor. "Educação musical". *Boletim Latino-Americano de Música*, vol. 6, 1946, p. 531.

626. DOWNES, Olin. "Music: Villa-Lobos leads own works". *New York Times*, jan. 19 1955, p. 22.

627. DURGIN, Cyrus. "National Report: Villa-Lobos's new symphony (Villa-Lobos's 11th Symphony)". *Musical America*, mar. 1956, p. 5.

628. "MUNCH INTRODUCES VILLA-LOBOS SYMPHONY" [G.F.]. *Musical America*, April 1956.

629. TAUBMANN, Howard. "Music: new symphony — Villa-Lobos's eleventh has premiere here". *New York Times*, p. 40, mar. 22, 1956.

630. Nota do tradutor: no original em inglês, está: *the work does not add up too much of a communication*, que poderia ser traduzido literalmente por "a obra não passa de uma comunicação", deixando ambígua a posição do crítico.

Descobrimento do Brasil

631. AZEVEDO, Luiz Heitor Corrêa de. Contracapa do álbum *Villa-Lobos par lui-même*. EMI, Pathé Marconi. La voix de son maitre.

632. MILHAUD, Darius. *Ma vie heureuse*: notes sans musique. Paris: Belfond, 1973, p. 173.

633. Nota do editor: ver nota editorial 462 no Capítulo 7, com link para a versão digitalizada dos fonogramas de Roquette-Pinto.

634. NESTYEV, Israel Vladimirovic. *Prokofiev*. California: Stanford University Press, 1960, p. 294.

635. Nota do editor: o filme de Humberto Mauro foi restaurado e remasterizado pelo CTAv/Funarte a partir de material recuperado pela Cinemateca Brasileira, com apoio da Rio Filmes e do Ministério da Cultura em 1997. Uma versão digitalizada está disponível em: https://www.youtube.com/watch?v=hUpJpsX0Awg. Acessado em 11.09.2021.

636. BRADFORD BUMS, E. *A documentary history of Brazil*. New York: Knopf, 1967, pp. 20-29.

637. AZEVEDO, Luiz Heitor Corrêa de. Contracapa do álbum *Villa-Lobos par lui-même*. EMI, Pathé Marconi. La voix de son maitre.

638. VILLA-LOBOS, SUA OBRA. 2ª ed. Rio de Janeiro: Museu Villa-Lobos, 1972, p. 214.

639. AZEVEDO, Luiz Heitor Corrêa de. Contracapa do álbum *Villa-Lobos par lui-même*. EMI, Pathé Marconi. La voix de son maitre.

640. BEAUFILS, Marcel. *Villa-Lobos*: musicien et poète du Brésil – essai sur un homme et une terre. Institut des Hautes Erodes d'Amérique Latine de l'Université de Paris. Rio de Janeiro: Editora Agir, 1967, p. 211.

641. AZEVEDO, Luiz Heitor Corrêa de. Contracapa do álbum *Villa-Lobos par lui-même*. EMI, Pathé Marconi. La voix de son maitre.

642. EISENSTEIN, Sergei. *Ausgewählte Aufiãtze*. Berlin: Henschelverlag, 1960, p. 431.

643. BRADFORD BUMS, E. *A documentary history of Brazil*. New York: Knopf, 1967, pp. 24/25; nota do editor: A "carta de Pero Vaz de Caminha" está disponível no acervo digital da Biblioteca Nacional do Rio de Janeiro, no seguinte endereço: http://objdigital.bn.br/Acervo_Digital/Livros_eletronicos/carta.pdf. Acessado em: 12.06.2021.

644. BEAUFILS, Marcel. *Villa-Lobos*: musicien et poète du Brésil – essai sur un homme et une terre. Institut des Hautes Erodes d'Amérique Latine de l'Université de Paris. Rio de Janeiro: Editora Agir, 1967, p. 212.

645. BRADFORD BUMS, E. *A documentary history of Brazil*. New York: Knopf, 1967, p. 26.

646. BEAUFILS, Marcel. *Villa-Lobos*: musicien et poète du Brésil – essai sur un homme et une terre. Institut des Hautes Erodes d'Amérique Latine de l'Université de Paris. Rio de Janeiro: Editora Agir, 1967, p. 214.

Capítulo XII – Obras de Cena
Óperas

647. AZEVEDO, Luiz Heitor Corrêa de. *150 anos de música no Brasil (1800-1950)*. Rio de Janeiro: José Olympio, 1956, pp. 77-78.

648. AZEVEDO, Luiz Heitor Corrêa de. *150 anos de música no Brasil (1800-1950)*. Rio de Janeiro: José Olympio, 1956, pp. 201-216.

649. GUIMARÃES, Luiz. *Villa-Lobos visto da plateia e na intimidade (1912/1935)*. Rio de Janeiro: Moderna, 1972, p. 34.

650. GUIMARÃES, Luiz. *Villa-Lobos visto da plateia e na intimidade (1912/1935)*. Rio de Janeiro: Moderna, 1972, p. 35.

651. GUIMARÃES, Luiz. *Villa-Lobos visto da plateia e na intimidade (1912/1935)*. Rio de Janeiro: Moderna, 1972, p. 36.

652. GUIMARÃES, Luiz. *Villa-Lobos visto da plateia e na intimidade (1912/1935)*. Rio de Janeiro: Moderna, 1972, pp. 52-54.

653. DEMARQUEZ, Suzanne. "Villa-Lobos". *La Revue Musicale*, n. 10, tome IV, 1929, pp. 5/6.

654. Nota do editor: como se observa no trecho citado por Tarasti, Demarquez se baseou em fatos que aparentemente o próprio Villa-Lobos distorceu em sua narrativa construída durante as primeiras visitas a Paris, como o tempo de composição de *Izaht* e a suposto desconhecimento da obra de Debussy.

655. FREEMAN, John W. "Yerma reborn". *Opera New*, Jun. 12, 1971, p. 7.

656. VILLA-LOBOS, Heitor. "Composer's Forum. Subject: Yerma; Composer: Heitor Villa-Lobos". *London Music*, May 1957, p. 31.

657. ARDOIN, John. "Posthumous Villa-Lobos". *Opera*, jul. 1971, pp. 98/99.

658. ARDOIN, John. "Posthumous Villa-Lobos". *Opera*, jul. 1971, pp. 98/99.

659. VILLA-LOBOS, SUA OBRA. 2ª ed. Rio de Janeiro: Museu Villa-Lobos, 1972, pp. 222/223.

660. FARO, Antonio José. "A Villa-Lobos premier (A menina das nuvens)". *Opera*, March 1961, p. 174.

Magdalena

661. PEPPERCORN, Lisa M. "Villa-Lobos's commissioned compositions". *Tempo*, n. 151, 1984, p. 28.
662. VILLA-LOBOS, SUA OBRA. 2ª ed. Rio de Janeiro: Museu Villa-Lobos, 1972, p. 150.
663. FREEMAN, John W. "Yerma reborn". *Opera New*, June 12 1971, p. 7.
664. VILLA-LOBOS, SUA OBRA. 2ª ed. Rio de Janeiro: Museu Villa-Lobos, 1972, pp. 218/219.

REFERÊNCIAS BIBLIOGRÁFICAS

"BALLET: *EMPEROR JONES* [S.J.C.]". *New York Times*, p. I:24, July 13 1956.

"CURRENT CHRONICLE" [Villa-Lobos's 15th string quartet in the first Pan American Music Festival]. *Musical Quarterly*, n. 44, July 1958.

"HEITOR VILLA-LOBOS: compositeur". Edité par l'Ambassade du Brésil à Paris. Paris: Beriez, 1979.

"LONDON MUSIC: SOME FIRST PERFORMANCES – Orchestral Works" [Villa-Lobos's 5th piano concerto]. *Musical Times*, p. 378, July 1955.

"LONDON: VILLA-LOBOS" [Villa-Lobos 17th string quartet]. *Music Journal*, p. 61, April 1964.

"MUNCH INTRODUCES VILLA-LOBOS SYMPHONY" [G.F.]. *Musical America*, April 1956.

"NEW MUSIC QUARTET TOWN HALL NOV. 8" [Villa-Lobos's 12th string quartet]. *Musical America*, p. 11, Dec. 1, 1953.

"ORCHESTRAS IN NEW YORK: Parisot Plays New Villa-Lobos Concerto with Philharmonic". *Musical America*, p. 229, Feb. 1955.

"VILLA-LOBOS: COMPOSITOR NA OPINIÃO da Crítica Especializada." Rio de Janeiro: Museu Villa-Lobos, 1975.

"VILLA-LOBOS, HEITOR. *Bachianas brasileiras n. 3* [P.]". *Music and Letters*, n. 39, pp. 420/421.

"VILLA-LOBOS'S OPERA *YERMA*" [MO]. *Music And Musicians*, p. 12, Aug. 1971.

"VILLA-LOBOS, SUA OBRA." 2ª ed. Rio de Janeiro: Museu Villa-Lobos, 1972.

ADORNO, Theodor. *Philosophie der neuen Musik*. Mannheim: Europiiishe Verlagsanstalt, 1958.

_____. *Filosofia da nova música*. Trad. Magda França. 3ª ed. São Paulo: Perspectiva, 2011.

ALMEIDA, Renato. *História da música brasileira*. 2ª ed. Rio de Janeiro: Briguiet, 1942.

ALVARENGA, Oneyda. "A influência negra na música brasileira". *Boletim Latino-Americano de Música*, vol. 5, pp. 357-407, 1946.

_____. *Música popular brasileña*. México, Buenos Aires: Tierra firme, Fondo de Cultura Económica, 1947.

AMARAL, Aracy. *Artes plásticas na Semana de 22*. São Paulo: Perspectiva, 1976.

ANDRADE, Mário de. "Música, doce música". In: ___. *Obras completas de Mario de Andrade*. vol. 7, São Paulo: Martins, 1963.

_____. *Modinhas imperiais*. São Paulo: Martins, 1964.

_____. *Ensaio sobre a música brasileira*. São Paulo: Martins, 1972 [1928].

_____. *Aspectos da música brasileira*. São Paulo: Martins, 1975.

_____. *Macounaima: le héros sans aucun caractere*. Paris: Flammarion, 1979. (Préface de Haroldo Campos).

_____. *Macunaíma: o herói sem nenhum caráter*. 17ª ed. São Paulo: Martins, 1979. (Versão sem o prefácio de Haroldo de Campos).

_____. "Le mouvement modemiste (extraits)". *Revue Littéraire Mensuelle*, pp. 86-88, 1979.

REFERÊNCIAS BIBLIOGRÁFICAS

_____. *Ensaio sobre música brasileira*. São Paulo: Edusp, 2020. (Organização, estabelecimento de texto e notas de Flávia C. Toni).

ANDRADE, Oswald de. "Manifesto da poesia Pau-Brasil". *In*: _____. *Obras completas de Mario de Andrade*. vol. 6. Rio de Janeiro: Editora Civilização Brasileira, pp. 5-10, 1978.

_____. "Manifesto Antropófago". *Revista de Antropofagia*, São Paulo, n. 1, 1928-1929, pp. 43-50, 1979. (Reimpresso na Europa por *Revue Littéraire Mensuelle*, 57e année).

ANSERMET, Ernst. *Die Grundlagen der Musik in menschliches Bewusstsein*. München: [s. i.], 1961.

ANTHEIL, George. *Bad boy of music*. New York: Doubleday, Doran & Company Inc., 1945.

APPLEBY, David P. *Heitor Villa-Lobos*: a bio-bibliography. New York: Greenwood Press, 1988.

_____. *The Music of Brazil*. Austin: University of Texas Press, 1983.

ARANHA, Graça. *A Estética da vida*. Rio de Janeiro: Livraria Garnier, 1921.

_____. "A emoção estética na arte moderna". *In*: AMARAL, Aracy. *Artes plásticas na Semana de 22*. São Paulo: Perspectiva, 1976, pp. 266-274.

ARAUJO, Mozart de. *A modinha e o lundu no século XVIII*. São Paulo: Ricordi Brasileira, 1963.

ARBENA, Joseph; SCHMIDT, Henry; VASSBERG, David. *Regionalism and the musical heritage of Latin America*: Latin American curriculum units for junior and community colleges. Austin: University of Texas, Institute of Latin American Studies, 1980.

ARDOIN, John. "Villa-Lobos dies: brazilian composed over 2,000 works". *Musical America*, p. 45, dec. 1959.

_____. "Posthumous Villa-Lobos". *Opera*, pp. 98/99, jul. 1971.

ARETZ, Isabel. "Músicas pentatónicas en sudamérica". *Archivos Venezolanos de Folklore*, ano 1, n. 2, Caracas, jul.-dez. 1952.

_____. *América Latina en su música*. México: UNESCO/Siglo Veintiuno Editores, 1977.

_____. "Carta a Eero Tarasti". Caracas, 2 p., 11 jan. 1984.

ASAFIEV, Boris. *Musical form as a process*. vol. 1-3. Trans. and commentary J.R. Tull. Ohio State University, 1977 [1930]. (Dissertation).

ANSERMET, Ernst. *Die Grundlagen der Musik im menschlichen Bewusstsein*. München: [s. i.], 1961.

AZEVEDO, Fernando de. *An introduction to the study of culture in Brazil*. New York: MacMillan, 1950.

AZEVEDO, Luiz Heitor Corrêa de. *Escala, ritmo e melodia na música dos índios brasileiros*. Rio de Janeiro: Jornal do Comércio, 1938.

_____. *150 anos de Música no Brasil (1800-1950)*. Rio de Janeiro: José Olympio, 1956.

_____. "La música de América Latina". In: ARETZ, Isabel. *América Latina en su música*. México: Siglo Veintiuno Editores, 1977, pp. 53-70.

_____. "Le mouvement moderniste et la musique". *Revue Littéraire Mensuelle*, 57e année, pp. 171-174, 1979.

_____. "As minhas cartas de Mário de Andrade". *Latin American Music Review*, vol. 1, n. 1, pp. 92-111, University of Texas Press, spring/summer, 1980.

_____. Contracapa do álbum *Villa-Lobos par lui-même*. EMI, Pathé Marconi. La voix de son maitre.

BAILEY, Helen Miller; NASATIR, Abraham P. *Latin America*: the development of its civilization. New Jersey: Prentice-Hall, 1968.

BANDEIRA, Manuel. *Itinerário de Pasárgada*. São Paulo: Global, 2012.

BARROS, Paula. *O romance de Villa-Lobos*. Rio de Janeiro: A Noite, 1950.

BARTÓK, Béla. *Weg und Werk*: Schriften und Briefe. Zusammengestellt von Bence Szabolcsi. Budapest: Corvina, 1957.

BARUZI, Joseph. "Amazonas de Villa-Lobos et Amériques *de* Edgard Varèse". *La Revue Musicale*, n. 8, pp. 153/154, juillet 1929.

BASTIDE, Roger. *Estudos afro-brasileiros*. São Paulo: Perspectiva, 1972. (Coleção Estudos 18).

REFERÊNCIAS BIBLIOGRÁFICAS

BEAUFILS, Marcel. *Villa-Lobos*: musicien et poète du Brésil – essai sur un homme et une terre. Institut des Hautes Erodes d'Amérique Latine de l'Université de Paris. Rio de Janeiro: Editora Agir, 1967.

BÉHAGUE, Gerard. *Music in Latin America*: an introduction. New Jersey: Prentice-Hall, 1979.

____. *The beginnings of musical nationalism in Brazil*. Detroit: Information Coordinators, Inc., 1971. (Detroit Monographs in Musicology Number 1).

BELLO, José Maria. *A history of modern Brazil*: 1889-1964. California: Stanford University Press, 1966.

BOHLIN, Folke. "A letter to Eero Tarasti". *Lund*, 11. 9, 2 p., 1983.

BRADFORD BUMS, E. *A documentary history of Brazil*. New York: Knopf, 1967.

BRIGGS, John. "Villa-Lobos leads symphony of air in his own works". *New York Times*, p. 22, jul. 13 1959.

BRITO, Mario da Silva. *História do modernismo brasileiro*: antecedentes da semana de arte moderna. Rio de Janeiro: Civilização Brasileira, 1974.

CAMÊU, Helza. "Música indígena". *Revista brasileira*, pp. 23-38, 1962.

____. *Introdução ao estudo da música indígena brasileira*. Conselho Federal de cultura, 1977.

____. "Carta a Eero Tarasti (sobre o canto orfeônico)". Rio de Janeiro 2.1., 7 p., 1982.

____. "Heitor Villa-Lobos". Manuscrito não publicado.

CAMPOS, Haroldo de. "L'imagination structurale". Prefácio para a edição francesa de *Macunaíma* de Mário de Andrade. Paris: Flammarion, 1979.

____. "Europe". *Revue Littéraire Mensuelle*, pp. 27-37, 1979.

CARPENTIER, Alejo. *La música en Cuba*. México: Fondo de Cultura Económica, 1946.

____. "Kadotetut askeleet: romaani". Transl. into Finnish Marja Kelo. *The Lost Steps*, New York: Knopf, 1958.

665

_____. "América Latina en la confluencia de coordenadas históricas y su repercusión en la música". *In:* ARETZ, Isabel. *América Latina en su Música.* México: Siglo Veintiuno Editores, 1977, pp. 7-19.

_____. *Ese musico que elevo dentro.* Selección de Ziola Gómez. tomo I. La Habana: Editorial Letras Cubanas, 1980.

CARRILLO, Julián. "Revolución musical del sonido 13". *Boletín Latinoamericano de Música,* vol. 4, pp. 149-158, 1938.

CARVALHO-MURAD, Maria Piedade. *La matière sonore imaginante et l'image musicale dans la création de Villa-Lobos.* Université de Paris 1, Pantheon-Sorbonne, 1982. (Thèse de doctorat).

CASCUDO, Luís de Câmara. *Dicionário do folclore brasileiro.* 3ª ed. Brasília: Instituto Nacional do Livro, 1972.

_____. *Dicionário do folclore brasileiro.* 12ª ed. São Paulo: Global, 2012.

CASTRO, Ênio de Freitas. "Aspectos da harmonia e forma em Villa-Lobos". *In*: PRESENÇA DE VILLA-LOBOS. vol. 7, Rio de Janeiro: Museu Villa-Lobos, pp. 57-76, 1972.

CHAILLEY, Jacques. "Homenagem a Villa-Lobos". *In*: PRESENÇA DE VILLA-LOBOS. vol. 7, Rio de Janeiro: Museu Villa-Lobos, pp. 151-155, 1969.

CHASE, Gilbert. "Alberto Ginastera: argentine composer". *The Musical Quarterly,* vol. 43, n. 4, pp. 439-460, 1957.

_____. *America's music.* New York: McGraw-Hill, 1955.

CHÁVEZ, Carlos. *Musical thought.* Massachusetts: Harvard University Press, 1961.

CHAVEZ JR., Edgard de B.; COSTA PALMA, Enos da. *As Bachianas Brasileiras de Villa-Lobos.* Rio de Janeiro: Companhia Editora Americana, 1971.

CLARO, Samuel; BLONDEL, Jorge Urruriba. *Historia de la música en Chile.* Santiago, Chile : Editorial Andrés Bello, 1973.

COCTEAU, Jean. "Le coq et l'arlequin". *In*: COCTEAU, Jean. *Le rappel à l'ordre*: oeuvres completes. vol. 9, Lausanne: Marguerat, 1918.

COLLAER, Paul. *L'Histoire de la musique moderne.* Paris: Elsevier, 1955.

_____. *Music of the americas.* London: Curzon Press, 1968.

COLLER, Henri. *Albéniz et Granados*. Paris: Plon, 1948.

COUTINHO, Afrânio. *Introdução à literatura no Brasil*. Rio de Janeiro: Editora Civilização Brasileira, 1976.

COWELL, Henry. "Villa-Lobos: mass of St. Sebastian". *The Musical Quarterly*, pp. 341/342, April 1953.

CRAWFORD, William Rex. *A century of Latin-American thought*. Massachusetts: Harvard University Press, 1963.

DAHLHAUS, Carl. "Trivialmusik und ästhetisches Urteil". In:_____. *Studien zur Trivialmusik im 19 Jahrhundert*. Regensburg: Boose 1967.

_____. *Between romanticism and modernism:* four studies in the music of the later nineteenth century. Transl. by Mary Whittall. Los Angles: University of California Press, 1974.

DEMARQUEZ, Suzanne. "Villa-Lobos". *La Revue Musicale*, n. 10, tome IV, pp. 1-22, 1929.

_____. *Manuel de Falla*. Paris: Flammarion, 1963.

DASILVA, Fabio B. "Misleading discourse and the message of silence: an adornian introduction to Villa-Lobos's music". *IRASM*, vol. 10, n. 2, pp. 167-180, Zagreb, 1979.

DIGGORY, Edith. *Influence of african music on the music of Brazil as exhibited in the Bachianas Brasileiras n. 5 by Heitor Villa-Lobos*. Bloomington: Indiana University, Latin American Music Center, 1975. (A seminar report).

DOWNES, Olin. "Art of Villa-Lobos". *New York Times*, p. XI:5, may 14 1939.

_____. "Choral works, new and old". *New York Times*, p. IX:7, apr. 14 1940.

_____. "Villa-Lobos guest at the city center". *New York Times*, p. I:21, feb. 13 1945.

_____. "Brazilian offers own compositions". *New York Times*, p. 6, Feb. 9, 1945.

_____ "Music: Villa-Lobos Leads Own Works". *New York Times*, p. 22, Jan. 19, 1955.

DRUESDOW, John. *The chamber works for wind ensembles by Heitor Villa-Lobos*. Indiana University: Latin American Music Center, 26 p., 1963. (A seminar report).

DUMESNIL, René. *La musique contemporaine en France*. tome I, Paris: Librairie Armand Colin, 1949.

DURGIN, Cyrus. "National Report: Villa-Lobos's new symphony (Villa-Lobos's 11th Symphony)". *Musical America*, p. 5, March 1956.

DWYER, Terrence K. *Heitor Villa-Lobos*: a survey of his life and his twelve erodes for guitar. Indiana University: Latin American Music Center, 20 p., 1972. (A seminar report).

EINSTEIN, Alfred. *Grösse in der Musik*. Stuttgart: Pan, 1951.

EISENSTEIN, Sergei. *Ausgewählte Aufiätze*. Berlin: Henschelverlag, 1960.

EMERT, Harold. "Arminda Villa-Lobos: an interview". *Musical America*, pp. 36/37, April 1985.

ESTRELLA, Arnaldo. *Os quartetos de cordas de Villa-Lobos*. Rio de Janeiro: Museu Villa-Lobos, 1970.

EWEN, David. *The complete book of 20th century music*. Englewood Cliffs: Prentice-Hall, Inc., 1952.

———. *The new book of modern composers*. New York: Knopf, 1961.

FALLA, Manuel de. *Escritos sobre música y músicos*. Madrid: Colección Austral Espasa-Calpe, 1972. (Tercera edición aumentada).

FARMER, Virginia. *An analytical study of the seventeen string quartet of Heitor Villa-Lobos*. University of Illinois: Urbana-Champaign, 1973. (Dissertation).

FARO, Antonio José. "A Villa-Lobos premier (A menina das nuvens)". *Opera*, March, p. 174, 1961.

FINE, Irving. "Villa-Lobos's Rudepoema: review of records". *Musical Quarterly*, pp. 275/276, April 1955.

FLODIN, Karl. *Musikliv och reseminnen*. Helsingfors: Söderström & Co. Förlagsaktiebolag, 1931.

REFERÊNCIAS BIBLIOGRÁFICAS

FORTE, Vicente. "El canto popular: documentos para el estudio del folklore argentino". *Música precolombiana*, Buenos Aires: Coni, tomo I, n. 1, 1923.

FRANÇA, Eurico Nogueira. *Villa-Lobos*: síntese crítica e biográfica. Rio de Janeiro: Museu Villa-Lobos, 1970.

_____. *A evolução de Villa-Lobos na música de câmera*. Rio de Janeiro: Museu Villa-Lobos, 1976.

FRANCO, Jean. *A literary history of Spain*. London: Benn, 1973.

FREEMAN, John W. "Yerma reborn". *Opera New*, pp. 6/7, jun. 12 1971.

FREYRE, Gilberto. *O brasileiro entre os outros hispanos*: afinidades, contrastes e possíveis futuros nas suas inter-relações. Rio de Janeiro: José Olympio, 1975.

GALLET, Luciano. "O índio na música brasileira". *In*: _____. *Estudos de Folclore*. Rio de Janeiro: Carlos Wehrs e Co., 1934.

GINASTERA, Alberto. "Homenagem a Villa-Lobos". *In*: PRESENÇA DE VILLA-LOBOS. vol. 3. Rio de Janeiro: Museu Villa-Lobos, pp. 24-27, 1969.

GLADSTONE, Ralph J. "An interview with Heitor Villa-Lobos". *Guitar Review*, n. 2, p. 13, 1957.

GOLDMAN, Richard F. "Villa-Lobos: Noneto". *The Musical Quarterly*, pp. 157/158, jan. 1954.

GUIMARÃES, Luiz. *Villa-Lobos visto da plateia e na intimidade (1912/1935)*. Rio de Janeiro: Moderna, 1972.

HALBREICH, H.; VIDAL, P.; VIGNAL, M.; WILDENSTEIN, G. "Un grand ami des J.M.F: Heitor Villa-Lobos". *Journal Musical Français*, 7 déc. 1959.

HALFFTER, Ernesto. *Falla and his Atlantida*. Contracapa do álbum (regente: Rafael Frühbeck de Burgos), EMI ASD 3478.

HARDEN, Ingo. "Vaterfigur der brasilianischen Musik. Eine Kassette mit Werken von Heitor Villa-Lobos". *Frankfurter Allgemeine Zeitung*, Seite B3, Dienstag, 27 sep. 1977.

HARMAN, Alec; MELLERS, Wilfrid. *Man and his music*: the story of musical experience in the west. London: Barrie and Rockliff, 1962.

HELLER, Alfred. *The Bachianas Brasileiras n. 2 by Heitor Villa-Lobos.* Indiana University: Latin American Music Center. (A seminar report).

HELM, Everett. "The many-sided Villa". *Hi-Fi*, pp. 39-41, jul. 12 1962.

HEMPHILL, David. *Alberto Ginastera's cantata para america magica.* Indiana University: School of Music, 1962. (Seminar works in musicology).

HOLANDA, Sergio Buarque de. *Raízes do Brasil.* Rio de Janeiro: Editora Olympio, 1971.

ITIBERÊ, Brasílio. "Ernesto Nazareth na música brasileira". *Boletim Latino-Americano de Música*, vol. 5, pp. 309-321, 1946.

JAFFEE, Michael. "Harmony in the solo guitar music of Heitor Villa-Lobos". *Guitar Review*, n. 29, pp. 18-22, June 1966.

JANKÉLÉVITCH, Vladimir. *La rhapsodie*: verve et improvisation musicale. Paris: Flammarion, 1955.

_____. *Le je-ne-sais-quoi et le presque-rien*: la méconnaissance. tome II, Presses Universitaires de France, 1957-1980.

JEAN-AUBRY, G. *La musique et les nations.* Paris: La Sirène, 1922.

JOHNSON, Robert L. "Heitor Villa-Lobos: Choros n. 10 for orchestra and chorus". *Analysis and Critical Survey*, Indiana University: School of Music, 1963.

JONG, Gerrittde, Jr. "Music in Brazil: part two". *Music Journal*, pp. 58-60, Sept. 1963.

JOSEPHITA, Sister Maty. *A structural and stylistic analysis of missa São Sebastiao and musica sacra (I) by Heitor Villa-lobos.* Indiana University: Latin American Music Center. 25 p., 1965. (A seminar report).

KAY, Norman. *Shostakovich.* London: Oxford University Press, 1971. (Oxford Studies of Composers 8).

KIEFER, Bruno. "Mário de Andrade e o modernismo na música brasileira". *Revista Brasileira*, pp. 9-20, 1960.

KIRCHMEYER, Helmut. *Igor Strawinsky*: Zeitgeschichte im Persönlichkeitsbild. Regensburg: Bosse, 1958.

REFERÊNCIAS BIBLIOGRÁFICAS

KNEIF, Tibor. "Das triviale Bewusstsein in der Musik". *In*: DAHLHAUS, Carl. *Studien zur Trivialmusik im 19 Jahrhundert*. Regensburg: Boose, 1967, pp. 29-52.

KRAEHENBUEHL, David. "Heitor Villa-Lobos: string quartets, n° 4, 7 and 12". *Notes*, n. 15, p. 147, Dec. 1957.

KUSS, Maria Elena. *Nativistic strains in Argentine*: operas premiered at the Teatro Colon (1908-1972). Los Angeles: University of California, 1976. (Dissertation).

KUZMYCH, Christine. *Development of style as seen through the string quartets of Heitor Villa-Lobos*. Indiana University: Latin American Music Center. (A seminar report).

LAGO, Manoel Correa do. *O círculo Veloso-Guerra e Darius Milhaud no Brasil*. Rio de Janeiro: Reler, 2010.

____. "A música do século XX no acervo Janacopoulos/UNI-RIO". *Brasiliana*, n. 2, pp. 2-17, 1999. Disponível em: https://abmusica.org.br/publicacoes/. Acessado em: 23.10.2021.

LANGE, Francisco Curt. "Villa-Lobos, un pedagogo creador". *Boletín Latino Americano de Música*, vol. 1, pp. 189-196, abr. 1935.

____. "Guillermo Uribe-Holguín". *Boletín Latinoamericano de Música*, vol. 4 pp. 757-833, 1938.

____. "La música en Minas Gerais". *Boletín Latinoamericano de Música*, vol. 4 pp. 409-494, 1946.

LÉVI-STRAUSS, Claude. *Les structures élémentaires de la parenté*. Paris: Plon, 1949.

____. *Tristes tropiques*. Paris: Plon, 1955.

____. *Mythologiques*: l'homme nu. tomo IV, Paris: Plon, 1971.

LIDOV, David. *Musical structure and musical significance*. Pan 1. Toronto Semiotic Circle — Monographs, Working Papers and Prepublications. Toronto: Victoria University, 1980. (Working paper).

LOPEZ, Tele Porto Ancona. *Mário de Andrade*: ramais e caminho. São Paulo: Duas Cidades, 1972.

LOWENS, Irving. "Current chronicle (Villa-Lobos's 15th string quartet and 12th symphony)". *The Musical Quarterly*, pp. 378-382, July 1958.

LUPER, Albert T. "The musical thought of Mário de Andrade". *WMR* (Yearbook), pp. 41-48, 1965.

MALMBERG, Bertil. *Det spanska Amerika i sprakets spegel*. Stockholm: Bonniers, 1966.

MANIZER, H. H. "Música e instrumentos de música de algumas tribos do Brasil". *Revista Brasileira de Música*, vol. 1, dez. 1934.

MARIZ, Vasco. *Heitor Villa-Lobos*. Paris: Segbers, 1967.

____. *Heitor Villa-Lobos*: compositor brasileiro. 11ª ed. Belo Horizonte: Itatiaia, 1989.

MARTIN, Edgardo. "Oyendo a Villa-Lobos". *Revista de Música*, Cuba, año 2, n. 1-2, pp. 12-71, ene.-abr., 1961.

MARTINS, Wilson. "Introduction au modernisme". *Revue Littéraire Mensuelle*, pp. 19-26, 1979.

MARX, Walter Burle. "Personal Note". In: EWEN, David: *The new book of modern composers*. New York: Knopf, 1961, pp. 434-436.

MAUL, Carlos. *A Gloria escandalosa de Heitor Villa-Lobos*. Rio de Janeiro: Império, 1960.

MAYER-SERRA, Orto. "Silvestre Revueltas y el nacionalismo musical en México". *Boletín Latinoamericano de Música*, vol. 5, pp. 543-563, 1941.

____. *Música y músicos de Latinoamérica*. México: Editorial Atlante, 1947.

MERRIAM, Alan P. "Mexican Music". In: BASCOM, W. R.; HERSKOVITS, M. J. (Coord.): *Continuity and change in african cultures*. Chicago: University of Chicago Press, 1970, p. 60.

MILHAUD, Darius. "Brésil: chroniques et notes". *La Revue Musicale*, n. 1, pp. 60/61, novembre, 1920.

____. "Polytonalité et Atonalité". *La Revue Musicale*, 4e année, n. 4, pp. 29-44, février,1923.

____. *Ma vie heureuse*: notes sans musique. Paris: Belfond, 1973.

MITCHELL, Donald. "Some first performances (Villa-Lobos's harp concerto)". *The Musical Times*, p. 36, jan. 1957.

MORILLO, Roberto García. *Carlos Chávez*: vida y obra. México: Fondo de Cultura Económica, 1960.

MURICY, Andrade. *Villa-Lobos*: uma interpretação. Rio de Janeiro: Serviço de Documentação, 1969.

NESTYEV, Israel V. *Prokofiev*. California: Stanford University Press, 1960.

NEW YORK TIMES. "Villa-Lobos dies: Composer was 72". *New York Times*, p. 41, Nov. 18, 1959.

NEW YORK TIMES. "Villa-Lobos to conduct on coast". *New York Times*, oct. 13, 1944.

NÓBREGA, Adhemar. *As Bachianas Brasileiras de Villa-Lobos*. Rio de Janeiro: Museu Villa-Lobos, 1971.

____. *Os Choros de Villa-Lobos*. Rio de Janeiro: Museu Villa-Lobos, 1975.

OCTAVIO, Rodrigo. "Raul Villa-Lobos". *In*: PRESENÇA DE VILLA-LOBOS. vol. 7. Rio de Janeiro: Museu Villa-Lobos, pp. 131-134, 1972.

O'NEILL, Eugene. *The Emperor Jones*: the plays of E. O'Neill. New York: Random House, 1955, pp. 173-204.

OROZCO, Manuel. *Manuel de Falla*: biografía ilustrada. Barcellona: Ediciones Destino, 1968.

ORREGO-SALAS, Juan. "Heitor Villa-Lobos: figura, obra y estilo". *Boletín Interamericano de Música*, n. 52, Unión Panamericana, 1966.

PARISOT, Aldo. "Parisot on Parisot (Villa-Lobos's second cello concerto)". *Musical America*, pp. 64/65, Dec. 1962.

PARMENTER, Boss. "Orchestrated by Villa-Lobos". *New York Times*, March 29, 1957.

PEDROSA, Mario. "Villa-Lobos et son peuple: le point de vue brésilien". *La Revue Musicale*, n. 10, tome II, pp. 23-28, 1929.

PEPPERCORN, Lisa M. "Brasilian musiikkikuulumisia". *Suomen Musiikkilehti*, n. 2, Helmikuu 1939.

____. *Heitor Villa-Lobos-Ein Komponist aus Brasilien*. Freiburg: Atlantis, 1972.

____. "Foreign influences in Villa-Lobos's Music". *Ibero-Amerikanisches Archiv*, pp. 37-51, 1977.

____. "The Fifteen-year Periods in Villa-Lobos's Life". *Ibero-Amerikanisches Archiv*: Neue Folge. Berlin: Colloquium Verlag, pp. 179-197, 1979.

____. "A Villa-Lobos autograph letter at the Bibliothèque Nationale (Paris)". *Latin American Music Review*, University of Texas Press, vol. 1, n. 2, pp. 253-264, 1980.

____. "Villa-Lobos's commissioned compositions". *Tempo*, n. 151, pp. 28-31, 1984.

____. *The illustrated lives of the great composers*: Villa-Lobos. London: Omnibus Press, 1989.

____. *Villa-Lobos, the music: an analysis of his style*. London: Kahn & verill, 1991.

____. *Villa-Lobos*: Collected Studies. England: Scholar Press, 1992.

PÉRGAMO, Ana Maria Logatelli de. "Raíces musicales". In: ARETZ, Isabel. *América Latina en su música*. México: Siglo Veintiuno Editores, 1977.

PONTIERO, Giovanni. *An anthology of Brazilian modernist poetry*: notes and introduction. Oxford: Pergamon Press, 1969.

PORTER, Andrew. "Villa-Lobos's Piano Concerto n. 5". *London Musical Events*, p. 46, June 1955.

RATNER, Leonard C. *Classic music*: expression, form and style. London: MacMillan, 1980.

READ, Gardner. *Style and orchestration*. New York: Schirmer Books, 1979.

RICH, Alan. "Contemporary music society (Villa-Lobos's first piano concerto; first performance in New York)". *Musical America*, apr. 1961.

RIVAS, Pierre. Modernité du modernisme. *Revue Littéraire Mensuelle*, 57e année, pp. 3-5, 1979.

RODRIGUES, João Barbosa. "O canto e dança selvícola". *Revista Brasileira*, Rio de Janeiro, n. 9, pp. 32-60, 1890.

ROJAS, Ricardo. "El canto popular: documentos para el estudio del folklore argentino". *Música precolombiana*, Buenos Aires: Instituto de Literatura Argentina, tomo I, n. 1, 1923.

ROLLAND, Romain. *Musiciens d'aujourd'hui*. Paris: Librairie Hachette, 1912.

ROMERO, Marcos. *Heitor Villa-Lobos* (with a chronological catalog of works by the Brazilian composer). New York: UNESCO, 1957.

ROQUETTE-PINTO, Edgar. *Rondonia*: eine Reise in das Herzstück Südamerikas. Stuttgart: Braumüller, 1954.

____. *Rondônia*: antropologia - etnografia. Rio de Janeiro: Arquivos do Museu Nacional do Rio de Janeiro, vol. 20, 1917.

ROUTLEY, Erik. *Twentieth century church music* (Villa-Lobos's Missa São Sebastião). London: Jenkins, 1964, p. 127.

ROY, Jean. *Musique française*: présences contemporaines. Paris: Nouvelles Editions Debresse, 1962.

RUBINSTEIN, Arthur. "Villa-Lobos vu par Arthur Rubinstein: chroniques et notes". *La Revue Musicale*, n. 10, pp. 93-94, nov. 1929.

____. *My many years*. New York: Knopf, 1980.

SABIN, Robert. "Mass by Villa-Lobos in traditional style". *Musical America*, n. 73, apr. 24 1953.

SALLES, Paulo de Tarso. *Villa-Lobos*: processos composicionais. Campinas: Unicamp, 2009.

____. *Os quartetos de cordas de Villa-Lobos*: forma e função. São Paulo: Edusp, 2018.

SAMINSKY, Lazare. *Music of our days*: essentials and prophecies. New York: Crowell, 1923.

SAMUEL, Claude. *Panorama de l'art musical contemporain*. Paris: Editions Gallimard, 1962.

SANDS, Elizabeth N. *The uruguayan composer Eduardo Fabini*. Indiana University: Latin American Music Center, 1972. (A seminar report).

SANT'ANA, Affonso Romano de. *Análise estrutural de romances brasileiros*. 3ª ed. Petrópolis: Editora Vozes, 1975.

SANTOS, Turíbio. *Heitor Villa-Lobos e o violão*. Rio de Janeiro: Museu Villa-Lobos, 1975.

SAUSSINE, René de. "Rythmes et figures du Brésil: géographie musicale ou essai sur la situation de la musique en tous pays". *La Revue Musicale*, pp. 191-204, jui.-aoû. 1931.

SCHOENBERG, Arnold. *Selected writings*: style and idea. Edited by Leonard Stein. London: Faber & Faber, 1975.

SCHUBERT, Giselher. "Zur Charakteristik von Heitor Villa-Lobos". *In*: REXROTH, Dieter (hersgg.). *Zwischen Grenzen*: zum Aspekt des Nationalen in der neuen Musik. vol. 3, Mainz: Schott, 1979.

SEEGER, Anthony. "Por que os índios suyá cantam para as suas irmãs?" *In*: VELHO, Gilberto. *Arte e sociedade*. Rio de Janeiro: Zahar, 1977, pp. 3-39.

SEGOVIA, Andrés. "I meet Villa-Lobos". *Guitar Review*, n. 22, pp. 22/23, 1958.

SIQUEIRA, Baptista. *Ernesto Nazareth na música brasileira*. Rio de Janeiro: Aurora, 1967.

SLONIMSKY, Nicolas. *Music of Latin America*. New York: Crowell, 1972.

SOURIAU, Etienne. *L'année 1913*: la conjoncture. Paris: Seuil, 1971.

SOUZA LIMA, João de. "Impressões sobre a música pianística de Villa-Lobos". *Boletim Latino-Americano de Música*, Rio de Janeiro, pp. 149-155, abril 1946.

_____. "Meu convívio com Villa-Lobos". *In*: PRESENÇA DE VILLA-LOBOS. vol. 7. Rio de Janeiro: Museu Villa-Lobos, 1972.

SPIX, Johann Baptist von; MARTIUS, Karl Friedrich Philipp von. *Reise in Brasilien*: Brasilianische Volkslieder und Indianische Melodien. München: [s. i.], 1831.

SPRUCE, Richard. *Notes of a botanist on the Amazon and Andes*. vol. 1. London: MacMillan, 1908.

STUCKENSCHMIDT, Heinrich. *Zwischen den beiden Kriegen*. Berlin: Suhrkamp, 1951. (Neue Musik).

_____. "Villa-Lobos starb in Rio de Janeiro". *Melos*, pp. 381/382, dec. 1959.

REFERÊNCIAS BIBLIOGRÁFICAS

_____. *Die Musik eines halbenjahrhunderts*: 1925-1975 – Essay und Kritik. Zürich: Piper & Co., 1976.

_____. *Zum Hören geboren*: Ein Leben mit der Musik unserer Zeit. Zürich. Piper & Co., 1979.

SUBIRA, José. *Historia de la música española e hispanoamericana*. Barcellona: Salvat, 1953.

SUBIRA, José; CHERBULIEZ, Antoine-E. *Musikgeschichte von Spanien, Portugal Lateinamerika*. Stuttgart: Pan, 1957.

SZABOLCSI, Bence (Coord.). *Béla Bartók*: Weg und Werk – Schriften und Briefe. Budapest: Corvina, 1957.

TARASTI, Eero. *Myth and music*: a semiotic approach to the aesthetics of myth in music, especially that of Wagner, Sibelius, and Stravinsky. New York: Mouton Publishers, 1979. (Approaches to Semiotics n. 51).

_____. "Villa-Lobos Sinfônico dos Trópicos". *In*: PRESENÇA DE VILLA-LOBOS. vol. 11. Rio de Janeiro: Museu Villa-Lobos, pp. 55-63, 1980.

_____. "Heitor Villa-Lobos e a música dos índios brasileiros". *In*: PRESENÇA DE VILLA-LOBOS. vol. 11, Rio de Janeiro: Museu Villa-Lobos, pp. 65-80, 1980.

_____. "Paradigmas do estudo sobre Villa-Lobos". *In*: PRESENÇA DE VILLA-LOBOS. vol. 12, Rio de Janeiro: Museu Villa-Lobos, 1981.

TAUBMANN, Howard. "Music: inter-american festival ends — Villa-Lobos's 12th Symphony". *New York Times*, p. 38, April 22, 1958.

_____. "Music: New Symphony: Villa-Lobos's Eleventh Has Premiere Here". *New York Times*, p. 40, March 22, 1956.

TAWASTSTJERNA, Erik. *Sibelius*: 1865-1905. Transl. by Roben Layton. vol. 1, London: Faber and Faber, 1976.

TERÁN, Tomas. "Villa-Lobos". *In*: PRESENÇA DE VILLA-LOBOS. vol. 7, Rio de Janeiro: Museu Villa-Lobos, pp. 133-137, 1972.

TINHORÃO, José Ramos. *Música popular de índios, negros e mestiços*. Petrópolis: Editora Vozes, 1975.

TISCHLER, Hans. "Current chronicle (Villa-Lobos's 8th string quartet)". *The Musical Quarterly*, pp. 92-94, jan. 1950.

TUAN, Yi-Fu. *Topophili*: a study of environmental perception, attitudes and values. New Jersey: Prentice-Hall, 1974.

TULL, James Robert. *B. V. Asafiev's musical form as a process*. Ohio State University, 1976. (Dissertation).

URTUBEY, Pola Suarez. *Alberto Ginastera*: argentinos en las artes. Buenos Aires: Ediciones Culturales Argentinas, 1967.

VALLE, Flausino Rodrigues. *Elementos de folclore musical brasileiro*. São Paulo: Nacional, 1936.

VARGAS, Teófilo. *Prólogo de la colección Aires nacionales de Bolivia*. Cochabamba: [s. i.], 1928.

VASSBERG, David E. "Villa-Lobos: music as a tool of nationalism". *LusoBrazilian Review*, vol. 6, n. 2, pp. 55-65, 1969.

VEGA, Carlos. "Tradiciones musicales y aculturación en Sudamérica". *In*: LIST, George; ORREGO-SALAS, Juan (Coord.). *Music in the Americas*. The Hague: Mouton & Co., 1967, pp. 220-250. (Inter-American Monograph Series. vol. 1).

_____. "Un ensayo sobre la música de todos". *Revista Musical Chilena*, Santiago, vol. 52, n. 188, jul. 1997. Disponível em: http://dx.doi.org/10.4067/S0716-27901997018800004. Acessado em: 20.06.2021

VERISSIMO, Érico. "Meus encontros com Villa-Lobos". *In*: PRESENÇA DE VILLA-LOBOS. vol. 3. Rio de Janeiro: Museu Villa-Lobos, pp. 55-70, 1969.

VIDAL, Pierre. "La musique symphonique d'Heitor Villa-Lobos". *Scherzo*, pp. 8/9, fév. 1976.

VILLA-LOBOS, Heitor. *Guia prático*: estudo folclórico musical. vol 1, São Paulo, Rio de Janeiro: Irmãos Vitale, 1941.

_____. "Educação musical". *Boletim Latino-Americano de Música*, vol. 6, pp. 495-588, 1946.

_____. "Oscar Lorenzo Fernandez". *Boletim Latino-Americano de Música*, vol. 6, pp. 589-593, 1946.

_____. "Composer's Forum. Subject: Yerma; Composer: Heitor Villa-Lobos". *London Music*, p. 31, may 1957.

REFERÊNCIAS BIBLIOGRÁFICAS

_____. "Ameríndio" [um esboço para um libreto de ópera, em conjunto com a escritora Dora Vasconcelos]. *In*: PRESENÇA DE VILLA-LOBOS. vol. 4. Rio de Janeiro: Museu Villa-Lobos, pp. 100-109, 1969.

VOLKOV, Solomon. *Dmitri Sostakovitsin muistelmat* (Suom. Seppo Heikinheimo). Helsinki: Otava, 1979.

WADE, Graham. *Tradition for the classical guitar*. London: Calder, 1980.

WEINSTOCK, Herbert. "Carlos Chávez". *The Musical Quarterly*, vol. 22, n. 4, 1936.

_____. "Villa-Lobos". *In*: EWEN, David: *The new book of modern composers*. New York: Knopf, pp. 437-442, 1961.

WRIGHT, Simon. *Villa-Lobos*. Oxford: Oxford University Press, 1992.

ZWEIG, Stefan. *Le Brésil, terre d'avenir*. Trad. de l'allemand par Jean Longeville. Paris: Albin Michel, 1949.

EDITORES
Camila Almeida Janela Valim
Gustavo Marinho de Carvalho
Rafael Valim
Silvio Almeida
Walfrido Warde

EQUIPE EDITORIAL
COORDENAÇÃO DE PROJETO:
Juliana Daglio
REVISÃO:
Douglas Magalhães
REVISÃO TÉCNICA:
Amanda Dorth e João Machado
DIAGRAMAÇÃO:
Marina Avila
CAPA:
Maikon Nery

EQUIPE DE APOIO
Fabiana Celli
Carla Vasconcellos
Fernando Pereira
Lais do Vale
Valéria Pucci
Regina Gomes

A Editora Contracorrente se preocupa com todos os detalhes de suas obras! Aos curiosos, informamos que este livro foi impresso no mês de novembro de 2021, em papel Pólen Soft 80g, pela Gráfica Grafilar.

ISBN 978-85-69220-77-0

DII